Peter Englund
Schönheit und Schrecken

Schriftenreihe   Band 1218

Peter Englund

Schönheit
und Schrecken

Eine Geschichte des Ersten Weltkriegs,
erzählt in neunzehn Schicksalen

Aus dem Schwedischen von Wolfgang Butt

Bundeszentrale für politische Bildung

Peter Englund, geboren 1957 in Boden (Schweden), ist Journalist und Historiker und seit 2009 Vorsitzender der Schwedischen Akademie, die den Literaturnobelpreis vergibt.

Die Originalausgabe erschien 2009 unter dem Titel „Stridens skönhet och sorg" im Verlag Atlantis, Stockholm.

Bonn 2012
Lizenzausgabe für die Bundeszentrale für politische Bildung
Adenauerallee 86, 53113 Bonn

Copyright © 2009 by Peter Englund
Copyright © 2011 by Rowohlt·Berlin Verlag GmbH, Berlin

Umschlaggestaltung: Michael Rechl, Kassel
Umschlagfoto: © ullstein bild – The Granger Collection.
        Kenneth McDonough: „WORLD WAR I: DAWN PATROL"
        Britische Flugzeuge über Frankreich. Öl auf Leinwand.

Fachberatung: Dr. Reinhard Stumpf
Lektorat: Jens Dehning
Mitarbeit: Frank Pöhlmann
Satz: Pinkuin Satz und Datentechnik, Berlin

Druck und Bindung: CPI – Clausen & Bosse, Leck

ISBN 978-3-8389-0218-0

www.bpb.de

Im Gedenken an Carl Englund

Gemeiner Soldat in der australischen Armee, Dienstnummer 3304,
3. australische Division, 11. Brigade, 43. Infanteriebataillon.
Teilnehmer der Schlachten bei Messines und Passchendaele 1917.
Gefallen im Kampf vor Amiens am 13. September 1918.
Sein Grab ist unbekannt.

An den Leser

Dies ist ein Buch über den Ersten Weltkrieg. Aber nicht darüber, *was* er war – seine Ursachen, seinen Verlauf, sein Ende und seine Folgen –, sondern darüber, *wie* er war. Hier werden weniger die äußeren Faktoren des Krieges beschrieben als die von ihm betroffenen Menschen, ihre Eindrücke, Erlebnisse und Stimmungen. Es ging mir nicht so sehr darum, einen Ereignisverlauf zu rekonstruieren, sondern eine Gefühlswelt.

Wir begleiten neunzehn Personen, alle real (das Buch enthält nichts Erfundenes, sondern beruht auf Dokumenten unterschiedlicher Art, die diese Menschen hinterlassen haben), alle unbekannt oder vergessen, alle weit unten in den Hierarchien. Und während der Erste Weltkrieg im allgemeinen Bewusstsein bisher – nicht ohne Grund – mit dem Schlamm der Westfront gleichgesetzt wurde, befinden sich viele dieser Personen an anderen Kriegsschauplätzen, wie der Ostfront, den Alpen, dem Balkan, Ostafrika und Mesopotamien. Die meisten von ihnen sind jung, manche kaum älter als zwanzig Jahre.

Von diesen neunzehn werden zwei fallen, zwei kommen in Kriegsgefangenschaft, zwei werden als Helden gefeiert, zwei enden als körperliche Wracks. Manche heißen den Krieg willkommen, als er ausbricht, werden ihn aber bald hassen; andere hassen ihn vom ersten Tag an; einer liebt ihn vom Anfang bis zum Ende. Einer von ihnen wird buchstäblich wahnsinnig und landet in einer Nervenheilanstalt, ein anderer hört nie auch nur einen einzigen Schuss. Trotz ihrer wechselnden Rollen und Schicksale, ihrer Unterschiede in Geschlecht und Herkunft sind sie doch alle durch die Tatsache vereint, dass der Krieg ihnen etwas Entscheidendes raubt:

ihre Jugend, ihre Illusionen, ihre Hoffnung, ihre Mitmenschlichkeit – ihr Leben.

Die meisten dieser neunzehn Personen werden dramatische und auch schreckliche Dinge erleben, aber mein Hauptaugenmerk richtet sich dennoch auf den Alltag des Krieges. Dies ist ein Stück Anti-Geschichte insofern, als ich versucht habe, das in jeder Hinsicht epochale Geschehen auf seinen kleinsten Bestandteil zurückzuführen, nämlich den einzelnen Menschen und sein Erleben. Über die melancholische Skepsis gegenüber meinem eigenen Beruf, die den Anstoß zu dieser Herangehensweise gegeben hat, werde ich vielleicht ein andermal berichten.

Montag, den 30. Juni 2008
P. E.

[...] alles, was sich an Qual und Grauen begeben hat auf den Richtplätzen, in den Folterstuben, den Tollhäusern, den Operationssälen, unter den Brückenbögen im Nachherbst: alles das ist von einer zähen Unvergänglichkeit, alles das besteht auf sich und hängt, eifersüchtig auf alles Seiende, an seiner schrecklichen Wirklichkeit. Die Menschen möchten vieles davon vergessen dürfen; ihr Schlaf feilt sanft über solche Furchen im Gehirn, aber Träume drängen ihn ab und ziehen die Zeichnungen nach. Und sie wachen auf und keuchen und lassen einer Kerze Schein sich auflösen in der Finsternis und trinken, wie gezuckertes Wasser, die halbhelle Beruhigung. Aber, ach, auf welcher Kante hält sich diese Sicherheit. Nur eine geringste Wendung, und schon wieder steht der Blick über Bekanntes und Freundliches hinaus, und der eben noch so tröstliche Kontur wird deutlicher als ein Rand von Grauen.

Rainer Maria Rilke,
Die Aufzeichnungen des Malte Laurids Brigge, 1910

Der Sommer war schön wie nie und versprach noch schöner zu werden; sorglos blickten wir alle in die Welt. Ich erinnere mich, wie ich noch am letzten Tage in Baden mit einem Freunde durch die Weinberge ging und ein alter Weinbauer zu uns sagte: «So ein' Sommer wie den haben wir schon lange nicht gehabt. Wenn's so bleibt, dann kriegen wir einen Wein wie nie. An den Sommer [1914] werden die Leut' noch denken!»

Stefan Zweig, *Die Welt von gestern*, 1942

Dramatis personae

ELFRIEDE KUHR – deutsches Schulmädchen, 12 Jahre

HERBERT SULZBACH – deutscher Artillerist, 20 Jahre

RICHARD STUMPF – deutscher Schiffsmatrose, 22 Jahre

PÁL KELEMEN – Kavallerist in der österreichisch-ungarischen Armee, Ungar, 20 Jahre

ANDREJ LOBANOV-ROSTOVSKIJ – Ingenieursoffizier in der russischen Armee, 22 Jahre

FLORENCE FARMBOROUGH – Krankenschwester in der russischen Armee, Engländerin, 27 Jahre

KRESTEN ANDRESEN – Soldat in der preußischen Armee, Däne, 23 Jahre

MICHEL CORDAY – französischer Beamter, 45 Jahre

ALFRED POLLARD – Infanterist in der britischen Armee, 21 Jahre

WILLIAM HENRY DAWKINS – Pionier in der australischen Armee, 21 Jahre

RENÉ ARNAUD – Infanterist in der französischen Armee, 21 Jahre

RAFAEL DE NOGALES – Kavallerist in der osmanischen Armee, Südamerikaner, 35 Jahre

HARVEY CUSHING – Feldchirurg in der amerikanischen Armee, 45 Jahre

ANGUS BUCHANAN – Infanterist in der britischen Armee, 27 Jahre

WILLY COPPENS – Kampfflieger in der belgischen Luftwaffe, 22 Jahre

OLIVE KING – Ambulanzfahrerin in der serbischen Armee, Australierin, 28 Jahre

VINCENZO D'AQUILA – Infanterist in der italienischen Armee, Italo-Amerikaner, 21 Jahre

10

EDWARD MOUSLEY – Artillerist in der britischen Armee, Neuseeländer, 28 Jahre

PAOLO MONELLI – Gebirgsjäger in der italienischen Armee,
23 Jahre

Die Angaben beziehen sich auf das jeweilige Alter bei Kriegsbeginn sowie die Hauptbetätigung während des Krieges.

1914

In den Krieg ziehen, nicht für Gut oder Geld, nicht für Vaterland und Ehre, nicht um Feinde zu töten, sondern um die Persönlichkeit zu stärken; um Kraft und Willen zu stärken, Gewohnheiten, Haltungen, Ernsthaftigkeit. Dafür will ich in den Krieg ziehen.

Chronologie der Ereignisse

28. 6. Der österreichisch-ungarische Thronfolger Franz Ferdinand und Gemahlin werden in Sarajevo ermordet.

23. 7. Österreich-Ungarn stellt Serbien ein Ultimatum.

28. 7. Österreich-Ungarn erklärt Serbien den Krieg.

29. 7. Zur Unterstützung Serbiens macht Russland gegen Österreich-Ungarn mobil.

31. 7. Deutschland fordert Russland auf, die Mobilmachung einzustellen, doch sie geht weiter.

1. 8. Deutschland macht mobil. Ebenso Russlands Alliierter Frankreich.

2. 8. Deutsche Truppen marschieren in Frankreich und Luxemburg ein, russische Truppen in Ostpreußen.

3. 8. Deutschland verlangt von Belgien, deutsche Truppen durchs Land passieren zu lassen; die Forderung wird abgelehnt.

4. 8. Deutschland fällt in Belgien ein. Großbritannien erklärt Deutschland den Krieg.

6. 8. Französische Truppen marschieren in die deutsche Kolonie Togo ein.

7. 8. Russland fällt in Ostpreußen ein.

13. 8. Österreich-Ungarn fällt in Serbien ein. Die Invasion scheitert über kurz oder lang.

14. 8. Französische Truppen marschieren in Deutsch-Lothringen ein, werden aber zurückgeschlagen.

18. 8. Russland fällt in die österreichisch-ungarische Provinz Galizien ein.

20. 8. Brüssel fällt. Deutsche Armeen schwärmen nach Süden aus, mit Ziel Paris.

24. 8. Die alliierte Invasion der deutschen Kolonie Kamerun beginnt.

26. 8. Die Schlacht bei Tannenberg beginnt. Die russische Invasion von Ostpreußen wird abgewehrt.

1. 9. Die Schlacht bei Lemberg beginnt. Sie endet mit einer schweren österreichisch-ungarischen Niederlage.

6. 9. Beginn der französisch-britischen Gegenoffensive an der Marne. Der deutsche Marsch auf Paris wird aufgehalten.

7. 9. Die zweite österreichisch-ungarische Invasion Serbiens wird eingeleitet.

11. 9. Im Westen beginnt der sogenannte «Wettlauf zum Meer».

23. 9. Japan erklärt Deutschland den Krieg.

12. 10. Die erste einer Reihe von Schlachten in Flandern.

29. 10. Das Osmanische Reich tritt an der Seite Deutschlands in den Krieg ein.

3. 11. Russland marschiert in die osmanische Provinz Armenien ein.

7. 11. Die deutsche Kolonie Tsingtao in China wird von japanischen und britischen Truppen erobert.

8. 11. Die dritte österreichisch-ungarische Invasion Serbiens beginnt.

18. 11. Eine osmanische Offensive im Kaukasus beginnt.

21. 11. Britische Truppen besetzen Basra in Mesopotamien.

7. 12. Die zweite Schlacht um Warschau beginnt.

1.

ELFRIEDE KUHR SIEHT, WIE DAS INFANTERIEREGIMENT 149
SCHNEIDEMÜHL VERLÄSST

Sommerabend. Warme Luft. Leise Musik in der Ferne. Elfriede
und ihr Bruder sind zu Hause in der Alten Bahnhofstraße 17, aber
sie hören die Klänge, die allmählich lauter werden, und sie haben
verstanden. Sie laufen auf die Straße, auf den gelben, festungsähn-
lichen Bahnhof zu. Der Platz davor ist schwarz von Menschen,
und die elektrische Beleuchtung ist eingeschaltet; Elfriede findet,
dass der bleiche Schein das Laub der Kastanien aussehen lässt, als
wäre es aus Papier.

Sie klettert auf den Eisenzaun, der das Bahnhofsgebäude von
dem überfüllten Platz trennt. Die Musik kommt näher. Sie sieht
einen Güterzug an Bahnsteig 3. Sie sieht, dass die Lokomotive
unter Dampf steht. Sie sieht die offenen Waggontüren, und im
Innern erkennt sie Reservisten in Zivil, die auf dem Weg zur
Mobilmachung sind. Die Männer lehnen sich hinaus, winken und
lachen. Gleichzeitig wird die Musik immer lauter, immer klarer in
der sommerlichen Abendluft. Ihr Bruder ruft: «Sie kommen! Es
sind die Hundertneunundvierziger!»

Sie sind es, auf die alle warten: das Infanterieregiment 149, die
Truppe der Stadt. Sie soll an die Westfront. «Die Westfront»,
ja, ein neues Wort. Bis zu diesem Tag hat Elfriede davon noch
nie gehört. Der Krieg geht ja gegen die Russen, das weiß doch
jeder; die deutsche Armee hat mobilgemacht, um der russischen
Mobilisierung zu begegnen, und die Russen werden gewiss bald
angreifen.[1] Hier in der preußischen Provinz Posen ist es vor allem
die Bedrohung aus dem Osten, die die Gemüter bewegt, da bildet

Schneidemühl keine Ausnahme. Die russische Grenze ist weniger als einhundertfünfzig Kilometer entfernt, zudem führt die Hauptstrecke Berlin–Königsberg durch die Stadt, was sie vermutlich zu einem Ziel für den mächtigen Feind im Osten macht.

Für die Menschen in Schneidemühl gilt ungefähr das Gleiche wie für die Politiker und Generäle, die Europa – suchend, tastend und stolpernd – in den Krieg geführt haben: Es gibt Informationen, aber sie sind fast immer unvollständig oder veraltet, und die fehlenden Fakten werden ersetzt durch Vermutungen, Annahmen, Hoffnungen, Ängste, fixe Ideen, Verschwörungstheorien, Träume, Albträume, Gerüchte. Hier in Schneidemühl genauso wie in Zehntausenden anderen Städten und Dörfern auf dem Kontinent wird das Bild der Welt aus diesem flüchtigen Stoff geformt, vor allem aus Gerüchten.

Elfriede Kuhr ist zwölf Jahre alt, ein unruhiges und aufgewecktes Mädchen mit rotblonden Zöpfen und grünen Augen. Sie hat gehört, dass französische Flugzeuge Nürnberg bombardiert haben, dass eine Eisenbahnbrücke bei Eichenried angegriffen worden ist, dass russische Truppen auf Johannisburg zumarschieren, dass russische Agenten versucht haben, in Berlin den Kronprinzen zu ermorden, dass ein russischer Spion versucht hat, die Flugzeugfabrik am Rande der Stadt in die Luft zu sprengen, dass ein russischer Agent die städtische Wasserversorgung mit Cholera verseuchen und ein französischer Agent die Brücken über die Küddow sprengen wollte.

Nichts von alledem stimmt, aber das wird erst später klar. Im Augenblick scheinen die Leute bereit zu sein, alles Mögliche zu glauben, wenn es nur unglaublich genug ist.

Die Menschen in Schneidemühl halten den Krieg wie die meisten anderen Deutschen letztlich für einen Verteidigungskrieg, der dem Land aufgezwungen wurde, sodass man keine andere Wahl hatte, als ihn anzunehmen. Sie sind, genauso wie die Menschen der Städte und Dörfer in Serbien, Österreich-Ungarn, Russland, Frankreich, Belgien und in Großbritannien, alle erfüllt von Angst

und von Hoffnungen und nicht zuletzt von einem leidenschaft-
lichen Gefühl, im Recht zu sein, denn jetzt steht ein schicksalhaf-
ter Kampf gegen die Mächte der Finsternis bevor. Eine Flutwelle
der Gefühle geht über Schneidemühl, Deutschland und Europa
hinweg und reißt alle mit sich. Was wir als düster empfinden, ist
für sie wie eine Erleuchtung.

Elfriede hört ihren Bruder rufen, und schon sieht sie es selbst.
Dort kommen Soldaten in Reih und Glied, in feldgrauen Uniformen, kurzen Stiefeln aus hellem, ungegerbtem Leder, mit großen
Tornistern und Pickelhauben mit grauem Stoffüberzug. Vorweg
marschiert eine Militärkapelle, und als sie sich jetzt dem Bahnhof
und der Menschenmenge nähern, stimmen sie die Melodie an, die
alle so gut kennen. Die Soldaten singen, und beim Refrain fallen
die Zuschauer sofort mit ein. Das Lied dröhnt durch den August-
abend:

Lieb' Vaterland, magst ruhig sein,
lieb' Vaterland, magst ruhig sein,
fest steht und treu die Wacht, die Wacht am Rhein!
Fest steht und treu die Wacht, die Wacht am Rhein![2]

Die Luft ist erfüllt von Trommelschlägen, Stiefelklappern, Gesang
und Hurrarufen. Elfriede notiert in ihrem Tagebuch:

So kamen die Hundertneunundvierziger Schulter an Schulter und
überfluteten den Bahnsteig wie eine graue Welle. Alle Soldaten trugen
um Hals und Brust lange Gewinde aus Sommerblumen. Selbst in den
Gewehrläufen steckten Sträuße von Astern, Levkojen und Rosen, als
wollten sie den Feind mit Blumen beschießen. Die Gesichter der Sol-
daten waren ernst. Ich hatte gedacht, sie würden lachen und jubeln.

Trotzdem sieht Elfriede einen lachenden Soldaten, einen Leutnant, den sie kennt. Er heißt Schön, und sie beobachtet, wie er
sich von seinen Verwandten verabschiedet und dann durch die

Menschenmenge drängt. Sie sieht, wie man ihm immer wieder auf die Schulter klopft, wie er von den Umstehenden umarmt und geküsst wird. Sie will ihm zurufen: «Hallo, Leutnant Schön!» Aber sie wagt es nicht.

Die Musik spielt, die Menge lässt Hüte und Taschentücher flattern, der Zug mit den Reservisten in Zivil pfeift und fährt los, alle schreien hurra und rufen und winken. Bald werden auch die Hundertneunundvierziger abfahren. Elfriede hüpft herunter vom Zaun, wird aber von der Menge verschluckt und hat das Gefühl, zermalmt zu werden. Sie sieht eine alte Frau mit verweinten Augen, die herzzerreißend ruft: «Paulchen! Wo ist mein Paulchen? Lasst mich doch noch mal meinen Sohn sehen!» Elfriede weiß nicht, wer Paul ist, sie wird gleichsam überrollt von einer Masse von Rücken und Armen und Bäuchen und Beinen. Erschüttert oder vielleicht nur dankbar, dass sie in diesem Gewimmel von Bildern und Geräuschen und Gefühlen etwas hat, worauf sie ihre Aufmerksamkeit richten kann, spricht sie ein schnelles Gebet, während sie dort eingeklemmt steht: «Lieber Gott, behüte diesen Paul! Gib ihn der Frau zurück! Ich bitte, bitte, bitte dich!»

Sie sieht die Soldaten vorbeitrampeln, und neben ihr streckt ein kleiner Junge seine Hand durch die kalten Gitterstäbe des Eisenzauns: «Du, Soldat, adieu!» Einer der Graugekleideten nimmt die ausgestreckte Hand und schüttelt sie: «Adieu, Brüderlein!» Alle lachen, die Kapelle spielt «Deutschland, Deutschland über alles», einige singen mit, und eine lange, mit Blumen geschmückte Wagenreihe fährt quietschend auf Bahnsteig 1 ein. Ein Trompetensignal ertönt, und die Soldaten steigen sofort in den Zug. Flüche, Scherze, Kommandos. Ein Nachzügler läuft an Elfriede, die hinter dem Zaun steht, vorbei. Sie fasst sich ein Herz, streckt die Hand aus und murmelt ein schüchternes «Leb wohl!». Er sieht sie, lacht und ergreift im Vorübergehen ihre Hand: «Wiedersehen, Mädel!»

Elfriede schaut ihm nach. Sie sieht ihn in einen der Güterwagen klettern. Sie sieht, wie er sich umdreht und ihr einen Blick zuwirft. Der Zug ruckt an, fährt erst nur langsam, dann immer schneller.

Das Hurrarufen schwoll zu einem Brausen an, die Gesichter der Soldaten drängten sich in den offenen Türen, Blumen flogen durch die Luft, und auf einmal fingen viele Menschen auf dem Platz an zu weinen.
«Auf Wiedersehen! Auf Wiedersehen in der Heimat!»
«Keine Angst! Wir sind bald wieder zu Haus!»
«Weihnachten feiern wir bei Muttern!»
«Ja, ja, ja! Auf gesundes Wiedersehen!»

Und aus dem fahrenden Zug steigt ein mächtiger Gesang auf. Sie erfasst nur einen Teil des Refrains: «In der Heimat, in der Heimat, da gibt's ein Wiedersehn!» Dann verschwinden die Wagen in der Nacht. Sommerdunkel. Warme Luft.

Elfriede ist ergriffen. Sie geht nach Hause, tränenerstickt. Im Gehen streckt sie die Hand, die der Soldat geschüttelt hat, vor sich aus, als hielte sie darin etwas sehr Kostbares und zugleich sehr Zerbrechliches. Als sie die matt erleuchtete Haustreppe zur Alten Bahnhofstraße 17 hinaufsteigt, küsst sie die Hand, schnell.

2.

Samstag, 8. August 1914

HERBERT SULZBACH WIRD BEIM FELDARTILLERIEREGIMENT 63 IN FRANKFURT ANGENOMMEN

Es sind Tage voller Aufregung gewesen, großer Aufregung. Und einer gewissen Beunruhigung. Schon in den letzten Julitagen hatte er begonnen, sich von seiner Arbeit in der Bank fortzustehlen, um sich in die Menschenmassen zu drängen, die vor den Zeitungsdruckereien versammelt waren. Und als dann die Nachricht von der Mobilmachung kam, stimmte er in den allgemeinen Jubel mit ein.

Das Gefühl, sich gegen einen ungerechten Angriff zu verteidigen, erfüllt die Leute mit einer «unerhörten Kraft»: «Es ist mir beim besten Willen nicht möglich, die Stimmung und Begeisterung wiederzugeben.»

Sein Name ist Herbert Sulzbach, zwanzig Jahre alt und wohnhaft in Frankfurt am Main. Die Familie ist jüdisch, aber großbürgerlich, assimiliert, liberal. Herberts Großvater gilt als einer der Begründer der Deutschen Bank und soll, als der Kaiser ihm den Adelstitel anbot, abgelehnt haben. Von Herbert wird erwartet, dass er sich im Familienunternehmen engagiert. Es war vorgesehen, dass er im Oktober nach Hamburg ziehen und als kaufmännischer Volontär anfangen sollte. Der Krieg ist dazwischengekommen.

Doch Herbert betrachtet sich nicht als Opfer einer Katastrophe. Schon vor Ausbruch des Krieges hat er davon geträumt, auf diesen Umzug nach Hamburg zu pfeifen, auf die Karriere zu pfeifen, die ihn im Wirtschaftsleben erwartet, und stattdessen Soldat zu werden: «Ich bin jetzt zwanzig Jahre alt, und in diesem Alter dient sich's doch am schönsten.» Am Tag nach Kriegsausbruch meldet er sich als Freiwilliger. Er hofft, beim örtlichen Feldartillerieregiment angenommen zu werden, dem Dreiundsechzigsten.

Und wenn sie ihn nicht haben wollen? Deshalb die Beunruhigung. Nicht weniger als eintausendfünfhundert Freiwillige haben sich beim Regiment gemeldet. Es gibt nur Platz für zweihundert.

Fremdsprachige Schilder verschwinden aus den Geschäften. Ab elf Uhr abends ist Ausgangssperre. Es heißt, ein feindliches Flugzeug habe die Stadt überflogen. Das Automobil der Familie, ein Wagen der Marke Adler, ist vom Militär übernommen worden. Der Hausdiener ebenso. Ja, einige Männer aus der Familie und dem Bekanntenkreis sind bereits mobilisiert worden. Wenn sie ihn nun nicht haben wollen?

Doch heute ist ein Freudentag für Herbert Sulzbach. Er ist einer der Auserwählten. «Ich bin endgültig Soldat. Rührende Beweise der Freundschaft von allen Seiten – die Mädels sind alle so besorgt, werden alle mütterlich.»

Bei der Einberufung trifft er manche seiner alten Schulkameraden. Das Wiedersehen ist herzlich. Sie werden alle im selben Bataillon dienen. Die ihnen zugeteilten Uniformen sind blau.

3.

Donnerstag, 20. August 1914

RICHARD STUMPF SCHREIBT AN BORD DER SMS HELGOLAND
EIN GEDICHT AB

Er ist erregt, bis ins Innerste. Noch eine Kriegserklärung, noch ein Staat, der sich zu den Feinden Deutschlands gesellt. Diesmal ist es Japan. Die Regierenden in Tokio haben sich eilends einer wachsenden Zahl von Kriegsopportunisten angeschlossen, die in dieser unsicheren Lage die Gelegenheit nutzen und etwas für sich herausholen wollen, zumeist Territorium. Japan hat dem Außenministerium in Berlin ein Ultimatum gestellt und fordert, dass sämtliche deutschen Kriegsschiffe Asien verlassen und die deutsche Kolonie Tsingtao[3] Japan übergeben wird.

Stumpf schäumt vor Wut. Und es bricht aus ihm heraus: «Ein derartiges unverschämtes Verlangen kann nur von diesen gelben, schlitzäugigen Asiaten gestellt werden.» Er ist überzeugt, dass die deutschen Truppen in Asien den «gelben Affen» tüchtig Prügel verabreichen werden.

Richard Stumpf, zweiundzwanzigjähriger Matrose der deutschen Hochseeflotte, kommt aus der Arbeiterklasse – bevor er sich vor zwei Jahren anwerben ließ, verdiente er seinen Unterhalt als Zinngießer –, er ist aber auch gläubiger Katholik, Mitglied einer christlichen Gewerkschaft und erklärter Nationalist. Wie so viele ist er berauscht vom Kriegsausbruch, nicht zuletzt, weil nun die Rechnung mit den verräterischen Engländern beglichen werden könne; die «eigentliche Ursache» dafür, dass Großbritannien in dem Konflikt Stellung bezogen habe, sei der «Neid auf unsere wirtschaftlichen Erfolge». «Gott strafe England», rufen manche Uniformierte, wenn sie einen Raum betreten, und die obligatorische Antwort lautet: «Er strafe es.»

Stumpf ist intelligent, chauvinistisch, neugierig und voller Vorurteile. Er liebt die Musik und liest gern. Ein Foto zeigt ihn als ernsten jungen Mann mit ovalem Gesicht, engstehenden Augen und einem kleinen, entschlossenen Mund. An diesem Tag ist Stumpf auf See, in der Elbmündung, an Bord des großen Linienschiffes SMS *Helgoland*, auf dem er Dienst tut, seit er in die Marine eingetreten ist.[4] Auf diesem Schiff befand er sich auch bei Kriegsausbruch.

Richard erinnert sich, dass die Stimmung gedämpft war, als ihr Schiff in den Hafen einlief, denn solange sie auf See gewesen waren, hatte es keine aufregenden Nachrichten gegeben; überall hörte man die Menschen über «diesen ganzen Aufstand wegen nichts» klagen. Niemand hatte jedoch Landurlaub erhalten. Stattdessen hatten sie Munition geladen und alles, «was nicht notwendig war», gelöscht. Um halb sechs war das Kommando «Alle Mann achteraus» ertönt, und sie hatten sich aufgestellt. Ein Offizier hatte dann, gefasst und mit einem Stück Papier in der Hand, verkündet, dass die Armee ebenso wie die Flotte in dieser Nacht mobilmachen würden: «Ihr wisst, was das bedeutet – Krieg.» Die Bordkapelle hatte eine patriotische Melodie gespielt, und alle hatten mitgesungen. «Der Jubel und die Begeisterung waren grenzenlos, dauerten bis in die späte Nacht hinein.»

Bei allem Hurrageschrei ist bereits eine merkwürdige Schieflage zu spüren. Es werden gewaltige Energien freigesetzt, die alle mitzureißen scheinen. Stumpf hat unter anderem – nicht ohne Genugtuung – registriert, dass einige radikale Autoren, die als scharfe Kritiker der wilhelminischen Gesellschaft bekannt waren, inzwischen ultrapatriotische Parolen von sich geben. Was in dieser Flutwelle überspannter Gefühle aber untergeht, ist die Frage, *warum* man überhaupt kämpft. Es gibt viele, die wie Stumpf zu wissen glauben, worum es «eigentlich» geht, die eine «wirkliche Ursache» entdeckt zu haben glauben, aber dieses «Eigentliche» und diese «wirkliche

Ursache» sind schon hinter der Tatsache verschwunden, *dass* man kämpft. Der Krieg gibt bereits zu erkennen, dass er sein eigener Zweck ist. Wenige reden noch von Sarajevo.

Manches an Propaganda gegen die wachsende Zahl von Feinden geht, wie Stumpf findet, zu weit. Zum Beispiel die vulgäre Postkarte, die er gerade in einem Laden gesehen hat. Sie zeigt einen deutschen Soldaten, der im Begriff ist, einen feindlichen Soldaten übers Knie zu legen, um ihm den Hintern zu versohlen, während er zu anderen, die daneben stehen und warten, sagt: «Nur nicht drängeln. Ihr kommt alle dran.» Oder etwa die gerade besonders populäre Parole, die die Jungs auf der Straße skandieren und mit Kreide auf die Eisenbahnwaggons schmieren: «Jeder Schuß ein Ruß, jeder Stoß ein Franzos', jeder Tritt ein Brit' und jeder Klaps ein Japs.» Anderes hat ihn tief berührt, wie jenes Gedicht des Schriftstellers Otto Ernst, das in der nationalistischen Zeitung *Der Tag* zu lesen war und das die Tatsache kommentiert, dass Deutschland sich jetzt mit sieben Staaten im Krieg befindet. Das Gedicht ergreift ihn so sehr, dass er es in sein Tagebuch schreibt, Wort für Wort. Zwei Strophen lauten:

O mein Deutschland, wie musst du stark sein
Wie gesund bis ins innerste Mark sein
Dass sich's keiner allein getraut
Und nach Sechsen um Hilfe schaut.

Deutschland, wie musst du von Herzen echt sein
O wie strahlend hell muss dein Recht sein
Dass der mächtigste Heuchler dich hasst
Dass der Brite vor Wut erblasst.

Und das Finale:

Morde den Teufel und hol dir vom Himmel
Sieben Kränze des Menschentums
Sieben Sonnen unsterblichen Ruhms.

Die aufgepeitschte Rhetorik und der hohe Ton der Propaganda stehen in krassem Gegensatz zur tatsächlichen Lage. Es gibt sehr wohl Konflikte, aber keiner ist so unlösbar, dass der Krieg notwendig, geschweige denn so akut, dass er unausweichlich wäre. Unausweichlich wurde dieser Krieg erst in dem Augenblick, als er für unausweichlich gehalten wurde. Gerade wenn die Motive vage und die Ziele schwankend sind, wird die Energie gebraucht, die in den fetten, wohlschmeckenden Reden enthalten ist.

Richard Stumpf schlürft sie ein und gerät ins Schweben, berauscht von Worten. Und um ihn herum schaukelt die grau gestrichene SMS *Helgoland* auf dem Wasser, ungeheuer schwer, abwartend. Einen Feind hat man noch nicht gesehen. An Bord ist eine gewisse Ungeduld zu spüren.

4.

Dienstag, 25. August 1914

PÁL KELEMEN ERREICHT DIE FRONT BEI HALITSCH

Anfangs wurde er das Gefühl nicht los, dass es sich eigentlich nur um eine weitere Übung handelte. Alles hatte in Budapest begonnen. Pál erinnert sich, wie er unter den Blicken der Zuschauer sein Gepäck in eine Droschke lud und sich, in Husarenuniform mit roten Hosen, blauer Tunika, bestickter hellblauer Attila und hohen Lederstiefeln, durch die unübersehbare Menschenmenge auf dem Ostbahnhof drängelte und den Weg zu seinem Zug bahnte, um schließlich auf einem Stehplatz im Gang zu landen. Und er erinnert sich, wie die Frauen weinten. Eine wäre gestürzt, hätte sie nicht ein Fremder aufgefangen. Das Letzte, was er sah, als der Zug langsam anfuhr, war ein älterer Mann, der hinter dem Waggon herlief, um seinen Sohn noch einmal zu sehen.

Nach der heißen, aber nicht allzu unbequemen Zugfahrt hatte er sich beim Husarenregiment in Szeben gemeldet – wie üblich;

der Mann, der ihn empfing, hatte ihn im Übrigen keines Blickes gewürdigt, sondern nur gesagt, wohin er gehen sollte. Und später am selben Nachmittag hatte er sich in der strahlenden Augustsonne zum Mobilmachungsort in Erfalu begeben und dann Quartier bei einem Bauern genommen – wie üblich.

Danach folgte Routine: Materialempfang, inklusive Pferd und Sattel, gegen Quittung; Ausbezahlung des Solds; ein langer, unerträglich langer Sermon über praktische Fragen in einem viel zu heißen Raum, wo die Leute ohnmächtig wurden, der Strom der Worte aber unaufhaltsam weiterfloss.

Dann aber änderte sich das Bild.

Zuerst der Nachtmarsch zum Zug. Und die langsame Fahrt, auf der man an jedem Bahnhof von jubelnden Menschenmengen empfangen wurde: «Musik, Fackeln, Wein, Deputationen, Flaggen. Hurra auf die Armee! Hurra, hurra!» Dann das Ausladen, der erste Marsch. Aber noch kein eigentliches Zeichen von Krieg, etwa Geschützdonner; es hätte immer noch eine Übung sein können. Blauwarmer Himmel, Geruch von Pferdekot, Schweiß, Heu.

Pál Kelemen ist zwanzig Jahre alt, geboren in Budapest, wo er die Lateinschule besucht und unter dem später so berühmten Dirigenten Fritz Reiner Geige gespielt hat. In vieler Hinsicht ist Kelemen ein typisches Produkt des urbanen Mitteleuropa am Anfang des 20. Jahrhunderts: weitgereist, belesen, aristokratisch, ironisch, kultiviert, distanziert, ein Liebhaber der Frauen. Er hat an den Universitäten von Budapest, München und Paris studiert und sogar eine gewisse Zeit in Oxford verbracht. Als sie nach Stanislau hineinritten, eine Bezirksstadt im österreich-ungarischen Galizien (er ein junger, eleganter Husarenleutnant; gibt es etwas Eleganteres als einen ungarischen Husarenleutnant?), hatte er nicht zuerst an den Krieg, sondern an die Frauen gedacht. Er glaubt ihnen ansehen zu können, dass sie in einer Provinzstadt leben: «Ihre Haut ist weiß, sehr blass, und in ihren Augen ist eine funkelnde Glut.» (Dies im Gegensatz zu den Frauen in den Großstädten, deren Blicke müder seien, verschleierter.)

Erst als die Division Halitsch erreicht, bricht sie schließlich zusammen: die Illusion, dass dies vielleicht nur ein Manöver sein könnte.

Unterwegs sind ihnen Bauern und Juden begegnet, die sich auf der Flucht befinden. In der Stadt herrschen Unruhe und Verwirrung; es heißt, die Russen seien in der Nähe. Kelemen notiert in seinem Tagebuch:

Wir schlafen im Zelt. Um halb zwölf in der Nacht: Alarm! Die Russen nähern sich der Stadt. Ich glaube, alle haben ein wenig Angst. Ich werfe mich in meine Kleider und laufe hinaus, um mich meinem Zug anzuschließen. Auf der Straße haben sich Infanteristen postiert. Geschützdonner. Etwa fünfhundert Meter weiter vorn knattern Gewehre. Automobile rauschen vorüber. Die Lichter ihrer Karbidlampen ziehen sich in langer Reihe von Stanislau bis nach Halitsch.

Ich komme an den Wachtposten vorbei, klettere über den mit einer Hecke bewachsenen Zaun, vorbei an den Gräben am Fahrdamm. Mein Zug erwartet mich, aufgesessen, und wir sind bereit für weitere Befehle.

Als der Morgen graut, strömt die Bevölkerung in langen Kolonnen aus der Stadt. Auf Wagen, zu Fuß, zu Pferd. Jeder tut, was er kann, um sich selbst zu retten. Alle haben mitgenommen, was sie tragen können. Und auf allen Gesichtern sind Erschöpfung, Staub, Schweiß und Panik zu sehen, eine entsetzliche Mutlosigkeit, Qual und Leiden. Ihre Augen sind voller Angst, ihre Bewegungen zaghaft; ein furchtbarer Schrecken lastet auf ihnen. Es ist, als ob die Staubwolke, die sie aufwirbeln, an ihnen festklebt und nicht weiterziehen kann.

Ich liege schlaflos neben der Straße und betrachte dieses infernalische Kaleidoskop. Man sieht sogar Militärfahrzeuge, und in den Feldern sind Soldaten auf dem Rückzug zu erkennen, Infanterie in panikartiger Flucht, versprengte Reiterei. Niemand besitzt noch seine vollständige Ausrüstung. Das Gewimmel erschöpfter Menschen zieht sich durch das Tal. Man flieht zurück nach Stanislau.

Was er, am Straßenrand liegend, beobachtet, ist das Ergebnis eines der ersten blutigen, wirren Zusammenstöße mit den russischen Invasionsarmeen. Genau wie alle anderen Beteiligten hat er aber nur ein sehr unklares Bild von dem, was eigentlich geschehen ist, und es wird Jahre dauern, bis die verschiedenen Impressionen zu dem verschmelzen, was man die Schlacht bei Lemberg nennt. Aber um zu verstehen, dass diese Schlacht zu ebenso gewaltigen wie überraschenden Verlusten für die österreichisch-ungarische Armee führte, braucht man kein Generalstabswerk.

5.

Mittwoch, 2. September 1914

ANDREJ LOBANOV-ROSTOVSKIJ SIEHT, WIE SICH
IN MOKOTÓW DIE SONNE VERDUNKELT

Jetzt sind sie an der Reihe, zum Einsatz zu kommen. Die Berichte sind widersprüchlich. Oben in Ostpreußen scheint etwas ernstlich schiefgelaufen zu sein bei der russischen Invasion. Rennenkampfs Armee ist offenbar auf dem Rückzug und die von Samsonow auf der Flucht. Das kann doch nicht stimmen! Unten in Galizien haben die russischen Invasionstruppen scheinbar mehr Erfolg. Lemberg kann jeden Moment fallen. Aber obwohl die Verstärkungen eigentlich eher gegen die Deutschen im Norden gebraucht werden als gegen die Österreicher in Galizien, ist Lobanov-Rostovskijs Schützenbrigade für die südliche Front bestimmt. Man soll helfen, die bereits zurückweichenden österreichisch-ungarischen Divisionen an der polnischen Grenze aufzureiben.[5]

Gegenwärtig stehen sie als Reserve in Warschau und kampieren auf einem großen Feld in Mokotów. Andrej Lobanov-Rostovskij ist Pionier in der russischen Armee[6] und Gardeleutnant, ein Rang, den er eher seiner Herkunft als seiner Eignung verdankt. Er ist nämlich ein feingeistiger Zweiundzwanzigjähriger, der ständig liest, vor allem französische Romane, aber gern auch historische Werke. Lobanov-Rostovskij, Diplomatensohn, hat eine gute Ausbildung (er hat Jura studiert, nicht nur in St. Petersburg, sondern auch in Nizza und Paris), einen etwas ängstlichen Charakter und ist körperlich nicht besonders robust.

Der Ausbruch des Krieges war für ihn ein merkwürdiges Erlebnis gewesen. In jeder freien Stunde war er in die Stadt gelaufen, um im Gedränge mit all den anderen aufgeregten Menschen an den Aushängen der Zeitungsredaktionen Flugblätter und Telegramme zu lesen. Die Begeisterung hatte ihren Höhepunkt erreicht, als die Nachricht eintraf, dass Belgrad beschossen worden sei, und es gab spontane Demonstrationen für den Krieg, auf denselben Straßen, die vor nur wenigen Tagen spontane Kundgebungen von Streikenden erlebt hatten. Er hatte gesehen, wie die Menge Straßenbahnen anhielt und Offiziere herauszerrte, nur um sie unter Hurrarufen in die Luft zu werfen, und besonders erinnert er sich an einen betrunkenen Arbeiter, der einen vorbeigehenden Offizier umarmte und küsste, während alle lachten. Der August ist ein staubiger Monat und ungewöhnlich heiß gewesen, und obwohl er wie alle Offiziere die langen Märsche zu Pferd gemacht hat, wäre er in der Hitze fast kollabiert.

An Kampfhandlungen hat er bisher noch nicht teilgenommen. Das Schlimmste, was er gesehen hat, war ein großer Brand, der in einer kleinen polnischen Stadt ausbrach, in der sie Quartier genommen hatten, und bei dem die gerade mobilisierten Soldaten in der Erregung und der Angst vor Spionen acht Juden unter dem Vorwand umbrachten, sie hätten die Löscharbeiten zu verhindern versucht.[7] Es hatte ganz allgemein eine angespannte Atmosphäre geherrscht.

Um zwei Uhr stellt sich die ganze Brigade auf dem Feld auf, vor den vielen kleinen Zelten. Es ist Zeit für den Gottesdienst. Während der Messe geschieht etwas Merkwürdiges. Die Sonne verdunkelt sich. Als sie zum Himmel aufblicken, sehen sie, was es ist: eine partielle Sonnenfinsternis. Die meisten finden es ein bisschen unheimlich. Auf die Soldaten, die besonders abergläubisch sind, macht das Schauspiel «einen unerhörten Eindruck».

Unmittelbar nach dem Gottesdienst folgt der Aufbruch. Alle Einheiten der Brigade werden auf Züge verladen. Das Ganze dauert (wie üblich) länger als vorgesehen. Als Lobanov-Rostovskijs Einheit an die Reihe kommt, ist schon Nacht. Auch als sie endlich verladen sind, geht es kaum schneller. Der Zug rollt sehr gemächlich durch die Dunkelheit nach Süden. Das haben alle Züge von 1914 gemeinsam: die Langsamkeit. Manchmal bewegen sich diese Waggons mit der Geschwindigkeit eines Fahrrades.[8] Die Eisenbahnstrecken sind nämlich voll ausgelastet, die Züge haben in dieser Phase des Krieges oft nur ein einziges Ziel: die Front.[9]

Nicht zum ersten Mal bleibt Lobanov-Rostovskij auf einer Eisenbahnlinie stecken, auf der die Truppenzüge buchstäblich Schlange stehen. Für fünfundzwanzig Kilometer brauchen sie vierundzwanzig Stunden. Die Schienenstöße klappern einen ungewöhnlich langsamen Takt. Marschieren wäre deutlich schneller gegangen, aber Befehl ist Befehl.

*

Am selben Tag schreibt Herbert Sulzbach in sein Tagebuch:

Um 3.45 Uhr morgens Wecken; dann feierlicher Gottesdienst und um 8 Uhr der langersehnte Abmarsch nach knapp vier Wochen Ausbildung. Wir gehören zu den wenigen und ersten Freiwilligen, die schon an die Front kommen. Wir werden am Güterbahnhof verladen, und eine eigenartige Stimmung überkam mich, zusammengesetzt aus Glück, Erhebung, Stolz und Abschiedsempfindung und dem Bewusstsein der Größe dieser Stunde. Wir zogen in geschlossener Formation, 3 Batterien, durch die Stadt, von der Bevölkerung bejubelt.

6.

September 1914

«Ich wollte ihn sehen; ich wollte den Tod sehen.» So schreibt sie selbst. Sie hatte noch nie vor einer Leiche gestanden, ja, bis vor kurzem nicht einmal einen Erwachsenen im Krankenbett erlebt, vielleicht etwas seltsam, da sie immerhin siebenundzwanzig Jahre alt ist, aber das lässt sich wohl damit erklären, dass sie bis zum August 1914 ziemlich behütet gelebt hat. Florence Farmborough ist in England geboren und aufgewachsen, auf dem Lande, in Buckinghamshire, lebt aber seit 1908 in Russland. Sie hat als Gouvernante der Töchter eines bekannten russischen Herzchirurgen in Moskau gearbeitet.

Die internationale Krise, die sich während des schönen und warmen Spätsommers 1914 zusammengebraut hatte, war im Großen und Ganzen an ihr vorbeigegangen, da sie sich mit der Familie auf deren Datscha außerhalb von Moskau befand. Nach der Rückkehr in die Stadt hatte sie jedoch ein «jugendlicher Enthusiasmus» ergriffen wie so viele andere. Ihr altes und ihr neues Heimatland hatten sich jetzt im Kampf gegen denselben Feind vereinigt, gegen Deutschland, und die tatkräftige junge Frau begann sich zu fragen, was sie selbst zum Kriegseinsatz beitragen konnte. Die Antwort folgte umgehend: Sie wurde Krankenschwester. Ihrem Arbeitgeber, dem bekannten Chirurgen, gelang es, die Verantwortlichen in einem der privaten Lazarette, die gerade in Moskau errichtet wurden, zu überreden, Florence und seine beiden Töchter als Freiwillige anzunehmen.

Es waren wunderbare Tage. Dann begannen die Verwundeten einzutreffen, jeweils zu zweit oder zu dritt. Vieles war anfangs unangenehm, und sie zuckte sogar zurück, als sie eine besonders grässliche klaffende Fleischwunde vor sich hatte. Aber im Laufe der Zeit gewöhnte sie sich daran. Außerdem war die Stimmung so gut. Es gab ein neues Gefühl des Zusammenhalts, nicht zuletzt unter den Soldaten:

Sie pflegen eine seltsame Kameradschaft: Weißrussen verkehren höchst freundschaftlich mit Ukrainern, Kaukasier mit Leuten vom Ural, Tataren mit Kosaken. Meist sind es verträgliche, geduldige Männer, dankbar für die Aufmerksamkeit, die sie erhalten; sie klagen selten oder nie.

Und doch wollen viele so schnell wie möglich zurück an die Front. Es herrscht auch großer Optimismus, unter den Soldaten wie beim Lazarettpersonal. Bald sind die Wunden verheilt, bald sind die Soldaten wieder im Dienst, bald ist der Krieg gewonnen. Das Lazarett nimmt in der Regel nur leichtere Fälle auf, was vielleicht erklärt, dass Florence auch nach drei Wochen noch keinen Toten gesehen hat.

Als sie an diesem Morgen ins Lazarett kommt, trifft sie eine der Nachtschwestern. Florence hat den Eindruck, dass sie «müde und angespannt» aussieht, und die Frau sagt im Vorbeigehen: «Vasilij ist heute Morgen gestorben.» Vasilij ist einer von denen, die Florence gepflegt hat. Er war zwar Soldat, aber nur als Stallknecht eines Offiziers, und seine Verwundung war ironischerweise keine «richtige» Kriegsverletzung. Vasilij wurde von einem verängstigten und unruhigen Pferd übel am Kopf getroffen, und als sie ihn operierten, kam noch eine zweite Ironie hinzu. Sie entdeckten nämlich einen unheilbaren Hirntumor. Drei Wochen hat er ruhig in seinem Bett gelegen, ein blonder, gebrechlicher kleiner Mann, der immer dünner wurde, weil es ihm schwerfiel zu essen, der aber dauernd Wasser trinken wollte. Und nun ist er gestorben, so still und einsam, wie er gelebt hat.

Florence will die Leiche sehen. Sie schlüpft in den Raum, der als Leichenhalle dient, und schließt die Tür behutsam hinter sich. Dort liegt Vasilij oder das, was Vasilij gewesen ist, auf einer Bahre.

Er war so schmal und dünn und zusammengeschrumpft, dass er eher einem Kind als einem erwachsenen Mann glich. Sein erstarrtes Gesicht war grauweiß, nie zuvor habe ich eine so seltsame Gesichtsfarbe gesehen, und seine Wangen waren zu zwei Hohlräumen eingesunken.

Auf den Lidern liegen Zuckerstücke, um sie geschlossen zu halten. Ihr ist unbehaglich, nicht so sehr wegen des leblosen Körpers als wegen der Stille, des Schweigens. Sie denkt: «Der Tod ist etwas furchtbar Unbewegliches, so still, so fern.» Sie spricht ein kurzes Gebet für den Toten und verlässt schnell den Raum.

7.

Samstag, 26. September 1914

RICHARD STUMPF HILFT, DIE SMS HELGOLAND
FÜR DEN KAMPF VORZUBEREITEN

Die Reveille wird an diesem Herbstmorgen schon um vier Uhr geblasen. Das Schiff und seine Besatzung erwachen zu einem Vormittag voll frenetischer Aktivität. Ihre Hauptaufgabe besteht darin, 300 Tonnen Kohle zu löschen. Normalerweise teilen ihnen die Offiziere nichts mit, aber es geht das Gerücht, dass die englische Flotte ausgelaufen ist. Einige sagen, sie sei unterwegs in die Ostsee. Andere glauben, sie sei schon im Großen Belt. Stumpf sieht, dass das erste und dritte Geschwader ebenfalls in den Hafen gekommen sind. «Etwas Wichtiges ist im Gange.»

Stumpf vermutet, dass das Löschen der Kohle den Zweck hat, das Schiff leichter zu machen, damit sie so schnell wie möglich den Kaiser-Wilhelm-Kanal passieren können.[10] Er schreibt in sein Tagebuch:

Wir, das heißt die ganze Besatzung, arbeiteten also angestrengt den ganzen Morgen. Zu Mittag waren bereits 120 Tonnen Kohlen entladen. Da kommt vom Geschwaderflaggschiff ein Winkspruch herüber: «Aufhören mit den Vorbereitungen».

Das war wieder eine Enttäuschung! Alles unnötige Arbeit. Diese verfluchten Engländer! Wir sind aber anscheinend ausgezeichnet über die Bewegungen ihrer Flotte orientiert.

Er fügt hinzu:

In den nun folgenden Tagen und Wochen passierte nichts Erwähnenswertes mehr.

8.

Montag, 28. September 1914

KRESTEN ANDRESEN LERNT IN FLENSBURG,
WIE MAN FLEISCHWUNDEN VERBINDET

Bald ist es so weit. Es kann einen Tag dauern, vielleicht zwei oder möglicherweise drei. Aber dann werden sie sich auf den Weg machen. Und dabei geht es nicht nur um das übliche Kasernenhofgeschwätz. Die Luft schwirrt ja von Gerüchten: Vermutungen, die zu Wahrscheinlichkeiten erhoben wurden, Hoffnungen, die sich in Fakten verwandelt haben, Ängste, die als Behauptungen daherkommen. Ungewissheit ist die Natur des Krieges, das Nichtwissenkönnen sein Medium.

Aber die Zeichen sind eindeutig. Es herrscht Urlaubssperre, niemand darf die Kaserne verlassen. An diesem Tag hat es auch nicht so viel Drill und sonstiges unnützes Training gegeben. Stattdessen lernten sie das Überlebensnotwendige, wie man eine Fleischwunde verbindet, welche Regeln für den Notproviant (die sogenannte Eiserne Ration) gelten, wie sie sich bei Eisenbahntransporten verhalten sollen und was geschieht, wenn man desertiert (Todesstrafe). Es ist das Leben des wehrpflichtigen Soldaten als Quadratur: Kampf, Rationen, Transport, Zwang.

Kresten Andresen ist unruhig, bekümmert und ängstlich. Der Gedanke an die Front weckt in ihm nicht den geringsten Funken Sehnsucht. Er gehört einer jener nationalen Minderheiten an, die sich plötzlich und ohne eigenes Verschulden in einen großen Krieg hineingezogen sehen, an dem sie eigentlich kein Interesse haben. Viele bereiten sich in diesen Tagen darauf vor zu sterben – und für ein Land zu sterben, mit dem sie sich im Grunde nur äußerlich verbunden fühlen: Elsässer und Polen, Ruthenen und Kaschuben, Slowenen und Finnen, Südtiroler und Siebenbürger, Balten und Bosnier, Tschechen und Iren.[11] Andresens Sprache ist Dänisch, aber er ist deutscher Staatsbürger, er wohnt im früher dänischen Schleswig, das seit mehr als einem halben Jahrhundert zum Deutschen Reich gehört.[12]

In allen Ländern mit großen nationalen Minderheiten gibt es ein ausgeprägtes Bewusstsein für die Schwierigkeiten, die dadurch in Kriegszeiten entstehen können. Das Ganze wird jedoch zunächst als eine Polizeiangelegenheit betrachtet. Auch in den dänischsprachigen Gebieten Deutschlands. Kaum hing der Mobilisierungsbefehl aus, wurden Hunderte von Dänen verhaftet, die als Anführer oder zumindest als potenzielle Rädelsführer galten. Auch Andresens Vater zählte zu denen, die bei Nacht, in einem geschlossenen Automobil, abgeholt wurden.[13] In den ersten Wochen herrschte eine seltsame Stimmung zwischen Jubel und Hysterie, Hoffnung und Angst, die in Wut umschlug. Und natürlich immer wieder Gerüchte.

Auch für ihn war der Kriegsausbruch ein merkwürdiges Erlebnis gewesen. Er hatte gerade letzte Hand an ein Manuskript gelegt: «Ein Buch über Frühling und Jugend». Es war eine Art Prosagedicht über das Landleben, die Natur und die junge Liebe. Das Manuskript selbst war so etwas wie eine Liebestat, mit seinem hellblauen Umschlag, seinen hübsch kolorierten Vignetten und handgezeichneten Initialen – alles selbstgemacht. Das Werk schloss mit den Zeilen: «Eine Glocke verklingt, noch eine und noch eine; die Glocken verstummen mehr und mehr; immer schwächer tönt der Klang, ersterbend; dann verstummen sie ganz. Tod, wo ist dein Stachel? Hölle, wo ist dein Sieg?» Und gerade als er die letzten Worte schrieb, kam sein Vater ins Zimmer und berichtete, dass die Mobilmachung begonnen hatte. Da fügte Kresten in aller Eile ganz unten auf der letzten weißen Manuskriptseite einige Zeilen hinzu: «Ach, gnade uns Gott, die wir mitmüssen, und wer weiß, wann wir zurückkommen!»

Andresen trägt die deutsche Uniform jetzt seit sieben Wochen. Als er in die überfüllte Kaserne in Flensburg einrückte, erfuhr er, dass sie vier Wochen ausgebildet und dann nach Frankreich geschickt werden sollen. In derselben Nacht hörte er, wie ein zum Kampf ausgerüstetes Bataillon abmarschierte, wobei es «Die Wacht am Rhein» sang. Dann folgten Tage scheinbar endlosen Exerzierens in sengender Hitze. Andresen hat sich besser zurechtgefunden, als er zu hoffen gewagt hatte. Zwar dienen nur wenige Dänen in seiner Kompanie, aber er fühlt sich trotzdem nicht wie ein Außenseiter. Gewiss gibt es Schinder unter den Unteroffizieren, die aber in der Regel von den Offizieren klein gehalten werden. Doch ihm macht zu schaffen, dass nicht einmal in der Freizeit über etwas anderes als «Krieg und wieder Krieg» gesprochen wird, sodass sogar er sich an den Gedanken gewöhnt hat. Er schießt recht gut. Seine erste Serie waren zwei Zehner und ein Siebener.

Inzwischen sind mehrere Kontingente abmarschiert, singend, einem ungewissen Schicksal entgegen. Dass Andresen noch in der Kaserne ist, liegt zum Teil an etwas so Banalem wie fehlender Ausrüstung, teils daran, dass zuerst die Freiwilligen abrücken. Als sich die Kompanie heute nach dem Unterricht aufstellt, wird es klar und deutlich gesagt: Ein neues Kontingent soll umgehend an die Front geschickt werden. Wer meldet sich freiwillig?

Alle heben die Hände, bis auf drei. Andresen ist einer von ihnen. Man fragt ihn nach dem Grund, lässt ihn dann aber in Ruhe. Gemeinsam mit einem anderen Dänen besucht er später einen

Freund, und sie verspeisen «in großer Andacht» ein Huhn, das ihm seine Mutter geschickt hat. Am Abend schreibt Andresen in sein Tagebuch:

> *Man ist so betäubt, dass man ruhig in den Krieg zieht, ohne Tränen und ohne Angst, und doch wissen wir alle, dass wir auf dem Weg in die reine Hölle sind. Aber in einer steifen Uniform schlägt das Herz nicht, wie es will. Man ist nicht man selbst, kaum noch ein Mensch, höchstens ein gut funktionierender Automat, der alles ohne viel Nachdenken tut. Ach, Herr Gott, könnte man doch wieder Mensch sein!*

Das schöne und warme Spätsommerwetter, das seit dem Kriegsausbruch geherrscht hat, ist jetzt den Herbstwinden gewichen. Ein kräftiger und kalter Nordwest zieht über Flensburg hinweg. Das Laub rauscht. Die Kastanien regnen aus den Bäumen.

9.

Sonntag, 4. Oktober 1914

ANDREJ LOBANOV-ROSTOVSKIJ NIMMT
AN DER SCHLACHT BEI OPATÓW TEIL

In der grauen Dämmerung eröffnet die Artillerie wieder das Feuer. Andrej Lobanov-Rostovskij erwacht sofort von dem rollenden, schwingenden Dröhnen, ein bisschen betäubt von Müdigkeit, denn er hat nur ein paar Stunden geschlafen. Er richtet sich taumelnd auf. Von der Anhöhe aus, auf der sie in der Nacht kampiert haben, sieht er in der Ferne weiße Explosionswolken aufblühen. Er beobachtet, wie sie sich über die flachen Hügel im Süden und Westen ausbreiten. Er sieht die von Blitzen durchzuckten Rauchschwaden weiterziehen, unerbittlich wie ein Lavastrom. Er verfolgt, wie sich die Feuerwalze der Stadt nähert; er sieht, wie sie auftrifft. Zivilisten rennen dort unten in Panik durch die Straßen. Schließlich wird Opatów fast ganz verschluckt vom Rauch detonierender Granaten und brennender Häuser. Am Ende ist nur noch ein Kirchturm zu sehen, der aus den wallenden Schwaden aufragt.

Das Artilleriefeuer wird heftiger. Mächtige Geräuschwellen schlagen von beiden Seiten über ihnen zusammen: Detonationen von Granaten, Krachen von Gewehrschüssen, Knattern von Maschinengewehren. Sie sehen nicht viel und sind selbst nicht betroffen, aber nach dem Kampflärm zu urteilen, tobt jetzt eine Schlacht «in einem Halbkreis um uns herum». Die Kompanie steht immer noch oben auf der Anhöhe, entsprechend dem Befehl «Bleibt, wo ihr seid, und wartet auf Instruktionen». Um elf Uhr treffen neue Instruktionen ein. Man soll sich ein Stück zurückziehen.

Nach einer halben Stunde blickt Lobanov-Rostovskij sich um. Am Oktoberhimmel sieht er einen mächtigen Rauchpilz. Opatów wird von den Flammen verzehrt. Und nicht nur Opatów: Alle Dörfer auf beiden Seiten stehen jetzt in Flammen. Sie haben immer mehr Mühe, auf der Straße voranzukommen, auf der es von Männern, Frauen und Kindern wimmelt, die in ihrer Panik planlos umherrennen, in Wellen vor und zurück, im Takt mit dem Kampflärm ringsherum. Dort irgendwo macht die Kompanie halt.

Was ist eigentlich geschehen? Nun, die Verfolgung der Österreicher durch die russische Armee südlich von Krakau wurde eingestellt. Der Grund sind Herbstschlamm, Nachschubprobleme (natürlich, so ist es fast immer, wenn schnelle und schöne Vorstöße plötzlich stocken) sowie unerwartet auftauchende deutsche Truppen.[14]

Ungefähr um zwölf Uhr ist Lobanov-Rostovskijs Kompanie umringt von «einem ganzen Feuerkreis». Immer noch weiß niemand, was geschieht. Nach den Geräuschen zu urteilen, wird auch hinter ihnen gekämpft, auf der Straße nach Sandomierz. Noch sind sie selbst nicht unter Beschuss geraten, aber die Explosionen detonierender Granaten kommen immer näher. Eine berittene Maschinengewehrabteilung zieht vorbei. Nach einer kurzen Unterredung mit einem unbekannten Stabsoffizier erhält Lobanov-Rostovskij den Befehl, das Kommando über die zwanzig mit Sprengstoff und anderer Ausrüstung beladenen Einspänner der Kompanie zu übernehmen und der Maschinengewehrabteilung nach hinten zu folgen, aus der Einkreisung heraus. Er bekommt zwanzig Soldaten zugeteilt. Der Rest der Kompanie bleibt, wo er ist.

Lobanov-Rostovskij macht sich also auf den Weg: er zu Pferd, zwanzig Mann in zwanzig Einspännern mitsamt – welch Überraschung – einer Kuh, die eigentlich zum Mittagessen geschlachtet werden sollte, jetzt aber durch die unerwartete Wendung eine Gnadenfrist bekommen hat. Lobanov-Rostovskij ist unruhig, denn die Maschinengewehrabteilung bewegt sich auf ihren Pferden so schnell, dass sie nur schwer folgen können. Später wird er berichten: «Ich hatte keine Karten und nicht die geringste Vorstellung von der Lage oder wo ich mich befand.» Bei einer Brücke, vor der sich drei Straßen kreuzen, bleiben sie in einem gewaltigen Verkehrsstau aus Flüchtlingen, Vieh, Pferden und von Pferden gezogenen Sanitätswagen stecken, die mit Verwundeten beladen sind. Die Brücke wird von einem Flüchtlingskarren blockiert, der mit zwei Rädern über dem Wasser schwebt. Während Soldaten sich bemühen, ihn wieder auf die Brücke zu heben, beginnen über ihren Köpfen Schrapnells[15] zu explodieren:

Die Verwirrung unter den Bauern war unbeschreiblich. Frauen und Kinder schrien vor Schreck, Männer versuchten, ihre in Panik geratenen Zugtiere zu halten, und eine hysterische Frau klammerte sich an mein Pferd und rief: «Herr Offizier, wie kommt man am sichersten hier heraus?», was ich aus naheliegenden Gründen nicht anders beantworten konnte, als sehr allgemein in eine Richtung zu weisen. Ein Mann, der drei störrische Kühe vor sich hertrieb, konnte sie gerade rechtzeitig auf einen Nebenweg führen, um zu erleben, wie auch dieser von Granaten getroffen wurde. Er machte kehrt, nahm einen anderen Weg, der aber ebenso unter Beschuss lag, woraufhin er schließlich völlig die Fassung verlor und zurück zu seinem brennenden Dorf eilte.

Nachdem er schließlich die Brücke passiert hat, findet Lobanov-Rostovskij die Straße voller fliehender Zivilisten samt ihren Karren, weshalb er seine kleine Gruppe stattdessen über die Felder lenkt. Die berittenen Maschinengewehrschützen verschwinden in der Ferne. Lobanov-Rostovskij hat erneut keine Ahnung, wo er sich befindet. Er versucht, sich am Kampflärm zu orientieren. Dann und wann schlagen um sie herum Granaten ein, hier und da Salven entfernter Maschinengewehre. Er kann nur raten, wie es weitergeht.

Als sie unterwegs zu einer zweiten Brücke sind, detonieren einige Schrapnells dicht über der kleinen Kolonne. Der Mann an der Spitze lenkt vor Schreck seinen Pferdekarren mit höchster Geschwindigkeit den gefährlich steilen Hügel hinunter, der zu der Brücke führt. Um zu verhindern, dass sich Panik ausbreitet, holt Lobanov-Rostovskij den Mann ein und tut dann etwas, was er noch nie getan hat und bisher nicht einmal im Traum getan hätte: Er prügelt mit der Reitpeitsche auf den erschrockenen Soldaten ein. Die Ordnung wird wiederhergestellt; sie gelangen glücklich über den Wasserlauf und ziehen dann weiter auf dem Grund einer steilen Schlucht.

In der Schlucht herrscht Chaos. Einige Artilleristen mühen sich ab, drei Kanonen zu bergen, die sich festgefahren haben. Verwundete strömen in zunehmender Zahl die Hänge herab, hinunter in Sicherheit; Lobanov-Rostovskij erkundigt sich nach dem Geschehen und fragt, zu welchem Verband sie gehören. Die blutenden Männer sind viel zu durcheinander und verwirrt, um vernünftige Antworten zu geben. Ein Offizier galoppiert in hohem Tempo vorbei, mit einer geretteten Regimentsfahne vor sich auf dem Sattel – eine Momentaufnahme der Atavismen des Jahres 1914: nicht nur der Kampf unter dem wehenden Banner, sondern auch die geradezu heilige Ehrensache, die darin bestand, die eigenen Feldzeichen niemals in feindliche Hände fallen zu lassen. Der Offizier mit der Fahne wird mit Anfeuerungsrufen empfangen: «Sei vorsichtig!» Auf beiden Seiten der Schlucht detonieren Granaten. Staub hängt in der Luft, und es riecht nach Brand- und Pulverrauch.

Nachdem er noch eine Weile in der Schlucht weitergegangen

ist, mit dem Kompass in der Hand und nicht nur von seiner eigenen Abteilung, sondern auch von drei- bis vierhundert Verwundeten gefolgt, erkennt Lobanov-Rostovskij bestürzt, dass sie – in der Falle sitzen. Zwar führt ihr Weg aus der Schlucht heraus und weiter zur großen Landstraße nach Sandomierz. Das Problem ist nur, dass sich eine deutsche Artilleriebatterie ganz in der Nähe in Stellung gebracht hat. Sie eröffnet sofort das Feuer, als die russische Gruppe aus der Schlucht herauskommt. Lobanov-Rostovskij und die anderen weichen zurück. Weiter entfernt, rechts von der großen Landstraße, sind außerdem noch mehr deutsche Batterien zu erkennen. Lobanov-Rostovskij ist entmutigt, ratlos.

Da geschieht etwas Merkwürdiges, aber durchaus nicht Ungewöhnliches. Die deutschen Kanonen in ihrer Nähe werden von den eigenen Truppen auf der anderen Seite der Landstraße beschossen, die sie fälschlicherweise für russische halten. Die deutschen Batterien liefern sich ein wildes Artillerieduell. Unterdessen schleichen Lobanov-Rostovskij und die anderen Russen sich an ihnen vorbei. Die deutschen Artilleristen bemerken ihren Irrtum zwar bald, aber da ist der Feind bereits auf der Landstraße nach Sandomierz und einigermaßen in Sicherheit. Von allen Nebenstraßen schließen sich Verbände auf dem Rückzug an. Sie bilden «ein einziges langes schwarzes Band von Karren, beladen mit Verwundeten, aufgeriebenen Artilleriebatterien und allen möglichen Teilen verschiedener Waffen».

Und dann der nächste Atavismus: Ein Kavallerieregiment in vollendeter Kampfformation kommt auf die Landstraße zu geritten – ein schönes Gemälde aus der Zeit der Napoleonischen Kriege. Deutsche? Nein, russische Husaren. Die Kavallerieoffiziere reiten heran. Ihr ruhiges Lächeln steht in krassem Gegensatz zu der Verwirrung und Angst, die unter den Zurückweichenden herrschen. Es zeigt sich, dass die Kavallerie einem ganz anderen Korps angehört und also keine Ahnung hat, was geschehen ist und gerade geschieht.

Als sich Lobanov-Rostovskij und seine kleine Kolonne gegen

Abend Sandomierz nähern, scheint das Schlimmste vorbei zu sein. Eine neu eingetroffene, ausgeruhte Schützendivision ist dabei, sich auf beiden Seiten der Landstraße einzugraben. Als die Kolonne schließlich in die Stadt einziehen will, findet Lobanov-Rostovskij die Straßen zu eng und das Gedränge zu groß, sodass er seine zwanzig Wagen am Straßenrand warten lässt. Er stellt fest, dass die Kuh noch bei ihnen ist. Sie scheint die Strapazen ausgezeichnet überstanden zu haben. Der Himmel ist bewölkt.

Im ungeordneten Strom von Verbänden, die an ihm vorbeiziehen, erkennt er einen wieder: das Infanterieregiment, auf das er in der vergangenen Nacht stieß, als es unter freiem Himmel auf den Straßen von Opatów ausruhte, ein einziges regloses, schlafendes Durcheinander von Köpfen und Beinen und Armen und Körpern, weiß gefärbt vom hellen Mondschein. Heute Morgen hatten sie viertausend Mann gezählt. Von diesen sind noch dreihundert übrig sowie sechs Offiziere. Das Regiment ist nahezu ausgelöscht, aber keineswegs geschlagen. Sie tragen noch ihre Fahnen. Und die Ordnung ist gut.

Am Abend beginnt es zu regnen. Erst jetzt fällt Lobanov-Rostovskij auf, dass er den ganzen Tag nichts gegessen hat. Bei all der Aufregung hat er keinen Hunger verspürt. Gegen elf Uhr erscheint der Rest der Kompanie, übel zugerichtet, aber immerhin. Sie haben zum Glück die Feldküche bei sich. Nun bekommen alle zu essen. In der Ferne nimmt der Kanonendonner ab. Schließlich ist es ganz still. Das, was man später die Schlacht bei Opatów nennen wird, ist zu Ende.

Strömender Regen. Es ist jetzt Mitternacht.

Lobanov-Rostovskij und einige andere kriechen unter die aufgestellten Karren, um in ihrem Schutz zu schlafen. Anfangs geht es ganz gut, aber das Regenwasser findet bald einen Weg unter die Wagen. Den Rest der Nacht verbringen sie am Straßenrand sitzend, schweigend, wachend, fast tierhaft geduldig, und warten auf die Dämmerung.

10.

Dienstag, 6. Oktober 1914

HERBERT SULZBACH LIEGT IN EINEM BIWAK VOR LILLE

Sie sind unrasiert und ein paar Tage nicht aus den Kleidern gekommen – sie tragen noch immer ihre blauen Friedensuniformen. Und sie haben noch keine Gelegenheit gehabt, die Pferde abzusatteln. Vor zwei Tagen erlebten sie ihre Feuertaufe. Drinnen in Lille. Es hätte schlimm ausgehen können.

Eine Fehleinschätzung oder auch eine Selbstüberschätzung veranlasste irgend jemanden, ihre Batterie, zusammen mit Infanteristen, direkt in die Stadt zu schicken. Der Geräuschpegel war unbeschreiblich und machte es fast unmöglich, sich untereinander durch Rufe zu verständigen. Die Luft war erfüllt von Brandrauch. Sie gerieten in einen Hinterhalt: Man konnte nicht erkennen, woher die Schüsse kamen. In den engen Straßen stießen verschiedene Verbände zusammen, es kam zu chaotischen Staus. Am Ende waren sie gezwungen, sich aus der Stadt zurückzuziehen. Erneute Versuche, sie zu erobern, misslangen.

Sie haben ihre ersten Toten und Verwundeten.

Jetzt sind sie aus der Kampflinie genommen worden und haben auf einer Wiese ein Biwak aufgeschlagen. Mit seinem Interesse an Menschen und seiner offenen Art hat Sulzbach schnell neue Freunde gefunden. Einer von ihnen ist ein großer und stiller Fahnenjunker im gleichen Alter, Kurt Reinhardt. Sie reden miteinander, während sie Wasser für die Pferde holen. Sie reden über alles. Nur nicht über den Tod.

Später brechen sie gemeinsam auf, um etwas Essbares und Trinkbares zu suchen. Sie erreichen ein verlassenes Herrenhaus. Der Ort bietet einen traurigen Anblick. Alles ist zerstört oder geplündert. Im Keller findet Sulzbach jedoch einige Flaschen edlen Wein. Mit ihrer Beute wandern sie zum Biwak zurück. Viele französische Weinkeller werden während der Kämpfe in diesem Herbst geplündert. Viele Kämpfe werden im Nebel ausgetragen, sei es im Nebel des Rausches oder im Nebel der Erschöpfung oder in beidem.

Sulzbach liegt zwischen zwei Pferden und schreibt Tagebuch. Er ist immer noch aufgewühlt von den Ereignissen vor zwei Tagen, sieht aber ein, dass es noch schlimmer hätte ausgehen können. Sie müssen froh sein, aus dieser schrecklichen Falle überhaupt entkommen zu sein. Ihn empört das Verhalten des Feindes, der nicht kämpft wie ein Mann, nein, «hinterlistig bombardierte er uns aus sicherem Versteck!». Aber er ist stolz, dass der Hauptmann ihn gelobt hat. Und er ist stolz, dabei zu sein, hier, wo so große Dinge geschehen. Er schreibt ins Tagebuch: «Man hat immer das Gefühl, dass es etwas Herrliches ist, einer von den Millionen zu sein, die mitkämpfen können, empfindet es als Notwendigkeit.»

Bald werden sie einen neuen Vorstoß gegen Lille unternehmen. Und in ein oder zwei Tagen werden sie die in den Kämpfen vom Sonntag Gefallenen begraben. Er singt viel. Die Nächte werden allmählich länger und kälter.

11.
Samstag, 10. Oktober 1914[16]

ELFRIEDE KUHR HÖRT KRIEGSGESCHICHTEN
BEI EINEM KAFFEEKRÄNZCHEN IN SCHNEIDEMÜHL

Herbstfarben. Oktoberhimmel. Kühle Luft. Der Lehrer bringt ein Nachrichtentelegramm zum Unterricht mit und liest vor: Vor zwei Tagen ist die Stadt Antwerpen gefallen, und jetzt hat auch die letzte Festung kapituliert, was bedeutet, dass die langwierige Belagerung vorbei ist und der deutsche Vormarsch entlang der Küste nach Flandern weitergehen kann. Die abschließenden Worte des Berichts kann Elfriede kaum verstehen, weil alle Kinder vor Freude aufschreien.

Das ist in ihrer Schule zum Ritual geworden, dieses laute Gebrüll, wenn ein neuer deutscher Triumph bekanntgegeben wird.
Elfriede glaubt, dass viele nur deshalb brüllen, weil sie hoffen, dass
der Sieg mit einem freien Tag gefeiert wird. Oder dass der Rektor,
ein strenger großer Herr mit Kneifer und weißem Spitzbart, über
ihren jugendlichen Patriotismus so entzückt ist, dass er ihnen zumindest die letzten Stunden erlässt. (Als der Kriegsausbruch in der
Schule bekanntgegeben wurde, war der Rektor so ergriffen gewesen, dass er weinte. Er war es, der den Gebrauch ausländischer
Wörter in der Schule verboten hat. Bei Übertretung drohen fünf
Pfennig Geldstrafe. Es heißt «Mutter», nicht «Mama», «auf Wiedersehen», nicht «adieu», «Kladde», nicht «Diarium», «fesselnd»,
nicht «interessant» und so weiter.) Auch sie selbst jubelt bei der
Nachricht vom Fall des Fort Breendonk, nicht weil sie glaubt, dass
sie freibekommen, sondern nur, weil es Spaß macht: «Ich finde es
wundervoll, aus vollem Halse in einem Haus zu brüllen, in dem
man sonst immer still sein muss.» Im Klassenzimmer befindet
sich eine Karte, auf der deutsche Siege durch Nadeln mit kleinen
schwarz-weiß-roten Fahnen markiert werden. Die Stimmung in
der Schule und in Deutschland allgemein ist aggressiv, übermütig,
chauvinistisch, triumphierend.

Nach der Schule nimmt sie an einem kleinen Kaffeekränzchen
teil. Elfriedes Eltern sind geschieden. Sie hat keinen Kontakt zu
ihrem Vater, und ihre Mutter ist berufstätig, sie betreibt eine kleine
Musikschule in Berlin. Deshalb wohnt Elfriede mit ihrem Bruder
bei der Großmutter in Schneidemühl.

Man kommt wie üblich auf den Krieg zu sprechen. Jemand
hat auf dem Bahnhof einen neuen Transport russischer Kriegsgefangener gesehen. Früher erregten die Gefangenen Aufsehen
«mit ihren langen braunen Mänteln und ihren zerlumpten Hosen», aber jetzt werden sie kaum noch beachtet. Während die
deutschen Armeen weiter vorrücken, kommen die Zeitungen mit
immer neuen Zahlen von Kriegsgefangenen, einer Art Börsenkurs
des Krieges, wobei die Notierung des Tages «Suwalki 27 000» und

«westlich von Iwangorod 5800» lautet. (Ganz zu schweigen von anderen, handfesten Siegessymbolen: Die Zeitungen berichten in diesem Monat, dass 1630 Eisenbahnwaggons erforderlich waren, um die Beute abzutransportieren, die nach dem großen Sieg bei Tannenberg gemacht wurde.) Was soll man mit den Gefangenen tun? Fräulein Ella Gumprecht, eine unverheiratete Lehrerin mittleren Alters mit fester Meinung, runden Wangen und onduliertem Haar, weiß Rat: «Warum schießt man die Kerle nicht einfach tot?» Die anderen halten das für eine schreckliche Idee.[17]

Die Erwachsenen tauschen Kriegsgeschichten aus. Fräulein Gumprecht erzählt von einem Mann, der von Kosaken in ein brennendes Haus geworfen wurde, aber fliehen konnte, auf einem Fahrrad, in Frauenkleidern. Die Kinder antworten mit einer Geschichte, von der ihnen ihre Mutter aus Berlin berichtet hat:

Ein deutscher Vizefeldwebel der Reserve, in Zivil Professor der romanischen Philologie in Göttingen, musste einen Trupp gefangener Franzosen von Maubeuge nach Deutschland geleiten. Von fern her donnern die Kanonen. Mit einem Mal sieht der diensttuende Leutnant, wie sein Vizefeldwebel mit einem Franzosen in Streit gerät. Der Franzose fuchtelt aufgeregt mit den Händen, und hinter der Brille des Vizefeldwebels funkeln zornig die Augen. Der Leutnant reitet herbei, da er Tätlichkeiten befürchtet. Er fährt mit einem Donnerwetter dazwischen. Da klärt ihn der Vizefeldwebel, noch voller Erregung, auf: Der gefangene Franzose, der seine Stiefel mit Bindfäden zusammengebunden hatte, war Professor an der Sorbonne. Die beiden Herren waren miteinander in Streit geraten, weil sie über die Häufigkeit des Konjunktivs in altprovenzalischen Minneliedern verschiedener Meinung waren!

Alle lachen, Fräulein Gumprecht so sehr, dass sie sich an einem Stück Nussschokolade verschluckt. Die Großmutter aber wendet sich an Elfriede und ihren Bruder: «Kinder, sagt mir, ist das denn nun nicht eine Sünde und Schande, dass zwei Professoren aufeinander schießen müssen? Die Soldaten sollten die Gewehre hinwerfen und sagen: ‹Wir machen nicht mehr mit.› Und sollten nach Haus gehen!» Fräulein Gumprecht empört sich und wird schrill: «Und unser Kaiser? Und unsere deutsche Ehre? Und der gute Ruf unserer deutschen Soldaten?» Die Großmutter erhebt ihre Stimme und antwortet: «Die Mütter sollten alle zum Kaiser gehen und sagen: ‹Jetzt aber Frieden!›»

Elfriede ist verblüfft. Sie weiß, dass die Großmutter die Nachricht von der Mobilmachung mit Sorge vernommen hatte. Dies ist nämlich ihr dritter Krieg: Zuerst der gegen die Dänen 1864, dann gegen die Franzosen 1870. Und auch wenn die Großmutter genau wie alle anderen fest davon überzeugt ist, dass Deutschland noch einmal siegen und dass der Sieg auch diesmal schnell eintreten wird, kann sie das Geschehene doch nicht für gut halten. Aber so zu reden? Elfriede hat dergleichen noch nie gehört.

12.
Dienstag, 13. Oktober 1914
PÁL KELEMEN VERBRINGT DIE NACHT
AUF DEM GEBIRGSPASS BEI LUZUNA

Vorwärts und zurück und wieder vor. Zuerst die hektischen Vormärsche der ersten Kriegsmonate in Galizien, den einfallenden Russen entgegen, mit all den blutigen Gefechten, die damit verbunden waren («die Schlacht bei Lemberg»), dann der Rückzug in wirren Sprüngen von Fluss zu Fluss, bis man plötzlich an den Karpaten und an der Grenze zu Ungarn stand – schrecklich. Dann Pause, Schweigen, nichts. Danach der Befehl zu neuem Vorrücken, aus den Gebirgspässen der Karpaten heraus, hinunter zu den Ebenen im Nordosten und dem belagerten Przemyśl. Die Verluste sind enorm.[18]

Der Winter kommt ungewöhnlich früh. Er beginnt mit tüchtigem Schneefall, der plötzlich alle Wege unpassierbar macht, weshalb es den österreichisch-ungarischen Verbänden unmöglich ist, vorzurücken oder auch zurückzuweichen. Pál Kelemens Division ist in einem dieser vereisten Bergpässe gefangen. Rings um die Pferde türmt sich der nasse Schnee zu hohen Wehen auf. Frierende Soldaten hocken an kleinen Feuern oder gehen umher und schlagen sich die Arme um den Leib. «Niemand spricht.»

Pál Kelemen schreibt in sein Tagebuch:

Es gibt nur ein einziges heiles Gebäude in dem Gebirgspass, ein kleines Wirtshaus, das an der Grenze [zwischen Galizien und Ungarn] steht. Im ersten Raum hat man einen Feldtelegraphen installiert; im zweiten haben sich die Stabsoffiziere des Kavalleriekorps einquartiert. Ich komme um elf Uhr abends an und schicke eine Mitteilung ans Hauptquartier, in der ich erkläre, dass zurzeit kein Weiterkommen ist. Dann lege ich mich in einer Ecke auf eine Matratze und schlüpfe unter meine Wolldecke.

Der Wind heult durch das baufällige Dach und lässt die Fensterscheiben klappern. Draußen ist es pechschwarz. Hier drinnen kommt das einzige Licht von der flackernden Flamme einer einsamen Kerze. Der Telegraph arbeitet pausenlos, gibt die Befehle vor dem morgigen Angriff weiter. Im Flur und auf dem Dachboden liegen reihenweise Leute, die mit ihrer Truppe nicht Schritt halten konnten – es sind die Schwachen, die Kranken, die Leichtverwundeten, die morgen den Rückweg antreten werden.

Ich bin halb wach, erschöpft, einige Offiziere liegen auf kleinen Strohhaufen um mich herum. Die frierenden und zitternden Männer in der Umgebung des Hauses haben mit Hilfe von Brettern aus dem angrenzenden Stall Feuer gemacht, und die Flammen, die ins nächtliche Dunkel züngeln, locken noch mehr verirrte Soldaten an.

Ein Sergeant kommt herein und bittet um die Erlaubnis, einen seiner Kameraden in die Wärme zu holen: Der Betreffende ist kaum bei Bewusstsein und würde in der Kälte draußen sicher sterben. Sie legen ihn neben die Tür auf Stroh, zusammengekauert, das Weiße der Augen teilweise sichtbar, der Nacken tief zwischen die Schultern gezogen. Sein

Mantel ist an mehreren Stellen von Kugeln durchlöchert, und der Saum ist auf irgendeinem Lagerplatz vom Feuer angesengt worden. Seine Hände sind steif vor Kälte, und sein ausgezehrtes, gequältes Gesicht ist bedeckt von einem struppigen, ungepflegten Bart.

Der Schlaf übermannt mich. Die «Titi-tata»-Signale des Telegraphen werden zu einem fernen Rauschen.

Im Morgengrauen werde ich vom Lärm der Männer geweckt, die sich bereitmachen, um weiterzumarschieren, verwirrt und betäubt sehe ich mich in diesem elenden Nachtquartier um. Durch die mit Eisblumen bedeckten niedrigen Fenster dringt graubleiches Tageslicht und erfüllt jeden Winkel des Raums. Nur der Soldat, der gestern Abend hereingetragen wurde, liegt noch da, das Gesicht nach unten, zur Wand gerichtet.

Die Tür zum hinteren Raum wird geöffnet, und einer der Adjutanten, Fürst Schönau-Gratzfeld, tritt herein, frisch rasiert, in Pyjamas, und bläst Rauch aus einem länglichen türkischen Chibouk in die verbrauchte, säuerliche Luft.

Er bemerkt den Soldaten, der reglos in seiner Ecke liegt, geht zu ihm, weicht aber erschrocken zurück. Indigniert gibt er den Befehl, die Leiche des Mannes, der offenbar an der Cholera gestorben ist, sofort zu entfernen. Dann zieht er sich mit empörter Miene zurück in den hinteren Raum. Zwei Soldaten schleppen eine Reisebadewanne aus Gummi hinter ihm her, die mit einem Adelswappen geschmückt und mit warmem Wasser gefüllt ist.

*

Am gleichen Abend zieht Herbert Sulzbach mit seiner Batterie ins brennende Lille ein. Ein Militärorchester spielt *Die Wacht am Rhein*. Er notiert im Tagebuch:

Das Erlebnis des Einzuges und dieses ersten selbsterfochtenen Sieges erfüllt jeden von uns vollkommen. Ich unterhalte mich noch lange mit meinem Freunde Kurt R. Wir schweifen ab auf das Zivilleben,

erzählen aus der Kindheit, und alles, was einem früher im Leben so
selbstverständlich vorgekommen ist, erscheint jetzt als etwas paradiesisch
Schönes.

13.

Sonntag, 25. Oktober 1914[19]

MICHEL CORDAY NIMMT DEN ZUG ZURÜCK NACH BORDEAUX

Zuweilen bewegt er sich unter den Menschen, als wäre er auf einem anderen Planeten, inmitten des absurd Unbegreiflichen. Ist das hier wirklich seine Welt? Im Grunde nicht. Michel Corday ist ein 45-jähriger Beamter im Ministerium für Handel und Postwesen, aber auch Sozialist, Friedensfreund und Literat. Er schreibt über Literatur und Politik in Zeitungen und Zeitschriften und hat auch einige Romane veröffentlicht, darunter ein paar recht erfolgreiche. (Er ist früher Offizier gewesen, und mehrere seiner Werke spiegeln diese Erfahrung wider, zum Beispiel *Intérieurs d'officiers* von 1894 und *Cœurs des soldats* von 1897, während sich andere gesellschaftlichen Themen oder dem Herzschmerz widmen.)

Michel Corday war ursprünglich sein *nom de plume*[20], und dieser bedächtige, mit einem Schnurrbart geschmückte Mann ist offensichtlich ein recht typischer Intellektueller der Jahrhundertwende mit einer Doppelexistenz: Weil er von seiner Feder nicht leben kann, muss er als Beamter sein Geld verdienen. Gleichzeitig ist der Unterschied zwischen beiden Existenzen nicht besonders groß: Er hat den Namen gewechselt, auch sein Beamten-Ich heißt jetzt Corday. Alle wissen, dass er schreibt. Mit Anatole France ist er eng befreundet.

In den ersten Septembertagen, als es wirklich so aussah, als wären die Deutschen nicht aufzuhalten, hatte die Regierung Paris verlassen und mit ihr die Bediensteten der Ministerien. Im Automobil waren sie aus der in Panik geratenen Stadt entkommen – «die

Fliehenden rannten einander auf dem Bahnhof um, als befänden sie sich in einem brennenden Theater» – und hatten Zuflucht in Bordeaux gesucht. Cordays Ministerium wurde in einer Einrichtung für Taubstumme in der Rue Saint-Sernin untergebracht. Und jetzt, mehr als einen Monat nachdem die Deutschen an der Marne gestoppt wurden, heißt es immer öfter, es sei für die Regierung und die Ministerien Zeit zurückzukehren. Cordays eigene Familie ist nach Saint-Amand evakuiert worden. Er hat sie besucht und reist an diesem Abend zurück nach Bordeaux.

Für Corday war der Kriegsausbruch eine schändliche Niederlage, und er hat sich damit noch nicht abgefunden. Er hatte die Ferien am Meer verbracht und war krank geworden, er erfuhr von den Geschehnissen durch Zeitungslektüre und Telefongespräche. Nur langsam konnte er sich ein Bild machen. Eine Weile hatte er vergeblich versucht, sich durch Lesen abzulenken. «Jeder Gedanke und jede Tat, die der Kriegsausbruch auslöste, war ein bitterer Schlag gegen die große Überzeugung, die ich in meinem Herzen trug: die Idee des steten Glücks und Fortschritts für alle Menschen. Ich hätte nicht gedacht, dass dergleichen geschehen könnte. Es bedeutete, dass mein Glaube in sich zusammenfiel. Der Kriegsausbruch markierte das Erwachen aus einem Traum, den ich genährt habe, seit ich zu denken begann.» Am Strand spielten die Kinder Krieg: Die Mädchen waren Krankenschwestern, die Jungen verwundet. Von seinem Fenster aus sah er einen Trupp Artilleristen abmarschieren, singend, und da brach er in Tränen aus.

Dem Jubel und Chaos in jenen warmen Augusttagen ist wirklich eine andere, fremde Welt entsprungen.

Teils im Äußeren: all diese Frauen, die keine Kosmetika mehr benutzen, «aus patriotischen Gründen»; diese Uniformen überall, denn Uniformen sind die neueste Mode; all die immer länger werdenden Warteschlangen vor Messen und Beichtstühlen; die Ströme von Flüchtlingen, beladen mit ihren Bündeln; die Verdunkelung in der Stadt; die Straßensperren mit übereifrigen, despotischen Milizen; all diese Truppentransporte, mit Unversehrten auf dem Weg zur Front oder mit Verwundeten, die von dort zurückkehren.

Teils im Inneren: das ständige Abfeuern vaterländischer Parolen, so überspannt wie zwangsläufig; die neue Kompromisslosigkeit: «Freundlichkeit, Humanität – alles ist weggefegt»; die hysterische Tonlage in der Propaganda ebenso wie in den Gesprächen der Menschen über den Krieg (eine Frau erklärte ihm, man solle nicht weinen über die, die an die Front marschierten, Mitleid verdienten die Männer, die nicht am Kampf teilnehmen könnten); die verwirrende Mischung aus Großzügigkeit und Egoismus; die plötzliche Unfähigkeit, irgendwelche Nuancen wahrzunehmen: «Man wagt nicht, etwas Schlechtes über den Krieg zu sagen. Der Krieg ist zum Gott geworden.» Aber Corday tut seine Pflicht als guter Beamter.

Auf der Hinreise war der Zug von Frauen bestürmt worden, die allen Uniformierten Obst, Milch, Kaffee, Schnittchen, Schokolade und Zigaretten aufdrängten. In einer Stadt hatte er Jungs gesehen, die mit Polizeihelmen auf dem Kopf Sanitäter spielten. In keinem Bahnhof gibt es noch einen Wartesaal: Sie dienen jetzt als provisorische Lazarette oder Lagerräume für militärische Ausrüstung. Auf dem Weg zurück hört er irgendwo zwischen Saint-Pierre und Tours, wie sich zwei Familien unterhalten: «Beide zählten resigniert ihre Gefallenen auf, als handelte es sich um Opfer einer Naturkatastrophe.»

In Angoulême wird ein Mann auf einer Trage in den Zug gehoben und in einem Abteil nebenan untergebracht. Er wurde durch einen Granatsplitter am Rücken verwundet und ist jetzt gelähmt. Begleitet wird er von einer Krankenpflegerin, die seine Wunde untersucht, und einer blonden Frau, in der Corday die Frau des Gelähmten oder seine Geliebte vermutet. Er hört, wie sie zur Krankenschwester sagt: «Er weigert sich zu glauben, dass ich ihn immer noch liebe.» Als die Pflegerin das Abteil verlässt, um sich die Hände zu waschen, beginnen die blonde Frau und der

Gelähmte sich leidenschaftlich zu küssen. Und als die Schwester wieder auftaucht, tut sie, als sähe sie es nicht, und starrt nur in die Nacht hinaus.

In Cordays eigenem Abteil sitzt ein kleiner Unteroffizier, der gerade von der Front zurückgekehrt ist. Sie plaudern ein wenig miteinander. Gegen vier Uhr morgens hält der Zug an einem Bahnhof, und der Unteroffizier steigt aus. Ein Mädchen stürzt dem kleinen Mann entgegen und wirft sich in seine Arme. Corday schreibt: «Dass so viel Liebe, dass die Liebe all der Mütter, Schwestern, Frauen und Freundinnen bisher ohnmächtig ist gegen all diesen Hass.»

Auf den Bahnhöfen, an denen sie vorbeikommen, sieht man in den Kiosken farbige Illustrierte, die aber allesamt in den ersten Tagen des August gedruckt wurden. Seitdem sind keine aktuellen Ausgaben mehr erschienen. Es ist, als habe eine neue Zeitrechnung begonnen.

14.

Mittwoch, 4. November 1914

PÁL KELEMEN WIRD NÖRDLICH VON TURKA VERWUNDET

Die Nacht ist schön, mondklar, sternenkalt. Nur widerwillig verlässt sein Pferd den warmen Stall und trabt in den beißend kalten Wind hinaus. Die Armee ist wieder einmal auf dem Rückzug. Sie haben den Befehl, dafür zu sorgen, dass die zurückweichenden Verbände nicht ins Stocken oder gar zum Stillstand kommen. Es wird nämlich eine neue Verteidigungslinie errichtet. Schon gegen zwei Uhr heute Nacht soll sie fertig und hoffentlich mit frischer Infanterie besetzt sein, die jetzt unterwegs ist zum Pass hinauf. Die Aufgabe, die man Kelemen und seinen Husaren gestellt hat, ist nahezu unlösbar, denn es fällt ihnen schwer, sich in der Dunkelheit einen Überblick zu verschaffen. Auf dem Weg herrscht bereits Chaos. Langsam reiten sie bergauf, durch den trägen grauen Strom von Männern, Pferden, Wagen, Kanonen, Munitionskarren und Packeseln.

Er beobachtet etwas, das im Mondschein wie lange schwarze Striche im weißen Schnee aussieht – das sind die neu ausgehobenen Schützengräben. Er hört das Geräusch von Gewehrfeuer – es sind die Russen, die dort vorn Druck zu machen beginnen – und registriert, dass der Strom der Zurückmarschierenden abgeebbt ist, aber immer noch erscheinen einzelne Gruppen von Fliehenden. Kelemen und seine Männer weisen ihnen den Weg. Die Straße ist vereist und sehr glatt. Sie müssen absitzen und ihre Pferde führen. Kelemen schreibt in sein Tagebuch:

Unterdessen hat die russische Artillerie das Feuer an diesem gesamten Frontabschnitt eröffnet. Ich schwinge mich wieder in den Sattel und reite in Richtung des Geschützdonners. Der Mond geht gerade unter, und in der scharfen Kälte beginnt sich der Himmel zu verdunkeln. Schwere Rauchschwaden von Granaten und Kartätschen segeln unter den Wolken heran.

Ein paar verlassene Armeewagen stehen auf dem Weg, ohne Mannschaft oder Pferde. Wir haben sie gerade passiert, als ich einen harten Schlag verspüre, der mich an meinem linken Knie trifft, während gleichzeitig mein Pferd unruhig wird. Ich denke, ich bin in der Dunkelheit gegen etwas gestoßen. Ich betaste mein Knie und hebe dann instinktiv meine behandschuhte Hand ans Gesicht. Sie ist warm und feucht, und jetzt verspüre ich einen scharfen, pochenden Schmerz.

Mogor reitet neben mir, und ich sage zu ihm, dass ich glaube, getroffen worden zu sein. Er reitet dicht heran und sieht, dass auch mein Pferd eine Wunde hat, eine kleine, an der Lende. Aber Pferd und Reiter können weiterziehen. Hier könnte man ohnehin nicht absitzen. Es gibt in der Nähe keinen Verbandsplatz. Und zu versuchen, bis zur Erste-Hilfe-Station der Infanterie bei der vordersten Linie zu gelangen, ist viel gefährlicher, als wieder zurückzureiten, da sie im Sturmfeuer stehen.

Auf einfache, aber doch freundliche Weise versucht Mogor tapfer, meine Aufmerksamkeit von der Wunde abzulenken. Er tröstet mich, indem er beteuert, dass wir sicher bald auf einen marschierenden Trupp stoßen werden, bei dem sich ein Arzt befindet.

Es wird immer heller. Im Osten geht die Sonne mit leuchtenden Farben auf. Der Himmel strahlt, die schneebedeckten Berge treten scharf gegen die dunkelgrünen Nadelwälder hervor. Ich habe das Gefühl, dass mein Bein wächst, dass es immer länger wird. Mein Gesicht wird heiß, und ich halte den Zügel mit steifer Hand. Mein Pferd, dieses prächtige, intelligente Tier, sucht sich mit noch immer sicheren Schritten seinen Weg durch die Schneehaufen.

Schließlich erreichen wir den südlichen Ausgang des Passes. Hier, auf der windgeschützten Seite, ist der Weg nicht ganz so vereist, und als die Sonne in ihrer Herrlichkeit das Tal vor uns mit ihrem Licht erfüllt, sehen wir die ersten abgelegenen Häuser am Rande eines Dorfs.

Auf dem offenen Marktplatz treffen wir auf Vas, der besorgt fragt, warum wir so spät kommen, und der Anzeichen von Panik verrät, als Mogor berichtet, was geschehen ist. Im Laufe der Nacht ist die Dorfschule eilig in einen Verbandsplatz verwandelt worden, und mit Vas auf der einen und Mogor auf der anderen Seite reite ich auf das Tor des Schulhofs zu.

Jetzt beginnt alles vor meinen Augen zu verschwimmen. Ich schaffe es nicht mehr, aus dem Sattel zu steigen; mein linkes Bein ist taub geworden. Zwei Krankenpfleger helfen mir aus dem Sattel, und Mogor führt das Pferd weg. Vorsichtig legen sie mich ab; als mein linkes Bein den Boden berührt, kann man das Blut, das sich im Stiefel gesammelt hat, glucksen hören. Ich kann nicht aufstehen. Mit der Unbekümmertheit, die bezeichnend ist für die Jugend, hält mir Vas seinen Taschenspiegel vor Augen, und ich sehe darin ein fremdes, gelbes, altes Gesicht.

15.

Sonntag, 8. November 1914[21]

ALFRED POLLARD HEBT EINEN SCHÜTZENGRABEN
BEI LA BASSÉE AUS

Eigentlich wäre es nicht notwendig gewesen, aber sie zum Graben vorzuschicken ist eine Methode, sie zu beschäftigen, während sie auf einen neuen Marschbefehl warten.[22] Niemand sagt ihnen, dass sie sich in Acht nehmen sollen.

So vieles ist neu und ungewohnt. Die Front im Westen ist jetzt endgültig erstarrt, und richtige Kämpfe finden vorerst nur oben in Flandern statt: die erste Schlacht bei Ypern. Beide Seiten sind vor allem damit beschäftigt, sich einzugraben. Was nicht immer so einfach ist, wie es klingt. Niemand hat diesen merkwürdigen Stellungskrieg vorausgesehen, man hat kaum Erfahrung damit. Später wird Pollard berichten: «1914 waren die Schützengräben grässlich.» Abwasser und Reinhaltung funktionieren nicht, und es gibt keine Schutzräume oder Bunker, sondern nur kleine Abschnitte mit Dächern, die bestenfalls den Regen abhalten, aber nicht viel mehr. Ja, die ganze Landschaft des Stellungskriegs ist neu, nicht zuletzt ihre trügerische Leere. Denn wo befindet sich eigentlich der Feind? Hier ist er nicht zu sehen. Und wo überhaupt ist der Krieg in dieser ganzen Stille?

Sie trabten also los zu jenem Punkt einen knappen Kilometer vor der Front, stellten fest, dass kein Feind zu sehen war und demzufolge keine Gefahr drohte, und begannen zu graben. Am ersten Tag hatten die Deutschen sie schaufeln und hacken lassen, ohne Tarnung (die im Übrigen nicht zu bekommen war), in Sichtweite, in vollem Sonnenschein. Aber am zweiten fanden sie offenbar, dass es reichte.

Pollard ist jetzt seit drei Monaten bei der Armee. Um fünf Uhr am Nachmittag des 8. August hatte er die Versicherungsgesellschaft in der St. James Street verlassen, wo er als Bürokraft gearbeitet hatte, um nie wieder zurückzukehren. Der Entschluss war ihm leichtgefallen. Ein paar Tage zuvor hatte er in einer Menschenmenge vor einer der großen Armeekasernen in London gestanden und eine Abteilung von Gardesoldaten vorbeidefilieren sehen, auf dem Weg in den Krieg. Alle hatten hurra geschrien, auch er, aber seine Stimme war von Tränen erstickt gewesen, als die Soldaten in präzisem Takt und mit rhythmisch schwingenden Armen vorbeimarschiert waren. Er weinte nicht vor Stolz, wie so viele andere, auch war er nicht vom plötzlichen Ernst der Stunde gerührt, der Einsicht, dass das Land ohne eigentliche Vorwarnung in den Krieg geworfen worden war, einen großen Krieg zudem, nicht in eines dieser fernen kolonialen Abenteuer, sondern in einen kolossalen Krieg, der die Welt aus den Angeln zu heben versprach. Deshalb riefen manche hurra: Der Krieg stand für das Versprechen einer großen und radikalen Veränderung. Aber auch dies war es nicht, was ihn so sehr erschütterte. Er weinte vor Neid. Er wäre so gern einer von ihnen gewesen. «Warum durfte ich nicht mitgehen?»

Der Krieg bedeutete für Pollard in mehrfacher Hinsicht eine Verlockung. Nicht zuletzt war er seine Arbeit recht leid, und er hatte schon überlegt, ob er auswandern sollte. Er ist einundzwanzig Jahre alt.

Fast drei Stunden lang hatte er mit den anderen in der Warteschlange gestanden. Als die Tore des Kasernengeländes, wo die Rekrutierung stattfand, schließlich geöffnet wurden, hatte er sich mit einem Bekannten aus dem Tennisklub vorgedrängelt und war zum Hauptgebäude gerannt, um Erster zu sein. Denn was, wenn die Zahl der Plätze begrenzt war? Und was, wenn alles zu Ende war, ehe sie die Front erreichten? (Sein Bruder hatte sich zunächst als Freiwilliger bei derselben Truppe gemeldet, war aber bald desertiert, um sich unter einem fremden Namen in einer anderen Einheit rekrutieren zu lassen, nur weil es hieß, diese würde als Erste in den Kampf ziehen.)

Pollard liebte das Exerzieren, fand die langen Märsche «spaßig», konnte sich kaum beherrschen, als er sein Gewehr bekam: «Ich war bewaffnet. Diese Waffe war zum Töten gemacht. Ich wollte töten.» Oft spielte er heimlich mit seinem Bajonett, prüfte die Klinge: «Mein Wunsch, an die Front zu kommen, war zur Besessenheit geworden.» Sie marschierten zu den Klängen eines Blasorchesters durch London. Das Waffentraining bestand darin, fünfzehn Schüsse abzufeuern. Der Befehl zum Aufbruch kam so plötzlich, dass er nicht einmal die Zeit hatte, seine Eltern zu informieren. Als der Zug nach Southampton an einem Bahnhof vorbeikam, warf er eine kurze Mitteilung aus dem Fenster, adressiert an seine Mutter. Sie kam an.

Nach langem Warten ist Pollard nun endlich an der Front. Und gräbt. Sie arbeiten jetzt den zweiten Tag. In der Luft liegt der Duft von Erde und welkendem Laub. Plötzlich ist ein Geräusch zu hören, «wie ein Schnellzug mit unglaublicher Geschwindigkeit», gefolgt von einem metallisch klingenden Knall. Eine Explosionswolke steigt ein Stück weit vor ihnen auf. Auf seinen Spaten gestützt, starrt Pollard sie an, «fasziniert»:

Ich stand tatsächlich unter Beschuss. Mein Puls raste vor Aufregung. Eine zweite Granate folgte auf die erste. Dann eine dritte. Irgendetwas sorgte für Aufregung ein Stück weiter an der Linie. Männer rannten umher. Jemand lief vorbei und rief nach dem Arzt. Ein Volltreffer. Wir hatten unseren ersten Verwundeten.

16.

Freitag, 13. November 1914

WILLIAM HENRY DAWKINS SITZT AN BORD DER ORVIETO
UND SCHREIBT AN SEINE MUTTER

Wärme, Meerwind. Das Leben an Bord des Truppentransporters ist wunderbar. Wahrscheinlich hat er noch nie so bequem gelebt wie jetzt. Auch wenn William Henry Dawkins nur frischgebackener Leutnant ist, so ist er doch Offizier, und deshalb wurde ihm eine Kabine in der ersten Klasse zugeteilt, auf einem Schiff, das noch vor gut einem Monat zu den besten und modernsten der Orientlinie zählte. Also gibt es Dusche und Bad, und nebenan liegt der schöne Speisesaal, in dem täglich drei exquisite Mahlzeiten serviert werden: «Unser Essen ist besser als das, was man in den besten Hotels von Melbourne bekommt.» Außerdem spielt eine Schiffskapelle für die uniformierten Passagiere.

Nur der Gestank der Pferde in den Laderäumen stört das Idyll. Und die Hitze, die in dem Maße zunimmt, wie sich die HMAT[23] *Orvieto* und die anderen Schiffe des großen Konvois unter einer glühenden Sonne weiter nach Norden über den Indischen Ozean bewegen. Er ist an Bord zweiundzwanzig Jahre alt geworden. Ein kurz vor der Einschiffung aufgenommenes Foto zeigt einen sanft lächelnden jungen Mann mit ovalem Gesicht, schmaler Nase und einem offenen, neugierigen Blick. Er hat gerade beschlossen, sich einen Schnauzbart wachsen zu lassen, und sein Uniformschlips ist im einfachen Schülerknoten gebunden.

Doch obwohl er und die anderen Offiziere buchstäblich in der Luxusklasse leben, pflegen sie keineswegs den Müßiggang. In der Regel stehen sie morgens um Viertel vor sechs auf, und die Tage sind mit Gymnastik, Soldatenausbildung, Sportwettkämpfen und Kursen, etwa in Boxen und Französisch, ausgefüllt. (Der Plan sieht vor, die 20 000 Australier und 8000 Neuseeländer im Konvoi an der Westfront einzusetzen.) *Le prochain train pour Paris part à quelle heure?*

Anfangs war der Krieg noch weit entfernt.[24] Zunächst fuhren die Schiffe unter voller Beleuchtung wie in Friedenszeiten, was für das Kreuzfahrtschiff *Orvieto* bedeutete, dass es nachts von tausenden Lampen erhellt war. Aber jetzt sind die Schiffe sorgsam verdunkelt, es ist sogar verboten, nach Sonnenuntergang an Deck zu rauchen. Man fürchtet die unberechenbaren deutschen Kreuzer, die sich überall im Indischen Ozean herumtreiben und schon fast zwanzig alliierte Handelsschiffe versenkt haben. Außerdem hat sich das Auslaufen des Konvois in Australien verzögert, weil man wusste, dass ein deutsches Kreuzergeschwader in der Nähe war.[25]

Nun halten sie einen nordwestlichen Kurs, begleitet von einer Eskorte alliierter Kriegsschiffe; als Dawkins über die Steuerbordreling schaut, sieht er den japanischen Kreuzer *Ibuki*, dessen breite Schornsteine aus irgendeinem Grund einen wesentlich dichteren Rauch ausstoßen als die britischen und australischen Schiffe. Der aus achtunddreißig Schiffen bestehende Konvoi bietet einen imposanten Anblick. An diesem Tag sitzt Dawkins in seiner Kabine und schreibt an seine Mutter:

Es ist wunderbar, Großbritanniens Macht auf dem Ozean zu erblicken. Der gewaltige Konvoi dampft unaufhaltsam vorwärts, auf seinem eigenen Kurs und in seinem eigenen Tempo. Manchmal taucht vereinzelt ein Schiff auf, wie die Osterley, *auf ihrer üblichen Postroute nach Australien und zurück. Und Kreuzer mit unserer Flagge am Mast zeigen sich ab und an in unterschiedlichen Himmelsrichtungen. All dies deutet auf eine totale Herrschaft über die Meere hin. Heute erfuhren wir vom Fall Tsingtaos, und es kam zu einem Austausch von freundlichen Komplimenten zwischen uns und dem japanischen Kriegsschiff.*

Eigentlich wollte William Henry Dawkins Lehrer werden. Seine Familie hatte zwar weder das nötige Geld, noch hatte das Studieren bei ihnen Tradition (die Mutter war Näherin und der Vater Arbeiter), aber die Eltern erkannten Williams Begabung. Dank eines Stipendiums konnte er ein Internat in Melbourne besuchen. Mit nur sechzehn Jahren trat Dawkins an einer Schule knapp vierzig Kilometer vom Elternhaus entfernt eine Stelle als Hilfslehrer auf Probe[26] an. Vielleicht wäre er in diesem Beruf, den er sehr mochte, glücklich geworden, hätte er nicht zufällig in der Zeitung gelesen, dass in Duntroon eine Kadettenschule eröffnet werden sollte. Er bewarb sich dort, absolvierte die Aufnahmeprüfung und wurde zu seiner eigenen Verwunderung angenommen.

Als der erste Jahrgang von Offiziersanwärtern einrückte, war das Gebäude der Kadettenschule noch nicht fertig, der Ort war öde und abgeschieden, und sie wohnten in spartanisch eingerichteten Baracken aus Leichtbeton. Doch die Ausbildung war recht gut, und der ehrgeizige Dawkins bekam sowohl in den theoretischen wie den praktischen Fächern Bestnoten. Er ist ziemlich klein gewachsen, ungefähr einssiebenundsechzig und schmächtig, und weil ihm das Lernen leichtfällt, neigt er zu Tätigkeiten, bei denen es mehr auf den Kopf ankommt als auf Muskelkraft.

Von den siebenunddreißig Männern seines Jahrgangs, die 1914 die Ausbildung beendeten, ging der größte Teil zur Infanterie oder Kavallerie, während er und ein weiterer Kadett mit Bestnoten bei den Pionieren landeten. Diese Waffengattung dürfte auch seinem Temperament entsprochen haben: Obwohl Dawkins froh darüber ist, dem australischen Armeekorps anzugehören, und obwohl er wie alle anderen die britischen Erfolge bejubelt, ist er anscheinend nicht vom Kriegstaumel erfasst worden. Aus seinen Briefen spricht stattdessen ein ehrgeiziger, stiller und ein wenig pedantischer junger Mann, ein Volksschullehrer in Uniform. Er geht gern in die Kirche und ist das älteste von sechs Geschwistern: Die beiden jüngsten, die Zwillinge Zelma und Vida, liebt er über alles.

Der Kriegsausbruch war für ihn nicht überraschend gekommen, denn es hatte zuvor entsprechende Gerüchte gegeben. Aber nur wenige hatten diese Gerüchte ernst genommen; denn wenn etwas passieren sollte, so glaubte man, würde es doch allenfalls auf der anderen Seite des Erdballs passieren, außerdem würde es fremde, unbekannte Orte betreffen, deren Namen man kaum aussprechen konnte.

Als sie schließlich begriffen, dass auch ihr Land auf unergründliche Weise in den Krieg hineingezogen worden war, schwebten Dawkins und die übrigen Kadetten tagelang im Ungewissen. Was würde mit ihnen geschehen? Sie hatten noch vier Monate Ausbildung vor sich. Dann erfuhren sie, dass sie das Examen vorzeitig erhielten, damit sie sich dem gerade aufgestellten Korps anschließen konnten. Erfreut hatten sie ihre Sachen gepackt und alles Überflüssige verschenkt oder verkauft. Am Ende wurde ihnen zu Ehren ein großes, bewegendes Abschiedsessen veranstaltet.

Auch wenn Europa noch weit entfernt ist, hat Dawkins schon etwas vom Krieg gesehen. Beinahe jedenfalls. Als sie vor vier Tagen die Kokosinseln passierten, nahm der Konvoi die östliche Route statt wie üblich die westliche; aus Angst vor dem gefürchteten deutschen Kreuzer SMS *Emden*.[27] Die Vorsichtsmaßnahme erwies sich als angebracht, denn die *Emden* lag tatsächlich auf der Lauer. Ein Funktelegramm erreichte den Konvoi – das größte der eskortierenden Kriegsschiffe wurde ausgesandt. Um 10.25 Uhr erhielt die *Orvieto* die Meldung: «Wir greifen den Feind an.» Einige an Bord meinten auch fernen Kanonendonner zu hören. Die weit unterlegene *Emden* wurde getroffen und sank.

Jetzt geht das Gerücht um, dass Dawkins' Schiff in Kürze Verwundete und Gefangene aus dem fünfundzwanzigminütigen Seegefecht an Bord nehmen soll. Er sieht dem mit Spannung entgegen. Sie nähern sich Ceylon; dort hofft er, den Brief an seine Mutter abschicken zu können. Er schließt mit den Worten:

Ich hoffe, es geht Dir gut. Mir geht es blendend, und ich bin vollkommen gesund. Ich hoffe wirklich, dass Tante Mary wieder auf die Beine kommt. Meine besten Grüße an alle, die wissen möchten, wie es mir geht. Ich mache hier Schluss und freue mich darauf, Deinen Brief zu bekommen, wenn wir Colombo erreichen. Liebe Grüße an alle von Willie [und] Xxxxxxxxxx an die Mädchen.

17.

KRESTEN ANDRESEN KONTROLLIERT SEINE AUSRÜSTUNG
VOR DER REISE AN DIE FRANZÖSISCHE FRONT

Andresens Freunde sind der Reihe nach abgezogen. Da er geflissentlich darauf verzichtet hat, sich freiwillig zu melden, ist es ihm geglückt, noch eine Weile in der Kaserne bleiben zu dürfen, ein scheues, unsicheres Dasein in Erwartung des Unvermeidlichen. Aber es hat ihn nicht unbeeindruckt gelassen, dass sie verschwunden sind, zuletzt sein Namensvetter Thöge Andresen. Thöge hat sich im Gegensatz zu ihm freiwillig für den Dienst an der Front gemeldet. Der Grund? Thöge will «im Krieg seine Männlichkeit beweisen». Kresten Andresen kann gewiss verstehen, wie Thöge und andere mit ihm denken. Er schreibt in sein Tagebuch:

In den Krieg ziehen, nicht für Gut oder Geld, nicht für Vaterland und Ehre, nicht um Feinde zu töten, sondern um die Persönlichkeit zu stärken; um Kraft und Willen zu stärken, Gewohnheiten, Haltungen, Ernsthaftigkeit. Dafür will ich in den Krieg ziehen. Aber ich gehe nicht freiwillig in diese Lehre, weil ich glaube, dass das Ziel auch auf anderem Wege erreicht werden kann.

Andresen weiß, dass es jetzt nicht mehr lange dauern kann. Er ist jedoch dankbar für die zusätzliche Zeit, die er gewonnen hat.

Gestern sind sie gegen Typhus und Cholera geimpft worden. Heute bekommen sie Spritzen gegen Diphtherie. Er geht seine Ausrüstung durch, die jetzt komplett ist.

Graue Uniform mit roten Besatzkanten und Bronzeknöpfen.
Dunkler Kommissmantel.
Pickelhaube mit grünem Überzug.
Graue Uniformmütze.
Eigene Stiefel, in Vejle gekauft.

Gelbe Schnürstiefel, Kommiss.

Rucksack aus Kalbsleder.

Gelber belgischer Leibriemen.

Dito Patronentasche.

Dito Lederzeug und Riemen.

Zelt und Zeltpflöcke.[28]

Kochgeschirr aus Aluminium.

Dito Trinkbecher.

Dito Feldflasche.

Spaten.

Graue Handschuhe.

Brotbeutel.

Zwei Dosen für Kaffee.

Eine Dose für Waffenfett.

Die eiserne Ration, bestehend aus zwei Beuteln Keksen und einer Dose Fleischkonserven sowie einem Päckchen Erbsen.

Zwei Notverbände.

Gewehr Modell 97.

Reinigungsschnur.

Zwei Wollpullover.

Zwei Hemden.

Zwei Paar Unterhosen, das eine blau.

Dickes schwarzblaues Unterhemd.

Graues Halstuch.

Ein Muff.

Zwei Gürtel.

Ein Paar Kniewärmer.

Ein Paar Fingerhandschuhe.

Eine Erkennungsmarke: ANDRESEN, KRESTEN K.E.R.R. 86.

Vier Paar Strümpfe, davon ein Paar dünne durchbrochene (Liebesgabe).

Kapuze.

Weiße Armbinde zur Benutzung bei Nachtkämpfen.

Ein halbes Kilo Schinken.

Ein halbes Kilo Butter.

Eine Dose Fruchtbutter.[29]

Das Neue Testament.

«Hjortens Flugt».[30]

Feldpostkarten, 30 Stück.

Schreibpapier.

«Was für die Feldgrauen, Anisöl».[31]

Pflaster.

Nähzeug.

Karte.

Drei Notizbücher.

Eine dänische Flagge. (Fehlt gerade jetzt.)[32]

Bajonett.

150 scharfe Patronen.

Ein halbes Kilo Speck.

Eine Speckwurst.

Ein Kommissbrot.

Das Gepäck wiegt alles in allem rund dreißig Kilo, was, wie Andresen in sein Tagebuch schreibt, «als ausreichend bezeichnet werden kann». Die Zeitungen schreiben über Verbände mit jungen Studenten, die bei Langemarck mit dem Lied *«Deutschland, Deutschland über alles»* auf den Lippen zum Angriff übergegangen sind. Der Winter ist nahe.

18.

Samstag, 28. November 1914

MICHEL CORDAY ISST MIT ZWEI MINISTERN
IN BORDEAUX ZU MITTAG

Die Gesellschaft besteht aus sechs Personen, man redet über dies und das. Das Gespräch kommt aber immer wieder auf den Krieg zurück, eine solche Anziehungskraft hat dieses Thema. Man diskutiert, dass es ein Wort für eine Frau gibt, die ihren Mann verloren hat («Witwe»), aber keines für eine Frau, die ihr Kind verloren hat. Oder dass es für deutsche Zeppeline durchaus möglich ist, Paris zu bombardieren. Oder dass man in London begonnen hat, spezielle Lampenschirme über die Straßenlaternen zu stülpen und dass der bekannte Choreograph Loie Fuller sie konstruiert haben soll. Oder über diese sonderbaren Kettenbriefe mit Gebeten, in denen man aufgefordert wird, die Gebete zu kopieren und an neun weitere Adressaten zu versenden, sonst drohe «Unglück für dich und die Deinen».

Nein, am Krieg kommt kein Gespräch vorbei, vor allem, weil zwei der Männer am Tisch Mitglieder der französischen Regierung sind.

Der eine ist Aristide Briand, Justizminister und politisches Urgestein, Pragmatiker (manche würden sagen Opportunist), rot angehaucht und ausgesprochen antiklerikal eingestellt; der eloquente Briand wird als politische Figur immer wichtiger, und Kabinettskollegen beneiden ihn darum, dass er die Front besuchen durfte. Er hat in diesem Monat eine besondere Idee lanciert: Wenn sich der Krieg im Westen schon festgefahren hat, warum dann nicht eine französisch-britische Armee woandershin schicken, zum Beispiel auf den Balkan? Das andere Regierungsmitglied ist Marcel Sembat, Minister für öffentliche Arbeiten, Rechtsanwalt, Journalist und einer der führenden Männer der Sozialistischen Partei Frankreichs. Jetzt sitzen die beiden in der Koalitionsregierung, die sich nach dem Ausbruch des Krieges gebildet hat. Dass Briand in die Regierung eingetreten ist, verwundert nur wenige; er ist als Karrierist und Machtmensch bekannt. Umso mehr Erstaunen hat Sembats Eintritt ausgelöst, besonders bei den Radikalen; in deren Lager gibt es viele, die dies als Verrat betrachten, ähnlich wie die Zustimmung der deutschen Sozialdemokraten zu den Kriegskrediten.[33]

Im Laufe des Gesprächs wird deutlich, dass nicht einmal die Minister genau wissen, über wie viele Soldaten die französische

Armee verfügt. Teils weil die hohen Militärs – die gelegentlich ganz offen ihre Verachtung für die zivilen Machthaber zeigen – für ihre Geheimniskrämerei bekannt sind, teils weil die Register und Musterrollen seit der großen Mobilisierung im Spätsommer und den enormen Verlusten im Herbst, die ihren Höhepunkt in der Marne-Schlacht erreichten, immer noch unvollständig sind. (Wie viele Tote es gegeben hat, ist geheim und wird bis nach Kriegsende geheim bleiben.) Und kein Minister wagt seine Stimme gegen die Generäle zu erheben – die haben in allen kriegführenden Staaten noch den Status unfehlbarer Donnergötter. Eine grobe Schätzung hat sich jedoch durch die Gesamtzahl der Essensrationen ergeben, die täglich in der Armee ausgeteilt werden. Nach diesen Angaben wird berechnet, wie viele Flaschen Champagner die Regierung am Weihnachtsabend an die Truppen verteilen muss.

Nach dem Essen ist Corday ein wenig betrübt zu sehen, wie sehr seinem alten Idol Sembat die neue Rolle als Minister gefällt. Und wie er seinen Titel liebt! Corday schreibt in sein Tagebuch:

Besondere Umstände haben es ihm ermöglicht, eine Machtposition einzunehmen, die er früher aus Prinzip verworfen hat, aber es ist traurig, diese Männer jetzt zu sehen, wie sie in ihren Autos herumfahren, wie sie sich in ihren Sonderzügen wichtig machen, wie sie ganz unverhohlen in ihrer Macht schwelgen.

19.

Freitag, 11. Dezember 1914

KRESTEN ANDRESEN WIRD ZEUGE DER PLÜNDERUNG VON LASSIGNY

Als sie Flensburg verließen, lag die Stadt unter einer dichten Decke von frisch gefallenem weichem Schnee. Das Ritual war das übliche. Frauen vom Roten Kreuz hatten ihn und die anderen Soldaten mit

Schokolade, Keksen, Nüssen und Zigarren überhäuft und Blumen in die Gewehrmündungen gesteckt. Er hatte die Geschenke angenommen, aber die Blumen entschieden abgelehnt: «Noch bin ich nicht bereit für die Beerdigung.» Die Zugreise dauerte 96 Stunden, aber er schlief nur wenig. Teils aus Unruhe und Kümmernis, teils aus reiner Neugier. Meist hatte er einfach nur am Fenster des Abteils gesessen (sie brauchten nicht wie so viele andere in Viehwagen zu fahren) und alles, was er sah, mit den Blicken verschlungen: die Schlachtfelder um Lüttich, wo fast jedes Haus verrußt oder zerstört zu sein schien nach den schweren Kämpfen im August (der ersten großen Schlacht im Westen), die dramatische Landschaft und die vielen Tunnels im Maas-Tal, die schönen wintergrünen Ebenen im nordwestlichen Belgien, am Horizont die Mündungsfeuer und Explosionsblitze, Dörfer und Städte, die völlig unberührt schienen vom Krieg und im tiefsten Frieden lagen, und solche, die vom Krieg schwer gezeichnet waren und von seinen Gespenstern bevölkert. Schließlich hatten sie in Noyon im nordwestlichen Frankreich den Zug verlassen und waren im Mondschein nach Süden marschiert, auf einer Straße, auf der Artilleriegeschütze und Wagen und Automobile vorbeiratterten, während das Geräusch ferner Explosionen immer schärfer klang.

Jetzt liegt das Regiment an einem Bahndamm gleich außerhalb der kleinen Stadt Lassigny in der Picardie in Stellung. Andresen hat zu seiner Erleichterung festgestellt, dass es sich, abgesehen vom unangenehmen, aber in der Regel wirkungslosen Artilleriebeschuss[34], um einen ruhigen Abschnitt handelt. Der Dienst ist nicht allzu anstrengend: vier Tage im lehmigen Schützengraben, vier Tage Ruhe. Wachehalten und Warten, dazwischen eine durchwachte Nacht als Lauschposten zwischen den Linien. Die Franzosen liegen etwa dreihundert Meter entfernt. Getrennt werden die Kämpfenden nur durch einfache Stacheldrahtverhaue[35] und einen platten Acker. Dort stehen Hocken aus schlaffem, verrottendem Roggen – die Ernte von 1914. Sonst gibt es nicht viel zu sehen. Dafür umso mehr zu hören: das Tsji und Tsju der Gewehrkugeln, das Dadera-dadera der Maschinengewehre, das Pum-tsiu-u-i-u-u-pum der Granaten.[36] Das Essen ist ausgezeichnet. Sie bekommen zwei warme Mahlzeiten am Tag.

Manches ist besser, als er befürchtet hat. Anderes schlimmer, als er geahnt hätte. Weihnachten rückt näher, und Andresen hat Heimweh, verstärkt durch den Mangel an Briefen aus der Heimat. Der kleine Ort, wo sie einquartiert sind, wenn sie nicht in der vordersten Linie stehen, liegt praktisch permanent unter Granatenbeschuss und ist deshalb schrittweise von den Bewohnern geräumt worden. Heute hieß es, die letzten Franzosen hätten ihre Häuser verlassen. Kaum waren die Zivilisten abgezogen, begannen deutsche Soldaten mit der Plünderung.

In der Regel nehmen sie sich in den leeren, verlassenen Häusern, was sie wollen. Deshalb sind die Quartiere hinter den Linien und die Schutzräume der Schützengräben voller Raubgut aus französischem Besitz, von Holzöfen und weichen Betten bis zu Haushaltsgegenständen und schönen Sitzgruppen.[37] (In den Bunkern sind oft Sprüche an den Wänden zu sehen, ein populärer lautet: «Wir Deutsche fürchten nichts außer Gott und unserer eigenen Artillerie.») Als klar war, dass die letzten Häuser geräumt werden sollten, galt die übliche Ordnung: Erst durften die Offiziere zugreifen, dann die Mannschaft.

Andresen ist mit gut zehn anderen Kameraden hingegangen, alle unter dem Befehl eines Feldwebels. Lassigny bietet einen zunehmend traurigen Anblick. Wo früher hohe weiße Häuser mit Vorhängen vor den Fenstern zu sehen waren, existieren nur noch regendunkle Haufen von Geröll, Ziegeln und zersplittertem Holz. Auf den Straßen liegen Kartätschenkugeln und Reste von Granaten. Die kleine Stadt wird allmählich dem Erdboden gleichgemacht. Die Kirche ist eine leere, zerschossene Hülle. Im Innern baumelt die alte Glocke an ein paar losen Balken, bald wird sie herabstürzen und mit einem letzten gebrochenen Ton auf den Boden schlagen. An der Fassade der Kirche hängt ein großes Kruzifix, zersprengt von einer Granate. Andresen ist erschüttert:

Wie hässlich und rücksichtslos ist doch der Krieg! Die großen Werte
werden in den Staub getreten: Christentum, Moral, Heim und Herd.
Gleichzeitig redet man heutzutage so viel von Kultur. Man möchte den
Glauben an die Kultur und [andere] Werte verlieren, wenn sie so wenig
respektiert werden wie hier.

Sie erreichen die Häuser, die gerade verlassen worden sind. Der
Feldwebel, im Zivilberuf Lehrer, geht als Erster hinein. Er kramt
eifrig in Schränken und Winkeln. Es gibt aber nicht viel mitzunehmen, das meiste ist schon ausgeplündert. Das Chaos ist unbeschreiblich. Andresen steht ein wenig abseits, die Hände in den
Hosentaschen, fühlt sich mehr und mehr beklommen, sagt aber
nichts.

In der Eingangstür eines kürzlich ausgeräumten Ladens werden
sie von einer Frau ertappt, gut gekleidet mit Jacke und Pelzkragen,
aber ohne Hut. Sie wendet sich an die Soldaten, fragt, wo sie ihren Mann finden könne. Andresen antwortet, er wisse es nicht. Er
streift ihren Blick, und der Blick ist düster, Andresen kann nicht
genau erkennen, ob er Verzweiflung oder Verachtung ausdrückt,
aber er selbst schämt sich und wünscht von Herzen, er könnte weit
weglaufen und sich irgendwo verstecken.

20.
Dienstag, 15. Dezember 1914
ELFRIEDE KUHR HILFT, AUF DEM BAHNHOF VON
SCHNEIDEMÜHL SOLDATEN ZU BEKÖSTIGEN

Frostwolken, weißer Schnee, eisige Kälte. Viele kleinere Kinder
frieren so sehr, dass sie keine Lust mehr haben, Soldat zu spielen.
Elfriede, die Älteste, findet jedoch die besten Argumente. Es gehe
darum, sich abzuhärten: «Schließlich frieren unsere Truppen an
der Front viel mehr.» Der kleine Fritz Wegner ist aber sehr

erkältet. Immer wieder muss sie ihm die Nase putzen, was sie nicht ganz ihrer Würde als Offizier der Truppe angemessen findet.

Später geht sie zum Bahnhof. Ihre Großmutter arbeitet dort fast jeden Tag, als Freiwillige für das Rote Kreuz. In der Regel hilft sie mit, die Soldaten, die dort anhalten, zu beköstigen. Die Transportzüge rollen immer noch, Tag und Nacht: Waggons, beladen mit frischen, singenden Rekruten, fahren nach Osten, den Schlachten entgegen, Waggons mit stummen, verwundeten Soldaten kehren von dort zurück. Heute sollen mehrere Lazarettzüge eintreffen, es wird also sicher viel zu tun geben.

Elfriede packt mit an, als sie – gegen die Vorschrift – dreihundert zivile Arbeiter mit Essen versorgen, die mit einem Zug aus Ostpreußen gekommen sind, wo sie geholfen haben, Schützengräben und andere Befestigungen zu bauen. Sie sieht die hungrigen Männer essen, schweigend und voller Angst, ertappt zu werden: Suppe, Brot und Kaffee; sie verschlingen rasch siebenhundert Scheiben Brot und schlüpfen dann wieder in den wartenden Zug. Sie hilft dabei, eilig neue Stullen zu schmieren. Die Wurst ist ausgegangen, also nehmen sie Schmalz, und die Erbsensuppe muss mit Wasser gestreckt werden, aber als der Transport mit den Verwundeten ankommt, hören sie keine Klagen.

Gegen Abend wird sie losgeschickt, um mehr Wurst zu kaufen. Sie muss zwei Schlachter aufsuchen, bis sie das Nötige beisammenhat. Auf dem Rückweg trifft sie ihre Freundin Gretel:

Sie war gegen die Kälte so eingemummelt, dass eigentlich nur ihre Nase und die blauen Augen rausguckten. Ich behängte sie mit einem ganzen Kranz Knoblauchwürsten und rief: «Hilf mir tragen, damit du nicht die Faulkrankheit kriegst.»

Die beiden schleppen auf dem Bahnhof große Kannen Kaffee hin und her. Gegen zehn Uhr am Abend erhalten sie ihre Belohnung: Wurstbrot und Erbsensuppe. Dann gehen sie nach Hause, völlig

erschöpft, aber zufrieden. Draußen hat es kräftig zu schneien begonnen: «Es sah so hübsch aus, wie die Schneeflocken an den Gas-
laternen vorübertrieben.»

21.

Dienstag, 22. Dezember 1914

MICHEL CORDAY WOHNT DER ERÖFFNUNGSSITZUNG
DER DEPUTIERTENKAMMER IN PARIS BEI

Regierung und Ministerien sind in die Hauptstadt zurückgekehrt,
und die Deputiertenkammer tritt wieder zusammen. Als hoher
Beamter eines Ministeriums darf er das Ganze von einem der
Balkone aus verfolgen. Eine der Fragen, die diskutiert werden,
lebhaft, bis auf Regierungsebene, ist die, ob es den Deputierten erlaubt sein sollte, in Uniform zu erscheinen – wer es kann, möchte
sich gern in militärischem Aufzug zeigen. Schließlich wird entschieden, dass der Frack obligatorisch ist.[38]

Corday erschrickt über die Reden und die Reaktion der Zuhörer: «Ach, wie sich die Menschen doch von Worten verhexen
lassen!» Je mehr einer dieser Phrasendrescher seine Entschlossenheit betone, «bis zum bitteren Ende» auszuhalten, desto über-
triebener würden seine Gesten.

Danach begegnet er draußen im Korridor einem Mann, der
jetzt Adjutant eines hohen Generals, im Zivilleben aber als Direktor der Opéra Comique bekannt ist. Der Mann erklärt, dass man
Abend für Abend bis zu 1500 Besucher abweisen müsse – so groß
sei der Andrang. Und in den Logen säßen meist Frauen in Trauer-
kleidung: «Sie kommen, um zu weinen. Nur die Musik kann ihre
Trauer lindern.»

Der Adjutant erzählt dann eine Geschichte aus seiner Zeit als
Stabsoffizier. Eine Frau wollte unbedingt bei ihrem Mann, einem
Hauptmann, bleiben, und so begleitete sie ihn auf seiner Reise

an die Front. In Compiègne sollten sich ihre Wege trennen, da er sich direkt ins Frontgebiet begeben musste, aber die Ehefrau blieb hartnäckig. Das Verbot für Zivilisten, das Kampfgebiet aufzusuchen, gilt natürlich auch für die Frauen, deren Männer dort draußen sind. Ihre Anwesenheit störe sie im Dienst. (Die einzige Ausnahme sind Prostituierte, die spezielle Passierscheine erhalten, was angeblich von manchen besonders verzweifelten Frauen ausgenutzt wird, um ihren Männern nahe zu sein.) Der Befehlshaber sagte, in einem Fall wie diesem gebe es keine andere Möglichkeit, als den Hauptmann zum Mobilisierungsort zurückzuschicken. Was tat der Mann, als er mit dieser Drohung konfrontiert wurde? Er tötete seine Frau.

22.

Samstag, 26. Dezember 1914

WILLIAM HENRY DAWKINS SITZT AM FUSS DER PYRAMIDEN UND SCHREIBT AN SEINE MUTTER

Anspannung, dann Überdruss, Enttäuschung und wieder neue Anspannung. Das sind die Gefühlsschwankungen bei den australischen Truppen im großen Konvoi auf dem Weg nach Europa – zumindest glauben sie, dass sie Richtung Europa fahren. Mehr als vier Wochen auf See haben die anfängliche Begeisterung gedämpft, und gleichzeitig kam das Heimweh bei vielen der jungen Soldaten, die noch nie so lange von ihren Familien getrennt waren. (Der Postgang war außerdem – aus ersichtlichen Gründen – unregelmäßig.) Die Tristesse an Bord nahm zu; in der immer schwüleren Hitze war das Wasser zur Neige gegangen, und als man ihnen erklärte, dass sie auch in Aden nicht das Schiff verlassen dürften, war die Enttäuschung allgemein. Sie schwand auch nicht, als ihnen einige Tage später mitgeteilt wurde, dass die Reise nach Europa abgebrochen und die ganze Truppe stattdessen in Ägypten an

Land gehen würde. Viele hatten sich wie Dawkins darauf gefreut, Weihnachten in England zu feiern.

Der entscheidende Grund für die Änderung der Pläne war der Eintritt des Osmanischen Reichs in den Krieg. Die Alliierten fürchteten, dass der neue Feind den strategisch wichtigen Suezkanal angreifen würde, und indem man die australischen und neuseeländischen Truppen in Ägypten an Land setzte, schuf man sich eine wichtige Reserve. Außerdem planten die Regierenden in London, die Lage auszunutzen, um das nominell osmanische Ägypten[39] in ein britisches Protektorat zu verwandeln; falls dies bei den Ägyptern zu Protesten und Unruhen führen sollte, würden die 28 000 Soldaten gut zupass kommen.[40]

Auch William Henry Dawkins war zunächst enttäuscht von der Nachricht, dass sie in Ägypten von Bord gehen würden. Doch schnell erkennt er auch die Vorteile der neuen Situation. Ihr großes Zeltlager liegt buchstäblich am Fuß der Pyramiden, ist gut organisiert, hat ordentliche Verpflegung und eine eigene Wasserversorgung, eigene Geschäfte, Kinos und sogar ein Theater. Das Klima ist in Anbetracht der Jahreszeit erstaunlich angenehm. Dawkins fühlt sich an den Frühling in Südaustralien erinnert, nur gibt es hier weniger Regen und Wind. Außerdem verkehrt ein Lokalzug zwischen dem Lager und der Stadt Kairo, die nur fünfzehn Kilometer entfernt ist. Der Zug ist regelmäßig überfüllt mit Soldaten auf der Suche nach Zerstreuung, und nicht selten sitzen die Passagiere sogar auf den Wagendächern. An den Abenden drängen sich in den hektischen Straßen Kairos australische, neuseeländische, britische und indische Soldaten.

Dawkins teilt sich mit vier anderen niederen Offizieren ein großes Zelt. Auf dem Sandboden liegen farbenfrohe Teppiche, es gibt Betten, Stühle und einen Tisch mit Decke. Jeder Offizier hat eine eigene Garderobe und ein Bücherregal. Vor dem Zelt steht eine Badewanne. An den warmen Abenden wird das Zelt von Kerzen und einer zischenden Carbidlampe erleuchtet. Heute schreibt Dawkins wieder einmal an seine Mutter:

Gestern war Weihnachten, und mit unseren Gedanken waren wir in Australien. Einige aus meiner Gruppe genossen ein phantastisches Abendessen – rund sechs Gänge. Sie sagten, sie müssten nur ihre Augen schließen, um wieder zu Hause zu sein. Es gibt hier viele verschiedene Musikkapellen, und in der Abenddämmerung gestern wurden Weihnachtslieder gespielt. Mutter – wer hätte es sich träumen lassen, Weihnachten bei den Pyramiden zu feiern? Sehr komisch, wenn man genauer darüber nachdenkt.

Was sie danach erwartet, weiß keiner. Die Zeit vergeht mit Ausbildung und Training, Training und Ausbildung. Dawkins und seine Pioniere üben gerade das Anlegen von Schützengräben und Minengängen, was in dem lockeren Wüstensand nicht ganz einfach ist. Oft reitet er auf seinem Pferd umher – es hat zwar während der langen Schiffsreise Fell und Mähne eingebüßt, aber sonst ist es gesund geblieben. Dawkins schließt seinen Brief mit den Worten:

Ja Mama, ich muss jetzt Schluss machen und hoffe, dass du ein frohes Weihnachtsfest verbracht und mein Telegramm erhalten hast. Ich bleibe dein lieber Sohn Willie.
Xxxxxxxxxx an die Mädchen.

*

Am selben Tag, dem 26. Dezember, wird Herbert Sulzbachs Bataillon in die Champagne verlegt. Es ist kalt, das Tauwetter hat eingesetzt. Er schreibt in sein Tagebuch:

Von Ripont aus geht es auf festgefrorenem Boden hohe Hänge hinauf in die neue Feuerstellung, die wir um 6 Uhr beziehen. Das ist unser zweiter Weihnachtsfeiertag. Die Protzen stehen im Freien in eisiger Nacht, wir neben den Pferden, wechseln uns dann aber ab und wärmen uns in den Unterständen der 16er, deren II. Abteilung wir nun angehören (VIII. Res.A.K.). Weihnachten 1914 ist vorbei.

Elfriede Kuhr

Kresten Andresen (links)

Florence Farmborough

Mobilmachung im August 1914: Bayerische Soldaten auf dem Weg
an die Front.

Passanten beobachten ein feindliches deutsches Flugzeug über Paris,
Herbst 1914.

Nach einem deutschen Fliegerangriff auf die britische Stadt Hartlepool, 26. Dezember 1914.

Die *SMS Emden* nach dem Gefecht mit dem australischen Kreuzer
HMAS Sydney; 136 Seeleute fanden den Tod, 11. November 1914.

Kampf um Lille, 13. Oktober 1914.

Die Ostfront

31. Juli 1914: In St. Petersburg werden von der mobilmachenden russischen Armee Pferde eingesammelt.

Russische Kriegsgefangene am Uszokerpass in den Karpaten, Frühjahr 1915.

Abtransport russischer Kriegsgefangener aus den Kämpfen im Mai und
Juni 1915.

5. oder 6. August 1915: Österreichische Kavallerie überquert bei Praga
in Warschau die Weichsel.

Russische Truppen verlassen Warschau, Anfang August 1915.

Deutsche Truppen in Minsk, 1918.

Schneidemühl
Küddowbrücke m. kath. Kirche

Der Rote Platz in Moskau, Oktober 1917.

Linke Seite (von oben nach unten)
Deutsche Stellung am Naroczsee, Juni 1916.

Blick auf Elfriede Kuhrs Schneidemühl, 1917.

Demonstration vor dem Taurischen Palast in Petrograd, März 1917.

Ein Zug mit heimkehrenden österreichisch-ungarischen Soldaten kommt in Budapest an, November 1918.

Deutsche Kavallerie an der Ostfront, undatiert.

Von den Russen erbeutetes Geschütz, Tannenberg, 2. September 1914.

1915

In Wahrheit handelt es sich bei den persönlichen Erfahrungen in dem, was man Krieg nennt, bestenfalls um das Erwachen der Erinnerung an einen schwer begreiflichen und verwirrenden Traum. Einige wenige Ereignisse treten etwas deutlicher hervor; ihre Klarheit verdankt sich der Hitze des Selbsterlebten. Danach werden auch die gefährlichsten Situationen alltäglich, bis es einem so scheint, als böten die Tage nichts anderes von Interesse als die ständige Nähe des Todes. Aber selbst diesen Gedanken, so sehr er auch am Anfang in den Vordergrund tritt, verdrängt man, da er stets gegenwärtig und daher zu vernachlässigen ist.

Chronologie der Ereignisse

1.1. Die dritte Schlacht um Warschau beginnt. Sie endet mit einem kleinen russischen Sieg.

Jan. Anhaltende russisch-österreichische Kämpfe in Galizien und den Karpaten, die bis in den April andauern.

4.1. Die osmanische Kaukasusoffensive wird nach der Katastrophe bei Sarikamis abgebrochen.

14.1. Britische Truppen marschieren in Deutsch-Südwestafrika ein.

3.2. Osmanische Truppen greifen den Suezkanal an. Der Angriff scheitert.

8.3. Britische Offensive bei Neuve Chapelle, die eine Woche andauert. Unbedeutende Erfolge.

22.3. Die galizische Stadt Przemyśl kapituliert vor den russischen Belagerern.

25.4. Britische Truppen landen auf der Halbinsel Gallipoli mit dem Ziel, den Bosporus zu öffnen.

Apr. Im Osmanischen Reich kommt es zu umfangreichen Massakern an Armeniern.

28.4. Im Osten setzt eine große und erfolgreiche deutsch-österreichische Offensive ein.

7.5. Das amerikanische Passagierschiff *Lusitania* wird von einem deutschen U-Boot torpediert.

23.5. Italien erklärt Österreich-Ungarn den Krieg und marschiert in Tirol und Dalmatien ein.

23.6. Die erste italienische Offensive am Isonzo beginnt. Geringe Erfolge.

9.7. Deutsch-Südwestafrika kapituliert.

15. 7. Im Osten wird ein umfassender russischer Rückzug eingeleitet.

18. 7. Die zweite italienische Offensive am Isonzo beginnt. Unbedeutende Erfolge.

5. 8. Warschau wird von deutschen Truppen eingenommen.

19. 9. Eine deutsch-österreichische Invasion von Serbien beginnt.

25. 9. Im Westen beginnt eine große französisch-britische Offensive. Geringe Erfolge.

26. 9. Ein britisches Armeekorps rückt tigrisaufwärts vor.

3. 10. Eine französisch-britische Armee landet in Saloniki, um den Serben zu helfen.

9. 10. Belgrad fällt. Der Zerfall Serbiens nimmt seinen Lauf.

11. 10. Bulgarien erklärt Serbien den Krieg und marschiert kurz darauf ein.

18. 10. Die dritte italienische Offensive am Isonzo beginnt. Keine Erfolge.

10. 11. Die vierte italienische Offensive am Isonzo, geringe Erfolge.

22. 11. Schlacht bei Ktesiphon. Der britische Vormarsch auf Bagdad wird abgebrochen.

5. 12. Das britische Korps, das Bagdad nicht erreichen konnte, wird in Kut al-Amara eingeschlossen.

10. 12. Beginn der Evakuierung der alliierten Truppen von der Gallipoli-Halbinsel.

23.

RICHARD STUMPF LIEGT MIT DER SMS HELGOLAND
VOR HELGOLAND UND SCHRUBBT DAS DECK

Kaltes, bleigraues Meer. Die Auflösung gespannter Erwartung in einem Gähnen. Nicht ein einziges Mal sind sie im Kampf gewesen, nicht ein einziges Mal haben sie einen Feind gesehen. Während der Scharmützel bei Helgoland Ende August hatten sie in der Ferne Kanonendonner *gehört*, aber keine Gelegenheit zum Eingreifen – ein «schwarzer Tag» für die Besatzung, wie Stumpf findet. Dem Kampfgeschehen am nächsten waren sie, als sie am Weihnachtstag das Geräusch britischer Luftschiffe *gehört* hatten. Da die SMS *Helgoland* von Nebelschwaden umgeben war, waren sie nicht angegriffen worden, aber in einiger Entfernung hatte eines der Luftschiffe Bomben auf einen Kreuzer und ein Lastschiff abgeworfen und Feuer verursacht. Stumpfs Schiff hatte blind nach dem Geräusch geschossen.

Dabei haben sich die SMS *Helgoland* und die anderen Schiffe der deutschen Hochseeflotte keineswegs versteckt. Die deutsche Flottenstrategie beruht darauf, die Konfrontation mit der zahlenmäßig überlegenen britischen Marine sorgfältig abzuwägen. Die grobe Arbeit sollen die U-Boote verrichten, indem sie die Versorgung der britischen Inseln verhindern und den Gegner Schritt für Schritt schwächen.[1] Größere Seeschlachten haben bisher nicht stattgefunden; die Admiräle beider Seiten sind sich darüber im klaren, dass sie diesen Krieg im Laufe eines Nachmittags verlieren könnten. Der Mangel an Erfolgen zur See wurde in Deutschland jedoch von anderen Meldungen überdeckt. Bei Kriegsausbruch gab es nämlich leichtere deutsche Marineeinheiten überall auf den

Weltmeeren, sie waren häufig in einer der deutschen Kolonien stationiert. Sehr schnell entwickelten sich spektakuläre Katz-und-Maus-Spiele zwischen diesen schwer zu fassenden Freibeutern und der träge dahindampfenden britischen Kriegsmarine.[2] Die deutsche Hochseeflotte aber hat sich bisher darauf beschränkt, in den eigenen Gewässern zu patrouillieren, um die Heimat vor feindlichen Invasionen zu schützen, und man richtete allenfalls einzelne Nadelstiche gegen die englische Nordseeküste.[3]

Seit Weihnachten ist die SMS *Helgoland* jeden zweiten Tag auf Patrouillenfahrt gewesen, ein ermüdendes Unterfangen, das für die Besatzung oft Schlafentzug bedeutet. Außerdem ist der Dienst furchtbar monoton. Stumpf notiert in seinem Tagebuch: «Es passiert aber auch nichts, was der Erwähnung besonders wert wäre. Soll ich denn eintragen, was ich für Dienst mache jeden Tag? Das ergäbe Tag für Tag immer dasselbe.»

Auch dieser Tag ist voller Routine. Zuerst scheuern Stumpf und die anderen Matrosen das Deck. Danach putzen sie alle Messingteile, bis sie glänzen. Schließlich folgt eine pedantische Überprüfung der Uniformen. Besonders Letzteres macht Stumpf wütend. Er schreibt in sein Tagebuch:

Aus der Kleiderkammer erhalten wir wegen des Wollmangels schon lange keinen Ersatz mehr für aufgebrauchtes Zeug. Trotzdem bemäkelt unser Divisionsoffizier[4] jedes Fältchen und Fleckchen im Zeug. Für jede Erklärung dafür gebraucht er die stereotype Antwort: ‹Kümmerliche Ausrede!› Ein solches Verfahren verekelt, weiß Gott, die ganze Freude am Dienst. Ich bin gegen alles höchst gleichgültig, und das nicht nur ich allein. Ein Glück, dass nicht alle Offiziere so sind!

Stumpf beißt bei der «hochnotpeinlichen Musterung» die Zähne zusammen, hofft aber im Stillen, dass ein feindliches Flugzeug auftaucht und «dem ‹Alten› eine Bombe auf den Kopf wirft». Außerdem tröstet er sich damit, dass er am Nachmittag freihaben wird.

Da trifft ein Befehl ein. SMS *Helgoland* soll Kurs auf Wilhelmshaven nehmen und ins Trockendock gehen. «O weh!», schreibt er,
«da war der Sonntag wieder futsch.» Der Krieg will sich Stumpfs
Erwartungen nicht anpassen. Der Nachmittag vergeht mit Sche-
rereien in den Schleusen. In der einbrechenden Dämmerung werden alle Versuche weiterzufahren eingestellt, und sie machen für
die Nacht fest.

24.

Freitag, 22. Januar 1915

ELFRIEDE KUHR BEKOMMT IN SCHNEIDEMÜHL BESUCH
VON EINEM BÄCKERLEHRLING

Es ist spät. Es klingelt an der Tür. Elfriede öffnet. Draußen im
frostigen Winterdunkel steht der Bäckerlehrling in seiner weißen
Arbeitskleidung, mit Holzschuhen an den Füßen, die von Mehl-
staub bedeckt sind. Er hält ihr einen zugedeckten Korb hin. Darin
liegen frischgebackene Brötchen, noch ofenwarm. Sie bekommen
morgens immer frisches Brot nach Hause geliefert, aber jetzt ist es
doch Abend? Der Bäckerjunge lacht: «Nu nich' mehr, Frollein.»
Er erzählt, dass wegen der neuen staatlichen Restriktionen hinsichtlich der Verwendung von Mehl nicht mehr nachts gebacken
werden darf. Was ihn nicht im Geringsten betrübt, denn jetzt kann
er wie ein normaler Mensch schlafen. Dann rennt er weiter, ruft
ihr noch zu: «Von wegen dem Krieg!»

Ihre Großmutter begrüßt die neuen Regeln. Die Deutschen
essen sowieso zu viel Brot. In den Zeitungen wird streng davor gewarnt, Getreide als Viehfutter zu verwenden: «Wer Brotgetreide
verfüttert, versündigt sich am Vaterland und macht sich strafbar.»
Die Versorgung der Bevölkerung steht vor einer tiefgreifenden
Umwälzung: Anstatt die Kalorien auf dem Umweg über Schlacht-
tiere zu sich zu nehmen, soll man sie in ihrer ursprünglichen,

vegetarischen Form konsumieren. Gemüse, nicht Fleisch soll ab jetzt den Speiseplan der Deutschen dominieren. In dieser Region arbeiten zwei Drittel der Bevölkerung in der Landwirtschaft. Das bedeutet aber nicht, dass alle unter gleichen Bedingungen leben. Die kleinen Bauern und Landarbeiter haben die schlechten Zeiten schon zu spüren bekommen, während die Großbauern bestens zurechtkommen. Elfriede hat von Großbauern gehört, die ihren Kühen und Pferden trotz aller Verbote immer noch Getreide geben, das kann man am schönen Fleisch und dem glänzenden Fell der Tiere erkennen. Nein, die Großbauern und Gutsbesitzer haben vom Krieg noch nichts gemerkt.

Da gibt es gleich morgens zum Frühstück herrliches Weißbrot, manchmal mit Rosinen und Mandeln drin, und dazu Eier, Wurst, Käse, dunkelroten Schinken mit schwarzer Kruste, Spickgans, verschiedene Marmeladen und was weiß ich, was noch. Wer will, kann frische Milch trinken, wer will, Kaffee oder Tee. In den Tee tun sie sogar noch ganze Löffel voll Fruchtgelee.

In Elfriedes Neid auf die Lebensart der Großbauern mischt sich an diesem Tag aber ein Anflug von schlechtem Gewissen. Auch sie versündigt sich gegen das Vaterland, jedenfalls ein bisschen. Sie hat eine große Schwäche für Pferde, und manchmal, wenn sie ein Pferd sieht, gibt sie ihm heimlich ein Brot oder einen Apfel zu fressen, die eigentlich für sie selbst bestimmt sind. Es gibt aber längst nicht mehr so viele Pferde wie vor dem Krieg; alle, die nicht in der Landwirtschaft gebraucht werden, sind von der Armee requiriert worden.

25.

HERBERT SULZBACH GERÄT BEI RIPONT IN FRANZÖSISCHES
ARTILLERIEFEUER

Kürzlich hat es geschneit. Wenn das Artilleriefeuer verstummt, liegt etwas Friedliches, ja fast Idyllisches über der weißen, hügeligen Landschaft. Nur dass dies so selten geschieht. Es knallt fast die ganze Zeit.

Seit ein paar Wochen unternehmen die Franzosen an diesem Abschnitt der Westfront immer wieder kleine Vorstöße: in den Argonnen, im Elsass und hier in der Champagne. Die französischen Erfolge halten sich zwar in Grenzen, aber sie sind von einem Artilleriefeuer begleitet, das schlimmer ist als alles, was Sulzbach bisher erlebt hat. Und nicht selten ist das Feuer direkt auf ihre Geschützstellungen gerichtet, der Boden dort ist jetzt von Granateinschlägen durchgepflügt. Ihre 7,7-cm-Feldkanonen, die ordentlich eingegraben sind, haben bisher noch gut standgehalten. Die alte Gewohnheit, die Zugpferde und Protzen – so heißen die Transportkarren für die Geschütze – in der Nähe zu belassen, hat man natürlich aufgeben müssen. Weiter hinten sind mehrere Reihen von windschiefen Hütten und eilig zusammengezimmerten Ställen zu erkennen, die jedoch mit der Zeit ihren provisorischen Charakter eingebüßt haben.

Wie der Krieg selbst. Sulzbach ist einer von vielen, die in der Überzeugung hinausmarschiert waren, das Ganze sei in einigen Wochen vorbei – daher die Eile, die sich als Eifer tarnt –, doch gegen Neujahr hatte man enttäuscht feststellen müssen, dass noch kein Ende abzusehen war. Dies, und die Granaten, die Kälte, die Nässe und nicht zuletzt der Schlamm, der sich an alles haftet, hat ihn seine gute Laune verlieren lassen. Sulzbach singt nicht mehr so viel wie früher. Er hat einen herrenlosen Hund zu sich genommen, eine kleine weiße Mischlingshündin. Er ist froh, dass er mit seinem Freund Kurt Reinhardt über alles reden kann.

An diesem Tag geraten sie wieder einmal unter intensiven französischen Artilleriebeschuss. Weil sie ihren neugebauten Schutzräumen misstrauen oder auch aus Angst, lebendig begraben zu werden, stürzen sie hinaus ins Freie und werfen sich der Länge nach in den kalten Lehm. Das Knallen und die Druckwellen und die Explosionsgase dringen von allen Seiten auf sie ein. Hinterher schreibt er in sein Tagebuch:

> *Es ist ein Glück, dass man jetzt wenig zum Denken kommt, aber wenn man Zeit dazu hat, dann malt man sich immer den siegreichen Einzug in seine Heimatgarnison aus. Aber wir dürfen nicht weich werden, wir sind ja schon «alte Soldaten» – wird einmal wieder richtiger Frieden werden?*

Einige Soldaten der Batterie sind verwundet worden, und zwei der Pferde sind tot.

26.
Mittwoch, 3. Februar 1915
MICHEL CORDAY TRIFFT IN PARIS EINEN HELDEN

Noch ein Mittagessen. Der prominenteste Gast der Gesellschaft ist ohne Zweifel der bekannte Autor und Abenteurer, das Akademiemitglied Pierre Loti[5], und der seltsamste ein Leutnant Simon, im Zivilleben Lehrer für Französisch mit englischem Wohnsitz und Übersetzer. Übersetzer, ja: Simon hat *ein* Buch aus dem Englischen ins Französische übersetzt, das im Übrigen kein Erfolg wurde, denn es handelt von einem Deutschen (Goethe). Trotz seiner geringen literarischen Verdienste behauptet der Leutnant seinen Platz in der Gesellschaft. Er ist nämlich Veteran der Marne-Schlacht, bei der er ein Auge verloren und eine Verwundung am Arm davongetragen hat. Vor dem Fenster: ein bitterkaltes Paris.

Die Marne-Schlacht umgibt eine besondere Aura. Das erklärt sich fast von selbst: Dort wurden die deutschen Armeen, die scheinbar nicht aufzuhalten waren, gestoppt, Paris wurde gerettet und eine drohende Niederlage abgewendet. (Außerdem hat der Triumph an der Marne eine wahrlich große Enttäuschung überdecken können, nämlich die missglückte und verlustreiche französische Offensive im deutschen Lothringen zu Beginn des Krieges.) Aber es gibt noch einen weiteren Grund. Das Schlachtfeld ist leicht zugänglich. Sonst sind die Kampfzonen hermetisch abgeriegelte Regionen, zu denen keine Zivilisten Zutritt haben und für die man eine Sondergenehmigung braucht, schon wenn man dorthin telefonieren will. (Selbst hohe Politiker haben zuweilen Probleme, wenn sie die Front besuchen wollen, was sie gern tun, da es sich gut macht und ihnen die Möglichkeit verschafft, sich in eigenartigen, uniformähnlichen Kreationen zu zeigen. Einmal, als Briand die Front besuchte, dachten einige, er sei der Chauffeur.) Die ehemaligen Schauplätze der Marne-Schlacht stehen dagegen jedermann offen, außerdem sind sie von Paris aus bequem zu erreichen. Sie sind zu einem beliebten Ausflugsziel geworden, die Leute fahren hin, sammeln die Überreste der Kämpfe ein, die noch immer massenweise auf dem Schlachtfeld herumliegen, und nehmen sie als Souvenirs mit nach Hause: Pickelhauben, Mützen, Knöpfe, Patronenhülsen, Granatsplitter, Kartätschenkugeln. Und wer die kleine Tagestour nicht machen kann oder will, für den gibt es authentische Erinnerungsstücke auf diversen Märkten zu kaufen, korbweise, frisch gesammelt.

Leutnant Simon erzählt von seinen Erlebnissen während der Schlacht und was geschah, als er verwundet wurde. Zu seiner Bestürzung bemerkt Corday, dass die anderen Anwesenden kaum noch zuhören. Es herrscht bereits eine Inflation von Helden und dramatischen Kriegsgeschichten. Und er erinnert sich an die Worte eines Offiziers, dem beide Beine amputiert worden waren: «Ja, im Moment bin ich ein Held, aber in einem Jahr werde ich nur noch ein Krüppel unter vielen sein.»

Immer noch ist es unmöglich zu sagen, dass man Frieden will. Wer so etwas äußert, erntet unweigerlich Empörung. Die Restaurants sind wieder gut besucht.[6]

27.

Samstag, 6. Februar 1915

WILLIAM HENRY DAWKINS SITZT AM FUSS DER PYRAMIDEN UND SCHREIBT AN SEINE MUTTER

«Meine liebe Mutter», beginnt er. «Leider haben wir wegen des Mangels an Postschiffen in dieser Woche keine Briefe bekommen.» Die Postzustellung zu den australischen Truppen in Ägypten ist wirklich unberechenbar. Vor drei Wochen haben sie Briefe erhalten, auf die sie seit November gewartet hatten: Einhundertsechsundsiebzig Säcke trafen ein. Davor: nichts. Dann: zu viel – einige konnten kaum all ihre Briefe beantworten. Jetzt: wieder nichts.

Aber Dawkins hat Nachricht von zu Hause. Er weiß jetzt, dass dort alle gesund sind, dass die Mutter mit den Zwillingen beim Zahnarzt war, dass die Blumen, die er an eine Freundin zu schicken versucht hat, leider nicht angekommen sind, dass in Australien die Preise steigen. Er selbst ist recht guter Dinge. Doch langsam hat er es satt, die Situation und überhaupt Ägypten; die ständigen Übungen gehen weiter, der erste Sandsturm des Jahres hat sie überrascht. Nach wie vor wissen sie nicht, ob sie nach Europa weiterfahren oder in Ägypten bleiben.

Der Krieg kommt langsam näher, ist aber noch nicht in Sicht- oder Hörweite. Vor einer knappen Woche entdeckten britische Aufklärungsflugzeuge osmanische Verbände, die sich durch die Wüste Sinai auf den Suezkanal zubewegten, und vor drei Tagen erfolgte der lange erwartete Angriff. Zwei Bataillone mit australischer Infanterie wurden als Verstärkung zum gefährdetsten

Punkt geschickt, Ismailia, und bald war der Angriff abgewehrt.[7] Dawkins und viele mit ihm sind geradezu neidisch auf diejenigen, die zum Kanal abmarschierten, und in den Zeilen an die Mutter ist zu ahnen, dass es ihm so ähnlich geht wie dem Fuchs mit den Trauben:

Es hat einigen Spektakel gegeben unten am Kanal, aber Du zu Hause wirst ohne Zweifel alle Berichte lesen können und noch mehr dazu. Der Donnerstag war für uns ein bemerkenswerter Tag, weil die ersten zur Verteidigung des Kanals eingeteilten Einheiten abzogen. Es war das 7. und das 8. Bataillon. William Hamilton[8] ist im 7. und auch mein alter Chef, Major McNicholl [sic]. Alle beneideten sie, doch ich bezweifle, dass ihre Zeit dort unten besonders angenehm sein wird, denn es ist ziemlich monoton, auf den Türken zu warten, der ganz gewiss nicht aus besonderem Soldatenstoff gemacht ist.

Er selbst hat die meiste Zeit damit verbracht, Pontonbrücken zu bauen, abzureißen und wegzutransportieren.[9] Heute hatten sie jedoch frei. Zusammen mit einem Offizierskameraden ist er nach Memphis geritten, in die alte Ruinenstadt. Die beiden Riesenstatuen von Ramses II. haben ihm am meisten imponiert. Er schreibt: «Sie waren prächtig skulpturiert, und es muss Jahre gedauert haben, sie zu vollenden.» Jetzt ist es Abend, und er sitzt in seinem Zelt:

Wenn Du diesen Brief bekommst, dürfte die schlimmste Sommerhitze hinter Euch liegen. Ich hoffe, dass es nach der Ernte billiger wird, sich mit Mehl und Weizen zu versorgen. Ich fühle mich ziemlich müde, deshalb schließe ich mit liebevollen Grüßen an alle von Will Xxxxxxxxx an die Mädchen.

28.

FLORENCE FARMBOROUGH PRÜFT IN MOSKAU
IHRE REISEGARDEROBE

Jetzt hat sie es hinter sich: die sechs Monate in dem privaten Militärlazarett in Moskau, das fleißige Lernen für das Examen als Pflegerin (das Praktische fiel ihr leicht, Probleme bereitete die Theorie in kompliziertem Russisch), die Examensprüfung, die abschließende Zeremonie in einer orthodoxen Kirche (wo der Priester Mühe hatte, ihren Namen auszusprechen: «Floronz»), ihre Versuche, zum Dienst im neu eingerichteten Feldlazarett Nr. 10 zugelassen zu werden (was gelang, wiederum durch Vermittlung ihres früheren Arbeitgebers, des berühmten Herzchirurgen).

Farmborough schreibt in ihr Tagebuch:

Die Vorbereitungen für meine Abreise sind in vollem Gange. Ich kann es kaum erwarten, aber es bleibt noch viel zu tun, und die Einheit selbst steht noch nicht ganz. Meine Schwesternuniformen, Schürzen und Hauben sind schon genäht, und ich habe eine schwarze Lederjacke mit Flanellfutter gekauft. Dazu gehört eine dicke Weste aus Schaffell, im Winter zu tragen, deren russischer Name dusjegrejetika «Seelenwärmer» bedeutet. Ich habe gehört, dass unsere Einheit eine Zeit lang an der russisch-österreichischen Front in den Karpaten stationiert sein wird und dass wir reiten werden müssen; also ist meine Garderobe um hohe Stiefel und schwarze Kniehosen aus Leder ergänzt worden.

29.

RENÉ ARNAUD ERHÄLT AN DER SOMME EINEN EINBLICK
IN DIE LOGIK DER GESCHICHTSSCHREIBUNG

Ein kalter Frühlingsmorgen. Die Sonne ist noch nicht aufgegangen, aber Fähnrich René Arnaud ist schon wach. Im lichter werdenden Dunkel dreht er seine gewohnte Runde im Schützengraben, geht von Wachtposten zu Wachtposten, die im zweistündigen Wechsel abgelöst werden, kontrolliert sie, kontrolliert aber auch, ob der Feind etwas im Schilde führt. Alle wissen, dass jetzt der beste Zeitpunkt für Überraschungsangriffe ist. Nicht, dass die hier an der Somme häufig vorkämen.

Dies ist nämlich ein ruhiger Sektor. Vielleicht saust dann und wann eine deutsche Granate vorbei, doch sind es keine großen Kaliber, höchstens einmal eine 7,7er mit ihrem charakteristischen «schooooo … boom». Dann gibt es natürlich die Scharfschützen, die allen Unvorsichtigen auflauern, und die riskanten Kontrollgänge in einem der Verbindungsgräben, der über einen Hügel verläuft und an einer bestimmten Stelle einem deutschen Maschinengewehr eine offene Flanke bietet. Dort ist sein Vorgänger getötet worden, von einer Kugel aus diesem Maschinengewehr, die ihn in den Kopf traf. Es war übrigens das allererste Mal, dass Arnaud einen Gefallenen sah. Als der Körper auf der Bahre vorbeigetragen wurde, der Kopf und die Schultern von einem Stück Plane bedeckt und die rote Uniformhose unter blauen Überzugkleidern verborgen, war Arnaud, trotz seines Mangels an Erfahrung, nicht besonders erschüttert. «Ich war so voller Leben, dass es mir unmöglich war, mich an seiner Stelle auf einer Bahre liegend zu sehen, mit dieser Gleichgültigkeit, die die Toten immer ausstrahlen.»

Bei Kriegsausbruch war Arnaud einer von denen, die jubelten. Er war gerade einundzwanzig Jahre alt geworden, sah aber kaum älter aus als sechzehn. Seine einzige Befürchtung war, dass der Krieg zu Ende gehen könnte, bevor er selbst an die Front kam:

«Welche Schande wäre es, eins der größten Abenteuer meiner Generation nicht miterleben zu dürfen.»

Diese letzte Dämmerungsstunde kann für den Unerfahrenen nervenaufreibend sein:

Als ich am Rand des Schützengrabens stehenblieb und über das Niemandsland hinausblickte, glaubte ich zuweilen, dass die Pfähle unseres dünnen Netzwerks aus Stacheldraht die Silhouetten einer deutschen Patrouille waren, die dort knieten, um jeden Moment loszustürmen. Ich starrte diese Pfähle an, sah, wie sie sich bewegten, hörte, wie die Jacken über die Erde streiften und die Klingen der Bajonette klirrten … Und dann wandte ich mich zu dem Wachtposten um, und sein Gleichmut beruhigte mich. Solange er nichts sah, war da auch nichts – nur meine eigenen ängstlichen Halluzinationen.

Dann kommt der Augenblick, da die ersten Vögel zu singen anfangen und die Konturen der Landschaft unmerklich aus dem milchig grauen Morgenlicht hervortreten.

Er hört einen Schuss, dann noch einen, zwei, mehrere. Nach kaum einer Minute knattert überall im Schützengraben das Gewehrfeuer. Arnaud stürzt davon, um die Schlafenden zu wecken. In der Türöffnung des Unterstands kommen ihm Soldaten mit ihren Waffen in der Hand entgegen und versuchen sich dabei ihre Tornister überzustreifen. Von den feindlichen Linien sieht er eine rote Leuchtrakete aufsteigen. Er weiß, was das bedeutet: ein Signal für die deutsche Artillerie.[10] Rasch folgt die Antwort: ein Orkan von Granaten, die vor, über und hinter dem französischen Schützengraben krepieren. Dessen Rand zeichnet sich gegen die sprühenden Feuer der Detonationen ab. Die Luft ist erfüllt von «Schwirren, Heulen und Explosionen». Der Geruch der Sprenggranaten ist beißend.

Mein Herz schlug, ich muss blass gewesen sein und ich bebte vor Angst. Ich zündete eine Zigarette an, weil ich instinktiv annahm, dies würde

helfen, meine Nerven zu beruhigen. Ich sah meine Männer, die auf dem
Grund des schmalen Schützengrabens saßen, die Tornister über ihren
Köpfen, während sie darauf warteten, dass das Trommelfeuer endete.

Arnaud denkt plötzlich, dass die Deutschen vielleicht schon auf
dem Weg sind, durchs Niemandsland. Er steigt schnell über die
Rücken der liegenden Soldaten, hinüber zu einer Biegung im
Schützengraben, von wo man die feindliche Linie überblicken
kann. Es kracht, heult und zischt. Endlich dort angekommen, ist er
vollauf damit beschäftigt, die Deutschen zu beobachten. «Meine
Konzentration auf das, was getan werden musste, befreite mich
von meiner Angst.» Er starrt unverwandt auf den Hang, der die
deutsche von der französischen Stellung trennt. Nichts.

Langsam verebbt das Artilleriefeuer, verstummt.

Der Staub legt sich. Es ist wieder still. Die Meldungen gehen
ein. In der Abteilung neben ihnen sind zwei Soldaten getötet worden, in der Kompanie rechts fünf.

Nach und nach gelingt es Arnaud, sich ein Bild vom Geschehen
zu machen. Zwei der Wachtposten waren aus schierer Langeweile
auf die Idee gekommen, auf eine Zugvogelformation zu schießen,
allem Anschein nach Große Brachvögel auf dem Weg zu ihren
Brutplätzen in Skandinavien. Ihre Schüsse hatten einige der übrigen Wachen veranlasst, eine Gefahr zu vermuten, und auch sie
begannen zu schießen. Dann dauerte es nur einen Augenblick, bis
es im gesamten Schützengraben zu einer Feuerpanik kam. Dieses
plötzliche Gewehrfeuer ließ offenbar jemanden auf der deutschen
Seite einen bevorstehenden Angriff befürchten, sodass dieser die
eigene Artillerie mobilisiert hatte.

Das offizielle Nachspiel erfolgte am Tag danach. Da konnten sie
in einem französischen Armeekommuniqué lesen: «Bei Bécourt, in
der Nähe von Albert, ist ein deutscher Angriff durch unser Gegenfeuer abgeschmettert worden.» Arnauds Kommentar: «So wird
Geschichte geschrieben.»

*

Am selben Tag, dem 28. Februar, schreibt William Henry Dawkins an seine Mutter:

> *In der Woche bekam ich Deinen vom 26. Januar datierten Brief, und es kann sehr wohl der letzte sein, der mich in Ägypten erreicht, weil wir bald weiterziehen werden. Wohin, weiß niemand. Im Laufe des Tages marschierten die 3. BDE, die 3. Fd Amb, die 1. Fd Coy und die 4. ASC ab nach Alexandria. Und innerhalb der nächsten vierzehn Tage werden wir ihnen folgen. Ich nehme an, dass die Dardanellen unser Ziel sein werden, aber es kann auch irgendwo in Frankreich, der Türkei, Syrien oder Montenegro sein. Auf jeden Fall gibt es einen Ortswechsel, und wir können endlich loslegen.*

Und am gleichen Tag schreibt Herbert Sulzbach in sein Tagebuch:

> *Die französischen Angriffe lassen immer noch nicht nach und ebenso wenig unsere bedrückte Stimmung. Unsere Nerven und Kräfte sind wirklich auch bald verbraucht, denn diese Angriffe und Schlachten im Stellungskampf wirken stärker als solche im Bewegungskrieg. Wo bleibt denn die Verstärkung? Man erzählt sich, dass die erste Garde-Infanteriedivision im Anmarsch ist.*

30.
Mittwoch, 3. März 1915

ANDREJ LOBANOV-ROSTOVSKIJ UND DER GROSSE SCHNEESTURM BEI LOMZA

Der Winter geht seinem Ende entgegen. Ebenso die deutsche Februaroffensive. In beiden Fällen handelt es sich jedoch um Phänomene, die sich nie ganz voraussagen lassen, trotz der Gesetze der Meteorologie und der Pläne der Strategen. Als Lobanov-Rostovskijs Regiment zu einem Angriff beordert wird, einem letzten oder vielleicht vorletzten, um irgendwo die Front zu begradigen oder irgendeine bedrohliche Stellung zu eliminieren oder irgendetwas anderes zu tun, das nur auf den Generalstabskarten im Maßstab 1:84000 sinnvoll erscheint, geschieht dies inmitten eines heftigen Schneesturms.

Es ist ein in vieler Hinsicht furchtbarer Winter gewesen hier im nordwestlichen Polen. Hindenburgs letzte Offensive hat keine größere Wirkung erzielt.[11] Die russische Front im nordwestlichen Polen wurde ein wenig hin- und hergeschoben, aber sie hat gehalten.

Andrej Lobanov-Rostovskij gehört einem Garderegiment an, einer dieser Elitetruppen, die gern als Feuerwehr eingesetzt werden, dort, wo die Gefahr am größten ist. Wieder ist er den schlimmsten Kämpfen entgangen. Erst war er krank, in Warschau, dann hatte er mehrere Tage damit verbracht, in Züge einzusteigen oder aus Zügen auszusteigen oder mit dem Zug in die eine oder andere Richtung zu fahren, während die Generäle zu entscheiden versuchten, wo die Division eigentlich am dringendsten gebraucht wurde: «Dieses Oszillieren unserer Reiseroute zeigte, dass sich die Lage ständig veränderte.» Schließlich stiegen sie bei Lomza aus. Die Division machte sich auf den Marsch zu einer Linie nordwestlich der Stadt, die auf einer Karte eingezeichnet war. «Und wenn sich der Feind näherte, war das die Front.»

Jetzt geht es, wie gesagt, nur um ein Gefecht von «lokalem Interesse». Der Schneesturm soll dem russischen Angriff nicht im Wege stehen, er wird planmäßig eingeleitet. Wieder einmal ist Lobanov-Rostovskij Zuschauer; er ist ja Ingenieuroffizier und in Situationen wie dieser nicht gefragt. Zu sehen, wie der Krieg – oder besser: die Generalität – sich weigert, die Naturkräfte zu akzeptieren, findet er besonders erschreckend: «Das Geräusch der Artillerievorbereitungen und des Mündungsfeuers der Kanonen mischte sich mit dem heulenden Wind und dem wirbelnden Schnee.» Die Verluste sind ungewöhnlich hoch, auch am Maßstab dieses Kriegs gemessen, denn die meisten Verwundeten erfrieren noch an der Stelle, wo sie zu Boden gegangen sind. Und die Verletzten, die den Wind und den Schnee und die Minusgrade trotz allem überleben, erleiden oft schwere Erfrierungen. Die Lazarette füllen sich mit Krüppeln.

Andrej Lobanov-Rostovskij fühlt sich nicht besonders gut. Vor allem setzt ihm das Warten hinter der Front zu. Er findet die Passivität «sehr deprimierend». Die Monotonie wird nur unterbrochen, wenn deutsche Flugzeuge kommen und ein paar Bomben werfen, meist in der Dämmerung oder spät am Abend.

31.

Freitag, 5. März 1915

HERBERT SULZBACH MACHT BEI RIPONT
EINE RECHNUNG AUF

Es sind jetzt zehn Wochen vergangen. Zehn Wochen fast ununterbrochener Kämpfe. Bald wird dieses Geschehen einen Namen erhalten: «Die Winterschlacht in der Champagne». Die Front hat sich kaum bewegt.

Die Liste der Verwundeten und Gefallenen wird immer länger. Bode ist tot. Fabian auch – er war der Jüngste der Freiwilligen, nur siebzehn Jahre alt. Unter den Verwundeten ist der Geschützzugführer, der geliebte Fähnrich Reinhardt. Einer von Sulzbachs Freunden hatte einen Nervenzusammenbruch. Und an diesem Tag wird ein anderer Freiwilliger getötet, Zobel. Sulzbach bemerkt jedoch, dass, auch wenn sie natürlich um jeden gefallenen Kameraden trauern, etwas mit ihren Gefühlen geschehen ist. Sie sind nicht mehr so aufgewühlt, nicht mehr so betroffen, wenn wieder mal ein lehmverschmierter Körper weggetragen wird. Sie sind inzwischen abgestumpft. Keiner weint mehr. Vielleicht ist das unvermeidlich.

Eine Kluft tut sich auf zwischen dem Erwarteten und dem Erlebten. Sulzbach schreibt in sein Tagebuch:

Man kann ja nur kurze Notizen machen, hat keine Zeit zu langen Betrachtungen und kann den zu Haus' Gebliebenen, wenn man ihnen später diese Kriegstagebücher zu lesen gibt, doch niemals eine wirkliche Vorstellung von dem machen, was wir erleben und aushalten und von welchem Willen und welchem Geist jeder einzelne beseelt ist.

Dass sein Freund Kurt Reinhardt sich der Batterie wieder angeschlossen hat, ist seine Rettung. Sie haben sich viel zu erzählen.

Die Intensität der Kämpfe lässt sich auch statistisch belegen. Während der Schlachten in Flandern hat die Batterie 3200 Granaten verschossen. Jetzt, in der Champagne, in ungefähr der halben Zeit, hat sie 17200 abgefeuert. Alle hoffen, dass sie bald abgelöst werden.

32.
Sonntag, 7. März 1915
KRESTEN ANDRESEN ZEICHNET IN CUY EINEN ESEL

Der Feldgeistliche hat sie in seinen Predigten dazu beglückwünscht, in dieser ereignisreichen Zeit zu leben. Dann sangen sie «Ein feste Burg ist unser Gott», aber die zweite Strophe ließen sie aus, da sie als Ausdruck des Zweifels an der Kraft der Waffen gedeutet werden könnte.[12] Die letzten Monate waren seltsam. Es gab nur wenige Kämpfe, und die nur weit entfernt. Seit er an der Front ist, hat Andresen ganze drei Schüsse abgegeben, und er ist ziemlich überzeugt, dass alle drei irgendwo in den Hindernissen vor ihrer Stellung hängengeblieben sind. Manchmal, wenn es sehr ruhig war, empfand er die Situation als seltsam unwirklich.

Vielleicht ist es gerade diese Ruhe, die ihm in der letzten Zeit das Gefühl – denn es ist vor allem ein Gefühl – vermittelt, dass sich das Ganze auf unergründliche Weise seinem Ende nähert? Andresen phantasiert jedenfalls viel vom Frieden. Er hat auch seltsame Träume gehabt, wie gestern Nacht: Er träumte, dass er sich in seinem besten Konfirmationsanzug auf den Straßen Londons bewegte und dann plötzlich in das Haus seiner Kindheit versetzt wurde, wo er den Mittagstisch deckte.

Vogelgesang, ein Himmel, der sich warm und blau über eine Landschaft wölbt, in der all das trockene Gelbbraune eine Grünfärbung bekommen hat. Der Frühling hat die Picardie erreicht. Die Krokusse blühen, im Wald knospen Veilchen und Calla, und zwischen den frischen Ruinen hat Andresen Christrosen und Schneeglöckchen entdeckt. Es ist normalerweise die Zeit zum Säen, aber nicht hier und jetzt. Zwar hört Andresen gerade das Geräusch einer dampfgetriebenen Dreschmaschine, die irgendwo in einer abseitigen Dorfstraße rattert und stampft, aber das Getreide, das die Maschine ausspuckt, wird nicht diesem französischen Bauern zugute kommen; dem ist es sogar verboten, seinen eigenen Acker zu pflügen, ein Verbot, das bittererweise zu einem Zeitpunkt verkündet wurde, da er bereits eine große Menge gesät hatte.

Andresen hat aufrichtiges Mitgefühl mit dem Teil der französischen Zivilbevölkerung, der noch in den Dörfern gleich hinter der Kampflinie ausharrt. Deren Ernährung ist

enorm eintönig. Der Bürgermeister gibt ihnen ein paar runde Brotlaibe, groß wie normale Schubkarrenräder, halb aus Weizen und halb aus Roggen. Meist essen sie es trocken, manchmal mit einem Stückchen Fleisch oder ein paar gebratenen Kartoffeln dazu. Im übrigen leben sie von Milch, oder auch von Bohnen und Rüben.

Da er selbst einem ländlichen Milieu entstammt, fällt es Andresen leicht, das Elend der französischen Bauern zu verstehen, während er gleichzeitig die gedankenlose Verschwendung, die zum Alltag des Krieges gehört, unerträglich findet. Am Anfang ihres Aufenthaltes betteten sie sich Nacht für Nacht auf neuem, ungedroschenem Weizen, und drüben in dem zerschossenen Lassigny sind manche Straßen mit einer dicken Schicht von ungedroschenem Hafer bedeckt, den man dort ausgebreitet hat, um das Poltern der Wagenräder zu dämpfen.

Vielleicht ist es auch der Bauer in ihm, der ihn veranlasst, Zuneigung zu dem kleinen Esel Paptiste zu fassen, der auf einem der Höfe in Cuy gehalten wird. Seine Liebe wird durchaus nicht erwidert. Das Tier stößt Grunzlaute aus, wenn jemand in die Nähe kommt, und macht Anstalten auszuschlagen. Andresen findet den Esel in seiner Dummheit und naturgegebenen Faulheit jedoch unwiderstehlich komisch, und an diesem Sonntag nimmt er die Gelegenheit wahr, ein kleines Porträt von ihm zu zeichnen, wie er dort auf dem Hofplatz steht und die warme Frühlingssonne genießt. Wenn die Zeichnung fertig ist, will er sie nach Hause schicken.

Der Esel ist nicht seine einzige Bekanntschaft im Ort. In Cuy hat er auch zwei französische Frauen kennengelernt, eine blonde und eine dunkelhaarige. Sie sind aus einem Dorf in der Nähe geflüchtet, das plötzlich im Niemandsland liegt. Vermutlich ist die Bekanntschaft dadurch erleichtert worden, dass er Däne und kein Deutscher ist. Die dunkelhaarige Frau hat eine elfjährige Tochter, Suzanne, genannt Sous, und sie nennt Andresen «Kresten le Danois». Ihre Mutter hat seit Ende August keinen Kontakt mehr mit ihrem Mann gehabt. «Sie ist sehr schwermütig.»

Neulich fragten sie mich, wann wieder Friede sein werde, aber das wusste ich ebensowenig wie sie. Ich tröstete sie, so gut ich konnte; sie weinten über das ganze Elend. Sonst sieht man sie selten weinen, obwohl sie allen Grund dazu haben.

Andresen hat der dunkelhaarigen Frau geholfen, an das Hilfsbüro des Roten Kreuzes in Genf zu schreiben, um Informationen über ihren vermissten Mann zu erhalten. Er hat Sous auch eine Puppe geschenkt, getauft auf den Namen Lotte, die das Mädchen in einer leeren Zigarrenschachtel fröhlich mit sich herumträgt. Er will versuchen, ihr einen Puppenwagen zu bauen.

33.

Freitag, 12. März 1915

RAFAEL DE NOGALES TRIFFT IN DER GARNISON
IN ERZURUM EIN

Was ihn auf dem langen und beschwerlichen Marsch über die schneebedeckten Berge am stärksten beeindruckt, ist die Tatsache, dass man keine Bäume sehen kann. Auch keine Vögel. Er hatte zumindest Raben oder Geier oder andere Aasfresser erwartet, denn gegen Ende seiner Reise hat er die Überreste der großen Katastrophe bei Sarikamis gesehen, Tausende steif gefrorene Kadaver von Pferden und Kamelen. «Es muss schon ein wirklich elendes Land sein, wenn selbst die Raubvögel es meiden.»

Und doch bereut er es keineswegs, hier zu sein.

Als im August der Krieg ausbrach, zogen viele auf langen und umständlichen Wegen nach Europa, um daran teilzunehmen. Vielleicht zählte Rafael de Nogales' Weg zu den längsten, zumindest war er ziemlich umständlich. Wenn jemand den Titel «Weltabenteurer» verdient, dann er. Geboren in Venezuela und aus einer Familie von Konquistadoren und Freibeutern stammend (sein Großvater hatte für die Unabhängigkeit des Landes gekämpft), war er in Deutschland aufgewachsen und ausgebildet worden, zugleich aber wurde er von einer unbändigen Abenteuerlust getrieben.

Rafael Inchauspe de Nogales Méndez ist weder vom rauschhaften Nationalismus noch von den semiutopischen Phantasien berührt, die Millionen Menschen zu dieser Zeit erfassten. Er muss auch nichts mehr beweisen, weder sich noch den anderen. Furchtlos, ungeduldig und unbekümmert, führt er schon seit langem eine rastlose Existenz. So kämpfte er im Spanisch-Amerikanischen Krieg 1898, nahm auf der falschen Seite am Umsturz in Venezuela 1902 teil und war deshalb zur Flucht aus dem Land gezwungen. Er war Freiwilliger im Russisch-Japanischen Krieg (wo er verwundet wurde); er hat in Alaska Gold gewaschen (er zählt sich zu den Gründern der Stadt Fairbanks) und in Arizona als Cowboy gearbeitet. Rafael de Nogales ist jetzt sechsunddreißig Jahre alt, energisch, charmant, stolz, hartgesotten, gebildet, dunkelhaarig und klein gewachsen, mit einem ovalen Gesicht, abstehenden Ohren und engstehenden Augen. Äußerlich erinnert de Nogales an einen lateinamerikanischen Hercule Poirot: Er ist stets gut gekleidet und trägt einen kleinen, sehr sorgfältig gestutzten Schnurrbart.

Als er Nachricht vom Krieg erhielt, nahm er sofort ein Postschiff nach Europa. Auf verschlungenen Wegen erreichte er schließlich Calais, dort wimmelte es von Flüchtlingen, vor allem Frauen und Kindern, die die «sentimentalen Stücke» ihrer restlichen Habe mit sich trugen. Immer wieder zogen Soldatentrupps oder eine ratternde Artilleriebatterie durch die Straßen. Auch kamen ihnen Automobile mit Verwundeten in verschiedenen Uniformen entgegen: «Eine Schlacht schien stattzufinden, Gott weiß wo.» Er erinnerte sich besonders an zwei Geräusche. Zum einen das bedrohliche Brummen der Flugzeuge, die dann und wann «stahlhart, adlergleich» über ihren Köpfen kreisten. Zum anderen das unablässige Klappern, das entsteht, wenn Tausende Menschen in Holzschuhen sich über Kopfsteinpflaster bewegen. Alle Hotels waren überfüllt. De Nogales musste die erste Nacht in einem Sessel schlafend verbringen.

Weil er in Deutschland aufgewachsen war, neigte er dazu, für die Mittelmächte Partei zu ergreifen, aber die Nachricht, dass die kaiserliche Armee in eines der kleinsten Nachbarländer eingefallen war, hatte ihn bewogen, «meine persönlichen Sympathien zu opfern und meine Dienste dem heroischen Belgien anzubieten». Was sich als schwierig erwies. Denn das kleine, heroische Belgien sagte höflich nein danke, weshalb er sich an die französischen Behörden wandte, die ihm ebenfalls den Eintritt in die reguläre Armee verwehrten, worauf er den Rat erhielt, es doch mit Montenegro zu versuchen. Das Ganze endete damit, dass er dort auf einem Berg verhaftet wurde, als Spion. Auch serbische und russische Behörden wiesen ihn ab, wenngleich auf die denkbar höflichste Art und Weise. Der russische Diplomat, den er in Bulgarien traf, schlug vor, er könne es ja mit Japan versuchen ... Als Nogales kurz darauf die prächtige Eingangshalle der russischen Botschaft in Sofia betrat, war er mit den Nerven am Ende.

Rafael de Nogales wusste in diesem Moment nicht, was er tun sollte. Nach Hause zurückzufahren war keine Alternative. Ebensowenig konnte er bleiben «und nichts tun, was für mich den Untergang bedeuten würde». Eine zufällige Begegnung mit dem türkischen Botschafter in Sofia entschied die Sache: De Nogales beschloss, sich einfach von der Gegenseite anwerben zu lassen. Anfang Januar wurde er in die türkische Armee aufgenommen, drei Wochen später verließ er Konstantinopel[13], um in den Kaukasus an die Front zu fahren.

Sie haben die weißen Berge hinter sich gelassen und reiten an den kleinen Forts vorbei, die den äußeren Ring um die Festung bilden. Der Himmel ist grau, er schwebt über «der gottvergessenen Landschaft wie eine Bleiglocke». Hier und da sehen sie frisch ausgehobene Schützengräben – oder sind es Massengräber? Er sieht froststarre Leichen, er sieht Hunde, die daran zerren. (Später erfahren sie, dass eine Typhusepidemie wütet.) Die Gruppe reitet in Erzurum ein. Die Stadt bietet einen traurigen Anblick; die engen Straßen sind voller Schnee. Doch trotz der Kälte vibriert Erzurum vor Aktivität, im Basar, wo die Kaufleute in Pelzen und mit übereinandergeschlagenen Beinen beisammensitzen und «ihre ewigen Wasserpfeifen» rauchen, aber auch in der Garnison, wo Abteilungen von Soldaten, Gruppen von Trägern und mit Nachschub beladene Karawanen kommen und gehen. Dies ist das Hauptquartier der 3. Armee – oder was davon noch übrig ist.

Am Nachmittag meldet sich de Nogales beim Festungskommandanten, einem Oberst.

Der Krieg ist wegen der Kälte und des tiefen Schnees zum Stillstand gekommen. Niemand würde es außerdem so kurz nach dem verlustreichen Fiasko vom Jahreswechsel, als 150 000 Mann losmarschierten und 18 000 zurückkehrten, wagen, einen neuen Winterfeldzug zu beginnen. Selbst die Russen, die immerhin einen großen und unerwarteten Sieg errungen haben, sitzen in ihren nahezu uneinnehmbaren Gebirgsstellungen gegenüber von Köprüköy und warten ab.

Dann und wann hört man das entfernte Donnern der russischen Artillerie. Das Dröhnen hallt zwischen den umliegenden Berghängen, und das Knallen löst manchmal oben auf dem Ararat Lawinen aus: «Enorme Eismassen glitten herunter und fielen von Kamm zu Kamm und von Felsen zu Felsen, bis sie mit einem Krachen an den stillen Ufern des Araxes zerschellten.»

34.

Donnerstag, 18. März 1915

PÁL KELEMEN SIEHT SICH IN EINEM LEEREN KLASSENZIMMER
IN DEN KARPATEN UM

Die Verwundung, die er in jener Nacht auf dem Pass erlitten hatte, war nicht schwerwiegend. Nach einem Aufenthalt im Lazarett in Budapest und der Rekonvaleszenz als Verantwortlicher für die Remonten[14] in der ungarischen Grenzstadt Margita – wo er ein Verhältnis mit einer der behüteten Bürgertöchter begann, einer auffallend groß gewachsenen und schlanken jungen Frau – ist er nun wieder an der Front.

Das Vor- und Zurückmarschieren auf den verschiedenen Gebirgspässen der Karpaten geht ohne erkennbares Resultat weiter. In den letzten Monaten haben beide Seiten zwar Terrain gewonnen, zugleich aber hohe Verluste verzeichnet, vor allem durch Kälte, Krankheiten und fehlenden Nachschub.[15] Kelemen hat den Gestank erlebt, wenn alte Leichen in der Frühlingssonne auftauen und neue dazugelegt werden. Kaum jemand redet noch von einer schnellen Entscheidung.

Kelemens Einheit verrichtet ihren Dienst hinter der Front, meist als eine Art Sonderpolizei, zum Schutz der langen Nachschubkolonnen, denen man auf den matschigen Wegen ständig begegnet. Es ist ein einfacher und gefahrloser Dienst. Kelemen und seine Husaren quartieren sich häufig in den leeren Schulhäusern der ungarischen Dörfer ein. So auch heute. Pál Kelemen schreibt in sein Tagebuch:

In zerstörten Klassenzimmern, die sich durch hereingeschlepptes Stroh in schmutzige Ställe verwandelt hatten, stehen die Schulbänke verstreut wie verängstigte Viehherden, auseinander und wieder zusammengetrieben, und die Tintenfässer sind wie Knöpfe, die von einem Kleidungsstück abgerissen wurden und jetzt wie Abfall in den Ecken und Fensternischen liegen.

An den Wänden sind Text und Noten der Nationalhymne zu sehen, und eine Karte von Europa. Die schwarze Tafel liegt umgedreht auf dem Katheder. Ins Bücherregal hat man Schreibhefte, Lesebücher, Stifte und Kreide geworfen. Alles nur Bagatellen, aber doch reizvoll, jedenfalls für mich, der stundenlang nur Abscheulichkeiten gesehen hat. Wenn ich in diesen Dorfschulbüchern die einfachen Worte lese – Erde, Wasser, Luft, Ungarn, Adjektiv, Substantiv, Gott –, finde ich in gewisser Weise das Gleichgewicht wieder, ohne das ich so lange umhergeworfen wurde wie ein Schmugglerschiff, ohne Ruder, auf unbekannten Meeren.

35.

HARVEY CUSHING STELLT IN EINEM PARISER MILITÄR-
KRANKENHAUS EINE LISTE INTERESSANTER FÄLLE AUF

Grau, schwarz und rot. Das waren die Farben, die er die ganze Zeit
vor Augen hatte, als sie vor zwei Tagen mit dem Bus vom Gare
d'Orléans über den Fluss und am Place de la Concorde vorbei
nach Neuilly fuhren, wo das Krankenhaus wartete. Neugierig, ja
gierig hatte er die Straßen der Stadt beobachtet. Grau waren alle
Militärfahrzeuge, im gleichen uniformen Ton gestrichen: Stabs-
wagen, Krankenwagen, Panzerwagen; schwarz all die Trauernden
(«Alle, die nicht in Uniform sind, scheinen Schwarz zu tragen»);
rot waren die Hosen der Soldaten und die Kreuze der Krankenhäuser und der Krankenwagen. Sein Name ist Harvey Cushing,
amerikanischer Arzt aus Boston, und er ist nach Frankreich gekommen, um Kriegschirurgie zu studieren. In einigen Tagen wird
er sechsundvierzig Jahre alt.

An diesem Tag befindet sich Cushing am Lycée Pasteur in Paris – oder wie es jetzt heißt: Ambulance Américaine[16]. Es ist ein privates Militärkrankenhaus, bei Kriegsausbruch von in Frankreich
lebenden Amerikanern eingerichtet und mit Hilfe verschiedener
Sammlungen finanziert. Die Menschen, die dort arbeiten, stammen hauptsächlich aus den USA, es sind Freiwillige von verschiedenen Medizinischen Fakultäten, die hier für drei Monate Dienst
tun. Manche sind aus rein ideellen Gründen gekommen, andere,
wie Cushing, von beruflichem Interesse geleitet. Hier kann man
nämlich Verwundungen eines Typs behandeln, wie er in den neutralen und von der Weltpolitik abgeschirmten USA fast nie vorkommt. Und da Harvey Cushing Gehirnchirurg ist, noch dazu ein
ungewöhnlich tüchtiger[17], hofft er natürlich, im Krieg führenden
Frankreich vieles lernen zu können. Er hat, was den Krieg betrifft,
eigentlich keine klare Stellung bezogen. Als besonnener, gebilde-
ter Zeitgenosse behandelt er die vielen Schauergeschichten über

die Deutschen mit einer gewissen ironischen Skepsis. Er glaubt, hohles Pathos durchschauen zu können. Harvey Cushing ist blass, klein und dünn. Sein Blick ist musternd, der Mund klein und zusammengepresst. Er vermittelt den Eindruck eines Mannes, der es gewohnt ist, seinen Willen durchzusetzen.

Gestern, am Karfreitag, war sein erster richtiger Arbeitstag im Krankenhaus. Cushing hat sich bereits vorab ein Bild von seiner Aufgabe gemacht. Er hat die Verwundeten getroffen, oft geduldige und schweigsame Männer mit versehrten Körpern und schweren Verwundungen. Aus diesen Wunden werden nicht nur Kugeln und Granatsplitter entfernt, sondern auch das, was man in der Fachsprache Sekundärprojektile nennt: Stofffetzen, Steine, Holzstücke, Patronenhülsen, Ausrüstungsteile, Fragmente von Körperteilen. Einige der größten Problemfälle hat er schon gesehen. Zuerst die vielen Soldaten mit schmerzenden, blaugefrorenen und nahezu verkrüppelten Füßen – offenbar haben die Männer tagein, tagaus in kaltem, schlammigem Wasser gestanden (der Begriff «Schützengrabenfuß» ist noch nicht geprägt). Dann die Simulanten und jene, die aus Scham oder Eitelkeit die Schwere ihrer Verletzungen übertreiben. Außerdem die «Souvenirchirurgie» – wenn die Ärzte unnötigerweise Projektile herausoperieren, weil die Soldaten darauf bestehen, die Kugeln oder Granatsplitter mitzunehmen, um sie zu Hause als Trophäen präsentieren zu können.

Heute ist Ostersamstag. Das kalte, aber klare Frühlingswetter der ersten Tage ist einem Dauerregen gewichen.

Den Vormittag nutzt Cushing, um durch die halbvollen Säle zu schlendern und die aus neurologischer Sicht interessantesten Fälle aufzulisten. Da es nur wenige ernsthafte Schädelverletzungen gibt, nimmt er auch verschiedene Arten von Nervenleiden auf. Die Patienten kommen fast ausschließlich von den südöstlichen Frontabschnitten. Die allermeisten sind Franzosen, dazu schwarze Kolonialsoldaten[18], ein paar Engländer. Die Letztgenannten werden in der Regel zu Krankenhäusern am Ärmelkanal oder weiter nach Hause gebracht. Allmählich nimmt seine Liste Gestalt an:

Elf Fälle von Nervenschäden an den oberen Gliedmaßen, von kleinen Handverletzungen bis zu Wunden am Plexus brachialis; fünf davon Rückenmuskelparalyse mit komplizierteren Frakturen.

Zwei schmerzhafte Nervenschäden am Bein; Tauer hat diese mit Knochennaht operiert.

Drei Gesichtslähmungen. Bei einem war ein Granatsplitter von Handflächengröße in die Wange gedrungen, den er stolz vorzeigte.

Eine Zervikallähmung im sympathischen Nervensystem bei einem Mann, dem ein Schuss durch den offenen Mund gegangen war.

Zwei gebrochene Rückgrate, der eine liegt im Sterben, der andere erholt sich. Ein Balken, der den Schutzraum gehalten hatte, war auf ihn herabgefallen, als eine in der Nähe explodierende Granate den Abschnitt [des Schützengrabens] zerstörte, in dem er sich gerade befand.

Nur eine einzige ernsthafte Hirnverletzung; es handelt sich bei diesem um einen gewissen Jean Ponysigne, der vor fünf Tagen in den Vogesen verwundet und anschließend auf unergründliche Weise im Krankenwagen hierhergebracht wurde.

Beim Mittagessen erzählt ihm einer der Sanitäter, wie er vor zwei Tagen einen Veteranen des Krieges 1870/71 ohne Beine gesehen habe, der sich, auf seine Krücken gestützt, aufgerichtet habe, um einem fünfundvierzig Jahre jüngeren Mann seine Ehrenbezeugung zu machen, einem der Opfer des gegenwärtigen Konflikts, auch dieser Mann ohne Beine. Am Nachmittag besucht Cushing die Abteilung für Zahnchirurgie und ist beeindruckt von den neuen effizienten Behandlungsmethoden. «Es ist großartig zu sehen, wie es ihnen gelungen ist, einem armen Teufel, dem große Teile des Gesichts weggeschossen wurden, Zähne und Kiefer wieder einzusetzen.»

36.

ANGUS BUCHANAN WARTET IN WATERLOO STATION
AUF EINEN ZUG

Noch ein Regentag. Als die Dämmerung über London herein-
fällt, wirkt die Stadt ungewöhnlich grau und feucht. Er wartet seit
sechs Uhr abends auf Bahnsteig sieben, und noch ist von ihrem
Zug nichts zu sehen. Der Bahnsteig ist voller Menschen, nicht nur
Männern in khakifarbenen Uniformen, sondern auch zahlreichen
Zivilisten: Verwandte und Freunde, die zur Waterloo Station gekommen sind, um sie zu verabschieden. Das Wetter mag trist sein,
aber die Stimmung unter den Wartenden, die dort in Gruppen
zusammenstehen und plaudern, ist prächtig.

Die auf dem Bahnsteig versammelten Männer sind der Hauptteil eines Freiwilligenbataillons, der 25th Royal Fusiliers, die nun
ihre lange Reise nach Ostafrika antreten. Man weiß schon, dass es
für europäische Einheiten nicht ganz einfach ist, in diesem Teil
Afrikas zu operieren, aber der größte Teil der Uniformierten hat
bereits Erfahrung mit heißem Klima oder extremen Bedingungen.
Diese «Legion von Pfadfindern und Grenzgängern» stammt aus
so unterschiedlichen Ländern wie Hongkong, China und Ceylon, Malakka, Indien und Neuseeland, Australien, Südafrika und
Ägypten; unter ihnen finden sich ehemalige Polarfahrer und Ex-
Cowboys. Als der Krieg ausbrach, war Angus Buchanan gerade
weit im Norden der kanadischen Wildnis, um Exemplare der ark-
tischen Flora und Fauna zu sammeln, und hörte deshalb erst Ende
Oktober von den Ereignissen. Er war daraufhin sogleich nach
Süden gereist, die erste größere Siedlung erreichte er um Weihnachten, zog aber sofort weiter, mit dem Ziel, sich zur Armee zu
melden.

Buchanans Kompanie wird von dem erfahrenen Großwildjäger
Frederick Courtney Selous geführt, der sich mit zwei populären
Afrikabüchern einen Namen gemacht hat.[19] Selous ist so etwas wie

das Sinnbild des klassischen viktorianischen Entdeckungsreisenden: unerschrocken, optimistisch, rücksichtslos, unschuldig, stark und neugierig. Er trägt einen kurzen weißen Bart und ist vierundsechzig Jahre alt, bewegt sich aber mit der Leichtigkeit eines Dreißigjährigen. (Das Bataillon hat eine großzügige obere Altersgrenze von achtundvierzig Jahren, aber nicht wenige der Männer sind älter und haben offenbar bei ihrer Altersangabe geschwindelt – so groß ist der Eifer noch.)[20]

Das Bataillon hatte von Beginn an den Ruf, ein Eliteverband von Abenteurern zu sein. Unter den Wartenden auf dem Bahnsteig befinden sich sogar einige, die aus anderen Verbänden desertiert sind, nur um sich den 25th Royal Fusiliers anschließen zu können. Sie sind der einzige Verband im gesamten britischen Expeditionskorps, der keine formelle militärische Ausbildung durchlaufen hat; die Männer gelten als so erfahren, dass dergleichen als überflüssig, ja beinahe als eine Beleidigung dieser *gentlemen adventurers* betrachtet wird. Nicht verwunderlich also, dass an diesem Abend ein «spirit of romance»[21] in der Luft liegt.

Einigen dieser ausgeprägten Individualisten fällt es schwer, ihre – sonst so offensichtliche – Eigenart unter einer Uniform zu verbergen. Der achtundzwanzigjährige Angus Buchanan ist Naturkenner, Botaniker und Zoologe, auf Vögel spezialisiert. Wenn ihm die Zeit dafür bleibt, will er Exemplare der Flora und Fauna Ostafrikas sammeln.

Die Stunden vergehen. Immer noch ist das Geraune und Gelächter der vielen Menschentrauben zu hören. Gegen elf Uhr werden Verwandte und Freunde des Wartens müde und verschwinden vom Bahnsteig, in Zweier- und Dreiergrüppchen. Um ein Uhr nachts sind nur noch Uniformierte zu sehen. Der Zug kommt, und sie steigen ein. Unmittelbar vor der Abfahrt tauchen Polizisten auf und kämmen die Waggons nach Deserteuren durch. Doch diese sind offenbar gewarnt worden und springen schnell auf der anderen Seite des Zugs wieder heraus. Dort halten sie sich versteckt, bis die Polizisten verschwunden sind.

Um zwei Uhr nachts verlässt der Zug Waterloo Station. Ziel der Reise ist Plymouth. Dort wartet das Dampfschiff HMTS *Neuralia*. Es wird sie nach Ostafrika bringen.

37.

Donnerstag, 15. April 1915

WILLY COPPENS SIEHT BEI DE PANNE EINEN ZEPPELIN

Der gewaltige, längliche Körper des Luftschiffs bewegt sich majestätisch und nahezu geräuschlos durch den Abendhimmel. Der Anblick ist schrecklich und erhaben zugleich. Dass es sich um ein feindliches Schiff handelt, ist in diesem Moment ziemlich gleichgültig. Das Schauspiel kann den belgischen Grenadier jedenfalls in seinem Wunsch, Pilot zu werden, nur bestärken, ein Traum, der merkwürdigerweise hier in De Panne geboren wurde, an ungefähr dieser Stelle, an der er den deutschen Zeppelin über den Ärmelkanal gleiten sieht.

Damals war er fünf Jahre alt gewesen. Zwischen den Sanddünen hatte er seinen ersten Drachen in der Meerbrise schweben sehen. Hinterher hatte er gedacht, dass dieser Papierdrachen «eine Art okkulte Macht besaß, die mich auf unwiderstehliche und unerklärliche Weise zur Unendlichkeit des Himmels hinaufzog». Als die dünne Schnur sich mit einem singenden Geräusch spannte, hatte er gezittert vor Aufregung – und vor Angst.

Willy Coppens ist Soldat in der belgischen Armee, in dem, was nach der deutschen Invasion im August vergangenen Jahres noch davon übrig ist, jener Invasion eines neutralen Staates, die Großbritannien die offizielle Begründung für den Kriegseintritt lieferte.[22] Und er befindet sich in dem von Schützengräben zerfurchten Streifen belgischen Bodens, der der Okkupation entgangen ist und sich von Niewport am Ärmelkanal bis nach Ypern und Messines an der französischen Grenze erstreckt. Seine Eltern

122

und Geschwister sind auf der anderen Seite der Front, in Brüssel. Als im August des vergangenen Jahres der Einberufungsbescheid kam, hatte er die Uniform des 2. Grenadierregiments, 3. Bataillon, 3. Kompanie übergestreift – seine Dienstnummer war 49800. Dann hatten sie am Ort der Einberufung warten müssen. Dieses Warten und die Ungewissheit fand er am Ende so «furchtbar», dass «die Kriegserklärung, als sie schließlich kam, eine reine Erleichterung war».

Die Tatsache, dass sein Land angegriffen und seine Heimatstadt besetzt wurde, verleiht ihm natürlich umso mehr Kraft und Motivation. Die Schreckenstaten, derer die Deutschen sich in jenen Augustwochen schuldig gemacht haben (die Massaker in Dinant, Andenne und Tamines,[23] die Verwüstung von Löwen und so weiter) und über die die alliierte Propaganda immer wieder berichtet hat, die sie in Szene gesetzt, dramatisiert und auf eine Weise ausgeschmückt hat, dass die ursprünglichen Gräuel unter einer Schicht von grellbunten Klischees zu verschwinden drohten, ja, dies alles erwähnt er gar nicht. Vielleicht gehört Coppens zu jenen, die der Ansicht waren, es sei trotz allem nur Propaganda gewesen? Oder vielleicht haben neue, selbst erlittene Schmerzen schon jene alten Schreckensbilder verdrängt? Oder hat die Abenteuerlust gesiegt? Er ist immerhin erst zweiundzwanzig Jahre alt.

Aber natürlich spürte er Bitterkeit und Hass auf die Deutschen. Später, als Coppens an diese Episode mit dem Zeppelin bei De Panne zurückdenkt, erklärt er, er habe «stets bedauert, nie den Auftrag erhalten zu haben, den Feind in seinem eigenen Land zu bombardieren». Jetzt denkt er das allerdings noch nicht, an diesem Aprilabend, als er den Zeppelin übers Meer verschwinden sieht. Die Männer an Bord hasst er nicht, er beneidet sie. Als er dem Luftfahrzeug nachschaut, wie es von der Dämmerung verschluckt wird, stellt er sich vor, «welch wunderbares Gefühl es sein muss für die Menschen an Bord».

Coppens hat auch tatsächlich schon um Versetzung von der Infanterie zur Luftwaffe angesucht. Das war im Januar. Er hat noch keine Antwort erhalten.

Der Zeppelin ist schon in der Dunkelheit verschwunden, als zwei belgische Flugzeuge vorbeigesurrt kommen, die ihn offenbar verfolgen. Coppens bemerkt, dass es sich um «Doppeldecker aus einer prähistorischen Zeit handelt, die im Krieg völlig unbrauchbar sind». Er vermutet auch, dass sie der Kampfmoral wegen hinaufgeschickt worden sind, eine reine Inszenierung – man muss ja irgendetwas tun. Es hat auch noch kein Pilot einen Zeppelin abgeschossen[24]; noch sind sie von einer Aura der Unverwundbarkeit und Brutalität umgeben. Das ist auch der Hauptgrund dafür, dass die Deutschen diese Luftschiffe einsetzen, obwohl das Luftabwehrfeuer ihnen gefährlich werden kann und sie so empfindlich sind gegen Wind und Wetter. Sie verbreiten Angst. Sie sind die erste Terrorwaffe.[25]

*

Der Zeppelin, den Coppens über dem Kanal verschwinden sieht, gehört zu einer Gruppe von drei Luftschiffen, die an diesem Abend den Südosten Englands angreifen. L 7 macht einen Schwenk entlang der Küste bei Norwich, findet aber nichts, das sich anzugreifen lohnt. L 5 unter Befehl von Kapitänleutnant Böcker stellt die Spitze des Angriffs dar und wirft Bomben über Henham Hall, Southwold und Lowestoft ab, doch ohne einen Treffer zu landen.

Der einzige Zeppelin, der an diesem Abend Schaden anrichtet, ist L 6 unter dem Befehl von Oberleutnant Freiherr von Butlar. Sein Luftschiff erreicht eine Gegend nordöstlich von London, aber da es bislang noch strikt verboten ist, die britische Hauptstadt anzugreifen, lässt von Butlar fünf Sprengbomben und dreißig Brandbomben über Maldon und Heybridge abwerfen. Anschließend steuert er das Luftschiff zurück übers Meer.

Er hinterlässt ein beschädigtes Haus und ein verletztes Mädchen.

38.

Freitag, 16. April 1915

WILLIAM HENRY DAWKINS SCHREIBT IM HAFEN VON LEMNOS
EINEN BRIEF AN SEINE MUTTER

Endlich unterwegs. Und jetzt besteht kein Zweifel mehr über ihr Ziel: Es sind die Dardanellen. Seit Februar schon sind Gerüchte im Umlauf gewesen. Damals hatten sie die Nachricht erhalten, dass alliierte Kriegsschiffe die osmanischen Artilleriestellungen, die den Sund blockierten, angegriffen hatten, anscheinend ohne größere Wirkung, ein Angriff, der im Monat darauf wiederholt wurde – mit dem gleichen spektakulären Misserfolg.[26] Schon Ende März verschwand der Hauptteil von Dawkins' Brigade per Schiff übers Mittelmeer zu der im nördlichen Teil des Ägäischen Meeres gelegenen Insel Lemnos. Er selbst blieb noch eine Weile im großen Lager bei Kairo. Ihm war jedoch klar, dass sich etwas Bedeutendes anbahnte. In einem früheren Brief schreibt er: «Das Gerücht besagt, dass wir Teil einer gigantischen Armee werden sollen – französisch, russisch, balkanisch [sic] und britisch – mit dem Auftrag, zunächst die Türkei zu bezwingen und dann gegen Österreich zu marschieren.»[27]

Und es ist höchste Zeit, dass etwas geschieht. Die Monate der Untätigkeit – soweit man Übung als Untätigkeit bezeichnen kann – haben an der Kampfmoral und vor allem der Disziplin gezehrt. Australier haben sich den britischen Offizieren gegenüber zunehmend respektlos gezeigt, und Soldaten aus aller Herren Länder sind in der Stadt Kairo immer zügelloser aufgetreten. Der Höhepunkt war vor zwei Wochen erreicht, am Karfreitag, als im Vergnügungsviertel Krawalle ausbrachen. Kairo gilt nicht wenigen als eine der verkommensten Städte der Welt, mit seinen Bordellen und Spielhöllen, die wiederum Zehntausende junger Soldaten anziehen, denen das Geld locker in der Tasche sitzt. Schwindende Disziplin und zunehmende Spannungen zwischen dem Militär und der Zivilbevölkerung trugen zur Eskalation bei.[28]

Am Karfreitag also begannen Hunderte von Soldaten, hauptsächlich Australier und Neuseeländer, in einer Straße des Vergnügungsviertels Amok zu laufen. Sie schlugen Bars und Bordelle kurz und klein, warfen die Einrichtung auf die Straße und steckten sie in Brand. Die lärmende und gewalttätige Menge wurde immer größer. Die Militärpolizei versuchte einzugreifen; sie wurde mit Flaschen bombardiert, erwiderte das Feuer und verletzte vier Soldaten. Herbeigerufene britische Truppen wurden einfach entwaffnet, und die Briten mussten zusehen, wie man ihre Gewehre verbrannte. Auch ein Versuch, der Krawalle mit Kavallerie Herr zu werden, misslang. Dawkins stand indes an einer Straßensperre auf Posten. Am Ende fiel der Aufruhr jedoch ganz von selbst in sich zusammen. In den Tagen darauf steckten wütende Soldaten allerdings noch eine Lagerkantine und ein Lagerkino in Brand.

Vor gut einer Woche verließ auch Dawkins' Einheit Ägypten – voller Erleichterung. Im Hafen von Alexandria hatten Truppentransporter festgemacht. Zwei Tage später liefen sie Lemnos an. Die Insel ist zu klein, um sie alle aufzunehmen, viele Soldaten mussten daher auf den Schiffen bleiben. An diesem Tag sitzt William Henry Dawkins an Bord des Truppentransporters *Mashobara* im Hafen von Lemnos und schreibt an seine Mutter:

Hier gibt es lustige alte Windmühlen, die für Getreide benutzt werden. Es sind große Steingebäude mit großen Flügeln aus Segeltuch. Der Ort ist sehr sauber, und Gleiches gilt für die Menschen, Gott sei Dank, ein wirklicher Kontrast. Alles ist mit grünem Gras bedeckt, die Felder sind sehr schön, übersät von rotem Mohn und Tausendschön. Gestern sind wir alle an Land gegangen – haben die Kompanie mitgenommen zu ein bisschen Bewegung und sightseeing – das fasst es am besten zusammen. Die Leute sind genau wie überall und versuchen, so viel wie möglich an den Soldaten zu verdienen. Es gibt keine großen Geschäfte, also spazierten wir umher und betrachteten die Menschen. Einer mit einem runden Käse unter dem Arm, ein anderer mit einem Korb Feigen, ein Dritter

mit der Tasche voller Nüsse, ein Vierter mit einer Tüte Zwieback – jeder
versuchte, das, was er hatte, dem anderen zu verkaufen. Wir hatten
viel Spaß.

Dawkins weiß, dass sie bald weitermüssen, und er weiß, welche
Aufgabe ihn und seine Kompanie erwartet, wenn es so weit ist:
Sie sollen die Wasserversorgung der Brigade sichern. An Bord der
Mashobara befinden sich größere Mengen von Pumpen, Rohren
und Bohrern, dazu Grabgerät und Werkzeug. Gleichzeitig wird
ein anderes Schiff zu einer Art Spezialschiff umgerüstet und unter
anderem mit großen Landungstoren beladen. Sie haben Karten
von dem Gebiet, in dem sie eingesetzt werden sollen. Es heißt
Gallipoli, eine schmale Halbinsel an der Einfahrt ins Marmarameer. Darüber schreibt er jedoch im Brief nichts.

Er endet mit den Worten:

Da mir nichts mehr zu erzählen einfällt, muss ich hier schließen. Ich
sende Euch allen meine liebevollsten Grüße. Dein Dich liebender Sohn
Willie. Xxxxxxxxxx an die Mädchen.

39.

Sonntag, 25. April 1915

RAFAEL DE NOGALES WIRD ZEUGE DER ZERSTÖRUNG
VON ZWEI DER GRÖSSTEN HEILIGTÜMER DER STADT VAN

Morgendämmerung. Er erwacht und liegt in einem Traum aus
Daunen und nilgrüner Seide. Der Raum, der ihn umgibt, ist im
gleichen Stil eingerichtet wie das luxuriöse Bett: an der Decke
eine arabische Lampe mit in Bronze eingefassten Kristallen in
verschiedenen Farben, auf dem Fußboden handgeknüpfte Teppiche und ein Gestell mit Zierwaffen aus Damaszener Stahl. Es
gibt auch kostbare Figurinen aus Sèvresporzellan. Dies war früher

das Zimmer einer Frau, er erkennt es an den Kajalstiften und den karmesinroten Lippenstiften, die achtlos hingeworfen auf einem kleinen Tisch liegen.

In der Ferne hört er, wie die türkische Artillerie zum Leben erwacht. Batterie auf Batterie eröffnet das Feuer. Ihr scharfes Knallen geht ein in die dichter werdende Geräuschwand, bis alles sich anhört wie üblich: Detonationen, Krachen, Einschläge, Getöse, Donnern, Schüsse, spitze Schreie.

Später reitet er los. An diesem Morgen soll er den östlichen Sektor inspizieren.

Rafael de Nogales befindet sich am Rand der alten armenischen Stadt Van, die in einer der nordöstlichen Provinzen des Osmanischen Reiches liegt, ganz nah an Persien und nur hundertfünfzig Kilometer südlich der russischen Grenze. In der Stadt ist ein Aufstand ausgebrochen. De Nogales gehört den Truppen an, die ihn niederschlagen sollen.

Die Lage ist kompliziert. Die armenischen Aufrührer kontrollieren die von einer Mauer umschlossene Altstadt und den Vorort Aikesdan. Die Truppen des türkischen Gouverneurs beherrschen die Zitadelle auf dem Felsen oberhalb der Stadt sowie den Rest des umliegenden bewohnten Gebiets. Und irgendwo im Norden steht ein russisches Armeekorps, vorübergehend zwar am schwer passierbaren Gebirgspass bei Kotur Tepe aufgehalten, aber zumindest theoretisch weniger als einen Tagesmarsch entfernt. Auf beiden Seiten schwankt die Stimmung zwischen Hoffnung und Verzweiflung, Angst und Zuversicht. Die christlichen Armenier haben keine Wahl; sie wissen, dass sie durchhalten müssen, bis das russische Korps eintrifft. Und ihre muslimischen Gegner wissen, dass der Kampf entschieden sein muss, bevor die Russen am Horizont auftauchen und Belagerer und Belagerte die Rollen tauschen.

Dies erklärt zum Teil die außergewöhnliche Brutalität der Kämpfe. Keine der beiden Seiten macht Gefangene. Während seiner ganzen Zeit in Van wird de Nogales nur drei lebende Armenier aus der Nähe sehen: einen Diener, einen Übersetzer und einen Mann, der in einem Brunnen gefunden wurde, wo er neun Tage gesessen hat, nachdem er aus irgendeinem Grund die Seinen verlassen hat – er wird verhört und versorgt, bis er sich ein wenig erholt hat, und dann «ohne weiteres Aufheben» erschossen. Die Grausamkeiten sind letztlich auch eine Konsequenz der Tatsache, dass die meisten Beteiligten keine regulären Soldaten sind, sondern Eiferer, Freiwillige, Zivilisten, die plötzlich Waffen und damit die Gelegenheit bekommen, alte Kränkungen zu rächen (reale oder eingebildete) und zukünftige (reale oder eingebildete) zu verhindern. Bei den Truppen, die de Nogales befehligt, befinden sich kurdische Kriegerscharen, örtliche Gendarmen, türkische Reserveoffiziere, tscherkessische *ashirets* und Räuberbanden.[29]

Der Krieg bietet Vorwände, schafft Gerüchte, blockiert den Fluss der Nachrichten, vereinfacht das Denken, normalisiert die Gewalt. Fünf Bataillone mit armenischen Freiwilligen kämpfen auf Seiten der Russen, man will sie aufwiegeln gegen die osmanische Herrschaft. Bewaffnete Gruppen von armenischen Aktivisten führen auch Sabotageakte und kleinere Überfälle durch. Und schon seit Ende des Jahres 1914 ist es immer wieder vorgekommen, dass unbewaffnete Armenier Massakern zum Opfer gefallen sind, als blinde Vergeltung für Taten dieser Aktivisten, als Warnung an andere Armenier oder als Rache für Niederlagen an der Front.[30] Oder schlicht, weil es möglich ist, dies zu tun. Durch die letzten Massaker hat der lokale türkische Befehlshaber gerade den großen Aufruhr ausgelöst, den die Aktionen hätten verhindern sollen.

Rafael de Nogales hat schon die Gerüchte vernommen, die Befürchtungen gehört und die Spuren gesehen (Flüchtlinge, ausgebrannte Kirchen, Haufen von verstümmelten armenischen Leichen am Straßenrand). Ja, in einer kleinen Stadt auf dem Weg nach Van hat er mit eigenen Augen gesehen, wie der Mob eineinhalb Stunden lang die armenischen Männer des Ortes jagte und erschlug, bis auf sieben, die er eigenhändig mit gezogener Pistole rettete.[31] Der Vorfall hat ihn unangenehm berührt, gewiss. Hier in Van jedoch ist die Lage eine andere. Er ist Offizier in der osma-

nischen Armee und hat einen bewaffneten Aufstand zu unterdrücken. Und das schnell, bevor der Damm bei Kotur Tepe bricht.
Außerdem mag de Nogales die Armenier nicht. Er bewundert zwar
ihre Treue zu ihrem christlichen Glauben, hält sie aber ansonsten
generell für verschlagen, gierig und undankbar. (Seine Begeisterung für Juden und Araber hält sich übrigens auch in Grenzen.
Türken zu mögen, fällt ihm dagegen leicht: «die Gentlemen des
Orients». Und Kurden respektiert er, obwohl er sie für unzuverlässig hält. Er nennt sie eine «junge und vitale Nation».)

Die Aufgabe, Van zu bezwingen, ist schwierig. Die Armenier
wehren sich mit dem wilden, verzweifelten Mut derer, die wissen,
dass die Niederlage zugleich den Tod bedeutet. Gleichzeitig sind
viele der Freiwilligen in de Nogales' Verband undiszipliniert, unerfahren, eigensinnig und zum Teil im richtigen Kampf völlig unbrauchbar. Zu allem Überfluss ist das alte Van ein Labyrinth aus
Basaren, engen Gassen und Häusern mit Lehmwänden, ebenso
unüberschaubar wie undurchdringlich. Die Kontrolle der Stadt ist
deshalb vor allem der osmanischen Artillerie übertragen worden.
Zwar gehören die meisten Geschütze, uralte Vorderlader, die Kugeln verschießen,[32] ins Museum, doch de Nogales hat entdeckt,
dass diese groben Kugeln praktisch eine größere Wirkung haben
als moderne Granaten, die eine Lehmwand oft einfach durchschlagen und durch die nächste wieder hinausfliegen.

So sprengt man sich durch das Gewirr von Straßen und Gassen
der Stadt, Viertel um Viertel, Haus um Haus – «mit schweißver-
klebten Haaren und pulvergeschwärzten Gesichtern, halb taub
vom Knattern der Maschinengewehre und dem Krach aus nächster Nähe abgefeuerter Gewehre». Wenn ein Haus zu einer Ruine
geschossen ist und nur noch Leichen übrig sind, zündet man die
Überreste an, um zu verhindern, dass die Armenier im Schutz der
Dunkelheit zurückkehren. Tag und Nacht hängen die Rauchsäu-
len über der Stadt.

Während seines Ritts entlang dem östlichen Sektor entdeckt de
Nogales eine Feldkanone, die gerade unter den Trümmern eines

eingestürzten Hauses begraben wurde. Er springt vom Pferd. Mit gezogener Waffe und unter Lebensgefahr sorgt er dafür, dass das Geschütz geborgen wird. Ein Unteroffizier neben ihm wird von einer Kugel im Gesicht getroffen.

Eine Stunde später befindet er sich oben auf der Brüstung der Zitadelle. Von dort verfolgt er mit seinem Feldstecher den Angriff auf eins der befestigten armenischen Dörfer unmittelbar vor der Stadt. Neben ihm steht Djevded Bey, ein Herr in den Vierzigern, der gern über Literatur plaudert, sich nach der neuesten Pariser Mode kleidet und abends im Anzug mit weißer Krawatte und einer frischen Blume im Knopfloch sein Souper genießt, mit anderen Worten ein offenbar kultivierter Herr. Mit seinen engen Beziehungen zu den Herrschenden in Konstantinopel und seiner Skrupellosigkeit ist er jedoch einer der Urheber der Tragödie. Er verkörpert einen neuen Typ im Bestiarium des neuen Jahrhunderts: den artikulierten und ideologisch geschulten Massenmörder im sauber gebügelten Straßenanzug, der sein Schlachten hinter einem Schreibtisch sitzend betreibt.

De Nogales steht neben dem Gouverneur und beobachtet, wie das Dorf gestürmt wird. Er sieht, wie dreihundert Kurden zu Pferde den Armeniern die Fluchtwege abschneiden. Er sieht, wie die Kurden die Überlebenden mit Messern töten. Plötzlich zischen neben de Nogales und dem Gouverneur Kugeln durch die Luft. Die Schüsse kommen von einigen Armeniern, die auf die große St.-Paulus-Kathedrale in der Altstadt von Van geklettert sind. Bisher haben beide Seiten dieses alte Heiligtum respektiert, jetzt aber befiehlt der Gouverneur, dass es unter Feuer genommen wird. Nach zweistündigem Beschuss mit Kanonenkugeln stürzt der uralte Dom in einer Staubwolke in sich zusammen. Inzwischen haben armenische Scharfschützen auch das Minarett auf der Großen Moschee erklettert. Diesmal ist der Gouverneur nicht so schnell bereit, den Feuerbefehl zu geben. De Nogales jedoch zögert nicht, sondern erklärt nur: «Krieg ist Krieg.»

«So wurden im Laufe eines einzigen Tages», berichtet er, «die beiden bedeutendsten Tempel der Stadt Van zerstört, die fast neunhundert Jahre zu ihren berühmtesten Denkmälern gezählt hatten.»

*

Am selben Tag geht William Henry Dawkins bei Gallipoli an Land.

Er wacht schon um halb vier am Morgen auf und nimmt ein warmes Bad. Währenddessen fährt das Schiff mit gelöschten Lichtern auf nordöstlichem Kurs. Als die Sonne über dem Horizont aufsteigt, werfen sie den Anker aus: um sie herum die Schatten anderer Schiffe, vor ihnen die langgestreckte Gallipoli-Halbinsel, eine Silhouette in Aquarelltönen. Nach dem Frühstück werden die Vorbereitungen für die Landung getroffen. Inzwischen beginnen die Kanonen der Kriegsschiffe zu dröhnen. Dawkins und seine Männer gehen zunächst an Bord eines Zerstörers, der sie in Küstennähe bringt. Von dort steigen sie auf große hölzerne Schaluppen um, die von Motorbooten gezogen werden.

Wellen. Früher Morgenhimmel. Lautes Knallen. Er sieht seine ersten Verwundeten. Er sieht Kugeln von explodierenden Granatkartätschen, die herabsprühen und die Wasseroberfläche mit Hunderten kleiner Fontänen perforieren. Er sieht den Strand näherkommen. Er springt aus dem Boot. Er sieht, dass ihm das Wasser bis an die Schenkel reicht. Er hört Gewehrfeuer von jenseits der steilen Uferböschungen. Der Strand ist steinig.

Um acht Uhr stehen alle seine Männer am Wasser. Mit aufgesteckten Bajonetten. Dawkins notiert in seinem Tagebuch:

Wir warten ungefähr eine Stunde am Strand. Der General[33] und sein Stab gehen vorbei. Der Erstgenannte scheint blendender Laune zu sein, was ein gutes Omen ist. Keiner weiß wirklich, was passiert ist. Der Rest unserer Kompanie geht an Land. Mit einer Patrouille arbeite ich mich auf der Suche nach Wasser in südlicher Richtung am Strand entlang.

Finde ein wassergefülltes Loch in der Nähe einer türkischen Hütte,
wo das Hab und Gut der Bewohner in alle Richtungen verstreut liegt.
Überqueren einen Höhenkamm und steigen in eine tiefe Schlucht hin-
unter, aber Infanteristen hinter uns schreien, und wir müssen umkeh-
ren. Schicke eine Gruppe los, um in der Nähe der Hütte einen Brunnen
zu graben, eine andere, um in der Schlucht einen Rohrbrunnen zu
bohren, und eine weitere, um eine kleine Quelle am Strand zu ver-
bessern. In der Schlucht in der Nähe der Hütte landen Kugelschauer,
die zu hoch gegangen sind und ihr Ziel verfehlt haben. Infanteristen
auf dem Hügel vor uns rufen uns die ganze Zeit frenetisch zu, dass wir
beschossen werden. Als ob wir das nicht merkten.

So geht es weiter. Dawkins und seine Männer rennen zwischen den
Garben von Kartätschenkugeln vor und zurück, graben, bohren,
verlegen Leitungen. Zwei seiner Leute werden verwundet: einer
am Ellenbogen, einer an der Schulter. Ein Zündrohr von einer
Granatkartätsche trifft seinen Stiefel, verletzt ihn aber nicht. Gegen zehn Uhr am Abend hört er von den Höhen gleich hinter dem
Strand das Knattern intensiven Gewehrfeuers – «ein prachtvolles
Geräusch» –: ein türkischer Gegenangriff.[34] Die ganze Zeit sickert
ein dünner, aber ununterbrochener Strom Verwundeter von der
hohen Steilküste herunter. Er sieht einen verwirrten Oberst, der
offenbar einen Schock erlitten hat und das Feuer gegen Anhöhen
befiehlt, die von eigenen Truppen gehalten werden. Dawkins hilft
beim Entladen der Munition von einer Transportschute.

«Todmüde» legt er sich gegen neun Uhr am Abend schlafen.
Schon nach eineinhalb Stunden wird er von einem Major geweckt,
der berichtet, die Lage sei kritisch. Den Rest der Nacht hilft
Dawkins mit, Verstärkungen und Munition zur hart bedrängten
Infanterie in der vordersten Linie zu schaffen. Die Schießerei hält
die ganze Nacht an. Gegen vier Uhr in der Frühe legt Dawkins
sich wieder hin.

40.

FLORENCE FARMBOROUGH HÖRT, WIE DIE FRONT
BEI GORLICE EINBRICHT

Wie für Millionen andere Menschen war der Abschied auf dem Bahnhof für Florence die großartigste Erfahrung überhaupt; für die meisten blieb es während des langen Krieges auch das einzig Erhabene. Auf dem Bahnsteig des Alexander-Bahnhofs in Moskau hatte großes Gedränge geherrscht. Man hatte die russische Nationalhymne gesungen, Segnungen und Mahnungen ausgesprochen, Umarmungen und Glückwünsche ausgetauscht, Blumen und Schokolade verteilt. Dann war der Zug losgefahren, vorbei an donnernden Hurrarufen, winkenden Händen und Gesichtern, die Hoffnung und Ungewissheit ausdrückten. Sie selbst war von «wilder Heiterkeit» erfüllt gewesen: «Wir waren unterwegs, unterwegs zur Front! Ich war so überwältigt vor Freude, dass ich kaum sprechen konnte.»

Jetzt ist sie mit ihrer Einheit in Gorlice stationiert, einem kleinen Bezirksstädtchen in Österreichisch-Galizien, das seit über einem halben Jahr von russischen Truppen besetzt ist. Gorlice liegt sehr nahe an der Front. Die Stadt wird Tag für Tag von der österreichischen Artillerie beschossen, auf eine etwas planlose Weise, gleichsam mehr aus Prinzip. Es scheint sie nicht besonders zu kümmern, dass die meisten Opfer ihres Beschusses wie sie selbst Untertanen des Kaisers in Wien sind. Der Turm der großen Kirche ist in der Mitte gespalten. Viele Häuser liegen in Trümmern. Vor dem Krieg hatte die Stadt 12 000 Einwohner, jetzt sind es nur ein paar Tausend, die nicht weggezogen sind, und sie haben sich zumeist in ihren Kellern verkrochen. Bisher hatten Farmborough und die anderen im Feldlazarett vor allem damit zu tun, die Not der Zivilbevölkerung zu lindern, in erster Linie, indem sie Essen verteilten. Die Lebensmittel sind knapp. Die Landschaft ist angenehm frühlingsgrün.

Das mobile Feldlazarett Nr. 10 besteht aus drei Teilen, zwei fliegenden Einheiten, die leicht dorthin zu verlegen sind, wo sie am dringendsten gebraucht werden; zu ihnen gehören jeweils ein Offizier, ein Unteroffizier, zwei Ärzte, ein Assistenzarzt, vier männliche und vier weibliche Krankenpfleger, dreißig Sanitäter, zwei Dutzend zweirädrige Ambulanzwagen, die von Pferden gezogen werden und auf der Plane mit einem roten Kreuz bezeichnet sind, und ebenso viele Kutscher und Stallburschen. Der dritte Teil ist eine Basiseinheit mit weiteren Pflegeplätzen, wo Vorräte aufbewahrt werden und auch zusätzliche Transportmöglichkeiten zur Verfügung stehen, nicht zuletzt in Form von zwei Automobilen. Florence gehört zu einer der beiden fliegenden Einheiten. Sie haben ein provisorisches Lazarett in einem verlassenen Haus eingerichtet, das sie zuvor gesäubert und angestrichen haben; dort gibt es nun einen Operationssaal und eine Apotheke.

Gorlice liegt, wie gesagt, an der Front, am Fuße der Karpaten, und täglich fallen Granaten zwischen die Häuser. Trotzdem ist es seit längerem ein ruhiger Abschnitt, und bei den russischen Militärs hat sich eine gewisse Gleichgültigkeit eingeschlichen. Das zeigt sich etwa an der vordersten Linie. Befestigungen der stabilen Art, wie an der erstarrten Front im Westen inzwischen die Regel, sind hier nicht zu sehen.[35] Die Schützengräben sind vielmehr flache und etwas schlampig ausgehobene Anlagen, die eher niedrigen Wällen gleichen, geschützt durch ein paar dünne Reihen Stacheldraht. Während des Winters war es natürlich schwierig, sich tiefer in die Erde hineinzuarbeiten, aber auch jetzt, wo der Frost aus dem Boden gewichen ist, sind die Erdarbeiten nicht recht in Gang gekommen, teils aus Faulheit, teils weil es an Spaten fehlte.

Die russische Artillerie beantwortet nur selten das planlose Bombardement der Österreicher. Es heißt, es mangele an Munition, aber weiter hinten bei den Vorräten gibt es genug Granaten. Die Bürokraten in Uniform, die diese Dinge verwalten, halten sie gern unter Verschluss, in Erwartung größerer Ereignisse. Die russische Armee plant tiefer im Süden eine neue Offensive, gegen

die berühmten Pässe in den Karpaten (die Tore nach Ungarn!),
die seit den harten, aber unergiebigen Kämpfen des Winters von
Leichen gesäumt sind; dort werden die Ressourcen dringender gebraucht. Die Frage ist aber, ob das wirklich stimmt. Seit einigen
Tagen verbreitet sich unter den russischen Truppen bei Gorlice
Unruhe, und es geht das Gerücht, dass die Österreicher auf der
anderen Frontseite durch deutsche Infanterie und schwere Artillerie verstärkt worden sind.

An diesem Samstag werden Florence und die anderen im Lazarett schon vor Anbruch der Dämmerung von schwerem Artilleriefeuer geweckt.

Sie taumelt aus ihrem Bett. Zum Glück hat sie in voller Kleidung geschlafen. Alle – außer vielleicht Radko-Dimitriev, der
Oberbefehlshaber der russischen 3. Armee – haben geahnt, dass
sich etwas zusammenbraute. Die Explosionen in unterschiedlicher
Stärke und Tonart werden dichter, als die ringsum postierte russische Artillerie das Feuer erwidert. Die Kugeln explodierender
Schrapnells rasseln auf Straßen und Dächer.

Durch die klappernden Fenster erkennt Florence das Lichter-
spiel am noch dunklen Himmel. Sie sieht das große, sekundenschnelle Mündungsfeuer der Geschütze, das sich mit den gedämpften Blitzen der Explosionen vermischt. Sie sieht Lichtbahnen von
Scheinwerfern, das scharfe, vielfarbige Licht von Leuchtraketen,
die gedämpfte Glut plötzlich aufflammender Brände. Sie hocken
im Haus. Wände und Fußböden beben.

Dann kommen die ersten Verwundeten:

*Anfangs konnten wir noch allen helfen; dann wurden wir von ihrer
bloßen Anzahl überwältigt. Sie kamen zu Hunderten, von allen Seiten;
einige konnten noch selbst gehen, andere kamen gekrochen oder schleppten sich über den Boden.*

Den Krankenpflegern bleibt in einer so verzweifelten Lage nur
noch die Möglichkeit, rigoros zu sortieren. Wer auf den eigenen

Beinen stehen kann, bekommt keine Hilfe; er wird weiter nach hinten geschickt, zu einem der Basislazarette. Von den Verwundeten, die nicht gehen können, gibt es so viele, dass sie reihenweise im Freien abgelegt werden müssen, wo sie zuerst schmerzstillende Mittel bekommen, bevor ihre Verletzungen untersucht werden. Florence und die anderen helfen, so gut sie können, obwohl sie das Gefühl haben, dass es vergeblich ist, denn der Strom zerfetzter, zerrissener Körper scheint kein Ende zu nehmen. «Das Stöhnen und Schreien der Verwundeten war jämmerlich anzuhören.»

So geht es Stunde um Stunde. Ab und an wird es für eine Weile still.

Das Tageslicht wird matter, die Dämmerung bricht an.

Schattengestalten laufend schreiend umher, erleuchtet von grellen, fernen Lichtern.

*

Am nächsten Morgen, ungefähr um sechs Uhr, hören Florence und die anderen ein neues, beängstigendes Geräusch: ein plötzliches, vibrierendes, wasserfallähnliches Dröhnen, das von über 900 Geschützen jeden denkbaren Kalibers stammt, die gleichzeitig feuern – also pro fünfzig Meter Front jeweils ein Geschütz. Sekunden später folgt das stakkatoartige Echo der Einschläge. Das metallisch klingende Geräusch der Explosionen unterschiedlicher Intensität verdichtet sich zu einer Wand aus Lärm, das Dröhnen steigert sich, steigt in Wirbeln auf, wie eine Naturkraft.

In der Art, wie dieses Artilleriefeuer über die russische Frontlinie hereinbricht, zeigt sich eine neue, bedrohliche Systematik. Der technische Ausdruck dafür ist Feuerwalze: Sie bewegt sich vor und zurück, zur Seite und in die Tiefe, entlang den russischen Linien und Verbindungsgräben. Ein derartiger Beschuss ist etwas völlig anderes als das lässige und zufällige Bombardement der österreichischen Artillerie, ja, sogar noch mehr als das heftige Gewitter vom Samstag. Dies ist Artillerie als Wissenschaft, kalkuliert nach

Sekunden und Kilos, um maximalen Effekt zu erzielen. Etwas ganz Neues.

Zuerst hören sie, ungläubig, das Wort «Rückzug».

Dann ziehen lange Reihen lehmverschmierter Soldaten mit müden Gesichtern vorbei. Schließlich kommt der Befehl: Sofort aufbrechen, Ausrüstung und Verwundete zurücklassen. Die Verwundeten zurücklassen? Ja, die Verwundeten zurücklassen! «Schnell! Schnell! Die Deutschen stehen vor der Stadt!»

Florence nimmt Kittel und Rucksack und rennt aus dem Gebäude. Die Verwundeten schreien, bitten, beten und fluchen. «Verlasst uns nicht, um Gottes willen!» Jemand hält Florence am Kleidersaum fest. Sie reißt sich los und verschwindet mit den anderen auf der unebenen Straße. Es ist ein warmer und sonniger Frühlingstag, aber das Licht ist seltsam gedämpft. Die Öltanks vor der Stadt haben Feuer gefangen, und in der Luft schwebt ein fetter, schwarzer Rauch.[36]

41.
Mittwoch, 12. Mai 1915
WILLIAM HENRY DAWKINS FÄLLT BEI GALLIPOLI

Man kann sich fragen, was ihn mehr beschäftigte, die Plackerei am Strand oder die Zahnschmerzen. Vermutlich Ersteres. Dawkins war sehr pflichtbewusst und zielstrebig. Seine Zahnarztbesuche zeugen jedoch davon, dass der Zahnschmerz ständig präsent gewesen sein muss, als Ablenkung und als Filter,[37] und er dürfte diese Tage als eine merkwürdige Mischung aus Heldentum im großen Maßstab und kleinen privaten Kümmernissen erlebt haben, in ihrem Zentrum eine Art Vakuum: Wahrscheinlich verlor er ziemlich schnell den Überblick über simple Dinge, etwa, welcher Wochentag es war.

Seit der Landung vor gut zwei Wochen ist das Wetter angenehm gewesen, wenn auch die Nächte kalt waren. Vor zwei Tagen hat jedoch Nieselregen eingesetzt, der noch immer anhält. Wegen der vielen Menschen und Tiere, die sich zwischen dem Strand und den Schützengräben oben auf den steilen Höhen hin und her bewegen, sind die Pfade ausgetreten und schlammig, und es ist schwierig, im klebrigen und rutschigen Lehm der Schluchten voranzukommen. William Henry Dawkins schläft zusammen mit seinem Unteroffizier in einer abgedeckten Felsspalte an der Steilküste. Der einzige Einrichtungsgegenstand dort ist ein alter Sessel, der vor einigen Tagen an Land trieb und in dem Dawkins manchmal sitzt, wenn er seine Befehle erteilt. Als er an diesem Morgen aufwacht, regnet es kräftig.

Jeder kann sehen, dass die großartige Operation sich festgefahren hat. Es ist den Alliierten eigentlich nur an zwei Stellen gelungen, richtige Brückenköpfe zu errichten. Der eine befindet sich ganz unten an der südlichen Spitze der Halbinsel – der andere liegt hier, westlich von Gallipoli, bei Gaba Tepe.[38] Dennoch sind Dawkins und die anderen an der falschen Stelle an Land gegangen, gut einen Kilometer nördlich der geplanten Stelle. Was andererseits ein Glück war, denn die osmanische Verteidigung dort war ungewöhnlich schwach. Vermutlich, weil die Verteidiger es aufgrund der Unzugänglichkeit des Terrains für höchst unwahrscheinlich gehalten hatten, dass die Alliierten versuchen würden, dort zu landen.[39] Die Folge war, dass die Angreifer zwar ohne größere Verluste an Land waten, sich aber anschließend nur mit Mühe durch das Labyrinth von tiefen, mit Gebüsch bewachsenen Schluchten und steil zum Ufer abfallenden Höhenzügen bewegen konnten. Als eilig dorthin beorderte türkische Infanterie diesen Abschnitt erreichte und den ersten einer Serie von erbitterten Gegenangriffen einleitete, waren die australischen und neuseeländischen Kompanien bestenfalls zwei Kilometer ins Landesinnere vorgedrungen. Und irgendwo dort war der Angriff ins Stocken geraten, ein ironisches Spiegelbild der unbeweglichen Westfront. Und genau wie in Frankreich und Belgien hatten Angriffe und Gegenangriffe sich abgelöst, bis beide Seiten, erschöpft und verbissen, einsahen, dass der Gegner sich im Moment nicht ins Wanken bringen ließ, worauf man im Trott des Stellungskriegs versank.

Zu diesem Trott gehört der tägliche Unterhalt, die Versorgung mit Proviant und Wasser. Die Verantwortlichen waren tatsächlich vorbereitet. Dass die Wasserversorgung zu einem Problem werden könnte, zumal es jetzt auf die heißeste Jahreszeit zuging, ja, das hatte man gewusst. Als sie landeten, hatten sie also mit Wasser beladene Schuten von Lemnos mitgeführt, Wasser, das den unmittelbaren Bedarf stillen konnte, bis die Pioniertruppen ihre Brunnen fertiggestellt hatten. Und Dawkins und seine Männer hatten schnell gearbeitet und mehrere Brunnen gebaut sowie verschiedene Plätze eingerichtet, wo Menschen und Tiere das lebenspendende Nass finden konnten.

Doch es konnte zu keinem Zeitpunkt von Überfluss die Rede sein. So gab es nicht genügend Wasser, um sich damit zu waschen. Für die persönliche Hygiene musste man ein Bad im Meer nehmen. Doch wird ihnen davon abgeraten, sich mit Meerwasser die Zähne zu putzen: wegen der im Wasser treibenden Tierkadaver und der vor der Küste ankernden Schiffe. Viel Trinkwasser geht auch verloren, weil die Leitungen, die von den Brunnenpumpen ausgehen, oft leck sind, sei es durch Artilleriefeuer, sei es einfach durch die Gedankenlosigkeit von Soldaten, die Wagen oder Geschütze über die dünnen und zerbrechlichen Rohre rollen lassen. Seit einiger Zeit sind Dawkins und seine Männer damit beschäftigt, die Leitungen einzugraben.

Es ist ein gewöhnlicher Morgen, wenn auch grau und regnerisch. Dawkins lässt seine Soldaten in der üblichen Ordnung antreten und teilt den verschiedenen Gruppen ihre Aufgaben für den Tag zu. Eine besteht darin, Wasserleitungen unter der Erde zu verlegen. Wenig glorreich, sicher kein Hochglanzmotiv für illustrierte Magazine, aber dennoch notwendig. Einige der größten Unruhestifter sind zufällig in seinem Zug gelandet. Doch der Ernst der Lage, sein Führungstalent und nicht zuletzt seine aufrichtige Fürsorge haben dazu beigetragen, den schlimmsten Aufruhr zu dämpfen, es hat sich zwischen diesen unverbesserlichen Meckerern und Drückebergern und dem jungen, sanften Hauptmann sogar ein gewisses Gefühl von Zusammenhalt entwickelt.

Es ist noch Morgen, als sie anfangen.

Der Regen fällt.

An diesem Vormittag wartet auf eine der Gruppen eine besonders gefährliche Etappe. Man kann erkennen warum: Auf einer Strecke von rund hundert Metern liegen etwa dreißig tote Maulesel, von türkischen Granaten getroffen. Der Graben ist jedoch nachts schon ausgehoben worden. Jetzt müssen nur noch die Rohre verlegt und miteinander verbunden werden. Noch ist es ruhig und still. Die türkische Artillerie schweigt. Das einzig Unangenehme sind diese toten Tiere mit ihren aufgequollenen Bäuchen und ihren steifen, abstehenden Beinen. Der Graben führt an ihnen vorbei, neben ihnen, unter ihnen, ja teilweise zwischen ihnen. Die sieben Soldaten sind bald blutbeschmiert. Dawkins ist einer von ihnen. Es ist kurz vor zehn.

Plötzlich hört man das Pfeifen einer Granate.

Es ist die allererste an diesem Morgen. Das Pfeifen wird zu einem Heulen. Das Heulen endet mit einem harten, scharfen Knall. Das Geschoss explodiert genau über den Köpfen der sich duckenden Soldaten, die dort mit ihren Leitungsrohren stehen, aber es ist nur ein Schrapnell, sie bleiben verschont: Die Ladung spritzt fünfzehn Meter entfernt in den Boden.[40] Einer der Soldaten, ein Mann mit Namen Morey, dreht sich um. Er sieht gerade noch, wie William Henry Dawkins umfällt, auf die ganz besondere Art und Weise, die man bei Schwerverletzten beobachten kann, wenn der Fall nicht von den Reflexen des Körpers gesteuert wird, sondern lediglich von den Gesetzen der Schwerkraft.

Sie stürzen zu ihm. Dawkins wurde am Kopf getroffen, an Kehle und Brust. Sie heben ihn von der nassen Erde auf, tragen ihn zu einem Unterstand. Hinter ihnen explodiert mit kurzem, kräftigem Knall eine weitere Granate. Sie legen ihn nieder. Blut und Regen vermischen sich. Er sagt nichts mehr. Er stirbt vor ihren Augen.

*

Am Abend desselben Tages, dem 12. Mai, verlässt Herbert Sulzbach nach zwei Tagen Urlaub sein Elternhaus in Frankfurt am Main. Er schreibt in sein Tagebuch:

> «*Eine solche Abfahrt, wieder in den Krieg, hatte man sich eigentlich anders vorgestellt, und auch hier zeigt es sich, wie abgestumpft man wird: Man fühlt nicht, dass es ein Ereignis ist, man hat nicht den Gedanken oder das Gefühl, dass man nicht wiederkommen wird, sondern man fährt ab, als fahre man, wie in der Schulzeit, in die Sommerferien. Schlimmer ist der Abschied freilich wohl für die zu Haus Gebliebenen.*»

42.
Freitag, 14. Mai 1915
OLIVE KING SCHEUERT DEN FUSSBODEN IN TROYES

Der Tag ist kalt und windig. Zur Abwechslung, könnte man sagen, denn in der letzten Zeit ist das Wetter angenehm warm gewesen. Sie haben sogar in einem nahegelegenen Kiefernwald unter freiem Himmel schlafen können, auf den noch unbenutzten Krankentragen. Es ist jedoch nicht die Wärme, die sie aus dem Haus gelockt hat, sondern der einfache Umstand, dass der kleine Gutshof, der für sie requiriert worden ist, Château Chanteloup, ausgeräumt und ziemlich schmutzig ist. Außerdem ist der größte Teil ihrer Ausrüstung auf Irrwege geraten. Ohne Zelte oder eine funktionierende Küche können sie keine Verwundeten aufnehmen. Das Gut ist jedoch malerisch gelegen, zwar unmittelbar an der Straße, aber umgeben von einem Obst- und Gemüsegarten, mehreren großen Wiesen und einem kleinen Wald ganz in der Nähe.

Olive King ist wie gewohnt früh aufgestanden. Schon um Viertel nach acht sitzt sie hinter dem Steuer ihres Sanitätswagens. Sie ist auf der Suche nach Bänken und Tischen, um das Haus zu möblieren. Neben ihr sitzt ihre Vorgesetzte, Mrs. Harley, die Transportchefin. Olive May King ist eine neunundzwanzigjährige Australierin, geboren in Sydney und Tochter eines erfolgreichen Geschäftsmanns. (Sie ist überhaupt in vieler Hinsicht Papas Mädchen, zumal ihre Mutter starb, als Olive erst fünfzehn war.)

Ihre Jugend und Erziehung verliefen eher typisch (den Abschluss machte sie in Dresden, wo Unterricht in Porzellanmalerei und Musik auf dem Stundenplan standen), ihr weiteres Leben nicht. In ihr lebt eine Spannung zwischen der aufrichtigen und naiven Sehnsucht nach Mann und Kindern auf der einen Seite und einer energischen und unruhigen Natur auf der anderen. In den Jahren vor dem Krieg ist sie viel gereist, in Asien, Amerika und Europa, natürlich die ganze Zeit begleitet von einer Anstandsdame. Sie hat als erste Frau der Welt den 5452 Meter hohen Vulkan Popocatépetl südöstlich von Mexico City bestiegen und sich als Erste in die rauchende Krateröffnung hinabgewagt. Aber etwas fehlt. In einem Gedicht, das sie im Jahre 1913 schreibt, betet sie zu Gott: «Schick mir eine Trauer [...], um meine Seele aus diesem alles verschlingenden Dämmerschlaf zu erwecken.» Auch sie ist eine von denen, für die das Evangelium des Krieges eine persönliche Wandlung verheißt.

Deshalb ist es nicht verwunderlich, dass Olive King nach dem Kriegsausbruch eine Möglichkeit suchte, von einer Zuschauerin zur Teilnehmerin zu werden; Abenteuerlust und ein starker Patriotismus trieben sie an. Sie schlug den einzigen Weg ein, der Frauen im Jahre 1914 offen stand: das Sanitätswesen. Gleichzeitig ist es bezeichnend für King, dass sie nicht Krankenschwester wurde, sondern als Chauffeurin anheuerte, am Steuer eines großen Sanitätsautos der Marke Alda, das sie selbst gekauft hatte, vom

Geld ihres Vaters. Kraftfahrzeuge zu lenken ist noch immer eine exklusive Fertigkeit, besonders für Frauen. Die Organisation, für die King jetzt arbeitet, nennt sich The Scottish Women's Hospital – eine von vielen privaten Sanitätseinheiten, die in der Euphorie des Herbstes 1914 aufgestellt werden, doch ist sie insofern ungewöhnlich, als sie von radikalen Suffragetten gegründet und ausschließlich mit Frauen besetzt wird.[41]

Olive King fährt an diesem Morgen ihren eigenen Sanitätswagen. Er hat die Nummer 9862, aber sie nennt ihn Ella, eine Abkürzung für Elefant. Und der Sanitätswagen ist groß, beinahe ein kleiner Bus: Er hat nicht weniger als sechzehn Sitzplätze. Der Laderaum hinten ist eine Spezialanfertigung, der Wagen ist schwer, und King kann ihn nur selten schneller als 40–45 Stundenkilometer fahren.

Gegen elf Uhr sind sie zurück. Mit Hilfe einer anderen Chauffeurin, Mrs. Wilkinson, lädt King die Tische und Bänke aus, die sie aufgetrieben haben, und stellt sie in den Garten. Danach ziehen King und Mrs. Wilkinson sich um und machen sich daran, das Nebengebäude zu säubern, in dem die Chauffeurinnen untergebracht sind. Sie arbeiten mit Schrubber und Schwamm, wechseln mehrmals das Wasser und hören erst auf mit ihrem emsigen Putzen, als die Fußböden vollkommen sauber sind. Sie wollen auch eins der Zimmer neu tapezieren, doch das muss warten.

Das Abendessen besteht aus Spargel, der gerade Saison hat und gut und billig ist. Wie üblich haben sie beim Essen Zuschauer. Das Fenster des Speisesaals geht zur Straße, und Neugierige schauen herein, um einen Anblick dieser sonderbaren Frauen zu erhaschen, die freiwillig gekommen sind, um im Krieg zu helfen, und die außerdem ohne Männer zurechtkommen. Anschließend verschwinden sie auf ihre Zimmer, um Briefe zu schreiben – die Post geht am nächsten Morgen früh ab. King schreibt ihrer Schwester:

Ich glaube nicht, dass es viele Monate dauern wird, bis der Krieg vorbei ist. Dass dieses verfluchte Giftgas Gott sei Dank ein Misserfolg war,

wird sich als großer Rückschlag für Deutschland herausstellen. Ist es
nicht wunderbar, dass die neuen Gasmasken so gut funktionieren? Gott
sei Dank dafür. Gott sollte alle diese grässlichen Gasgranaten explodie-
ren und 500 000 Deutsche töten lassen, und ich wünschte, Er könnte
Feuer oder Fluten schicken, um alle deutschen Munitionsfabriken zu
sprengen.

King schreibt dies in ihrem frisch gescheuerten Zimmer, halb liegend auf einer defekten Trage, die ihr gerade als Bett dient. Bis
auf einen Stuhl und ein Grammophon mit Kurbel ist das Zimmer
leer. Es hat außerdem einen offenen Kamin mit einem Sims aus
Marmor, in den sie ihre Zigarettenstummel, Streichhölzer und
anderen Abfall werfen. An den Wänden hängt eine Tapete, die
ihr sehr gefällt, eine Tapete mit braunen Papageien, die in Rosen-
büschen sitzen und Nüsse essen. Sie friert. Sie ist schläfrig. Wann
wird ihr Krieg endlich anfangen?

43.
Mittwoch, 26. Mai 1915
PÁL KELEMEN KAUFT VIER LAIBE WEISSBROT IN GLEBOVKA

Die Russen sind jetzt wirklich auf dem Rückzug. Das hat er in den
letzten Tagen feststellen können, als er durch immer neue, schwer
in Mitleidenschaft gezogene Orte ritt und sah, was der Feind alles
hinterlassen hat, von Abfall und Müll auf den Straßen über tote
oder sterbende Soldaten bis hin zu neu aufgestellten Wegweisern
mit unbegreiflichen Namen in kyrillischen Buchstaben. (Vor
einem Jahr führte die Straße nach Lemberg; jetzt führt sie nach
Lvov; bald wird sie wieder nach Lemberg führen.[42])

Kelemen hat nichts dagegen, wieder auf dem Marsch zu sein,
und schon gar nicht, dass die russischen Invasionstruppen vertrieben werden. Die Nachricht vom großen Durchbruch bei Gorlice

wurde von den Truppen aber mit weit weniger Jubel aufgenommen, als man hätte erwarten können. «Alle hier sind gleichgültig geworden», schreibt er in sein Tagebuch, «abgestumpft von der ständigen Anspannung.»

Seit gestern sind sie in der kleinen Stadt Glebovka. Als er mit den anderen Husaren hineinritt, wunderte er sich über zwei Dinge. Zuerst über ein Haus mit intakten Fensterscheiben, hinter denen er weiße Spitzengardinen erkennen konnte. Und dann über eine junge Polin – er ist immer auf der Suche nach jungen Frauen –, die durch eine Ansammlung von Soldaten und russischen Kriegsgefangenen ging und weiße Handschuhe trug. Er braucht sehr lange, um diese Handschuhe und diese Spitzengardinen zu vergessen, das makellos Weiße in einer Welt von Schmutz und Schlamm.

Heute hat er herausgefunden, dass es weißes Brot gibt. Und da er das normale Kommissbrot satthat, das entweder teigig oder zu trocken ist, geht er einkaufen – vier große Laibe. Kelemen notiert in sein Journal:

Ich schneide einen davon an. Er ist noch nicht abgekühlt. Sein starkes Aroma füllt meine Nasenlöcher. Langsam, beinahe mit Ehrfurcht, nehme ich den ersten Bissen zu mir und versuche, den Geschmack so deutlich wie möglich zu spüren. Ich denke, dies ist das gleiche Weißbrot, das ich früher immer gegessen habe, vor dem Krieg.

Ich esse und konzentriere mich. Aber mein Gaumen kennt sich überhaupt nicht mehr aus, und deshalb esse ich dieses Weißbrot, als sei es eine neue Art Nahrung, deren Geschmack mir ganz unbekannt ist.

Danach wurde mir klar, dass das Brot wirklich das gleiche war wie das zu Hause. Wer sich verändert hatte, war ich selbst; dem alten guten Weißbrot, das ich früher für selbstverständlich hielt, hatte der Krieg einen fremden Geschmack verliehen.

44.

KRESTEN ANDRESEN WIRD AUS DEM KRANKENHAUS
VON NOYON EVAKUIERT

Vielleicht ist es der Zufall, der launische Zufall, der ihn rettet? In einer dunklen Nacht Anfang Mai stürzte Andresen in einen schmalen Laufgraben und brach sich das rechte Wadenbein gleich oberhalb des Fußgelenks. Seitdem hat er die meiste Zeit im Lazarett verbracht, in einem großen Saal, der früher ein Theater gewesen ist, gepflegt von freundlichen französischen Nonnen, gelangweilt wegen des Mangels an Lektüre und des schlechten Essens müde – Kranke brauchen angeblich nicht so viel wie Frontsoldaten[43] –, aber doch sehr zufrieden. Mindestens sechs Wochen, hat der Doktor gesagt. Mit ein wenig Glück kann er der Front noch bis Juni fernbleiben; und vielleicht, vielleicht, vielleicht ist der Krieg dann zu Ende?

In seinem Bett liegend, hat Andresen getreu seiner Gewohnheit viel über den Krieg nachgedacht, und über den Frieden und was bald passieren könnte. Im Mai hat Italien den Mittelmächten den Krieg erklärt, die Briten griffen oben in Flandern an, und die Franzosen haben mit großer Hartnäckigkeit bei Arras attackiert; besonders heftige Kämpfe tobten auf den mit Kratern übersäten Höhen von Loretto, und es heißt, dass sich die USA und mehrere Balkanstaaten bald den Gegnern Deutschlands anschließen werden. Andresen hat sich darüber gewundert, wie selbstsicher viele Deutsche auf die zunehmende Bedrohung reagiert haben; sie sagen, der Krieg werde sich vermutlich verlängern, aber am Ende wird Deutschland doch den Sieg davontragen. Er selbst hat gehofft, dass die großen politischen Entwicklungen – reale oder eingebildete – zum Frieden führen. Er weiß, was er dann tun wird. Vor dem August 1914 hat er ein gutes halbes Jahr als Lehrer in Vinding gearbeitet, und das will er nach dem Krieg fortsetzen, mit Volksbildung und Jugendarbeit. Und er träumt davon, sich ein kleines Haus zu bauen, nicht größer als «Tante Dorotheas Hühnerhaus, aber außen und innen sehr romantisch».

In den letzten Tagen hat sich die Lage um Roye jedoch verschärft. Roye liegt nur gut zehn Kilometer von dem Frontabschnitt entfernt, der von seinem Regiment gehalten wird. Tag und Nacht ist das Geräusch von Artilleriefeuer zu ihnen gedrungen, und es geht die Rede, dass der französischen Infanterie ein Durchbruch gelungen ist. Dieser Schlacht ist er entgangen, Gott sei Dank. Und es ist nicht das Einzige. Da man bald Lazarettbetten für viele neue Verwundete brauchen wird, sollen alle Rekonvaleszenten evakuiert werden, nach Deutschland, wie es heißt.

Davon weiß er allerdings noch nichts. Einen Großteil des Sonntags liegt er nämlich im frischen grünen Gras unter einem Birnbaum, während sich die warme Luft mit dem weich rollenden Donnern ferner Kanonen füllt. Und gegen Abend geht er zu einem Kirchenkonzert. Erst als er hinkend in das Krankenhaus zurückkehrt, erfährt er, was los ist. Andresen packt sofort seine Sachen. Waffen und der größte Teil seiner Ausrüstung landen auf einem Haufen, die privaten Dinge auf einem anderen. Ihre Namen werden aufgerufen und Reisepapiere ausgehändigt, und jeder erhält ein kleines Pappschild, versehen mit Namen, Einheit, Verwundung und Ähnlichem, das auf der Brust befestigt wird. Um elf Uhr kommt ihr Marschbefehl.

Sie steigen in Automobile, jeweils fünf Mann, und donnern in die Sommernacht. Unterwegs kommen sie an ein paar hohen Offizieren vorbei, die am Straßenrand stehen und den Horizont beobachten, an dem Mündungsfeuer und Explosionsblitze, Leuchtraketen und langsam herabsinkende Signalraketen aufflammen. Aber das berührt ihn nicht mehr.

Wir sollen alle nach Deutschland, und ich weiß wirklich nicht, wie ich meine Freude ausdrücken soll. Weg vom Kampf und den Granaten; bald werden wir keine Kanonen mehr hören; dann fahren wir an fruchtbaren Äckern vorbei und durch lächelnde Dörfer. Ich fahre freu-

*destrahlend, durch Sonntagsruhe und Glockenklang. Heim, heim und
weiter.*

In Chauny sollen sie umladen. Die Weiterreise soll natürlich mit
der Eisenbahn stattfinden. Sie sammeln sich in einem großen Park,
und ein Arzt nimmt eine weitere Untersuchung der Wartenden
vor. Als er zu Andresen kommt, studiert er die Papiere und reißt
ihm dann das Pappschild von der Brust. Es gibt keine Weiterreise.
Andresen scheint so weit wiederhergestellt, dass er in wenigen
Tagen an die Front geschickt werden kann.

Andresen tritt ab, seine Enttäuschung ist grenzenlos; alles ist
plötzlich nur «schwarz in schwarz». Als er dann langsam wieder
zum Park zurückkehrt, sieht er, dass sich alle aufgestellt haben,
und einige rufen nach ihm. Sein Name ist aufgerufen worden. Ja,
er soll doch nach Deutschland! Kaum hat sich Andresen ins Glied
gestellt, entdeckt man, dass er kein Pappschild auf der Brust hat.
Er wird wieder wegbeordert. «Lebwohl, Urlaub! Lebwohl, Heimat; ich ziehe wieder in den Krieg!»

45.
Freitag, 11. Juni 1915

FLORENCE FARMBOROUGH ERFÄHRT
VON DEM DURCHBRUCH AM SAN

Dies ist die dritte Woche in Molodych. Der erste, panikartige
Rückzug nach dem Durchbruch bei Gorlice ist vergessen, beinahe
jedenfalls. Seit jenen Tagen Anfang Mai hat die 3. Armee unglaub-
liche 200 000 Mann verloren – davon 140 000 Gefangene –, aber
jetzt hat sie eine neue und, wie es scheint, starke Stellung entlang dem breiten Fluss San bezogen. Endlich sind Verstärkungen
eingetroffen. Und von höchster Stelle ist der Befehl ergangen:
Hier, genau hier, sollen die Deutschen und Österreicher endgültig

gestoppt werden, keine weiteren Rückzüge![44] Es hat am Fluss entlang heftige Kämpfe gegeben, und beide Seiten haben kleinere Angriffe unternommen.[45] Eines späten Abends hat Florence zum ersten Mal größere Mengen grau gekleideter deutscher Kriegsgefangener gesehen; sie kamen im Mondschein einen Weg entlang mit ihren typischen Pickelhauben, bewacht von Kosaken zu Pferde. Man spricht von hohen feindlichen Verlusten. Es gibt neue Hoffnung.

Dort, wo Florence Dienst tut, finden praktisch keine Kämpfe statt, was natürlich das Gefühl verstärkt, dass die Krise vorbei ist. Es gab viel Zeit für andere Dinge, zum Beispiel unten am Fluss Wäsche zu waschen oder den Eintritt Italiens in den Krieg zu feiern oder den eigenen Namenstag. Sie selbst ist oft durch die stillen grünen Wälder gewandert und hat Blumen gepflückt, die es jetzt im Frühsommer im Überfluss gibt. Abgesehen von den normalen Fällen von Typhus und Cholera ist es so ruhig gewesen, dass einige Krankenschwestern ungeduldig geworden sind und davon geredet haben, sich bei einer anderen Einheit zu bewerben, wo sie nützlicher wären. Ihr Chef hat versucht, sie zu beruhigen, und angedeutet, dass ihre Einheit ohnehin bald verlegt werden soll, zur 8. Armee unten bei Lemberg oder vielleicht ganz bis zum Kaukasus. (Von der letztgenannten Front hört man gute Nachrichten: Russische Einheiten rücken nach Süden vor, über die osmanische Grenze, ermuntert von Gerüchten über Aufruhr und Unruhen hinter den türkischen Linien.)

Es ist jetzt drei Uhr am Nachmittag. Florence Farmborough sitzt vor ihrem Zelt und erholt sich von der Arbeit. Alles ist wie üblich ruhig. Sie sieht vier Träger, die mehrere Tote fortschaffen, um sie auf dem provisorischen Bestattungsplatz auf einem benachbarten Feld zu beerdigen. Sie hört das Klappern einiger Störche, die sich auf dem Strohdach eines Bauernhauses ein Nest gebaut haben. Ein Mann aus der anderen fliegenden Einheit übergibt ihr einen Brief, der an ihren Arzt adressiert ist. Sie fragt ihn, wie es in seiner Einheit aussieht. Der Mann berichtet «mit verhaltener

Erregung», dass am Morgen in ihrer Nähe Schrapnellkugeln eingeschlagen sind und dass sie sich zum Aufbruch vorbereiten. Die Deutschen sind am San durchgebrochen!

Die Nachricht erschüttert sie, aber Florence zweifelt, ob sie auch stimmt. Zwar ist in der Ferne das Geräusch schwerer Artilleriefeuers zu hören, aber als sie sich vor dem Mittagessen ungläubig bei den anderen erkundigt, sind diese genauso ratlos wie sie. Nach dem Essen geht sie zurück zu ihrem warm duftenden Zelt, wo ihr Anna, eine andere Krankenschwester, begegnet. Sie bestätigt müde, dass die Gerüchte vom Durchbruch am San zutreffen:

Es heißt, sie strömen in großen Massen hinüber, und nichts könne sie stoppen. Wir haben Männer, aber keine Mittel. Das ganze Regiment soll keinen einzigen Schuss mehr haben, nur einzelne Batterien können noch schießen.

Anna fügt hinzu: «Unsere Armeen werden geschlachtet, und wir sind nur einen Tagesmarsch von der russischen Grenze entfernt.» Sie hat ein besetztes, verödetes Russland vor Augen, und dieses Bild überwältigt sie. Anna wirft sich auf das Bett, bedeckt ihr Gesicht mit den Armen und fängt laut an zu weinen. Florence versucht unbeholfen, ihre Tränen aufzuhalten: «Annuschka, hör auf; das ist unwürdig für jemanden mit deiner Natur!» Anna hebt die Arme und sieht Florence finster an: «Natur! Was heißt hier Natur?» Die Worte strömen aus ihr heraus. «Liegt es in Gottes Natur, diese totale Zerstörung zuzulassen? Man verliert in diesem Blutbad nicht nur seine Natur, auch die Seele stirbt!» Sie hört nicht auf zu weinen. Florence schweigt. «Ich versuchte nicht, sie zu trösten, ich fand nichts, womit ich sie trösten konnte.»

Schließlich folgt die endgültige Bestätigung in Form eines Befehls, sich marschbereit zu halten. Sie beginnen zu packen, doch werden sie dabei unterbrochen, als plötzlich eine große Gruppe Verwundeter eintrifft:

Als wir sie sahen, verstanden wir, dass das Schlimmstmögliche einge-
troffen war; sie waren verwirrt, und in ihren Gesichtern war eine solche
Angst zu erkennen, dass sie den heftigen Schmerz überdeckte, und in
ihren Augen war etwas, das alle Fragen überflüssig machte.

Die Dunkelheit bricht an. Das Donnern ferner Kanonen wird gedämpfter, klingt aus, verstummt. Eine Geschützbatterie schwenkt
auf ein benachbartes Feld ein und protzt ab. Florence und die anderen brechen ihre Zelte im nächtlichen Nebel ab. Dann ist Lärm
auf der Straße zu hören. Als sie sich der Straße nähert, sieht sie,
dass überall Reiter sind, Kosaken. Sie sieht einen Bauernjungen
vorbeirennen und mit gesenktem Kopf im Wald verschwinden.
Sie hört Schreie und Lärm. Die Kosaken kämmen systematisch
die Bauernhöfe durch, einen nach dem anderen; sie treiben alles
Vieh zusammen, das man mitnehmen kann, Schweine, Kühe und
Hühner, sie treiben auch alle Männer zusammen und fesseln sie.[46]
Florence sieht, wie die Kosaken einen jungen Mann niederringen,
während eine Frau schreit.

Dann verschwinden die Kosaken mit ihrer zwei- und vier-
beinigen Beute die Straße hinunter. Als Florence später mit ihrer
Einheit ins Dunkel rollt, oben auf ihrem vollbeladenen Pferdekarren, sind noch immer Schreie und Klagerufe zu hören. Es ist eine
sternklare Nacht.

46.
Dienstag, 15. Juni 1915
ALFRED POLLARD WARTET BEI HOOGE AUF DIE DÄMMERUNG

Der Tag ist heiß und windstill. Sie tragen volle Kampfausrüstung
und haben zwölf Kilometer zu marschieren, bis sie das Ausgangslager für den Angriff erreichen. Anfangs bereitet es ihnen keine
Mühe, auf der stets viel befahrenen Straße von Poperinghe nach

Ypern entlangzutraben. Sie drängeln sich mit anderen Fußtruppen, mit «Wagen, die von Pferden gezogen, und Wagen, die von Mauleseln gezogen werden, endlosen Munitionskolonnen, schweren Belagerungsgeschützen und Haubitzen, Ketten von Lastwagen, Ordonnanzen auf Motorrädern». Und sie begreifen, dass sie an einem großen Angriff teilnehmen sollen, denn sie sehen sogar Kavallerie, kampfbereit und darauf wartend, dass endlich die vielbeschworene Bresche in die deutschen Linien geschlagen wird, durch die sie dann mit gezogenen Säbeln, pittoresk flatternden Wimpeln und entsprechend dramatischen Gesten einfallen können.

Es ist Alfred Pollards erster Angriff. Er ist voller Eifer, ja, fast glücklich. Die Monate der Frustration und Enttäuschung sind endlich vorbei. Bis zu diesem Zeitpunkt hat der Krieg seine Erwartungen ganz und gar nicht erfüllt. Er war an Gelbsucht erkrankt, wurde als Simulant verdächtigt (er! simulieren!), hatte als Offiziersbursche und als Koch gearbeitet. Die Frau, in die er verliebt ist, schreibt ihm nur selten. Der Krieg, den er sich zusammenphantasiert hat, stellt sich nicht ein, noch weniger der Heldenmut, von dem er geträumt hat. Aber jetzt – endlich.

Die Stimmung unter den Männern in der Truppe wandelt sich spürbar, je näher sie der Front kommen. Er kennt das Phänomen:

Wenn man die Linien verlässt und sich mit jedem Schritt weiter von Kugeln und Granaten entfernt, ist die Atmosphäre ausgelassen; man hört Gesänge, Scherze werden gemacht, es wird gelacht. Auf dem Weg dorthin wiederum ist die Sache ganz anders. Da herrscht eine ernste Stimmung, Kommentare werden einsilbig erwidert; die meisten schweigen, ganz mit den eigenen Gedanken beschäftigt. Einige lachen und plappern, wie um zu demonstrieren, dass sie wirklich keine Angst haben, oder um zu verhindern, dass die eigene Phantasie mit ihnen durchgeht; andere tun es, um die Kameraden aufzurichten. Nur wenige verhalten sich natürlich.

Kurz vor der berühmten Stelle, die man Hell Fire Corner nennt, geht die Gruppe auf einem der sonnenwarmen Felder in Deckung. Von Beschuss ist noch nicht die Rede, aber eine einsame Granate kommt aus dem blauen Himmel angezischt, explodiert und wirft den Bataillonsadjutanten aus dem Sattel. Dies ist nur der Anfang. Es wird still im Glied. «Wir sollten durch etwas hindurch, das keiner von uns kannte. Keiner konnte sicher sein, die Prüfung zu überleben, die auf uns wartete.»

Schließlich machen sie halt auf einem Feld, wo sie die Dämmerung abwarten sollen. Inzwischen werden die Küchenwagen herbeigeholt, und die Männer bekommen heißen Tee. Kurz darauf rollen die von Pferden gezogenen Wagen wieder zurück, in den Schutz des Lagers. Als er sie verschwinden sieht, stellt sich Pollard zunächst die Frage, wie viele seiner Kameraden die Köche wohl gern begleiten würden. Dann dreht er die Frage um und überlegt sich, dass einige von denen, die jetzt abziehen, jene, die bleiben dürfen, vielleicht noch mehr beneiden.

Als die Sonne untergegangen ist, geht der Marsch weiter. Sie bilden nur noch ein einziges Glied und verschwinden im Halbdunkel, folgen stolpernd einer Eisenbahnlinie. Die Schützengräben, die beim Ausgangslager auf sie warten, sind neu ausgehoben, eng und flach. Dort müssen sie verharren, «zusammengedrängt wie Sardinen», mit der Ausrüstung am Körper. Sie rauchen, reden. Grobe, einfache Leitern liegen verstreut herum; sie haben drei Sprossen. Obwohl vor der Dämmerung nichts passieren wird und obwohl Schlaf der einzig zuverlässige Segen ist, der den Soldaten in diesem Krieg bleibt, kann Pollard nicht einschlafen:

Nicht nur, dass ich in einer viel zu unbequemen Stellung verharrte, ich war auch viel zu aufgeregt. In einigen Stunden sollte ich zum ersten Mal einen Angriff mitmachen. Ich verspürte nicht die geringste Angst oder auch nur Nervosität, nur Ungeduld. Die Stunden schienen unendlich. Sollte die Dämmerung niemals kommen?

Eine Stunde vor dem Angriff wird Pollard zur vordersten Linie geschickt, um bei der ersten Welle als eine Art Meldegänger zu fungieren. Er ist zufrieden. Dass das Risiko, verwundet oder getötet zu werden, dadurch steigt, kümmert ihn nicht. Es hat nichts mit Unwissenheit zu tun. (Im März – als das, was später die Schlacht bei Neuve Chapelle genannt wird, mit blutigen Verlusten für die Briten zu Ende ging – hat er aus der Nähe und mit fast ohnmächtiger Verzweiflung beobachtet, wie eine angreifende Einheit vom Kreuzfeuer der deutschen Maxim-Maschinengewehre fast bis zum letzten Mann niedergemäht wurde.) Vielmehr sind es Pollards naiv-kindliche Züge, die hier zutage treten, er glaubt, der Tod könne nur andere treffen, nicht aber ihn selbst. Außerdem hat man ihnen jetzt massive Feuerunterstützung versprochen (damals im März war der Einsatz der britischen Artillerie eher symbolisch). Und der Auftrag gibt ihm die Chance zu tun, wonach er sich so lange gesehnt hat: seine Waffe zu benutzen. «Mit ein bisschen Glück kann ich mit dem Bajonett einen Hunnen aufspießen!»

Das Sturmfeuer beginnt – «Bang! Bang! Bang! Bang! Bang! Swisch, Swisch, Swisch, Swisch! Crump! Crump! Crump! Crump! Crump!»[47] – und ist bald so intensiv, dass Rufe nicht mehr ausreichen, um sich Gehör zu verschaffen; man muss sich direkt ins Ohr schreien. Dass auch sie unter deutschem Beschuss stehen, merkt Pollard daran, dass er mit Erde bespritzt wird. Die Soldaten ringsum hantieren an ihrer Ausrüstung. Der Hauptmann dreht sich im Getöse um, lächelt, formt mit seinen Lippen die Worte: «Nur noch eine Minute.» Alle stehen auf. Die kurzen Sturmleitern werden aufgestellt, die Soldaten nehmen dort ihre Positionen ein, den Fuß auf der untersten Sprosse und das Bajonettgewehr auf dem Rücken. Der Hauptmann senkt die Hand als Signal, klettert hoch. Pollard folgt ihm sofort.

Der Angriff ist erfolgreich. Die Verluste sind entsetzlich.

47.

Freitag, 18. Juni 1915

RAFAEL DE NOGALES WIRD ZEUGE DES MASSAKERS IN SAIRT

Sie kommen etwas zu spät, und dafür ist er bestimmt dankbar. Aus der Entfernung ist es ein ländliches Idyll, das sich vor ihnen ausbreitet. Herden von Kühen und Büffeln weiden ruhig auf den grünen Feldern, und an einer Quelle ruhen ein paar Dromedare unter dem türkisfarbenen Himmel. Die Stadt Sairt bietet einen friedlichen Anblick: ein Labyrinth aus länglichen weißen Häusern, aus denen sechs schmale Minarette aufsteigen, «wie Nadeln aus Alabaster».

Sie reiten näher heran.

Da fällt Rafael de Nogales' Blick auf den Hügel.

Am Vormittag haben ihm einige türkische Offiziere ohne Umschweife, ja mit Genugtuung davon berichtet, dass die Vorbereitungen in Bitlis jetzt abgeschlossen seien und man nur auf Befehl von oben warte, dass das Töten in Sairt jeden Moment beginnen könne. Wenn er zusehen wolle, müssten sie sich beeilen.

Aber sie kommen zu spät.

Der Hügel liegt ganz dicht an der Hauptstraße. Er ist mit etwas bedeckt. Bald sieht er, was es ist. Der Hang

war bekrönt mit Tausenden von halbnackten und noch blutenden Körpern, die dort in Haufen lagen, in einer letzten Umarmung im Tod verflochten. Väter, Brüder, Söhne und Enkel lagen so, wie sie durch die Kugeln oder die Yataganen der Mörder gefallen waren. Aus mehr als einer durchschnittenen Kehle entwich das Leben im Herzschlag des warmen Blutes. Scharen von Geiern saßen auf den Haufen, hackten den Toten und Sterbenden die Augen aus, deren starre Blicke noch das Entsetzen und den unsagbaren Schmerz zu spiegeln schienen, während die aasfressenden Hunde ihre scharfen Zähne in Eingeweide schlugen, die noch von Leben pulsierten.

Das Totenfeld erstreckt sich bis hinunter zur Straße, und um voranzukommen, müssen sie die Pferde über «Berge von Leichen» springen lassen. Schockiert und wie betäubt reitet de Nogales in die Stadt. Dort sind die Polizei und der muslimische Teil der Bevölkerung vollauf damit beschäftigt, gemeinsam die christlichen Häuser zu plündern. Er trifft einige der Amtspersonen der Gegend, unter anderem den Chef der örtlichen Gendarmen, der das Töten selbst angeordnet hat. De Nogales findet seinen Eindruck bestätigt, dass so ein Massaker an christlichen Männern keinesfalls wie früher ein spontanes Pogrom ist, sondern eine gut geplante, zentral gesteuerte Operation.

Man weist ihm ein Nachtquartier in einem der geplünderten Häuser zu. De Nogales begreift jetzt, dass der Angriff sich nicht mehr nur gegen die Armenier richtet, sondern auch gegen andere christliche Gruppen. Das Haus hat nämlich einer Familie syrischer Christen gehört. Abgesehen von ein paar zerschlagenen Stühlen ist es komplett leergeräumt. Von seinen früheren Besitzern findet sich keine Spur mehr, bis auf ein englisches Lexikon und ein in einer Ecke verstecktes kleines Bild der Jungfrau Maria. Auf dem Fußboden und an den Wänden sind Blutspritzer zu erkennen.

Später, als de Nogales mit einer Gruppe von Offizieren vor der Messe der Garnison sitzt, spielen sich weitere Schreckensszenen ab. Er ist entsetzt, tut aber nichts, um sie zu verhindern. Sein angestrengtes Lächeln zeigt sein Einverständnis. Ein Mob zieht vorbei, sie schleppen die leblosen Körper von Kindern und alten Männern mit sich. Die Schädel der Toten schlagen gegen die gerundeten Pflastersteine. Umherstehende spucken nach den Leichen oder schicken ihnen Flüche hinterher. De Nogales sieht auch eine Gruppe Gendarmen mit einem alten Mann von ehrfurchtgebietender Erscheinung:

Sein schwarzer Mantel und seine purpurfarbene Kopfbedeckung zeigten deutlich, dass er ein nestorianischer[48] Bischof war. Blutstropfen rannen über seine Stirn und an seinen Wangen hinab wie die scharlachroten

Tränen des Martyriums. Als er an uns vorbeikam, richtete er seinen
Blick auf mich, als ahnte er, dass auch ich Christ war, und ging weiter,
hinauf zu jenem entsetzlichen Hügel.

Bei Sonnenuntergang reitet Rafael de Nogales hinaus aus der Stadt
Sairt, begleitet von seinem albanischen Burschen, dem großen und
gut gebauten Tasim, sowie sieben berittenen Gendarmen. De Nogales fürchtet um sein Leben. Es kursieren Gerüchte, dass man ihn
höheren Orts liquidiert sehen möchte; es sind Zweifel an seiner
Loyalität aufgekommen. Der Ritt geht durch wegloses Land, nach
Süden. Sein Ziel ist Aleppo. Dort wird er seine Entlassung aus der
osmanischen Armee beantragen.

48.

Mittwoch, 14. Juli 1915

MICHEL CORDAY BEGEHT IN PARIS DEN FRANZÖSISCHEN
NATIONALFEIERTAG

Es ist ein trüber Sommertag, aber von Zeit zu Zeit bricht die
Sonne durch die Wolkendecke. Michel Corday notiert in seinem
Tagebuch:

Schweigende Volksmassen. Verwundete Männer, manche mit amputier-
ten Gliedmaßen, Soldaten auf Urlaub in Mänteln, die von der Sonne
gebleicht sind. Ebenso viele Geldsammler wie Zuschauer, sie bitten um
Spenden für verschiedene wohltätige Zwecke. Das Regiment marschiert
mit seinen Musikkorps vorbei; und alle diese Männer sind unterwegs
zur Schlachtbank.

Am Place de l'Étoile sieht er Außenminister Delcassé in einem
offenen Automobil ankommen. Delcassé ist derjenige, der sich
am meisten dafür eingesetzt hat, Italien mit in den Krieg zu

ziehen, und er erwartet offenbar einen Jubelsturm.[49] Doch die
Menge bleibt stumm. Corday deutet das Schweigen als einen un-
bewussten Protest gegen den Krieg, hat aber zugleich den Verdacht, dass der Jubel gewaltig gewesen wäre, hätte es einen Sieg
gegeben, mit dem man hätte prahlen können. (Einer der Auf-
wärter im Ministerium hat vor einiger Zeit entdeckt, dass sich an
den kleinen Flaggen, die auf der Kriegskarte des Büros die Front-
linien markieren, Spinnweben gebildet haben.) Die Marseillaise
erklingt, und wehe dem, der den Hut nicht zieht. Am Himmel
brummen Flugzeuge.

Präsident Poincaré spricht. Noch einmal hält er eine aggressive,
gefühlsgeladene und mit Floskeln gespickte Rede über den Kampf
«bis zum bitteren Ende» (Poincarés plumpe Rhetorik ist berüch-
tigt: Im Mai wurde ein Artikel von ihm publiziert, von dem viele
glaubten, er sei in seiner ganzen Banalität eine Parodie, aber er war
durchaus ernst gemeint). Der Präsident verweist auf das höchste
Kriegsziel, nämlich «den Albtraum aus der Welt zu schaffen, der
im deutschen Größenwahn besteht». Corday schreibt: «So warnt
er vor dem Verhängnis eines möglichen einseitigen Friedens und
verurteilt unser Land zu einem langen Kampf, der fatal ausgehen
kann.»

Ausnahmsweise ist der Krieg sogar beinahe in Paris zu spüren.

49.

Donnerstag, 30. Juli 1915

ELFRIEDE KUHR LAUSCHT NÄCHTLICHEM GESANG
IN SCHNEIDEMÜHL

Warme Luft. Dunkelheit. Spätsommernacht. Sie weiß nicht,
warum sie aufwacht. Vielleicht wegen des hellen Mondscheins?
Weil es heiß ist, schläft sie auf einer Liege draußen auf der Ve-
randa. Alles ist vollkommen still. Nur das verlässliche Ticken der

Standuhr im Wohnzimmer ist zu hören. Plötzlich hört sie Gesang, schwach, aber wohlklingend, vom benachbarten Bahnhof. Sie spitzt die Ohren, erkennt die Melodie nicht, lauscht auf die Worte. Sie hört, wie mehr und mehr Stimmen hinzukommen. Der Gesang wird lauter: «Es ist bestimmt in Gottes Rat, dass man vom Liebsten, das man hat, muss scheiden.»

Der Gesang steigt immer deutlicher zum sternklaren Nachthimmel auf, aber sie selbst versinkt mehr und mehr. Wir lassen die Kindheit immer nur widerwillig und schrittweise hinter uns, und jetzt, in diesem Augenblick, überfällt Elfriede jene Einsicht, von der sich ein Kind nie richtig erholt und die Erwachsene so oft trauern lässt. Und sie kauert auf ihrer Liege und weint:

Warum sangen die Soldaten in der Nacht? Warum gerade dieses Lied? Das ist doch kein Soldatenlied. Waren es überhaupt Soldaten? Brachten sie vielleicht Gefallene in Soldatensärgen in unsere Stadt? Waren Eltern, Witwen, Waisen, Bräute am Zug? Weinten sie ebenso wie ich?

Dann ist ein Geräusch im Schlafzimmer ihrer Großmutter zu hören; als ob sich jemand schnäuzt. Elfriede steht auf, schleicht vorsichtig ins Zimmer hinein und fragt flehend: «Kann ich ein bisschen zu dir ins Bett?» Die Großmutter zögert erst, und hebt dann ihre Decke: «Na, denn komm!» Sie schmiegt sich in den Schoß der Großmutter, drückt den Kopf an ihre Brust und schluchzt. Die Großmutter presst die Stirn auf ihr Haar, und Elfriede spürt, dass auch sie weint.

Sie entschuldigen sich nicht, sie stellen keine Fragen.

50.

Sonntag, 8. August 1915

VINCENZO D'AQUILA WIRD IN PIACENZA AUSGELACHT

Geruch von Kohlenrauch. Glühende Sonne. Staub. Niemand holt sie ab, als der Zug auf dem Bahnhof hält. Die ganze Stadt wirkt menschenleer. Die meisten scheinen sich in den Häusern verkrochen zu haben, um der schlimmsten Hitze zu entgehen. Durch enge, stickige Gassen bahnen sie sich ihren Weg zu den Kasernen, um sich dort zu melden.

Ein wenig enttäuscht ist er doch, dass man sie nicht willkommen heißt, wenn schon nicht mit Begeisterung, dann wenigstens aus Dankbarkeit. D'Aquila und die anderen haben dem Atlantik und allen dort kreuzenden deutschen U-Booten getrotzt, um ihr Leben «für die Größe Italiens» einzusetzen. An einem frühen, klaren Sommermorgen hatte er sich in New York aus der Wohnung geschlichen, im Hausflur versteckt, bis der Vater gegangen war, und sich danach zum Hafen begeben. Dort wartete das Schiff, das ihn nach Europa bringen sollte. Und nicht nur ihn: rund eintausendfünfhundert Italo-Amerikaner, die sich der italienischen Armee anschließen wollten. Er erinnert sich daran, dass sich Menschen aller Art an Bord drängten: «Narren und Kluge, Starke und Schwache. Alle gesellschaftlichen Gruppen waren vertreten: Ärzte und Quacksalber, Juristen und Winkeladvokaten, Arbeiter und Nichtsnutze, Abenteurer und Vagabunden.» Er hatte auch, nicht ohne Verwunderung, bemerkt, dass viele sich in ihrem Eifer mit Stiletts, kleinen Maschinenpistolen und abgesägten Schrotflinten bewaffnet hatten. Ungeduldig war er über das frisch gescheuerte Vordeck gewandert und hatte darauf gewartet, dass das Nebelhorn ihr Ablegen ankündigen würde. Dass das Abenteuer beginnen konnte. Vincenzo D'Aquila hat dichtes, dunkles, lockiges Haar, ein offenes Gesicht, eine gerade Nase, sein Mund ist weich. Er macht einen unsicheren und etwas scheuen Eindruck.

Die erste Enttäuschung stellte sich schon ein, als sie im sonnigen Neapel von Bord gingen. Er hatte sich einen begeisterten Empfang erhofft, «frenetische Hurrarufe, Kapellen, die spielten und schöne neapolitanische Jungfrauen, die Blumen streuten». Stattdessen wurden sie ohne Umschweife in ein bullig heißes Zollgebäude getrieben, wo sie einen halben Tag warten mussten, bis ein Anwalt in hellem Anzug und Panamahut auftauchte, sich auf einen Koffer stellte und eine Rede hielt. Das war alles. Sonst schien sich niemand um sie zu kümmern.

Es wurde nicht besser, als sich herausstellte, dass ein Teil seiner Papiere irgendwo in der Bürokratie abhanden gekommen war und die Armeefunktionäre sich zunächst weigerten, ihn überhaupt zu registrieren. Er war nicht der Einzige, der kalte Füße bekam. Nicht wenige von denen, die mit ihm auf dem Schiff gewesen waren, hatten ihren Schritt inzwischen bereut und sich entweder wieder von der Truppe entfernt oder auf den Rückweg nach New York gemacht. So schlimm steht es um D'Aquila nicht. Er ist immer noch neugierig darauf, «wie ein richtiger Krieg aussieht». (Auch wenn er im Innersten hofft, dass alles bis zu seinem Eintreffen an der Front vorbei sein wird, sodass er in die USA zurückreisen könnte, ohne für seinen Heldenstatus etwas bezahlt haben zu müssen.)

Gerade als D'Aquila nach Wochen des Wartens davor war aufzugeben, kam die Nachricht, dass man die fehlenden Unterlagen gefunden habe. Nach einer hastigen ärztlichen Untersuchung wurde er als Infanterist eingeschrieben und in einen Zug nach Piacenza gesetzt, wo er seine militärische Grundausbildung absolvieren sollte. Als der Zug unterwegs an einer kleinen Station anhielt, sah er, wie ein schlichter Sarg mit der Leiche eines gefallenen Soldaten ausgeladen und auf den Bahnsteig gestellt wurde. Die anderen Freiwilligen tranken Wein und sangen obszöne Lieder.

Auch die Kaserne des 25. Regiments in Piacenza ist nahezu menschenleer. Schließlich finden sie ein paar Männer in Uniform, die nur stumm dasitzen. Sie erklären ihnen voller Stolz, warum sie gekommen sind. Die Soldaten brechen in Hohngelächter aus. Für sie ist es unbegreiflich, geradezu dumm, freiwillig ein friedliches

Leben auf der anderen Seite der Welt hinter sich zu lassen, nur um sich in «den Wahnsinn zu stürzen, der die Alte Welt gerade befallen hat». Die Neuankömmlinge werden mit Spott überhäuft, sie seien «Idioten», «Esel», «Dickschädel». Dabei wollen die Soldaten selbst doch am liebsten den Schützengräben entgehen. In ihren Augen sind die Freiwilligen alles andere als willkommen, denn ihre Ankunft hier verlängert nur den ungerechten Krieg und das Leiden.

D'Aquila ist mehr als ernüchtert. Es regen sich Zweifel in seinem sensiblen Gemüt: «Die pralle Blase der Selbstverherrlichung begann in sich zusammenzufallen.» Gemeinsam mit seinem Freund Frank, einem fröhlichen und etwas naiven jungen Mann, den er auf der Überfahrt kennengelernt hat, begibt er sich wieder hinaus in die Stadt. D'Aquila besucht einen Friseur und wird rasiert. Am Abend kehren sie zur Kaserne zurück. Ein Unteroffizier empfängt sie. Jetzt ist es zu spät, um es sich anders zu überlegen. In dieser Nacht schläft er in einem großen Saal, auf einer mit Stroh gestopften Matratze.

51.

Donnerstag, 12. August 1915
ANDREJ LOBANOV-ROSTOVSKIJ VERSCHLÄFT
IN DER NÄHE VON TJAPLI

Eigentlich hätte der Gefreite sie alle um ein Uhr wecken sollen. Als sie sich mit dem Rest der Kompanie auf dem Bauernhof schlafen legten, wollten sie nur ein paar Stunden im Dunkeln ausruhen. Sie wissen sehr gut, dass die Nachhut den Rückzug gegen zwei Uhr fortsetzen wird, und ab dann wird es nichts mehr geben, das zwischen ihnen und den deutschen Verfolgern steht.

Nur ein paar Stunden.

Sie sind müde bis zum Umfallen. Denn während Lobanov-Rostovskij vorher unter dem Nichtstun gelitten hat, macht ihm jetzt das Gegenteil zu schaffen. Die Pionierkompanie ist während des großen Rückzugs voll beschäftigt; wenn sie nicht gerade Brücken sprengt, Häuser in Asche legt oder Eisenbahnlinien zerstört, muss sie verschiedenen Truppenteilen helfen, Schützengräben zu bauen, mit allem, was dazugehört, also nicht nur graben und sprengen, sondern auch das Schussfeld räumen und Sturmhindernisse bauen. Nicht, dass es noch Stacheldraht gegeben hätte, ebenso wenig wie Bretter und Nägel oder auch Munition, aber man kann zumindest Pfähle einrammen, die den Deutschen aus der Entfernung vortäuschen, dass die Stellung massiv ist. In den letzten 48 Stunden hatten sie Schützengräben für ein Infanterieregiment gebaut, die meiste Zeit im Regen, eine entsetzliche Schufterei. Sie waren mit der Stellung gerade fertig, als sie den Befehl erhielten, sie zu verlassen.

Der Rückzug geht weiter.

Der sensible Lobanov-Rostovskij ist nicht nur müde, sondern auch deprimiert. Vor ein paar Tagen hat er es gegenüber seinem direkten Vorgesetzten, Gabrialovitj, offen zugegeben: «Ich bin mit den Nerven am Ende.» Gabrialovitj reagierte gleichgültig, er meinte, sein Leutnant sei nur müde, und fing dann an, über etwas anderes zu sprechen. Lobanov-Rostovskij macht sich Sorgen um seine Bücher, die normalerweise im Schlafsack verstaut sind, darunter verschiedene französische Romane und einige dicke historische Werke. Anton, sein treuer Bursche, sieht keinen Sinn darin, die Bücher durch die Gegend zu schleppen, umso weniger, da meistens er es ist, der sie schleppen muss. Lobanov-Rostovskij muss Anton unter Kontrolle halten, damit er keine Bücher verschwinden lässt. Er hat es besonders auf das große dreibändige Werk des französischen Historikers Albert Vandal über «Napoleon und Zar Alexander» abgesehen, das er oft so ungeschickt einpackt, dass die Bände während des Marsches herauszufallen drohen.

Nein, nur ein paar Stunden. Dann geht es weiter zurück.

Lobanov-Rostovskij wacht als Erster auf. Er begreift sofort, dass etwas nicht stimmt. Draußen ist es ganz hell. Er blickt auf seine Uhr. Es ist sechs. Sie haben verschlafen. Fünf Stunden verschlafen.

Er weckt Gabrialovitj auf, nicht ohne Mühe. Der gibt ihm den Befehl, die Mannschaft wachzurütteln, die bei den Wagen auf dem Hof schläft, und sie in aller Stille in die Scheune zu führen. Dann soll er vorsichtig nachsehen, ob die Deutschen das Dorf schon eingenommen haben.

Das haben sie nicht.

Sie brechen sofort auf.

Ihre Sorge ist jetzt, dass sie, während sie von der deutschen Kavallerie bedroht werden, die irgendwo *hinter* ihnen sein muss, gleichzeitig von den russischen Verbänden beschossen werden könnten, die *vor* ihnen auf dem Rückzug sind. Ein Niemandsland in jeder Hinsicht. Außerdem: Sie wissen aus eigener Erfahrung, dass alle Brücken gesprengt oder verbrannt werden, und wie sollen sie da über den Fluss kommen?

In der Absicht, die Gefahr zu bannen, kehren sie ihre normale Marschordnung um und lassen die Karren mit Sprengstoff und Ausrüstung – und Büchern – die Spitze übernehmen, während die Soldaten hinterhermarschieren. Und tatsächlich gelangen sie an den Fluss, ohne von den eigenen Leuten angegriffen zu werden. Deutsche sehen sie nicht. Als sie den grün schimmernden Fluss erreichen, sehen sie zu ihrer Freude, dass eine der Brücken noch steht: «Soldaten eines uns unbekannten Regiments trafen gerade Vorbereitungen, sie zu zerstören, und sahen uns verwundert an.»

Gegen elf Uhr erreichen sie die Eisenbahnlinie, die nach Białystok führt. Auch diese wird gerade zerstört. Ein großer Panzerzug fährt etappenweise zurück, während Soldaten hinter ihm die Gleise aufreißen. Lobanov-Rostovskijs Einheit folgt dem Zug. Sie sprengen eine Brücke, später kommen sie an eine Eisenbahnstation. Sie setzen sie in Brand, routinemäßig.

Die Flammen schlagen an den hölzernen Wänden des Gebäudes empor, als Lobanov-Rostovskij eine Katze entdeckt. Das Tier läuft oben auf dem Dach hin und her, zu Tode erschrocken, und gibt hilflose Laute von sich. Er findet eine Leiter und klettert hinauf, um die Katze zu retten:

In seiner Angst kratzte das Tier derart mit den Krallen, dass ich es nicht unter den Arm nehmen wollte, also warf ich es in Höhe des ersten Stockwerks hinunter. Es überschlug sich zweimal in der Luft, landete auf seinen vier Pfoten und verschwand mit aufgestelltem Schwanz in den Büschen.

52.
Sonntag, 15. August 1915[50]
HERBERT SULZBACH LAUSCHT EINEM SCHÖN SINGENDEN
FEIND BEI EVRICOURT

Es ist ein ruhiger Sommer gewesen. Besonders im Vergleich zum Jahresbeginn. Die Batterie steht bei Evricourt, unweit Nyon. Es finden so gut wie keine Kampfhandlungen statt. Viele Häuser sind noch völlig unbeschädigt, und die Zivilbevölkerung lebt weiter in ihren Dörfern, teilweise nur wenige hundert Meter von den Schützengräben entfernt. Mit einem Fernglas kann man französische Soldaten sehen, die sich mehr oder weniger offen in ihren Stellungen bewegen. Die Batterie ist auf einer abfallenden Wiese postiert.

Sulzbach hat einen knappen Monat mit einer entzündeten Wunde am Bein im Lazarett verbracht. Und zum zweiten Mal in diesem Jahr war er auf Heimaturlaub in Frankfurt am Main, ist tanzen gegangen und hat Restaurants besucht. Außerdem ist er befördert worden, zum Gefreiten. Und er hat sich einen kleinen Fotoapparat der Marke Goerz angeschafft, den er ständig bei sich trägt. Mit großer Genugtuung hat er die guten Nachrichten von der Ostfront vernommen. Die Angst, die ihn in den Kämpfen zu

Beginn des Jahres befallen hatte, ist wie fortgeblasen. Der kleine weiße Mischlingshund ist weggelaufen.

Sulzbach befindet sich oft vorn in den Schützengräben, um dem Feuerleitsoldaten der Batterie zu assistieren. So auch jetzt. Die Dunkelheit ist angebrochen. Er sitzt in einem Schutzraum unter der Erde, zusammen mit einem Leutnant der Batterie, als ein älterer Soldat herunterkommt und sagt: «Herr Leutnant, da drüben singt der Franzmann wieder so schön.» Sie steigen hinauf in den Schützengraben. Es ist ein sternenklarer Spätsommerabend. Der laue Wind trägt von den französischen Linien einen Gesang herüber. Ein herrlicher Tenor trägt eine Arie aus *Rigoletto* vor. Um Sulzbach herum stehen die Soldaten schweigend und lauschen.

Es zeigt sich auffallend wenig Hass in den Schützengräben. Viele sind dagegen schnell bereit, dem Feind Respekt zu zollen, zumindest, wenn er sich als dessen würdig erwiesen hat. Sulzbach hat es vor einigen Tagen selbst gesehen. Bei einem Ausritt – um seinen Freund Kurt Reinhardt zu besuchen, der zu einem anderen Regiment versetzt worden ist – stößt er an einer Straßenkreuzung in der Nähe von Roye auf ein kleines Denkmal, das an Franzosen erinnerte, die bei den Kämpfen im September gefallen waren. Es wurde von deutschen Soldaten aus leeren Granatenhülsen errichtet und mit der Inschrift versehen: «Für mutige französische Soldaten / Gefallen für ihr Vaterland».

Als die letzten Töne der Opernarie verklingen, klatschen alle deutschen Soldaten lebhaft Beifall. Sulzbach schreibt später in sein Tagebuch:

Was für ein Gegensatz! Man beschießt sich, man tötet sich – da fängt auf einmal ein Franzose an zu singen, und aller Krieg ist vergessen bei der Musik, die scheinbar alle Gegensätze überwindet. Das war jedenfalls ein Erlebnis, schöner als es in Worte gekleidet werden kann.

53.

Montag, 23. August 1915

ANGUS BUCHANAN BEWACHT DIE EISENBAHN BEI MAKTAU

Früher Morgen. In dem starken Monsun, der von Südwesten weht, ist es kalt, wenn man auf Posten steht. Gegen halb sechs beginnt der Morgen zu grauen. Feuchter Nebel steigt auf und umhüllt das flache Buschland, das sich vor ihnen erstreckt. Die Konturen der Landschaft werden schwach, unscharf, verlieren sich. Die Sicht ist gleich null. Alles ist still, bis auf die Geräusche von Perlhühnern, Hornvögeln und anderem Federvieh, das die aufgehende Sonne mit Rufen und Gezwitscher begrüßt.

Buchanan und die anderen stehen vorübergehend hier auf Posten, um die Ugandaeisenbahn zu bewachen, die auf ihrem Weg von Mombasa die Küste hinauf nach Kisumu am Victoriasee an dieser Stelle vorbeiführt. Die Nacht ist ruhig gewesen. Ausnahmsweise, könnte man sagen. In der letzten Woche hat es beinahe täglich Zusammenstöße mit deutschen Patrouillen von der anderen Seite der Grenze gegeben, die den Eisenbahnverkehr zu sabotieren versuchen. Noch gestern gelang es ihnen, an einer Stelle die Schienen zu sprengen, sodass ein Zug entgleiste.

So sieht der Krieg in Ostafrika aus, zumindest derzeit: keine großen Schlachten, sondern Spähtrupps, Scharmützel, Erkundungszüge, mehr oder weniger erfolgreiche Hinterhalte, Nadelstiche über die Grenzen. Die Entfernungen sind enorm.[51] Ungefähr zehntausend bewaffnete Männer suchen einander in einem Gebiet, dessen Fläche Westeuropa entspricht, dessen Kommunikationswege aber praktisch nicht existieren. Das Schwierigste ist nicht, den Feind zu besiegen, sondern ihn zu erreichen. Jede Truppenbewegung erfordert eine Unmenge von Trägern.

Das Klima wie die Natur sind von einer schwindelerregenden Vielfalt. Hier findet sich alles, vom feuchten, tropischen Dschungel und schneebedeckten Gebirgsmassiven bis zu trockenen Savannen und natürlich dem, was man leichthin als Busch bezeichnet, was jedoch sowohl offene, parkähnliche Ebenen als auch dichte, schwer durchdringliche Wälder umfassen kann. Die Kämpfenden bewegen sich außerdem über Grenzen, die in mehrfacher Hinsicht Abstraktionen sind, mit Lineal, Anilinstift und Arroganz an irgendeinem fernen Verhandlungstisch in Europa gezogen, ohne dass auf die Völker, Sprachen und Kulturen oder auch nur auf die natürlichen Grenzen Rücksicht genommen wurde.

Dennoch zeigen die Kämpfe hier – so begrenzt sie auch sein mögen –, dass die koloniale Logik, die diese sonderbaren Grenzen einst geschaffen hat, von der durch den Krieg geschaffenen neuen Logik außer Kraft gesetzt wird. Vorbei ist der Herbst 1914, als die lokalen Gouverneure alle Kriegshandlungen zu verhindern suchten. Es half ihnen am Ende nichts mehr, auf alte Abkommen zu verweisen oder zu behaupten, ein Krieg zwischen Weißen müsse unfehlbar ihre Herrschaft über die Schwarzen untergraben.[52] Belgier und Franzosen sind schon in Togo einmarschiert, und besonders die schnellen Erfolge dieser letzten Invasion haben neue Ziele geschaffen: Auch Deutsch-Ostafrika soll jetzt erobert werden. Und genauso, wie die britische Flotte von Anfang an den Erlass der lokalen Kolonialbeamten über einen afrikanischen Frieden ignorierte, setzte sich auch ein Militär der deutschen Seite – der bald schon legendäre Paul von Lettow-Vorbeck – über den Pazifismus der eigenen Zivilverwaltung hinweg, ließ ein Dampfschiff bewaffnen und schickte es auf den Tanganjikasee, um Krieg zu führen, und er hat Vorstöße nach Rhodesien und Britisch-Ostafrika unternommen.

Deshalb haben Angus Buchanan und die anderen Soldaten jetzt eine kalte, schlaflose Nacht auf einem Hügel bei Maktau verbracht. Dort draußen im dunstverhangenen Busch gibt es deutsche Spähtrupps, in dieser Nacht haben sie sich jedoch nicht gezeigt. Aber was heißt hier schon deutsch. Die Offiziere der kleinen Gruppen sind Deutsche, ausgestattet mit all den üblichen Attributen der Kolonialherren, wie helle Uniform, Tropenhelm aus Kork und Befehlston, aber die Soldaten sind sämtlich eingeborene Berufskrieger, *Askari*, die die gleiche Ausbildung, die gleichen Waffen und das gleiche Vertrauen erhalten haben wie weiße Soldaten, was die britischen Kommandeure für den reinen Wahnsinn halten. Sie wollen es unbedingt vermeiden, die Afrikaner zu bewaffnen, und hoffen indes, den Krieg mit Hilfe von Verbänden aus Südafrika und Indien, weißen Freiwilligen und Einheiten aus Europa bestreiten zu können.

Bisher hat Buchanan von Kämpfen wenig gesehen, außer einer spektakulären Aktion im Juni, an der er und die anderen beteiligt waren. Da griffen sie den kleinen deutschen Hafen Bukoba am jenseitigen Ufer des Tanganjikasees an. Sie brauchten eineinhalb Tage, um den See im Boot zu überqueren, zwei Tage – teilweise bei Gewitter und strömendem Regen –, um die deutschen Verteidiger zu verjagen, und einige Stunden, um die Stadt zu plündern. Militärisch gesehen war die Aktion bedeutungslos. Sie stärkte jedoch die Kampfmoral und machte sich gut in der Zeitung. Wie so viele Aktionen in diesem Krieg zielte sie in erster Linie darauf ab, als Meldung gedruckt zu werden.

Um neun Uhr morgens werden Buchanan und die anderen abgelöst. Sie nehmen ihre Waffen und ihre Ausrüstung und gehen zurück ins Lager. Das Leben dort ist von Routine geprägt. Wecken 5.30 Uhr, Antreten und Krankmeldung 6.30 Uhr, anschließend bis zum Frühstück um 8.00 Uhr Arbeit an der Befestigung und den Schutzvorrichtungen des Lagers. Das Frühstück besteht fast jeden Morgen aus Tee, Brot und Käse. Danach um 9.00 Uhr erneut Antreten und weitere Arbeit an Befestigung und Schutzvorrichtungen. Buchanan schreibt:

> *Sie arbeiteten drauflos, fluchend und scherzend (ich glaube, dass ein Soldat immer scherzt, sogar, wenn er sich in der Hölle befindet) und schwitzend, und ihre Gesichter und Kleider waren mit dem feinen roten Lavasand bedeckt, der entweder von den geschwungenen Hacken und Spaten aufgewirbelt oder von einer der ständigen Windböen herangetragen wurde.*

Gegraben wird bis zum Mittagessen, wo dasselbe serviert wird wie am Morgen, nur statt Käse Kompott. Jetzt steht die Sonne im Zenit des glühenden afrikanischen Himmels, und die Hitze macht jede körperliche Arbeit unmöglich. Manche versuchen, «unter unerträglich heißen Zelttüchern» zu schlafen, während andere ihre Kleidung waschen, nackt baden oder im Schatten Karten spielen. Überall sind Fliegen. Um 16.30 Uhr erneutes Antreten, gefolgt von weiteren eineinhalb Stunden Graben. Das Abendessen wird um 18.00 Uhr serviert und besteht

immer aus schlecht gekochtem Stew, einem Gericht, das furchtbar fade schmeckte; viele Männer ekelte es vor der ungewürzten, unappetitlichen Pampe.

Manchmal wird der Speiseplan mit Hilfe von Paketen aus der Heimat variiert, manchmal mit Fleisch von erlegtem Wild. Und hin und wieder tauchen Händler aus Goa auf, aber ihre Waren sind ausgesprochen teuer, zumindest verglichen mit britischen Preisen: ein halbes Kilo Tee, das in England einen Shilling und zehn Pence kostet, wird hier für zwei Shilling und sechs Pence verkauft; eine Flasche Worcestersauce, die zu Hause neun Pence kostet, wird hier für zwei Shilling gehandelt. Der allgemeine Gesundheitszustand der Soldaten hat sich in den letzten Monaten gravierend verschlechtert. Buchanan selbst glaubt, dass mindestens die Hälfte der Krankheitsfälle mit dem Mangel an vollwertiger Nahrung zu tun hat.

Nach dem Abendessen wird wieder gegraben, die Arbeit endet erst, wenn das Tageslicht in einer Dämmerung erlischt, die der Welt jede Farbe raubt. Der Sonnenuntergang auf diesem Breitengrad dauert nicht lange. Der Rest des Tages besteht aus Mondlicht, sirrenden Mücken und dem Geruch von brennendem Abfall und rotem Lavasand.

54.

Donnerstag, 9. September 1915

Herbstmorgen. Herbstluft. Michel Corday sitzt im Zug nach Paris. Wie immer fällt es ihm schwer, nicht heimlich den Gesprächen der Mitreisenden zu lauschen. Einige blättern in ihren Morgenzeitungen. Einer fragt: «Irgendwas Neues?» Die kurze Antwort lautet: «Ein russischer Sieg.» Corday ist verblüfft. Wissen sie nicht, dass die Russen schon seit dem deutsch-österreichischen Durchbruch bei Gorlice und Tarnów Mitte Mai auf dem Rückzug sind? Dieser knappe Wortwechsel ist auch das Einzige, was während der ganzen Reise von Fontainebleau nach Paris über den Krieg gesagt wird.

Er erinnert sich an eine andere Reise mit der Eisenbahn, als er auf einem Bahnhof eine Frau mit einer aktuellen Zeitung sah, die das offizielle Kriegskommuniqué überflog und begeistert ausrief: «Wir sind 400 Meter vorgerückt!» Woraufhin sie sofort über etwas anderes zu sprechen begann. Corday kommentiert: «Das reicht ihnen. Das stellt sie ganz zufrieden.»

In seinem Arbeitszimmer angekommen, telefoniert er mit Tristan Bernard, einem guten Freund und erfolgreichen Vaudeville-Autor. Bernard teilt Cordays Skepsis gegenüber dem Krieg und hat stets einen bissigen Kommentar parat: Die Russen an der Ostfront seien «immer wohlgeordnet auf dem Rückzug, während die Deutschen erfolgreich, aber in Unordnung, vorrücken.» (Über die beiden Angriffe auf die weit voneinander entfernten Orte Tout-Vent und Moulin-sous-Touvent hat er behauptet, einer davon habe versehentlich stattgefunden, weil jemand im Hauptquartier die Namen verwechselt habe, und der zweite – erfolgreiche – Angriff sei gar nicht geplant gewesen.)

Die beiden wissen ebenso gut wie viele andere, dass oben in Artois und in der Champagne Vorbereitungen für eine große alliierte Offensive getroffen werden. Aus Angst, abgehört zu werden, haben sie einen Code vereinbart, um über die kommende Aktion diskutieren zu können. Sie tun so, als seien sie damit beschäftigt, gemeinsam ein Theaterstück zu schreiben, und Fragen nach dem Angriffsdatum werden als Fragen nach der Seitenzahl getarnt. (Einmal ging das Gerücht, die Operation sei abgeblasen worden, da fragte Bernard: «Stimmt es, dass das Manuskript ins Feuer geworfen wurde?»)

Später liest Corday ein Rundschreiben des Bildungsministers, das zum bevorstehenden Herbstsemester an alle Schulen verschickt wurde. Darin werden die Lehrer auf das Strengste dazu angehalten, ihre Schüler in allen Fächern auf «heroische Taten» der französischen Armee hinzuweisen und auf «die edlen Lehren, die man aus ihnen ziehen kann».

*

Am gleichen Tag schreibt eine erschöpfte Florence Farmborough in ihr Tagebuch:

Um sieben Uhr morgens taumelte ich aus dem Bett. Mein Dienst begann um halb acht, und ich ging mit schwerem Kopf die Treppe hinunter, und bei jedem Schritt hatte ich das Gefühl, als würden meine Beine unter mir nachgeben. Ekaterina, die ich ablösen sollte, sah bleich und erschöpft aus vor Schlafmangel; sie saß vor der Tür des Raums, in dem die Patienten verbunden werden, und paffte eine Zigarette. «Gott sei Dank», sagte sie brüsk, «jetzt kann ich schlafen gehen.» Dann warf sie ihren Zigarettenstummel fort. Es waren keine Verwundeten gekommen, um sie zu beschäftigen; ich kann gut verstehen, dass ihr das Warten lang wurde.

55.

Freitag, 10. September 1915

ELFRIEDE KUHR BESUCHT DEN SOLDATENFRIEDHOF
BEI SCHNEIDEMÜHL

Gleich vor der Stadt liegt ein Soldatenfriedhof. Er ist im letzten
halben Jahr beträchtlich gewachsen. Der Weg dorthin führt durch
einen schönen Kiefernwald und ein reich verziertes Tor. Heute
wollen Elfriede und eine Schulfreundin den Friedhof besuchen.
Elfriede hält einen Strauß Rosen in der Hand.

Sie sehen ein leeres, frisch ausgehobenes Grab. Daneben stehen sechs Spaten. Elfriede lässt ihren Strauß in die Grube fallen
und sagt zu der Freundin: «Wenn jetzt ein Soldat beerdigt wird,
schläft er auf meinen Blumen.» In diesem Augenblick kommt ein
kleiner Begräbniszug durch das Tor: zuerst eine Gruppe Soldaten
mit Gewehren, dann ein Militärpfarrer und ein Leichenkarren
mit einem einfachen schwarzen Sarg darauf. Zuletzt ein kleines
Trauergefolge, das einen großen Begräbniskranz trägt. Die kleine
Prozession bleibt an dem offenen Grab stehen. Die Soldaten stellen sich auf.

Der Sarg wurde vom Wagen gehoben und an die Grube getragen. Ein
Kommando ertönte: «Achtung! Prä-sentiert das Gewehr!» Die Soldaten
standen wie in Erz gegossen. Langsam glitt der Sarg über die Seile in
die Erde. Der Geistliche sprach ein Gebet; die Soldaten nahmen die
Helme ab. Neues Kommando: «Legt – an! Ach-tung! Feuer!» Dreimal
schossen die Soldaten über den Sarg. Dann traten sechs Mann an das
Grab, griffen die Spaten und schaufelten Erde auf den Sargdeckel.

Elfriede versucht sich vorzustellen, wie der Mann in dem Sarg allmählich unter der hinabgeworfenen Erde verschwindet: «Jetzt ist
das Gesicht zu … jetzt die Brust, der Leib.»

Später fragen sie den Friedhofswärter, wer gerade begraben
worden sei. «Ein Flieger-Unteroffizier», antwortet er: «Sicher ein

Unfall. Aber man weiß ja nie – die Leute trinken manchmal über den Durst.»

56.

Samstag, 25. September 1915

RENÉ ARNAUD ERLEBT DEN BEGINN DER GROSSEN OFFENSIVE
IN DER CHAMPAGNE

Südwestlicher Wind. Tiefhängende, graue Wolken. Regen. Ein normaler Herbsttag, und doch kein normaler Herbsttag. Denn dies ist der Tag mit großem T, *le jour J*, hier in der südöstlichen Champagne, aber auch weiter im Norden, oben in Artois. In der Champagne sollen zwei französische Armeen – Pétains 2. und de Langle de Carys 4. – jeden Moment auf einer Front von ungefähr fünfzehn Kilometern angreifen und die Deutschen entlang der Meuse nach Belgien hinauf treiben; das ist die eine Stoßrichtung der Offensive. Gleichzeitig werden Briten und Franzosen in Artois um Loos und die Vimy-Höhe angreifen; das ist die zweite Stoß-richtung.

Zwar ist genau dies schon im Frühjahr versucht worden, an fast den gleichen Stellen. Die Erfolge damals waren gering und die Verluste groß,[53] aber jetzt ist es anders, jetzt sind die Vorbereitungen viel gründlicher, die Anzahl der angreifenden Soldaten und der Geschütze erheblich höher; etwa 2500 Geschütze sollen in der Champagne zum Einsatz kommen. Niemand glaubt, dass die Waffen, die man damals hatte, falsch eingesetzt wurden; die einzige Lösung, die man sich vorstellen kann, besteht darin, noch mehr Waffen einzusetzen, noch mehr Kanonen und Granaten. Man setzt also auf Masse und Gewicht.[54] Das Ziel dieser Doppel-offensive ist zudem extrem ehrgeizig. Hier geht es nicht um kleine Terraingewinne, sondern um nichts Geringeres, als «die Deut-schen aus Frankreich hinauszujagen» – um den Tagesbefehl mit

der Nummer 8565 zu zitieren, den Joffre, der französische Oberbefehlshaber, für die Truppen, die jetzt auf den Angriff warten,
herausgegeben hat. Es ist beabsichtigt, den Soldaten den Tagesbefehl vorzulesen. Und die bevorstehende Operation ist nur der
Anfang. Wenn man erst hier in der Champagne und oben in Artois
die deutschen Linien durchbrochen hat, soll eine allgemeine Offensive gestartet werden.

Es sind die Illusionen von 1914, die herumgeistern: genauer
gesagt der Traum vom schnellen Sieg.[55] Die Erwartungen sind gewaltig, genauso wie die Vorbereitungen und die Ziele. Wenn Joffre
hält, was er verspricht, kann der Krieg Weihnachten vorbei sein!

Einer von denen, die der Offensive voller Spannung entgegen-
sehen, ist René Arnaud. Auch ihm imponieren die Vorbereitungen, sowohl das Ausmaß als auch die Gründlichkeit, die Masse
und das Gewicht: die enormen Truppenbewegungen, die neu an-
gelegten Verbindungsgräben, die kolossalen Munitionslager, die
Ansammlung von Artillerie, schwerer und leichter, die Menge der
wartenden Kavallerie, sowie natürlich «das ständige Brummen
von braunen und gelben Flugzeugen über unseren Köpfen, vergeblich gejagt von feindlichen Granaten, deren weiße Rauchwölkchen man plötzlich am Himmel aufgehen sah, wie ins Wasser
geworfene japanische Papierblumen, kurz darauf gefolgt von der
gedämpften Explosion.» Auch Arnaud ist fest davon überzeugt,
dass dies der Wendepunkt ist. Er verlässt sich auf das, was seine
Augen sehen, und auf Joffres Versprechen. In seinem Brief nach
Hause ist zu lesen:

*Unsere Befehlshaber haben uns in einer Art und Weise Erfolge verspro-
chen, dass sie selbst ganz und gar überzeugt sein müssen. Denn wenn
wir scheiterten, welche Enttäuschung wäre das, welchen Rückschlag für
die Kampfmoral würde das für alle Kämpfenden bedeuten!*

Zu den Vorbereitungen zählt auch die Verteilung eines ganz neuen
Ausrüstungsgegenstands. Stahlhelme. Sie sind ziemlich leicht

und blau angemalt (passend zu den neuen hellen, graublauen Uniformen), oben mit einem kleinen Kamm und vorn mit einer eingeprägten Metallgranate verziert. Genau wie andere Teile der «neuen» Ausrüstung (etwa die Stahlschilde der Schützengräben, die Nagelkeulen der Stoßtrupps und geschliffene Infanteriespaten und all die verschiedenen Typen von Handgranaten) erinnern sie an frühere Jahrhunderte. Die Helme sind in den Schützengräben unbedingt notwendig. Man hat gesehen, dass Kopfverletzungen einen unverhältnismäßig großen Teil der Verwundungen im Kampf ausmachen und viel häufiger tödliche Folgen haben als andere Verwundungen.[56] Wenn die Helme vielleicht auch keiner Gewehrkugel standhalten, so widerstehen sie doch ohne Problem einer Kartätschenkugel. Arnaud und seinen Soldaten fällt es indes schwer, diese Dinger ernst zu nehmen, sie wirken so unmilitärisch: «Wir haben uns gekrümmt vor Lachen, als wir sie anprobierten, als wären es Karnevalshüte.»

Arnauds Regiment befindet sich in Wartestellung auf der rechten Flanke des Angriffs. Sie liegen in einem Wald. Vor sich können sie einen kleinen, seichten Fluss erkennen. Jenseits des Flusses breitet sich noch ein Wald aus, Bois de Ville. Den kontrollieren die Deutschen, heißt es; sie haben von ihren Gegnern bisher wenig gehört und gesehen. (Wie üblich ist das Schlachtfeld leer.) Und jener Wald ist ihr erstes Ziel; sofern der Hauptangriff die vordersten deutschen Linien gesichert hat. Dann soll die deutsche Verteidigung auf beiden Seiten des Durchbruchs aufgerollt werden. Und wenn die Linien des Feindes erst «eingebrochen» sind, sollen sie «anfangen, den Feind zum Rückzug zu zwingen, mit Unterstützung der Kavallerie» und so weiter. Masse und Gewicht.

Sie haben das Sturmfeuer jetzt vier Tage verfolgt, und es war wirklich spektakulär:

Regelmäßig gingen unsere 155er mit einem gewaltigen Knall am Rand von Bois de Ville nieder. Im Schutz des Hügels hinter uns feuerte eine Batterie von 75ern ihre vier Geschütze ab, eins nach dem anderen, was

die Luft vibrieren ließ wie die Schläge von vier Glocken. Die Granaten
pfiffen, wenn sie über unsere Köpfe flogen, und dann, nach einem kurzen
Schweigen, waren die vier scharf bellenden Geräusche zu hören, wenn
sie einschlugen. Wir dachten, dass nach einem derartigen Feuersturm
die feindlichen Linien in Schutt und Asche liegen müssten.

Die Uhren ticken. Der Beginn des Angriffs ist auf 9.15 Uhr festgesetzt. Arnaud blinzelt durch den grauen Nieselregen, hinüber zu
dem Punkt, an dem, wie er weiß, der erste Angriff einsetzen soll.

Dann geht es los. Arnaud sieht sehr wenig, nur «schwarze Ge-
bilde, die sich langsam in unterbrochenen Linien vorwärts bewegen». Die Punkte arbeiten sich zu dem ersten deutschen Schützengraben vor, der von Rauch eingehüllt ist. Dann werden auch
die Angreifer von der Wolke verschluckt und sind nicht mehr zu
sehen.

Bald verbreiten sich Gerüchte von einem großen Sieg, und dass
die Kavallerie einen Durchbruch geschafft hat. Die Begeisterung
ist groß. Aber warum erhält Arnauds Regiment keinen Angriffsbefehl? Sie liegen weiter in ihrem Wald und warten. Was ist geschehen?

*

Drei Tage später, am Dienstag, dem 28. September, werden alle
Operationen abgebrochen. Der Angriff ist von der zweiten feind-
lichen Linie sowie von schnell herbeigeschafften deutschen Re-
serven gestoppt worden. (Es hat sich wieder einmal gezeigt, dass
Soldaten in Eisenbahnzügen schneller vorankommen als zu Fuß.)
Die Franzosen haben ungefähr drei Kilometer gewonnen, zum
Preis von über 145 000 Toten, Verwundeten, Vermissten und Ge-
fangenen. Arnauds Regiment braucht nicht gegen den Bois de
Ville vorzurücken.

57.

ALFRED POLLARD WIRD BEI ZILLEBEKE VERWUNDET

Was soll er fühlen? Pollard ist deprimiert und verkatert, außerdem beschämt, nachdem ihn der Oberst gerade fürchterlich gescholten hat, weil er in der Eile vergessen hat, seine Gamaschen anzuziehen. Gleichzeitig ist er aufgeregt wegen des Auftrags, den er bekommen hat. Er hat sich lange nach einer Chance gesehnt, zu brillieren. Und jetzt ist sie gekommen.

Nicht, dass er auf der faulen Haut gelegen hätte. Der Kompaniechef hat ihn seit langem im Blick, den großgewachsenen, aggressiven und vollkommen furchtlosen 22-Jährigen, der jede Gelegenheit wahrnimmt, am Kampf teilzunehmen, sich immer freiwillig zu gefährlichen Aufträgen meldet und manchmal ganz auf eigene Faust Ausflüge ins Niemandsland unternimmt. Einmal hat er dabei in einem Krater einen von Splittern leicht beschädigten Burberry-Mantel gefunden und daneben einen aufrecht stehenden, abgerissenen Kopf ohne Spur eines Körpers, ein Anblick, den er «komisch und gleichzeitig bewegend» fand. Den Mantel trägt er bei schlechtem Wetter. Von dem Kopf phantasiert er manchmal. War es ein Freund oder ein Feind? War es ein mutiger Kerl, der starb, als er «bei einer Attacke voller Kampfeslust vorstürmte», oder war er nur einer, der sich «krank vor Angst versteckte?»

Pollard ist gerade zum Sergeanten und stellvertretenden Führer des Grenadierzugs[57] seines Bataillons ernannt worden, den er selbst ausgebildet und dann mit seinem üblichen Eifer in der Kunst des Handgranatenwerfens gedrillt hat.

Jetzt ist die Stunde gekommen. Vor fünf Tagen begann der große britische Angriff bei Loos, wohl vorbereitet und mit zahlreichen Truppen ausgestattet, aber auch diesmal haben die Anstrengungen außer zu enormen eigenen Verlusten zu keinen nennenswerten Ergebnissen geführt. (Zwei der beteiligten Divisionen haben im

Laufe weniger Tage die Hälfte ihrer Truppen verloren.) In der üblichen Weise haben sich die Kämpfe auch auf andere Frontabschnitte ausgedehnt – der Terminus lautet «Entlastung». Die Deutschen haben in einem Wald bei Zillebeke nahe Ypern, von den Briten *Sanctuary Wood* genannt,[58] eine große Mine gesprengt und dann den riesigen, mit Leichen angefüllten Krater, der dabei entstanden ist, eingenommen. Der Grenadierzug hat den Befehl bekommen, das Loch zurückzuerobern.

Der Zug teilt sich in zwei Abteilungen, eine unter dem Kommando Pollards, die andere unter dem des Zugführers Hammond. Der Plan ist, dass sich die beiden Gruppen durch die Schützengräben um den Krater von verschiedenen Seiten vorarbeiten, bis sie sich treffen. Die Hauptwaffe sind Handgranaten, die sie in Säcken mitführen. Die einfachen Soldaten haben außerdem Keulen für den Nahkampf. Pollard verspürt keine Angst vor dem, was kommt. Vielmehr ist er voller Dankbarkeit dafür, dass er den Auftrag erhalten hat. Außerdem hat das Ganze in seinen Augen eher den Charakter eines Wettkampfs; er ist fest entschlossen, dass sein Teil des Zugs vor der Abteilung Hammonds ankommt.

Dennoch ist Pollard nicht nur von Kampfeseifer erfüllt. Seit längerem steht er in Kontakt mit einer Frau, deren Familie er kennt, einer Frau, die ihm Geschenke macht und ermunternde Briefe schickt. Er ist bis über die Ohren verliebt, nennt sie *My Lady*, «das göttlichste, wunderbarste Geschöpf, das je existiert hat», und er hat – anlässlich jenes abgeschlagenen Kopfes – daran gedacht, dass, sollte ihn das gleiche Schicksal treffen, hoffentlich ihr Name das letzte Wort ist, das über seine Lippen kommt. (Sie heißt Mary.) Vor ein paar Wochen hat er ihr einen Brief geschrieben, in dem er um ihre Hand angehalten hat.

Gestern hat Pollard die Antwort erhalten. Die Frau brachte ihre Bestürzung über seinen Vorschlag zum Ausdruck und teilte ihm mit, dass er der Letzte sei, den sie heiraten würde. Schockiert und deprimiert suchte Pollard einen Gasthof in einem nahe gelegenen Dorf auf, wo er sich mit Champagner betrank. Er war immer noch

180

betrunken, als er mit der Nachricht von seinem Auftrag geweckt wurde.

Um drei Uhr wird das kurze Sturmfeuer eröffnet, und in dem Getöse beginnt die Gruppe von Männern gleich darauf mit dem Vormarsch durch die Schützengräben. Rings herum stehen hohe, belaubte Bäume. Nach knapp fünfzig Metern werden sie von einer hohen Barrikade aufgehalten, die aus Sandsäcken erbaut ist. Alle beginnen, Handgranaten hinüberzuwerfen. «Bang! Bang! Bang! Zunk! Zunk! Zunk!» Nach drei Minuten folgt die Gegenreaktion, in Form herabfallender deutscher Stielhandgranaten. So geht es eine Weile weiter, bis Pollard die Geduld verliert. Gemäß der Methode, die er in der Grenadierschule gelernt hat, soll er als Chef die Position Nummer fünf in der Gruppe einnehmen, aber er stellt sich stattdessen an die Spitze.

Nachdem drei Soldaten in schneller Folge je fünf Granaten geworfen haben, klettert er mit sechs Männern aus dem Schützengraben, um die Barrikade zu umgehen. Die Deutschen haben offenbar darauf gewartet, denn die sechs Männer geraten sofort in ein Kreuzfeuer. Vier von ihnen fallen. Pollard bleibt aber unverletzt und springt zurück in den Schützengraben. Dort empfängt ihn die Explosion einer deutschen Handgranate. Die Druckwelle wirft ihn gegen die Barrikade. Überall an seinem Körper sieht er kleine rote Punkte, wo Splitter eingedrungen sind. Er richtet sich auf.

Sie reißen die Barrikade ein. Die Gruppe eilt weiter durch die Windungen der Schützengräben. Die ganze Zeit werfen sie Handgranaten nach vorn. Die Deutschen vor ihnen weichen zurück, während andere an den Seiten auf die Bäume klettern und Pollards Gruppe aus einem Abstand von weniger als vierzig Metern unter Beschuss nehmen. Von seinen Männern fällt einer nach dem anderen. Er wendet sich einem der Soldaten zu, um einen Befehl zu geben, aber der Mann wird im selben Moment von einer Kugel am Hals getroffen. Pollard versinkt in einem seltsamen, traumähnlichen Zustand:

Es war, als ob sich mein Geist von meinem Körper löste. Mein physischer Körper wurde zu einer Art Maschine, die mit kühler Präzision ihr Werk verrichtete, während mein Geist sie lenkte. Etwas außerhalb von mir schien zu sagen, was ich tun sollte, und ich zweifelte nicht. Gleichzeitig war ich ganz sicher, dass ich durchkommen würde.

Sie gelangen zu einer zweiten Barrikade aus Sandsäcken. Sie wird auf die gleiche Weise passiert wie die erste. Pollard will einem der verbliebenen Soldaten gerade einen Sack Handgranaten geben, als der Mann plötzlich zusammenbricht. Gleichzeitig spürt Pollard, wie seine eigene rechte Hand herunterfällt und der Sack seinem Griff entgleitet. Eine Kugel hat den Mann vor ihm gerade durchbohrt, dann die Richtung geändert und ist mit der stumpfen Seite nach vorn in Pollards Schulter gedrungen, wo sie stecken geblieben ist. Ihn schwindelt, und er sieht einen roten Fleck sich auf seinem Jackenärmel ausbreiten. Seine Knie geben nach. Jemand gibt ihm eine Mischung aus Wasser und Rum zu trinken. Er richtet sich schwankend auf, treibt seine Soldaten weiter.

Das Letzte, woran er sich erinnert, ist der Gedanke, nicht ohnmächtig werden zu dürfen: «Nur Mädchen werden ohnmächtig.» Dann verliert er das Bewusstsein.

58.

Sonntag, 3. Oktober 1915

VINCENZO D'AQUILA FEUERT ZUM ERSTEN MAL IM KAMPF SEINE WAFFE AB

Der Befehl ist klar und erschreckend zugleich. Am Morgen sind er und die anderen in die Schützengräben geschickt worden, als Ersatztruppe im 25. Regiment, 2. Bataillon, 7. Kompanie. Sie sind völlig durchnässt, nachdem sie eine Nacht unter freiem Himmel verbracht haben. Der Schützengraben selbst liegt ganz vorn, mit

Aussicht auf den konusförmigen Monte Santa Lucia am Isonzo. D'Aquila landet in einem Seitenarm des Laufgrabens. Ein tiefes, steiles Tal trennt die italienischen von den österreichischen Stellungen, die höher gelegen sind. Sein Kompaniechef ist ein Fähnrich mit Namen Volpe.

Die Anfänger werden eingewiesen. Wenn die Sonne untergegangen ist, sollen alle anfangen zu schießen. Alle. Und das Feuer soll die ganze Nacht anhalten. Damit will man einerseits die Gegner stören, anderseits mögliche Überraschungsangriffe im Schutz der Dunkelheit verhindern.

Die letzten Strahlen der untergegangenen Sonne erlöschen am Horizont, die Landschaft wechselt von Grau in Schwarz. Das Schießen beginnt. Entlang der gesamten Front des Bataillons flammen sekundenschnelle Mündungsfeuer auf. D'Aquila wundert sich: über das planlose Schießen in die nächtliche Dunkelheit hinein, über die kolossale Munitionsvergeudung (ein ums andere Mal hat er zu hören bekommen, wie unvorbereitet Italien auf diesen Krieg war, dass es an allem fehlt, angefangen bei Geld und Nahrung bis hin zu Kanonen und Munition), darüber, dass er, aller Wahrscheinlichkeit zum Trotz, jetzt vielleicht im Begriff ist, einen anderen Menschen umzubringen. Wie bei so vielen anderen Freiwilligen haben seine Gedanken hauptsächlich um den *eigenen* Tod gekreist, nicht um die Tatsache, dass von ihm erwartet wird, selbst zu töten.

D'Aquila betrachtet den Himmel. Er ist sternenklar. Nein, er will nicht, er kann nicht. Aber was geschieht, wenn er den Befehl verweigert? D'Aquila fasst einen Entschluss. Er ist hier aus eigenem Willen; er hat es selbst so gewollt. Und er wird sich nicht weigern anzugreifen, wenn es so weit ist; wenn sie ihm sagen, dass er den Schützengraben verlassen und gegen die anscheinend uneinnehmbaren österreichischen Stellungen dort oben auf dem kleinen Berg anstürmen soll, ja, dann wird er es tun. Er wird seinen Mann stehen. Aber er hat nicht vor zu töten. Nicht jetzt, überhaupt niemals. Und vielleicht wird irgendeine höhere Macht es sehen und seine

Haltung mit einem Nicken anerkennen und D'Aquila selbst von allem Bösen verschonen? Er hebt sein geladenes Gewehr, zielt in den dunklen Nachthimmel und drückt ab. Im Laufe der Nacht feuert er auf diese Weise Hunderte von sinnlosen Schüssen ab.

Erst im Morgengrauen beginnt die Schießerei abzuebben. Als die ersten Dunstschleier aufsteigen, legt sich wieder Schweigen über das Tal mit seinen Herbstfarben.

*

Am selben Tag befindet sich Pál Kelemen an der serbischen Grenze und schreibt in sein Journal:

> *Wir sind in eine endlose Ebene verlegt worden. Überall Soldaten und Pferde. Blaugraue Wolken hängen tief am Horizont. Hier beginnen die Donausümpfe; die satte ungarische Ebene verliert sich in einer gewaltigen Schilffläche. Deutsche Infanterie marschiert mit festem Schritt nach Süden. Das Riedgras biegt sich leicht im Wind, als müsste alles vor dem Dröhnen dieser schweren Kanonen drüben an der Donau erzittern.*

59.
Mittwoch, 6. Oktober 1915

FLORENCE FARMBOROUGH VERLÄSST MINSK UND WIRD
VON ZAHNSCHMERZEN GEPLAGT

In der Luft ist eine neue Schärfe. Die Nächte werden immer länger und kälter. Ein Backenzahn in Florence' Mund hat sich schon seit einiger Zeit mit Anflügen von Schmerz gemeldet, aber heute sind deutliche Pulsschläge zu spüren. Sie sitzt in ihrem Wagen, stumm und verbissen, das Gesicht hinter dem Schleier verborgen, den sie auf dem Marsch zum Schutz vor Sonne und Staub zu tragen pflegt.

Vor drei Tagen haben sie Minsk verlassen, die Stadt, in deren Straßen es von Uniformierten wimmelt und wo die Schaufenster mit Kostbarkeiten gefüllt sind. Die Stadt ist eine Offenbarung gewesen, nicht zuletzt weil sie von Farben funkelte wie Rosa und Weiß, Farben, die sie fast vergessen haben in den Monaten, als sich ihre Existenz in Nuancen von Braun bewegte, Braun der Erde, der Straßen und der Uniformen. Sie und die anderen Krankenschwestern – mit ihren schlecht sitzenden, verfärbten Kleidern, ihren groben, geröteten Händen und müden, sonnenverbrannten Gesichtern – hatten sich etwas verlegen, aber nicht ohne Stolz mit den wohlgekleideten Damen der Minsker Gesellschaft gemessen. Und sie waren, seltsam aufgeräumt, abgezogen zu dem vertrauten Geräusch dumpf rumorenden Artilleriefeuers und zaghaft surrender Flugzeuge, vorbei an noch grünen Feldern, durch Wälder in Gelb und Rot und Rotbraun.

Der große russische Rückzug ist praktisch beendet. Beide Seiten haben begonnen, sich zum Winter einzugraben. Florence' Einheit marschiert jetzt in einem spürbar geringeren Tempo. An einem normalen Tag bewegt sich die lange, schwankende Kolonne von Pferdewagen höchstens drei Meilen weit. Aber sie sind zufrieden, denn jetzt sind sie nicht mehr auf der Flucht; noch einmal haben sie auf eine Wendung des Schicksals zu hoffen begonnen.

Auf den Feldern ringsum und in den Gräben sind aber noch Spuren des Rückzugs zu erkennen. Dort liegt massenweise totes Vieh, Tiere, die mitgenommen wurden, damit sie nicht in die Hand des Feindes fallen, die aber auf den langen Tagesmärschen umgekommen sind. Sie sieht tote Kühe, tote Schweine, tote Schafe. Und sie erinnert sich:

Ich dachte daran, wie ich einmal in den ersten Monaten des Rückzugs ein Pferd fallen sah; ich glaube, es war auf diesen entsetzlichen Sandwegen bei Molodych. Die Männer schnitten das Tier sofort von der Deichsel der Kanone los und ließen es einfach am Weg liegen, ohne auch nur mit einem Wort über das Geschehene zu klagen. Ich erinnere mich,

dass sich, als wir vorbeikamen, die Flanken des Tiers bewegten und dass
seine Augen uns anblickten und darin der gleiche Ausdruck war wie bei
einem menschlichen Wesen, das allein zurückgelassen wird, um in Ein-
samkeit zu leiden und zu sterben.

Dann machen sie halt. Die lange Kolonne kommt zum Stehen. Sie sind auf einem Platz angelangt, wo der Weg über ein mit Tannen bewachsenes Moor führt. Einige Wagen der anderen fliegenden Einheit haben sich festgefahren. Langsam wird ein Wagen nach dem anderen herausgezogen. Auf den Weg werden Tannenzweige gestreut, um ihn sicherer zu machen.

Dann kommen sie wieder in Gang, und Florence sinkt zurück in ihre einsame Welt, in der es fast nichts außer diesem schmerzenden Backenzahn gibt. Nur einmal hebt sich der Schleier. Plötzlich geraten sie in eine Wolke von heftigem Gestank. Sie hört erregte Stimmen. Es zeigt sich, dass sie an einem Haufen von etwa zwanzig Kadavern vorbeikommen, darunter einige Pferde, die dort schon seit mehreren Wochen liegen und die Luft verpesten.

Was als Nächstes geschehen soll, weiß niemand genau. Der letzte Befehl lautet, dass sie sich der 62. Division anschließen sollen, die irgendwo in der Nähe ist.

60.
Donnerstag, 28. Oktober 1915
VINCENZO D'AQUILA WIRD ZEUGE DES GESCHEITERTEN
STURMS AUF DEN MONTE SANTA LUCIA

Es ist, als säße man in der ersten Reihe. Und nicht nur metaphorisch. D'Aquila befindet sich tatsächlich an einem Beobachtungspunkt; von dort soll man mit dem Fernglas die Angriffe verfolgen können. Ausnahmsweise herrscht klares Wetter. Es dürfte kein Problem sein, die Kolonnen die Berghänge hinaufstürmen zu sehen.

Der Beobachtungsplatz ist von Burschen, Ordonnanzen und anderen vorbereitet worden. Die sorgfältig angebrachte Tarnung aus Baumzweigen ist nach der windigen Nacht wieder hergerichtet worden, Tische und Lehnstühle stehen bereit, die Feldtelefone wurden kontrolliert. Die ganze Zeit liegt ein trüber Geräuschteppich in der Luft, kaum ist das Dröhnen einer Explosion verklungen, setzt schon ein neues ein. Auf der anderen Talseite hämmert das italienische Trommelfeuer auf die ‹Zwei Schwestern› ein; weiße Detonationswolken bekränzen die bewaldeten Hänge des Monte Santa Lucia und des Monte Santa Maria. Ferngläser und Sherry werden bereitgestellt.

Irgendwo dort unten in einem Schützengraben wartet die 7. Kompanie darauf, loszustürmen. Aber D'Aquila ist nicht dabei. Mit unerwarteter Hilfe seines Kompaniechefs ist es ihm gelungen, einen Posten zu finden, auf dem er nicht riskiert, getötet zu werden oder selbst töten zu müssen: als Hilfskraft beim Stab – wegen seines amerikanischen Hintergrunds beherrscht er nämlich eine neue Kunst, die des Maschineschreibens. Die Erschütterungen, die ihn in jener ersten Nacht im Schützengraben aus dem Gleichgewicht gebracht haben, sind nicht verflogen. Im Gegenteil: D'Aquila befindet sich in einem Zustand der Verwirrung, der am ehesten einer Glaubenskrise gleicht. Dies äußert sich auf zweierlei Weise. Als Nachdenken darüber, wie sich ein Christ in dieser Lage verhalten soll, und als Hoffnung, dass der Glaube ihn irgendwie retten möge. Eine Hoffnung, die sich langsam zu einer Zuversicht wandelt. Zweimal hat er an nächtlichen Patrouillen draußen im Niemandsland teilgenommen, und beide Male ist er trotz erheblicher Gefahren unversehrt zurückgekehrt. Vielleicht ist er doch auserwählt? Die unerwartete Abkommandierung zum Brigadestab versteht er jedenfalls als göttliches Zeichen.

Aber das, was er beim Stab erlebt, bereitet ihm nicht weniger Angst und Schuldgefühle.

Die Stabsoffiziere treten aus ihrem geschützten Befehlsstand. Sie haben ein Frühstück aus Toast und Schokolade zu sich genommen, das mit Wein abgerundet wurde. Sie begeben sich in einen sicheren Unterstand. Alle Helfer machen sofort Platz und nehmen Haltung an. Der Gruß wird von den Offizieren kaum beantwortet, sie wollen Platz nehmen. Adjutanten rücken ihnen Stühle zurecht, reichen ihnen Ferngläser.

Die Vorstellung kann beginnen.

Das Sturmfeuer hört auf. Die letzten Granaten zerreißen die kühle Luft, rauschen auf die ‹Zwei Schwestern› hinunter. Der weiße Rauch wird vom Wind verweht.

Es wird still.

Es ist lange still.

Dann plötzlich Unruhe in den ersten italienischen Schützengräben. Reihen von Männern in graugrüner Uniform bewegen sich auf die steilen Berghänge zu. Zu den Gruppen von kletternden, kriechenden, springenden Soldaten gehört auch D'Aquilas Kompanie, die siebte. Es geht langsam voran. Aus dieser Entfernung erinnern ihre Körperhaltung und die Art der Fortbewegung an Menschen, die nach etwas suchen. Dann hört man das hohle Knattern österreichischer Maschinengewehre vom Typ Schwarzlose. Nacheinander eröffnen sie aus verborgenen Abwehrstellungen dort oben auf den bewaldeten Höhen das Feuer – die italienische Artillerie hat sie nicht zum Schweigen bringen können, trotz tagelangen Trommelfeuers. Zwei Waffen beherrschen jetzt die Schlachtfelder: die Artillerie und die Maschinengewehre. Die gewöhnliche Infanterie ist immer mehr zu ihren Dienern geworden – und ihren Opfern. Ihre Aufgabe ist es, Terrain zu besetzen, das der Granatenregen aufgewühlt hat, und die Maschinengewehre zu schützen, wenn diese ihre Arbeit tun. So auch hier. Die Maschinengewehre knattern. Die Reihen der Männer lichten sich, werden langsamer, kommen zum Halt, kehren um.

Ein ums andere Mal wiederholt sich die Prozedur dort unten im Tal. Eine Kompanie klettert aus ihren Schützengräben, arbeitet sich ein Stück den Berghang hinauf, bleibt im peitschenden Maschinengewehrfeuer liegen und tritt schließlich dezimiert den

Rückzug an; nach einer gewissen Zeit wird ein neuer Versuch gestartet, auch dieser vergebens, denn jetzt sind es weniger Männer als beim vorigen Mal, worauf man unter noch mehr Verlusten zurückkehrt, um aufs Neue losgejagt zu werden – und so weiter.

D'Aquila ist entsetzt, nicht nur weil einige der dunklen, unbeweglichen Flecken an dem fernen Berghang seine Kameraden sind, sondern auch über die Unverfrorenheit der hohen Offiziere und ihren offenbaren Mangel an taktischer Finesse. Zu diesem Zeitpunkt haben alle kriegführenden Parteien erkannt, dass die Feuerkraft der Armeen so gewaltig geworden ist, dass Angreifer unfehlbar hohe Verluste erleiden. Dennoch halten viele Generäle an der Vorkriegsillusion fest, dass fehlende Feuerkraft durch reinen Willen kompensiert werden kann, den Willen, allen Verlusten zum Trotz im Kugelhagel weiterzustürmen. Aber wessen Willen? Gegen Abend hört D'Aquila ein Gespräch mit an, das übers Feldtelefon vermittelt wird. Der Hauptmann einer Gebirgsjägerkompanie bittet darum, seinen Männern weitere Angriffe zu ersparen. Fünfzehn Mal sind seine Elitesoldaten den Berghang hinaufgestürmt und fünfzehn Mal sind sie zurückgeschlagen worden. Von zweihundertfünfzig Mann sind noch knapp fünfundzwanzig übrig. Der Kommandeur sagt nein, ermahnt den Mann am Hörer, den Hauptmann an den Eid zu erinnern, den er der Krone und Italien geleistet hat.

Die Gebirgsjägerkompanie greift ein letztes Mal an. Auch dieser Angriff scheitert. Der Hauptmann gehört nicht zu den Überlebenden. Es wird gemunkelt, dass er sich umgebracht hat.

*

Am 30. Oktober kann D'Aquila auf seiner Maschine einen Befehl ins Reine schreiben, der lautet, dass die Angriffe bis auf weiteres eingestellt werden. Die Schlacht, die im Nachhinein als die dritte Isonzoschlacht bezeichnet wurde, geht ihrem Ende entgegen. Nicht ein einziges Angriffsziel ist erreicht worden.[59]

Einige Tage später wird in der italienischen Armee Allerheiligen gefeiert. D'Aquila erfährt kurz darauf, dass sein guter Freund Frank zu denjenigen zählt, die bei den gescheiterten Angriffen gefallen sind.

61.

Sonntag, 31. Oktober 1915

PÁL KELEMEN BEOBACHTET, WIE EIN SERBISCHER GUERILLAKÄMPFER ERHÄNGT WIRD

Die Invasion Serbiens durch die Mittelmächte verläuft planmäßig, was zumindest nach der öffentlichen Meinung zu Hause auch höchste Zeit wird. Im vorigen Jahr hat die österreichisch-ungarische Armee dreimal zum Angriff auf das Nachbarland angesetzt, und dreimal wurde sie zurückgeschlagen. Diesmal ist es anders. Am 6. Oktober hatten die vereinigten deutschen und österreichisch-ungarischen Armeen den Angriff begonnen, am 8. Oktober wurde Belgrad eingenommen (übrigens zum dritten Mal seit August des vorigen Jahres), am 11. Oktober fiel auch die bulgarische Armee in das Land ein. Jetzt befindet sich die geschlagene serbische Armee auf dem Rückzug vor der drohenden Einkreisung – und im Übrigen nicht nur das Heer; Massen von Zivilisten folgen ihm auf der riskanten Flucht nach Süden.[60]

Pál Kelemen und seine Husaren gehören zu den Verfolgern. Es geht schnell voran in der Oktobernässe. Manchmal vergehen mehrere Tage und Nächte, ohne dass er aus dem Sattel kommt. Sie sind an brennenden, geplünderten Häusern vorbeigeritten, Straßen entlang, auf denen es von Flüchtlingen wimmelte, meist Frauen jeden Alters und Kindern. Ständig sind sie dem fernen Geräusch von Schüssen gefolgt.

An diesem Sonntag steht die Schwadron neben der Ruine eines serbischen Gasthauses. Um das Gebäude herum haben sich Hun-

190

derte von Verwundeten versammelt, die auf der lehmigen Erde liegen. Es gibt Kämpfe mit der Nachhut des sich zurückziehenden Feindes, aber nicht hier, sondern zwei Bergrücken entfernt. Deshalb erregt es ein gewisses Aufsehen, als am Nachmittag ein Soldat eintrifft, der im Dorf von einem Haus aus beschossen und am Bein verwundet wurde. Eineinhalb Stunden später kommt noch ein Soldat, der am gleichen Ort verwundet wurde; der Mann hat einen Bauchschuss erlitten.

Man schickt eine Patrouille los, die die Sache untersuchen soll. Nach einer Weile kehrt sie zurück. Sie führt eine schlecht gekleidete Person mittlerer Größe mit sich. Die Hände des Mannes sind gefesselt. Ihm folgen offenbar seine Angehörigen und Nachbarn, Frauen und Kinder und einige ältere Männer. Pál Kelemen notiert in seinem Tagebuch:

Der Mann wurde mit Hilfe eines Dolmetschers verhört, und man vernahm auch die wichtigsten Zeugen. Es scheint, dass er trotz wiederholter Warnungen der anderen Dorfbewohner rücksichtslos auf unsere Soldaten geschossen hat. Als der Mann über die Menschen hinwegblickt, die sich versammelt haben, sieht er aus wie ein Halbwilder, der aus einer anderen Welt hierher verpflanzt worden ist.

Bald wird das Urteil verkündet: Der Guerillakämpfer soll gehängt werden.[61]

Ein Mann vom Küchendienst, ein Schweinemetzger aus Wien, übernimmt mit Freuden die Rolle des Henkers. Er holt ein langes Seil und findet eine leere Kiste, die die nötige Fallhöhe liefern soll. Der serbische Guerillamann erhält die Möglichkeit, sein letztes Gebet zu sprechen, antwortet aber, dass er darauf verzichte. Die Frauen weinen, die Kinder wimmern und starren, wie gelähmt vor Schreck, während sich Soldaten um den Baum versammeln, bedächtig und ohne irgendwelche Gebärden, aber mit Erregung in den Augen.

Der serbische Guerillakämpfer wird von zwei Soldaten hochgehoben. Er zeigt keine besonderen Gefühle, sein aggressiver Blick aber wirkt etwas irre. Die Schlinge wird ihm um den Hals gelegt und die Kiste unter sei-

nen Füßen weggezogen. Es zeigt sich, dass das Seil zu lang ist, und der
Schlachter bringt es mit einem kräftigen Ruck auf die richtige Länge.
Langsam verzerrt sich das Gesicht des Mannes. Zuckungen gehen durch
seinen Körper. Er stirbt. Die Zunge tritt aus seinem Mund, während er
mit immer steiferen Gliedmaßen hin und her baumelt.

In der Dämmerung zerstreut sich die Menge. Zuerst verschwinden
die Soldaten, dann die Zivilisten. Später sieht Kelemen zwei Soldaten den Weg entlangkommen. Sie entdecken den Körper, der
im Herbstwind baumelt, treten näher heran und lachen höhnisch.
Der eine verpasst der Leiche einen kräftigen Stoß mit dem Kolben
seines Gewehrs, woraufhin die beiden militärisch grüßen und ihres
Weges gehen.

62.

Sonntag, 7. November 1915

RICHARD STUMPF SIEHT IN KIEL ZWEI AKTE
DES «LOHENGRIN»

Es ist ein angenehm sonniger und warmer Novembertag. Die
SMS *Helgoland* läuft in den Kaiser-Wilhelm-Kanal ein, und sofort
schwirren die Gerüchte. Bei Riga hat es ja harte Landkämpfe gegeben; vielleicht sollen sie zur Unterstützung in die Ostsee? Sind
die Engländer unterwegs durch den Großen Belt? Oder wird das
neutrale Dänemark in den Krieg hineingezogen? Oder vielleicht
gibt es noch eine Übung in Torpedoschießen? Stumpf tippt auf das
Letztere, «dann bin ich jedenfalls nicht noch einmal enttäuscht».

Die Stimmung ist jämmerlich. Stumpf und die anderen sind
die Untätigkeit leid, das immer schlechtere Essen, haben die harte
Disziplin satt, die Schinderei durch die Offiziere. An Bord gibt es
ein besonderes Strafkommando, und täglich kann man zwanzig bis
dreißig Soldaten um das Schiff herumrennen sehen, mit Gewehr

und vollem Kampfgepäck. Es reicht wenig, um bestraft zu werden: eine schmutzige Waschschüssel, eine irgendwo liegengelassene Socke, ein Toilettengang während der Dienstzeit, ein missliebiger Kommentar. Stumpf schreibt in sein Tagebuch:

Der Geist unter der Besatzung ist nun bereits so, dass jeder sich darüber freuen würde, wenn wir so eine «Zigarre» in den Wanst kriegten. Ganz im Ernst würde das jeder unserer furchtsamen Führung gönnen. Hätte das einer vor anderthalb Jahren gesagt, hätte er eine Wucht Prügel bekommen. Es ist ein böser Geist, der in uns steckt, und nur der guten Bildung des Einzelnen ist es zu danken, wenn nicht die Vorkommnisse in der russischen Ostseeflotte bei uns ein verstärktes Echo finden.[62] Wir wissen eben alle, dass wir in einem solchen Falle mehr zu verlieren haben als unser Elend.

Als sie durch den Kanal fahren, sieht Stumpf Wälder und Hügel in verschiedenen Schattierungen von Gelb, Rot und Braun leuchten. Bald wird es schneien.

Es ist Abend, als sie in Kiel ankommen. Er stellt fest, dass man die früher so strenge Verdunkelung weniger genau zu nehmen beginnt. Steckt eine Überlegung dahinter? Oder ist dies nur ein weiterer Beleg dafür, dass die Leidenschaft aus dem ersten Jahr sich allmählich verbraucht? Die Besatzung darf an Land gehen. (Nein, auf sie wartet kein Kampf, es folgen noch ein paar Tage mit Torpedoübungen.) Richard Stumpf eilt in eines der Theater der Stadt, wo er gerade noch die beiden letzten Akte von Wagners *Lohengrin* verfolgen kann. Später kommentiert er in seinem Tagebuch:

Schade, dass mir nicht öfter Gelegenheit gegeben wird, so etwas zu sehen. Man fühlt sich da mit einem Mal wieder als Mensch und nicht als unnützes Herdentier.

63.

OLIVE KING UND DAS LICHT IN GEVGELÍ

Eigentlich wollte sie Frankreich gar nicht verlassen. In einem Brief von Mitte Oktober an ihre Stiefmutter lässt sie ausnahmsweise einmal so etwas wie Missmut erkennen:

> *Manchmal zweifle ich daran, ob ich jemals wieder nach Hause komme, als sollte dieser verfluchte Krieg ewig dauern. Statt zu Ende zu gehen, steigert er sich die ganze Zeit, immer mehr Länder werden hineingezogen, alles wird schlimmer und schlimmer. Und was uns betrifft, so haben wir keine Ahnung, wohin wir sollen.*

Die Frauen im Scottish Women's Hospital hatten inzwischen erfahren, dass sie mit dem Schiff zum Balkan geschickt werden sollten, wo ein französisch-englisches Korps unter Sarrail Anfang Oktober in Saloniki im neutralen Griechenland landete, um die Serben beim Errichten einer neuen Front zu unterstützen.[63] King wollte zuerst nicht fahren. Ihr großer Ambulanzwagen war viel zu schwer und der Motor zu schwach für die schlechten Straßen dort.

Drei Wochen hatte das Schiff gebraucht, um King und die anderen Frauen nach Griechenland zu bringen. Ein Lazarettschiff mit demselben Ziel war von einem deutschen U-Boot versenkt worden. In Saloniki erwartete sie kolossale Verwirrung – militärisch, politisch, praktisch. Befehl folgte auf Gegenbefehl, die Straßen der Stadt waren ein «Meer aus schwarzem Schlamm». Im November wurden sie schließlich per Zug nach Gevgelí an der Grenze zwischen Griechenland und Serbien geschickt, um dort ein Feldlazarett zu errichten.

Diesmal haben sie ihre Zelte bei sich, aber keine Heringe, und die, die sie provisorisch benutzen, halten schlecht in dem felsigen Untergrund. Tag und Nacht muss jemand herumgehen, um die

Heringe, die sich gelockert haben, festzuklopfen und schlaff gewordene Zeltleinen zu spannen. Das ist eine ihrer Hauptbeschäf-
tigungen. Eine andere besteht darin, die Kleidung der Patienten
zu waschen und zu desinfizieren. Sie hat keine Angst vor Läusen.
Und es ist keineswegs so kalt, dass man nicht Körper und Haare
im Fluss waschen könnte.

Ihr Speisesaal hat elektrisches Licht, der Strom kommt von
einem Aggregat, das für das Röntgengerät benutzt wird, doch
es wird abends um halb acht ausgeschaltet, und da sie wegen der
Brandgefahr kein Licht mit offener Flamme in den Zelten haben
dürfen, bleibt ihnen nicht viel anderes übrig, als ins Bett zu gehen.
Es wird früh dunkel. Schon um fünf Uhr ist es pechschwarz. Dafür
wird es schon weit vor sechs hell. Jeden Tag sieht sie die Sonne
aufgehen und genießt den Anblick. Die umliegenden Hügel sehen aus wie purpurner Samt, und die Bergspitzen glühen rosa im
Sonnenlicht.

Olive King ertappt sich dabei, dass sie glücklich ist. Sie schreibt
an diesem Tag in einem Brief an ihren Vater: «Dies ist ein herrliches Fleckchen Erde. Die Berge strahlen und die Luft ist so erfrischend. Jeden Tag arbeiten wir wie Riesen und essen wie Wölfe.»

64.
Sonntag, 14. November 1915

PÁL KELEMEN BESUCHT DAS OFFIZIERSBORDELL IN UZICE

Der Feldzug ist siegreich beendet worden. Serbien ist okkupiert.
Sarajevo ist gerächt. Die Sieger können ihren Lohn einstreichen.
Heute Abend besuchen Kelemen und einige seiner Kameraden ein
Bordell, das für Offiziere reserviert ist. Es befindet sich in Uzice,
einer kleinen Stadt an dem Fluss Detinja. Kelemen notiert in sei-
nem Tagebuch:

Dunkle Halle, Teppiche, Bilder an der Wand. Ein krumm gebeugter Zivilist klimpert auf einem Klavier. Vier Tische in den vier Ecken. Vier Mädchen in einem Zimmer. Zwei von ihnen rangeln mit einem Artillerieleutnant. An einem anderen Tisch sitzen ein paar Armeeoffiziere und trinken schwarzen Kaffee. Unter einer Lampe sitzt ein Fähnrich der Landwehrhusaren und liest in einer alten Tageszeitung.

Das ist die Szenerie, als wir hereinkommen. Wir setzen uns an den einzigen freien Tisch und bestellen Rotwein, aber nachdem wir ihn gekostet haben, entscheiden wir uns lieber für Kaffee. In einer Ecke hantiert Mohay, mein Kadett, mit dem Grammophon, aber ohne Erfolg. Eine Feder muss kaputt sein.

Eines der Mädchen verlässt den Raum und kommt später zurück. Sie springt über einen Stuhl und setzt sich unserem Kadetten auf den Schoß. Die andere, ein schwarzhaariges Mädchen in rotem Kleid, liegt ausgestreckt auf einer Bank und starrt mich an.

Die Zeit vergeht. Der Pianist mit dem boshaften Gesicht spielt immer noch. Ich erkenne es wieder – es ist die Musik, die ich einst zu Hause gespielt habe, im Zimmer eines Mädchens, zu dem ich gegangen war, um ihm Lebewohl zu sagen. Es ist eine Ewigkeit her, und weit weg von hier.

Ich stehe auf und gehe. Wenn sie glauben, der Wein sei mir nicht bekommen, irren sie sich.

65.

Samstag, 27. November 1915

KRESTEN ANDRESEN BESUCHT EIN GEBURTSTAGSFEST IN LENS

Kalter Regen und Wind. Kahle, entblätterte Bäume. Grau, grau, alles ist grau: das Wetter, ihre Uniformen, der immer dünnere Kaffee. Aber es ist ein freier Tag. Er braucht erst zur Nacht wieder zurück zu sein, also nützt Andresen die Gelegenheit, ein paar

Freunde von zu Hause zu besuchen, die in der 2. Kompanie Dienst tun. Es ist lange her, dass er mit jemandem Dänisch sprechen konnte. Er hat sich einsam gefühlt.

Tag und Nacht, ja, das Leben im Schützengraben verändert sich nicht selten im Rhythmus des Lichts. Das hat er während dieser letzten Abkommandierung erfahren können. Er gräbt und gräbt, vor allem bei Nacht und vor allem am Fuße dieser berüchtigten Lorettohöhe, die die Franzosen während ihrer letzten Offensive im Mai eingenommen haben. Zurzeit ist es aber ruhig an der Front. Tagsüber bewegen sich Deutsche und Franzosen ganz offen, in Sichtweite voneinander. Und von keiner Seite aus wird geschossen. (Von manchen besonders Mutigen heißt es sogar, dass sie die feindlichen Schützengräben besuchen.)

Dies ist ein Beispiel für den stillen Pakt, der mancherorts während des Krieges geschlossen wurde: Leben und leben lassen, wenn ihr uns nicht stört, stören wir euch auch nicht.[64] Aber das gilt am Tage. Die Nächte sind fast immer unruhiger, geräuschvoller, unangenehmer. Die Dunkelheit schafft Unsicherheit, Unsicherheit gebiert Angst. Es ist, schreibt Andresen in sein Tagebuch, wie die Geschichte «von dem Mann, der die Gestalt wechselte, am Tage war er ein Mensch und in der Nacht ein wildes Tier». Wird jemand getötet, geschieht es in der Regel bei Nacht.

Gegenwärtig sind sie in Lens stationiert, einer mittelgroßen Bergbaustadt. Das passt ihm gut, denn hier gibt es mehr zu sehen und auch mehr zu tun als auf dem Lande. Andresen geht die Rue de la Bataille entlang, als es passiert.

Granaten.

Projektile schwirren pfeifend durch die Luft. Ein besonders großes schlägt in ein Haus direkt vor Andresen ein, und er sieht, wie das Dach teilweise bis zu zehn Meter hoch in die Luft gehoben wird. Er sieht Menschen aus dem Nachbarhaus eilen. Er sieht einen großen Granatsplitter in den Rinnstein einschlagen. Er sieht das Wasser aufspritzen. Er ist zuerst wie gelähmt, sagt dann aber zu sich selbst: «Du musst laufen.» Und er läuft, durch die

Druckwellen, durch das Geräusch neuer Detonationen von beiden Seiten. Und er findet Deckung.

Als er sich wieder hervorwagt, hat es schon zu dämmern begonnen. Es ist wieder ruhig. Auf den Bürgersteigen sind Menschen zu sehen, die spazieren gehen. An vielen Stellen sind die Leute damit beschäftigt, Glassplitter von zerstörten Fensterscheiben zusammenzufegen. Auf einem Platz sieht er einen Soldaten neben einem Strohhaufen Wache stehen. Dort hat eine Granate zwei Soldaten und ein Pferd buchstäblich in Stücke gerissen. Das Stroh, das auf die wild verstreuten Überreste gelegt wurde, soll vermutlich den Anblick verbergen. Andresen sieht aber, dass die Wand daneben mit Blut besprizt ist. Er schaudert, eilt weiter, und tritt fast auf etwas Wurmähnliches, das auf dem Bürgersteig liegt.

Schließlich erreicht Andresen die 2. Kompanie. Einer der Dänen dort, Lenger, hat Geburtstag und lädt zu Kaffee und selbstgebackenem Kuchen ein. Endlich kann Andresen Dänisch sprechen. Leider muss er bald wieder aufbrechen.

Um neun Uhr abends marschieren sie hinaus zur nächtlichen Erdarbeit. Zuerst glaubt er, sie sollten nach Angres, einem Dorf, wo sie in den Nächten zuvor gearbeitet haben, aber der Marsch geht weiter. Es ist eine kalte, wolkenlose Nacht mit hell leuchtendem Mond. Schließlich machen sie halt an einem ganz anderen Ort, nicht weit von der Hügelkette von Vimy. Dort sollen sie einen neuen Schützengraben ausheben. Von Zeit zu Zeit steigen links von ihnen Leuchtraketen auf. Ihr silbriger Schein lässt die Hügel aufleuchten, als seien sie schneebedeckt.

66.

EDWARD MOUSLEY BEGEGNET IN AZIZIE DEM AUF
DEM RÜCKZUG BEFINDLICHEN BRITISCHEN KORPS

Es ist alles andere als ein aufregender Ort, nur eine Flussbiegung
und ein paar Lehmhäuser: Azizie. Er ist mit dem Boot vom pal-
menumkränzten Basra unten an der Küste tigrisaufwärts gereist.
Nach Qurna, Qala Salih, Amara und Kut al-Amara. Mehrmals hat
er den Namen Azizie gehört. Manche sagen, dort stände das britische Korps in Mesopotamien – oder die Force D, wie sie offiziell
genannt wird. Andere behaupten, das Korps befinde sich unweit
Bagdad, und die waghalsige Eroberung der großen Stadt stehe
kurz vor ihrem Abschluss.

Edward Mousley ist ein neunundzwanzig Jahre alter Leutnant
der britischen Feldartillerie. Er ist in Neuseeland geboren, hat in
Cambridge Jura studiert und war bis vor kurzem in Indien stationiert. Da die Operationen in Mesopotamien in erster Linie unter
die Verantwortung der indischen Kolonialregierung fallen, ist es
ganz natürlich, dass Verstärkungen auch von dort geholt werden.
(Der Hauptteil der Soldaten des britischen Korps sind gebürtige
Inder.) Denn Mousley und die anderen an Bord des Flussschiffs
sind genau das: Verstärkungen, Ersatzmannschaft für Soldaten, die
gefallen, verwundet, verschwunden oder krank geworden sind. Fotos zeigen einen selbstbewussten Mann mit eng stehenden Augen,
kleinem, gut getrimmtem Schnauzbart, intensivem Blick und Sie-
gelring; seine Haltung verrät eine leicht ironische Nonchalance.
Er hat noch nie Kriegsdienst geleistet, ist noch nie beschossen
worden.

Mousley gehörte nicht zu jenen, die die erstbeste Gelegenheit
ergriffen, um in den Kampf zu ziehen. Vielmehr ist er per Telegramm gerufen worden, das ihn während einer Übung erreichte.
Er begann sofort, sich fertig zu machen, um «Training mit der
Realität zu tauschen». Sein Oberst hatte ihm gute Ratschläge ge-

geben, die anderen hatten ihm kräftige Drinks spendiert. Er war nicht ganz gesund, sondern litt noch unter den Folgen eines Malariaanfalls, doch die Krankheit hielt ihn nicht auf. Einige überflüssige Dinge, wie sein Motorrad, hat er in Erwartung seiner Rückkehr untergestellt, sein wertvollstes Stück aber hat er zu seiner Freude mitnehmen können: sein Pferd, den schönen Don Juan. Dann waren er und einige andere Männer in Uniform an Bord eines kleinen Postschiffs gegangen, das sie übers Meer gebracht hat.

Der Marsch der Force D nach Norden ist weder besonders durchdacht noch wirklich notwendig. Das Ganze hat entweder mit Symbolik zu tun («Bagdad ist gefallen» macht sich hervorragend als Schlagzeile in London und ist für Konstantinopel, Berlin und Wien wie eine Ohrfeige) oder mit dem gewohnten Übermut. Die britischen Operationen am Persischen Golf setzten unmittelbar nach Kriegsbeginn ein, noch bevor das Osmanische Reich sich auf die Seite der Mittelmächte gestellt hatte, und dienten anfänglich allein dem Zweck, die Ölfelder an der Küste zu sichern.[65] Wie so häufig in solchen Fällen war jedoch der Appetit beim Essen gekommen.

Ein erster, ohne Anstrengung errungener Erfolg an der Küste hatte zu einem weiteren Vorstoß geführt. Als auch dieser erfolgreich verlief und die osmanische Armee zudem Anzeichen erkennen ließ, einer direkten Konfrontation auszuweichen, machte man noch ein paar Sprünge tigrisaufwärts, bis General Nixon, der lokale Oberbefehlshaber, der unten im Schatten von Basra geblieben war, zufrieden über seiner Karte geraunt hatte, man könne dann ja ebenso gut sein Glück versuchen und gleich Bagdad einnehmen – die Stadt war ja nur vierhundert Kilometer entfernt, *right*?

Wrong. Diese vierhundert Kilometer auf der Karte haben sich gleichsam ausgedehnt, so fühlt es sich jedenfalls an, je weiter das Korps durch Fliegengesumm, glühende Hitze und überschwemmte Wasserläufe vorwärts marschiert ist. Gleichzeitig sind die Versorgungslinien faktisch immer länger geworden.

Mousley hat schon Anzeichen entdeckt, dass die Eroberung

Bagdads vielleicht nicht planmäßig verläuft. Vor zwei Tagen wurden sie von einer schwer bewaffneten Schaluppe überholt, die eine Stabseinheit transportierte und von einer improvisierten hölzernen Schutzwand umgeben war. Der Verkehr auf dem Fluss war mit anderen Worten alles andere als sicher. Jetzt hält das Dampfschiff, auf dem Mousley sich befindet, auf Land zu, und er begreift sofort, dass etwas Ernstes geschehen ist. Die Bewegungen der Leute wirken gehetzt. Er sieht, dass die Pferde ungestriegelt und erschöpft sind. Er sieht Wagen und Zaumzeug, mit Staub. Und er erkennt ganze Bataillone in Tropenhelmen aus Kork, die ungeordnet auf dem nackten Boden liegen und schlafen.

Er geht zwischen den erschöpften Männern und Tieren umher und sieht dann eine kleine Flagge über einer Lehmhütte wehen, als Zeichen, dass der Artilleriekommandeur des Korps sich hier aufhält. Der Offizier berichtet Mousley, was geschehen ist. Vor sechs Tagen hat bei Ktesiphon, nur fünfundzwanzig Kilometer südlich von Bagdad, eine große Schlacht stattgefunden. Dort hatte die osmanische Armee sich eingegraben. Dem britischen Korps war es gelungen, die erste Verteidigungslinie zu stürmen, doch dann hatte man sich festgerannt. Beide Seiten erlitten große Verluste, und da beide Seiten Gerüchte gehört hatten, dass der Gegner erhebliche Verstärkung erhalten sollte, endete die Schlacht damit, dass beide Seiten in ihrer Verwirrung das heiße, staubige und mit Leichen übersäte Schlachtfeld verließen.

Die britischen Truppen haben ohnehin nicht mehr die Kraft, weiter in Richtung Bagdad vorzurücken, sondern müssen stattdessen eine riesige Zahl Verwundeter versorgen. Das Korps verfügt über vier Feldlazarette mit einer Kapazität für vierhundert Patienten, dort sollen nach der Schlacht aber 3500 Verwundete behandelt werden. In der 76. Batterie, in der Mousley jetzt Dienst tun soll, sind alle Offiziere bis auf einen verwundet. Im Gegensatz zu den britischen Truppen bekam die osmanische Armee tatsächlich Verstärkung, sodass sie kehrtgemacht hat, um die sich zurückziehenden Briten zu verfolgen.

Am Abend hilft Mousley beim Bau von Feldbefestigungen, die Azizie in einem Halbkreis umschließen. Er stellt fest, dass es erstaunlich leicht und schnell geht. Wie vielen anderen fällt es ihm anfangs noch schwer, das Gefühl zu verdrängen, dass er an einem Manöver zu Friedenszeiten teilnimmt. Doch er braucht nur den Zustand der ramponierten und beschädigten Wagen zu sehen, die übrig gebliebenen Zugpferde an Geschützen und Karren und die scheuen Blicke der Soldaten, um zu erkennen, dass dies nicht der Fall ist.

Man bringt so viele Verletzte wie möglich an Bord von Kähnen und Flussschiffen; auch alle überflüssige Ausrüstung wird weggeschafft. Mousley ist einer von denen, die auf diese Weise ihr Gepäck von unnötiger Reitausrüstung, von Uniformteilen und Lagerutensilien befreien können.[66] Sein Pferd Don Juan behält er natürlich.

Als die Dunkelheit hereinbricht, legt sich Mousley neben seiner feuerbereiten Batterie zum Schlafen nieder. Irgendwo draußen in der Nacht liegt die osmanische Armee. Ab und zu fallen Schüsse. Er hört das Heulen von Schakalen, die auf neue Kadaver – menschliche oder tierische – lauern und dem britischen Korps seit Ktesiphon gefolgt sind. Je mehr die Müdigkeit ihn übermannt, desto schwächer und ferner klingt ihr «gespenstischer Gesang». Dann schläft er ein.

67.
Donnerstag, 9. Dezember 1915
OLIVE KING NIMMT DEN LETZTEN ZUG VON GEVGELÍ

Der Befehl, den sie erhalten, ist die endgültige Bestätigung der totalen serbischen Niederlage. Für Olive King jedoch beendet er eine aufwühlende, zugleich aber seltsam glückliche Zeit.

Die Arbeit in Gevgelí ist hart gewesen. Das Feldlazarett hatte dreihundert Betten, aber beinahe siebenhundert Patienten. Sie erleben einen Wintereinbruch. Im letzten Monat gab es mehrere starke Schneestürme, und Zelte sind um- oder fortgeweht worden. Wegen der Kälte konnten sie nachts kaum schlafen. King fand, dass Graben die beste Methode war, sich warm zu halten. Die tägliche Arbeitszeit betrug sechzehn bis zwanzig Stunden. Ihre wichtigste Aufgabe bestand darin, die Petroleumlampen zu warten, mit denen die Zelte erleuchtet wurden: anzünden, säubern, die Dochte trimmen, Petroleum nachfüllen – eine Beschäftigung, die sie als tödlich langweilig empfand. Sie fing an, Serbisch zu lernen. Läuse breiteten sich aus. Ihrer Schwester berichtete sie fröhlich:

> *Wir bekommen nie Zeitungen und erfahren auch sonst keine Neuigkeiten, egal welcher Art. Dies ist ein großartiges Land und ein großartiges Leben, das dich in Form hält. Seit ich in Arizona war, ist es mir nie so gut gegangen wie jetzt.*

Aber nun traf der nicht ganz überraschende Befehl ein, dass das Feldlazarett abgezogen werden soll. Wenn es kein Serbien mehr gibt, dem man beistehen kann, hat es auch keinen Sinn mehr, sich nach Belgrad durchzuschlagen. Die Orientarmee, wie Sarrails Korps jetzt genannt wird, müht sich, von bulgarischen Truppen verfolgt, langsam zurück ins neutrale Griechenland. Wieder mal ist ein ausgefallener und großartiger alliierter Plan, sozusagen auf Umwegen das Patt zu überwinden, gescheitert.[67] King und die anderen neunundzwanzig Frauen des Feldlazaretts haben weniger als vierundzwanzig Stunden Zeit, die Patienten zu evakuieren, die Ausrüstung zusammenzupacken und das Lager abzubrechen.

Die einzige Möglichkeit, von Gevgelí wegzukommen, ist der Zug. Die Landstraßen sind in miserablem Zustand oder werden von den Bulgaren kontrolliert. (Dreizehn französische Sanitätsautos haben den Versuch gewagt, sind aber angeblich in einem Hinterhalt verschwunden.) Sie laufen Gefahr, in die Falle zu gehen.

Jetzt ist es Mitternacht. Olive King sieht den restlichen Stab des Feldlazaretts mit einem Zug davonfahren. Sie und zwei andere Fahrerinnen bleiben auf dem kleinen Bahnhof zurück, dazu die drei Sanitätswagen des Feldlazaretts, die keinen Platz im Zug gefunden haben. Für Olive King ist es undenkbar, Ella allein zurückzulassen.

Ein Zug nach dem anderen in Richtung Süden fährt ein, alle sind voll beladen mit Menschen und Material. Für drei Frauen gibt es Platz, aber gewiss nicht für drei Sanitätswagen, darunter ein ungewöhnlich großer. Sie warten, hoffen. Sie sehen die Sonne aufgehen. Sie hören das Echo von Schüssen, das von den weißen, schneebedeckten Bergen herunterrollt. Olive King schreibt: «Es ist merkwürdig, dass wir der persönlichen Gefahr, in der wir uns befanden, keinen einzigen Gedanken widmeten. Das Einzige, weswegen wir uns Sorgen machten, waren unsere kostbaren Autos.»

Dann kommt der letzte Zug. Bulgarische Truppen stehen weniger als einen Kilometer entfernt.

Schließlich sehen sie drei leere Tiefladewagen, und ohne eine Erlaubnis abzuwarten, fahren sie ihre Sanitätsautos hinauf. Der Zug verschwindet aus dem Bahnhof. Gevgelí brennt. Kurz bevor die Stadt aus dem Blickfeld verschwindet, sieht King im Bahnhofsgebäude eine Granate explodieren.

68.
Montag, 13. Dezember 1915
EDWARD MOUSLEY LEITET DAS FEUER IN KUT AL-AMARA

Er ist früh auf den Beinen, denn ab heute hat er eine neue Aufgabe: Er ist Feuerleitoffizier. Dies ist nicht nur mühsam, sondern auch gefährlich, denn es setzt voraus, dass er sich in einem immer noch primitiven, sandigen Schützengrabensystem so weit wie möglich nach vorn arbeiten muss; an gewissen Stellen müssen er und sein Signalgeber durch Vertiefungen kriechen, die eher an Straßengräben erinnern. Er trägt keinen Tropenhelm mehr, da dieser zu auffällig ist, sondern nur noch eine Wollmütze, in der Hitze nicht gerade das Bequemste.

Das britische Korps hat seinen Rückzug nach Süden in der kleinen Stadt Kut al-Amara unterbrochen. Hier will man auf Verstärkung oder eher auf Entsatz warten, denn seit zwei Wochen ist man von vier osmanischen Divisionen eingekesselt. Der Befehlshaber des Korps, Townshend, hat seine Truppen umschließen lassen. Teils weil seine Soldaten allzu erschöpft sind, um den Rückzug fortzusetzen, teils weil man auf diese Weise den Feind davon ablenkt, zu den Stützpunkten und den Ölfeldern an der Küste weiterzumarschieren. Die Stimmung bei den Eingeschlossenen ist jedoch gut. Alle sind davon überzeugt, es sei nur eine Frage der Zeit, bis sie entsetzt werden. Auch wenn Mousley, wie viele andere, dem abenteuerlichen Versuch, mit einer viel zu kleinen Streitmacht und nach ausgesprochen schlechten Vorbereitungen Bagdad einzunehmen, äußerst kritisch gegenübersteht, ist er ruhig. Es wird gutgehen.

Im Laufe des Tages kriecht er sicher mehrere Kilometer auf allen vieren. Zuweilen kriecht er durch Wolken von Gestank. Dort sind die Leichen der Gefallenen nur über den Rand des Schützengrabens gerollt worden und verwesen jetzt in der sengenden Sonne. An manchen Stellen sind die feindlichen Schützengräben nur dreißig Meter entfernt. Er dirigiert mit großem Geschick und nicht ohne Genugtuung Granaten, die vier, fünf Meter über seinem Kopf hinwegsausen und zuweilen in nur zwanzig Meter Entfernung einschlagen. Genau diese Art von Feuerleitung macht ihm richtig Spaß, *great fun*.

Osmanische Heckenschützen lauern überall, und sie sind treffsicher. Manchmal, wenn die Telefonleitung nicht heranreicht, gibt Mousley seiner Batterie Signale durch Flaggen, und die Gegner schießen sogar darauf. Den ganzen Tag ist er unter Beschuss gewesen.

Später notiert er im Tagebuch:

In Wahrheit handelt es sich bei den persönlichen Erfahrungen in dem, was man Krieg nennt, bestenfalls um das Erwachen der Erinnerung an einen schwer begreiflichen und verwirrenden Traum. Einige wenige Ereignisse treten etwas deutlicher hervor; ihre Klarheit verdankt sich der Hitze des Selbsterlebten. Danach werden auch die gefährlichsten Situationen alltäglich, bis es einem so scheint, als böten die Tage nichts anderes von Interesse als die ständige Nähe des Todes. Aber selbst diesen Gedanken, so sehr er auch am Anfang in den Vordergrund tritt, verdrängt man, da er stets gegenwärtig und daher zu vernachlässigen ist. Ich bin fest davon überzeugt, dass man eines Gefühls überdrüssig werden kann. Ein Mensch kann nicht endlos lange herumlaufen und den Tod fürchten. Die Psyche ermüdet und schiebt es beiseite. Ich habe gesehen, wie neben mir ein Mann von einem Schuss getroffen wurde, und habe ohne Unterbrechung meine Feuerleitsignale gegeben. Bin ich gefühllos? Nein, nur weniger leicht zu erschüttern.

69.
Mittwoch, 15. Dezember 1915
WILLY COPPENS BEZIEHT EIN HOTEL IN ÉTAMPES

Das Zimmer ist klein, oder vielmehr seltsam schmal, aber die Aussicht ist schön. Als Coppens ans Fenster tritt, erkennt er den Marktplatz, den Bahnhof und hinter den entlaubten Bäumen die Ruinen des Tour de Ginette. Dieses Zimmer im Hôtel Terminus hat noch einen weiteren Vorzug: Der berühmte französische Flieger Chevillard[68] hat hier gewohnt – immer etwas, womit man angeben kann. Im Übrigen war kein anderes Zimmer mehr frei, das Terminus ist das einzige Hotel am Ort, in dem alle Gäste sich ein Badezimmer teilen müssen.

Voller Spannung ist Coppens in Étampes, südlich von Paris, angekommen. Er hat auf eigene Kosten an einer privaten Pilotenschule in Hendon in England eine zweimonatige fliegerische

Grundausbildung absolviert. Nachdem ihn cholerische Herren in untermotorisierten Maschinen instruiert hatten, die so klein und leicht gebaut waren, dass sie nur bei absoluter Windstille flogen (sobald die Blätter der Bäume sich bewegten, wurde das Fliegen eingestellt), hatte er vor zehn Tagen seinen ersten Alleinflug – nach dreißig Unterrichtsstunden und sechsundfünfzig Minuten in der Luft. Gleich darauf absolvierte er seine offizielle Flugprüfung. Sie bestand darin, mit dem Flugzeug eine Serie liegender Achten zu fliegen und anschließend mit ausgeschaltetem Motor exakt vor dem Fluglehrer zum Stehen zu kommen. Es funktionierte, und mit dem Flugschein Nummer 2140 des Royal Aero Club in der Tasche ist Coppens jetzt in Étampes, um den militärischen Teil seiner Ausbildung zu beginnen.

Doch es herrscht ein gewisser Kontrast zwischen der «wilden Freude», die ihn erfüllte, als er seinen Flugschein überreicht bekam, und dem Empfang, der ihm zuteil wurde, als er am Morgen in Étampes aus dem Zug stieg. Niemand war gekommen, um ihn abzuholen, und der Marktplatz der kleinen Provinzstadt war ebenso öde und freudlos wie der Dezemberabend. Überall «uninteressante Häuser, bewohnt von uninteressanten Bürgern». Die Cafés sind leer. Und doch ist die Stadt in diesen Monaten dabei, zu neuem Leben zu erwachen, denn der Krieg, der Zufall und – nicht zuletzt – die Streckenführung der Eisenbahn haben ihr eine neue Bedeutung verliehen, in diesem Fall als Ausbildungsort. In der Nähe von Étampes befinden sich mehrere militärische Flugfelder. Am Himmel hört man die ganze Zeit das Surren der Maschinen, außer sonntags, wenn der Übungsbetrieb ruht. Es war die zufällige Begegnung mit einem alten Freund – sie hatten vor dem Krieg gemeinsam Mechanikstudien betrieben und waren zusammen Motorrad gefahren –, die ihn ins Hôtel Terminus geführt hat. Dabei fehlt es bei der Ankunft nicht an unheilvollen Zeichen. Von weitem hat er einen Begräbniszug gesehen. Der Tote war angeblich ein französischer Pilot, der bei einem Unglück ums Leben kam.

Am Abend isst er in dem kleinen Hotel nebenan, das im Gegensatz zum Hôtel Terminus über einen eigenen Speisesaal verfügt. Dort trifft er seinen alten Freund, den Motorradfahrer, sowie einige andere Belgier, die ebenfalls hier sind, um sich zu Kampfpiloten ausbilden zu lassen. Eine hochnäsige, geschwätzige junge Frau serviert ihnen das Essen. Ihr Name ist Odette.

*

Am selben Tag[69] stößt Rafael de Nogales in Tel Armeni an der Grenze zu Mesopotamien wieder auf Spuren von Massakern an Christen. Er ist vollauf damit beschäftigt, die romantische Landschaft zu bewundern, als er in ein paar antiken Ruinenfeldern am Rande der Stadt Verwesungsgeruch bemerkt:

Ich wollte herausfinden, woher er [der Geruch] kam, und wich entsetzt von einigen Brunnen oder Zisternen zurück, in denen sich stark verweste Leichen von Christen stapelten. Etwas weiter entfernt entdeckte ich einen weiteren unterirdischen Hohlraum, der dem Gestank nach zu urteilen ebenso mit Leichen gefüllt gewesen sein musste. Als sei dies nicht genug, lagen überall Tote herum, von denen manche nur notdürftig mit Steinhaufen bedeckt waren; darunter ragte ein vereinzelter blutiger Haarschopf oder ein Arm oder Bein heraus, an denen die Hyänen genagt hatten.

70.
Mittwoch, 22. Dezember 1915
EDWARD MOUSLEY UND DAS GERÄUSCH DER KUGELN

Es ist Abend. Er liegt wach im Schutzraum, gut gebettet in seinen Burberry-Schlafsack. Die einzige Lichtquelle in dem fensterlosen Raum ist eine einsame Kerze in einer Wandnische, die einen Schatten über Decke und Fußboden wirft. Edward Mousley blickt zu der von Sandsäcken umrahmten Tür hinüber. Er sieht einen Munitionswagen. Er sieht Gewehre, ein Batteriefernglas, ein Feldtelefon. Eine von Granatensplittern getroffene Mauer, abgeschnittene Palmenblätter, die senkrecht herunterhängen. Die Luft ist kühl. Es ist windstill.

An diesem Abend herrscht Alarmbereitschaft in Kut al-Amara. Man befürchtet einen neuen osmanischen Nachtangriff, und Mousleys Batterie von achtzehnpfündigen Feldkanonen, die in einem Hain mit Dattelpalmen eingegraben ist, soll dann das Sperrfeuer eröffnen. Draußen in der Dunkelheit hört man gelegentlich das Knattern eines Maschinengewehrs oder auch den scharfen Knall, wenn eine Kugel die Mauer hinter ihm trifft. Es ist kaum ein Monat vergangen, seit er sich dem Korps in Mesopotamien angeschlossen hat, und die physikalischen Aspekte des Kampfes interessieren ihn noch sehr. Zum Beispiel das Geräusch der Kugeln. Er schreibt in sein Tagebuch:

Man hört unmittelbar vorher [vor dem Einschlagen der Kugel] einen Knall, ähnlich dem Geräusch, wenn ein Stock zerbricht, und unwillkürlich duckt man sich. Oder vielmehr merkt man, dass man sich geduckt hat. Anfangs ducken sich alle. Es ist sinnlos, den Leuten zu erklären, dass die Kugel, wäre sie gefährlich gewesen, getroffen hätte, bevor man das Geräusch des Einschlags in die Palme hört. Manche ducken sich endlos weiter.

Die Nacht wird ruhig. Plötzlich heftiges osmanisches Maschinengewehrfeuer. Mousley kriecht aus seinem warmen Schlafsack und geht nach draußen, um nachzuschauen. Es passiert jedoch nichts, abgesehen davon, dass ein indischer Stallknecht verwundet wird, wieder ein paar Pferde getötet und noch mehr Blätter von den Palmen geschossen werden.

*

Am selben Tag schreibt Florence Farmborough, gerade aus dem Urlaub zurückgekehrt, in ihr Tagebuch:

Wir waren so wild darauf, unsere Arbeit wieder aufzunehmen, dass wir uns darum zankten, wer die erste Schicht übernehmen darf, aber weil es Annas Namenstag war, fiel die Entscheidung zu meinen Gunsten. Während meiner Abwesenheit war ein neuer Operationssaal eingerichtet worden. Es war ein sauberer, weiß gekalkter, hübscher kleiner Raum. Voller Stolz schaute ich mich darin um. Als die Dunkelheit hereinbrach, stellte ich seltsamerweise fest, dass ich nicht schlafen konnte. Ich saß beim Licht einer Kerze und las und lauschte allen Geräuschen, die von draußen hereindrangen, auch wenn ich wusste, dass wir wahrscheinlich keine Verwundeten hereinbekommen würden, weil die Front ruhig war.

71.
Freitag, 24. Dezember 1915
VINCENZO D'AQUILA ERHÄLT IN UDINE DIE LETZTE ÖLUNG

Zuerst hört er das Glockengebimmel, danach sieht er die kleine Gruppe den Flur entlangkommen, vornweg ein Priester im Messgewand. Zwei Nonnen, die brennende Kerzen halten, flankieren ihn. D'Aquila überlegt, welchen seiner Unglücksbrüder sie diesmal besuchen.

Sie betreten den Saal. Jemand soll die Letzte Ölung erhalten.

Vincenzo D'Aquila liegt im Militärkrankenhaus in Udine, er leidet, wie so viele andere, an Typhus. Vor ein paar Tagen ist er mit dem Krankenwagen auf winterlichen Straßen hierhertransportiert worden. Er lag auf einem Platz ganz oben, immer wenn der Krankenwagen über ein Schlagloch fuhr, schlug sein Kopf fast an die Decke. Als der Transport endlich am Ziel war, ging es D'Aquila so schlecht, dass die Krankenpfleger glaubten, er sei tot. Sie trugen ihn in die ungeheizte Leichenhalle. Dort fand man ihn später, auf einer Bahre.

Die Krankheit ist immer schlimmer geworden. Sein Schädel ist fast geplatzt. Er hat wirres Zeug gefaselt, nach Kaiser Wilhelm gerufen, um ihn wegen des Krieges persönlich zur Rede zu stellen. Krankenschwestern setzten ihm etwas auf den Kopf, das er für eine Goldkrone hielt – es war ein Eisbeutel. Er hat Stimmen gehört, überirdisch schöne; er hat Musik vernommen.

Die Glocken sind jedoch höchst real. Der Priester und die beiden Nonnen gehen durch den Saal, D'Aquila folgt ihnen mit seinen Blicken, hat Mitleid mit dem armen Teufel, dem jetzt die Stunde schlägt. Was für eine Vorstellung, am Heiligabend zu sterben, «in diesen Stunden, die die ganze Welt in höchster Freude und Glück begehen soll».

Die kleine Gruppe lässt Bett um Bett hinter sich. Die Glöckchen bimmeln. Es ist, als dehne sich die Zeit in D'Aquilas überhitztem Geist. «Die Zeit wird nicht gemessen. Die ganze Ewigkeit kann in einem einzigen Augenblick enthalten sein.» Die drei kommen immer näher, er lässt sie nicht aus den Augen.

Sie bleiben an seinem Bett stehen. Die Nonnen fallen auf die Knie.

Er ist es, der sterben soll.

D'Aquila will nicht, er hat nicht die Absicht, er wird nicht sterben. Der Priester murmelt seine Gebete und bestreicht D'Aquilas Stirn mit Öl, aber in D'Aquilas Hirn wird er zum Henker, der ihm mit dieser Handlung das Leben rauben will. D'Aquila ist jedoch so schwach, dass er kein Wort herausbringt. Er begegnet dem Blick des Priesters. Eine der Nonnen bläst die Kerzen aus. Er wird allein gelassen.

D'Aquila schildert, was danach geschah:

Alles um mich herum lag in vollständigem Dunkel, was, wie ich annehme, dazu beitrug, dass ich das seltsame Gefühl hatte zu schweben. Es war, als verharrte ich in der Luft, ohne mich nach rechts oder

211

links, vorwärts oder rückwärts zu bewegen, ohne aufzusteigen oder herunterzusinken. Der Äther selbst bewegte sich auch nicht. Es war ein Zustand absoluter Reglosigkeit! [...] Abrupt, nach einer bedrückenden Phase von Bewegungslosigkeit in diesem undurchdringlichen Medium [...], trat wie ein silberner Schirm vor dem pechschwarzen Hintergrund eine Wand aus Licht hervor. Vor meinen Augen spielte sich dann langsam, wie ein farbiges Kaleidoskop, mein ganzes Leben auf dieser Erde ab, angefangen bei meiner Geburt und meinen ersten Jahren und bis zu dem Augenblick, da mir das Sterbesakrament gegeben wurde.

Alles verändert sich, er kämpft nicht mehr gegen den Tod, sondern heißt ihn freudig willkommen.

Seine Fieberphantasien halten an. Er wird zu einer Frau, die ein Kind gebärt. Er fliegt durchs Universum, vorbei an Planeten, Sternen, Galaxien, aber die sich durchs Weltall ziehende Bahn senkt sich, und er kehrt zur Erde zurück, nach Norditalien, nach Udine, ins Lazarett in der Via Dante, durch ein enges kleines Fenster in den Krankensaal und zu jenem Ding an der äußersten Grenze des Daseins: seinem eigenen Körper.

72.

Weihnachten 1915

PAOLO MONELLI ERLEBT SEINE FEUERTAUFE AUF
DEM BERG PANAROTTA

Es ist so weit. Die Feuertaufe. Um Mitternacht marschieren sie los. Über den Schnee erstreckt sich eine Kolonne von Soldaten und bepackten Mauleseln. Während sie vorwärts marschieren, denkt Paolo Monelli an zwei Dinge. Das Erste ist sein Zuhause. Das Zweite, wie froh es ihn macht, später von dem, was er erleben wird, erzählen zu können. Es ist kalt, wolkenloser Himmel, blasse

Sterne. Mondlicht liegt auf dem weiß glitzernden Schnee. Man hört nichts außer dem Knirschen der Stiefelstollen auf dem Eis, dem Klappern des leeren Kochgeschirrs, vereinzelten Flüchen und Gesprächsfetzen. Nach sechs Stunden erreichen sie ein menschenleeres und geplündertes österreichisches Dorf. Den Tag über werden sie hier ausruhen, um bei Einbruch der Dunkelheit einen Überraschungsangriff auf einen österreichischen Posten auf dem Berg Panarotta durchzuführen.

Paolo Monelli ist in Fiorano Modenese in Norditalien geboren. Ursprünglich hatte er vor, zum Militär zu gehen, doch zunächst begann er ein Jurastudium an der Universität in Bologna. Dort kamen zwei seiner Leidenschaften zusammen: sein Interesse für Bergsteigen und Wintersport und das Schreiben. So hat er während seines Studiums einige Artikel zu diesen Themen verfasst, die dann in der lokalen Tageszeitung *Il Resto del Carlino* veröffentlicht wurden. Als Italien im Mai dieses Jahres Österreich-Ungarn den Krieg erklärte, war es für ihn und seine Kommilitonen eine Selbstverständlichkeit, sich als Freiwillige zu melden. Für Monelli ist dies weitaus mehr als eine Geste, denn er ist der einzige Sohn der Familie und hätte als solcher das Recht, vom Kriegsdienst befreit zu werden. Er hat es bewusst vermieden, sich darauf zu berufen. Stattdessen ist er aufgrund seiner Erfahrungen als Bergsteiger von den *Alpini*, den Gebirgsjägern, aufgenommen worden, der Elite der italienischen Infanterie. Im Juni hat er in Belluno seinen Dienst angetreten.

Im allerletzten Moment sind Monelli jedoch Bedenken gekommen. Am Morgen seiner Abreise war er früh von einem Klopfen am Fenster geweckt worden und hatte plötzlich einen Anflug von Angst verspürt. Und er erinnert sich, dass ihn eine Katerstimmung befallen hatte, denn er war in einem euphorischen Rausch eingeschlafen, aber mit dumpfen Zweifeln erwacht. (Das Mädchen, mit dem er den Abend verbracht hatte, musste weinen, doch das hatte er nicht so ernst genommen.) Düstere Bilder von den Qualen, die ihn erwarteten, standen ihm vor Augen. Es war für ihn so selbstverständlich gewesen, diesen Schritt zu tun, aber er war sich im Grunde nicht darüber im Klaren, *warum*. «Ist es Überdruss angesichts meines öden Lebens in Friedenszeiten, lockt mich das riskante Spiel auf den Gipfeln, ist es, weil ich es nicht ertragen kann, nicht dabei gewesen zu sein, wenn andere davon erzählen werden – oder einfach nur eine ehrliche Liebe zu meinem Land, die mich so stark zum Krieg hinzieht?» Und er erinnert sich daran, dass es ein kalter Morgen war, an dem er aufbrach.

Die Zweifel hatten sich jedoch rasch in Aufregung verwandelt. Er hat selbst ein «wollüstiges Gefühl von Leere» beschrieben, «den Stolz der frischen Jugend – die Spannung der Erwartungen». Noch hat er kaum etwas vom Krieg gesehen, geschweige denn erlebt. (Als er zum ersten Mal in der Ferne Gewehrfeuer hört, erinnert ihn das Knallen an das klickende Geräusch von Billardkugeln, die aneinanderstoßen.) Auf Fotos ist ein schmächtiger Mann mit hängenden Schultern zu erkennen, mit dunklem, dichtem Haar, neugierigen, tiefliegenden Augen, sinnlichen Lippen und einem Grübchen am Kinn. Er sieht jünger aus als vierundzwanzig Jahre. In seiner Uniformjacke trägt er ein Exemplar von Dantes *Göttlicher Komödie* im Taschenformat bei sich.

Monelli verbringt den Tag in einem weißen Haus, wo er sich in einem im Rokokostil eingerichteten Schlafzimmer auf einem niedrigen Diwan zur Ruhe legt. Aber es fällt ihm schwer, Ruhe zu finden. Vielleicht stört ihn das Getrappel der Soldaten, die die hölzerne Treppe auf und ab laufen, vielleicht ist er ganz einfach zu nervös bei all dem, was ihn erwartet. Später gehen sie den Angriffsplan für den Abend durch. Es wird nicht leicht werden. Sie wissen nicht genau, wie man diesen Posten erreicht, und als sie sich über die Karte beugen, können sie nicht einmal die eigene Position finden.

Um neun Uhr abends treten sie an und marschieren ab. Es ist sternenklar und kalt. Sie kommen in einen dichten Wald. Die Nervosität nimmt zu. Das Geräusch von Stiefeln, die durch den verharschten Schnee trampeln, wächst in ihren Ohren zu einem verräterischen Dröhnen an. Monelli spürt, dass er hungrig ist. Da hallt ein einsamer Schuss. «Ta-bum. Alarm.»

Ein Anflug von Kälte, das Herz schlägt schneller. Der erste Schuss des Krieges: eine Warnung, die bedeutet, dass die Kriegsmaschinerie in Gang gesetzt wurde und dich unerbittlich mitreißt. Jetzt bist du darin gefangen und wirst dich nie mehr befreien können. Vielleicht hast du es vorher nicht geglaubt; noch bis gestern hast du mit deinem Leben gespielt, aber so, als ob du deinen Einsatz jederzeit zurückziehen könntest. Du hast leichtfertig von Heldentaten und Opfern gesprochen, von denen du keine Ahnung hattest. Jetzt bist du an der Reihe.

Monelli betrachtet einen seiner Kameraden, der seinen sonst so verschlossenen, unergründlichen Gesichtsausdruck verloren hat und vor innerer Erregung fast glüht. Der Kamerad sieht einige Österreicher zwischen den Bäumen unter ihnen davonlaufen und feuert zwei Schüsse in ihre Richtung. «In diesem Augenblick», erzählt Monelli, «fällt etwas von mir ab, die Angst ist restlos verschwunden, und ich bin so beherrscht und geistesgegenwärtig, als sei dies eine Übung auf dem Exerzierplatz.»

Dann – nichts.

Patrouillen werden ausgesandt.

Monelli und die anderen warten ab, im Halbschlaf. Die Morgendämmerung bricht heran. Ein fröhlicher Leutnant taucht auf, sein Gesicht ist gerötet von der Anstrengung, er gibt einen Befehl, verschwindet nach rechts. Gewehrfeuer hallt in einiger Entfernung. Monelli hört einen Verwundeten stöhnen.

Dann – nichts.

Die Sonne geht auf. Sie beginnen mit dem Frühstück.

Da hört man Maschinengewehre. Der Kampflärm schwillt an, pflanzt sich fort, kommt näher. Einige leicht Verwundete marschieren vorbei. Irgendwo dort vorn wird gekämpft.

Das Frühstück wird unterbrochen. Einige fluchen. Der Zug tritt an. Dann geht es los über den Schnee. «Ist dies der Tod, dieses

Chaos von Schreien und Pfeifen, diese Äste, die im Wald abge-schnitten werden, dieses Keuchen von Granaten am Himmel?»

Dann – nichts.

Stille. Schweigen.

Auf dem Rückmarsch herrscht Hochstimmung. Zwar haben sie nicht einmal den Posten gefunden, den sie einnehmen sollten, aber die Soldaten sind froh, heil davongekommen zu sein, und Monelli ist zufrieden, ja beinahe euphorisch, er hat seine Feuertaufe be-standen. Durch ein Loch, das in den Stacheldraht geschnitten wur-de, kehren sie in die eigenen Stellungen zurück. Da steht jedoch der Divisionschef und erwartet sie, stramm, kalt und mürrisch. Als Monellis Bataillonskommandeur, ein Major, in der vorwärts stampfenden Kolonne von Männern erscheint, hält der Divisions-chef ihn auf und erteilt ihm eine Rüge. Sie hätten den Posten fin-den müssen. Sie hätten den Posten einnehmen müssen. Sie hätten verdächtig geringe Verluste erlitten. Und so weiter. Dann steht der Divisionschef am Weg und starrt mürrisch und steif auf die vor-beidefilierenden Soldaten. Als alles vorbei ist, setzt er sich auf die Rückbank eines wartenden Autos und verschwindet.

Gegen Abend sind sie zurück in dem menschenleeren Dorf. Monelli geht in das ausgekühlte weiße Haus und breitet wieder seinen Schlafsack auf dem niedrigen Diwan im Rokokozimmer aus. Durch die Löcher in der Decke sieht er Sterne funkeln.

73.

Sonntag, 26. Dezember 1915

ANGUS BUCHANAN GEHT BEI TIETA AUF NACHTPATROUILLE

Die Dunkelheit, die sie umgibt, ist beklemmend, denn über ihnen sind nur Sterne zu sehen und noch kein Mond.

Buchanan und die anderen tragen Mokassins; es ist nämlich fast unmöglich, in schweren Marschstiefeln lautlos durch den Busch zu schleichen. Ihr Auftrag ist der übliche: Sie sollen deutsche Patrouillen daran hindern, neue Sabotageakte gegen die Uganda-Eisenbahn zu verüben. Es ist ungefähr halb zehn abends. Schnell bewegt sich die kleine Gruppe einen Weg entlang, der sie zu der rund acht Kilometer entfernten Stelle führt, wo sie sich auf die Lauer legen wollen. Sie gehen mit großem Abstand in einer Reihe. Dann und wann halten sie inne, um zu horchen.

Angus Buchanan ist gerade zum Leutnant befördert worden. Er hat bei den 25th Royal Fusiliers schnell Karriere gemacht, noch im April war er gemeiner Soldat. Nicht ohne Bedauern verlässt er das Leben im Glied, ein «frohes, verantwortungsfreies, ungeordnetes Dasein».

Nachdem sie einige Zeit schweigend marschiert sind, hören sie plötzlich ein lautes Geräusch. Sie bleiben stehen.

Es kommt von links des Weges.

Sie hören das Knirschen brechender Zweige und das Knacken von Unterholz. Feindliche Patrouillen bewegen sich nicht so. Sie erblicken ein Nashorn. Alle bleiben sofort stehen. Im Dunkeln kann man nicht erkennen, ob das gewaltige Tier sich bereit macht anzugreifen. Es folgen Sekunden der Anspannung. Nashörner sind nicht ungewöhnlich in dieser Gegend, und sie sind sehr gefährlich, weitaus gefährlicher als Löwen. Buchanan hat gelernt, dass Löwen nur angreifen, wenn sie verletzt sind. Im Verlauf dieses Jahres sind in Ostafrika dreißig britische Soldaten von wilden Tieren getötet worden.

Das Nashorn trabt durchs Buschwerk davon. Die Gefahr ist vorüber. Die vier Männer schleichen weiter.

Unter einem großen Mangobaum finden sie die noch glühenden Reste eines Lagerfeuers. Der Feind ist irgendwo da draußen im Dunkeln.

Der Mond geht auf. Sie können auf dem staubweißen Weg vor sich ihre Schatten erkennen, wie in die Länge gezogene schwerelose Gestalten. Nicht weit entfernt ahnt man das Glitzern des Flusses.

Gegen Mitternacht erreichen sie eine Stelle, wo sie einen guten Blick auf die Eisenbahn haben. Sie verstecken sich im Busch und warten.

Die Nacht verging in Stille, nur von afrikanischen Lauten unterbrochen. Dann und wann schrien Affen in den hohen Bäumen am Flussufer jenseits der Eisenbahngleise, und trockene Zweige brachen, während sie sich von Ast zu Ast bewegten. Eine einsame Eule schrie im fernen Dunkel. Manchmal zeigte sich auch ein umherstreifendes Raubtier. Ab und zu brach das tiefe Heulen der Hyäne durch die Stille und ließ das Blut gefrieren, oder das hundeähnliche Bellen der Schakale, aber nur für ein paar kurze Augenblicke, worauf sie, Gespenstern gleich, von der Tiefe der Nacht verschluckt wurden.

Als schließlich die Sonne aufgeht, ist wieder eine ereignislose Nacht verstrichen. Sie machen ein kleines Feuer und kochen sich Tee, anschließend wandern sie in der Morgensonne zurück.

Um das Lager herum roden die Soldaten große Flächen, dort stapeln sich Vorräte aller Art. Es gehen Gerüchte um, dass Verstärkung erwartet wird. Buchanan schreibt: «Die Vorstellung, dass wir vielleicht bald in Feindesland eindringen sollen, beflügelt unseren Geist.»

Edward Mousley
Rechts: Andrej Lobanov-Rostovskij

Alfred Pollard

Rafael del Nogales

Die Front auf dem Balkan und bei den Dardanellen

Alliierte Soldaten am Strand bei Anzac Cove, 1915.

V-Beach an Gallipolis Südspitze, 1915.

Österreichisch-ungarische Nachschubkolonne in Serbien,
Oktober/November 1915.

Gefangene serbische Soldaten bei der Abgabe ihrer Waffen,
Montenegro, Februar 1916.

Rechte Seite (von oben nach unten)
Die örtliche Bevölkerung beobachtet, wie ein deutsches Flugzeug
zu einem Kampfeinsatz abhebt, Mazedonien 1915.

Britische Militärlager bei Saloniki, April 1916.

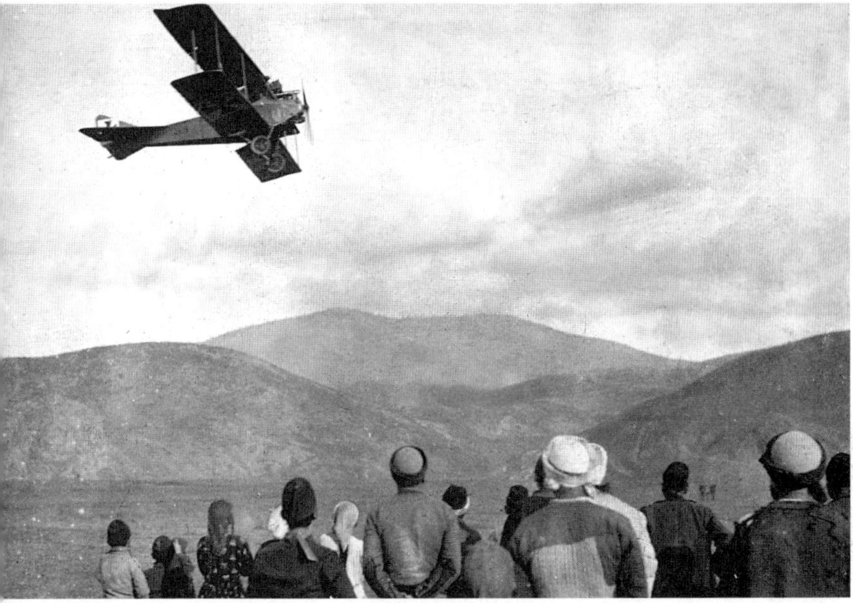

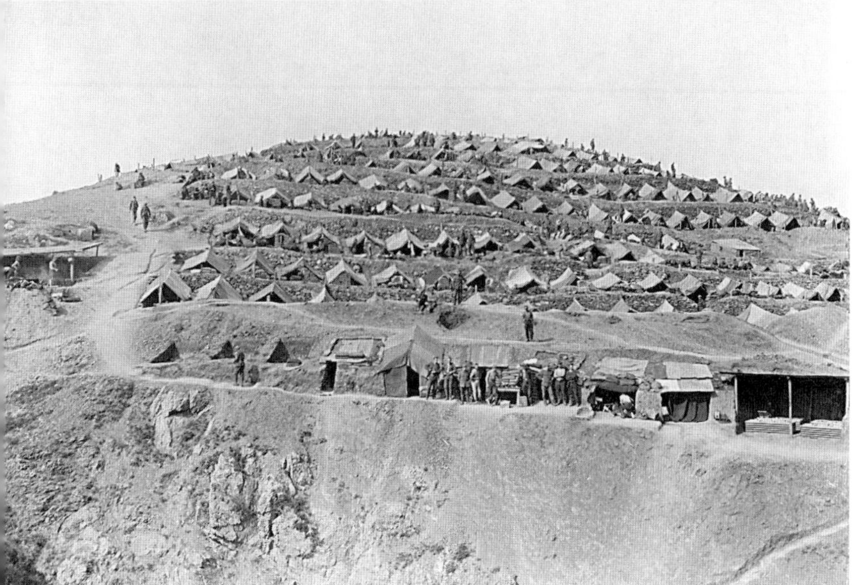

Saloniki kurz nach dem großen Brand, August 1917.

Die Front in Ostafrika

Der Krieg hat Afrika erreicht, 1914.

Schwarze Kolonialsoldaten des deutschen Heeres in Ostafrika.

Der Panganifluss in Deutsch-Ostafrika.

Der schwarze britische Verband King's African Rifles paradiert in Lindi, September 1916.

Das Wrack der *SMS Königsberg* im Rufijidelta, Sommer 1915.

Schwarze Maschinengewehrmannschaft unter deutschem Kommando
in Ostafrika 1915.

1916

Dies ist der Krieg. Nicht die Gefahr zu sterben, nicht das rote
Feuerwerk der Granaten, die blind machen, wenn sie mit einem
Heulen herunterkommen und einschlagen, sondern das Gefühl,
eine Marionette in den Händen eines unbekannten Puppenspielers
zu sein, und dieses Gefühl lässt zuweilen das Herz erkalten, als
habe der Tod schon zugegriffen.

Chronologie der Ereignisse

10.1. In Armenien wird eine russische Offensive eingeleitet. Gewisse Erfolge.

Jan. Russische Truppen marschieren in Persien ein.

21.2. Beginn einer deutschen Offensive bei Verdun. Große Erfolge. Die Kämpfe dauern bis November an.

4.3. Großbritannien und Frankreich teilen die deutsche Kolonie Kamerun unter sich auf.

6.3. Die Schlacht bei Verdun weitet sich auf das westliche Ufer der Maas aus.

9.3. Deutschland erklärt Portugal den Krieg. (Die beiden Länder haben sich zuvor in Afrika bekämpft.)

17.3. Die fünfte italienische Offensive am Isonzo wird abgebrochen. Unbedeutende Erfolge.

20.4. Der sogenannte Osteraufstand beginnt in Irland.

29.4. Das in Kut al-Amara belagerte britische Armeekorps kapituliert.

14.5. Österreichisch-ungarische Offensive auf dem Asiago-Plateau in den Alpen. Gewisse Erfolge.

31.5. Die große Seeschlacht im Skagerrak.

1.6. Osmanische Offensive in Armenien. Den ganzen Sommer über schwere Kämpfe mit russischen Truppen.

4.6. Die russische Brussilow-Offensive beginnt an der Ostfront. Große Erfolge.

1.7. Beginn der großen britisch-französischen Offensive an der Somme, sie dauert bis in den November.

6.8. Die sechste italienische Offensive am Isonzo beginnt. Gewisse Erfolge.

9. 8. Die Stadt Görz an der Isonzofront wird von italienischen Truppen erobert.

14. 8. Friedensinitiative des Papstes. Sie bleibt ohne Wirkung.

28. 8. Rumänien erklärt Österreich-Ungarn den Krieg. Deutsche Kriegserklärung folgt.

29. 8. Rumänische Offensive in Transsilvanien beginnt. Geringe Erfolge.

14. 9. Die siebte italienische Offensive am Isonzo beginnt. Keine Erfolge.

4. 10. Deutsche und österreichisch-ungarische Gegenoffensive in Transsilvanien.

10. 10. Die achte italienische Offensive am Isonzo beginnt. Keine Erfolge.

1. 11. Die neunte italienische Offensive am Isonzo beginnt. Unbedeutende Erfolge.

27. 11. Bedeutende russische Erfolge in Persien.

5. 12. Rumäniens Hauptstadt Bukarest wird von deutschen und österreichisch-ungarischen Truppen eingenommen.

12. 12. Deutsche Friedensinitiative. Wird von den gegnerischen Staaten abgelehnt.

74.

Samstag, 1. Januar 1916

EDWARD MOUSLEY SIEHT ÜBER KUT AL-AMARA
DIE SONNE AUFGEHEN

Sie nennen es *the stack*, den Haufen. Es ist ein riesiger Stapel von gefüllten Mehlsäcken, über vier Meter hoch, auf dessen Spitze ein Beobachtungsposten eingerichtet ist. Die Aussicht von dort oben ist vorzüglich. Man hat beinahe Rundumsicht bis zum Horizont, und die osmanischen Belagerungstruppen im Norden der Stadt lassen sich von dort aus observieren. Der Haufen erhebt sich mitten im sogenannten Fort, einem großen, von Mauern umschlossenen Platz am nordwestlichen Ende der britischen Verteidigungslinien um Kut al-Amara.

Edward Mousley befindet sich seit gestern im Fort, er ist hergeschickt worden, um einen verwundeten Feuerleitsoldaten zu ersetzen. Der Weg hierher war weit und gefährlich. Er musste durch etwa drei Kilometer Schützengraben gehen, um ans Ziel zu kommen. Überall lauern feindliche Scharfschützen, die auf alles feuern, was sich bewegt. Wegen der isolierten Lage des Forts ist das dort servierte Essen besonders schlecht, selbst im Vergleich zu Kut al-Amara; sie haben damit begonnen, ihre Zugtiere und die Pferde zu schlachten (aber noch nicht Mousleys geliebten Don Juan), und die Soldaten, die sich näher an der Stadt befinden, bekommen oft Pferdefleisch zu essen.

Mousley ist schon eine halbe Stunde vor Sonnenaufgang aufgewacht. Er und der andere Feuerleitsoldat im Mehlsackhaufen frühstücken schichtweise. An diesem frühen Morgen essen sie das Übliche: Reis und Fleischkonserven, die sie mit Tee hinunterspülen; Butter oder Zucker gibt es nicht mehr. Mousley liebt es, die

Sonne aufgehen zu sehen, zu beobachten, wie sich die Schatten der Nacht von der flachen Wüstenebene lösen. An diesem Morgen ist es ein betörend schöner Himmel, der vor seinen Augen erleuchtet wird, dunkelgrüne, violette und lila Farbtöne verlieren sich in einem Meer von rasch vorübersegelnden Wolken. Heute ist der Neujahrstag, und so will er gern hoffen, dass dies ein Omen ist, dass sie dazu bestimmt sind, wie die schnellen Wolken nach Bagdad weiterzuziehen. Alle in Kut al-Amara warten geduldig auf den Entsatz, der den Optimisten zufolge nur einige Tage entfernt ist, während die Pessimisten die Zeit lieber in Wochen messen. Wetten werden abgeschlossen. Manchmal spielen sie Fußball. Die Hitze ist betäubend.

Er mag die Morgendämmerung auch aus einem anderen Grund: Es ist die beste Zeit, die Geschütze einzuschießen – später am Tag gibt es nämlich Luftspiegelungen. Noch ist der feindliche Beschuss nicht so heftig. Der Feind hat herausgefunden, dass die britische Artillerie vom «Haufen» aus geleitet wird, was bedeutet, dass nach der Eröffnung des eigenen Feuers sofort feindliche Geschosse gegen die Wände prasseln. (Er beschreibt das Geräusch einer Garbe so: «r-r-r-rip».) In regelmäßigen Abständen müssen sie die doppelte Schicht von Säcken ausbessern, da die Geschosse mit der Zeit die äußere Schicht zerstören.

Später kann Mousley durch sein Fernglas beobachten, wie osmanische Soldaten eine Artilleriestellung ausbauen. Er alarmiert eine der Batterien, gibt die Koordinaten durch, und kurz darauf donnern die Geschütze. Die feindlichen Soldaten sind jedoch keineswegs leicht einzuschüchtern. Er sieht im Fernglas, wie sie sich in Deckung werfen, wenn eine Salve angesaust kommt, aber sofort wieder aufstehen, noch bevor die Detonationswolken sich verzogen haben, und schnell weiter hacken und graben. Furchtlose Burschen. Da wechselt Mousley die Feuerart. Die Batterie soll truppweise schießen; so werden weniger Granaten abgefeuert, die aber umso häufiger treffen. Das scheint Wirkung zu zeigen. Nach einiger Zeit sieht er drüben Sanitäter und Bahrenträger mit Karren eintreffen.

Das Fort ist einer der Eckpfeiler in der Verteidigung von Kut al-Amara und liegt unter ständigem Beschuss. (Als Mousley an einer Mauer entlanggeht, schlagen Kugeln durch die niedrigen Schießscharten ein, und sie müssen von Scharte zu Scharte hetzen.) Deshalb befinden sich die Infanteristen, die die Stellung halten, meistens unter der Erde. Die Stellung ist ein Wirrwarr von Laufgräben, Schutzräumen und tiefen Gruben, in denen sie Munition und andere Vorräte lagern.

Am Nachmittag besucht Mousley einen der Außenposten des Forts. Heiligabend unternahm die osmanische Infanterie den Versuch, die Stellung zu stürmen, und nachdem sie die britischen Maschinengewehre ausgeschaltet hatten, drangen die Angreifer in die Bastion ein, wo es zu einem Handgemenge kam. Am Schluss wurden die Eindringlinge jedoch in die Flucht geschlagen. Die Bastion war voller Toter. Die Soldaten, die den Angriff vor einer Woche abwehrten, befinden sich immer noch dort. Sie zeigen Mousley die vielen osmanischen Toten, die weiterhin verstreut herumliegen. Die Körper befinden sich im Zustand fortgeschrittener Verwesung, und der Gestank ist teilweise unerträglich. Manche Soldaten haben sich trotz des Gestanks und trotz der Bedrohung durch feindliche Scharfschützen hinausgewagt auf den Leichenteppich, um nach Souvenirs zu suchen. Ein indischer Soldat zeigt Mousley seine Trophäen: drei osmanische Tropenhelme und ein Offiziersschwert.

Das Abendessen ist regelrecht genießbar: Kartoffeln (kleine Portion), Pferdefilet, Datteln und Brot. Der Abschluss ist auch gut. Ein Offizier bietet ihm eine burmesische *cheroot*[1] an, und gegen sieben Uhr zieht Mousley sich in seinen Schutzraum zurück, um sie andächtig zu rauchen.

Der Schutzraum, den er mit dem anderen Feuerleitsoldaten, einem Hauptmann, teilt, ist für zwei Personen recht geräumig: rund fünf mal drei Meter. Leider ist er so niedrig, dass es unmöglich ist, aufrecht zu gehen. Mousley liegt auf seinem Bett, raucht und starrt an die Decke, die aus Balken mit einem Durchmesser von 15 bis 20

Zentimetern besteht; sie sind mit einer meterdicken Schicht Sand bedeckt. Er stellt fest, dass sich die Balken unter dem Gewicht der Abdeckung biegen. Er blickt zur Decke auf und versucht, sich ein Zitat von Aristoteles in Erinnerung zu rufen, ungefähr mit folgendem Wortlaut: «Auch wenn gewisse Planken stärker sind als andere, werden sie doch alle brechen, wenn das Gewicht schwer genug geworden ist.»

*

Am selben Tag schreibt Paolo Monelli in sein Tagebuch:

> *Ist dies nicht genau das, was du dir gewünscht hast? An einem guten Feuer zu sitzen, draußen im Krieg, an einem Abend nach einem erfolgreichen Erkundungsmarsch, in Erwartung größerer Aufgaben. Unbeschwert frohe Lieder, das Gefühl, dass dies die beste Zeit in deinem Leben ist. Und die morbidesten Ängste sind verflogen.*

75.
Sonntag, 2. Januar 1916
VINCENZO D'AQUILA ERWACHT IN UDINE
AUS SEINEN FIEBERTRÄUMEN

Niemand glaubte, dass er überleben würde, aber eine Injektion – war es Opium? – hat auf unergründliche Weise seinen Sturz in den Abgrund aufgehalten. Das Erste, woran er sich erinnert, ist eine der Krankenschwestern, die erstaunt ausruft: *«Tu sei renato!»* Du bist wiedergeboren! Aber zu was?

Nur nach und nach entsinnt er sich, was eigentlich geschehen ist.

Auf einem Kalender im Krankensaal kann er sehen, dass heute der 2. Januar 1916 ist. Er ist verwirrt. Der Krieg geht weiter, so viel ist ihm klar. Aber wie ist es eigentlich passiert, dass er vor dem Tod gerettet wurde, der in den Schützengräben auf ihn wartete? Hatte er es seiner Intelligenz oder seiner Gerissenheit zu verdanken? Nein, es war sein Glaube. Er kann nicht richtig loskommen von den Worten der Krankenschwester. Eine grandiose Idee überfällt ihn: Wenn sein Glaube ihm aus dem Krieg herausgeholfen hat, würde er dann nicht das Gleiche auch für alle anderen Soldaten tun können?

Eine Krankenschwester tritt an sein Bett. Sie bringt ihm ein paar dünne Scheiben Topfkuchen und ein Glas warme Milch. Nachdem er gegessen hat, sinkt er in einen tiefen, friedlichen Schlaf.

76.

Montag, 10. Januar 1916

PÁL KELEMEN BESUCHT DEN SCHAUPLATZ
DER SCHÜSSE VON SARAJEVO

Der letzte Monat hat wenig mehr als Patrouillen- und Besatzungsdienst gebracht. Die bergige Landschaft ist schneebedeckt, aber es ist nicht besonders kalt. Die Reste der aufgeriebenen serbischen Armee sind hinter den albanischen Bergen im Süden verschwunden und sollen von alliierten Schiffen ins Exil nach Korfu gebracht worden sein. Die regulären Schlachten in Serbien sind vorbei. Jetzt geht es nur noch darum, den Guerillakrieg zu beenden. Manche Teile des Landes haben ihre komplette männliche Bevölkerung verloren. Kelemen hat immer wieder Kolonnen mit Männern jeden Alters vorbeiziehen sehen: «Alte Männer, gebeugt von harter Arbeit, schleppen sich hilflos dahin, ihrem Schicksal ergeben wie zum Tode verurteilte Tiere. Und ganz hinten werden die Krüppel, die Geistesschwachen und die Kinder getrieben.» Und er kennt die Schneckenspuren gut, die diese traurigen Prozessionen hinterlassen, die ausgemergelten Leichen, die jeden zweiten Kilometer im Graben liegen, und die schwere, säuerliche Wolke von Gestank, die all diese ungewaschenen Körper absondern und die in der Luft hängen bleibt, auch wenn sie hinter der nächsten Wegbiegung verschwunden sind.

Den Skrupellosen bieten sich Gelegenheiten. In den serbischen Städten gibt es reichlich Frauen, die ihren Körper im Tausch gegen Lebensmittel, vielleicht ein bisschen Schokolade oder auch nur Salz, feilbieten. Er selbst hat auf den schnellen, ungehemmten Sex, wie er jetzt in den okkupierten Städten praktiziert wird, bislang verzichtet. Vielleicht ist er zu anständig? Oder zu eitel? Denn welchen Wert hat etwas, das so billig zu haben ist?

Seit Ende Dezember ist seine Einheit in Bosnien stationiert, und heute hält sich Kelemen in Sarajevo auf. Er notiert in seinem Tagebuch:

Es ist fast Mitternacht. Ich habe meine Gesellschaft verlassen und wandere am Flussufer entlang nach Hause. Es hat aufgehört zu schneien; alles liegt unter einem weißen Kleid. Auf dem gegenüberliegenden Ufer, im türkischen Stadtteil Sarajevos, liegt der Schnee dick auf den Kuppeln der Moscheen, und wenn ein Windstoß von den Berggipfeln herabweht, rutscht ein Teil der weißen Decke mit einem Krachen herunter, das die Stille in diesem schlafenden Land jäh unterbricht.

Die Straßen sind leer. Ein Nachtwächter mit Turban geht schlurfend vor mir, auf Pantoffeln, die aus Stroh gemacht sind. Ich erreiche das Ufer des Flusses Miljacka und stehe an der Straßenecke, wo die verhängnisvollen Schüsse auf den Kronprinzen der Monarchie abgefeuert wurden. An der Hauswand befindet sich eine Marmortafel: 28. Juni 1914.

Aus dem Zentrum der Stadt ist der harmonische Klang von Schlittenglocken zu hören, die sich nähern. Und jetzt sieht man auch den Schlitten, der zum Flussufer abbiegt, das leichte, kleine Fahrzeug gezogen von kleinen Pferden, die von Dampf umgeben sind. Im schwachen Licht der Straßenlaterne ahne ich die Konturen einer zierlichen Frau, in ihren Pelz gehüllt, und neben ihr die Silhouette eines Mannes. Die

Vision entschwindet mit schnellen Hufschlägen. Der Schlitten mit den
beiden Liebenden ist bereits um die Ecke gebogen. Der Glockenklang
verstummt, und ich stehe allein am Flussufer unterhalb einer Marmor-
tafel, die an den Beginn einer Welttragödie erinnert.

77.

Sonntag, 16. Januar 1916

FLORENCE FARMBOROUGH ERLEBT IN DER GEGEND
VON TJERTOVITSE EINEN ÜBERFALL

Die Kälte und die heftigen Schneefälle sind ihre wichtigsten Verbündeten. Die deutschen und die russischen Armeen liegen in
ihren hektisch ausgehobenen Schützengräben und überfüllten
Bunkerräumen und rühren sich nicht. Florence und die anderen
in ihrer Lazaretteinheit haben nicht viel zu tun. Ihre Patienten
leiden meist an Erfrierungen oder wurden von der Kugel eines
Heckenschützen getroffen, jenen Spezialisten der Menschenjagd,
die gerade jetzt besonders aktiv sind.[2]

Florence ist mit ihrem Leben durchaus zufrieden. Sie hat zehn
Tage Urlaub in Moskau hinter sich. «Wonach ich mich gesehnt
habe: das Licht, die Farben, die Wärme – alles war da.» Sie ist
in der Oper gewesen, hat das Ballett besucht, hat sogar getanzt.
Auch die stillen Abende zu Hause bei der Familie mit weichen
Kissen, Klavierspiel und Gesang waren ein ungetrübter Genuss,
aber nach einiger Zeit hatte sie doch eine gewisse Rastlosigkeit
überkommen. Irgendetwas fehlte:

Allmählich wurde mir klar, dass es ein großer Widerspruch ist, glücklich
zu sein, während die Welt unglücklich ist, zu lachen, während andere
leiden. Tatsächlich war es unmöglich. Ich begriff, dass mein Glück in
meiner Pflicht lag, und als Krankenschwester beim Roten Kreuz wusste
ich, wo sie auf mich wartete.

241

Schließlich hatte sie die Tage gezählt, bis sie ihre Uniform wieder anziehen und an die Front zurückkehren konnte.

Florence ist nicht die Einzige, die gut gelaunt ist. Die Kampfmoral ist einigermaßen wiederhergestellt nach dem langen Rückzug im Sommer und Herbst. Das Patt der letzten Monate hat es den Divisionen ermöglicht, ihre Reihen mit neuen Leuten, den Tross mit neuen Vorräten und die Arsenale mit neuen Waffen aufzufüllen. Die Armee des Zaren steht jetzt mit etwa zwei Millionen Mann an der Front, und fast jeder hat ein eigenes Gewehr, was als ungewöhnlich üppig gilt.[3] Der Mangel an Granaten, von dem im vergangenen Jahr ständig die Rede war, ist jetzt behoben. Für jede Feldkanone gibt es nun etwa eintausend Projektile, was man für völlig ausreichend hält. Und alle haben sich ausruhen können.

Deshalb ist der Optimismus in der russischen Armee wieder gewachsen. Man hat jetzt fast verdrängt, dass man in knapp anderthalb Jahren rund vier Millionen Mann verloren hat.[4] Stattdessen hoffen, ja, glauben viele, das neue Jahr werde jenen Wendepunkt im Krieg herbeiführen, von dem man immer hört. Man spricht häufig von einer kommenden russischen Offensive.[5]

Es herrscht auch eine neue Aggressivität unter den Soldaten. Florence weiß seit einiger Zeit, dass an ihrem Frontabschnitt eine neue Operation vorbereitet wird. Gestern hat sie bei einem Essen erfahren, worum es geht: um einen sogenannten verstärkten Spähangriff, der von zwei Bataillonen ausgeführt wird und sich gegen einen Teil der deutschen Verteidigungslinie richtet. Dadurch sollen die Kräfte des Feindes erkundet und zugleich ein paar Gefangene gemacht werden. Viele von denen, die an dem Angriff teilnehmen sollen, sind taufrische Rekruten, eifrige junge Männer, die sich freiwillig gemeldet haben. Sie sollen heimlich Breschen in die deutschen Drahtbefestigungen schlagen, ein gefährlicher Auftrag, den sie in ihrer Naivität eher für einen spannenden Streich halten. (Sie haben eine Spezialausrüstung in Form weißer Overalls bekommen.) Der Plan sieht vor, dass Florence und ein Teil ihrer

Einheit gleich hinter der Front bereitstehen, um Verwundeten Hilfe zu leisten.

Schon am Morgen wollen sie losmarschieren und einen Verbandsplatz einrichten, aber die Stunden verrinnen. Erst gegen halb elf am Abend kommt der Marschbefehl. Sie hatten geplant, Zelte aufzustellen, aber zu ihrer Freude können sie ihre Ausrüstung in einer Hütte aufbauen, die sich etwa anderthalb Kilometer hinter den Schützengräben in einem kleinen Wald befindet. Das Wetter ist schlecht: heftiger, kalter Wind und Schneeregen.

Die Ärzte sind nervös. Wer weiß, wie die Deutschen auf einen solchen Überfall reagieren werden? An der Front ist es noch ruhig. Kein Schuss ist zu hören. Sie setzen sich also hin und warten. Mitternacht ist vorbei. Nach einer Weile taucht der Divisionschef auf, sie bieten ihm Tee an. Das Warten geht weiter. Um zwei Uhr erhält der Divisionschef einen Bericht per Telefon. Gute und schlechte Nachrichten. Der erste Versuch, sich einen Weg durch den deutschen Stacheldraht zu bahnen, musste abgebrochen werden, aber man hat einen neuen gestartet.

Warten, Schweigen. Dann ein weiteres Telefongespräch. Alles läuft wie geplant. Die Späher sind dabei, sich durch die Hindernisse zu arbeiten. Die Menschen in der kleinen Hütte atmen auf und lächeln sich erleichtert zu.

Mehr Warten, mehr Schweigen. Es ist drei, dann vier Uhr.

Da passiert es.

Die Stille wird vom Krachen gleichzeitig feuernder Geschütze, Maschinengewehre und Gewehre zerrissen. Jetzt hat der Angriff begonnen, oder? Das Dröhnen hört nicht auf. Noch ein Telefonrapport. Der Spähtrupp wurde entdeckt und steht unter schwerem Beschuss. Der Durchbruch ist gescheitert.

Dann kommen die ersten Verwundeten, einige auf Tragen, andere von Kameraden gestützt, wieder andere aus eigener Kraft, hinkend. Zwei Farben dominieren die Szene: Weiß und Rot. Grell und scharf tritt das Blut auf den neuen Schneeanzügen der Soldaten hervor. Sie sieht einen Soldaten unter Schock, der eine

Handgranate in der Hand hält und sich weigert, sie loszulassen; einen anderen, der im Bauch getroffen wurde, die Eingeweide hängen heraus – er ist schon tot; einen dritten, der einen Lungenschuss erhalten hat und um Luft ringt; einen vierten, der die Letzte Ölung erhält, aber schon so weit fort ist, dass er kaum die Oblate zu schlucken vermag. Weiß und Rot.

Als alles vorbei ist, geht Florence hinaus an die frische Luft. Von einem angrenzenden Abschnitt sind vereinzelte Schüsse zu hören, aber hier ist wieder alles still. Der verstärkte Spähangriff ist misslungen: 75 Mann sind tot, rund 200 verwundet. Der Regimentskommandeur ist verschwunden, er soll schwer verwundet irgendwo dort draußen im Stacheldraht liegen.

78.
Dienstag, 18. Januar 1916
MICHEL CORDAY NIMMT DIE METRO ZUM GARE DE L'EST

Kalte Luft. Winterhimmel. An diesem Morgen bringt Michel Corday einen alten Freund zum Bahnhof, einen Pionieroffizier, der sich zu seiner Einheit begeben muss. Die beiden nehmen die Metro zum Gare de l'Est. In der U-Bahn hören sie einen Infanteristen, der nach Ende seines Urlaubs auf dem Weg an die Front ist, mit einem Bekannten reden: «Ich würde meinen linken Arm dafür hergeben, dass ich nicht mehr zurück muss.» Der Infanterist erzählt, wie er einmal versuchte, sich selbst eine Verwundung zuzufügen, indem er seine Hand in die Schießscharte des Schützengrabens hielt. Eine Stunde lang hatte er sie hochgehalten, aber vergeblich.

Andere Gesprächsthemen an diesem Tag: Der Krieg hat dreitausend Menschenleben und 350 Millionen Franc gekostet, durchschnittlich, *jeden Tag*. Es ist davon die Rede, diese Kosten zu senken, um länger kämpfen zu können. Jemand benutzt den Ausdruck

«Krieg auf Raten». Dass Montenegro – Serbiens und Frankreichs Verbündeter auf dem Balkan – gestern kapituliert hat, erhitzt die Gemüter. Eine echte Alternative gab es für Montenegro aber nicht. Das kleine Gebirgsland wurde von denselben deutsch-österreichischen Truppen besetzt, die auch die serbische Armee aus ihrem Land vertrieben haben. Jemand erzählt die Geschichte von einem deutschen Offizier, der schwer verwundet gefangen genommen wurde und sterbend flüsterte: «Es stimmt doch, dass Goethe … der größte Dichter der Welt ist?» Typisch deutsche Eitelkeit.

Als Corday und sein Freund am Gare de l'Est ankommen, ist es zehn Uhr vormittags. Überall sehen sie Männer in Uniform, sie sitzen zu Hunderten auf Gepäckkarren oder steinernen Brüstungen. Sie warten auf ihren Zug oder darauf, dass es elf Uhr wird. Davor ist es nämlich streng verboten, Männern in Uniform Getränke zu servieren. Corday hat von einem Minister gehört, der zwei Frauen samt dem Verlobten der einen zum Tee einladen wollte, was ihm höflich abgeschlagen wurde, da der Verlobte Uniform trug und die Uhrzeit nicht passte. Dann habe der Minister versucht, nur für die Damen Tee zu bestellen, aber auch das wurde ihm verwehrt, da der Soldat ja von dem Tee der Damen hätte trinken können. Der Kellner wies jedoch höflich auf den Eingang, wo sich eine Lösung für das Problem abzeichnete: Ein Offizier verließ gerade den Teesalon, damit seine Gesellschaft endlich etwas zu trinken bestellen konnte.

Auch auf den Bahnsteigen wimmelt es von Soldaten, die nach dem Urlaub zurück an die Front müssen. An den Waggons spielen sich herzzerreißende Abschiedsszenen ab. Frauen halten ihre Kinder hoch, damit die Männer in den offenen Fenstern ihnen einen letzten Kuss geben können. Das alles registriert Corday wie immer als kühler Beobachter. Sein Blick fällt auf einen Soldaten, dessen verzerrtes Gesicht sich in eine Trauermaske verwandelt hat. Der Schmerz des Mannes ist so offensichtlich, dass Corday sich sofort abwenden muss. Ohne sich umzusehen verlässt er den Bahnsteig.

79.

VINCENZO D'AQUILA WIRD IN DIE NERVENHEILANSTALT
SAN OSVALDO ÜBERFÜHRT

Es ist noch früh, einer der Pfleger bringt D'Aquila seine alte Uniform und sagt ihm, dass er sich umziehen soll. Dann wird er zu einem Büro geführt, wo ein Arzt in Hauptmannsuniform ihn erwartet. Sein Name ist Bianchi. D'Aquila nimmt Haltung an. Der Arzt empfängt ihn höflich, ist aber offenbar unangenehm berührt, er zögert. D'Aquila sieht einen Stapel Papiere auf dem Schreibtisch und kann von dem, was darauf steht, Bruchstücke erkennen. Es ist ein Befehl, ihn «zur Beobachtung und zur Verwahrung» in die Nervenheilanstalt San Osvaldo zu überführen. «Symptome: Zerebraltyphus von manischem Charakter – gefährlich für sich selbst und andere.»

D'Aquila ist wahnsinnig geworden. Jedenfalls finden die Ärzte, dass er sich so verhält. In D'Aquilas verwirrtem Geist hat das mit der Erkrankung und seiner vermeintlich wundersamen Genesung verbundene Erlebnis seine Auserwähltheitsphantasien in extremer Weise verstärkt. Er ist von dem Wahn besessen, im Auftrag einer höheren Macht von den Toten zurückgekehrt zu sein. Sein Auftrag? Den Krieg zu beenden. Er glaubt, Krankensäle seien etwas Übernatürliches. Er glaubt, Wunderheilungen zu vollbringen.

An Menschen, die der Heilung bedürften, besteht wahrlich kein Mangel. Kurz nach seinem Erwachen ist er nämlich in ein Kloster in der Nähe von Udine verlegt worden, in dem das Militär Soldaten zusammengelegt hat, die mit mentalen Problemen unterschiedlichster Art zu kämpfen haben. Diese Fälle nehmen immer mehr zu. Die Ärzte wissen nicht recht, was sie mit all diesen Männern und ihren seltsamen Krämpfen, ihren grotesken Zwangshandlungen und unerklärlichen Lähmungen anfangen sollen, diesen Männern, deren Körper unversehrt sind, deren Verstand aber offenbar gelitten hat. In einem Bett rechts von D'Aquila liegt ein junger Mann, der sich alle zehn Minuten, Tag und Nacht, aufrichtet und sein Kissen nach Läusen absucht. Im gleichen Saal ist ein Mann untergebracht, der glaubt, immer noch an der Front zu sein, der aus dem Bett rollt, *«Avanti Savoia!»* brüllt, sich auf dem kalten Fußboden windet und vor Phantomkugeln in Deckung geht, vor und zurück, bis er ohnmächtig wird – er liegt bewusstlos da, bis der nächste Anfall beginnt. In Ermangelung eines besseren Ausdrucks nennt man dieses Symptom «Granatenschock» oder «Kriegszittern».

D'Aquila hat alles verfolgt und ist entsetzt. Es hat ihn in seiner festen Überzeugung bestärkt, dass er den richtig großen Wahnsinn, den Krieg, nicht nur stoppen muss, sondern auch *kann*. Eines Nachts hatte er einen prophetischen Traum. Vor dem Lazarett sah er zwei Gruppen von Kämpfenden aufeinander stoßen, worauf er hinausging und sich zwischen sie stellte:

Mit erhobenem Arm signalisierte ich den Soldaten, dass sie aufhören sollten zu schießen. Als Nächstes spürte ich einen scharfen Schmerz in meiner rechten Seite, wo mich eine feindliche Kugel getroffen hatte. Aber ich wankte nicht einmal. Ganz ruhig zog ich mit den Fingern die Kugel heraus und hielt sie in die Höhe, um den Kämpfenden zu zeigen, dass ich unverwundbar war. Das Schießen hörte sogleich auf, die Männer warfen ihre Waffen auf den Boden, umarmten einander und riefen: «Der Krieg ist aus!»

D'Aquila betrachtet sich wirklich als Propheten und diskutiert nicht ohne Scharfsinn mit Ärzten und Geistlichen. Sie nennen ihn wahnsinnig, aber ist es nicht eigentlich die Welt, die wahnsinnig geworden ist? Vielleicht hört es sich nach Hokuspokus an, wenn er sagt, dass er den Krieg stoppen will (er allein, ein unbekannter Korporal), aber einer muss ja anfangen, oder? So wandert er in seinem Morgenrock umher, predigt und debattiert. Er wittert Verschwörungen. Er glaubt, heimliche Botschaften einer höheren Macht in seinen Hosentaschen gefunden zu haben.

Hauptmann Bianchi ist peinlich berührt, spielt an seiner Brille, beruft sich auf Befehle seiner Vorgesetzten. D'Aquila erklärt es ihm noch einmal: Die Welt, nicht er ist wahnsinnig. Er analysiert, prophezeit, redet: «Hat nicht Christus gesagt, dass wir unsere Feinde lieben sollen?» Der Hauptmann hört geduldig zu, schüttelt ihm dann die Hand, wünscht ihm viel Glück und begleitet ihn hinaus auf den Hof. Dort wartet ein Krankenwagen mit laufendem Motor. Als D'Aquila einsteigt, fängt der Motor an zu stottern. Siehe da, noch ein Zeichen des Himmels!

Schließlich bekommen der Fahrer und ein Mechaniker das Auto in Gang. In rasendem Tempo fahren sie durch Udine, in Richtung San Osvaldo. Der Morgen ist kalt und klar.

80.

Ein Tag im Februar 1916

PÁL KELEMEN BEOBACHTET EINEN TRANSPORT
AUF EINER BERGSTRASSE IN MONTENEGRO

Montenegro, noch ein Feind der Mittelmächte, wenn auch vielleicht nicht der wichtigste, ist also geschlagen. Pál Kelemen und seine Husaren haben an den Operationen teilgenommen, auch diesmal ohne nennenswerte Kämpfe erlebt zu haben. Jetzt gehen sie wieder den alten, wohlbekannten Beschäftigungen nach: Straßenpatrouillen und Wachdienst. Er notiert in seinem Journal:

> *Das Generalhauptquartier wird zurzeit verlegt. Da die Eisenbahnbrücke noch nicht repariert wurde, wird der Versorgungsdienst zwischen den beiden Stationen mit Hilfe von Motorlastwagen durchgeführt. Obwohl nicht genügend Transportmittel vorhanden sind, um die fürs tägliche Leben benötigten Nahrungsmittelvorräte heranzuschaffen, sind alle Fahrzeuge requiriert worden, um den Umzug des Hauptquartiers zu unterstützen.*

Kolonnen von Lastwagen schlängeln sich über die Berge, voll beladen mit
Champagnerkisten, Betten mit Sprungfedermatratzen, Stehlampen,
spezieller Küchenausstattung und Kisten voller Delikatessen. Die Trup-
pen bekommen jetzt ein Drittel ihrer normalen Ration. Die Infanterie
an der Front hat vier Tage lang von Brotstücken leben müssen, aber die
Messe der Stabsoffiziere serviert wie üblich Vier-Gänge-Menüs.

81.

Samstag, 5. Februar 1916

OLIVE KING FREUT SICH AUF EINEN FREIEN TAG IN SALONIKI

Sie teilt das Zelt mit drei anderen Frauen. Morgens bereiten sie
sich auf einem kleinen tragbaren britischen Feldkocher, der mit
Metatabletten betrieben wird und ziemlich schlecht funktioniert,
ihr Frühstück. Doch zum Kaffeekochen reicht es – und vielleicht
auch, um eine Dose mit Würstchen aufzuwärmen. Es passiert nicht
viel in Saloniki, wie üblich. Die Front ist ruhig, so ruhig, dass die
Soldaten in der vordersten Linie sogar planen, einen Gemüsegarten anzulegen. An kriegerischen Aktivitäten wird nicht viel mehr
geboten als vereinzelte Angriffe durch deutsche Zeppeline. Den
ersten schlimmeren Angriff hat es Ende Dezember gegeben, einen
zweiten vor vier Tagen. Die Verluste waren überschaubar.

Genau wie an anderen erstarrten Fronten erhalten die Luftkämpfe eine Aufmerksamkeit, die in keinem Verhältnis zu ihrer
tatsächlichen Bedeutung steht. Sie müssen für all das herhalten,
was man sich vom Krieg versprochen hat, jetzt aber so schwer zu
finden ist: Farbe, Spannung und Dramatik, eine Bühne, wo der
Mut und die Geschicklichkeit des Einzelnen zählen. Kürzlich pa-
radierte man mit einem abgeschossenen deutschen Flugzeug unter
großem Jubel durch Saloniki. (Dass es ausgerechnet hinter den
französischen Linien niedergehen musste, war vor allem Zufall.
Die Maschine hatte nur einen einzigen Treffer erhalten, aber der

saß im Benzintank.) King war dabei, um zuzuschauen. An der Spitze klapperte alliierte Kavallerie, dann folgten einige Automobile, in denen stolze Piloten saßen, danach das Flugzeug, auf drei Lastwagen verteilt, dahinter weitere Automobile, und am Ende noch ein Reitertrupp. King schreibt am selben Tag an ihre Schwester:

> *Dies war die offizielle Prozession, die den Eingeborenen[6] imponieren sollte, und sie starrten wirklich mit offenen Mündern, aber das Lustigste war die Menge von Lastwagen, Krankenwagen, Autos, Straßenbahnen, Ochsenkarren, Packpferden und dergleichen, die von der Parade aufgehalten wurden und jetzt hinter ihr her ächzten.*

Draußen in der Dunkelheit fällt Regen. King verfasst den Brief an ihre Schwester im Zelt liegend, und er wird ziemlich kurz, denn sie hat nur noch eine halbe Kerze. Danach legt sie sich ins Bett, was immer schnell geht: Sie zieht nur die Stiefel und den Rock aus und kriecht dann unter die Wolldecke und den Mantel. Morgen haben sie und die drei anderen im Zelt einen freien Tag, und darauf freut sie sich. Sie hat sich vorgenommen auszuschlafen. Zum Frühstück werden sie sich drei Eier teilen, die sie am Nachmittag gekauft hat.

82.

Sonntag, 13. Februar 1916

RAFAEL DE NOGALES UND DIE WILDGÄNSE VOM TIGRIS

Es ist kalt. Gegen elf Uhr morgens geht der Regen in starken Schneefall über. Die flache Wüstenlandschaft um sie herum färbt sich exotisch weiß. Rafael de Nogales befindet sich auf einem Dampfschiff, das auf dem schlammfarbenen Tigris nach Süden fährt, zur Front. Noch einmal sucht er den Kampf und die Gefahr. Am Vortag hat er seinen Stabsposten in Bagdad verlassen, um in einer Kavalleriebrigade Dienst zu tun, die an den schweren Kämpfen um Kut al-Amara teilnimmt.

Wenn man von der Kälte absieht, ist es eine angenehme, beinahe idyllische Reise:

Das Einzige, was die Monotonie der Landschaft durchbrach, waren die Djirts und Wasserräder, die sich an beiden Ufern des Flusses langsam drehten, deren Konturen in regelmäßigen Abständen von staubigen Palmenhainen und kleinen gelben Dörfern belebt wurden. Dann und wann zogen Scharen von Wildgänsen flügelschlagend über den bleigrauen Himmel, vielleicht dadurch aufgescheucht, dass die Besatzung einer Dau das dreieckige Segel hisste und dazu eines jener langsamen, schwermütigen Lieder sang, die mehr Klageliedern glichen und die so gedehnt und melancholisch waren wie der Wüstenhorizont.

De Nogales hatte tatsächlich sein Gesuch um Entlassung aus der osmanischen Armee eingereicht, nachdem er – zu Pferde von Sairt kommend – krank und erschöpft in Aleppo angekommen war. Nichts auf seinem Weg hatte ihn dazu gebracht, seine Meinung zu ändern. Im Gegenteil. Immer wieder war er auf Spuren von Massakern an Christen gestoßen, und er hatte lange Kolonnen deportierter Armenier gesehen, in erster Linie Frauen und Kinder, die «schmutzigen, zerlumpten Skeletten» ähnelten; Todesmärsche unter der gewissenhaften Aufsicht osmanischer Soldaten.

Das Kriegsministerium in Konstantinopel teilte ihm in einem Telegramm mit, dass sein Gesuch abgelehnt worden war, bot ihm aber gleichzeitig einen Aufenthalt im Krankenhaus des Hauptquartiers an. Das Risiko wollte de Nogales nicht eingehen; als Zeuge der Massaker fürchtete er um sein Leben. Nachdem er Kontakt zur deutschen Militärdelegation in Aleppo hergestellt hatte, fühlte er sich jedoch immerhin so sicher, dass er sich – nach einmonatiger Rekonvaleszenz – zum Dienst zurückmeldete.

So kam er auf einen Verwaltungsposten in einem kleinen, entlegenen Ort in der Provinz Adana. Dort hatte er halbwegs erfolgreich Chaos, Korruption und die Inkompetenz bekämpft, die im Transportapparat des osmanischen Heeres vorherrschten, bis ein unerwartetes Telegramm ihn im Dezember auf einen neuen Posten berufen hatte, diesmal im Stab des deutschen Generalfeldmarschalls von der Goltz, der in Mesopotamien den Oberbefehl über die osmanische 6. Armee innehatte.

Voller Unruhe, aber begierig nach neuen Herausforderungen und froh darüber, an der Kreuzung der Karawanenstraßen in Adana dem inneren Exil entrinnen zu können, ist de Nogales nun aufgebrochen nach Süden, an die Front in Mesopotamien. Dass der britische Vorstoß nach Bagdad zum Halten gebracht wurde, wird als großer Erfolg gewertet, und ein noch größerer wartet vielleicht, wenn man das eingeschlossene britische Heereskorps in Kut al-Amara zur Kapitulation zwingen kann. Um die kleine Stadt herum, aber auch weiter stromabwärts, wo britische Verbände sich zu den Eingeschlossenen durchzuschlagen versuchen, wird erbittert gekämpft.

Nach einigen Stunden Fahrt begegnet ihnen ein anderes Schiff. Die beiden Schiffe gehen längsseits. De Nogales sieht einen kleinen Mann in der Uniform eines osmanischen Oberst, mit Spitzbart und «stolz, aber anspruchslos», über die Laufplanke kommen. Es ist Nur ed-din, der Mann, der nicht nur den Befehl führte, als die Briten bei Ktesiphon aufgehalten wurden, sondern der auch verantwortlich war für die erfolgreiche Einkesselung des Townshend'schen Korps. Nur ed-din ist jetzt auf dem Weg nach Konstantinopel, «gedemütigt und bloßgestellt», vom Gouverneur in Bagdad seines Postens beraubt. Halil, der Gouverneur, kann zwar nicht mit militärischem Geschick aufwarten,[7] hat jedoch erstklassige politische Beziehungen.[8] Und jetzt, da ein großer Sieg in der Luft liegt, ist er darauf versessen, den Triumphator zu spielen.

Durch seine schieren Ausmaße produziert dieser Krieg Helden am laufenden Band – die Zeitung ist voll von ihnen. Und ebenso schnell sind sie verschlissen. Auf die meisten warten der Tod und das Vergessen. Der Sieg bei Ktesiphon hat einen zweiten Architekten, den deutschen General von der Goltz. Trotz seines hohen Rangs ist der Deutsche mittlerweile isoliert, außerdem ist er krank. Er verbringt seine Tage allein in einem kleinen, schmutzigen Zelt. Der zweiundsiebzigjährige Colmar von der Goltz hat zu diesem Zeitpunkt noch gut zwei Monate zu leben, bevor der Typhus auch ihn dahinrafft.[9]

Am frühen Abend sieht de Nogales dünne Rauchspiralen, die «zu einem blaugrau und gold melierten Himmel aufsteigen». Die Front ist nah. Der Transport hat die Stelle erreicht, wo er vom Wasserweg auf den Landweg wechselt. Hier kann er beobachten, wie sich die Zahnräder der gewaltigen Maschinerie drehen, die den Krieg in Gang hält. In den meisten Armeen sind bis zu fünfzehn Mann erforderlich, die hinter den Linien arbeiten, um einen einzigen Infanteriesoldaten zu versorgen.

Während die Waffen in den vergangenen fünfzig Jahren immer ausgefeilter wurden, haben sich die Transportmittel kaum verändert. Dies vor allem trägt dazu bei, dass der Krieg so häufig ins Stocken gerät oder ganz zum Stillstand kommt. Wenn die Züge ihre Endstation erreicht haben, bewegen sich die Armeen auf exakt die gleiche Art und Weise vorwärts wie zu Zeiten Caesars oder Napoleons, also mit Hilfe der Muskelkraft, die in den Beinen der Menschen und den Rücken der Pferde steckt. Aber die immer komplexeren Organisationen verlangen nach immer mehr Ausrüstung, und die immer schneller schießenden Waffen verlangen nach immer mehr Munition.[10]

Die meisten Feldzüge – besonders die, die jenseits des engmaschigen Eisenbahnnetzes in Westeuropa stattfinden – werden eher durch Logistik als durch Taktik entschieden. Wie tapfer die Soldaten und wie hoch entwickelt ihre Waffen auch sein mögen, man gerät unweigerlich ins Hintertreffen, wenn der Transportapparat unzureichend ist. Der Konflikt hat sich also zu einem ökonomischen Wettbewerb entwickelt, zu einem Krieg der Fabriken. Und Logistik ist die Schwachstelle des osmanischen Heeres.

De Nogales hat im Laufe seiner Dienstzeit viele Beispiele für osmanischen Schlendrian und Klüngel gesehen, aber hier an der Front in Mesopotamien hat man alle Kräfte mobilisiert. Was de Nogales sieht, als sein Dampfschiff sich nähert, ist in gewisser Weise imponierend. Gleichzeitig hat die ganze Szenerie etwas Zeitloses:

Mit jedem Augenblick trat eine Linie aus Dampfern, Dauen, Nan-keenen, Tarrados, Kufos und Flößen deutlicher hervor, die auf der linken Seite des Tigris vertäut waren und be- oder entladen wurden, militärische Ausrüstung und Vorräte türmten sich in pyramidenartigen Stapeln an den Steilufern des Flusses. Tausende von Büffeln, Kame-len und anderen Lasttieren, die von arabischen Hirten in pittoresken Trachten gehütet wurden, weideten friedlich um ein enormes Areal von weißen Zelten, die sich in der Ferne verloren. Zu den Klängen von Mi-litärmusik marschierten Kavalleriepatrouillen und Infanteriezüge vor und zurück durch eine gewaltige Masse uniformierter Menschen, von der ein ununterbrochenes Stimmengewirr aufstieg wie fernes Meeres-rauschen, ein Geräusch, das dann und wann vom schrillen Wiehern der Tiere, von den heiseren Stimmen der Sirenen, von singenden Imamen, die zum Gebet riefen, und von den Ausrufen persischer, arabischer und jüdischer Händler durchbrochen wurde, die unseren Soldaten mit groß-artigen Gesten Tabak, Oliven und fettige Speisen anpriesen.

Die Nacht verbringt de Nogales auf der rußgeschwärzten und von Kugeln durchsiebten *Firefly*, einem englischen Kanonenboot, das bei den Kämpfen von Umm vor gut zwei Monaten in osmanische Hände fiel. Beide Seiten unterhalten auf dem Tigris kleine Flottil-len schwer bewaffneter Boote, auch um die eigene Versorgung zu sichern. Für beide Armeen ist der Fluss – auf dem in diesem Jahr wegen der Hitze das Navigieren ungewöhnlich schwerfällt – eine Lebensader.

Ab und zu hört man diffuses Dröhnen entfernter Detonationen. Am Horizont steigt dichter Rauch aus Palmenwäldchen auf. Irgendwo dort befinden sich Kut al-Amara und seine eingekesselten Verteidiger.

*

Einer der Männer dort drüben in der eingeschlossenen Stadt ist Edward Mousley. Gerade liegt er mit Ruhr darnieder. An diesem Morgen ist das Aufwachen besonders ekelhaft. Außer dem unvermeidlichen Durchfall hat er starke Schmerzen im Kreuz, Kopfweh und hohes Fieber. Der Rat der Ärzte ist simpel: Diät. Mousleys Kommentar: «Ebenso gut könnten sie eine Kreuzfahrt auf See empfehlen.» Die Nahrungsvorräte in Kut al-Amara gehen langsam zur Neige. Einige von denen, die um jeden Preis das Krankenbett vermeiden wollen, versuchen sich mit Opiumpillen oder anderen Hauskuren auf den Beinen zu halten, zum Beispiel einer Mischung aus Rizinusöl und Chlorodyne, einem bekannten schmerzstillenden Patentmittel mit Minzgeschmack, das Opium, Cannabis und Chloroform enthält.[11]

Die Lage bei Kut al-Amara ist unverändert. Alle warten auf neue Entsatzversuche. Bei einem Teil der Soldaten wächst die Ungeduld, während andere sich ruhiger verhalten, fast apathisch, und nicht mehr an eine schnelle Rettung glauben. Man bezeichnet sich scherzhaft als *siegy* oder *dug-outish*.[12] Die Schraube zieht gleichzeitig noch mehr an. Heute werden sie von einem feindlichen Flugzeug bombardiert. In Mousleys Worten: «Der Kreis hat sich geschlossen. Wir werden von allen Seiten beschossen, sogar von oben.» Die erschütterndste Nachricht des Tages ist, dass die Menschen zu Hause in Großbritannien nichts davon wissen, was sich hier in Mesopotamien anbahnt; dort glaubt man, das Korps sei einfach in eine Art Winterschlaf gefallen.

Mousley schreibt in sein Tagebuch:

Las heute einen Roman zu Ende. Das hatte zumindest den Vorteil, dass ich wieder Heimweh nach England bekam. Wir sind alle irgendwie voll

von Sehnsucht; und die größte Segnung der Zivilisation ist, dass sie uns
die Möglichkeit gibt, sie zu stillen. Mein Gott! Was würde ich nicht
für ein Glas Milch und eine Götterspeise geben. Meine Temperatur ist
39,4 Grad, ich zittere. Ich will jetzt versuchen zu schlafen. Die Schritte
des Wachtpostens neben meinem Dach lassen die Erde erbeben. Dies ist
der siebzigste Tag der Belagerung.

83.

Montag, 14. Februar 1916

KRESTEN ANDRESEN SITZT IN MONTIGNY
UND DENKT AN DEN FRIEDEN

Vorfrühling. Eisbedeckte Wasserpfützen. Eine Landschaft in Hell-
braun. Es sind ein paar ruhige Monate gewesen, und darüber ist er
froh. Andresen hat einige Runden an der vordersten Linie gedreht,
aber nicht als Kämpfender, sondern als Grabender. Tagsüber haben sie unten in einer Art Keller gesessen und dem Artilleriefeuer
zugehört; nachts sind sie zur vordersten Linie marschiert und haben gegraben und gegraben. Die Stellungen sind die ganze Zeit
gewachsen, in die Tiefe und in die Breite, und der Anblick dieser
vielen Kilometer von tiefen Schützengräben und immer dichteren
Gürteln von Stacheldraht war weniger imposant als deprimierend.
Er ist überzeugt, dass es nicht mehr möglich ist, eine Entscheidung
mit Waffengewalt zu erzwingen – je mehr Zeit vergeht, desto star-
rer wird die Stellungsfront. Er hat auch gehört, dass es sich hier um
einen Abschnitt handelt, wo deutsche und französische Soldaten
eine Art stiller Übereinkunft getroffen haben, sich möglichst in
Ruhe zu lassen. Gelegentlich kommt es zu heftigen Kämpfen, die
indes ebenso schnell wieder verebben, alles nach einer Logik, die
er beim besten Willen nicht erkennen kann.

Abgesehen von den Nächten, in denen gegraben wurde, hat
Kresten Andresen ein recht bequemes Leben gehabt. Unfälle oder

gefährliche Situationen sind ihm erspart geblieben. Trotzdem hat er sich unwohl gefühlt und nach zu Hause gesehnt. Von den deutschen Kameraden hat er sich weitgehend zurückgezogen – er findet sie versoffen –, und auch vom täglichen Leben, das ihm monoton und trist erscheint. Manchmal spielen sie jemandem einen Streich, streuen ihm zum Beispiel Pfeffer in den «Schweinsrüssel» – Soldatenjargon für Gasmaske. Wann immer es möglich ist, besucht er andere Dänen, um sich mit ihnen zu unterhalten. Er hat Molière gelesen und sich mit einem der Trosspferde angefreundet. Als die Nachricht kam, dass Montenegro vor der österreichisch-ungarischen Übermacht kapituliert, verbreitete sich die Hoffnung, dass dies nur der erste Schritt sei, dem andere folgen würden, und dass um Ostern oder etwas später Friede geschlossen werde. Und so weiter.

Andresen schreibt in sein Tagebuch:

Die Offensive, die hier stattgefunden hat, ist ganz zum Stehen gekommen, und es ist völlig ruhig. Es ist lange her, dass ich Kanonen gehört habe. Ich glaube auch, dass der Krieg bis August zu Ende sein wird. Aber selbst dann kommt man ja nicht sofort nach Hause. Sicher wird ein furchtbares Durcheinander in der ganzen Alten Welt entstehen. Ich glaube, das Leben wird dann eine Weile stillstehen, um später neu aufzublühen.

84.
Donnerstag, 2. März 1916

PÁL KELEMEN BETRACHTET EINE FRAU AUF DEM BAHNHOF VON BOSNA BROD

Für das Fieber und die Müdigkeit, die ihn in letzter Zeit gequält haben, hat sich eine Erklärung gefunden: Malaria. Zwar nicht die schlimmste Variante, aber er braucht medizinische Behandlung.

Er ist natürlich froh, dass das Bett, das auf ihn wartet, in einem ungarischen Krankenhaus steht. Im milden Frühlingsregen hat Kelemen Abschied von seinen Offizierskameraden und Soldaten genommen, einen bewegenden Abschied – sein Sergeant hat sogar geweint. Dann hat er das Lager auf dem sumpfigen Feld bei Cattaro verlassen und ist mit einem Transportschiff nach Fiume[13] gefahren.

Mit abgeblendeten Lichtern ging es die Küste Dalmatiens entlang, durch die eiskalte Bora, vorbei an dem gefährlichsten Teil des Adriatischen Meeres – dieses Meer ist durch eine gigantische italienische Minensperre abgeschnitten, die bei Otranto verankert ist. Er selbst hat die spürbare Begeisterung der Besatzung nicht verstanden; er kann «nicht begreifen, dass es immer noch Leute gibt, deren Augen beim Gedanken an Gefahr aufleuchten, ja, dass es immer noch eine solch trotzige Energie» gibt. Während alle anderen draußen auf dem gefrorenen Deck standen und nervös nach italienischen Minen Ausschau hielten, saß Kelemen allein in der leeren Schiffsmesse und betrank sich mit Rotwein der Sorte Vöslauer Goldeck.

Heute sitzt er in Bosna Brod und wartet auf einen Zug. Bosna Brod ist ein Eisenbahnknotenpunkt, es wimmelt von Soldaten.[14] Auf den Straßen rasen Lastwagen hin und her, und auf dem Bahnhof gibt es Lokomotiven und Waggons aller möglichen Typen und Jahrgänge. Überall stehen große Stapel Lebensmittelkonserven und Munition. Ältere, bärtige Landwehrsoldaten in schmutzigen Uniformen laden auf und ab. Im Bahnhofsrestaurant laufen Soldaten und Beamte umher. An einem Tisch sitzt eine junge Frau, die seine ganze Aufmerksamkeit fesselt:

Sie trägt ein einfaches, verschlissenes Kleid und eine Art Pelzboa um den Hals. Ich kann es nicht lassen, diese etwas spröde, müde Person zu betrachten, ihr Reisekissen, ihren Schal und die Handtasche, die Kisten, die auf den Stühlen stehen und den Mantel, der an einem Haken hängt.

Für einen Augenblick richtet sie ihren apathischen Blick auf mich, dann wendet sie sich mit völliger Gleichgültigkeit wieder ihrer Beschäftigung zu. Vor ihr liegt eine Feldpostkarte.[15] Eine Feder hält sie schon länger in der Hand, aber noch hat sie kein einziges Wort geschrieben. Vielleicht liegt es daran, dass ich sie beobachte, oder an dem Gestampfe einer neuen Kompanie auf dem Weg zur Front, das sie in ihren Gedanken gestört hat. Endlich schreibt sie die Adresse mit langen, energischen Strichen. Dann senkt sie ihren Kopf ein wenig, beugt sich zum Tisch hinab und sitzt dann wieder mit leeren Augen da.

Der Zug mit der Kompanie fährt jetzt ab. Pfeifen, Rufe und Gesang hallen durchs Restaurant. Sie hebt den Kopf ein wenig, blickt aber nicht hinaus. Ich sitze mit einer aufgeschlagenen Zeitung, und als ich sie hinter diesem Schutz betrachte, sehe ich, dass sie Tränen in den Augen hat. Sie zögert, dann nimmt sie ihr Taschentuch und betupft vorsichtig ihre Wangen. Sie ergreift die Feder und schreibt wieder ein paar Worte.

Der Schaffner kommt vom Bahnsteig herein, klingelt mit seiner Glocke und verkündet mit Stentorstimme, dass der Zug nach Norden jeden Moment in den Bahnhof einfährt. Das Mädchen bezahlt, und mit der Umständlichkeit und Hilflosigkeit, die typisch ist für Frauen, die allein reisen, zieht sie ihren Mantel an und sammelt ihre vielen Habseligkeiten zusammen. Plötzlich fällt ihr Blick auf die halb geschriebene Postkarte auf dem Tisch; sie hebt sie auf und zerreißt sie. Ihre behandschuhten Hände zittern, sie wirft die Schnipsel auf das Tischtuch. Ein Gepäckträger begleitet sie hinaus und trägt ihre Tasche.

85.

Samstag, 4. März 1916

RICHARD STUMPF SIEHT DIE SMS MÖWE IM TRIUMPH
NACH WILHELMSHAVEN ZURÜCKKEHREN

Eine klare Frühlingsnacht. Die gesamte deutsche Hochseeflotte schwebt auf dem schimmernden Wasser, ein wenig außerhalb der

Elbmündung. Soll es jetzt losgehen? Alles ist zum Kampf bereit, und sogar aus den luxuriös eingerichteten Kabinen der Offiziere ist alles Unnötige ausgeräumt worden. Die Offiziere tragen Pistolen, um «ihren Befehlen Nachdruck zu verleihen» – das ist etwas Neues und hat wohl mit dem wachsenden Unmut der Mannschaft zu tun.

Mitten in der Nacht lichtet das Schiff den Anker. Richard Stumpf hört die bekannten Geräusche, nicht zuletzt die Erschütterungen durch die drei Dampfmaschinen. Sie gehen wie ein vibrierender Puls durch das Metall des Rumpfes. Aber die Richtung irritiert ihn. Statt des üblichen nördlichen Kurses, der auf die Nordsee hinausführt, fährt die ganze Flotte von grau angestrichenen Schiffen nach Nordwesten, vorbei an den ostfriesischen Inseln und weiter die Küste entlang. Merkwürdig.

Der Morgen ist warm, klar und sonnig. Stumpf steht als Ausguck auf der Brücke des Linienschiffes. Ausnahmsweise ist er sehr zufrieden, mit dem Wetter, der Aufgabe, dem Leben – fast. Es liegt nicht nur am Wetter und der Tatsache, dass in der Flotte endlich etwas Bewegung herrscht. Heute Morgen wurde an der Anschlagtafel vor der Funkkabine die Kopie eines Telegramms ausgehängt, vom Chef der Hochseeflotte an die SMS *Möwe*. Die Botschaft bestand aus zwei Worten: «Willkommen daheim!»

Alle kennen die SMS *Möwe*. Sie steht für das, was Stumpf und Millionen andere Deutsche für das Wesen des Seekriegs gehalten haben: waghalsige Manöver auf den Weltmeeren, dort wo den Elementen getrotzt und ein vermeintlich überlegener Gegner immer wieder überlistet wird, mit handfesten Resultaten.

Die SMS *Möwe* begann als *Pungo*, als ein ganz normales Frachtschiff, das Bananen aus der deutschen Kolonie in Kamerun holte, damals, als der Frieden zerbrach. Der Krieg war gerade ein paar Tage alt, als französische und dann auch britische Truppen in die deutsche Kolonie einfielen.[16] Die Hoffnung auf schnelle Erfolge, die die Angreifer auch dort genährt hatten, war bald verflogen. Im Laufe eines zähen Feldzuges, der sich etappenweise über das ganze

Jahr 1915 hinzog, waren die deutschen Außenposten schließlich gefallen, einer nach dem anderen.[17] Und da frühzeitig klar wurde, dass der Bananenhandel mit Kamerun am Ende war, jedenfalls solange der Krieg andauerte, hatte man die *Pungo* im Herbst 1915 zur *Möwe* umgebaut, einem sogenannten Handelsstörer. Die deutsche Flotte verfügte vielleicht über ein Dutzend solcher Schiffe, die wie normale Frachtschiffe neutraler Herkunft (meist aus den skandinavischen Ländern) aussahen, aber eine schwere Bewaffnung an Bord hatten. Ihre bevorzugte Zielscheibe waren alliierte Handelsschiffe. Der Schrecken, den sie verbreiteten, stand in keinem Verhältnis zu ihrer Anzahl. Und es ist bemerkenswert, dass sie mehr Schiffe versenken konnten als die ganze große, teure und mächtige Hochseeflotte zusammen.

Dass all diese Linienschiffe meistens im Hafen liegen, hat in der Bevölkerung für allerlei Spott gesorgt. Diese große, teure Flotte – vor dem Krieg verschlang sie ein Drittel des Militärhaushalts – zum Nichtstun verdammt, manche behaupten hinter vorgehaltener Hand: unbrauchbar. Der letzte Marinechef, inzwischen wegen seiner Zurückhaltung abgesetzt, wurde auf der Straße verhöhnt, vor allem von Frauen. An Häuserwänden waren die folgenden Zeilen zu lesen, Straßenjungen sangen sie in Wilhelmshaven:

Lieb' Vaterland, magst ruhig sein,
die Flotte schläft im Hafen ein.

Nein, es sind Schiffe wie die SMS *Möwe*, die in dieser Zeit den offenkundigen Mangel an kriegerischen Glanzleistungen der Marine wettmachen müssen. Die *Möwe* ist im Dezember ausgelaufen – unter schwedischer Flagge – und hat inzwischen eine, vorsichtig formuliert, kühne Reise hinter sich. Sie hat die Gewässer um die größte britische Flottenbasis, Scapa Flow, vermint und dadurch die HMS *King Edward VII.*, ein älteres Schlachtschiff, versenkt. Dann ist sie um Irland herum zur französischen Küste gefahren, danach an Spanien und den Kanarischen Inseln vorbei und schließlich über den Atlantik, an die Küste Brasiliens. Und die ganze Zeit hat sie Minen gelegt oder alliierte Handelsschiffe aufgebracht. In drei Monaten hat sie fünfzehn Schiffe gekapert, davon wurden dreizehn versenkt und zwei als Beute in einen Hafen geschleppt.[18]

Gerade als sie sich zum Mittagessen setzen wollen, ertönen Rufe von Backbord. Stumpf und die anderen hören Jubelschreie. Als sie in die Märzsonne treten, sehen sie die kleine SMS *Möwe* durch die Linien der großen, grau gestrichenen Schlachtschiffe stampfen. An ihrem Mast wehen die Flaggen der fünfzehn Schiffe, die sie gekapert oder versenkt hat. Der Erste Offizier bringt ein Hurra aus, und alle stimmen ein, «mit voller Lungenkraft». Auf der flachen SMS *Möwe* steht die Besatzung an Deck aufgereiht und antwortet ihrerseits mit Hurrarufen. Stumpf notiert erstaunt, dass «eine Gruppe Neger in blauen Kitteln und roten Mützen» an Deck zu sehen war, «unglaublich genug, die Kanaken schrien auch Hurra».

Dann beginnt ein seltsames Ballett. Zur Begrüßung vollführt die ganze Flotte eine perfekt abgestimmte Wende:

Es war ein unbeschreiblich schönes Bild: drüben in kurzer Entfernung die im goldigsten Sonnenschein erglänzende Insel Helgoland, das tiefgrüne Meer, und es schien, als ob ein halbes Hundert vorsintflutlicher Ungeheuer einen Freudenreigen um die glücklich heimgekehrte «Möwe» tanzten. Ich habe nie so sehr bedauert, keinen photographischen Apparat zur Hand zu haben, wie in diesem Augenblick.

Triumph, ausnahmsweise. Später läuft das gesamte erste Geschwader noch einmal in Wilhelmshaven ein. Dort bunkern sie Kohle bis acht Uhr abends. Sie sollen sofort wieder auslaufen. Es heißt, diesmal werde es wirklich ernst.

*

Gut einen Monat später notiert Richard Stumpf in seinem Tagebuch:

Es war wieder einmal nichts! Während ich dies schreibe, liegen wir schon wieder gut und fest im Jadebusen und sind wieder keinen Schuss losgeworden! Jetzt glaube ich doch bald an nichts mehr! Die Stimmung an Bord ist wieder ganz traurig und niedergeschlagen.

86.

Mittwoch, 8. März 1916

EDWARD MOUSLEY HÖRT DEN GEFECHTSLÄRM
DES ANGRIFFS BEI DUJAILA

Endlich: Entsatz! Schon in der Nacht bemerken sie, dass sich etwas tut, als sie von einem gewaltigen Knall geweckt werden. Jemand erzählt Mousley, es habe sich wahrscheinlich um eine Treibmine gehandelt, die für die Brücke bei Shatt al-Hai im Rücken der osmanischen Truppen gedacht war, auf Grund ging und detonierte. Sonst ist es still, also legt er sich wieder hin. Einige Stunden später wird er erneut von nahem Geschützdonner geweckt. Er schaut hinaus. Morgendämmerung.

Zuerst denkt Mousley, dass es die eigene Artillerie in Kut al-Amara ist. Dann glaubt er, die osmanische Artillerie beschieße die britischen Entsatzverbände, die sich den letzten Berichten zufolge knapp dreißig Kilometer entfernt am nördlichen Ufer des Tigris befinden. Dennoch steigt er aufs Dach und hält Ausschau. Er sieht Gefechtsblitze in der Ferne. Es sind die Geschütze der Entsatztruppen, die auf die türkischen Linien bei Dujaila einhämmern, auf der südlichen Seite des Flusses. Das Ganze geschieht nur zwölf, dreizehn Kilometer entfernt. Die Entsatztruppen haben offenbar den Fluss unbemerkt überquert und nach einem Marsch im Dunkeln einen Durchbruchversuch gestartet.

Bei den Eingeschlossenen herrscht Aufregung. Als es heller wird, können sie sehen, wie osmanische Verbände im Eilmarsch zu dem bedrohten Abschnitt ziehen. Mousley weiß, dass Pläne gefasst wurden, die Entsatztruppen durch einen Ausfall zu unterstützen, entweder nach Norden oder nach Süden, je nachdem, von welcher Seite diese kämen. Er hört jedoch keinen Befehl, die Pläne auszuführen. Gegen neun Uhr sieht er Reihen von Köpfen, die sich in den osmanischen Schützengräben bewegen, alle in Richtung Südosten.

In der Zwischenzeit verdichtet sich der Gefechtslärm, gleichzeitig strömen osmanische Verbände weiter in Richtung Dujaila. Dann wird es ganz still. Am Horizont sind keine Blitze mehr zu sehen.

Mousley vermutet, es ist deswegen so still, weil die britische Infanterie ihr Angriffsziel erreicht hat und ein Nahkampf mit blanken Waffen geführt wird.

Die Stille hält an. Unter den Eingeschlossenen breitet sich Nervosität aus. Was ist geschehen? Warum wartet man mit dem Ausfall?

Die Stunden vergehen. Nichts geschieht. Die Kanonen um Dujaila herum schweigen weiter.

Es wird Abend.

Alles ist still.

87.

Donnerstag, 9. März 1916

WILLIAM HENRY DAWKINS' VATER NIMMT DIE PERSÖNLICHE HABE SEINES GEFALLENEN SOHNES IN EMPFANG

An diesem Tag quittiert Arthur Dawkins den Empfang eines Pakets, das die australischen Militärdienststellen in Ägypten durch die Firma Thomas Cook & Son verschickt haben. Das Paket enthält die persönliche Habe von William Henry Dawkins. Sie besteht aus:

1 Taschenlampe mit Batterie
1 Bibel
1 Brieftasche aus Leder
1 Buch im Taschenformat
1 Tagebuch
1 Schere
1 Gürtel
3 Klappmesser.

*

Am gleichen Tag, um drei Uhr am Nachmittag in Kut al-Amara, schreibt Edward Mousley in sein Tagebuch:

Die Entsatztruppen haben den Durchbruch nicht geschafft. Dies haben wir inoffiziell gehört. Wir glauben alle, dass dies «der große Versuch» war und keine zweitrangige Operation. Wir sind enttäuscht, doch das sind wir gewohnt, denn wir haben kaum anderes als Enttäuschungen erlebt.

88.

Samstag, 11. März 1916

ANGUS BUCHANAN UND DER NEBEL
AUF DEM KILIMANDSCHARO

Während sie vorwärts marschieren, bahnen sie sich ihren Weg. Sie tun es allein durch ihr Gewicht. Die Kolonne besteht nämlich aus vier- bis fünftausend Soldaten, Tausenden von Mauleseln und Pferden, einer großen Menge von Kanonen, Munitionswagen und

Vorratskarren verschiedener Art, ja sogar einigen Kraftfahrzeugen, die den Abschluss bilden. Schnell geht es nicht voran.

Zu Beginn des Marsches, als sie sich noch auf der flachen, sandigen Ebene bewegten, hatte Buchanan durch den wirbelnden Staub in der Ferne die Spur gesehen, die sie hinter sich zurückließen und die «einer dünnen Linie schlingernder Fäden [glich], die über die leere Fläche einer unvollständig gezeichneten Karte gezogen wurde». Die Vorhut ist nur vereinzelt auf den Feind gestoßen, der sich zurückzuziehen scheint. Man fand ein hastig verlassenes deutsches Lager und brannte es nieder.

Jetzt soll Deutsch-Ostafrika erobert werden.

Auf dem Papier sieht es fraglos nach einer großen und imposanten Operation aus. Genau wie in Europa sollen die Deutschen von verschiedenen Seiten gleichzeitig attackiert werden: ein britischer Verband soll von Norden aus angreifen, ein belgischer soll in das Gebiet nördlich des Tanganjikasees einfallen, die Portugiesen werden, so erwartet man, von Süden anrücken – seit zwei Tagen herrscht zwischen Portugal und Deutschland der Kriegszustand. Die Hauptoperation findet jedoch in der nordöstlichen Ecke von Deutsch-Ostafrika statt, in den Gebieten um den Kilimandscharo. Der Plan sieht vor, die feindlichen Hauptstreitkräfte in einem klassischen Umfassungsmanöver zu stellen und zu vernichten. Die Kolonne, der Buchanan und die anderen der 25th Royal Fusiliers angegliedert sind, soll von Norden her anrauschen und als Amboss fungieren, sie soll die sich zurückziehenden deutschen Truppen festhalten, damit der Hammer – die Hauptstreitmacht[19], die von Westen her über die Grenze marschiert – sie zerschlagen kann. Das Ziel beider Kolonnen ist Moshi. (Die kleine Stadt ist die Endstation der langen Eisenbahn, die die Deutschen von Tanga aus an der Küste gebaut haben.) Dies ist die Logik des europäischen Großkriegs, die den afrikanischen Verhältnissen aufgezwungen wird.

Anrauschen, ja. Was als schneller Vormarsch im Rücken des Feindes gedacht war, ist zu einem mühsamen Vortasten in unbekanntem Gelände ausgeartet. Besonders nachdem die Kolonne den Busch erreicht hat, hat sich das Tempo entschieden verlangsamt. Man ist außerdem im Tse-Tse-Land angekommen, und die per Spezialimport hergeschafften Pferde und Maulesel sind besonders anfällig für Krankheiten. Die Tiere sterben verblüffend schnell und in riesiger Zahl.[20] (Wer ist auf die Idee gekommen, die Pferde und Maulesel hier einzusetzen? Auf jeden Fall niemand mit Erfahrung in diesem Teil Afrikas.) Den ganzen Tag sind sie an toten und verendenden Zug- und Reittieren vorbeigekommen, die am Rande der ausgetretenen Piste lagen. Nachdem eine dieser Kreaturen gestorben ist, dauert es nur vierundzwanzig Stunden, bis der Kadaver «zu einer wimmelnden Masse von Schmeißfliegenlarven wird, ein entsetzlicher Anblick». (Gleiches gilt natürlich auch für gefallene Soldaten.) Der Gestank ist unbeschreiblich.

Eine weitere schlechte Nachricht: Bald beginnt die Regenzeit. Heute Nacht hat es in Strömen gegossen. Gegenwärtig hat man weder Wolldecken noch Zelte (die sind irgendwo im weit entfernten Tross verstaut), und Buchanan und die anderen haben nur drei Stunden geschlafen, unter freiem Himmel, direkt auf der Erde, frierend und durchnässt. Durchhalten ist manchmal schwieriger als Tapferkeit.

Den ganzen Tag sind sie weiter nach Süden marschiert, zu ihrer Linken der weiße Gipfel des Kilimandscharo. Gegen Einbruch der Dämmerung können sie endlich den Busch hinter sich lassen und erreichen offenes Gelände. Ungefähr gleichzeitig schwenkt die gesamte Kolonne nach Osten, auf den großen Berg zu. In weiter Ferne erkennen sie endlich ihr Ziel, Moshi. Der Name bedeutet «Rauch» auf Suaheli und spielt auf die Wolkenschleier an, die den 5895 Meter hohen Berg umhüllen. Bei Sonnenuntergang hört man Gewehrfeuer. Der Marsch stockt. Die Vorhut ist auf ein paar feindliche Späher gestoßen. Zu einem richtigen Gefecht kommt es jedoch nicht, wie üblich verschwinden die Gegner einfach. Nach einer kurzen Wartezeit setzt sich die Kolonne wieder in Bewegung.

Um neun Uhr schlagen sie am Fluss Sanja ihr Lager auf. Weit entfernt in der Dunkelheit, zwischen ihrem eigenen Lager und Moshi, sehen sie Feuer. In sieben Tagen sind sie knapp siebzig Kilometer marschiert. In der Nacht hört man vereinzelt Schüsse, von nervösen Wachtposten. Sonst ist alles ruhig.

Der Amboss ist allmählich dort, wo er stehen soll. Aber wo ist der Hammer?

*

Am Tag darauf zeigt sich, dass die deutschen Verbände sich aus der Falle befreit haben und nach Süden verschwunden sind, verblüffend schnell, wohlgeordnet und ohne nennenswerte Verluste. Moshi ist eingenommen worden. Der deutsche Teil der Bevölkerung ist geflohen, es sind nur noch Afrikaner da, Griechen und die ewigen Händler aus Goa. Im Übrigen ist die Operation ein Misserfolg.

Am Montag regnet es fast den ganzen Tag, am Dienstag ebenso.

89.
Mittwoch, 15. März 1916
EIN BRIEF AN DIE MUTTER VON VINCENZO D'AQUILA

Die Familie D'Aquila weiß, dass er im Lazarett liegt, aber mehr auch nicht. Seine Mutter schickt Telegramm um Telegramm mit Fragen an das italienische Militär und ans Lazarett; sie will wissen, wie es ihrem Sohn geht, ob er möglicherweise zur Genesung nach Hause in die USA reisen darf. Schließlich erhält sie aus San Osvaldo folgende Antwort:

Udine, den 15. März 1916

Sehr verehrte Dame!
Ich bedauere, Ihrem Wunsch nicht nachkommen zu können, da die Militärbehörden bereits veranlasst haben, Ihren Sohn in die Nervenheilanstalt nach Siena zu verlegen, was am Zehnten dieses Monats erfolgte.
Sein physischer Zustand ist durchaus zufriedenstellend; doch anderseits beharrt er auf seinen delirösen, grandiosen und absurden Ideen. Ich befürchte, dass wir es mit einer langwierigen Geisteskrankheit zu tun haben.
Unterschrift
Direktor

90.

Dienstag, 28. März 1916

KRESTEN ANDRESEN ERLEBT DEN FRÜHLING UND
DIE UNZUFRIEDENHEIT IN MONTIGNY

Frühling, und doch nicht. Büsche und Buchen haben grüne Blattspitzen. Die Apfelbäume treiben Knospen. Im Wald sieht er Anemonen und andere Blumen sprießen. Aber es ist noch kalt. Der Wind ist schneidend.

Andresen geht es in diesen Tagen nicht gut: «Ich bin das Ganze gründlich leid und finde es schwer, bei Laune zu bleiben.» Und das, obwohl oder vielleicht auch weil er gerade zehn Tage Heimaturlaub hatte, den ersten seit Beginn des Krieges. Kaum zurückgekehrt, wurde er wieder in ein Krankenhaus eingeliefert, diesmal mit einer ernsthaften Halsentzündung und Fieber. An schweren Kämpfen hat er noch nicht teilgenommen; in einem Brief an einen Verwandten entschuldigt er sich fast dafür, dass er keine dramatischen Erlebnisse zu berichten hat. (Immerhin hat er Souvenirs nach Hause geschickt, vor allem Granatsplitter.) Er kämpft derzeit weniger mit der unheimlichen Realität des Krieges als mit der unheimlichen Langeweile. Sein Dienst besteht hauptsächlich aus Arbeiten hinter den Linien und aus nächtlichem Graben.

Es ist sein zwanzigster Monat in Uniform, und er hat die Hoffnung auf einen schnellen Frieden allmählich aufgegeben. Er erinnert sich, nicht ohne Bitterkeit, wie er vor fast genau einem Jahr geglaubt hat, der Krieg sei bald vorüber.

Er ist durchaus nicht als Einziger frustriert von diesem Krieg, der einfach immer nur weitergeht, zu einem immer höheren Preis. In allen Krieg führenden Ländern herrschen Inflation und Lebensmittelknappheit, doch neben Russland sind Deutschland und Österreich-Ungarn am härtesten getroffen. Nicht nur die Seeblockade der Alliierten hat sich als mörderisch effektiv erwiesen.[21] Die Versorgung hat auch am Fehlen von Transportmitteln gelitten und darunter, dass so viele Bauern und Landarbeiter einberufen wurden. Wer noch in der Landwirtschaft arbeitet, erliegt oft der Versuchung, seine Waren auf dem Schwarzmarkt zu verkaufen. Dort sind die Preise nämlich bis zu zehnmal höher. (Unter anderem wurde errechnet, dass ungefähr die Hälfte von allen Eiern und allem Speck direkt auf dem Schwarzmarkt landen.) Nimmt man den raschen Anstieg der normalen Preise hinzu, bedeutet das für die meisten Familien eine große finanzielle Belastung, besonders in den Städten. Sämtliche Kurven zeigen inzwischen in die falsche Richtung: Krankheit, Unterernährung, Kindersterblichkeit, Unzufriedenheit, Jugendkriminalität, alles ist gestiegen.

Andresen hat andere Soldaten getroffen, die von ihrem Urlaub zurückgekehrt sind, und erstaunliche Geschichten gehört:

Einer erzählte, in Bremen habe es beinahe einen Aufruhr gegeben, dort hätten Scharen von Frauen die Schaufenster eingeschlagen und die Läden gestürmt. Mortensen aus Skibelund hat einen Mann aus Hamburg getroffen, der abgereist ist, obwohl er noch vier Tage [Urlaub] hatte, weil seine Frau nichts mehr zu essen für ihn hatte.

Ja, ein paar Unzufriedene haben spontan sogar ihren Zorn über Andresen ausgeschüttet. Einer hat ihn einen Hurrapatrioten genannt. Heute kam ein Soldat aus Hamburg, das sozialdemokratische Parteiorgan *Vorwärts* in der Hand, der von ihm wissen wollte, wie sich die Reichstagsabgeordneten aus Südschleswig eigentlich zur Kriegsfrage stellten. «Hier gibt es viele Menschen, die selbständig denken.» Auch die Männer an der Front bekommen die Versorgungsschwierigkeiten mittlerweile zu spüren. Ihr grobes Kommissbrot können sie nur noch selten mit Butter bestreichen; sie wurde ersetzt durch eine Art Marmelade, über die sich die Soldaten zuweilen lustig machen. (Der Soldatenspott hat auch reihenweise Namen für diese Marmelade hervorgebracht, wie «Hindenburg-Creme» oder «Kaiser-Wilhelm-Gedächtnisbutter».)

Die Front ist ruhig.

Ich habe in der Woche, seit ich wieder hier bin, kaum einen Kanonenschuss gehört. Alle Kräfte sammeln sich unten bei Verdun. Hier ist wieder die Rede davon, dass ein Fort gefallen ist, aber es gibt so viele Gerüchte. Wie geht es mit Rumänien? Ich habe den Eindruck, dass alles ruhig ist, aber das ist wohl die Ruhe vor dem Sturm.

91.
Donnerstag, 6. April 1916

FLORENCE FARMBOROUGH KOMMENTIERT DAS LEBEN
DER ZIVILBEVÖLKERUNG IN CZORTKOW

Sie befinden sich wieder auf feindlichem Territorium. Czortkow, wo sie nun schon seit einem Monat stehen, liegt im österreichischen Teil Galiziens. Die Stadt hat schwer gelitten, als im vorigen Jahr russische Verbände auf ihrem Rückzug viele Häuser in Brand setzten. Die Bevölkerung besteht zum großen Teil aus Juden. Florence schreibt in ihrem Tagebuch:

Das Leben der Hebräer, die in Czortkow leben, ist bemitleidenswert.
Sie werden [von den Russen] mit rachsüchtiger Feindseligkeit behandelt.
Als österreichische Bürger genossen sie fast vollständige Freiheit und
brauchten nicht unter der grausamen Unterdrückung zu leiden, der ein
russischer Jude ausgesetzt ist. Aber mit ihren Rechten und ihrer Frei-
heit ist es unter dieser neuen Verwaltung vorbei, und ganz offensichtlich
sorgt das für heftigen Unmut.

Wenn es schneit – und in diesem Winter hat es viel geschneit –, schickt jedes Haus einen Juden auf die Straße, um Schnee zu fegen, unter Aufsicht russischer Soldaten, die ihre Knuten ohne Zögern einsetzen. Gegenüber dem Haus, in dem Florence und die anderen Krankenschwestern einquartiert sind, steht eine Ruine. Dort hat früher einer der Rabbiner der Stadt gewohnt. Daneben eine Synagoge, die zerstört wurde.

An diesem Morgen bekommt Florence Besuch von einer jüdischen Näherin, die für sie ein graues Baumwollkleid gefertigt hat. Die Frau ist aufgebracht. Sie erzählt, gestern Abend hätten drei Kosaken an ihre Tür gehämmert und verlangt, dass sie bei ihr unterkommen. (Dazu haben alle Soldaten das Recht, und die meisten haben sich bei jüdischen Familien einquartiert, zwanzig bis dreißig Mann pro Haus. Es herrscht eine unbeschreibliche Enge.) Sie habe wahrheitsgemäß geantwortet, dass alle Räume bereits mit Soldaten überfüllt seien, aber die drei hätten sich trotzdem hineingedrängt und eine Art Hausdurchsuchung vorgenommen. Und bald hätten sie gefunden, wonach sie suchten: einen Revolver, den sie offenbar selbst dort platziert hatten. Die Näherin und ihr Mann hätten protestiert, erregt, aber vor allem zu Tode erschrocken; der Besitz von Waffen ist nämlich streng verboten, und Zuwiderhandlungen können mit dem Tode bestraft werden. Das Ganze war ein Trick, denn die Kosaken erklärten sich bereit, gegen zehn Rubel die Sache zu vergessen. Die Näherin und ihr Mann hatten keine Wahl:

Also wurden diese zehn Rubel zusammengekratzt und den Kosaken aus-
gehändigt, die beim Hinausgehen von der Neigung der jüdischen Rasse
zum Verrat schwadronierten. Solche Ungerechtigkeiten sind in diesem
Teil der Welt üblich; es scheint, dass das bloße Wort «Jude» für russische
Soldaten ein Schimpfwort ist.

Ansonsten ist es in den letzten Monaten ruhig gewesen. Außer den
ergebnislosen Attacken im Norden, am See Narocz bei Vilnius,
hat man nichts von jenen russischen Offensiven gesehen, die alle
erwartet haben. Und so etwas wie Enttäuschung hat sich breitge-
macht, auch Florence deprimiert die ganze Warterei.

Da es an der Front zurzeit ruhig ist, gibt es nur wenige Verwundete zu versorgen. Stattdessen versuchen Florence und die anderen, der Zivilbevölkerung zu helfen. Es hat viele Fälle von Typhus
und Pocken gegeben, deren Ausbreitung teils durch die extreme
Überfüllung der Häuser, teils durch den Nahrungsmangel be-
schleunigt wurde. Die Geschäfte der Stadt sind mit Albernheiten
wie Korsetts, hochhackigen Schuhen, Seidenbändern und Hand-
schuhen aus Sämischleder gut eingedeckt. Aber Grundnahrungs-
mittel wie Butter, Hefe und Eier sind nur schwer zu bekommen,
und wenn, dann zu unverschämten Preisen.

Im vorigen Jahr grassierte eine schwere Typhusepidemie, und
die Kleinsten waren am schlimmsten betroffen. Zeitweilig starben
zwischen zehn und zwanzig Kinder am Tag. Florence hat inzwischen viel erlebt. Aber, so schreibt sie in ihrem Tagebuch:

Manchmal scheint es mir, dass mich keine der schrecklichen Ver-
wundungen, die ich während des Rückzugs im vorigen Jahr gesehen
und versorgt habe, so tief berührt hat wie der Anblick dieser leidenden
Kinder mit ihren matten kleinen Gesichtern und den schlaffen kleinen
Körpern.

Einer, den sie an diesem Tag behandelt, ist der vierjährige Vasilij.
Er kommt aus einer verarmten Bauernfamilie außerhalb der Stadt –

der Vater wurde zu Beginn des Krieges zur österreichisch-ungarischen Armee eingezogen und ist jetzt verschwunden, die Mutter lebt davon, dass sie für russische Soldaten wäscht. Der Junge ist im vorigen Jahr an Pocken erkrankt, und infolge von Krankheit und Hunger hat er aufgehört zu wachsen. Wenn sie ihn hochhebt, fühlen sich seine Arme und Beine wie dünne Stöckchen an.

Auch eine junge Ukrainerin sucht an diesem Tag ihre Hilfe. Sie sagt, sie sei achtzehn, sieht aber jünger aus. Gestern kam sie, mürrisch und ängstlich, um sich wegen ihrer Hautprobleme behandeln zu lassen. Sie hatten ihr zuerst das dreckige, struppige Haar geschnitten. Dann gaben sie ihr grüne Seife, damit sie sich wäscht. «Ihr geschundener Körper zeugte von einer unseligen Geschichte, von Prostitution.» Das Mädchen überlebt, indem es sich an die Soldaten verkauft. Heute ist sie wieder da, in etwas besserer Stimmung, denn sie hat verstanden, dass man ihr wirklich helfen will.

Florence steht an der Tür, als das Mädchen gerade gehen will. Sie sieht, wie es sich umdreht, den Kopf vor dem Arzt senkt und ein Danke murmelt. Als das Mädchen an ihr vorbeigeht, erkennt Florence «Tränen unter ihren verschlossenen Augenlidern. Auch sie war ein Opfer des Krieges.»

92.

Montag, 10. April 1916

EDWARD MOUSLEY SIEHT, WIE IN KUT AL-AMARA
DIE LETZTEN PFERDE GETÖTET WERDEN

Zugpferde und Maulesel sind schon lange geschlachtet, aber die Reitpferde haben sie bewusst geschont. Jetzt geht auch das nicht mehr. Wieder ist ein Entsatzversuch gescheitert. Der Befehl lautet, dass die letzten Pferde geschlachtet werden sollen, um die eingeschlossene, bald ausgehungerte Garnison zu ernähren.

Mousley rupft frisches Gras. Dann geht er dorthin, wo die Pferde stehen. Don Juan erkennt seinen Herrn und begrüßt ihn lebhaft. Mousley gibt ihm das Gras zu fressen.

Dann beginnt das Schlachten.

Ein Unteroffizier erschießt die Tiere. Nacheinander sacken die großen, schweren Tierkörper zusammen. Mousley sieht zunächst zu, beobachtet, wie die Pferde zitternd darauf warten, an die Reihe zu kommen. Don Juan stampft mit den Hufen wie die anderen, ist aber sonst ganz ruhig. Als es so weit ist, kann Mousley nicht mehr hinsehen. Stattdessen bittet er den Unteroffizier, sorgfältig zu zielen und ihm Bescheid zu sagen, wenn alles vorbei ist. Danach gibt er dem Tier einen Kuss auf die Wange und geht. Er sieht noch, wie das Pferd sich umdreht und ihm nachschaut. Dann knallt es noch einmal.

Zum Abendessen gibt es Don Juans Herz und Nieren. (Diese Teile des Pferdes sind immer dem Besitzer vorbehalten; Mousley hat auch Don Juans schwarzen Schweif bekommen.) Es ist natürlich ein komisches Gefühl, aber er findet nicht, dass er unrecht tut. Er schreibt in sein Tagebuch: «Ich bin sicher, er hätte es vorgezogen, dass ich es tue und kein anderer.»

93.

Dienstag, 25. April 1916

ELFRIEDE KUHR ERLEBT EINE SZENE AUF DEM BAHNHOF VON SCHNEIDEMÜHL

Wieder einmal geht Elfriede zum Bahnhof. Sie besucht ihre beste Freundin, Dora Haensch, deren Eltern das kleine Restaurant im Bahnhofsgebäude betreiben. Dort erlebt Elfriede, wie zwei Soldaten hereinkommen. Der eine ist ein junger Mann mit ebenmäßigen Gesichtszügen, der andere ist groß und breit und sehr betrunken. Er verlangt ein Bier, aber der rundliche Herr Haensch verwehrt es ihm. Da lehnt sich der Betrunkene über den Tresen, um sich selbst Bier zu zapfen, aber Herr Haensch fasst ihn an den Schultern und stößt ihn weg. Der Betrunkene greift nach seinem Bajonett und geht auf Herrn Haensch los. Der rennt zu einer Hintertür. Dora und ihre Mutter schreien. Einige Gäste erheben sich, greifen nach Stühlen und halten sie vor ihren Körper. Der Kamerad des Betrunkenen, der sich unterdessen mit ausgestreckten Beinen an einem Tisch niedergelassen hat, sagt ruhig zu ihm: «Hau ab, schnell.» Was der Betrunkene dann auch tut.

Gleich darauf kommt Herr Haensch zurück, begleitet von einem Unteroffizier und zwei Wachsoldaten. Der Unteroffizier geht zu dem Kameraden des Betrunkenen, der in einer Zeitung blättert, und erkundigt sich in freundlichem Ton nach dem Namen des Flüchtigen und welchem Regiment er angehöre. Der Mann mit der Zeitung weigert sich, Auskunft zu geben. Der Unteroffizier tritt näher und sagt etwas, das Elfriede nicht versteht. Der junge Soldat steht auf und schreit: «Sie sind ein Lümmel, Unteroffizier! Ich hab diesen Scheißkrieg nicht gewollt, zum Soldat-Spielen hat man mich gezwungen. Gut. Also gut! Wenn Sie mir etwas zu sagen haben, so bitte ich um einen militärischen Ton. Im Übrigen können Sie mich lange zwiebeln; den Namen meines Kameraden sag ich nicht!»

Die hitzige Diskussion geht weiter. Der junge Soldat weigert sich hartnäckig, seinen betrunkenen Freund zu verraten, und wird am Ende selbst festgenommen. Elfriede sieht, wie er von den beiden Wachsoldaten mit aufgepflanzten, blitzenden Bajonetten abgeführt wird. Das Gesicht des Verhafteten ist so bleich, dass seine Lippen fast weiß aussehen. Sobald die Tür hinter den vier Männern zugefallen ist, beginnen alle wieder zu sprechen. Erregte Stimmen erfüllen den Raum. Elfriede fühlt Doras Herz, es schlägt wie wild.

Elfriede sagt zu Dora, dass sie nicht sicher sei, wer von beiden recht hätte: der Unteroffizier oder der Mann, der sich weigert, seinen Freund anzuzeigen. Herr Haensch hört Elfriedes Kommentar und ruft: «Na, hör mal, da gibt's doch gar kein Schwanken. Natürlich der Unteroffizier. Wenn beim Militär der Gehorsam aufhört, dann ist das doch – dann ist das Rebellion.» In seiner Wut gibt Herr Haensch Elfriede einen heftigen Klaps auf den Hintern und wirft sie hinaus.

Betrübt und verwirrt geht Elfriede nach Hause. Eigentlich kann sie beide verstehen, den schneidigen jungen Mann, der seinen Freund nicht verraten will, aber auch den Unteroffizier, der nur seine Pflicht tut:

Am allermeisten war ich über mich selber traurig. Nie kann ich genau unterscheiden, was in diesem Krieg Recht und was Unrecht ist. Ich schreie hurra über unsere Siege und bin außer mir, weil es Tote und Verwundete gibt. Gestern hörte ich, dass es, ganz im Wald versteckt, ein Lazarett geben soll, in dem Soldaten mit weggeschossenen Gesichtern leben. Sie sollen so furchtbar aussehen, dass normale Menschen sie nicht ansehen können. So was bringt mich zur Verzweiflung.[22]

Heute wird Elfriede vierzehn Jahre alt. Sie trägt ihr Haar jetzt etwas anders, erwachsener.

*

In derselben Nacht wird in Kut al-Amara ein letzter Versuch unternommen, Nachschub in die belagerte britische Garnison zu bringen. Ein Flussboot, mit Eisenblech verkleidet, beladen mit Proviant und bemannt mit einer Besatzung aus Freiwilligen – alles Junggesellen –, hat sich im Schutze der Dunkelheit den Tigris hinaufgeschlichen, um an den osmanischen Linien vorbei zu den Eingeschlossenen vorzudringen. Das Boot, die *Julnar*, wird jedoch entdeckt und von allen Seiten beschossen. Schließlich kentert es. Edward Mousley schreibt in sein Tagebuch:

Aus nur wenigen Metern Entfernung wurde es von türkischen Geschützen beschossen. Die Offiziere wurden getötet, Leutnant Crowley [sic][23] wurde gefangen genommen, und dann wurde das Boot in Sichtweite unserer Männer gebracht, die es bei der Festung eigentlich entladen wollten, und auch in Sichtweite der traurigen Reste der Garnison, die das Ganze von den Hausdächern in Kut aus beobachteten. Dort liegt das Boot jetzt. Dies scheint das tragische, aber nicht unerwartete Ende des grandiosen Versuches zu sein, der unsere letzte Hoffnung war. Unsere Lebensmittel reichen kaum noch bis morgen.

*

In dieser Zeit schreibt Herbert Sulzbach in sein Tagebuch:

Ostern 1916 verlebe ich also zu Haus, und so sehr ich diese Urlaubstage genieße – ich habe eine gewisse Sehnsucht nach der Front und eine Unruhe, die mich zu meiner Batterie hinzieht. Die Erinnerungen zu Haus an das, was einstmals Frieden hieß, stimmen auch sentimental, und so etwas kann man nicht gebrauchen.

94.

Sonntag, 7. Mai 1916

KRESTEN ANDRESEN UND DAS FAULE LEBEN IN MONTIGNY

Frühsommergrün. Frühsommerwarm. Vogelgesang. Jetzt ist es die Zeitverschwendung, die ihn am meisten ärgert, dass die Tage dahingehen, der eine dem anderen gleich, und nichts passiert, was nicht schon vorher passiert wäre, dieselbe Routine, dieselben Worte. Er ist außerdem erschrocken, wie vergesslich er geworden ist. All das, was er früher gelesen hat – Geschichte, Literaturgeschichte –, scheint aus dem Gedächtnis verschwunden. Kaum hat er ein Buch beiseite gelegt, hat er es auch schon wieder vergessen. Wie üblich verfolgt er aufmerksam jedes kleine Gerücht über einen bevorstehenden Frieden, obwohl er schon so oft enttäuscht wurde. Die Front ist völlig ruhig, und darüber ist er froh.

An diesem Tag schreibt Andresen einen Brief nach Hause:

Liebe Eltern!

Am selben Tag, an dem ich Euch zuletzt von hier aus einen Brief geschickt habe, bin ich gestürzt und habe mir das oberste Glied des linken Mittelfingers gestaucht, wie Euch Misse vielleicht schon erzählt hat. Der Transport, mit dem ich fahren sollte, ist jetzt weg. Aber in einer Woche ist der Finger sicher wieder hergestellt. Er wurde nämlich sofort gerichtet. Ich laufe umher und genieße das Leben und die Natur. Meine Waschfrau hat mir einen guten französischen Roman geliehen, und wenn ich müde bin vom Lesen, setze ich mich hin und zeichne. Ich habe vor, Euch ein paar Zeichnungen zu schicken, eine habe ich an Tante Dorothea geschickt. Nicht weil sie viel wert wären, man taugt ja überhaupt zu nichts mehr, denn das Leben hier ist so unendlich abstumpfend. Ich weiß nicht, was man dagegen tun kann. Aber ich glaube tatsächlich, der Zustand hat zum Teil damit zu tun, dass man nie was anderes [zu essen] bekommt als Hafersuppe, diese ewige Hafersuppe! Und Kommissbrot und die ewige Marmelade.

95.

Donnerstag, 18. Mai 1916

ANGUS BUCHANAN VERLÄSST MBUYUNI UND LERNT ETWAS
ÜBER MAULESEL

Die schlimmsten Regenfälle sind vorüber. Nach fast zweimonatigem Warten in der Nässe am Kilimandscharo ist es Zeit, weiterzumarschieren, auf der Jagd nach dem flüchtigen Feind. Die Eroberung von Moshi war ein Erfolg, aber es ist wieder einmal nicht gelungen, den Feind endgültig zu besiegen. Wie viele andere ist Buchanan wider Willen beeindruckt von seinen deutschen Gegnern und nicht zuletzt von ihren Eingeborenen-Truppen, die Disziplin, Geschicklichkeit und großen Mut bewiesen haben. Es wird keine leichte Aufgabe. Der Feind verhält sich schon jetzt wie die Guerillaarmee, in die er sich verwandelt, während das britische Korps sich mit der trägen, unbeholfenen Langsamkeit eines regulären Heeres bewegt.

Am Nachmittag verlässt die Haupttruppe Mbuyuni. Buchanan hat vorübergehend den Befehl über den Tross des Bataillons. Er besteht aus Packtieren und Mauleseln, denn jetzt wird man sich erneut in raues Gelände begeben.

Es wird, in seinen eigenen Worten, «ein denkwürdiger Marsch». Der Großteil der Tiere ist neu, einige haben noch nie einen Packsattel getragen und sind deshalb störrisch. Ein ums andere Mal reißen Maulesel aus oder streifen das ungewohnte Zaumzeug ab. Den ganzen Abend reiten Buchanan und einige andere Soldaten zu Pferd an der Kolonne auf und ab und fangen Tiere ein, die ausgerissen sind. Hin und wieder müssen sie stehenbleiben, um zerrissenes Zaumzeug zu flicken oder um «die widerspenstigen, verängstigten Tiere» umzusatteln. Dies geht die ganze Nacht so.

Als sie endlich ihr Lager aufschlagen, weiß Buchanan, dass vier seiner Maulesel fehlen. Dennoch haben sie zwei mehr als zu Beginn des Marsches. Im Dunkeln haben sie alle freilaufenden Tiere, die sie finden konnten, eingefangen, und ein Teil davon gehört offenbar zu anderen Bataillonen. Wie üblich beschließt man, keine Meldung zu machen.

96.
Dienstag, 23. Mai 1916

PAOLO MONELLI NIMMT AM RÜCKZUG VOM CIMA UNDICI TEIL

Sie wurden auf Lastwagen zur Front geschafft, in größter Eile, die Fahrer erzählten, was sie wussten, und das war nicht viel, lediglich Gerüchte über weitere Rückzüge. Seit dem 15. Mai ist auf dem Asiago-Plateau eine österreichisch-ungarische Offensive im Gange; die Erfolge des Feindes sind beträchtlich, zumindest verglichen mit dem erfolglosen Anrennen des italienischen Heeres drüben am Isonzo. Wenn es nicht gelingt, die feindlichen Truppen aufzuhalten, erreichen sie das Tiefland. Ja, sie könnten sogar zur Küste vordringen, bis Venedig. Es sind nur etwa dreißig Kilometer bis Vicenza. Das Alpini-Bataillon, dem Paolo Monelli angehört, befindet sich seit einigen Tagen auf dem Monte Cima. Hin und wieder sind sie von Artillerie beschossen worden. Was passiert eigentlich? Und warum?

Monelli und die anderen erhalten keine Nachrichten. Sie versuchen dennoch zu verstehen, was geschieht, deuten die Zeichen, und die sind alles andere als gut. Die eigene Artillerie ist immer schwächer geworden. Gestern Abend verschwanden die letzten Geschütze aus ihrem Sektor; es war eine Batterie mit leichten Gebirgskanonen. Schlimmer ist, dass der Kampflärm, die Detonationsblitze und das Mündungsfeuer sich langsam verlagert haben, zuerst in ihre Richtung, dann an ihnen vorbei. Eine Kompanie des Bataillons ist schon ins Tal hinunter gerufen worden. An diesem Morgen erwachen sie völlig allein auf dem Gipfel des Berges. Jemand sagt, dass Cima Dodici gefallen sei. Cima Dodici? Sie drehen sich alle um. Der Berg liegt doch *hinter* ihnen. «Wir sind gefangen wie in einer Mausefalle.»

Sie erhalten den Befehl, bis zum Einbruch der Dunkelheit die Stellung zu halten. Sie bilden die Nachhut, die durch ihren Widerstand den anderen die Möglichkeit verschaffen soll, zu entkommen. «Was wird aus uns? Und was wird aus Italien?» Sie sehen mit eigenen Augen österreichisch-ungarische Bataillone, die vom Berg neben ihnen herabströmen. Sie können nur zusehen, hilflos, denn die Gegner befinden sich außer Reichweite ihrer Gewehre, und die Gebirgsjäger führen keine schweren Waffen mit sich. Monelli und die anderen werden jedoch in Ruhe gelassen; es ist, als hätten alle sie vergessen, sogar der Feind. Der Morgen wird zum Tag, und wieder bleibt ihnen nichts übrig als zu warten. Sie sind abgeschnitten und isoliert, «die Qual des Wartens ist umso bitterer, als uns das Gefühl einer Katastrophe gepackt hat».

Gegen Mittag klettert Monelli zu der Höhle hinauf, in der der Bataillonsstab untergebracht ist. Am Eingang trifft er den Bataillonskommandeur, einen Major, dessen Augen gerötet sind vom Schlafmangel. Der Major zwirbelt seinen Bart. Er ist betrunken. «Komm her», sagt er zu Monelli. «Hast du gebeichtet? Heute Abend werden wir eingeschlossen sein.» Der Major hat den Befehl bekommen, die Position zu halten. «Und wir werden standhalten, und dann wird man uns gefangen nehmen. Und wir ernten die Schuld und den Spott.»

Der Wein tut das seine. (Der Major nennt ihn «einen Freund, der uns nie im Stich lässt».) Leicht angetrunken beginnt Monelli die Lage ein wenig optimistischer zu sehen. In einigen Stunden ist es Abend. Vielleicht schaffen sie es, zu entkommen. Und falls der Feind vorher angreift, wird die Kompanie versuchen, irgendwie Zeit zu gewinnen – «und dann schafft die Division es vielleicht, ihren Papierkram in Sicherheit zu bringen».

Das Wunder tritt ein. Niemand greift sie an.

Als die Dunkelheit hereinbricht, bewegen sie sich in kleinen Gruppen bergab, in den Wald.

Kalter Regen fällt. In der Nähe brennt ein Dorf, und im Widerschein des Feuers sind die Konturen von Bäumen und Felsen verzerrt. Sie überqueren den Fluss, eine halbe Stunde bevor die Brücke gesprengt werden soll. Auf der anderen Seite machen sie eine kurze Pause, trinken Wasser (die Metallbecher schlagen klirrend gegen die Steine im Fluss), essen Zwieback. Bevor sie zum nächsten

Höhenkamm weiterziehen, begraben sie den letzten Gefallenen des Tages. Sein Name ist Giovanni Panato. Beim Klettern wurde er vom Splitter einer wahllos abgefeuerten Granate getroffen. So ist es hier oft: zufällige Ursache, verheerende Wirkung. Panato schrie auf, als er getroffen wurde, kroch aber weiter und brach am Ende tot zusammen.

Als sie ihre Sachen packen (die Metallbecher klirren, als sie wieder in die Rucksäcke gestopft werden), kommen die Fragen der Soldaten. Warum Rückzug? Warum bleiben wir nicht und kämpfen? Monelli fällt es schwer, Antworten zu finden.

Aber was wissen sie, was weiß ich über das, was geschieht? Nichts. Man kämpft, man marschiert, man macht halt, nur eine Nummer in der Masse, die sich vorwärts wälzt, die an dieser gebirgigen Front zwischen den Gletschern in den gewaltigen Dolomiten manövriert – und im Herzen ein dumpfer Groll, ein quälendes Gefühl, nichts zu wissen, nichts zu sehen.

Zur gleichen Zeit, in einem entlegenen Schloss mit weichen Teppichen, befinden sich diejenigen, die Monelli «die geheimnisvollen Götter» nennt, «die unsere Schicksalsfäden spinnen», mit anderen Worten «ein Offizier, der schreibt, ein Kontorist, der kopiert, ein Adjutant, der den Raum verlässt, ein Oberst, der flucht».

Das ist der Krieg. Nicht die Gefahr zu sterben, nicht das rote Feuerwerk der Granaten, die blind machen, wenn sie mit einem Heulen herunterkommen und einschlagen (Quando si leva che intorno si mira – tutto smarrito della grande angoscia[24]), sondern das Gefühl, eine Marionette in den Händen eines unbekannten Puppenspielers zu sein, und dieses Gefühl lässt zuweilen das Herz erkalten, als habe der Tod schon zugegriffen. An den Schützengraben gefesselt, bis der Ablösungsbefehl eintrifft, ebenso plötzlich wie ein Kanonenschuss oder ein Schneesturm, gebunden an die stets gegenwärtige Gefahr, an ein Schicksal, das mit der

Nummer deines Zugs oder dem Namen deines Schützengrabens ver-
sehen ist, ohne die Möglichkeit, dein Hemd auszuziehen, wenn du es
willst, ohne die Möglichkeit, nach Hause zu schreiben, wann du willst,
die bescheidensten Lebensbedürfnisse reglementiert zu sehen, die du
nicht beeinflussen kannst – das ist Krieg.[25]

Im Dunkeln geht es weiter, wieder bergauf. Die Schritte werden
schwer im Schneematsch. Er sieht wieder ein brennendes Dorf.
Hinter sich hört er Gewehrfeuer und Explosionen. Es ist die
Nachhut, oder eher die Nachhut der Nachhut, die angegriffen
wird – das sind der arme de Pèrigine und seine Männer.

Das Vorankommen wird immer schwerer, stolpernder, die
Schritte werden immer mechanischer. Nach einer Weile haben sie
nicht einmal mehr die Kraft zu klagen. Monelli und die anderen
konnten mehrere Nächte nicht ordentlich schlafen, die Müdigkeit ist quälend, sie wirkt beinahe narkotisierend. Sie lassen die
Welt um sich herum langsam vorübergleiten, sie verliert ihre Bedeutung; die Explosionen und die brennenden Häuser kümmern
sie nicht mehr, sie denken kaum daran, dass sie verfolgt werden
und jeden Augenblick angegriffen werden könnten. Sich auszuruhen hilft auch nicht, denn wenn man nach dem kurzen, abrupten
Schlaf (auf der Erde, im Schnee) erwacht, fühlt man sich nur umso
betäubter, umso verzweifelter vor Erschöpfung.

Die ganze Nacht gehen sie durch den Wald, einer blassen und
kalten Morgendämmerung entgegen.

Als sie die eigenen Linien erreichen, ist die Sonne schon aufgegangen. Zwei Wachtposten versuchen sie aufzuhalten, verlangen das Losungswort. Die ausgepumpten Männer überschütten
die Wachtposten mit Flüchen und stolpern an ihnen vorbei. Etwas
weiter entfernt stoßen sie auf Männer aus anderen Kompanien,
anderen Bataillonen: ein Wirrwarr von Soldaten, Wagen und
unruhigen Mauleseln, «der harte Klang beschlagener Hufe auf
Stein». Dünner Regen fällt.

Endlich Ruhe. Monelli kriecht in ein kleines Zelt. Er schläft mit geballten Fäusten ein. Im Traum marschiert er weiter, der Marsch nimmt kein Ende.

*

Am gleichen Tag geht für René Arnaud und sein Bataillon in der Stadt Belval-en-Argonne das Warten weiter. Sie können das Geräusch der Kanonen drüben bei Verdun genau hören. Die Nervosität ist groß, denn sie ahnen, dass ihr Einsatz in der großen Schlacht bevorsteht. An der Front sein, wenn sie ruhig ist, ist zwar gefährlich, aber selten fatal – manchmal bietet sich die Gelegenheit zu einer Attacke, aber meistens sind es die Briten, die sie ergreifen. Im Rahmen einer großen Offensive an die Front beordert zu werden, ist dagegen etwas ganz anderes. Hier wird es zweifellos Verluste geben, große Verluste:

Wir stapften umher, tauschten Gerüchte aus und diskutierten. Ich erinnere mich immer noch an den Bataillonsarzt Truchet, der gebeugt dastand, mit gespreizten Beinen und rastloser Miene, während er mit der linken Hand nervöser denn je an seinem schwarzen Bart kratzte: «Dies ist eine Schande! Man sollte dieses Schlachten beenden! Man lässt Tausende von Männern massakrieren, um eine Reihe ausgedienter, alter Forts zu verteidigen. Das ist grauenhaft! Ah, schöne Generäle haben wir.»

97.
Dienstag, 30. Mai 1916
RENÉ ARNAUD ERREICHT DIE VORDERSTE LINIE
AUF HÖHE 321 BEI VERDUN

«Im Krieg tritt die stärkste mentale Belastung in dem Moment ein, wo die Gedanken sich selbständig machen und dem vorgreifen, was man noch nicht getan oder erlebt hat», berichtet René Arnaud,

> *wenn die Phantasie die Möglichkeit erhält, sich die lauernden Gefahren vorzustellen – und sie hundertfach verstärkt. Es ist allgemein bekannt, dass die Angst, die der Gedanke an eine Gefahr hervorruft, nerven-aufreibender ist als die Begegnung mit der Gefahr selbst, genauso wie die Begierde berauschender ist als ihre Befriedigung.*

Die große Schlacht ist nahezu ohne Unterbrechung seit Ende Februar im Gange, als die deutsche Armee ihre sorgfältig vorbereitete Offensive einleitete. Arnaud und seine Männer wissen natürlich, dass früher oder später auch sie an der Reihe sind,[26] dass auch sie *La Voie Sacrée* hinauffahren werden, die Heilige Straße, wie der einzige Zufahrtsweg genannt wird, auf dem dieser Frontabschnitt versorgt werden kann, und auf dem im Durchschnitt alle vierzehn Sekunden ein neuer Lkw vorbeifährt. Die Bezeichnung geht auf einen Einfall eines bekannten nationalistischen Politikers zurück, Maurice Barrès, und sie hat Anklang gefunden. Vielleicht weil sie «an die Via Dolorosa, den ‹Weg des Leidens›, erinnert, und weil sie damit die Leiden und Opfer der Soldaten bei Verdun mit dem Gang Christi zur Kreuzigung nach Golgatha zu vergleichen scheint».[27]

So empfanden es auch diejenigen, die den Marschbefehl nach Verdun erhielten – als einen Opfergang. Ein kürzlich aus Verdun zurückgekehrter Offizier hat es offen ausgesprochen: «Das Ganze ist sehr einfach. Ihr werdet abgelöst, wenn zwei Drittel eurer Mannschaft außer Gefecht gesetzt sind. Das ist die übliche Quote.»

Arnaud und der Rest des Bataillons haben den Tag in Verdun im Inneren der Zitadelle aus dem 17. Jahrhundert verbracht, einem gewaltigen Komplex von Stabsräumen, Lagern, endlosen Korridoren, unterirdischen Kasematten, bombensicheren Unterkünften. In der Luft hängt ein warmer Geruch von Kohl, schimmeligem Brot und Desinfektionsmittel, Schweiß und saurem Wein. Durch die kleinen Schießscharten in den meterdicken Mauern dringt das Geräusch ferner Granatexplosionen wie ein ununterbrochenes Murren herein. Die Deutschen haben dreimal so viele Geschütze pro Frontmeter wie bei dem großen Durchbruch in der Nähe von Gorlice; und das ist zu spüren.

Die Hitze ist erdrückend. Arnaud liegt auf seiner Strohmatratze und rechnet nach. Zwei Drittel. Welche seiner Männer werden dort drüben zurückbleiben? Welche der fünfzehn Offiziere des Bataillons werden die nächste Woche überstehen, ohne verwundet oder getötet zu werden? Statistisch gesehen drei oder vier. Wird er dabei sein?

Am Nachmittag erhalten sie ihre Befehle:

Heute Nacht soll das 6. Bataillon das Bataillon des 301. Regiments ablösen, das auf Höhe 321 steht. Das Bataillon soll die Zitadelle um 19.15 Uhr verlassen und um 21.00 Uhr an dem Punkt sein, wo die Straße nach Bras auf die Pied-du-Gravier-Schlucht trifft. Zwischen den einzelnen Gruppen ist ein Abstand von fünfzig Metern zu halten.

Arnaud redet mit seinen Leuten, die gerade ihr Gepäck mit Konserven, Zwieback, Werkzeug und Munition auffüllen. Die Stimmung ist angespannt. Er versucht sie zu beruhigen, nicht mit einer patriotischen Rede – er weiß, dass so etwas in solchen Situationen nie funktioniert –, sondern mit Pragmatik: «Wir waren immer eine vom Glück gesegnete Kompanie. Wir werden auch von Verdun zurückkommen.»

In der Abenddämmerung defilieren sie Gruppe um Gruppe aus dem dunklen und geborgenen Inneren der Zitadelle hinaus durch die leeren und schweigenden Ruinen der Stadt. Dann und wann landet eine schwere Granate in der Nähe der Kathedrale. Die lange Kette schwer bepackter Männer passiert den Fluss auf einer Pontonbrücke. Unter ihren Füßen hallen die Planken. Arnaud betrachtet das schwarze Wasser und denkt: «Wie viele von uns wohl über diese Brücke zurückkehren werden?»

Während einer Rast kommt ein Mann «mit schlaffem, aufgedunsenem Gesicht und verschlagenem Blick» zu Arnaud und hält ihm flehend ein paar Papiere hin. Der Mann unternimmt anscheinend einen allerletzten Versuch, davonzukommen, er gibt an, Schneider zu sein und noch nie in der vordersten Linie gewesen zu sein, weil er an einem Leistenbruch leide. Die Papiere bescheinigen es. Arnaud, der schon darüber verbittert ist, dass einer der Berufsoffiziere des Bataillons vor dem Einsatz bei Verdun plötzlich eine Versetzung zum Tross erhalten hat, schnauzt ihn nur an.

Dennoch hat Arnaud Mitleid mit dem Mann, als er ihn mit hängendem Kopf und den Papieren in der Hand davongehen sieht. Und er denkt, dass er das Gleiche vielleicht auch versucht hätte, wenn er nicht sein Rangabzeichen auf dem Ärmel trüge. Als sie kurz darauf an einer Abteilung vorbeikommen, die vom Gefecht zurückkehrt, mit schlammbedeckten Uniformen und fiebrigen Augen, kann er nicht umhin, den jungen Leutnant zu beneiden, der sie anführt: «So sehr wünschte ich, er zu sein.»

Sie beginnen, sich an den steilen Hängen, die zum Schlachtfeld führen, nach oben zu arbeiten. Das Dröhnen der Artillerie schwillt an, alle Geräusche vermischen sich. Rechts von ihnen glüht der Himmel. Dort fallen Granaten auf das Fort Douaumont, das die Deutschen am vierten Tag erobert haben, und das jetzt ein Zentrum der Kämpfe geworden ist – mehr als das: ein Markstein, ein Magnet, ein Mythos, der einen Symbolwert weit über seine militärische und taktische Bedeutung hinaus erlangt hat, ein Fetisch deutscher und französischer Propagandisten, ein Maß für Fortschritt in einer Zeit, in der Fortschritte immer abstrakter geworden sind – und Rückschläge immer konkreter. Seit dem Beginn der Gefechte Ende Februar sind rund zwanzig Millionen Granaten auf dem Schlachtfeld eingeschlagen.

Das Dunkel verdichtet sich, und sie gehen weiter durch die Nacht, eine leere Straße entlang. Plötzlich: Ein Blitz über ihnen, gefolgt von einem scharfen, kurzen Knall. Alle ducken sich, instinktiv. Die erste feindliche Granate. Sie spüren den Gestank von faulendem Fleisch. Arnaud hat Angst und wird immer ungeduldiger. Schließlich begegnen sie ihrem Führer:

Wir zogen in schnellem Tempo weiter, über eine Schlucht, einige steile Abhänge hinauf, bogen nach rechts ab, schwenkten nach links. Auf beiden Seiten explodierten Granaten. Wir sprangen in einen Verbindungsgraben, kletterten wieder heraus, huschten wieder hinein und kletterten wieder heraus. Ich folgte der letzten Gruppe und marschierte wie im Traum.

Unmittelbar vor einer Anhöhe, die unter deutschem Artilleriebeschuss liegt, machen sie halt. Die Führer sind in der Nacht verschwunden. Arnaud ist ratlos. Er hat keine Ahnung, wo sie sich befinden, aber er weiß auch, dass sie auf ihrer Position sein müssen, bevor die Sonne aufgeht. Sind sie bis dahin nicht in Deckung gegangen, werden die feindlichen Feuerleitsoldaten und Maschinengewehrschützen sie entdecken – und dann sind sie verloren. Also stellt er sich an die Spitze der Kompanie, und schnell geht es weiter: hinab in ein kleines Tal, das mit Explosionskratern übersät ist, vorbei an einer Anhöhe, wo regelmäßig Vierersalven von 15-cm-Granaten einschlagen und die Luft zerreißen, hin zu einem leeren Verbindungsgraben. Er stößt auf zwei Offiziere, die im Halbschlaf neben einer brennenden Kerze in einem provisorischen Schutzraum kauern. Sie haben keine Ahnung, wo sich Höhe 321 befindet.

Arnaud geht weiter, aufs Geratewohl:

Ich konnte schon den kalten Lufthauch spüren, der die Morgendämmerung anzukündigen pflegt. Ich beeilte mich, gefolgt von schwankenden Bajonetten und Wasserflaschen. Wenn wir nur vor Tagesanbruch ankämen! In der Ferne begannen die Konturen des Höhenzugs sich vor dem noch dunklen Himmel abzuzeichnen. Das Bombardement wurde intensiver, wie immer vor Tagesbeginn. «Schnell! Schnell!»

Dann, endlich – Schutzräume, Schattengestalten. Höhe 321.[28] Er findet den Bataillonskommandeur. Ein Führer begleitet sie auf dem allerletzten Stück, einen scheinbar endlosen Hang hinauf. Als sie das Plateau erreichen, werden sie von regelrechten Granatschauern empfangen, aber sie gehen dennoch weiter bis an ihr Ziel. Dort trifft er einen Hauptmann, den Chef der Kompanie, die sie ablösen sollen. Die Übergabe im grauen Dämmerlicht fällt denkbar schlicht aus. Der Hauptmann zeigt ihm, wo die Deutschen liegen und wo der eigene Schützengraben verläuft und schließt mit einem schnellen: «Dies ist die Front. Gute Nacht.»

Was auf den Karten als Schützengraben verzeichnet ist, erweist sich in Wirklichkeit als ein kaum metertiefer Graben. Seine Soldaten legen sich nieder und schlafen bald aneinandergelehnt ein. Arnaud selbst ist vollkommen erschöpft, nicht allein von der körperlichen Anstrengung, sondern auch von der enormen Anspannung. Mit dem Kopf zwischen den Knien sinkt er zusammen. «Ich war auf dem Schlachtfeld von Verdun, war mir dieser Tatsache aber kaum bewusst.»

98.
Mittwoch, 31. Mai 1916

WILLY COPPENS ZIEHT EINE BILANZ DER UNGLÜCKSFÄLLE
DES FRÜHJAHRS IN ÈTAMPES

Es gibt eine besondere Prozedur, die bei jedem tödlichen Flugzeugunglück befolgt wird. Der gesamte Flugbetrieb wird sofort eingestellt, die Maschinen werden in die Hangars gerollt, und alle Schüler versammeln sich zur Totenwache um den zerfetzten Körper, «eine deprimierende Angelegenheit». Die Beerdigung findet am darauffolgenden Tag statt, und dann defilieren nicht nur die Flugschüler, sondern auch Bürger der Stadt und sämtliche Schulklassen am Grab vorbei. (Die Verunglückten werden immer auf dem kleinen Friedhof von Ètampes begraben.) Danach werden die Tore der Hangars geöffnet, und der Flugunterricht wird wieder aufgenommen.

Im Verlauf des Frühjahrs hat Willy Coppens dieser Prozedur mehrmals beigewohnt. Abstürze sind nämlich nichts Ungewöhnliches.[29] Es sind vor allem die Geräusche, die sich in seinem Gedächtnis festgesetzt haben. Zuerst die Schreie der Zuschauer. Dann «dieses schreckliche Geräusch von splitterndem Holz». Am Ende: die Stille, diese unbeschreibliche Stille, wenn der Motor verstummt ist und die Wrackteile zum Liegen gekommen sind und der Körper auf den Boden auftrifft (mit diesem sonderbaren, dumpfen Laut), diese Stille, die einige Sekunden dauert – und eine Ewigkeit.

Die erste Havarie, die Coppens mit eigenen Augen gesehen hat, ereignete sich am 1. Februar. Sie hatten in ihre pelzgefütterten Fliegerjacken gehüllt dagelegen und sich an der schwachen Wintersonne gewärmt und darauf gewartet, dass sie selbst an die Reihe kamen. Die Luft war erfüllt vom an- und abschwellenden Brummen der Flugzeuge, die um den Flugplatz kreisten. Plötzlich hörte er einen der hübsch surrenden Motoren aufheulen, und jemand rief: «Mein Gott, der bringt sich um.»

Als ich aufblickte, sah ich eine Farman-Maschine in einem fast senkrechten Sturzflug, mit viel zu hoher Geschwindigkeit, weshalb sie in der Luft auseinanderbrach. Der Rumpf der Maschine wurde buchstäblich gesprengt, und Flügelpartien, Streben und andere Teile wurden in alle Richtungen verstreut. Ich konnte die Heckpartie, den Motor und den Piloten erkennen; alles fiel herab und stürzte genau auf ein vierhundert Meter von uns entferntes Feld.

Einige der Zuschauer stürmten sogleich dorthin. Coppens wollte es nicht sehen. Und die Unglücksfälle häuften sich.

Am 8. Februar begruben wir den französischen Piloten Chalhoup.

Am 6. März flog Le Boulanger eine allzu enge Kurve, verlor an Geschwindigkeit und trudelte zu Boden. Er war schwer verletzt, als wir ihn aus dem Wrack zogen.

Am 14. März begruben wir Clement, einen französischen Piloten.

Am 26. April schmierte Piret in einer Blériot-Maschine ab, verlor an Geschwindigkeit und fiel aus einer Höhe von neunzig Metern seitlich auf den Boden. Er kam mal wieder mit leichten Verletzungen davon.

Am 27. April legte Biéran de Catillon eine Henri Farman[30] aufs Kreuz, in beängstigender Weise, kam aber ohne ernstliche Verletzungen davon.

Am 16. Mai machte François Vergult eine Bruchlandung mit einer Maurice Farman, blieb aber unverletzt.

Am 17. Mai machte Adrien Richard mit einer anderen Maurice Farman eine Bruchlandung, und aus den Wrackteilen der beiden Maschinen bauten sie uns ein neues Flugzeug.

Am 20. Mai geriet De Meulemeester, ein ausgezeichneter Pilot, bei einem ziemlich gewagten Manöver ins Trudeln. Obwohl er aus größerer Höhe fiel als Le Boulanger, wurde er nicht so schwer verletzt wie dieser, sondern war nach einem oder zwei Tagen wieder auf den Beinen.

Am 27. Mai ging bei Evrard[31] das Fahrwerk einer B. E. 2 zu Bruch.

Heute, am 31. Mai, ereignet sich ein weiterer Unfall. Diesmal handelt es sich um einen Piloten namens Kreyn; er setzt bei der Landung eine Maurice Farman so ungeschickt auf, dass sie auseinanderbricht. Und doch wird er durch etwas gerettet, das erst kürzlich eingeführt wurde, nämlich den Fliegerhelm. Nicht alle tragen einen.[32] Manche finden ihn einfach zu hässlich, er erinnert sie an die wattierten Mützen, die besorgte flandrische Mütter ihren Kindern aufzusetzen pflegen, wenn diese laufen lernen.

Coppens sehnt die Prüfung herbei. Dann wird er goldene Flügel auf dem Ärmel seiner Uniform tragen, zum Sergeanten befördert werden und fünf Louisdors mehr an Monatssold beziehen.

*

Am gleichen Tag schreibt Richard Stumpf in sein Tagebuch:

> *Endlich ist das große Ereignis eingetreten, das seit 22 Monaten unser ganzes Sehnen, Fühlen und Denken in Anspruch nahm, das leidenschaftlich herbeigewünscht – das Ereignis, für welches wir seit langen Jahren arbeiteten und exerzierten.*

Stumpf spricht von der großen Seeschlacht im Skagerrak, wo 274 deutsche und britische Kriegsschiffe am Nachmittag und Abend unweit der dänischen Küste aufeinandertreffen. Als die Nacht hereinbricht, liegen vierzehn britische und elf deutsche Kriegsschiffe auf dem Meeresgrund, und mehr als achttausend Seeleute sind ums Leben gekommen. Während der Schlacht hat Stumpfs Schiff, die SMS *Helgoland*, dreiundsechzig Granaten abgefeuert. Sie selbst hat nur einen einzigen Treffer erhalten. Die Besatzung beklagt keine Verluste. Ein anderer Eintrag in seinem Tagebuch lautet:

> *Ich bin überzeugt, dass es keinem Menschen möglich ist, seine Gefühle und Gedanken während der Feuertaufe so wiederzugeben, wie sie auf ihn einstürmten. Ich müsste lügen, wenn ich sagen würde, dass ich Angst gehabt habe. Nein, es war ein undefinierbares Gemisch von Freude, Angst, Neugierde, Gleichgültigkeit und noch etwas, das mit dem Worte Tatendrang vielleicht nicht ganz richtig ausgedrückt ist.*

Die Schlacht gilt recht bald, und zu Recht, als ein kleinerer deutscher Sieg. Eine Auswirkung auf den Krieg hat sie nicht.

99.

ANGUS BUCHANAN SUCHT AM PANGANIFLUSS
NACH NAHRUNG

Eigentlich will er gar nicht. Eigentlich will er in seine warmen Decken gehüllt hier liegen bleiben. Über sich erkennt Angus Buchanan die Sterne wie dünne Nadelstiche aus Licht. Aber er erwartet schon den Sonnenaufgang. «Nur noch fünf Minuten.»

«Komm schon!» Ein gedämpfter Ruf weckt ihn, er richtet sich auf. Es ist jetzt hell. Direkt neben ihm sitzt der andere Leutnant, Gilham, unter einem Busch und schnürt sich die Stiefel zu. Die beiden Männer lächeln sich an, in stillem Einverständnis. Obwohl es verboten ist zu jagen, ja überhaupt das Lager zu verlassen, haben die beiden genau das vor. Sie haben den ewigen Eintopf aus unappetitlichen Fleischkonserven satt; außerdem gehen die Vorräte zur Neige und die Rationen sind gekürzt worden. Sie haben beide Hunger. Wie sollen sie durchhalten ohne Essen?

Viele Soldaten sind unterernährt, und als direkte Folge nehmen auch die Krankheitsfälle in der Hitze rasant zu. Die Betroffenen müssen zur Behandlung zurückgeschickt werden, was die ohnehin schwachen Transportressourcen arg strapaziert. Auch die Kranken müssen natürlich ernährt werden. Und die Männer, die auf dem Weg nach hinten sind, ernähren sich von dem, was zu den an der Front kämpfenden Verbänden unterwegs ist, sodass die Rationen dort noch weiter gekürzt werden müssen. Ein Teufelskreis. Regimenter sind so stark geschrumpft, dass sie mit 170 bis 200 Mann eher Kompaniestärke haben.

Die deutschen Einheiten, die sie durch den Busch, durch Dschungel und Sümpfe jagen, über Flüsse, Berge und Savannen, scheinen vom Klima und von Krankheiten mehr oder weniger unangefochten zu sein, was nicht verwunderlich ist, da die Truppe ja aus Schwarzen besteht, die das Klima gewohnt und gegen Krankheiten widerstandsfähig sind. Sie sind häufig mit dem Gelände vertraut, wissen, wo Nahrung zu finden ist, und sie bewegen sich mit beeindruckender Leichtigkeit. Dank guter Behandlung und gutem Sold haben sie außerdem ein hohes Maß an Loyalität gegenüber ihren deutschen Herren entwickelt.

Die Briten werden gezwungen, ihre ablehnende Haltung gegenüber dem Einsatz und der Bewaffnung von Afrikanern zu überdenken. Die Operation, an der Buchanan und die anderen jetzt beteiligt sind und die nach dem Ende der Regenzeit eingeleitet wurde, hat unter anderem das Ziel, die Deutschen aus Tabora zu vertreiben, der Region, aus der sie ihre besten Askaris rekrutieren. Zudem hat Lettow-Vorbeck sich als ein Meister der Improvisation erwiesen. Da kein Nachschub mehr aus Deutschland kommt, hat er eine eigene Munitionsherstellung angekurbelt, die Truppen gelehrt, ihre Stiefel selbst herzustellen, und sich schwere Artillerie zugelegt, die er vom kleinen Kreuzer *Königsberg* geborgen hat, der von der britischen Flotte ins Rufigidelta gedrängt worden war.[33]

Buchanan und Gilham greifen ihre Gewehre und schleichen sich an den schlafenden Männern vorbei aus dem Lager. Buchanans afrikanischer Diener, Hamisi, ist mit von der Partie. Zuerst kämpfen sie sich durch den dichten trockenen Busch. Am schlimmsten ist das Dickicht dorniger Büsche und Bäume, und am allerschlimmsten ein kleiner Baum, den die Afrikaner *mgunga* nennen, dessen Dornen besonders lang, scharf und zahlreich sind. Sie meiden den Baum, so gut es geht. Buchanan schreibt: «Ich werde den Rest meines Lebens die Erinnerungen an den mgunga mit mir herumtragen.» Ihre Hände, Arme und Beine bluten.

Nach einer Stunde öffnet sich die Landschaft ein wenig, und sie sind auch so weit vom Lager entfernt, dass Schussgeräusche ihr Vorhaben nicht mehr verraten können. Sie laden ihre Gewehre. Schweigend schleichen sie vorwärts. Hamisi folgt ihnen mit etwas Abstand.

Nach einem knappen Kilometer springt eine Kudu-Antilope auf, doch bevor sie schießen können, verschwindet das grazile Tier mit federnden Sprüngen in den Büschen. Buchanan flucht. Nach drei Kilometern haben sie lediglich die Spuren von Impalas und Warzenschweinen gesehen und die eine oder andere Schar Perlhühner aufgescheucht. Es ist Zeit umzukehren. Die Sonne hat ihren Weg über den Himmel angetreten, und binnen einer Stunde wird es hier unerträglich heiß werden. Die Jagd der beiden Männer nach den schnellen, flüchtenden Tieren an diesem Morgen war bisher ebenso vergeblich wie die Jagd der Division nach den schnellen, flüchtenden Kompanien der deutschen *Schutztruppe*.

Buchanan, Gilham und Hamisi nehmen einen anderen Weg zurück. Das ist ihr Glück. Zuerst stoßen sie auf eine Giraffengazelle, die sie mit ihren Schüssen aber beide verfehlen. Nach einer Weile wird der Busch wieder dichter. Buchanan hat zu Gilham keinen Blickkontakt mehr, aber plötzlich hört er einen Schuss, dem ein Triumphschrei folgt. Der Kamerad hat eine andere Giraffengazelle erlegt. Die beiden Männer brechen in ein Freudengeheul aus. Fleisch! Sogar Wild! Buchanan betrachtet voller Zärtlichkeit das Tier, das zu ihren Füßen verendet. Es ist von einer Art, die er bisher nicht gesehen hat:

Feingliedrig, mit einem bezaubernd grazilen Körperbau und einem Fell mit straffem, dickem, glänzendem Haar, der Körper oben und ein Stück nach unten matt schokoladenfarbig, wo eine deutliche waagerechte Linie den dunkleren Rücken gegen den etwas helleren Bauch abgrenzt.

Die drei zerteilen den Kadaver. Hamisi trägt den Hauptteil der blutigen Stücke, Buchanan und Gilham den Rest. Mit größter Vorsicht schleichen sie sich ins Lager zurück.

An diesem Tag werden sie sich satt essen.

*

Am gleichen Tag sind René Arnaud und seine Männer auf der Höhe 321 bei Verdun einem deutschen Infanterieangriff ausgesetzt. Das Artilleriefeuer lässt nach. Grau gekleidete Gestalten tauchen in der Kraterlandschaft vor ihnen auf:

> *Das Krachen von Schüssen und der Knoblauchduft des Pulverrauchs versetzten mich bald in eine Art Rausch. «Schießt die Schweine ab! Schießt!» Plötzlich sah ich einen großen Kerl, der sich vor mir nach rechts bewegte, ich zielte, ich hatte dieses intuitive Gefühl, das einen Schützen überkommt, der sein Ziel verfolgt, ich drückte ab, und während der Rückstoß meine Schulter traf, verschwand der große Körper. Später überlegte ich, ob es meine Kugel oder die eines anderen war, die ihn getroffen hatte, oder ob er sich ganz einfach in dem heftigen Gewehrfeuer auf den Boden geworfen hatte. Wie auch immer, er ist der erste Deutsche in dreieinhalb Jahren Krieg, den ich glaube, «erlegt»[34] zu haben – und dessen bin ich noch nicht einmal sicher.*

Der Angriff wird am Ende mit Hilfe von Handgranaten abgewehrt.

100.
Samstag, 10. Juni 1916
RENÉ ARNAUD VERLÄSST DIE VORDERSTE LINIE
AUF HÖHE 321 BEI VERDUN

Als die Nachricht Arnaud erreicht, ist ihm sein Zeitgefühl abhanden gekommen. Er weiß nicht, wie lange sie sich schon auf der breiten Anhöhe befinden. (Hinterher rechnet er aus, dass es zehn Tage gewesen sein müssen.) Es ist so viel Zeit vergangen und so viel passiert, dass Arnaud die Hoffnung auf Ablösung aufgegeben hat, ja überhaupt jede Hoffnung. Er ist nach Tagen und Nächten unter Beschuss und nach zwei abgewehrten Angriffen wie betäubt. Die Gefahr berührt ihn kaum noch, auch nicht der Anblick eines weiteren Gefallenen:

Diese Gleichgültigkeit ist vielleicht der beste Zustand für einen Men-
schen, der sich im Zentrum der Kämpfe befindet: aus Gewohnheit und
Instinkt zu handeln, ohne Hoffnung und ohne Furcht. Diese lange
Periode von überwältigend starken Gefühlen hatte schließlich damit
geendet, dass das Gefühl selbst gestorben war.

Für einen kurzen Moment begreift er nicht, warum die Männer, die ausgesucht wurden, um die Essenrationen zu holen, in der einbrechenden Dunkelheit mit leeren Händen zurückkommen. Aber sie geben schnell die Erklärung: «Wir gehen heute Nacht zurück.» Alle hüpfen vor Freude. «Wir gehen heute Nacht zurück!»

Eins jedoch bleibt noch zu tun. Der Hauptmann, der sich die meiste Zeit im Cognacrausch befunden hat, taucht auf und befiehlt, dass sie alle Gefallenen in einem direkt hinter ihnen befindlichen halbfertigen Schützengraben zusammentragen, bevor sie die Stellung verlassen. Sie können ihre eigenen Toten nicht einfach hier liegen lassen, jetzt, da sie abgelöst werden. Die Soldaten murren, aber Arnaud überzeugt sie, dass sie es tun müssen.

Im Schein der Signalraketen verrichten sie ihre unangenehme Arbeit. Körper um Körper wird auf ein Stück Persenning gehoben, das als behelfsmäßige Bahre dient, und dann zu dem improvisierten Grab geschleppt. Obwohl die Leichen schon «im Zerfall begriffen sind», erkennen sie jeden Einzelnen von ihnen: Bérard (wie so viele andere vom Beschuss durch das deutsche Maschinengewehr drüben bei Ravin de la Dame getötet, das ihre Stellung in Längsrichtung bestrichen hatte), Bonheure (der Melder, der den Wein so liebte), Mafieu (der Koch, der zur Strafe für Trunkenheit im Dienst zum Fußsoldaten degradiert wurde), Sergeant Vidal (mit seinem schwarzen Bart und seinen traurigen Augen, der vorgestern, als sie den deutschen Angriff abwehrten, von einem Schuss mitten in die Stirn getroffen wurde), Mallard (der aus der Vendée mit seinen schwarzen Haaren und blauen Augen, der verblutete, als ihm seine eigene Handgranate einen Fuß abriss), Jaud (Arnauds alter Korporal, sonnengegerbt, mit seinen sanften Kinderaugen und seinem grässlichen Bart), Ollivier (der tapfere, pflichttreue kleine Ollivier mit seinem glatten blonden Haar), Sergeant Cartelier (groß, schlank und jederzeit erkennbar an seinen besonders flachen Stiefeln, die er gegen jede Vorschrift trug) usw.[35]

Die Tage waren warm. Der Verwesungsgestank kommt in Wellen, während die Leichen aufgehoben und fortgetragen werden. Dann und wann müssen sie eine Pause einlegen und frische Luft atmen.

Gegen zwei Uhr nachts sind sie fertig. Arnaud verspürt «eine bittere Zufriedenheit, getan zu haben, was getan werden musste». Er sieht die Ablösung vorbeimarschieren: schwer beladene Männer, die eine Schweißwolke hinter sich herziehen. Der Leutnant, der die Stellung übernehmen soll, ist unzufrieden. Von den Stacheldrahthindernissen sind nur noch verdrehte und verknäulte Spirallängen übrig, der Kommandoposten ist nur eine Grube zwischen zwei Haufen von Sandsäcken. Arnaud ist zunächst wütend über die Beschwerden: «Sollten wir so viel gelitten haben, nur damit ein Idiot daherkommt und so tut, als hätten wir nicht unsere Arbeit gemacht?» Aber er beruhigt sich und denkt daran, dass der griesgrämige Leutnant bald erkennen wird, was es bedeutet, die Höhe 321 zehn Tage und Nächte hindurch zu halten.

Der Rückmarsch von der vordersten Linie geht merkwürdig schnell. Die Müdigkeit ist wie weggeblasen. Keiner will eine längere Rast einlegen, alle wollen dem Geschützfeuer entkommen, bevor die Sonne aufgeht. Der Rückweg führt an dem Zwischenwerk de Froidterre vorbei. Dort machen sie halt und gehen in Deckung. Zur gleichen Zeit kommt ihnen eine andere Truppe entgegen, auf dem Weg in den Kampf, ein Spiegelbild ihrer selbst vor zehn Tagen: «Ihre Mäntel waren leuchtend blau, ihre gegerbte Lederausrüstung noch gelb, ihre Kochgeschirre noch silberglänzend.» Arnaud dagegen trägt einen verdreckten Mantel, das Fernglas um den Hals, zerknüllte Beingamaschen, zehn Tage alte Bartstoppeln und einen kaputten Helm – der Kamm wurde bei einem Nahkampf am 8. Juni abgeschossen. Die meisten seiner Soldaten haben weder Tornister noch Gürtel. Einige von ihnen nicht mal ein Gewehr.

Während Arnaud und seine Leute diese tadellos gekleideten Burschen betrachten, schlägt mitten unter den Neuankömmlingen eine Granate ein. Keiner von Arnauds Männern reagiert darauf, sie gehen sofort weiter. Sie folgen einem aufgeweichten Weg, an dessen Rändern Leichen, tote Pferde und sogar ein verlassener, grau angemalter Ambulanzwagen zu sehen sind. Die Männer stapfen vorwärts, so schnell sie können, mit fiebrigen Augen und verdreckten Gesichtern, auf eine «furchtsame, ungeordnete Art und Weise, als seien sie aus der Schlacht geflohen». Sie sehen sich nicht um und beobachten nur von Zeit zu Zeit den Aufklärungsballon, der im Morgengrauen über den deutschen Linien schwebt und jederzeit dafür sorgen könnte, dass ein paar Salven auf sie herabregnen. Jene Rechnung, von der Arnaud hörte, als sie auf dem Weg nach Verdun waren, ging auf: Von den rund einhundert Mann der Kompanie sind noch dreißig übrig.

Sie passieren dieselbe Straßenkreuzung wie vor zehn Tagen. Arnaud sieht Verdun rot, weiß und still in der Morgensonne leuchten und denkt: «Krieg ist schön, in den Augen von Generälen, Journalisten und Gelehrten.»

Sie überqueren den Fluss. Langsam lassen sie die Gefahren des Schlachtfelds hinter sich. Bei einer Rast an einem Waldrand sieht Arnaud einen Sergeanten der Reserve eine Zeitung lesen. Er fragt ihn, was es Neues gebe. Der Sergeant schnaubt: «Es ist das Gleiche wie immer» und reicht Arnaud die Zeitung. Der ruft plötzlich: «Das sind wir, das sind wir!» Seine Männer scharen sich um ihn, und er liest die abgedruckten Kommuniqués vor:

8. Juni, 23.00 … Auf dem rechten Ufer unternahm der Feind nach schweren Bombardements mehrere Angriffe auf unsere Stellungen westlich und östlich der Thiaumont Ferme. Sämtliche Angriffe wurden von unserem Sperrfeuer und unseren Maschinengewehren zurückgeschlagen.

9. Juni, 15.00 ... Auf dem rechten Ufer setzten die Deutschen ihre heftigen Angriffe auf einer Front von fast zwei Kilometern östlich und westlich des Hofes Thiaumont fort. Sämtliche Sturmangriffe im westlichen Teil wurden abgewehrt, und der Feind erlitt schwere Verluste ...[36]

Einer wendet ein, dass man tunlichst vermieden habe, über Verluste zu berichten, aber alle anderen sind seltsam zufrieden und rufen immer wieder, wie ein tröstliches Mantra: «Das sind wir!» Und vielleicht sind diese kurzen Meldungen über ihren Kampf ein entscheidender Grund dafür, dass er überhaupt stattfand. Auch dies war möglicherweise eine Aktion, die von Anfang an vor allem dazu gedient hat, eine Meldung zu werden. Sie haben ihr zehntägiges Martyrium vielleicht nur durchlitten, damit jemand würde sagen können, dass die (militärisch im Grunde unwichtige) Höhe 321 gehalten wird.

Genauso ist für Frankreich die Verteidigung von Verdun hauptsächlich ein symbolischer Akt, damit Generäle, Politiker, Journalisten erklären können: «Aber sicher, die Stadt ist gehalten worden, und wir werden sie weiter halten.» Doch niemand macht sich die Mühe, darüber nachzudenken, wofür dieses kleine Verb *tenir*, halten, eigentlich steht. Für die höchsten Generäle bedeutet «halten» nämlich etwas ganz anderes als für die chauvinistische Presse in Paris, und für die Befehlshaber vor Ort wieder etwas anderes, geschweige denn für die Infanteristen wie Arnaud und seine dreißig Männer. Die Tragik und Grausamkeit des Schlachtens ist also keineswegs nur Resultat der Zerstörungskraft der Kämpfenden. Sie ist auch das Ergebnis der rhetorischen Verirrung bei denen, für die die Schlacht ausgetragen wird.

In der vergangenen Woche haben die Deutschen einige der massivsten Angriffe seit Februar gestartet – mit großem Erfolg. Unter anderem ist ein weiterer wichtiger französischer Stützpunkt, das Fort Vaux, nach schweren Kämpfen gefallen. (Kurz nachdem Arnauds Bataillon dezimiert aus den Kämpfen zurückgezogen wird, werden die deutschen Angriffe wieder aufgenommen. Höhe 321 fällt am Ende.)

Später hört Arnaud das Pfeifen der Schmalspurbahn, die sich zwischen Verdun und Bar-le-Duc dahinschlängelt. Er begreift, dass er davongekommen ist:

Ich war vom Schafott des Leidens herabgestiegen und in eine Welt des Friedens und des Lebens zurückgekehrt. Ich dachte, ich sei noch derselbe Mensch, der ich war, bevor ich zehn Tage lang den Tod vor Augen hatte. Ich irrte mich. Ich hatte meine Jugend verloren.

*

Am gleichen Tag schreibt Florence Farmborough in ihr Tagebuch:

Es war ein heißer und ziemlich schwüler Tag. Am Morgen erbot sich Aleksandr Aleksandrowitsch, einer unserer Transportoffiziere, uns zu fahren, damit wir die verlassenen österreichischen Schützengräben sehen könnten. Wir nahmen sein Angebot mit Freuden an. Einer von ihnen übertraf alle übrigen an Luxus und Gemütlichkeit. Wir dachten, dass es der Schutzraum eines Artillerieoffiziers gewesen sein musste. Es gab dort Stühle und Tische, und an den befestigten Wänden fanden sich Bilder und Bücher, ja sogar eine englische Grammatik.

101.
Sonntag, 25. Juni 1916
EDWARD MOUSLEY STIEHLT EINEM TOTEN IN NUSAYBIN
DEN TROPENHELM

Der Marsch geht weiter. Es sind bald zwei Monate vergangen, seit die eingeschlossene britische Garnison in Kut al-Amara vor der osmanischen Armee kapituliert hat und rund 13 000 Mann in Gefangenschaft gerieten.[37] Trotz eines gegenteiligen Versprechens sind die Gefangenen geplündert und Mannschaften und Offiziere getrennt worden. Während die Offiziere für den weiteren Transport nach Bagdad auf Flussschiffe verladen wurden, mussten die Soldaten und Unteroffiziere die ganze Strecke marschieren, und dies, obwohl viele schon vorher in schlechter Verfassung waren und gerade die heißeste Jahreszeit eingesetzt hatte, mit Temperaturen bis zu 50 Grad im Schatten.[38]

Mousley war krank, als die Kapitulation erfolgte, und musste deshalb auf einen besonderen Transport nach Bagdad warten. Das Schiff, das sie schließlich bestiegen, war ironischerweise die *Julnar*, jener Dampfer, der bei dem letzten verzweifelten Entsatzversuch Ende April zum Einsatz kam. Als Mousley an Bord getragen wurde, entdeckte er überall Einschusslöcher. Während der unendlich langsamen Fahrt machte das Schiff immer wieder halt, um die Leichen der Gestorbenen abzuladen.

In Bagdad kam er rechtzeitig zur nächsten Etappe wieder zu Kräften: Da russische Truppen weniger als zweihundert Kilometer nördlich der Stadt standen, war den osmanischen Befehlshabern sehr daran gelegen, die britischen Gefangenen rasch aus der Region fortzuschaffen, damit sie nicht bei einer eventuellen russischen Offensive befreit werden konnten. Zunächst wurden sie per Zug nach Samarra verfrachtet. Von dort mussten sie unter Bewachung zu Fuß weitermarschieren, zuerst den Tigris aufwärts bis Mosul, dann in westlicher Richtung durch die Wüste.

Die Kolonne von gefangenen Offizieren, der Mousley zu folgen hat, kann ihr Gepäck auf Esel und Kamele laden, und die Schwächsten dürfen reiten. Dennoch ist der Marsch kräftezehrend. Sie haben am Wegrand Kranke und Sterbende, kollabierte Esel und Ausrüstungsstücke zurückgelassen. Und sie haben die Spuren derer gesehen, die vor ihnen hier gegangen sind, Leichen, die in der sengenden Sonne vertrockneten. Bewaffnete Araber haben ihnen aufgelauert, um die Nachzügler auszuplündern oder zu töten. Sie werden von Sandstürmen, Hitze, Hunger und vor allem von Durst gequält. Sie müssen von Feigen, schwarzem Brot, Tee und nicht zuletzt Rosinen leben, die sie zu überhöhten Preisen auf dem Weg gekauft haben. Genau wie die anderen hat Mousley sein Zeitgefühl weitgehend verloren. «Ich kannte nur zwei Zustände», schreibt er in sein Tagebuch, «zu gehen oder nicht zu gehen.» Er ist schwach und hat Fieber. Er hat ungefähr zwölf Kilo abgenommen und quält sich mit schweren Magenproblemen und Augenschmerzen.[39]

Jetzt haben sie die kleine Stadt Nusaybin erreicht. Sie sollen dort nur eine Nacht oder zwei bleiben und dann ihren Marsch nach Ras al-Ayn fortsetzen, von wo es mit dem Zug weitergehen soll. Im Schatten einer alten römischen Brücke schlagen sie das Lager auf. Wolkenlos und glühend wölbt sich der Himmel über ihnen, und Mousley ist noch schwächer als sonst. Er hat sich gerade von einem schweren Sonnenstich erholt. Gestern kam ihm nämlich sein *topee*, sein Tropenhelm aus Kork, in einem heftigen Sandsturm abhanden, und das Handtuch, das er sich um den Kopf gewickelt hat, half wenig.

Er erfährt, dass es irgendwo in der Stadt eine Sammelstelle für kranke Gefangene gibt, und dass dort gerade ein britischer Leutnant gestorben ist. Mousley will versuchen, das *topee* des Toten zu ergattern – der Mann wird dafür kaum noch Verwendung haben. Lange sucht er «in engen Straßen, dunklen Vierteln und Hinterhöfen». Schließlich findet er die Sammelstelle. Er geht durch ein kleines Mauerportal, das mit einem Teppich verhängt ist, und erreicht einen offenen Hof.

Entlang den Innenmauern, unter Sonnenschirmen aus Zweigen, die mit Gras und Blättern bedeckt sind, liegen zahlreiche ausgemergelte Menschen. Die meisten dieser skelettgleichen Gestalten sind völlig nackt, bis auf Lendenschurze, und ihre eingefallenen Wangen sind von wochenalten Bärten bedeckt. Es sind britische Soldaten aus Kut al-Amara. Sie haben kaum Essen bekommen, nur schwarzen Zwieback. Wasser haben sie von einem knapp zweihundert Meter entfernten Wasserlauf selbst holen müssen. Im Staub und im Sand sieht man die langen Schleifspuren.

Einige sind tot, nicht wenige liegen im Sterben.[40] Er sieht einen Mann mit herabgefallenem Kiefer, dessen Gesicht von Insekten bedeckt ist, und glaubt zuerst, er sei tot. Aber der Mann lebt, und als er sich bewegt, fliegen ganze Schwärme aufgeschreckter Fliegen aus seinem offenen Mund. Mousley hat schon früher einmal gesehen, wie sich die Münder von Sterbenden im Takt mit Fliegen füllen und wieder leeren. Er nennt es «das Bienenkorb-Phänomen».

Mousley sucht nach dem toten Leutnant. Er findet den Tropenhelm, nimmt ihn. Danach alarmiert er die übrigen Offiziere, und sie suchen den Kommandanten der Stadt auf, um zu protestieren. Sie nehmen alle Soldaten mit, die sich noch rühren können, und sammeln Geld für diejenigen, denen es so schlecht geht, dass sie nicht mehr marschfähig sind. So kommen sechzig Pfund zusammen, die sie diesen Unglücklichen überlassen, damit sie sich wenigstens etwas zu essen kaufen können.

Mousley kehrt zu der römischen Brücke zurück, wo er in sein Tagebuch schreibt:

Am Abend, als die gnadenlose Sonne untergegangen ist, gehen wir auf dem kleinen Gelände zwischen den Wachtposten auf und ab, rauchen den arabischen Tabak, den wir aufgetrieben haben, und blicken besorgt zum Horizont im Westen, denn irgendwo dort liegt Ras al-Ayn, der Eisenbahnendpunkt. Bis dahin sind es noch viele Märsche, nächte- und tagelang. Werden wir das schaffen?

102

Dienstag, 27. Juni 1916

FLORENCE FARMBOROUGH PFLEGT VERWUNDETE IN BOHACZ

Heute geht die Brussilow-Offensive in die vierte Woche, und es gibt weiterhin gute, ja, erstaunlich gute Nachrichten. Die 9. Armee, zu der Florence Farmboroughs Einheit jetzt gehört, hat große Erfolge gefeiert: Sie hat ihre österreichisch-ungarischen Gegner zu einem panikartigen Rückzug veranlasst.[41] Florence und die anderen sind zufrieden. Die hohen Erwartungen, die sie in das neue Jahr und die viel beschworene große Offensive gesetzt hatten, haben sich tatsächlich erfüllt.

Es ist warm.

Florence hat viele Kriegsgefangene gesehen (was früher selten war),[42] hat die solide gebauten, aber zerschossenen feindlichen Schützengräben besucht und war gegen ihren Willen davon beeindruckt. Schließlich hat sie die Kehrseite des Triumphes gesehen: Massengräber (daneben sortierten Überlebende die Stiefel, Koppeln und sonstige Ausrüstung ihrer gefallenen Kameraden in Haufen) und taumelnde Sieger (die sich an erbeutetem Schnaps betrunken hatten).

Jetzt liegt ihre Lazaretteinheit in Bohacz, einer schönen kleinen Stadt beiderseits des Flusses Stripa. Der Ort ist vom Krieg schwer gezeichnet und von einem Teil seiner Bewohner verlassen worden, aber es gibt dort blühende Akazien. Ihre Einheit hat ein Haus besetzt, es gehörte dem österreichischen Schuldirektor der Stadt, der Bohacz mit den eigenen Truppen verlassen hat. Als Florence und die anderen das Gebäude zum ersten Mal betraten, war es bereits geplündert. Bücher, Bilder, geologische Proben und getrocknete Blumen lagen überall auf dem Fußboden verstreut. Die Österreicher, die noch im Ort sind, werden aus ihren Häusern kommandiert, zum Abtransport nach Osten. Florence hat ähnliche Szenen schon im vorigen Sommer gesehen, mit dem Unterschied, dass die Flüchtlinge jetzt vor allem Deutsch sprechen. Sie sind zu Tausenden vorbeigezogen, Menschen jeden Alters, die ihr Vieh vor sich her trieben und ihr Hab und Gut auf Karren gestapelt hatten.

Gestern Abend hat sie assistiert, als zwei Bauchschüsse operiert wurden. Ein Bauchschuss ist eine Verwundung mit einer sehr schlechten Prognose, zumal sich lebensgefährliche Infektionen schwer vermeiden lassen, wenn der Darminhalt in die Bauchhöhle gelangt ist. Ihr imponierte die Geschicklichkeit des Chirurgen, als er die zerfetzten Darmenden abschnitt und die noch funktionierenden Teile sorgfältig zusammenflickte. Patienten, die einen Bauchschuss haben, sind besonders schwierig zu behandeln, nicht nur, weil sie so oft sterben, sondern auch, weil sie ständig nach Wasser verlangen, während man ihnen wegen drohender Komplikationen keinen einzigen Tropfen geben darf (vor allem der Blutverlust führt zu heftigem Durst). Nachdem die Eingriffe erledigt waren, blieb Florence noch in dem improvisierten Operationssaal sitzen, da sie gehört hatte, es seien weitere Verwundete zu erwarten. Dabei schlief sie, auf einem Stuhl sitzend, ein, und erwachte erst um Mitternacht.

Gegen sechs Uhr morgens kommen neue Verwundete. Einer von ihnen ist ein junger Soldat, ein Junge noch, der am linken Oberarm getroffen wurde. Sie zieht die Kugel aus der Wunde, was erstaunlich leicht geht, weil sie so wenig Druck hatte, dass das hintere Ende noch herausragt. Der Junge weint und klagt die ganze Zeit, auch nachdem die Wunde gereinigt und verbunden ist: «Schwesterchen[43], das tut weh!» Ein anderer hat eine sehr ungewöhnliche Verwundung. Auch er ist von einer Kugel getroffen worden, aber das Projektil prallte auf sein Schulterblatt, wechselte die Richtung, drang durch seine rechte Seite, durch den Schritt und in seinen rechten Schenkel, wo es schließlich stecken blieb. Ein dritter Patient, auch er ein junger Mann, ist voller Schmutz, Staub und getrocknetem Blut, und sie will sein Gesicht waschen:

«Schwesterchen», sagte mein Patient und versuchte zu lächeln. «Lassen Sie den Schmutz drauf! Ich werde keine Besuche mehr machen!» Zuerst

dachte ich, er mache Scherze, und hatte schon eine schlagfertige Antwort
parat. Da sah ich die tiefe Wunde an seinem Kopf und begriff, was er
meinte.

Später sieht sie einen der beiden Bauchschusspatienten wieder, bei
deren Operation sie am Abend vorher assistiert hat. Es geht bergab mit ihm. Das Bedürfnis nach Wasser macht ihn wahnsinnig,
sodass sie einen männlichen Pfleger zu Hilfe rufen muss, um den
Verwundeten auf seiner Strohmatratze festzuhalten. Der Mann
beginnt, irre zu reden. Sie erzählt ihm, er sei jetzt mit seinen Kameraden unten an dem großen Fluss, und dass er trinke und trinke
und trinke.

103.
Freitag, 30. Juni 1916
KRESTEN ANDRESEN HEBT AN DER SOMME LAUFGRÄBEN AUS

Blauer Himmel. Sonnenwärme, nach Sommer duftendes Gras.
Weitergraben. Andresen hat mehr Zeit mit Hacke und Spaten in
der Hand verbracht als mit Gewehr und Handgranaten. Was er
in keiner Weise bedauert. An vorderster Front Wache zu stehen
ist anstrengend und gefährlich. Besonders jetzt, da die Briten die
deutschen Linien einige Meilen entfernt einem permanenten
Trommelfeuer aussetzen, offenbar als Vorbereitung auf einen
größeren Angriff. Von Zeit zu Zeit fegt die Feuerwalze auch über
Andresens Laufgräben hinweg, die ständig repariert werden müssen. In der weißen Kreideerde fällt das Graben sehr schwer. Das
Ergebnis aber sind ausgezeichnete Schutzräume.

Die Arbeit folgt einem festen Schema: acht Stunden graben, mit
einer längeren Essenspause in der Mitte. Danach Freizeit. Einer
dieser Laufgräben, an denen er arbeitet, zieht sich durch das fla-
ckernde Sonnenlicht in einem noch sommergrünen Wald, in dem

die umgeschossenen Bäume wie ein Mikado auf der Erde liegen, an einem Bach entlang, durch eine alte Wassermühle hindurch. Sie schlafen in unterirdischen Schutzräumen. Dort ist es sicher, aber eng. Die Betten sind so schmal, dass sie auf der Seite liegen müssen; unten sind breite Spalten, die es äußerst schwer machen, bequem zu liegen. Und ihre Matratzen sind mit Holzwolle gefüllt, die Klumpen bildet. Außerdem ist die Luftzufuhr nicht gerade optimal:

Hat man dort fünf, sechs Stunden gelegen und geschlafen, fühlt man sich beengt in der Brust, als ob man Asthma hätte; aber das geht ziemlich schnell vorbei, wenn wir an die frische Luft und ins Licht kommen.

Andresen ist gesundheitlich angeschlagen. Seine alte Erkältung will nicht verschwinden, sein Magen macht Ärger und außerdem hat er oft Kopfschmerzen. Sie haben viele Luftkämpfe am Sommerhimmel verfolgt. Die Engländer scheinen dort die Oberhand zu behalten. «Kürzlich wurde hier der berühmte Flieger Immelmann abgeschossen. Ich war im Schutzraum und schlief. Aber die oben waren, haben es gesehen.»

Wie immer folgt er aufmerksam den Nachrichten über einen möglichen Frieden. Gerade jetzt kursiert ein seltsam hartnäckiges Gerücht, dass der Krieg am 17. August zu Ende sein werde. Das ist ein Donnerstag.

104.
Sonntag, 2. Juli 1916
ANGUS BUCHANAN KAUFT IN KWADIREMA EIN PAAR HÜHNER

Sonntag, und ausnahmsweise wird der Sabbat eingehalten. Seit einigen Tagen sind sie im Lager; wie es heißt, warten sie auf Nachschub an Vorräten, bevor der Marsch weitergeht. In letzter Zeit ist das Essen wieder knapp geworden, und die Leute sind hungrig.

Buchanan verzichtet sogar auf den üblichen Maschinengewehr-
drill, er gönnt seinen Männern einen ruhigen Tag. Aber dies hat
nicht nur Gutes. In der schwülen Sonntagsstille, wenn es nichts
gibt, was einen ablenkt, bekommt man schnell Heimweh. Buchanan wäre zufrieden, wenn er nur erführe, wie es zu Hause geht.
Nachrichten sind selten hier draußen im Busch, und Briefe noch
seltener. Seit mehreren Wochen warten sie auf die Post.

Aber der Tag ist nicht verloren. Buchanan freut sich nicht nur
über die Möglichkeit sich auszuruhen, sondern auch über ein gutes
Geschäft. Von zwei Schwarzen, die er vor einigen Tagen traf und
die in der Zwischenzeit in ihrem Dorf waren, ersteht er Mehl und
dreizehn Hühner; er tauscht sie gegen Kleidung. Die Freude über
diese unerwartete Ladung Kalorien ist groß. Es gibt also Huhn
zum Abendessen. Doch der Zoologe in ihm erwacht. (Er war im
Übrigen nie ganz eingeschlafen. Bei jeder sich bietenden Gelegenheit sammelt Buchanan Pflanzen, Eier und vor allem Vögel. Alles,
was er findet, katalogisiert er mit der hingebungsvollen Präzision
des Wissenschaftlers. Sein letzter Fund stammt vom 14. Mai und
hat die Ordnungsnummer 163; es ist ein Eisvogel, ein Weibchen
der Art *Ispidina picta*.) Eins der Hühner hat einen seltsamen weißen
Federbusch auf dem Kopf. Aus irgendeinem Grund bringt er es
nicht über sich, das Tier zu töten, und beschließt, es eine Zeitlang
zu behalten. Das Huhn kann Eier legen, und vielleicht kann es ihm
sogar Gesellschaft leisten?

105.
Freitag, 7. Juli 1916
RENÉ ARNAUDS BATAILLON BEREITET SICH AUF EINEN
NEUEN EINSATZ BEI VERDUN VOR

Der Befehl trifft sie wie ein Schock in der Hochsommerhitze. Sie
werden nach Verdun geschickt, «um eine Lücke zu füllen». Keiner

von ihnen hat geglaubt, sie müssten noch einmal dorthin zurück, auch deswegen, weil sie schon so große Verluste erlitten haben. Denn aus diesem Grund hat die Brigade die beiden Regimenter zusammengelegt, und Arnaud und die anderen mussten die Nummer «337» von ihren Kragenspiegeln abtrennen und durch die «293» ersetzen. Das 337. existiert nicht mehr, nicht nach jenem Einsatz vor einem Monat bei Verdun.

Arnaud tut sein Bestes, um die Männer seiner Kompanie zu beruhigen, aber er glaubt nicht, dass es ihm gelungen ist. Er selbst ist bedrückt. Alle haben anscheinend denselben Gedanken: «Einmal schaffst du es, davonzukommen, aber nicht ein zweites Mal.» Am Abend instruiert sie der Regimentschef in einem der kleinen unterirdischen Räume der Zitadelle von Verdun. Der Verband soll einen Abschnitt zwischen Thiaumont und Fleury zurückerobern, der kürzlich verloren ging, in der Nähe der Stellung, die sie Anfang Juni verteidigt haben. Der Oberstleutnant versucht seine Offiziere auf dieselbe Weise aufzumuntern, wie Arnaud es bei seinen Männern versucht hat, mit demselben bescheidenen Ergebnis. Arnaud sieht, wie angespannt der Regimentschef ist, beobachtet, wie er den Kiefer zusammenpresst, sieht, dass er seinen eigenen Worten nicht glaubt. Arnaud ist dennoch erleichtert; sein Bataillon wird zunächst die Reserve bilden.

Als Arnaud in den Korridor hinauskommt, sieht er rund fünfzig Männer des Bataillons, die vor einem Zimmer Schlange stehen. Dort befindet sich der zweite Bataillonsarzt, Bayet, ein rundlicher Mann mit kurzgeschorenen Haaren und großer Brille. Die Männer wollen sich krankmelden und so dem Inferno, das sie erwartet, entgehen. Alle erdenklichen Leiden werden aufgeführt: Leistenbruch, Rheumatismus, schlecht verheilte Wunden. Der Bataillonsarzt, umgeben von einer Gruppe von Männern, «die sich an ihn hängten wie Ertrinkende an einen Rettungsring», schwitzt vor Anstrengung. Später erfährt Arnaud, dass auch mehrere der höheren Offiziere des Bataillons sich krankgemeldet haben: «Es herrschte allgemeine Auflösung.»

Am Abend trifft Arnaud den Bataillonsarzt und unternimmt einen eigenen Versuch, den er für besonders listig hält. Zuerst beklagt Arnaud sich über die Offiziere (darunter ein hochdekorierter), die sich haben krankschreiben lassen, und erklärt, dass er *niemals* so handeln würde, obwohl er selbst wegen seiner Herzprobleme *tatsächlich* Grund dazu hätte. Gleichsam beiläufig knüpft er seine Uniformjacke auf und bittet den Bataillonsarzt, ihn abzuhorchen. Arnaud hofft inständig, dass der Bataillonsarzt etwas feststellt und ihn als Krankheitsfall in die hinteren Linien schickt. Der Arzt horcht ihn ab und erklärt leicht gereizt, es sei ein Pfeifgeräusch zu hören. Danach schweigt er. Beschämt knüpft Arnaud seine Jacke zu: «Dieser Anflug von Schwäche machte es mir fortan unmöglich, andere zu verurteilen.»

Bei Einbruch der Dunkelheit marschieren sie ein weiteres Mal aus der Zitadelle hinaus. Die Reihen schwer bepackter Männer winden sich über den Fluss, hin zu den dunklen Höhen mit ihrer glühenden Aura von Explosionen. Als sie den ersten steilen Bergrücken erklommen haben, legt Arnaud sich mit klopfendem Herzen der Länge nach auf den Boden. «Ich war erschöpft, meine Moral mehr als mein Körper. Ich glaubte, ich würde ohnmächtig, vielleicht hoffte ich sogar darauf.» Nach einem langen Marsch durch einen engen Verbindungsgraben erreichen sie einen schlichten Schutzraum, dessen Dach aus Wellblech besteht. Dort schläft er ein.

*

In der Morgendämmerung zwei Tage später findet der Angriff statt. Er scheitert. Die Verluste sind hoch. Einer der Gefallenen ist der Regimentschef. Arnauds Einheit ist am Angriff nicht beteiligt, und er überlebt.

106.

Ein Tag im Juli 1916

RAFAEL DE NOGALES WIRD ZEUGE DER ERSCHIESSUNG
EINES DESERTEURS IN DER NÄHE VON JERUSALEM

Nahezu jeden Morgen baumeln zwei, drei neue Leichen an Telegraphenmasten oder anderen improvisierten Galgen rund um die Heilige Stadt.

Die meisten von ihnen sind Araber, die als Deserteure der osmanischen Armee aufgegriffen wurden. Diese Männer sind das direkte Gegenstück zu Rafael de Nogales: Nicht sie haben den Krieg gesucht, der Krieg hat sie gefunden. Sie repräsentieren die schweigende Mehrheit jener, die jetzt in Uniform stecken (egal welcher Farbe), sie haben sich nicht wie Nogales von den Energien und Illusionen des Krieges mitreißen lassen, sondern wurden in den Krieg gezwungen: widerwillig, unmotiviert und – nicht zuletzt – stumm.

De Nogales blickt keineswegs auf sie herab – irgendwie versteht er die Deserteure sogar. Einmal mehr hat das osmanische Heer mit großen Versorgungsproblemen zu kämpfen, die vor allem das Ergebnis von Korruption, Verschwendung und organisiertem Diebstahl sind. Und wieder einmal hat die Unterernährung die Ausbreitung von Krankheiten, vor allem Typhus, begünstigt. Da in der gesamten Region die Lebensmittel knapp sind – was nicht zuletzt die vielen neu eingewanderten Juden der Stadt trifft, die wegen des Krieges keine Hilfe aus ihren ehemaligen Heimatländern erhalten –, hat der Typhus die Ausmaße einer Epidemie erreicht. Hunger und Heimweh trugen also dazu bei, dass die Desertionen in den arabischen Verbänden einen Höchststand erreicht haben.[44]

Die Typhusepidemie und die verzweifelte Versorgungslage in Palästina sorgen dafür, dass die sogenannte Pascha-Expedition (ein teils aus türkischen Verbänden, teils aus deutschen und österreichisch-ungarischen Truppen bestehendes Korps, das über

313

große Mengen an Artillerie, Lastkraftwagen und andere moderne Ausrüstung verfügt) niemals (wie geplant) anhält, um auf ihrem langen Marsch durch Kleinasien Atem zu schöpfen, sondern in der großen Hitze einfach weiterzieht, nach Sinai. Sie soll sich an einem zweiten Versuch, den Suezkanal abzuschneiden, beteiligen (wie der erste Versuch wird auch dieser scheitern). De Nogales hat die Kolonnen von Lastkraftwagen und fabrikneuen Kanonen vorbeidröhnen sehen und ist beeindruckt.

Mit den permanenten Hinrichtungen durch den Strang versucht der osmanische Kommandant die Desertionen zu verhindern, aber der Effekt war bisher minimal. (De Nogales ist der Ansicht, dass er mit seinen drakonischen Maßnahmen ein Übel beheben will, das er teilweise selbst mit geschaffen hat. Es heißt nämlich, der Kommandant sei in Korruption verwickelt, die die Hungersnot überhaupt erst mit ausgelöst hat.) So hat er beschlossen, dass der nächste Deserteur öffentlich hingerichtet werden und vor den Augen seiner Kameraden in der Garnison Jerusalem sterben muss.

Dies soll jetzt geschehen.

Der Verurteilte ist ein arabischer Deserteur, diesmal ein Imam.

Eine lange Prozession windet sich aus Jerusalems Gewimmel von Hausdächern und Kuppeln. An der Spitze marschiert ein Musikkorps und spielt den Trauermarsch von Chopin. Dahinter folgt eine Gruppe hoher Militärs und Zivilisten. Dann der Mann, der gleich sterben soll, auffallend gut gekleidet in einen leuchtend weißen Turban und einen Kaftan aus rotem Tuch. Hinter ihm marschiert das Erschießungskommando. Und schließlich das Ende des Zuges: die Garnison von Jerusalem oder zumindest der größere Teil davon. Unter ihnen Rafael de Nogales.

Die Menschenmenge drängt sich um einen kleinen Hügel, den ein in die Erde gerammter grober Pfahl krönt. Während das Todesurteil verlesen wird, beobachtet de Nogales den Mann, der gleich sterben wird. Er scheint «sich sehr wenig um sein bevorstehendes Schicksal zu kümmern, sondern raucht ruhig seine *cheroot*, mit der

Todesverachtung, die den Muslim kennzeichnet». Nachdem er das Urteil angehört hat, setzt sich der Mann mit gekreuzten Beinen auf einen Teppich, ihm gegenüber sitzt ein anderer Imam, sein geistlicher Beistand. Aber die beiden verstricken sich in eine lebhafte theologische Diskussion, die fast handgreiflich endet.

Der Mann, der gleich sterben soll, muss aufstehen. Er wird an den Pfahl gebunden. Man legt ihm eine Augenbinde an. Während dieser ganzen Prozedur raucht er ruhig weiter. Als das Kommando «Legt an!» ertönt und die Soldaten die Gewehre in Anschlag bringen, führt der Mann mit einer raschen Bewegung die Zigarre an seinen Mund. Die Salve kracht, zwei Schattierungen von Rot, die des Kaftans und die des Blutes, vermischen sich, der Mann sinkt zusammen, «seine Hand von einer Kugel am Mund wie festgenagelt».

107.
Donnerstag, 20. Juli 1916
OLIVE KING TEILT IN SALONIKI KLEIDUNG AUS

Der Tag kühlt ab. Neun Säcke stehen in der Kleiderkammer, und Olive King wartet ungeduldig. In den Säcken sind Kleidung, Ausrüstungsstücke und persönliche Gegenstände von neun Patienten, die an diesem Tag Saloniki verlassen sollen. Ihr Auftrag besteht darin, die Sachen den richtigen Besitzern auszuhändigen, aber bisher ist keiner von ihnen erschienen. Und dabei möchte sie so gern noch ein Bad im lauen Meer nehmen, bevor die Lagertore geschlossen werden. Schließlich geht sie hinüber zu der Abteilung, in der die neun sich befinden, und bittet sie, sich zu beeilen. Endlich kann sie die Säcke übergeben. Einer der Patienten öffnet seinen Sack und protestiert; dies seien nicht seine Sachen. Gemeinsam mit ihm macht sich Olive King auf die vergebliche Suche nach dem richtigen Sack.

315

An diesem Abend badet sie nicht mehr. Stattdessen beendet sie einen Brief an ihren Vater. Darin enthüllt sie etwas, das sie bis dahin als «ein tiefes und dunkles Geheimnis» behandelt hat:

Ich habe meine Haare geschnitten, als wir hier ankamen (das ist der Grund dafür, dass ich dir keine Fotos geschickt habe, seit wir hier sind), und das kurze Haar ist ein wahrer Segen, spart viel Zeit und ist immer gepflegt und bequem. Es sieht wirklich richtig gut aus. Mein Haar ist so dick geworden, und es ist wunderbar, dass es einem nicht immer vor den Augen flattert, wenn man fährt. Als ich es geschnitten hatte, habe ich mich gefragt, warum ich es nicht früher getan habe.

Sarrails Orientarmee steht noch immer in Saloniki, ungeachtet der griechischen Neutralität sowie der Tatsache, dass das ganze Unternehmen zu scheitern droht. Die überfüllte Stadt ist jetzt von einem beinahe ebenso starken Befestigungsgürtel umgeben, wie man ihn von der Westfront kennt.[45] Stillstand, mit anderen Worten. Wirkliche Kämpfe finden nur in Mazedonien statt – die britischen Soldaten geben dem Gebiet wegen des Drecks und Schlamms den Spitznamen «Muckedonia». Jetzt ist es dort heißer als hier an der Küste. Krankheiten grassieren, besonders Malaria, aber auch das Dengue-Fieber. Die Verluste im Kampf sind gering.

Olive King erwägt, in die serbische Armee einzutreten. Teils weil sie alle unsinnigen kleinen Arbeiten, die ganze Warterei und die organisierte Untätigkeit in der befestigten Enklave Saloniki satthat. Aber auch weil sie bemerkt, dass die Krankenschwestern im Allgemeinen und ihre neue Chefin im Besonderen freiwillige Frauen wie sie verabscheuen. King hat «genug von weiblicher Disziplin – oder dem, was darunter verstanden wird», will lieber in einem militärischen Verband arbeiten. Daneben gibt es noch einen weiteren Grund in Gestalt eines charmanten serbischen Verbindungsoffiziers, den sie kennengelernt hat. Große Teile der verbliebenen serbischen Armee sind per Schiff von Korfu nach Saloniki verlegt worden.

Die Abende können angenehm sein, zumindest, wenn der Wind nicht zu stark weht und die Luft mit Staub erfüllt. Sie liest oder schreibt Briefe. Manchmal sammelt sie mit einigen Freunden Schildkröten und veranstalten Wettrennen mit ihnen. Gelegentlich kriechen sie durch den Zaun hinaus und besuchen ein kleines Café, gleich hinter dem Lager. Es ist oft leer. Dort trinken sie *lemon squash*[46] und tanzen stundenlang zu den kratzigen Klängen eines Grammophons. Es gibt zwei Platten mit Tanzmusik: «Dollar Princess» und «La Paloma», und sie spielen sie immer wieder.

108.

Donnerstag, 27. Juli 1916

MICHEL CORDAY ISST IM RESTAURANT MAXIM'S IN PARIS ZU MITTAG

Der Sommer in Paris ist warm und schön. Die Cafés sind gut besucht. Auf den Bürgersteigen drängen sich die Gäste an den Tischen. Sonntags sind die Lokalbahnen, die ins Grüne fahren, voll von Menschen, die einen Ausflug machen. Auf den Straßen sausen Gruppen weiß gekleideter junger Frauen auf Fahrrädern vorbei. Es ist unmöglich, in den vielen Badeorten an der Atlantikküste ein freies Hotelzimmer zu finden.

Michel Corday sitzt mit einem Bekannten im Maxim's, ganz in der Nähe der Champs-Élysées. Wieder einmal ist er überrascht von dem Kontrast zwischen dem, was er vor Augen hat, und dem, was an der Front geschieht. Wieder einmal denkt er daran, wie unendlich weit entfernt der Krieg zu sein scheint. Das Restaurant ist berühmt für seine Küche – und für seine elegante Art-nouveau-Einrichtung, ein der Gegenwart entrücktes Asyl, eine Erinnerung an glücklichere Tage, ein Versprechen für die Zukunft. Ja, der Krieg *ist* weit entfernt, und doch ist er gegenwärtig, obwohl die Phänomene, in denen er sich hier manifestiert, sonst gerne verschwiegen werden: etwa Alkohol und Sex – oder Rausch und Geilheit, wie man vielleicht sagen muss.

Im Restaurant wimmelt es von Männern in Uniform verschiedener Waffengattungen und Nationalitäten. Es sind auch ein paar bekannte Gesichter dabei, zum Beispiel der Boulevarddichter Georges Feydeau oder der Professor und Schlachtenmaler François Flameng, dessen Aquarelle in fast jeder neuen Ausgabe der beliebten *L'Illustration* zu sehen sind. (Flameng gehört zu jenen Zivilisten, die der Anziehungskraft des Militärischen nicht widerstehen konnten, er hat sich einen uniformähnlichen Anzug schneidern lassen. Heute Abend trägt er ein Schiffchen und eine khakifarbene Jacke, Wickelgamaschen und Tressenverschlüsse auf der Brust.) Es sind auch Frauen da; viele von ihnen, wenn nicht sogar die meisten, sind Edelprostituierte.

An diesem Abend fließt im Maxim's der Alkohol in großen Mengen. Einige Flieger speisen gar nicht, sondern feiern ein sogenanntes Champagneressen. Was vor dem Krieg zu abschätzigen Blicken oder entschiedener Zurechtweisung geführt hätte, wird jetzt toleriert oder scheint die anderen Gäste sogar zu amüsieren. Corday sieht einige britische Offiziere, die so tapfer getrunken haben, dass sich einer von ihnen kaum auf den Beinen halten kann. Der Mann versucht, sich die Uniformmütze aufzusetzen, findet aber zum Gaudi der Umsitzenden den eigenen Kopf nicht. Zwei sehr betrunkene Männer stehen an ihren Tischen und schleudern sich quer durch das Lokal grobe Beleidigungen an den Kopf. Niemand schert sich um sie.

Kuppelei wird beinah offen betrieben. Wünscht ein Gast die Dienste einer Prostituierten, wendet er sich einfach an einen der Restaurantchefs. Corday hört, wie der Mann dem Freier antwortet: «Heute Abend dienstbereit.» Worauf er Preis, Adresse und die Etage nennt, mitsamt den «hygienischen Bedingungen».

Auch in Frankreich, wo seit langem ein System legaler Bordelle existiert, hat der Krieg zu einer starken Zunahme der Prostitution geführt. Die Nachfrage ist sprunghaft gestiegen, und die Behörden drücken, vom Militär ermuntert, nicht selten ein Auge zu. Täglich kommen unzählige Soldaten auf Urlaub nach Paris, und aus dem ganzen Land sind Huren herbeigeströmt. Verhaftungen wegen illegaler Prostitution sind um 40 Prozent gestiegen.

Auch Geschlechtskrankheiten wie die Syphilis haben spürbar zugenommen. (Übrigens gehört einer der beiden prominenten Gäste des Abends, Georges Feydeau, zu denen, die sich im Laufe des Krieges die Krankheit holen.) Viele Armeen verteilen regelmäßig Kondome an Soldaten, die auf Urlaub gehen.[47] Besonders viel hilft das nicht. Im Vorjahr wurden 22 Prozent der kanadischen Soldaten in Frankreich wegen einer Geschlechtskrankheit behandelt. Von den alliierten Soldaten, die im kommenden Sommer die französische Hauptstadt besuchen, wird jeder Fünfte sich hier anstecken. Nicht dass alle versuchen würden, die Krankheiten zu vermeiden. Infizierte Huren verdienen teilweise mehr Geld als die nichtinfizierten, weil sie für Soldaten attraktiv sind, die sich absichtlich eine Geschlechtskrankheit holen wollen, um nicht an die Front zu müssen. So hat sich groteskerweise ein regelrechter Handel mit Gonorrhö-Eiter entwickelt; die Soldaten reiben ihre Geschlechtsorgane damit ein, in der Hoffnung, ins Lazarett zu kommen.[48] Die ganz Verzweifelten schmieren ihn sich in die Augen, was in vielen Fällen zur Erblindung führt.

Auch die Prostituierten leisten ihren Beitrag zum Krieg. Früher sollen bestimmte Bordelle obdachlose Flüchtlinge aufgenommen haben, und Corday glaubt zu wissen, dass viele der Edelhuren, die sich an diesem Abend im Maxim's aufhalten, einen so genannten Patensohn haben. Das bedeutet, dass sie aus patriotischen Gründen einen Soldaten «adoptiert» haben, dem sie, wenn er auf Heimaturlaub nach Hause kommt, gratis zur Verfügung stehen.

Im Restaurant geht das Palaver weiter. Korken knallen, Rufe, Lachen, Geschrei, Gebrüll, Gläserklirren. Ein Offizier in makelloser Uniform ruft: «Nieder mit den Zivilisten!»

*

Am selben Tag schreibt Florence Farmborough über einen verwundeten jungen Offizier, dessen Todeskampf sie begleitet hat, in ihr Tagebuch:

Wir litten sehr unter dem entsetzlichen Geruch von Verwesung, der mit diesem Typ von kaltem Brand einhergeht, aber wir wussten, dass es nicht mehr lange dauern würde. Ehe der Tod eintrat, um ihn zu erlösen, wurde er etwas ruhiger – er war wieder zu Hause, bei denen, die er liebte. Plötzlich fasste er meinen Arm und rief: «Ich wusste, dass du kommen würdest! Elena, meine kleine Taube, ich wusste, du würdest kommen!» Ich begriff, dass er mich im Fieberwahn mit dem Mädchen verwechselte, das er liebte. Ich beugte mich herab und küsste sein feuchtes, heißes Gesicht, und er wurde ruhiger. Während er sich noch in diesem friedlichen Zustand befand, nahm ihn der Tod mit sich.

109.

Donnerstag, 3. August 1916[49]
HERBERT SULZBACH HÖRT DAS KANONENGROLLEN VON DER SOMME

Früher oder später werden sie hineingezogen. Er weiß es. Schon seit über einem Monat haben sie in der Ferne das dumpfe, pulsierende Dröhnen des englischen Artilleriefeuers an der Somme hören können. Er hat die Kommuniqués gelesen, hat über die Spekulationen debattiert: «die größte Schlacht der Weltgeschichte», «ein Versuch, den Krieg zu entscheiden», «kein Meter darf preisgegeben werden», und so weiter. Und er weiß, dass ihnen, wenn sie erst im Einsatz sind, etwas noch Schlimmeres bevorsteht als jene furchtbaren Winterkämpfe in der Champagne vor eineinhalb Jahren.

Vor knapp einem Monat hat Sulzbachs Batterie ihre alte Stellung bei Evricourt verlassen, wo sie elf Monate gelegen hatte. Sie haben den Ort schätzen gelernt, nicht zuletzt weil er so schön und friedlich war, doch bei ihrem Abzug wirkte er genauso wie all die vielen anderen Dörfer, die sie gesehen hatten: zerschossen, verwüstet, von Kratern zerrissen – die vertraute Topographie des Krieges. Jetzt stehen sie bei Loermont. Auch hier ist es schön. Und ruhig. Noch. Es gibt nur einen Nachteil: Er kann nicht mehr zu seinem Freund Kurt reiten und ihn besuchen.

Die Batterie befindet sich in einer abgelegenen Position, auf einer sommergrünen Wiese am Rande eines Waldes. In einem der höchsten Bäume sitzt ein Mann auf Posten, um die Lichtsignale aus den Schützengräben zu beobachten. Abends singt der Mann für seine Kameraden. Es gibt hier vieles zu tun. Weder Schutzräume noch Geschützstellungen sind fertig. Der zweite Jahrestag des Kriegsbeginns ist ohne Zeremonie vergangen. Sulzbach schreibt: «Man denkt eigentlich gar nicht mehr daran, dass wir ins dritte Kriegsjahr hineingehen und noch weniger, ob und wann wieder einmal Frieden sein wird.» Dabei zweifelt er nicht daran, dass Deutschland siegen wird.

Am liebsten ist Sulzbach vorn an der vordersten Linie und hilft dem Feuerleitsoldaten auf seinem Beobachtungsposten. Erstens weil er dort selbständig arbeiten kann, und zweitens, weil er hier neue Menschen trifft. Er pflegt den Infanterieoffizieren auf ihren nächtlichen Wanderungen durch die Schützengräben zu folgen, von Wachtposten zu Wachtposten. Wie früher verspürt er einen starken Zusammenhalt. Er notiert im Tagebuch:

Wie diese braven Infanteristen, zum Teil Landwehrleute, da ihren Dienst tun, ihre Pflicht erfüllen und jeder Einzelne wirklich wie ein rocher de bronce auf seinem Posten steht, das ist personifizierte Pflichterfüllung, der leibhaftige Glauben an die Gerechtigkeit unseres Sieges!

110.

ELFRIEDE KUHR SPIELT KLAVIER AUF EINEM FEST
IN SCHNEIDEMÜHL

Es ist eine verwirrende Zeit: grauenhaft und aufregend, schmerzhaft und verlockend, qualvoll und glücklich. Die Welt verändert sich und Elfriede mit ihr, als Folge der Ereignisse, aber auch unabhängig davon. Die Räder greifen ineinander, drehen sich zuweilen in entgegengesetzter Richtung, aber doch immer als ein Ganzes.

Früher haben viele den Krieg als ein Versprechen und eine Chance bejubelt, ein Versprechen, das Beste im Menschen und in der Kultur hervorzubringen, und eine Chance, gegen die Auflösungstendenzen anzugehen, die man im Europa der Vorkriegszeit allerorten beobachten konnte.[50] Aber der Krieg gehört nun einmal zu jenen paradoxen Erscheinungen, die nicht selten verändern, was man bewahren, befördern, was man verhindern, zerstören, was man schützen will.

Im Gegensatz zu den schönen Hoffnungen von 1914 hat das, was man lange als «gefährlichen Verfall» bezeichnete, inzwischen die Tendenz, fortzuschreiten, und zwar rasch. Viele sind besorgt wegen der zunehmend lockeren Beziehungen zwischen den Geschlechtern und der um sich greifenden sexuellen Unmoral. Manches führt man darauf zurück, dass viele Frauen – wie Elfriedes Mutter und Großmutter – gezwungen wurden oder die Erlaubnis erhielten, Arbeiten zu übernehmen, die früher von Männern verrichtet wurden, Männern, die jetzt Uniform tragen. Das war sicher entscheidend für den Kriegseinsatz und sollte deshalb eigentlich kein Problem darstellen, aber es gibt durchaus Menschen, die behaupten, dass diese «Vermännlichung» der Frauen sich auf lange Sicht als fatal erweisen wird.[51] Manches schreibt man dem Umstand zu, dass die lange Abwesenheit der Männer an der Front die sexuelle Not drastisch erhöht und zu einer raschen Verbreitung von Erscheinungen geführt habe, die früher streng verboten waren oder als verwerflich galten, wie Onanie, Homosexualität oder Ehebruch.[52] (Wie in Frankreich haben Prostitution und Geschlechtskrankheiten auch in Deutschland zugenommen.) Dazu kommt, dass der ständige Strom von Soldaten kreuz und quer durchs Land an bestimmten Orten zu einem plötzlichen Überschuss an jungen, sexuell aktiven Männern geführt hat, während zugleich immer weniger Männer willens oder in der Lage sind, ihre Frauen zu Hause zu kontrollieren. Besonders aus Garnisonsstädten wird von einer deutlichen Zunahme von außerehelichen Schwangerschaften und illegalen Abtreibungen berichtet. Schneidemühl ist natürlich keine Ausnahme. In der Stadt ist ein Infanterieregiment stationiert, und außerdem befindet sich hier die bekannte Albatros-Fabrik, die Kampfflugzeuge herstellt und viele junge Flieger anzieht, die dort ihre Ausbildung erhalten.[53]

Elfriede hat das Phänomen bisher eher aus der Ferne betrachtet – neugierig, verwirrt, abwartend. Ein dreizehnjähriges Mädchen ist von der Schule verwiesen worden, nachdem es von einem Fähnrich geschwängert wurde. Und ihre Mutter hat während eines Besuchs erstaunt festgestellt, «dass es bei euch jetzt eine Eleganz gibt, die der am Kurfürstendamm in Berlin nicht weit nachsteht». Elfriede glaubt, den Grund zu kennen:

Das kommt von all den fremden Offizieren des 134. Reservebataillons und der 1. und 2. Reservefliegerstaffel. Ihretwegen nehmen sich die Frauen und Mädchen viel Zeit, um sich schön zu machen.

Oft sieht man größere Mädchen, manchmal sogar erwachsene Frauen mit Soldaten schäkern, «aus Mitleid», denn die Soldaten «gehen dann an die Front, und werden auf jeden Fall verwundet oder getötet». Natürlich hat die Allgegenwart des Todes dazu beigetragen, dass sich Regeln lockern, die zuvor unumstößlich waren.[54] Elfriede selbst hat sich noch nicht verlocken lassen, aber sie spürt durchaus, dass die Soldaten anders mit ihr sprechen. Sie glaubt, es habe damit zu tun, dass sie jetzt ein richtiges Kleid trägt und das Haar hochgesteckt hat wie eine Erwachsene.

Die ältere Schwester einer Klassenkameradin veranstaltet manchmal ein kleines Fest für junge Flieger. Man lädt zu Kaffee und Kuchen ein, und während Elfriede Klavier spielt, unterhalten sich die Paare und, na ja, küssen sich vielleicht. Für Elfriede ist das Ganze bisher nur ein aufregendes Spiel. Bei diesen Gelegenheiten tut sie so, als sei sie «Leutnant von Yellenic», eine Gestalt, die sie häufig mimt, wenn sie Krieg spielen; sie bzw. er befindet sich in einer Offiziersmesse und spielt Tafelmusik für seine Freunde, «wie in den Romanen von Tolstoi».

Als sie heute zum Fest kommt, begegnet ihr auf der Treppe ein junger, blonder, blauäugiger Fliegeroffizier:

Er blieb stehen, grüßte und fragte, ob auch ich «mit von der Partie» sei. Ich sagte nein: ich sei bloß die Klavierspielerin. Er lachte und antwortete: «Ach so. Das ist aber schade.» «Warum schade?», fragte ich. Aber er lachte nur und verschwand im Zimmer.

111.
Dienstag, 8. August 1916
KRESTEN ANDRESEN VERSCHWINDET AN DER SOMME

Keine Sonne mehr, nur Dunst und Nebel. Die Front hat sich seit Mitte Juli kaum bewegt, aber die Kämpfe wüten weiter. Die Landschaft ist seltsam farblos. Alles Farbige, nicht zuletzt das Grün, ist längst verschwunden, der Sturm der Granaten hat alles zu einem einzigen fahlen Braungrau verschmelzen lassen.[55] Auf beiden Seiten stehen dicht an dicht die Geschütze, an manchen Abschnitten Rad an Rad, und sie feuern rund um die Uhr. An diesem Tag greifen britische Infanteristen das Dorf Guillemont an. Aber was heißt Dorf; durch das wochenlange Bombardement blieb auch von diesem Ort nur ein Haufen Steine, Balken und Schutt übrig. Auf den Karten des britischen Hauptquartiers ist es auch nicht in erster Linie ein Dorf, sondern *eine wichtige Stellung*, die eingenommen werden muss, nicht um die deutsche Linie zu durchbrechen, sondern um Raum für Manöver zu gewinnen. (Hinter dem britischen Angriff stehen noch andere Motive. An diesem Tag wird der englische König seine Truppen in Frankreich besuchen, und der britische Oberbefehlshaber Haig möchte Seine Majestät gern mit einem kleinen Sieg willkommen heißen.)[56]

Der britische Angriff ist gut vorbereitet. Neue Laufgräben sind ausgehoben worden, beinahe bis zum zerschossenen Wald bei Trônes, damit die Ausgangsposition für die Infanteristen sich so nahe wie möglich an den deutschen Linien befindet; eine erfahrene und kampferprobte Division, die 55., soll die Attacke durchführen; das vorbereitende Bombardement war ebenso heftig wie erbarmungslos.

Einer der deutschen Soldaten, die bei dem Angriff getroffen werden, wird Kresten Andresen sein.

Sein Regiment ist als Verstärkung an einen der am stärksten bedrängten Abschnitte an der Somme verlegt worden. Neben Guillemont liegt Longueval, dann kommt der Wald bei Delville, dann Martinpuich, Pozière, Thiepval, Beaucourt, Beaumont Hamel, alles Orte, die aus den Heeresberichten des vergangenen Monats bekannt sind, jetzt umgeben von einer dunklen Aura aus Leichengeruch und verflogener Hoffnung. Zwei Tage vorher hat er an seine Eltern geschrieben:

Ich hoffe doch, ich habe das Meine getan, jedenfalls für den Augenblick. Was in Zukunft geschehen wird, kann man ja nicht wissen. Und wenn wir auf den tiefsten Grund des Meeres versetzt würden, wir würden kaum irgendwohin kommen können, wo es schlimmer ist als hier.

Die Verluste waren groß, nicht zuletzt unter seinen dänischen Freunden. Die meisten sind dem permanenten Artilleriefeuer zum Opfer gefallen:

Dass Peter Østergaard fallen musste, dieser gute, liebe Freund, das kann ich nicht begreifen. Welche Opfer doch gefordert werden. Rasmus Nissen hat schwere Verwundungen an den Beinen. Hans Skau sind beide Beine abgerissen worden, seine Brust ist verletzt. Jens Christensen aus Lundgaardsmark ist verwundet. Johannes Hansen, Lintrup, schwer verwundet. Jørgen Lenger, Smedeby, verwundet. Asmus Jessen, Aarslev, verwundet. Es ist keiner mehr übrig, und Iskov, Laursen, Nørregaard, Karl Hansen – alle sind fort, und ich bin fast der Einzige, der noch übrig ist.

Das Trommelfeuer war fürchterlich. Sie wurden mit Granaten jeden Kalibers eingedeckt, auch mit den größten: 18 cm, 28 cm, 38 cm. Wenn ein Monstrum der letztgenannten Sorte detoniert, ist es, schreibt Andresen, «als begegne man einem Untier aus der Sage». Alles wird plötzlich still – und dunkel. Nach einigen Sekunden lichten sich dann Staub und Rauch, sodass man ein paar Meter weit sehen kann, und dann heult die nächste Granate heran. Einmal gerieten sie unter schwerem Beschuss in einem Laufgraben ohne Schutzraum.[57] Sie konnten nichts anderes tun, als sich an die Grabenwand zu pressen, den Kopf mit dem Stahlhelm auf die Knie zu beugen und den Tornister hochzuhalten, in einem hilflosen Versuch, Brustkorb und Unterleib zu schützen. In einem seiner letzten Briefe nach Hause schrieb er: «Am Anfang des Krieges war, trotz all dem Unheimlichen, doch eine gewisse Poesie dabei. Die ist jetzt verschwunden.»

Kresten Andresen steht nun in der vordersten Linie. Er hat nach den Vorteilen seiner Lage gesucht und glaubt, einen gefunden zu haben. Einem Dänen aus einer anderen Kompanie sagte er vor ein paar Tagen, dass sie ja leicht gefangen genommen werden könnten. Möglicherweise ist es das, worauf er hofft, als sich das feindliche

Sturmfeuer erhebt und die britischen Soldaten der 55. Division ein paar hundert Meter entfernt aus ihren Stellungen klettern.

Der Angriff auf den Ort, den die englischen Soldaten «Gillymong» nennen, erinnert in seiner Unbeholfenheit an viele andere britische Angriffe an der Somme.

Ihre Artillerie schießt zwar ein so genanntes kriechendes Sturmfeuer. In der Theorie sollen die Fußsoldaten hinter einem Geschosshagel vorrücken, der die deutschen Verteidiger bis zum letzten Augenblick in ihren Schutzräumen hält. In der Praxis folgen die Artilleristen wie üblich ihren Zeittabellen, was bedeutet, dass das Feuer zu einem gegebenen Zeitpunkt eine bestimmte Anzahl von Metern nach vorn verschoben wird, unabhängig davon, ob die britischen Infanteristen nachgefolgt sind oder nicht.[58] Die Walze der Explosionen verschwindet also bald in der Ferne und lässt die Linien vorrückender Fußsoldaten hinter sich zurück, die nun geradewegs in das deutsche Sperrfeuer hineinrennen[59] – und sogar die eigenen Leute treffen; im Rauch und der Verwirrung stoßen zwei britische Bataillone aufeinander. Wer trotzdem vordrängt, gerät bald ins Kreuzfeuer deutscher Maschinengewehre, die in einem Hohlweg direkt vor dem Dorf versteckt sind.

Ein paar isolierte Gruppen erreichen die deutschen Stellungen am Rande des Dorfs, das einmal Guillemont gewesen ist. Dort bricht ein chaotischer Nahkampf los.

Um die Mittagszeit des 8. August lebt Kresten Andresen noch.

Am Nachmittag machen deutsche Einheiten einen Gegenangriff. Sie kennen das Gelände gut, und bald ist das verlorene Terrain mitsamt den Stellungen wieder eingenommen und die britischen Angreifer sind überwältigt. (10 Offiziere und 374 Soldaten werden gefangen genommen.) In einem Schützengraben finden sie einen Verwundeten aus Andresens Kompanie. Er hat sich, nachdem er getroffen wurde, in einem Schutzraum versteckt, weil er gehört hatte, dass die Briten Verwundete mit dem Bajonett töten. Dann aber hatte er gesehen, dass die Briten deutsche Gefangene zu ihren eigenen Linien zurückführten.

Als die 1. Kompanie gemustert wird, fehlen 29 Mann, die weder bei den Überlebenden noch unter den Toten zu finden sind. Kresten Andresen ist einer von ihnen.

Man wird nie wieder etwas von ihm hören.

Sein Schicksal ist unbekannt.[60]

112.

Sonntag, 13. August 1916

FLORENCE FARMBOROUGH BESICHTIGT EIN SCHLACHTFELD AM DNJESTR

Die Landschaft, die sich vor ihren Augen ausbreitet, ist atemberaubend schön. Auf beiden Seiten erstrecken sich lange, geschwungene Höhen, von Wald bedeckt; vor ihnen liegt eine hügelige Ebene, in der Ferne begrenzt von den hohen, dramatischen Gipfeln der Karpaten. Als die Kolonne näher kommt und den Ort erreicht, der gestern noch ein Schlachtfeld war, fällt die Idylle in sich zusammen. Sie passieren kürzlich verlassene Batteriestellungen; sie rollen durch Dörfer, von Granaten zerstört und vom Netz der Schützengräben zerrissen, von denen nur noch Stein- oder Holztrümmer übrig sind; sie fahren an geschwärzten Kraterfeldern vorbei. Die Größe eines Kraters ist abhängig vom Kaliber der eingeschlagenen Granate: Die übliche Granate der Feldartillerie von 7 bis 8 cm hinterlässt einen Krater von weniger als einem Meter Durchmesser, die Monstren von 42 cm reißen Löcher, die bis zu zwölfmal so groß sind.

Auf einem Hügel machen sie halt. Gestern war hier eine der am besten befestigten Stellungen der österreichisch-ungarischen Verteidigungslinie. Zurückgeblieben ist nur ein Chaos aus verworrenem Stacheldraht und halb eingestürzten Schützengräben. Die gefallenen Feinde liegen noch da. Sie sind noch nicht lange tot und zeigen trotz der Sommerwärme keine Anzeichen von Verwesung, wirken im Gegenteil fast lebendig. In einem Schützengraben sieht sie drei gekrümmte Körper, und nur die verdrehten Gliedmaßen überzeugen sie davon, dass die Menschen wirklich tot sind. An einer anderen Stelle sieht sie einen feindlichen Soldaten ausgestreckt in einem zerschossenen Schützengraben liegen. Das Gesicht des Mannes ist völlig unberührt, seine Haut noch hell und lebendig. Florence denkt wie so viele andere vor ihr, die dem Tod in seiner weniger dramatischen Gestalt begegnen: «Es sah aus, als ob er ruhte.»

Sie klettern auf ihre Wagen, und die Fahrt geht weiter. Bald begreifen sie das ganze Ausmaß der Kämpfe, die dem großen Durchbruch gestern vorausgegangen sind. Aus dem einen Schlachtfeld werden viele, und sie kommen an Orte, an denen man nicht einmal genug Zeit gehabt hat, sich um die russischen Gefallenen zu kümmern:

Die Toten lagen immer noch verstreut, in seltsamen, unnatürlichen Stellungen, genau dort, wo sie gefallen waren: verrenkt, gekrümmt, ausgestreckt, vornüber gefallen, das Gesicht platt am Boden. Österreicher und Russen liegen Seite an Seite. Und man sah zerfetzte, zerquetschte Körper auf der Erde, die dunkel gefärbt war. Da war ein Österreicher mit nur einem Bein, sein Gesicht schwarz und geschwollen, ein anderer mit einem zerstörten Gesicht, entsetzlich anzusehen, ein russischer Soldat im Stacheldraht hängend, die Beine unter sich eingeknickt. Und in mehr als einer offenen Wunde surrten die Fliegen, und auch noch anderes kriechendes, fadenähnliches Zeug. Ich war froh, dass Anna und Ekaterina bei mir waren. Sie schwiegen und waren tief erschüttert, genau wie ich. Diese «Haufen» waren vor kurzem noch lebendige menschliche Geschöpfe gewesen; Männer, jung und voller Kraft. Jetzt lagen sie still und leblos da, ungelenke Gestalten, die lebendiges Fleisch und Knochen gewesen waren. Wie ist doch das Menschenleben hinfällig und zerbrechlich!

Diese verstümmelten, zerfetzten Körper stehen für sich, sind aber zugleich ein Sinnbild dessen, was der Krieg mit den Träumen und Hoffnungen der Menschen gemacht, ja, wie er die ganze alte Welt verändert hat. Er begann nicht zuletzt als Versuch, das alte Europa zu bewahren, einen Status quo aufrechtzuerhalten, aber jetzt ist er im Begriff, den Kontinent tiefgreifender zu verändern, als man es sich selbst in den schlimmsten Albträumen hätte vorstellen können. Wieder einmal bestätigt sich die uralte Einsicht, dass Krieg früher oder später unkontrollierbar und zerstörerisch wird, weil Menschen und Gesellschaften in blindem Siegeseifer dazu tendieren, alles zu opfern. Selten galt dies mehr als jetzt, da die Regierenden, unbeabsichtigt und planlos, unbeherrschbare Kräfte losgelassen haben: extremen Nationalismus, revolutionäre Energie, religiösen Hass. (Nicht zu reden von der grotesken Verschuldung, die das ökonomische Wohlergehen sämtlicher beteiligter Staaten gefährdet.) Erschüttert sucht Farmborough Halt in ihrem Glauben: «Man *muss* an die Gnade Gottes glauben und auf sie vertrauen, sonst würden einem solche grässlichen Anblicke den Verstand rauben; und die Hoffnungslosigkeit würde einem das Herz brechen.»

Als sie später haltmachen und ihr Lager aufschlagen, sehen sie sich immer noch von Leichen umgeben. Nach weiteren Stunden hat der unerbittliche Prozess der Verwesung eingesetzt. In der Luft ist ihr widerlicher, süßlicher Geruch zu spüren und man hört das Surren fetter Fliegen. Die Männer der Einheit beachten die Körper nicht weiter oder tun so, als sei dies nur ein hygienisches Problem. Aber Florence und den anderen Krankenschwestern ist nicht wohl dabei. Gleich hinter ihrem Zelt liegt ein Gefallener, der halb von der aufgeworfenen Erde einer neben ihm explodierten Granate bedeckt ist. Sein Kopf ist deutlich zu sehen. Eine der Krankenschwestern geht hin und legt ein Tuch über sein Gesicht. Später fasst sich Florence ein Herz und holt ihre Kamera, um die vielen gefallenen Österreicher zu fotografieren. Sie macht aber nur zwei Fotos, dann überkommt sie ein Gefühl der Scham. Mit welchem Recht drängt sie sich ihnen auf? Und wie sehr hat sie sich einst gewünscht, einen Toten zu sehen! Wie hat sie vor gar nicht langer Zeit so neugierig auf den Tod sein können!

Und der Tag geht weiter im Angesicht des Todes.

Später, als sie auf Beschäftigung oder den Befehl zum Aufbruch warten, geht sie noch einmal auf Entdeckungstour. Sie wandert an einem Dorf vorbei, das vom russischen Artilleriefeuer in Schutt und Asche gelegt wurde («Gott helfe seinen Einwohnern!»), vorbei an einem stinkenden, noch nicht zugedeckten Massengrab, und erreicht dann den logischen Endpunkt des Ganzen, einen kleinen und tatsächlich recht schönen Soldatenfriedhof, der vielleicht schon seit ein paar Jahren existiert. Sie weiß seit einiger Zeit, dass sich die österreichisch-ungarische Armee viel Mühe gibt mit ihren Begräbnisorten und auch gefallene Feinde mit großem Respekt behandelt. Der kleine Platz ist sorgsam eingehegt. Der Weg hinein führt durch ein schön geschnitztes Portal, gekrönt von einem Holzkreuz und einer deutschen Inschrift: «Hier ruhen Helden, die für ihr Vaterland fielen.» Mit Helden sind hier Tote aller Nationalitäten gemeint; neben österreichisch-ungarischen Soldaten wurden hier auch Russen und Deutsche beerdigt. Einem gefallenen jüdischen Soldaten blieb es erspart, unter einem Kreuz zu ruhen; sein Grab ist stattdessen mit einem Davidsstern markiert.

Beim Abendessen erreichen sie nur gute Nachrichten. Sie wissen zwar, dass es bei den Operationen im Norden Probleme gibt, haben aber mit eigenen Augen gesehen, dass die große Offensive hier im Süden vorangeht; zu ihrer Freude erfahren sie jetzt, dass ihre österreichisch-ungarischen Gegner nach dem neuerlichen Durchbruch so hektisch auf dem Rückzug sind, dass man den Kontakt zu ihnen verloren hat. Der Feind scheint vor dem totalen Zusammenbruch zu stehen. Die vielen Hoffnungen bekommen neue Nahrung. Ohne Österreich-Ungarn wird es Deutschland schwerfallen weiterzumachen, und die italienische Armee wird Spielraum gewinnen und ohne Gegenwehr ihre Invasion der Doppelmonarchie vollenden können.[61]

Florence erfährt auch von einer anderen kleinen Neuigkeit, die sie freut. Einer der Staaten, die in den Krieg hineingezogen wurden, ist Persien. Das war vor knapp einem Jahr, als sowohl britische als auch deutsche Truppen in das Land einmarschierten.[62] Seitdem wurde gekämpft. An diesem Abend lässt sich Florence erzählen, dass einer der Männer, die besonders viel für die Wiederherstellung der so genannten Ordnung in Persien geleistet haben, ein Brigadegeneral namens Sir Percy Sykes ist.[63] Als Britin kann Florence darüber nur Stolz empfinden.

So endet der Tag trotz allem mit einem Lächeln. Die Sonne geht unter, und in die Zelte trägt der Nachtwind den immer strenger werdenden Geruch Tausender verwesender Helden.

*

Am selben Tag steht Angus Buchanan an einem Wasserlauf, wo die Kolonne, der er angehört, in südwestlicher Richtung einem sich rasch zurückziehenden Feind nachjagt, der alle Brücken hinter sich niederreißt. Er schreibt:

Wir sind jetzt in das tief gelegene, unwirtliche Sumpfland gekommen, wo die Luft schwer und feucht und voller Insekten ist. Den Rest des Tages und an den beiden folgenden Tagen schwärmten wir wie eifrige Ameisen umher und bauten an einer großen Pfahlbrücke aus Holz, die den Fluss zwischen den hohen Ufern überspannte. Am Ende des dritten Tages wurde ich von einem Fieber gepackt, das mir kaum die Kraft ließ, die Arbeit zu vollenden.

113.

Dienstag, 29. August 1916

ANDREJ LOBANOV-ROSTOVSKIJ NIMMT BEINAHE
AN DER BRUSSILOW-OFFENSIVE TEIL

Was sein Leben aufs Spiel setzte und ihm sein vielleicht schlimmstes Erlebnis an der Front bescherte, begann als ein alberner Scherz. Am Montag erhielten sie die Meldung, dass sich Rumänien – nach Jahren des Schwankens – den Alliierten angeschlossen und den Mittelmächten den Krieg erklärt hatte. Das schien eine gute Nachricht zu sein,[64] und einige in der Kompanie, zu deren Unterstützung Lobanov-Rostovskij abkommandiert war, konnten es nicht lassen, sie ihren deutschen Feinden unter die Nase zu reiben. Sie stellten ein großes Plakat auf, das ihre Gegner im Schützengraben auf Deutsch darauf hinwies.

Die Deutschen scheinen anfangs gar nicht zu reagieren. Als Lobanov-Rostovskij am Dienstag gegen Abend auf seinen Posten in der vordersten Linie zurückkehrt, ist es völlig still. Tatsächlich ruhiger als sonst. Kein knatterndes Maschinengewehrfeuer, ausnahmsweise wird der Nachthimmel nicht von den Funkenkaskaden der Signalraketen in Grün, Rot und Weiß zerrissen.

Trotz der Stille (oder vielleicht gerade ihretwegen) ist er nervös. Er greift nach dem Feldtelefon und ruft beim Kommando an. Er fragt nach der Uhrzeit. Die Antwort lautet «23.55 Uhr».

Fünf Minuten später geht es los. Deutsche Pünktlichkeit. Lobanov-Rostovskij befindet sich mit dem Rest der Gardedivision an dem Fluss Stochod, wo sich nach der höchst erfolgreichen Sommeroffensive der russischen Armee – heute benannt nach dem Mann, der sie plante und ausführte, dem intelligenten und unorthodoxen Alexej Brussilow – die Front stabilisiert hat. Die Offensive begann Anfang Juni und dauerte etappenweise den ganzen Sommer. Das Resultat war erstaunlich. Die russischen Truppen haben nicht nur Terrain gewonnen in einem Ausmaß, wie man es seit dem Herbst 1914 nicht erlebt hat (bestimmte Verbände stehen jetzt wieder bei den Karpaten und bedrohen Ungarn), sie konnten auch der österreichisch-ungarischen Armee so große Verluste zufügen, dass sie dem Zusammenbruch nahe ist.

Eigentlich war es unmöglich, was Brussilow und seine südlichen Armeen kurz zuvor geschafft hatten, nämlich ohne nennenswerte zahlenmäßige Überlegenheit an Truppen oder Geschützen eine schnelle Offensive gegen einen gut verschanzten Gegner durchzuführen.[65]

Die Tatsache, dass Angriffe meistens misslingen und die Fronten so oft stabil bleiben, hat zwei paradoxe Gründe. Der erste: Angriffe erfordern, wenn sie erfolgreich sein sollen, eine gründliche Vorbereitung und zugleich ein Überraschungsmoment. Das eine schließt jedoch das andere aus. Gelingt es dem Angreifer, die notwendigen Vorbereitungen zu treffen, dann werden sie unweigerlich entdeckt. Die Überraschung bleibt aus. Legt er stattdessen mehr Wert auf das Überraschungsmoment, kann er die sorgfältigen Vorbereitungen vergessen. Das zweite Dilemma: Das Gelingen erfordert sowohl Schlagkraft als auch Beweglichkeit. Schlagkraft – vor allem in Form von Tausenden von Geschützen, vielen schweren, einigen extrem schweren – ist nötig, um die Linien der Verteidiger zu durchbrechen. Beweglichkeit, um die entstandene Lücke auszunutzen, ehe der Verteidiger reagieren und den Durchbruch mit Reserven und neuen, rasch ausgehobenen Stellungslinien eindämmen kann.

Aber auch in diesem Punkt erreicht man das eine nur um den Preis des anderen. Denn hat eine Armee erst einmal so viele Kanonen, Haubitzen, Minenwerfer und dergleichen, wie sie für einen Durchbruch benötigt, wird sie so langsam, dass ein Durchbruch kaum mehr als eine mit Kratern und Leichen übersäte Ausbuchtung von einigen Kilometern Länge hinterlässt. Dann sind die Reserven des Gegners zur Stelle, und alles kann von vorn beginnen. Verschafft sich eine Armee aber die nötige Beweglichkeit, um die entstandene Lücke schnell auszunutzen, dann besitzt sie nicht die Wucht, um eine Lücke überhaupt erst aufzureißen. Dies und nicht ein besonderer Starrsinn der Generäle ist die Hauptursache für den langwierigen Stellungskrieg.[66]

Brussilows Idee ist eigentlich genial einfach. Sie beruht zunächst auf dem Überraschungsmoment, das vor allem dadurch erreicht wurde, dass er auf die massive Ansammlung von Truppen und Material verzichtete. Die war auch nicht erforderlich, da er, zweitens, keine massive Überlegenheit an einem einzigen kleinen Abschnitt aufbaute – wie zuletzt bei der Offensive von Everts im März –, sondern vielmehr an einer Reihe von Punkten entlang der gesamten südlichen Front angreifen ließ. Dies bedeutete, drittens, dass die deutschen und österreichisch-ungarischen Generäle nicht wussten, wohin sie ihre Reserven schicken sollten, und die angreifende Schildkröte ausnahmsweise den abwehrenden Hasen besiegte.[67]

Dort, wo Lobanov-Rostovskij sich jetzt befindet, am Fluss Stochod, ist der Dampfwalze der Brussilow-Offensive schließlich der Dampf ausgegangen und sie ist keuchend steckengeblieben. Der Grund sind massive deutsche Verstärkungen und ebenso massive russische Verluste. Und dazu Nachschubprobleme nach dem üblichen Muster: Wie immer bewegt sich der Angreifer naturgemäß von seinen eigenen Eisenbahnlinien fort, während sich der Verteidiger den seinen nähert. In dem Gebiet haben sich Angriffe und Gegenangriffe ständig abgelöst. Die Linien haben sich vor und zurück bewegt, aber jetzt herrscht seit einer gewissen Zeit Ruhe am Stochod. Keine der beiden Seiten besitzt mehr die Kraft zu großen Aktionen. Im Osten wie im Westen hat dieser Sommer 1916 mehr Blutvergießen gebracht, als man sich je hätte vorstellen können.

Für Lobanov-Rostovskij sind die letzten Monate ziemlich ruhig gewesen. Seine mangelnde militärische Veranlagung zeigt sich schon lange darin, dass er von den Pionieren zu einem Posten versetzt wurde, der noch weniger Kampftätigkeit erfordert – nämlich als Chef eines Brückenbautrupps, der aus achtzig Mann, sechzig Pferden und einigen schwerfälligen Pontons besteht. Sie sind bisher immer nur ganz hinten marschiert, bei der Artillerie. Aber auch auf diesem Posten hat er zwei Dinge feststellen können: Erstens hat die russische Armee ihre Schlagkraft erhöht, besonders hier an der Südwestfront Brussilows. Zum Beispiel sind ihre Schützengräben viel solider gebaut, verglichen mit denen, die er noch vor einem Jahr in Polen gesehen hat; auch die Tarnung ist vorbildlich. Und zweitens sind viele Verbände in guter Verfassung. Er hat sie vorbeimarschieren sehen, «singend und in perfekter Ordnung». Gleichzeitig bemerkt er, dass die Mannschaft komplett ist, die Offiziere dabei so jung, dass sie noch Flaum auf den Lippen haben, taufrische Produkte der Kadettenschulen. Die Veteranen von 1914 sind nun meist fort, gefallen, verschwunden, in Lazaretten, als Invaliden nach Hause geschickt.

Jetzt ist Lobanov-Rostovskij ausnahmsweise an der Front. Er hat vorübergehend das Kommando über ein paar Scheinwerfer erhalten, deren eigentlicher Befehlshaber nach sechs Wochen in vorderster Linie einen Nervenzusammenbruch erlitt. Die Scheinwerfer sind mitsamt den Stromgeneratoren ganz weit vorn eingegraben. Sie sollen eingeschaltet werden, wenn die Deutschen einen nächtlichen Überraschungsangriff unternehmen, was die Infanteristen, die unter seinem Kommando stehen, für einfältig halten. Sie sagen es gerade heraus: Sie wollen ihn mit seinen Apparaten dort nicht haben. Scheinwerfer ziehen Geschützfeuer auf sich. Aber Befehl ist Befehl.

Die Scheinwerfer sind letztlich nicht eingesetzt worden. So konnte Lobanov-Rostovskij, getreu seiner Gewohnheit, die meiste Zeit mit Büchern verbringen. In der fast rührenden Art des Büchermenschen, der sich das Große und Unbegreifliche, das er erlebt, durch Lektüre zu erschließen versucht, hat er viele Stunden damit verbracht, verschiedene deutsche Militärtheoretiker und Kriegshistoriker zu studieren, darunter Theodor von Bernhardi und Colmar von der Goltz und natürlich den ominösen Meister selbst: Carl von Clausewitz.

Jenes etwas kindische Plakat, das triumphierend den Eintritt Rumäniens in den Krieg auf Seiten der Alliierten – übrigens ein

Ergebnis der großen und unerwarteten Erfolge der Brussilow-Offensive – verkündet, hat also eine fast ebenso kindische Reaktion der Deutschen ausgelöst:[68] Punkt Mitternacht beginnt ein wütendes Sturmfeuer auf den Schützengraben, in dem das Plakat aufgestellt ist. Die deutsche Artillerie lässt sämtliche Instrumente zum Einsatz kommen, und das mit der unheimlich präzisen Einstimmigkeit, zu der nur sie allein fähig ist: das heulende Falsett der leichten Feldartillerie, der Bass der Haubitzen und der Bariton der Minenwerfer.

Der technische Terminus ist «Trommelfeuer».

Andrej Lobanov-Rostovskij befindet sich mitten in diesem Wirbelsturm von Stahl, Staub und Sprenggasen. Mit einigen seiner Soldaten hat er in einem improvisierten Schutzraum Deckung gesucht. Wie im Krampf hält er den Hörer des Feldtelefons an sein Ohr. Es entsteht eine kurze Pause zwischen den Explosionen. Er hört die Bruchstücke einer Unterhaltung: «Bericht der 9. Kompanie. Bisher neun Tote. Sonst alles gut.» Dann bricht die nächste Salve herein, diesmal sehr nah. Erschütterungen. Staub. Dröhnen. Das Telefon verstummt. Licht fällt durch ein neu entstandenes Loch in der Decke. Unter Trommelfeuer zu stehen ist für Lobanov-Rostovskij eine neue Erfahrung:

Es ist unmöglich, das Geschehen in Worte zu fassen, aber jeder, der es erlebt hat, weiß, was ich meine. Die vielleicht beste Art, es zu beschreiben, ist der Vergleich mit einem ununterbrochenen und heftigen Erdbeben, vermischt mit Blitz und Donner, während sich zugleich irgendein dummer Riese den Spaß macht, Hunderte von Feuern abzubrennen. Ich lag dort in meiner Grube mitten in all dem Donner und Lärm und versuchte krampfhaft, zu denken und das zu tun, was von mir erwartet wurde.

Er machte jene Erfahrung, die schon Millionen Soldaten bei ihrer Premiere im Schützengraben gemacht haben, dass sich, während die visuelle Welt zusammenschrumpft, die Welt der Gerüche und

Geräusche drastisch erweitert. Besonders der Lärm ist überwältigend, betäubend. Zwei Gedanken schälen sich heraus aus der dunklen Verwirrung, die in seinem Kopf herrscht. Der erste: «Wenn mir jetzt etwas passiert, ist es schade, dass ich nicht genug Zeit hatte, dieses Buch von Clausewitz fertigzulesen.» Dann: «Meine Soldaten sehen mich an, ich muss also meine Angst verbergen.»

Nach einer Weile in diesem kochenden Chaos verliert Lobanov-Rostovskij jedes Zeitgefühl. Einmal fühlt er – er hört oder sieht es nicht, er fühlt –, dass irgend etwas im Anflug ist, und noch ehe seine Sinne es registrieren können, schlägt eine Salve von 15-cm-Granaten rings um ihn ein. Als er wieder zu sich kommt, ist er mit Erde bedeckt, aber unverletzt. Ein Unteroffizier liegt neben ihm und berichtet, dass der Scheinwerfer getroffen und zerstört wurde. Und immer noch fallen Granaten unablässig aus dem verfinsterten Himmel herab.

Plötzlich: Dunkelheit, Stille.

Die Ruhe tritt so schnell ein, «dass die Veränderung fast physisch schmerzhaft war».

Es ist genau drei Uhr. Deutsche Pünktlichkeit.

Jetzt, da alles vorbei ist, beginnt Lobanov-Rostovskij zu zittern, heftig. Es schüttelt ihn so sehr, dass sein Körper schließlich von Schweiß bedeckt ist.

Danach geschieht nichts mehr in dieser Nacht.

114.
Samstag, 16. September 1916
MICHEL CORDAY ARBEITET SPÄT NACHTS IM MINISTERIUM
IN PARIS

Früher Herbst. Klarer Himmel. Er ärgert sich wie üblich über die Zeitungen. Auf den Titelseiten prangen fette Schlagzeilen, die neue alliierte Siege verkünden. Erst auf der dritten Seite entdeckt er eine negative Meldung. Dort wird in drei Zeilen berichtet, dass die rumänische Armee weiter auf dem Rückzug ist.

Sonst nichts. Corday hat gerade den Brief eines Obersten gelesen, der von einem furchtbaren Ereignis in Verdun berichtet, wo *noch immer* die Schlacht tobt, wenn auch mit weniger Intensität. (Vor einer Woche haben französische Truppen bei Douaumont einen Angriff durchgeführt und ein paar Schützengräben eingenommen. Vor zwei Tagen starteten deutsche Verbände einen Gegenangriff. Gleichzeitig ist die Schlacht an der Somme nach einer Phase der Ruhe wieder aufgeflammt. Gestern wurde dort erstmals eine völlig neue Kriegsmaschine eingesetzt, ein motorbetriebenes Kampffahrzeug, bewaffnet mit Kanonen und Maschinengewehren, geschützt durch Panzerstahl und auf Raupenketten unterwegs.) Ein stillgelegter Eisenbahntunnel beim Fort Tavannes in Verdun war von den Truppen seit langem als Schutzraum, Quartier und Munitionslager benutzt worden. Der zugebaute Tunnel war ständig mit Menschen überfüllt, Soldaten, die den Kontakt zu ihrer Einheit verloren hatten oder einfach nur Schutz vor dem ewigen Granatenbeschuss suchten. In der Nacht zum 5. September explodierte ein Munitionslager, und in dem Feuer kamen zwischen fünfhundert und siebenhundert Soldaten um. Das ist mit keinem Wort in der Presse erwähnt worden. (Übrigens erfuhren nicht einmal die führenden Politiker von dem Vorfall.)

Die Zensur ist strengen Regeln unterworfen, die nur schwer zu überblicken sind.[69] In den Zeitungen gibt es nicht selten weiße Flecken, wo bestimmte Artikel in letzter Sekunde herausgenommen wurden. In vielen geht es um rein begriffliche Manipulationen, manchmal an der Grenze zur Lächerlichkeit. Autoren, die den Ausdruck «nach dem Frieden» benutzen, werden angehalten, «nach dem Krieg» zu schreiben. Ein Kollege, der in einem benachbarten Ministerium arbeitet, hat die Zeitungen dazu bringen können, das Wort «Pferderennen» künftig zu vermeiden und stattdessen von «Auswahltest für Pferde» zu sprechen. «Wir sind gerettet!», schnaubt Corday.

Aber eigentlich regen ihn weniger die Zensur und die Sprach-regelungen auf als die Tatsache, dass die Journalisten sich so willig zum Sprachrohr von nationalistischen Politikern und Militärs haben machen lassen. Corday schreibt in sein Tagebuch:

Die französische Presse hat nie die Wahrheit enthüllt, nicht einmal diejenige, die trotz Zensur zu finden ist. Stattdessen wurden wir einem Bombardement wohlklingenden Palavers ausgesetzt, von grenzenlosem Optimismus, von systematischer Schwarzmalerei des Feindes, von einer Entschlossenheit, die Grausamkeiten des Krieges zu verschweigen – und dann verschwand alles hinter einer Maske von moralisierendem Idealismus!

Wörter gehören zu den wichtigsten strategischen Ressourcen des Krieges.

Am Nachmittag läuft Corday zu seinem Büro im Ministerium. Auf dem Boulevard begegnen ihm reihenweise verwundete, mit Orden geschmückte Offiziere auf Heimaturlaub: «Sie scheinen hauptsächlich hierherzukommen, um sich bewundernde Blicke abzuholen.» Er kommt an Warteschlangen vor Lebensmittelläden vorbei. Bisher war es ein wichtiger Teil der Propaganda, dass es den Deutschen an allem fehle, während in Frankreich alles zu haben sei. Jetzt sind die Mängel aber auch hier zu spüren. Zucker ist schwer zu bekommen, Butter wird nur hundertgrammweise verkauft, und Apfelsinen sind in den Läden nicht mehr zu finden. Gleichzeitig gibt es einen neuen Anblick im Stadtbild, nämlich die *nouveaux riches*, die Neureichen. Oder NR, wie sie manchmal genannt werden. Es sind Schwarzmarkthaie, Kriegsprofiteure oder andere, die viel Geld durch Verträge mit dem Militär, durch den Warenmangel oder Ähnliches verdient haben. NR verbringen ihre Zeit in Restaurants, wo sie oft das Allerteuerste essen und das Allerfeinste trinken. Die Juweliere haben selten bessere Geschäfte gemacht. Die Damenmode ist üppig und prunkvoll. Es wird weniger denn je vom Krieg gesprochen. Jedenfalls in den unteren Klassen.

An diesem Abend arbeitet Michel Corday bis spät in die Nacht. Gemeinsam mit einem Kollegen aus dem Bildungsministerium sitzt er an einem Bericht an das Komitee für Erfindungen. Erst gegen zwei Uhr in der Nacht sind sie fertig.

115.

Ein Tag im September 1916

PÁL KELEMEN BESUCHT DAS BAHNHOFSRESTAURANT IN SÁTORALJAÚJHELY

Einigermaßen geheilt von seiner Malaria und ausgeruht nach einer langen Zeit der Rekonvaleszenz (die sowohl Kirchenbesuche als auch Saufgelage beinhaltete), ist ihm ein etwas leichterer Dienst zugewiesen worden. Heute ist er auf dem Rückweg von der Front in den Karpaten, wo er in der Nähe von Uzok eine Sendung Packpferde ablieferte. In Uzok hat ihm ein Infanteriehauptmann – im diskreten Tausch gegen ein Paar neue und sehr schöne Reitstiefel aus gelbbraunem Leder – seinen ersten richtigen Urlaub seit eineinhalb Jahren genehmigt. Das Reiseziel ist Budapest. Kelemen ist bestens gelaunt.

In Sátoraljaújhely muss er umsteigen, und er vertreibt sich die Wartezeit im Bahnhofsrestaurant. Dort halten sich viele Fahrgäste auf, alte und junge, Frauen und Männer, Zivilisten und Militärs, «an Tischen, die mit gefärbten Tüchern bedeckt sind». Sein Blick fällt auf einen jungen, hochdekorierten Fähnrich mit dem Gesicht eines Knaben:

Er sitzt am Kopfende eines der Tische und verzehrt in Ruhe ein gelb glasiertes Tortenstück, das auf seinem Teller liegt. Sein Blick wandert die ganze Zeit im Saal umher, aber er ist leer und müde und kehrt jedes Mal wieder zu diesem Tortenstück zurück, das er mit offensichtlichem Genuss aufisst. Er trägt eine schäbige Felduniform, mit großen und

341

kleinen Silbermedaillen an der Brust. Vermutlich ist er im Heimat-
urlaub gewesen und soll jetzt in die Schützengräben zurück.

Im Restaurant herrscht ständige Unruhe. Er aber sitzt dort stoisch an
der Wand, nur beschäftigt mit seinen eigenen Gedanken – und mit Tor-
tenstück Nummer zwei, das auf seinem Teller rasch kleiner wird.

Er trinkt einen Schluck Wasser und nimmt sich ein drittes Stück von
der gläsernen Kuchenplatte, auf der eine reich glasierte Torte liegt.
Nicht weil es so gut schmeckt, isst er weiter. In Erwartung harter Zeiten
versucht er sich einen Vorrat von Köstlichkeiten einzuverleiben, die er
mit seinem Heimatort verbindet.

116.
Mittwoch, 20. September 1916
HERBERT SULZBACH AMÜSIERT SICH IN BRÜSSEL

Sie haben es eilig, denn ihr Fronturlaub dauert nur achtundvierzig
Stunden, aber bei St. Quentin ist kein Durchkommen. Sulzbach
und sein Freund, der Leutnant, stecken zwei Stunden fest. Sowohl
die Bahnlinie als auch die Straßen sind verstopft mit Truppen, die
vom Schlachtfeld an der Somme kommen oder dorthin unterwegs
sind. (Bei Combles sind deutsche Gegenangriffe eingeleitet worden.) Breite Marschkolonnen bewegen sich träge durch die engen
Straßen.

Man kann sie leicht unterscheiden: Diejenigen, die von den
Kämpfen zurückkommen, tragen verschmutzte, zerrissene Kleidung, zeigen einen müden, gleichgültigen Gesichtsausdruck. Diejenigen, die in den Kampf ziehen, sind sauber und ausgeruht, und
ihre Gesten und Worte verraten, dass sie nicht recht verstanden
haben, was sie erwartet.

Dann geht die Fahrt weiter. Le Cateau. Maubeuge. Braine-le-
Comte. Brüssel. Es ist Abend, als sie das elegante Hotel erreichen,
in dem sie ein Zimmer gebucht haben. Im Vergleich zu dem engen

und schmutzigen Unterstand, in dem er sonst schläft, erscheint dieses Zimmer Sulzbach unwirklich, wie ein Traum. Schon das Bett: weich und mit sauberen weißen Laken bezogen. Bald sitzen die beiden unten im Restaurant, lauschen den Wohlklängen eines Orchesters, nehmen eine wohlschmeckende Mahlzeit zu sich und beobachten gutgekleidete Frauen im Saal. Später wandern sie von Tanzlokal zu Tanzlokal. Sulzbach hat schon häufig über den Kontrast zwischen der düsteren Realität des Krieges und der fast idyllischen Welt nachgedacht, die jeden erwartet, der die Front hinter sich gelassen hat. Es hört nicht auf, ihn zu faszinieren. Dort der Tod, hier das Leben. Etwa auf Heimaturlaub im Frankfurter Elternhaus. Aber auch an der Front kann man Momente von Schönheit, plötzliche Stille in der ganzen Unruhe erleben.

In gewisser Weise ist er froh darüber, dass es diesen Kontrast gibt, dass tatsächlich ein Idyll existiert, in das man fliehen kann, dass es noch möglich ist, elegante Hotels aufzusuchen und in einem weichen, sauberen Bett zu schlafen, dass man noch gut essen und viel trinken kann, dass es noch möglich ist, auszugehen und jungen Frauen den Hof zu machen. Er hat nicht das Bedürfnis, sich vor seinen Frontkameraden zu rechtfertigen. Sie verstehen ihn sehr gut. Aber vielleicht versteht seine Familie ihn nicht, diesen Leichtsinn, bei ihm, einem der Akteure in diesem welthistorischen Kampf. Er schreibt in sein Tagebuch:

Man darf es uns nicht übel nehmen – ebenso wenig, wie ich es der Heimat übel nehme, dass es noch Amüsements dort gibt; denn, wer weiß, ob man das noch einmal wird genießen können.[70]

Im Laufe des Abends trifft er einen schnauzbärtigen Leutnant in seinem Alter. Um den Hals trägt der Mann den begehrtesten Orden von allen, den «Pour le mérite», den «Blauen Max», wie er auch genannt wird. Sulzbach erkennt den Mann sofort – es ist das Fliegerass Wilhelm Frankl, der wie Sulzbach einer jüdischen Familie aus Frankfurt am Main entstammt. Sulzbach interessiert sich für die deutschen Kampfflieger, freut sich über ihre Erfolge, betrauert ihre Niederlagen und merkt sich die Zahl der Abschüsse, als seien es Sportergebnisse. Der Kult der Fliegerhelden hat in Deutschland fast eine kleine Industrie hervorgebracht: Es sind Büsten, Öldrucke, Schriften oder Sammelbilder im Angebot. Sulzbach selbst möchte auch Kampfpilot werden.

Als der Urlaub zu Ende geht und es Zeit ist, Brüssel zu verlassen, fühlt er sich belebt, ja gestärkt. Zurück lässt er eine neue Bekanntschaft, ihr Name ist Berthe.

Auch auf dem Rückweg hält der Zug oft an, um Kolonnen von Infanterie und Artillerie durchzulassen, die auf dem Weg zur Somme sind oder von dort zurückkommen. Der Anblick Letzterer erschüttert seinen frischen Mut gleich wieder: Die Männer, die aus der Schlacht kommen, sind vollkommen erschöpft. Wann wird er in den brodelnden Kessel geworfen?

117.

Samstag, 23. September 1916[71]

PAOLO MONELLI SPRICHT AUF DEM MONTE CAURIOL MIT EINEM TOTEN

Sie sind inzwischen auf vielen schrecklichen Bergen gewesen, aber er fragt sich, ob dies nicht der schlimmste von allen ist. Vor ungefähr einem Monat erstürmten sie den Monte Cauriol, an sich schon eine Leistung, denn der Berg ist hoch und die österreichisch-ungarische Stellung war stark befestigt. Dann geschah das, was immer passiert: Nach der Anstrengung und den Verlusten hatten sie nicht die Kraft, weiterzugehen. Stattdessen schaffte der Feind neue Truppen heran und ging zum Gegenangriff über, denn von jetzt an wurde der an sich bedeutungslose Ort in Kommuniqués und Zeitungsnotizen erwähnt – und war damit zu einer Trophäe geworden, die es zu verteidigen oder zu erobern galt.

Monellis Kompanie hat mehrere feindliche Gegenangriffe abgewehrt. Im Stacheldraht hängen tote Österreicher. Auch die eigenen Verluste sind beträchtlich. Die meiste Zeit sind sie unter Beschuss der Artilleriefeuer von den Bergen ringsum. Monelli stellt fest, dass von seinem ursprünglichen Zug fast keiner mehr übrig ist. Ständig ist man vom Gestank verwesender Leichen umgeben. In einer Felsspalte unmittelbar neben ihnen liegen rund zwanzig Gefallene und verfaulen. Einer davon ist ein österreichischer Sanitätsoffizier. Sein Körper liegt so, dass Monelli dessen langsame Verwandlung verfolgen kann. Gestern platzte die Nase auf, und eine grüne Flüssigkeit sickerte heraus. Seltsamerweise sind die Augen der Leiche noch nahezu unversehrt, und Monelli hat das Gefühl, dass sie ihn vorwurfsvoll anstarren. Er schreibt in sein Tagebuch:

Ich war es nicht, der dich getötet hat, und warum musstest du, der du doch Arzt warst, unbedingt an dem nächtlichen Angriff teilnehmen? Du hattest eine zärtliche Verlobte, die dir Briefe schrieb, die vielleicht verlogen waren, aber trostreich, und du hast sie in deiner Brieftasche aufbewahrt. Rech hat sie dir abgenommen, die Brieftasche, in der Nacht, als sie dich töteten. Wir haben auch ihr Porträt gesehen (eine Schönheit – aber jemand hat unanständige Bemerkungen gemacht) und Fotos von deinem Schloss und all dem geliebten Zierrat, den du darin hattest; wir haben alles auf einem kleinen Haufen gesammelt, um den wir saßen, eingepfercht in unserem Schutzraum, froh darüber, den Angriff abgewehrt zu haben, mit einer Flasche Wein als Belohnung für unsere mühsame Arbeit. Es war nicht lange, nachdem du gestorben bist. Du bist schon nichts, nichts mehr als eine graue, am Felsen zusammengesunkene Masse, der es vorherbestimmt ist zu stinken, und wir so lebendig, Fähnrich, so unmenschlich lebendig, dass ich vergebens einen Hauch von Reue in der Tiefe unseres Bewusstseins gesucht habe. Was nützt es dir, die Welt mit solcher Lüsternheit betrachtet zu haben, ihren jungen Körper in deinen Armen gehalten zu haben, in den Krieg gegangen zu sein, als sei das eine Berufung? Vielleicht warst auch du

berauscht von der großen Aufgabe und von deinem Platz im Vortrupp
und davon, dass es vielleicht deine Bestimmung war, dich zu opfern. Für
wen? Die Lebenden, die es so eilig haben, die Lebenden, die sich an den
Krieg gewöhnt haben wie an einen hitzigen Lebensrhythmus, die Le-
benden, die nicht glauben, dass sie selbst sterben müssen, die denken nicht
mehr an dich. Es ist, als hätte dein Tod dein Leben nicht nur beendet,
sondern es auch annulliert. Eine kurze Zeit noch wirst du eine Nummer
im Verzeichnis des Feldwebels sein, ein Objekt von pathetischen Gedenk-
reden: aber du, Mensch, du bist nicht mehr, und es ist, als hätte es dich
nie gegeben. Kohle und Schwefelwasserstoff liegen dort unten, bedeckt
von einem Haufen Uniformfetzen; und das nennen wir Tote.

Der Gestank der Toten in der Felsenspalte ist jedoch immer un-
erträglicher geworden. Als es dunkel wird, erhalten vier Soldaten
den Auftrag, die Leichen fortzuschaffen. Sie bekommen Gasmasken gegen den Geruch und je ein Glas Cognac.

118.
Dienstag, 26. September 1916
VINCENZO D'AQUILA WIRD AUS DER NERVENHEILANSTALT
IN SIENA ENTLASSEN

Es ist Punkt zwölf Uhr. Er befindet sich gerade im Innenhof
mit einigen anderen Patienten, als der Anruf kommt. Einer der
Pfleger winkt ihn heran, erklärt ihm, er solle sich im Zimmer
des Krankenhausdirektors melden, und fügt hinzu: «Sag deinen
Kumpeln Lebewohl, Korporal, jetzt kommst du frei.» D'Aquila
ruft seine Unglücksbrüder zu sich. Sie wünschen ihm alles Gute,
und er hat plötzlich gemischte Gefühle: «Trauer darüber, von den
Jungs getrennt zu werden – und das Glücksempfinden, bald freie
Luft atmen zu können». Nachdem er seine Uniform angezogen
und seine persönlichen Gegenstände abgeholt hat, geht er zum

Verwaltungsgebäude hinüber und klopft an die Tür des Direktors.

In Siena ist D'Aquila langsam aufgewacht: Er glaubt noch immer, es sei notwendig, den Krieg zu stoppen, er sei ungerecht und falsch, aber er hat begriffen, dass es ziemlich schwer wird, eine so kolossale Aufgabe zu bewältigen, wenn er in einer Nervenheilanstalt hinter Eisengittern sitzt. Er hat in der Wäscherei des Krankenhauses gearbeitet, hat Bettwäsche aufgehängt und unzählige Kopfkissenbezüge gefaltet. Er wollte unbedingt entlassen und für gesund erklärt werden, ohne selbst jedoch zuzugeben, dass er geisteskrank war. Die Ärzte haben erwidert, sie könnten ihn nicht für gesund erklären, wenn er nicht eingestehe, dass er geisteskrank gewesen sei. Auf direkte Nachfragen hat D'Aquila erklärt, dass er nie mehr an die Front zurückzukehren gedenke.

Die Ärzte haben D'Aquila unterstellt, seine Geisteskrankheit nur vorzutäuschen, und man hat versucht, ihn als Simulant zu entlarven. Die Hauptbeschäftigung des Personals besteht darin, die Drückeberger herauszusieben. Nicht dass alle darin gleich beflissen sind – D'Aquila hat selbst gesehen, wie manche Pfleger Simulanten gewarnt haben, wenn die Ärzte kamen, und denen, die sich hartnäckig weigerten, Nahrung aufzunehmen, heimlich Essen zugesteckt haben. D'Aquila ist selbst davon überzeugt, dass viele Patienten Simulanten sind, und er betrachtet sie mit einer fast verächtlichen Skepsis. Gleichzeitig besteht der Verdacht, dass er selbst simuliere. Schließlich hat man ihn sagen hören: «Während der Krieg anhält, ist eine Nervenheilanstalt auf jeden Fall besser als ein Schützengraben.» Wenn er nicht Kopfkissen gefaltet hat oder im Innenhof spazieren gegangen ist, war er mit den übrigen Insassen zusammen. Sie haben Zeitungen und Zeitschriften gelesen, Karten und Domino gespielt und ebenso eifrige wie ahnungslose Diskussionen über die Kriegslage geführt und darüber, was sie als Nächstes erwartet.

Im August organisierte D'Aquila einen spontanen Hungerstreik aus Protest gegen die monotone Ernährung – fast jeden Tag gibt es Reissuppe. Das brachte ihm eine Rüge durch den Direktor ein, sowie drei Tage in einer Isolierzelle. Seitdem ist der Direktor überzeugt, dass D'Aquila blufft. Dass er den jungen Mann gesundschreibt, dient wahrscheinlich nicht nur dazu, einen Unruhestifter loszuwerden, sondern auch als eine Art Strafe – denn D'Aquila muss seinen Dienst wieder antreten. Weigert er sich, wird er de facto zum Deserteur.

Die Tür geht auf. Nicht der Direktor, sondern einer der Ärzte, ein kleiner Professor namens Grassi, begrüßt ihn. Er schüttelt ihm die Hand und gratuliert ihm zur Gesundschreibung.

Am selben Tag verlässt D'Aquila Siena und fährt nach Rom. Die Reise geht über Florenz, wo er einige Stunden auf seinen Anschlusszug warten muss. Er unternimmt einen Spaziergang in die Stadt und bleibt erstaunt auf der schönen Piazza della Signoria stehen. Nichts deutet auf die Qualen hin, die ihn im vergangenen Jahr buchstäblich um den Verstand gebracht haben. Keine Spur davon, dass man sich im Krieg befindet. Die Menschen trinken Kaffee, essen Eis und flirten miteinander. Irgendwo steht ein Orchester und spielt Wiener Walzer.

119.

Sonntag, 15. Oktober 1916

ALFRED POLLARD ENTDECKT AN DER SOMME SPUREN
DER KÄMPFE DES SOMMERS

Herbstdunkel. Kälte. Nässe. Vollmond. In dieser Nacht ist Alfred Pollard wieder einmal als Späher im Niemandsland an der Somme unterwegs. Das Gesicht geschwärzt mit verbranntem Kork und den Revolver schussbereit in der Hand, arbeitet er sich kriechend durch scheinbar endlose Granattrichter:

Ich war noch nicht besonders weit gekommen, als ich spürte, dass irgend etwas knirschend unter mir nachgab. Es war ein Skelett, dessen Knochen von einer Armee Ratten abgenagt worden waren, die auf dem Schlachtfeld herumwühlten.[72] Die Fetzen einer Armeejacke bedeckten noch seinen nackten Körper. Ich fühlte in den Taschen nach, um etwas zu finden, das ihn identifizieren konnte, aber sie waren leer. Jemand war vor mir dagewesen. Weiter vorn fand ich ein anderes Skelett, dann noch eins und noch eins. Der Boden war mit ihnen übersät. Es waren die Körper all derer, die in den entsetzlichen Kämpfen Anfang Juli gefallen waren. Sie alle waren Briten.

*

Am selben Tag schreibt Angus Buchanan in sein Tagebuch:

Heute Nacht ergaben sich sieben deutsche Askaris. Sie berichten von Nahrungsmängeln und davon, dass viele Eingeborene desertieren und durch den Busch nach Westen ziehen, um wieder nach Hause zu gelangen. Sie schildern auch etwas, das wir schon früher gehört haben, nämlich dass die deutschen Träger zum Teil gefesselt sind, wenn sie sich im Lager befinden, damit sie in der Nacht nicht fliehen können.

120.
Mitte Oktober 1916

FLORENCE FARMBOROUGH VERLIERT IHR HAAR

Vor einigen Wochen, als das Fieber besonders schlimm war, glaubte sie eines Nachts, drei Gesichter zu haben: Eines war ihr eigenes, ein zweites gehörte einer ihrer Schwestern, und das dritte war das eines verwundeten Soldaten. Von allen dreien rann der Schweiß, und sie mussten unaufhörlich abgewischt werden. Als das Wischen aufhörte, wusste sie, dass sie sterben würde. Sie versuchte, eine

Krankenschwester zu rufen, stellte aber fest, dass sie keine Stimme mehr hatte.

Jetzt hält sich Farmborough auf der warmen, von der Herbstsonne beschienenen Krim auf, um sich zu erholen. Das Krankenhaus, in dem sie gepflegt wird, ist zwar ein Sanatorium für Tuberkulosekranke, aber sie darf sich trotzdem dort aufhalten. Draußen ist es noch grün, und sie hat sich erstaunlich schnell erholt. Sie schreibt in ihr Tagebuch:

Um mein Haar stand es schlecht, es löste sich in großen Büscheln. Eines Tages kam der Friseur in mein Zimmer und schnitt mir nicht nur alles Haar ab, sondern rasierte auch meinen Kopf! Man versicherte mir, ich bräuchte darüber nicht betrübt zu sein, das Haar werde bald nachwachsen, stärker und dichter als zuvor. Seit diesem Tag trug ich meinen Schwesternschleier, und niemand außer einigen Eingeweihten konnte ahnen, dass sich darunter ein kahler Schädel verbarg, auf dem nicht ein einziges Haar zu finden war!

*

Um die gleiche Zeit notiert Michel Corday in seinem Tagebuch:

Albert J., der jetzt auf Urlaub ist, spricht vom Hass der Soldaten auf Poincaré, weil der den Krieg begonnen habe. Er sagt, das, was die Männer bewege, an einem Angriff teilzunehmen, sei die Angst, sonst als feige dazustehen. Er erwähnt auch lachend, dass er heiraten wolle, weil er dann Anspruch auf vier Tage Urlaub habe und noch drei dazu, wenn Kinder geboren werden – und dass er auf eine Freistellung hoffe, wenn er erfolgreich sechs Kinder produziert habe.

121.

Donnerstag, 19. Oktober 1916

Das Bett, auf dem er ruht, ist aus Gras gemacht, und obwohl er sich heute besser fühlt als an den vorangegangenen Tagen, ist er immer noch sehr schwach. Ruhr. Alle kennen die Symptome: Bauchschmerzen, Fieber, blutiger, schmerzhafter Durchfall. Buchanan hat lange zu den Gesunden gezählt, aber schließlich hat es auch ihn erwischt.

Denn der Feldzug und die Strapazen gehen weiter. Es ist inzwischen ein reiner Guerillakrieg, in dem der Gegner gezwungen wurde, sich vom Panganifluss ins Innere Deutsch-Ostafrikas zurückzuziehen. Und Buchanan und die anderen haben ihn durch den Busch verfolgt, in südlicher Richtung. Manchmal sind sie durch bewohnte Gegenden gekommen, die Versorgung wurde dann vorübergehend besser, denn sie konnten mit der örtlichen Bevölkerung Tauschhandel treiben.[73] Einmal konnte Buchanan zwei Hühner und sechs Eier gegen ein altes Hemd und eine Weste tauschen.

Und doch gab es ein paar Erfolge. Ende Juni gelang es ihnen ausnahmsweise, die ständig ausweichenden deutschen Verbände am Lukigurafluss in ein richtiges Gefecht zu verwickeln. Trotz der Erschöpfung haben sich die 25th Royal Fusiliers wieder einmal besonders hervorgetan, zunächst durch einen schnellen Flankenmarsch, dann durch einen gewagten Überfall mit gezogenen Bajonetten, der die Gegner in die Flucht schlug. Die wichtige Stadt Morogoro – sie liegt an der zentralen Eisenbahnlinie – wurde Ende August eingenommen, allerdings erst nach verlustreichen Kämpfen und mühsamen Märschen durch eine unwegsame Gegend, die teils hügelig, teils sumpfig und morastig war. Dar es-Salaam, der größte und wichtigste Hafen der Kolonie, befindet sich seit Anfang September in britischer Hand. Als die Division, der Buchanan angehört, weiter nach Süden vorstieß, setzten die

Deutschen ihren Rückzug fort, Schritt für Schritt und unter ständigen Scharmützeln.

Ende September, nach einem weiteren gescheiterten Versuch, den Gegner zu fassen, kam alles zum Stillstand. Die Versorgungslinien waren inzwischen allzu sehr überdehnt, die Vorräte allzu sehr geschrumpft, die Mannschaft allzu erschöpft. Buchanans Kompanie bietet einen traurigen Anblick. Die meisten Männer sind ausgemergelt, viele marschieren mangels Kleidung mit nacktem Oberkörper oder barfuß in ihren Stiefeln. Nachrichten erreichen sie selten, und Briefe von zu Hause kommen manchmal erst nach einem halben Jahr an. Sie haben nur eine sehr vage Vorstellung vom Kriegsgeschehen.

Buchanan war im Herbst zuvor an Malaria erkrankt, hat sich aber wieder erholt; jetzt leidet er also an Ruhr. Gesellschaft leistet ihm das Huhn mit dem weißen Federbusch, das er Anfang Juli bei einem Tauschhandel erwarb. Es ist inzwischen richtig zahm geworden. Bei den Märschen wird es von einem afrikanischen Diener in einem Eimer getragen. Wenn sie das Lager aufschlagen, läuft es frei herum und scharrt nach Nahrung, und aus irgendeinem merkwürdigen Grund findet es immer zu ihm zurück, durch das Gewimmel von Füßen und Hufen. Jeden Tag legt ihm das Huhn ein Ei. Einmal hat er gesehen, wie es eine kleine Giftschlange tötete und auffraß. Nachts schläft es neben seinem Bett.

Buchanan liegt auf seinem Bett aus Gras und schreibt Tagebuch. Er ist deprimiert, nicht zuletzt wegen des Mangels an greifbaren Erfolgen:

Fühle mich heute frischer, und besserer Stimmung. Aber weil ich die Geduld verloren habe, wünschte ich, wir könnten diese Geschichte ein für allemal zu Ende bringen und uns Afrika danach eine Weile sparen. Ich wünschte so sehr, wir könnten einfach so die Farbe und Beschaffenheit dieses bekannten Bildes[74], dessen seltsame Kennzeichen inzwischen unauslöschlich sind, ändern. Ich fürchte, es fühlt sich manchmal so an, als sei ich im Gefängnis und sehnte mich nach der Freiheit. In solchen

Momenten wandern die Gedanken, und alte Erinnerungen tauchen auf, lieb gewonnene, wohlbekannte Szenen von früher, die ich mir jetzt mit einer tiefen und unerschütterlichen Wertschätzung vergegenwärtige. Wünsche, sie könnten bleiben; wünsche, sie könnten mit ihrer Kraft meinen Körper über diese gewaltigen Entfernungen hinwegheben und mich in einem schönen, friedlichen Land absetzen!

*

Am gleichen Tag lauscht Paolo Monelli besorgt dem hämmernden Geräusch der italienischen Artillerie vom Monte Cauriol, wo die Kämpfe weitergegangen sind. Er schreibt in sein Tagebuch:

Der Himmel bewölkt, grau und nah. Nebel steigt aus dem Tal auf, isoliert die beiden Gipfel, unseren eigenen und jenen, den wir angreifen sollen. Wenn wir sterben, werden wir von der Welt abgeschnitten sterben, mit dem Gefühl, dass es eigentlich niemanden interessiert. Wenn man angesichts des Gedankens, dass man sich opfern soll, resigniert hat, würde man sich zumindest wünschen, dass es vor Zuschauern geschähe. In der Sonne zu fallen, bei klarer Sicht, auf der offenen Bühne, vor den Augen der Welt – so stellt man sich vor, für sein Land zu sterben: Aber so wie hier, da gleicht man ja eher einem Verurteilten, der insgeheim erdrosselt wird.

122.
Sonntag, 29. Oktober 1916
RICHARD STUMPF LEIDET UNTER DER MONOTONIE
AN BORD DER SMS HELGOLAND

Was wohl schlimmer ist, die ständigen Schwaden blauen Tabakrauchs, die das Quartier unter Deck erfüllen, oder der permanente «Kohldampf, der einem dauernd in die Gedärme kriecht»? Stumpf ist so trübe gestimmt wie der heutige Tag. Er erinnert sich an die freudige Erregung, die ihn im Oktober vor vier Jahren als jungen Rekruten erfüllt hatte, und leidet unter dieser Diskrepanz. Der Rausch nach der großen Schlacht im Skagerrak ist verflogen. Alles ist wieder zur alten Routine geworden, grau wie das Schlachtschiff: kurze, ereignislose Patrouillen an der Küste entlang, dann wieder lange Hafenzeiten. Wenn überhaupt, agiert die Hochseeflotte noch vorsichtiger als zuvor. Sein «Gefängnis aus Stahl», die SMS *Helgoland*, ist wieder vertäut, diesmal, um einen defekten Zylinder in der Backbordmaschine zu reparieren.

Wieder wird Stumpf vom Tabakrauch an Deck getrieben: «Diese verfluchten Stinkpfeifen. Die verderben mir die Stimmung und den Appetit. Wenn ich höre, dass der Rauchtabak in der Kantine wieder teurer geworden ist, freue ich mich aus tiefster Seele.»[75] Er leidet unter dem Rauch, und unter der Monotonie. Er hat wenige Freunde an Bord. Die anderen Matrosen finden ihn seltsam, wegen seiner geistigen Interessen und der ständigen Schreiberei. Stumpfs Energien, die körperlichen und die intellektuellen, finden kein Ventil, er dreht sich im Kreis. Neue Bücher hat er im Moment nicht, aber er hat sich welche aus Berlin bestellt.

Der 29. Oktober scheint wieder ein nutzloser Tag zu werden. Am Nachmittag wird jedoch die ganze Besatzung an Deck gerufen. Sie sollen ein zurückkehrendes U-Boot willkommen heißen. Stumpf sieht, wie die Besatzungen auf anderen Schiffen, die neben ihnen liegen, Hurra rufen und die Mützen in die Luft werfen. Der schlanke Rumpf eines U-Boots, U 53, zeigt sich: «Die gesamte Besatzung stand im Ölzeug an Deck und strahlte vor Vergnügen über die Ehre und Aussicht des langen Heimaturlaubes.»[76]

Stumpf wünscht, er wäre einer von ihnen. Zugleich sehnt er sich danach, dass der Krieg bald zu Ende ist. Wie so oft empfindet er einen Zwiespalt:

War er wirklich so schön, der holde Friede? An der heutigen Zeit gemessen, ja; aber zufrieden waren wir damals keineswegs. Ich erinne-

*re mich, dass von vielen der Krieg gewünscht wurde – damit bessere
Zeiten kommen sollten. Wenn ich an die Sorgen um die Arbeit denke,
die Lohnstreitigkeiten, die lange Arbeitszeit und vieles andere, dann
erscheint mir die Zukunft selbst im Frieden nicht im rosigsten Licht.
Augenblicklich erscheint es wohl als paradiesischer Zustand, wenn sich
wieder ein jeder so viel Brot, Wurst und Kleider kaufen kann, wie er
will. Aber was nützt dem armen Teufel das Recht, wenn er nicht die
Mittel hat, um es auszunützen! Vielleicht steht uns die wirkliche Krisis
erst noch für die goldene Friedenszeit bevor ...*

123.

Samstag, 16. Dezember 1916

ANGUS BUCHANAN SIEHT IN KISAKI VERSTÄRKUNGEN
EINTREFFEN

Es ist eine Atempause für sie alle. Angus Buchanan hat sich von
der Ruhr erholt, und das Bataillon, oder was davon übrig ist, hat
die Strapazen des Herbstes hinter sich gelassen. Beide entwickeln
in kurzer Zeit erstaunlich viel Energie. Buchanan hat seine Vogel-
sammlung erweitert und einen Erkundungsauftrag auf der anderen
Seite des Mgetaflusses ausgeführt; er hat – trotz einer Malaria-At-
tacke – seinen ersten Elefanten geschossen, einen jungen Bullen,
und kurz darauf eine große Kuh. Gleichzeitig unternahmen die
Truppen alle Anstrengungen, um den weiteren Vormarsch durch
Feindesland vorzubereiten. Sie haben Bäume gefällt und mehrere
Brücken über den Mgetafluss errichtet. Bei Kirengwe wurde eine
breite Schneise durch den Urwald geschlagen.

Heute beleben sich die Geister noch mehr, denn eine Kolonne von etwa hundertfünfzig Mann erscheint, eine willkommene
Verstärkung für das ausgedünnte Bataillon. An der Spitze geht
ein Mann mit einem großen Schlapphut und einem Jagdgewehr:
Buchanans alter Kompaniechef, Frederick Courtney Selous. Er ist

inzwischen fünfundsechzig Jahre alt und war vor einigen Monaten so krank, dass er nach Großbritannien transportiert wurde. Niemand hatte an seine Rückkehr geglaubt. Jetzt scheint er in ausgesprochen guter Verfassung zu sein. Buchanan und die anderen sind froh und beeindruckt: «Welch eine vorbildliche Loyalität, dass er in seinem hohen Alter an die Front zurückkehrte, um für sein Land zu kämpfen!» Selous ist umso willkommener, als er auch davon berichten kann, wie es zu Hause steht und wie ganz allgemein die Kriegslage sich darstellt.

Später, als der Tag abkühlt und die Schatten länger werden, unterhalten sie sich über dies und das. Selous erzählt von seiner großen Schmetterlingssammlung, die er mit nach Großbritannien genommen hat; Buchanan erzählt von seiner Elefantenjagd. Inzwischen errichten die schwarzen Träger in Buchanans Maschinengewehrzug eine Grashütte für den Mann, den sie *Bwana M'Kubwa* nennen – den großen Boss. In einigen Tagen werden sie alle nach Südosten aufbrechen, zum Rufijifluss, wo der Feind sich verschanzt haben soll. Neue Spannung liegt in der Luft.

124.
Sonntag, 24. Dezember 1916
HERBERT SULZBACH FEIERT WEIHNACHTEN AN DER SOMME

So kamen sie schließlich an die Reihe. Seit dem 18. November steht Sulzbachs Batterie an der Somme. Auch wenn er in seiner Frontzeit viel erlebt hat, hat er doch eine solche Zerstörung noch nie gesehen: «Wie durcheinandergeworfen und gleichsam tot liegen die Teile der Häuser zu Trümmern auf der Straße; was heißt Straße, es ist ja nur ein Sumpf- und Trichterfeld; man kann kaum gehen und stolpert.»

Die Artilleriebatterien stehen nicht selten Rad an Rad. Und sind ständigem Granatfeuer ausgesetzt, von teilweise großen Kalibern von 22 oder 28 cm – und dies, ohne dass dort vorne irgendwelche Angriffe stattfänden. An einem normalen Tag verbrauchen sie selbst etwa eintausend Granaten – reine Routine.

Überall Lehm. Keine Bäume. Zersplitterte Stümpfe, kaum einen halben Meter hoch. Am wintergrauen Horizont schweben mehrere feindliche Beobachtungsballons. Sulzbach ist zum Fähnrich befördert worden. Was ihn stolz macht. Die deutsche Friedensinitiative vor knapp zwei Wochen hat ihn außerdem mit Hoffnung erfüllt. Ein erstes Anzeichen dafür, dass Sulzbach, trotz seines oft demonstrierten Glaubens an die deutsche Sache und die deutschen Waffen, allmählich beginnt, des Krieges überdrüssig zu werden.

Wieder ein Heiligabend im Feld.

Sein jüdischer Hintergrund hat ihn bisher nicht daran gehindert mitzufeiern, auch dieses Jahr nicht. Hier an der Somme will sich der Feiertagsfriede aber kaum einstellen. Sulzbach ist empört darüber, dass der Feind dort drüben ihn nicht respektiert, «den höchsten und schönsten aller Feiertage», sondern weiter Druck macht. Noch um sieben Uhr abends sind sie vollauf damit beschäftigt, für Sperrfeuer vor den eigenen Linien zu sorgen. Es donnert und pfeift und grollt und zischt. Alle sind angespannt und nervös. Steht wieder ein feindlicher Großangriff bevor?

Erst am späten Abend lässt der Beschuss so weit nach, dass Sulzbach, jetzt in seiner Eigenschaft als Fähnrich, in der Batterie von Geschütz zu Geschütz gehen und den Männern frohe Weihnachten wünschen kann. Er besucht auch alle tief eingegrabenen Schutzräume, die die Soldaten liebevoll mit Weihnachtsdekoration geschmückt haben. Er sieht Weihnachtsgeschenke, die bereit liegen, um geöffnet zu werden. (Sie haben vor kurzem Post bekommen, zusammen mit neuer Ersatzmannschaft.) Er hört die Soldaten «Stille Nacht, heilige Nacht» singen. Man könnte denken, dass die Umstände Weihnachten zu einer Farce werden ließen, aber es ist eher umgekehrt: «Wenn auch alle vorangegangenen Weihnachtsfeste die tiefe und fast heilige Stimmung hervorgerufen haben, so sind wir diesmal mitten in dieser großen Schlacht besonders bewegt.»

Später setzt er sich ans Feldtelefon. Verbindlich wie immer ruft er die benachbarten Batterien und Kompanien an, um auch ihnen frohe Weihnachten zu wünschen. Er ist verwundert, aber auch dankbar, dass noch nicht alle Telefonleitungen zerschossen sind.

125.
Samstag, 30. Dezember 1916

ALFRED POLLARD SCHREIBT EINEN BRIEF AN SEINE MUTTER

Für Sergeant Alfred Pollard, *DCM*, war es ein gutes Jahr. Die erfolgreiche Schlacht am Krater von Sanctuary Wood Ende September des vorigen Jahres hat ihm eine *Distinguished Conduct Medal* eingebracht, was ihn mit Stolz erfüllt – obwohl er im Innersten ein wenig enttäuscht ist, denn er hatte auf die höchste Auszeichnung überhaupt gehofft, das Victoriakreuz.

Nach einem Krankenhausaufenthalt in England und in der Erwartung, für diensttauglich erklärt zu werden, hat er die Zeit damit verbracht, ins Theater und in die Revue zu gehen (was für verwundete Soldaten kostenlos ist), zu feiern, im Garten seiner Mutter das Werfen von Handgranaten zu üben und den Antrag zu stellen, als Offizier angenommen zu werden, was auch bewilligt wurde. Seit Mai ist er zurück in Frankreich, wo er zum Bataillonsverantwortlichen für die Ausbildung im Handgranatenkampf ernannt wird. Nun folgt er wieder seiner alten Gewohnheit, sich auf nächtliche Streifzüge ins Niemandsland zu begeben.

Nur die Nachricht vom Ende des Sommers, dass sein großer Bruder gefallen ist, hat ihn erschüttert. Er hat überlegt, ob er sich auf einen weniger riskanten Posten bewerben sollte – aus Rücksicht auf seine Mutter, der jetzt nur noch ein Kind geblieben ist. Doch er beschließt, seinen Bruder zu rächen und «mein Äußerstes zu tun, um so viele [Deutsche] wie möglich zu töten». Weihnachten hat er in einem französischen Schloss hinter den Linien gefeiert, wo er Soldaten im Handgranatenwurf ausbildet. Man hat ihm einen neuen Spitznamen gegeben, Bombo.

An diesem Tag schreibt er einen Brief an seine Mutter:

Liebste Mutter,

ich habe gehört, dass es dir nicht recht gut gegangen ist. Ich hoffe, du bist jetzt wieder wohlauf. Die Post hat in letzter Zeit nicht gut funktioniert, vermutlich wegen der Weihnachtsfeierei. Das Fußballzeug und den Kuchen, den Perk gebacken hat, habe ich aber erhalten; alles in sehr ordentlichem Zustand. Zurzeit bin ich mit der Ausbildung beschäftigt, von der ich erzählt habe, und ich habe die Absicht, hier zu bleiben. Aber um ganz ehrlich zu sein, Mutter, fühle ich innerlich, dass ich das Bataillon begleiten muss, wenn es den Befehl erhält, an die Front zurückzukehren. Ich vermute, das wird nicht vor Ende Januar sein, also beunruhige dich nicht. Aber ich fühle wirklich, dass ich mit ihnen gehen muss. Ich habe mein Abschiedsgesuch eingereicht, doch es kann sein, dass ich bis zum Ende der Ausbildung hier festgehalten werde. Jedenfalls brauchst du die Post an mich nicht an das Ausbildungslager zu adressieren, schicke sie wie früher ans Bataillon. Ich bedaure das, Mutter, aber ich weiß, dass du mich verstehst.

In letzter Zeit habe ich wunderbar reiten können. Gestern Nachmittag bin ich in eine Stadt geritten, die ungefähr sieben Meilen von hier entfernt ist. Auf dem Rückweg sind wir drei Meilen ohne eine einzige Unterbrechung galoppiert. Wirklich herrlich! An der Straße stehen zwei Reihen von Bäumen, und die Erde dazwischen ist weich.

*

Zwei Wochen später marschiert das Bataillon zurück an die Front. Pollard ist dabei. Todessehnsucht? Vermutlich nicht. Er hat einen Glücksbringer in der Tasche, eine kleine Porzellanpuppe mit einer lilafarbenen Schleife um die Taille und einem engelhaften

Gesichtsausdruck. Sie ist ein Geschenk der Schwester jener Frau, die ihn so bestimmt abgewiesen hat. Pollard gab der Puppe den Namen Billiken. Von nun an wird er sie immer bei sich haben.

Willy Coppens

Harvey Cushing

Die Westfront

Die *SMS Helgoland*, Richard Stumpfs Schiff.

Eine Kolonne belgischer Infanteristen am Strand von La Panne,
17. Oktober 1916.

Sanctuary Wood im Oktober 1914.

Zerstörungen in Lens, 1914.

Fort Douaumont bei Verdun unter heftigem Beschuss, 1. April 1916.

Britische Wasserträger bei Zonnebeke, August 1917.

Strandszene in Boulogne, Mai 1918.

Eine gesprengte Brücke bei Villers-Cotterets, September 1914.

Péronne, Ende März 1918.

Britische Soldaten während der Schlacht an der Somme, 1916.

Deutsche Infanterie bei Verdun, März 1916.

Französische Infanterie bei Verdun, April 1916.

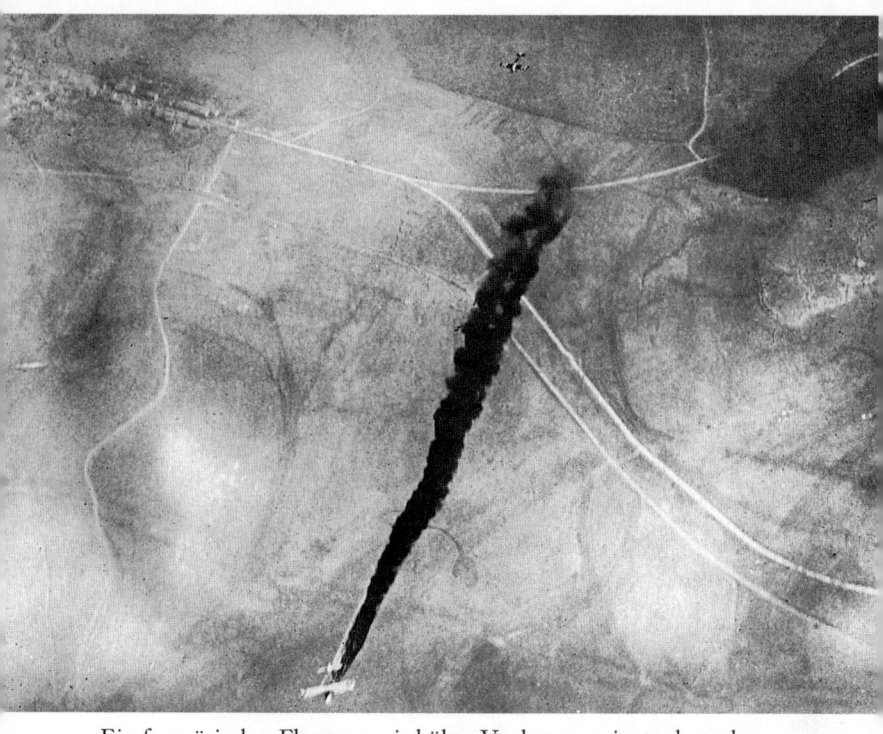

Ein französisches Flugzeug wird über Verdun von einem deutschen
Flieger abgeschossen, November 1916.

Fliegerangriff an der Westfront, um 1915.

Landschaft bei Ypern, Oktober 1917.

Matrosen versammeln sich zu einer Demonstration in Wilhelmshaven, Anfang November 1918.

1917

Und der Wilde in dir bringt dich dazu, dies alles zu lieben, mit seinem ganzen Elend und der Vergeudung und aller Gefahr und aller Plackerei und all dem prachtvollen Getöse. Du spürst, dass es trotz allem dies ist, wozu Männer bestimmt sind, eher als in bequemen Sesseln zu sitzen, mit einer Zigarette und einem Whisky, der Abendzeitung oder einem Bestseller – und zu tun, als sei dieser Firnis Zivilisation und als verberge sich hinter deiner gestärkten und zugeknöpften Hemdbrust kein Barbar.

Chronologie der Ereignisse

31.1. Deutschland erklärt den uneingeschränkten U-Boot-Krieg.

3.2. Die USA brechen die diplomatischen Beziehungen zu Deutschland ab.

21.2. Planmäßiger deutscher Rückzug in Frankreich bis zur so genannten Siegfriedlinie.

24.2. Britische Streitkräfte erobern Kut al-Amara in Mesopotamien zurück.

9.3. Die Hungerkrawalle in St. Petersburg weiten sich aus und werden zur Revolution.

11.3. Britische Truppen marschieren in Bagdad ein.

26.3. Die erste Schlacht um Gaza. Die osmanischen Verteidiger schlagen die Briten zurück.

6.4. Die USA erklären Deutschland den Krieg.

9.4. Britische Offensive bei Arras. Gewisse Erfolge.

16.4. Beginn einer großen französischen Offensive am Chemin des Dames. Geringe Erfolge.

19.4. Die zweite Schlacht um Gaza. Die osmanischen Verteidiger schlagen die angreifenden Briten erneut zurück.

29.4. Meutereien in der französischen Armee. Sie weiten sich aus und dauern bis Anfang Juni.

12.5. Beginn der zehnten italienischen Offensive am Isonzo. Gewisse Erfolge.

1.7. Russische Offensive im Osten, die gegen Ende des Monats völlig in sich zusammenbricht.

31.7. Große britische Offensive bei Ypern in Flandern. Sie dauert bis November.

3. 8. Die alliierte Offensive in Ostafrika wird wieder aufgenommen.

5. 8. Deutsch-österreichische Offensive in Rumänien.

19. 8. Die elfte italienische Offensive am Isonzo beginnt. Gewisse Erfolge.

21. 8. Deutsche Offensive im Raum Riga. Bedeutende Erfolge.

24. 10. Die Caporetto-Offensive wird eingeleitet. Große Erfolge. Allgemeiner italienischer Rückzug.

31. 10. Schlacht bei Beersheba in Palästina, die zu einem britischen Durchbruch führt.

6. 11. Passchendaele bei Ypern wird von kanadischen Truppen eingenommen. Die Offensive wird abgeblasen.

7. 11. Die Bolschewiken übernehmen durch einen Putsch die Macht in St. Petersburg.

9. 11. Die italienische Armee errichtet entlang dem Lauf des Piave eine neue Verteidigungslinie.

1. 12. Die letzten deutschen Truppen ziehen sich aus Ostafrika zurück und gehen nach Mosambik.

2. 12. Beginn von Friedensverhandlungen zwischen Deutschland und der neuen bolschewistischen Regierung.

9. 12. Alliierte Truppen marschieren in Jerusalem ein.

126.

Donnerstag, 4. Januar 1917

ANGUS BUCHANAN WOHNT BEI BEHOBEHO DEM BEGRÄBNIS
SEINES KOMPANIECHEFS BEI

Am Anfang sieht es wie ein weiteres missglücktes Einkreisungsmanöver aus. Schon vor dem Morgengrauen waren sie auf den Beinen, die 25th Royal Fusiliers – oder richtiger gesagt, die knapp zweihundert Mann, die von den ursprünglichen eintausendzweihundert noch übrig sind. Sie stehen in dem Ruf, einer der zuverlässigsten und beweglichsten britischen Verbände zu sein, und sie sind wieder einmal vorausgeschickt worden, um ein Zangenmanöver auszuführen. Das Ziel für sie und die Haupttruppe ist Behobeho. Während die anderen Einheiten sich dem Dorf von Osten nähern, sollen Buchanan und seine Kameraden um Behobeho herumschleichen und von Westen kommen, um so die deutsche Einheit im Dorf daran zu hindern, sich wie gewohnt aus dem Staub zu machen. Sonnenschein. Glühender Himmel. Duftendes Grün.

Nach zwei Stunden vorsichtigen Marschierens durch den Busch erreichen sie schließlich den Punkt, wo sie den zurückweichenden Gegner erwarten. Vor ihnen liegt ein kleiner Weg, der vom Dorf herführt. Die warme Luft hallt wider vom Geräusch anhaltenden Gewehrfeuers. Die Haupttruppe hat angegriffen. Die Männer der 25th Royal Fusiliers schwärmen aus und bilden eine weit auseinandergezogene Schützenlinie, sie gehen im Schutz des Baumschattens in Deckung und – warten. Der Kampflärm in der Ferne hält an. Eine gewisse Ungeduld breitet sich unter den wartenden Männern aus. Wird auch dieses Unternehmen scheitern?

Die Operationen in Deutsch-Ostafrika dauern also an. Die britischen Kolonnen bewegen sich in Sprüngen von Tal zu Tal und drängen dabei die schnellen, schwer fassbaren Kompanien der *Schutztruppe* langsam nach Süden. In Kürze wird man den Rufijifluss erreichen.

Auf dem Papier sieht es wie ein Erfolg aus. Der größte Teil der deutschen Kolonie ist jetzt in den Händen der Alliierten. Aber der Preis ist hoch. Kein anderer Konflikt hat diesen Teil Afrikas so sehr in Mitleidenschaft gezogen. Bis Kriegsende werden allein die Briten eine Million schwarzer Träger rekrutiert haben (nahezu alle Versorgungsgüter werden zumindest für einen Teil der Strecke auf dem Rücken der Afrikaner transportiert), und jeder Fünfte von ihnen wird den Strapazen zum Opfer fallen.

Was die alliierten Befehlshaber mit Smuts an der Spitze nicht verstehen, ist die Tatsache, dass ihrem hartgesottenen, intelligenten und zynischen Widersacher Lettow-Vorbeck die Kolonie im Grunde gleichgültig ist. Dieser Meister des Guerillakriegs hat es von Anfang an als seine Aufgabe betrachtet, so viele feindliche Truppen wie möglich zu binden. Denn jeder Mann, jede Kanone und jede Patrone, die nach Ostafrika verschifft wird, bedeutet einen Mann, eine Kanone und eine Patrone weniger an der Westfront. Und das ist ihm erstaunlich gut gelungen. Smuts hat jetzt zwar fünfmal so viele Soldaten wie Lettow-Vorbeck – ist aber dennoch weit davon entfernt, den Deutschen zu besiegen.

Einige erregte Kundschafter kommen in der Hitze gelaufen. Sie haben den Feind im Anmarsch gesehen. Befehl ergeht: Die in Linie liegenden Männer bewegen sich mit ihren Gewehren im Anschlag zum Weg hinunter. Buchanan übernimmt das Kommando über ein paar schwere Vickers-Maschinengewehre und bringt sie in Feuerstellung. Und tatsächlich: auf dem Weg nähern sich deutsche Askaris, die gerade das Dorf verlassen haben. Buchanan berichtet:

Wir eröffneten sogleich das Feuer aus Gewehren und Maschinengewehren, überraschten sie und fügten ihnen schwere Verluste zu. Trotzdem schossen sie zunächst zurück, was imponierend war, doch bald konnten

wir sie bezwingen, und die, die noch übrig waren, stellten ihr Feuer ein
und flohen in den Busch.

Ein großer Teil der neuen Militärtechnik funktioniert im afrikanischen Gelände und im dortigen Klima nur mit Einschränkungen. Fahrzeuge bleiben oft stehen, schwere Artillerie fährt sich fest, Flugzeuge finden in der dichten Vegetation selten ein Ziel. Das Maschinengewehr hat sich jedoch als ebenso tödlich effektiv erwiesen wie auf den anderen Kriegsschauplätzen. (Was Leute mit Erfahrung aus früheren Kolonialkriegen schon wussten.) Bei Gewehrfeuer im Busch und im Dschungel wird aus irgendeinem Grund meist zu hoch gezielt. Die schweren Maschinengewehre können dagegen die Wirkung wahrer Kugelsensen entfalten, die in einem Meter Höhe durch die dichte Vegetation schwenken und alles niedermähen, was sich darin verbirgt, dank der Tatsache, dass sie mittels Lenkrädern eingestellt und fixiert werden können.

Buchanan und die anderen begeben sich vorbei an den Gefallenen und Verwundeten zum Dorf Behobeho. Unmittelbar davor beziehen sie auf einem kleinen Höhenzug Stellung. Nun kommt es zu einem lang anhaltenden Feuergefecht mit den schwarzen Soldaten im Dorf. Die Sonne ist brennend heiß.

Der Höhenzug ist mit funkelnden weißen Kieselsteinen bedeckt, und die Strahlen der Sonne werden davon reflektiert, was aus einer gewissen Entfernung anmutig erscheint, aber für eine Hitze sorgt, die für diejenigen, die dort in Deckung liegen, fast unerträglich ist. Alle haben schmerzhafte Brandblasen, auch diejenigen, die nach Jahren in der afrikanischen Sonne über eine braune, lederartige Gesichtshaut verfügen. Die Soldaten im Dorf dagegen befinden sich im Schatten. Außerdem können sie die Bäume nutzen, um hinaufzuklettern und mit der Treffsicherheit von Scharfschützen auf die Männer zu schießen, die auf der kochend heißen Kieselsteinhöhe liegen.

Das Feuergefecht geht weiter. Die Verluste unter den Männern der 25th Royal Fusiliers nehmen zu. Auch Buchanan wird getroffen, eine Kugel durchschlägt seinen linken Arm. Wenig später geht ein Ruf durch die Linie. Ihr Kompaniechef, Hauptmann Selous, ist tot. (Er war fünfzig Meter nach vorn gegangen, um herauszufinden, wo einige besonders lästige Scharfschützen sich verborgen hielten, und kaum hatte er das Fernglas gehoben, wurde er von einer Kugel in die Seite getroffen. Er wandte sich daraufhin um, wohl in der Absicht, sich zur eigenen Schützenlinie zurückzuziehen, wurde aber im selben Moment von einer zweiten Kugel getroffen, diesmal seitlich am Kopf, und fiel tot zu Boden.) Sie reagieren schockiert auf diese Nachricht, denn alle «hatten ihn besonders gern, als Vorgesetzten und als eine Art Vaterfigur, großartig und völlig furchtlos». Am stärksten trifft es Ramazani, Selous' afrikanischen Diener, einen Mann, der ihn vor dem Krieg auf zahlreichen Großwildjagden als sein Waffenträger begleitet hat. Von unbändiger Trauer erfüllt und berauscht von Rachegefühlen stürzt er sich ins Feuergefecht, ohne sich um die Scharfschützen im Dorf zu scheren.

Gegen vier Uhr schleichen sich die Feinde der Briten wieder einmal davon und verschwinden im Busch. Buchanan und die anderen können ins leere Dorf einmarschieren.

Am Abend begraben sie Frederick Courtney Selous und die anderen Gefallenen im Schatten eines Baobabs.[1]

127.

Dienstag, 16. Januar 1917

MICHEL CORDAY SINNIERT ÜBER DAS BILD DER NACHWELT

Irgendetwas geschieht, die Stimmung schlägt um. Zum Teil zeigt es sich in einer zunehmenden Kriegsmüdigkeit oder vielmehr einem gesteigerten Eskapismus. Die romantisierenden Berichte über Soldatentum und Heldenmut, die in den ersten Jahren die Magazine füllten, verschwinden allmählich und machen Detektivgeschichten, Kriminalliteratur und sonstigen Formen der Realitätsflucht Platz. Zum Teil zeigt es sich in einer allgemein wachsenden Ablehnung des Krieges. Aber immer noch bestimmen die Chauvinisten und Nationalisten, die Opportunisten und Schwätzer die öffentliche Debatte.

Vorläufig ist ihr getreues Echo auch noch beim sogenannten gemeinen Volk zu hören. Es war lange tabu, für den Frieden, ja, überhaupt *über* den Frieden zu sprechen. «Frieden» war ein Unwort, dem ein vager Geruch von Defätismus, Deutschfreundlichkeit und Opportunismus anhing. Es rief sogar die Zensur auf den Plan. Der akzeptierte Begriff war «Sieg» – uneingeschränkt, vollständig, total. Wie in den meisten anderen Krieg führenden Staaten haben das Leid und die Verluste den Willen zum Kompromiss nicht gestärkt, sondern im Gegenteil die Gemüter nur noch verhärtet. Sonst wären ja alle Leiden und Verluste vergeblich gewesen, oder? Und wozu Kompromisse, wenn man doch unbesiegbar ist?

Aber irgendetwas geschieht. Etwas in der Sprache hat sich verändert. Vorläufig nur auf den Straßen. Man hört jetzt Menschen über ihre Sehnsucht nach «Frieden» reden. Vor ein paar Tagen hat Corday in der Kälte an einer Straßenbahnhaltestelle gestanden und dem Gespräch zwischen einer Frau und einem Militärpfarrer gelauscht, der gerade von der Somme und aus Verdun zurückgekehrt war. Der Pfarrer sagte zu ihr: «Es gibt mehr als genug Mütter in Trauerkleidern. Hoffen wir, dass das Ganze bald vorbei ist.» Und erst vor kurzem hörte er in der gleichen Straßenbahn eine Frau aus den besseren Kreisen, gut verpackt in ihren Pelz, mit lauter Stimme zu einem Soldaten sagen: «Jetzt nach dreißig Monaten wärst du nicht da, wo du bist, hätte es nicht Tausende Idioten gegeben, die für die Kriegsparteien gestimmt haben.» Viele Zuhörer schauten verlegen, feixten ein wenig, aber eine Arbeiterfrau, die in Cordays Nähe saß, murmelte: «Sie hat völlig recht.»

Es sind nicht nur Überdruss und Ermattung, die sich jetzt Ausdruck verschaffen. Der Stimmungswandel ist wohl auch eine Reaktion auf die Friedensinitiativen des vergangenen Monats, erst die des deutschen Reichskanzlers Bethmann Hollweg,[2] dann (nur ein paar Tage später) die des amerikanischen Präsidenten Wilson. Die alliierten Regierungen haben den deutschen Vorschlag entschieden abgelehnt und gegen den zweiten so viele Einwände und Forderungen vorgebracht, dass inzwischen jedem klar ist: Ein Frieden ist nicht so bald zu erwarten.

Aber das Wort ist wieder da: «Frieden».

Zur Propaganda für den deutschen Friedensvorschlag gehörte die Publikation eines Briefes des deutschen Kaisers an seinen Reichskanzler, in dem Wilhelm II. schreibt: «Einen Friedensvorschlag vorzulegen bedeutet, eine moralische Tat zu tun, die notwendig ist, um die Welt – einschließlich der Neutralen – von der Bürde zu befreien, die sie jetzt zu erdrücken droht.» An diesem Tag polemisieren alle französischen Zeitungen gegen den Brief und bezweifeln seine Echtheit. Und der amerikanische Vorschlag wird ebenso mit Hohn quittiert: «Ein Hirngespinst! Illusionen! Größenwahn!» Corday hat gehört, wie jemand den amerikanischen Präsidenten bezichtigte, «deutscher als die Deutschen» zu sein.

Wie soll man ein gerechtes Bild von den Chancen auf Frieden und der Problematik des Kriegs in einer Welt zeichnen, in der das wichtigste Medium für die Massen, die Presse, streng zensiert wird und sich zudem in den Händen von Propagandisten und Ideologen befindet? Corday findet nicht viel Trost in dem Gedanken, dass die Nachwelt das dicke Knäuel von Gefühlswallungen, fixen Ideen, Übertreibungen, Halbwahrheiten, Illusionen, Sprachspielereien, Lügen und Blendwerk schon entwirren wird. Zwar denkt er oft daran zurück, was *eigentlich* geschah, im Spätsommer vor zweieinhalb Jahren, als die große Lawine ins Rollen kam, und er sammelt eifrig jeden Faktensplitter über den damaligen Gang der Ereignisse, verstreute und vergessene Spuren an einem längst verlassenen Tatort. Die Frage ist nur, was man im Nachhinein an Erkenntnissen gewinnen kann.

Im April 1915 schrieb er in sein Tagebuch: «Die Angst vor der Zensur und die Notwendigkeit, den niedersten Instinkten [der Allgemeinheit] zu schmeicheln, bringt sie [die Presse] dazu, nichts als Hass und Beleidigungen abzusondern.» Die Politiker und Generäle, die 1914 die Kriegsstimmung angeheizt haben, sind ihrer eigenen Hysterie zum Opfer gefallen: Sie hat einen Kompromissfrieden undenkbar gemacht; sogar bestimmte taktisch motivierte Rückzüge sind unmöglich geworden, da sie in der Presse und der Öffentlichkeit als symbolische Niederlagen gewertet würden – wie es bei Verdun der Fall war.[3] Aber vielleicht ist doch etwas in Gang gekommen?

Nein, dass die Zeitungen alles andere als zuverlässige Quellen für künftige Historiker sind, versteht sich von selbst. Aber private Briefe? Auch da hat Corday seine Zweifel. «Briefe von der Front vermitteln ein falsches Gefühl für den Krieg. Der Schreiber weiß, dass sie geöffnet werden können. Und sein erstes Ziel ist es, seinen Lesern zu imponieren.» Und Fotografien? Vielleicht können sie uns vermitteln, wie es eigentlich war, etwa an der Heimatfront? Nein, denkt Corday. Er schreibt in sein Tagebuch:

Entweder die Eitelkeit oder die Scham verhindern, dass sich bestimmte Aspekte des Lebens in unseren illustrierten Magazinen widerspiegeln. Die Nachwelt wird also ein bildliches Zeugnis des Krieges vorfinden, das große Mängel hat. Zum Beispiel: Es zeigt uns nicht, dass es in den Häusern fast ganz dunkel ist, wegen der Beleuchtungsvorschriften, es zeigt nicht die traurig verdunkelten Straßen mit Obstläden, die von Kerzen erleuchtet werden, nicht die Mülltonnen, die infolge des Mangels an Arbeitskräften bis etwa drei Uhr nachmittags auf den Bürgersteigen liegen, nicht die Warteschlangen von bis zu dreitausend Leuten, die vor den großen Lebensmittelläden stehen, um sich ihre Zuckerration abzuholen. Und umgekehrt zeigt es nicht die Scharen von Menschen, die die Restaurants, Teesalons, Theater, Varietés und Kinos bevölkern.

128.

PAOLO MONELLI LERNT, WIE MAN SICH NEUGIERIGE BESUCHER
VOM LEIB HÄLT

Das Winterwetter hat nachgelassen, der Beschuss ebenso. Außerdem sind die Mauleselpfade wieder ausgetreten. Jetzt zeigen sich jene Besucher, die den berüchtigten Gipfel sehen wollen, um später sagen zu können: «Ich war da!»

Sie sind keineswegs willkommen.

Wenn sie den unteren Rängen angehören, bombardiert man sie am besten mit Schneebällen und Eisbrocken und tut so, als ob nichts wäre, wenn sie in ihrer Verwirrung plötzlich keuchend vor einem auftauchen. Bei höheren Chargen muss man subtiler vorgehen. Wenn per Telefon die Nachricht kommt, dass ein hohes Tier da unten sich das Schneehemd überzieht, lässt man einige Sprengladungen hochgehen, die in der Nähe angebracht sind. Eine Kaskade von Steinen und Schnee poltert dann den Berg hinab, und der österreichisch-ungarische Posten auf dem gegenüberliegenden Gipfel feuert als Antwort ein halbes Dutzend Granaten ab. («Zeem choom zeem choom!»)

Und der Bataillonschef pflegt bedauernd zu sagen, dass er auch nicht begreife, was da los sei: «Bis eben ist es da drüben so ruhig gewesen.» Der hohe Besuch dort unten «wird augenblicklich von nostalgischer Sehnsucht nach dem Tal befallen» und verschwindet wieder.

*

Zu diesem Zeitpunkt stehen Herbert Sulzbach und seine Batterie noch an der Somme. Er schreibt ins Tagebuch:

Was herrscht von der ersten Sekunde an für eine wunderbare Kameradschaft. Jeder hilft dem andern, jeder ist dem andern gefällig, jeder

gibt dem andern zu essen. Ja, es gibt so unendlich viel Kleinigkeiten
und Stimmungen, die man gar nicht alle niederschreiben kann, aber sie
gipfeln alle in dem einen herrlichen Wort: Kameradschaft.

129.

Donnerstag, 1. Februar 1917

EDWARD MOUSLEY SIEHT ÜBER KASTAMONU SCHNEE FALLEN

Er hat den Marsch überlebt und den Endpunkt der Eisenbahn
in Ras al-Ayn erreicht. Er und die anderen, die die zwei Monate
lange Wüstenwanderung von Bagdad hierher geschafft hatten,
konnten dann in Viehwaggons nach Nordwesten fahren. Und
die Orte rollten vorbei. Euphrat. Osmaniye. Die Gebirgskette
des Anti-Taurus – das Mittelmeer als Silberstreifen in der Ferne.
Gülek Bogazi. Das Taurusgebirge. Pozanti. Afyonkarahisar. Eski-
sehir. Ankara. Hinter Ankara wieder zu Fuß, nach Norden, aufwärts, in zunehmender Kälte über Berge, die mit Nadelwald bewachsen sind, bis nach Kastamonu, das gut siebzig Kilometer vom
Schwarzen Meer entfernt liegt. Dort, in den christlichen Vierteln
am Rande der Stadt, die nach den Angriffen auf die Armenier halb
verlassen sind, wurden die Gefangenen in einigen großen Häusern
einquartiert.

Die Verhältnisse in Kastamonu sind geordnet, sehr geordnet,
gemessen an den Zuständen nach der Kapitulation. Sie werden gut
behandelt. Mousley und die anderen begreifen allmählich, dass die
Abscheulichkeiten während des Marsches keinem Plan folgten,
sondern vor allem der üblichen Mischung aus grausamer Gleichgültigkeit und Unfähigkeit geschuldet waren. Außerdem haben sie
in Kastamonu die ganze Zeit von ihrem Offiziersrang profitiert.
Die Bedingungen für die gefangenen Soldaten und Unteroffiziere
sind noch immer überaus hart. Während Mousley und die anderen
jetzt hauptsächlich mit Überdruss, Albträumen und verschiedenen

Krankheiten zu kämpfen haben, werden die Soldaten, die den Transport überlebt haben, an anderen Orten zu harter Arbeit gezwungen.[4]

In Kastamonu kann Mousley einmal in der Woche die Geschäfte und das städtische Badehaus besuchen, von einer nicht allzu strengen Wache in gewissem Abstand begleitet. Die Gefangenen können auch in die Kirche gehen und Post versenden und empfangen, nicht zuletzt Pakete von zu Hause. Sie spielen Schach, Bridge und Rugby, und manchmal dürfen sie lange Spaziergänge zwischen den umliegenden Hügeln unternehmen. Mousley hat einen Malariarückfall gehabt und musste einen griechischen Zahnarzt aufsuchen, um seine durch die einseitige Ernährung während der Belagerung angegriffenen Zähne behandeln zu lassen – er hat aber auch wieder zugenommen. Wie viele andere versucht er, gewisse Routinen einzuhalten, etwa sich zum Abendessen umzuziehen, auch wenn das nur bedeutet, ein zerrissenes Hemd durch ein anderes ebenso zerrissenes zu ersetzen. Es ist ihnen streng verboten, mit der Bevölkerung der Stadt zu fraternisieren. Manchmal können sie sich betrinken.

Seit Einbruch des Winters friert er viel. Es gibt kaum Holz, und das wenige, das sie finden, ist oft nass. Wenn er es in den kleinen Ofen steckt, fängt es an zu qualmen. Die Langeweile und die Monotonie sind jedoch das Schlimmste. Einen großen Teil der Zeit verbringt Mousley in seinem Zimmer, das er mit einem anderen Offizier teilt. Er schläft viel, raucht. Schon lange hat er nicht mehr Tagebuch geführt.

Als er an diesem Morgen aus dem Fenster schaut, ist das Licht kälter, blasser. Schnee. Die ganze Welt hat sich verändert. Das rotbraune Dächergewirr, das er zu betrachten gewohnt war, ist weiß geworden, und die Stadt erscheint plötzlich pittoresk. Die Straßen sind menschenleer. Das einzige Zeichen von Leben sind die Stimmen der Muezzin. Der Anblick dieser plötzlichen Verwandlung – die der Schnee herbeigeführt hat, «dieses reine und gottgleiche Element, schweigend und geheimnisvoll» – erfüllt ihn mit einer merkwürdigen Energie, die seine Apathie besiegt, lässt ihn wieder hoffen und ruft Erinnerungen wach.

Er nimmt sein Tagebuch und schreibt den ersten Eintrag seit Anfang Oktober: «1. Februar 1917. Vier Monate sind vergangen. Während ich dies schreibe, ist die Erde fußhoch mit Schnee bedeckt.» Später begibt er sich mit einigen anderen britischen Offizieren zu einem eineinhalb Kilometer entfernten Hügel. Dort fahren sie Schlitten, «spielen, dass wir wieder Schuljungen sind». Auf dem Nachhauseweg machen sie eine Schneeballschlacht.

130.

Freitag, 2. Februar 1917

RICHARD STUMPF SCHÖPFT NEUE HOFFNUNG
IN WILHELMSHAVEN

Das Barometer steigt weiter. Am Morgen dürfen sich die Matrosen, die ihre Wache hinter sich haben, auf einen Marsch begeben, oder vielmehr auf eine kleine Exkursion, nach Mariensiel. Sie gehen in einfacher, loser Formation. An der Spitze marschiert die Schiffskapelle und macht Musik. Das dicke Eis funkelt, seine Schönheit und Kraft imponieren Stumpf, aber er denkt daran, dass es bald aufbrechen und spurlos verschwinden wird. Auf dem Heimweg marschieren sie durch Wilhelmshaven.

An der SMS *Helgoland* werden wieder einmal Reparaturen und Änderungen vorgenommen. Diesmal werden die schnell schießenden 8,8-cm-Geschütze des Schiffs demontiert. Die Skagerrakschlacht hat gezeigt, dass ihre Reichweite nicht ausreicht und die Geschütze deshalb wirkungslos sind – «eine Meinung», schreibt Stumpf in sein Tagebuch, deren Äußerung vor zwei Jahren dazu geführt hätte, dass man «wegen Landesverrats ohne weiteres erschossen» worden wäre. Aus diesen Kanonen ist kein einziger Schuss abgefeuert worden. Alle, die wie Richard Stumpf ihren

Dienst verrichtet haben, taten es ohne den geringsten Nutzen. Er tröstet sich damit, dass die Geschütze an Land besser zu gebrauchen sein werden.[5] Stumpf ahnt, dass große Dinge bevorstehen. Er hat seinen Glauben an die Zukunft wiedergefunden: «Die Weltgeschichte hält den Atem an und sieht zu, wie Alldeutschland zum letzten, zum zerschmetternden Schlage ausholt.»

Sie kehren auf das Schiff zurück und essen zu Mittag. Dann kommt der wachhabende Offizier mit einem Zettel: «Hört zu, Leute, ein Telegramm aus Berlin: ‹Von heute ab tritt U-Boot-Krieg in Kraft.›» Alle sind «extrem froh» über die Nachricht. Bald wird an Bord über nichts anderes mehr geredet. Die meisten scheinen zu glauben, es sei jetzt nur noch eine Frage der Zeit, bis Großbritannien in die Knie geht. Dies sei «ein Todesurteil für England», die in die Tat umgesetzte deutsche Variante des «Kampfes bis zum bitteren Ende», den französische Politiker schon so lange verkündet hätten.

Stumpf gehört zu den Zweiflern. Aber er gibt dem Ganzen vier Monate Zeit; dann wird sich die Lage geklärt haben. Ansonsten bewertet er die Ankündigung des uneingeschränkten U-Boot-Kriegs als verständliche Reaktion auf die britische Hungerblockade, die diesen kalten und elenden «Steckrübenwinter» in Deutschland verursacht hat. Das bekommen sie jetzt meistens zu essen: Rüben in unterschiedlichster Form. (Die Variationen sind so zahlreich wie die Grundbestandteile simpel; es gibt Steckrübenpudding und Steckrübenfrikadellen, Steckrübenmus und Steckrübenmarmelade, Steckrübensuppe und Steckrübensalat. Manche bezeichnen Steckrüben als die «preußische Ananas».) Die Rüben werden oft mit leicht ranzigem Fett zubereitet, an dem möglichst gespart wird; der unangenehme Geruch wird überdeckt, indem man sie mit Äpfeln und Zwiebeln kocht. Der Mangel an Fett hat eine Zunahme von Darmerkrankungen verursacht, und aufgrund der einseitigen Kost bekommen viele Männer Ödeme. Die Menschen in Deutschland haben im Durchschnitt zwanzig Prozent ihres Gewichtes verloren, und auch die meisten Matrosen auf diesem Schiff

haben stark abgenommen. Stumpf selbst hat nur fünf Kilo eingebüßt, aber er bekommt ja auch Proviantpakete von den Eltern in
Bayern.

Uneingeschränkter U-Boot-Krieg? Warum nicht. Sollen die
Engländer doch jetzt ihre Lektion lernen: «Es ist mein Wunsch,
dass sie dort drüben die Wirkung des Hungers ebenso stark fühlen
wie [unsere Leute] in Sachsen oder Westfalen.»

131.
Mittwoch, 7. Februar 1917

ALFRED POLLARD FINDET BEI GRANCOURT
EINEN SCHÜTZENGRABEN VOLLER TOTER

Ausnahmsweise zögert er vor dem Auftrag. Zum einen, weil er gerade erst von einem anderen zurückgekehrt ist. Der Oberst wartet
schon ungeduldig am Rande des Schützengrabens, und Pollard hat
noch nicht einmal Zeit, hinunterzuklettern, als der Alte ihm mit-
teilt, dass er wieder hinaus muss. Es ist etwa ein Uhr nachts. Der
Befehl lautet, einen Spähtrupp in das Dorf Grancourt zu führen,
«um jeden Preis». Zweimal wiederholt der Oberst diese ominöse
Phrase «um jeden Preis». Es muss also wichtig sein. Das Flie-
gerkorps hat berichtet, die Deutschen hätten den Ort verlassen,
und der Oberst will, dass ihr Regiment als erstes in das leere Dorf
einzieht – aus Prestigegründen. Pollard zögert aber auch, weil er
nicht weiß, wie er dorthin gelangen soll. Zwischen ihrer Position
und Grancourt fließt der Fluss Ancre. Er fragt den Oberst, wie sie
über den Fluss kommen sollen. Aber der antwortet nur kurz: «Das
überlasse ich Ihnen, Pollard.»

Es ist Vollmond, kalt. Die Erde ist mit Schnee bedeckt. Pollard
und die vier Männer des Spähtrupps tasten sich einen Abhang hinunter. Sie erreichen einen verlassenen Schützengraben. Verlassen,
aber nicht leer. Er ist voller Leichen von Soldaten einer anderen

britischen Division, und als er die steifen, mit Schnee bedeckten Körper seiner Landsleute sieht, erinnert er sich, dass jemand von einem Zug in einer vorgeschobenen Stellung berichtet hat, der erst kürzlich von Deutschen überfallen und niedergemacht wurde – mit Bajonetten. Bis zum letzten Mann. Er hatte die Geschichte wieder vergessen. Es gibt so viele Berichte von ausgelöschten Einheiten und verschwundenen Zügen.

Als sie sich gleich darauf weiter zum Fluss hinuntertasten, muss Pollard daran denken, wie er zum ersten Mal einen Schützengraben voller Toter gesehen hat. Es war bei seinem allerersten Angriff, an jenem heißen Tag bei Hooge im Juni 1915. Damals

war ich nur ein Junge, der das Leben mit Optimismus betrachtete und den Krieg als interessantes Abenteuer. Als ich dann die Körper dieser Hunnen sah, die unser Granatfeuer getötet hatte, war ich voller Mitleid mit diesen Kerlen, die in der Blüte ihrer Jahre ihr Leben verloren hatten. Jetzt war ich ein Mann und verstand, dass es lange dauern würde, bis der Krieg zu Ende war. Und ich erblickte einen Schützengraben voller Leichen, ohne überhaupt etwas zu empfinden. Weder Mitleid noch Angst davor, dass ich bald selbst tot sein könnte, noch Wut auf die Männer, die sie getötet hatten. Ich empfand wirklich gar nichts. Ich war nur eine Maschine, die ihr Bestes tat, um den Auftrag auszuführen.

Im weißen Schnee findet Pollard Spuren des deutschen Trupps, der die Männer im Schützengraben überfallen hatte. Das erweist sich als Glücksfall, denn die Spuren führen ihn über einen gefrorenen Sumpf zum Fluss hinunter. Dort erreichen sie eine kleine, wacklige Brücke. Mit gezogenem Revolver kriecht er hinüber, als Erster – wie immer. Es ist still. Er winkt die anderen heran. Schritt für Schritt schleichen sie sich in das schneebedeckte Dorf. Wieder Stille. Die Berichte sind korrekt: Die Deutschen haben das Dorf verlassen.

*

Was weder Pollard noch sonst jemand auf Seiten der Alliierten zu diesem Zeitpunkt weiß: Der deutsche Rückzug ist Teil einer Strategie, die den Zweck verfolgt, die Front zu begradigen. Weiter hinten liegen neue und gut befestigte Stellungen.

132.

Freitag. 9. Februar 1917

OLIVE KING REPARIERT IN SALONIKI EIN AUTO

Beißender Februarwind. Ein Hauch von Schnee in der Luft. Noch ein Winter in Saloniki. Noch ein Winter in diesem überbevölkerten, überbefestigten Militärlager – mit seiner stark unterbeschäftigten Armee. Auf den Straßen ein Maskenball von Uniformen: die der Franzosen blaugrau, die der Engländer khaki, die der Serben braun, die der Russen braungrün, die der Italiener grüngrau. Die polyglotte Mischung wird durch Kolonialtruppen aus Indien, Indochina und Nordafrika abgerundet. Im Herbst gab es Versuche, die Bulgaren im Norden zurückzudrängen, aber die Front hat sich kaum bewegt. Jetzt steht wieder alles still. Das Wetter ist wie üblich wechselhaft: warm und sonnig oder kalt und windig. Es hat zwei Tage geschneit. Olive King liegt unter einem Krankenwagen und friert.

Eigentlich hatte sie gehofft, den Morgen in einem der Warmbadehäuser unten am Hafen verbringen zu können, aber der Wagen hat nicht mitgespielt. Er muss repariert werden. Also liegt sie in einer ausgekühlten Garage unter dem Wagen und nimmt das Getriebe auseinander. Sie schraubt mit blau gefrorenen Fingern herum. Draußen weht ein scharfer Wind.

Olive King ist jetzt Angehörige der serbischen Armee, sie und ihre beiden Autos. (Zu der alten Ella hat sie noch einen leichteren und schnelleren Krankenwagen der Marke Ford gekauft – den repariert sie gerade. Und da die Serben auf dem großen Rückzug fast alle ihre Fahrzeuge verloren haben, hatte sie mehr als genug zu tun. Kein ewiges Patrouillieren von Lampe zu Lampe mehr, kein Hantieren mit Säcken voller zerlumpter Kleidung. Stattdessen ist sie auf lange, mühsame Fahrten auf schmalen, gefährlichen Bergstraßen geschickt worden, Straßen, die in Westeuropa diese Bezeichnung kaum verdient hätten, Pfade vielleicht, Spuren im Lehm. Gerade jetzt sind sie kaum befahrbar. Wenn die Temperatur über null steigt, verwandelt sich alles in Schlamm. Sinkt sie unter den Gefrierpunkt, erwartet sie eine Eisbahn.

Der Krieg ist näher gekommen. Mrs. Harley, mit der sie seit ihrer Möbeljagd in Frankreich zusammengearbeitet hat, und die «in einem Alter, wo die meisten Damen sich damit begnügen, zu Hause zu sitzen und Strümpfe zu stricken», Strapazen überstanden hat, die halb so alte Frauen wohl nicht ausgehalten hätten – ist seit einem Monat tot. Sie wurde von feindlichen Schrapnellkugeln getroffen – bulgarischen? österreichischen? –, als sie oben in Monastir mit Flüchtlingen gearbeitet hat. Von ihren Fahrten an die Front im Norden hat King nicht nur zwei bulgarische Rucksäcke voller Schlachtfeldsouvenirs mitgebracht – Patronenhülsen, Granatsplitter –, sondern auch Bilder von einem Schlachtfeld, das mit halb bedeckten Leichen übersät war. Und zum ersten Mal bekam sie tatsächlich *den verabscheuungswürdigen Feind* zu Gesicht, in Gestalt bulgarischer Kriegsgefangener.

Außerdem hat sie sich verliebt, was keineswegs ungewöhnlich ist. Etwas in diesem zwanghaften Leben voller Ungewissheit führt dazu, dass die alltäglichen Ängste und Konventionen, die einem sonst im Weg stehen, plötzlich keine Rolle mehr spielen. Es ist wohl diese Verliebtheit, die ihr im Moment am meisten bedeutet. Nicht der Krieg. Der hat sich inzwischen in eine Kulisse verwandelt, einen monotonen Alltag, zuweilen absurd oder bizarr, manchmal gefährlich oder erschreckend, oft nur irritierend. Wie jetzt, als der Traum von einem heißen Bad plötzlich von einer nicht funktionierenden Fußbremse zunichte gemacht wird.

Das Objekt ihrer Liebe ist der charmante serbische Verbindungsoffizier, Hauptmann Milan Jovicic, genannt Jovi, ein Mann in ihrem Alter, heiter, klug und launisch. Sie ist auf gemeinsam begangenen Festen – hier ahnt man die kratzenden Töne des immer wieder gespielten «La Paloma» – herangereift, aber auch unter dem äußeren Druck der gemeinsamen Gefahr. Als sie im September vorigen Jahres mit ihrem ersten Malariaanfall zu Bett lag, besuchte er sie mindestens zweimal am Tag und blieb oft stundenlang. Ihre Gefühle werden offenbar erwidert. Sie können sich nur heimlich treffen, aber es wird trotzdem viel über sie getratscht, was sie ärgert. Es ist keineswegs nur eine Affäre. Affären hat sie früher gehabt. Diesmal ist es viel mehr.

King weiß, dass in diesen Jahren etwas mit ihr geschehen ist. Und das macht ihr Angst. Möglicherweise fürchtet sie die Reaktionen der anderen. So schreibt sie, nachdem sie in die serbische Armee eingetreten ist, in einem Brief an ihren Vater:

Segne dich, lieber Papa, ich liebe dich so sehr, du wirst nie verstehen, wie sehr. Ich frage mich, ob du finden wirst, dass ich mich sehr verändert habe. Ich weiß, dass der Krieg mich ziemlich selbstbezogen gemacht hat, und ich weiß, dass ich jetzt noch furchtbar viel selbständiger bin als je zuvor.

Ihre Verliebtheit erwähnt sie mit keinem Wort. Jovi wird nur «ein Kumpel» genannt, was verglichen mit den Konventionen vor dem Krieg radikal genug ist. Aber nur wenige denken noch an Überwachung, Anstandsdamen und korrekte Umgangsformen zwischen ledigen Männern und Frauen. Nicht hier, nicht jetzt.

Zur Mittagszeit unterbricht Olive King die Arbeit in der kalten Garage und wandert durch den Schnee zu der kleinen Wohnung, die sie mit zwei anderen Fahrerinnen teilt. Dort angekommen zündet sie den kleinen Petroleumofen an, die einzige Wärmequelle im Raum, er muss zu dieser Jahreszeit permanent brennen, wenn sie sich dort aufhalten. Sie macht sich Sorgen wegen des Petroleumpreises, der ständig zu steigen scheint. Eine Kanne kostet neunzehn

Franc und reicht nur für ein paar Tage. «Wenn Amerika in den Krieg eintritt, sollte es für uns einen ermäßigten Preis geben.»

King beschließt, in ihrem Zimmer zu bleiben. Sie hat für heute genug getan. Der andere Mechaniker soll die Arbeit zu Ende bringen. Sie muss an die guten tasmanischen Äpfel denken. Ist zu Hause in Australien vielleicht noch die Saison dafür? Ob Papa ihr vielleicht eine Kiste schicken kann?

133.

Ein Tag im Februar 1917

FLORENCE FARMBOROUGH DENKT ÜBER DEN WINTER IN TROSTIANITSE NACH

Es war ein schlechter Winter, im Großen wie im Kleinen. Im Dezember hat sie die Nachricht erreicht, dass ihr Vater gestorben ist, 84 Jahre alt, und im vorigen Monat ist der Vater der russischen Familie gestorben, der bekannte Herzchirurg. Im Krieg herrscht wieder einmal Stillstand. In diesem Abschnitt der Ostfront scheitern alle größeren militärischen Operationen am Schnee und an den Minusgraden, und Florence' Lazaretteinheit nimmt nur sehr sporadisch Patienten auf. Manchmal ein paar Verwundete, hin und wieder ein paar Kranke. Meistens haben sie nichts zu tun.

Wie immer wird die Nahrungsknappheit in den kalten Monaten größer, aber in diesem Jahr ist es schlimmer denn je. In Moskau und St. Petersburg hat es Hungerkrawalle gegeben. Die Kriegsmüdigkeit ist immer akuter geworden, und die Leute machen ihrer Unzufriedenheit erstaunlich offen Luft. Es sind eine Menge Gerüchte über Unruhen, Sabotage und Streiks in Umlauf. Vor 1914 behaupteten einige Schlaumeier unter den Ökonomen, dass ein zukünftiger Krieg kurz sein werde, da ein langer Krieg eine wirtschaftliche Katastrophe bedeuten würde. Sie haben am Ende recht behalten. Allen beteiligten Ländern ist das Geld, das echte Geld, ausgegangen, und seit einiger Zeit wird der Krieg auf beiden Seiten entweder mit Krediten oder mit der Notenpresse finanziert. Die Hungersnot in Russland hat also nicht nur mit Kälte und Mangel an Nahrungsmitteln zu tun; sie ist auch der steigenden Inflation geschuldet. Außerdem ist die Freude über die vielen Siege im Sommer längst der Enttäuschung gewichen, offensichtlich haben die vielen Opfer zu keiner Wende, zu keiner Entscheidung geführt.

Der allgemeine Überdruss am Krieg lässt die Kritik an der obersten Kriegführung und sogar am Zaren selbst immer lauter werden. Gerüchte darüber, was am Hof geschehen ist oder möglicherweise gerade geschieht, verbreiten sich rasant. Der Mord an dem zuvor unbekannten Mönch Rasputin vor anderthalb Monaten scheint das Bild einer allgemeinen Verkommenheit, die sich bis nach ganz oben verbreitet hat, nur zu bestätigen.[6] Viel von alldem hat Florence, beschäftigt wie sie war mit den zwei Todesfällen in ihrem persönlichen Umfeld, nicht mitbekommen. Aber um den Zaren, der bestenfalls als wohlmeinend und untüchtig gilt, tut es ihr leid.

Nein, es ist ein schlechter Winter. Die lähmende Untätigkeit und die grassierende Unruhe sorgen für ständige Streitereien unter den Leuten in der Lazaretteinheit. Florence Farmborough spürt die Irritation:

Wir scheinen alle darauf zu warten, dass etwas geschieht. So wie bisher kann es nicht weitergehen. Es stellen sich viele Fragen, aber niemand kann sie beantworten. «Wird der Krieg weitergehen?» «Wird es einen Separatfrieden zwischen Deutschland und Russland geben?» «Was werden unsere Alliierten dann tun?»

Es sei ein «trauriger, bedrückender Winter», schreibt sie in ihr Tagebuch: «Die Kälte und das Eis tun das Ihre, um unsere Gedanken abzustumpfen und uns zu lähmen.»

134.

Sonntag, 25. Februar 1917

ELFRIEDE KUHRS GROSSMUTTER FÄLLT VOR DEM LADEN EINES
PFERDESCHLACHTERS IN SCHNEIDEMÜHL IN OHNMACHT

In Elfriedes Straße gibt es einen Schlachter, der Pferdefleisch verkauft. Sein Name ist Herr Johr, und er ist Jude. Elfriede weiß sehr
wohl, dass manche Leute die Juden nicht mögen, aber sie gehört
nicht zu denen. Einmal hat sie sich sogar mit einem Jungen geprügelt, weil er ihre Freundin Judensau genannt hatte. Es wohnen
viele Juden und auch Polen in der Gegend, aber in Elfriedes Augen
sind sie alle Deutsche, wenn auch auf unterschiedliche Art.

Wie es das Unglück will, fällt Elfriedes Großmutter heute in
Ohnmacht, in der Kälte, vor dem Fleischerladen von Herrn Johr.
Die Leute tragen sie in den Laden, und sie kommt allmählich
wieder zu sich, auf einem Sofa im Wohnzimmer. Aber sie ist so
schwach auf den Beinen, dass Herr Johr sich veranlasst sieht, sie
in seinem Wagen nach Hause zu bringen. Elfriede und ihr Bruder
bekommen Angst, als ihre Großmutter zum Bett getragen wird,
und sie ihr bleiches und kaltes Gesicht sehen. Glücklicherweise ist
eine Frau aus der Nachbarschaft zu Besuch da; sie macht eine Tasse Kaffee für die Großmutter. Kaffee, nein, es gibt keinen echten
Kaffee mehr, sondern nur Ersatzprodukte, zum Beispiel geröstetes
Getreide, aber die Nachbarin gibt echten Zucker in die Tasse statt
des üblichen künstlichen Süßstoffs. Elfriedes Großmutter trinkt,
und nach einer Weile geht es ihr besser: «Nun ist mir wieder
warm, Kinder.»

Warum ist sie ohnmächtig geworden? Arbeitet sie zu viel, wie
die meisten anderen? Oder isst sie zu wenig, wie alle anderen?

Die Sorge lässt Elfriede nicht recht los, und als sie ihre Haus-
aufgabe in Physik lösen muss, geht sie damit ins Schlafzimmer,
um die Großmutter im Auge zu haben. Die Schule ist vielleicht
nicht das, woran sie zurzeit am meisten denkt. Vor kaum einer
Woche ist sie mit einer Freundin zum Schlittschuhlaufen auf einer

überfrorenen Wiese unten am Fluss gegangen. Dort wimmelte es von Menschen, die im Kreis herumfuhren, zu den Klängen eines krächzenden Grammophons. Dort ist sie wieder einmal auf Werner Waldecker gestoßen, den jungen Leutnant, den sie zum ersten Mal damals auf der Treppe bei der großen Schwester ihrer Klassenkameradin traf und dem sie später zufällig auf der Straße begegnet ist, eine Begegnung, die damit endete, dass er ihre Hand küsste und sagte, er hoffe sie wiederzusehen. Was dann tatsächlich geschah, vor fünf Tagen, auf der eisbedeckten Wiese. Und als es dunkel wurde, hatte er sie in die Konditorei Fliegner eingeladen. Windbeutel gab es nicht mehr, aber sie hatten Glühwein getrunken und süße Brezeln gegessen, und sie war sehr glücklich gewesen. Danach hatte Leutnant Waldecker sie nach Hause gebracht und versucht, sie auf der Treppe zu küssen. Da war sie nur scheu ausgewichen und ins Haus verschwunden. Hinterher hatte sie es bereut.

Auf der Kriegskarte, die im Klassenzimmer hängt, ist zur Zeit keine Bewegung. In Afrika und Asien ist seit Wochen nichts Erwähnenswertes passiert. Gestern haben 280 Mann in Likuju in Deutsch-Ostafrika kapituliert, und die Briten haben einige türkische Stellungen südwestlich von Kut al-Amara in Mesopotamien eingenommen – das war alles. Auch in Italien und auf dem Balkan ist es ruhig. An der Westfront geschieht auch nichts Neues, außer einzelnen Überfällen. Nur die Ostfront versorgt die Zeitungen mit mehr als Randnotizen, dort konzentrieren sich alle Kampfaktivitäten seit Monaten auf ein einziges Gebiet: Rumänien. Der Teil der Karte ist jetzt übersät mit all den kleinen schwarz-weiß-roten Flaggen, aber es könnte auch gerne bald ein größerer Sieg kommen. Der letzte war am 6. Dezember. Da ist Bukarest gefallen, und die Kinder erhielten schulfrei. Elfriede hat das unerwartete Geschenk genutzt, um spazieren zu gehen.

135.

Sonntag, 18. März 1917

ANDREJ LOBANOV-ROSTOVSKIJ VERSUCHT, SICH IM HOTEL
ASTORIA IN ST. PETERSBURG EINZUQUARTIEREN

«Folgen Sie einfach dem Strom.» Es ist zwei Uhr morgens und
bitter kalt. Lobanov-Rostovskij trägt seinem Burschen Anton auf,
sich um das Gepäck zu kümmern, und begibt sich selbst zum Hotel.
Vor dem Bahnhof stehen seltsamerweise weder Automobile noch
Pferdedroschken, er muss also zu Fuß gehen. Aber irgendetwas
stimmt nicht. Auf den dunklen Straßen begegnet er bewaffneten
Patrouillen, die ihn misstrauisch mustern. Er kommt an einer niedergebrannten Polizeiwache vorbei. Auf der eleganten Einkaufs-
straße Morskaja bemerkt er deutliche Spuren der Unruhen: Die
Schaufenster sind zersplittert, die Läden geplündert, und an den
Hauswänden kann man Einschusslöcher erkennen.

Lobanov-Rostovskij weiß natürlich von den Unruhen, die am
8. März begannen, als Frauen auf die Straße gingen, um gegen die
Brotknappheit zu protestieren.[7] Auch auf dem Bahnhof in Kiew
war es zu sehen: Dort stürmte eine Menschenmenge in den Speisesaal der ersten Klasse und riss mit viel Getöse das Porträt des
Zaren von der Wand. Vor drei Tagen hat Nikolaj II. abgedankt.
Davon hatte Lobanov-Rostovskij schon am Donnerstag gehört,
als er das Krankenhaus verließ – ein Offizier hatte ihm die sensationelle Neuigkeit mitgeteilt, diskret, auf französisch. In seinem
Tagebuch hat Lobanov-Rostovskij die Nachricht begrüßt: «Ein
neuer Kaiser oder ein energischerer und intelligenterer Regent,
und der Sieg ist gewiss.»

Vielleicht ist dies nur eine schwer erkämpfte Hoffnung? Seit
Neujahr hatte Lobanov-Rostovskij mit Malaria im Krankenhaus
gelegen. Am 15. März, dem Tag vor der Abdankung, wurde er entlassen. Als er sich bei seinem Regiment meldete, erfuhr er, dass er
zum Reservebataillon nach St. Petersburg geschickt werden soll.
Eine niederschmetternde Nachricht. Er hatte nämlich gehört,

dass die Truppen dort auf die Straße geschickt werden, um auf Demonstranten und Streikende zu schießen. Ein Arzt versuchte ihn zu beruhigen und fragte ihn, ob er daran denke, sich deshalb etwas anzutun. Lobanov-Rostovskij hatte seine Zweifel geäußert: «Die Idiotie der Regierung hat diese Revolution verursacht. Das Volk trifft keine Schuld, und doch werde ich nach St. Petersburg geschickt, um auf das Volk zu schießen.» Der Arzt hatte ihn getröstet und ihm einen Rat gegeben: «Folgen Sie einfach dem Strom, dann wird sich alles Weitere finden.»

So kommt Lobanov-Rostovskij zum Hotel Astoria, wo sein Onkel und seine Tante abgestiegen sind. Auch das Hotel zeigt Spuren der Unruhen, sogar von Straßenkämpfen. Die Mauern sind voller Einschusslöcher, die großen Glasfenster im Erdgeschoss zerstört und notdürftig mit Brettern vernagelt. Das Foyer liegt völlig im Dunkeln; die Schwingtüren sind verschlossen. Niemand reagiert, als er anklopft. Er geht zu einer Nebentür, klopft dort an und sieht sich plötzlich von einer Gruppe bewaffneter Matrosen umringt. Sie halten ihm ihre Gewehre auf die Brust und stellen Fragen: Wo sein Pass sei, warum er einen Revolver trage. Einem jungen Marineleutnant gelingt es, die Bewaffneten zu überreden, Lobanov-Rostovskij freizulassen: «Genossen! Lasst den Mann laufen! Er ist gerade angekommen und weiß noch nicht, dass es eine Revolution gegeben hat.»

Lobanov-Rostovskij eilt zurück zum Bahnhof, um dort Tee zu trinken und die Dämmerung abzuwarten.

Gegen acht Uhr unternimmt er einen neuen Versuch. Die Sirenen der Fabriken heulen in der Ferne. Schnee fällt aus dem grauen Morgenhimmel. Die Temperatur ist gestiegen, und die Straßen sind matschig. Sieht man von den Spuren der Kämpfe ab, erscheinen sie fast wie immer, Menschen strömen vorbei, auf dem Weg zu ihrer Arbeit. Aber etwas ist anders, überall ist Rot zu sehen, sowohl an den Häusern als auch an den Menschen. Die Passanten tragen alle etwas Rotes, eine Rosette oder eine Blume aus Papier oder ein Stück Stoff in einem Knopfloch. Auch die Automobile und die eleganten Pferdekutschen sind rot dekoriert, ebenso Hausfassaden und Fenster – im schwachen Morgenlicht nehmen die großen Tücher beinahe eine schwarze Färbung an.

Diesmal wird Lobanov-Rostovskij ins Hotel eingelassen. Das Foyer bietet einen traurigen Anblick. Überall liegen Glassplitter und zerschlagene Möbel. Die dicken roten Teppiche sind mit gefrorenen Wasserpfützen bedeckt. Menschen strömen hinein und heraus. In einer Ecke steht ein erregter Haufen um einen Tisch herum, an dem für irgendeinen Zusammenschluss radikaler Offiziere geworben wird. Die Heizung funktioniert nicht mehr. Im Haus herrscht die gleiche Temperatur wie draußen auf der Straße. Von seinen Verwandten findet er keine Spur. «Alles schien in Auflösung, und niemand wusste etwas.»

Er konnte damals noch nicht wissen, dass die Zusammenstöße rund um das Luxushotel Astoria zu den blutigsten der gesamten Revolution gehörten. Dort hatten viele höhere Offiziere mit ihren Familien gewohnt, und von dort wurde auf vorbeiziehende Demonstranten geschossen. Diese hatten mit Maschinengewehren das Feuer erwidert, und dann stürmten bewaffnete Männer das Foyer, wo unter Kronleuchtern und vor Spiegelwänden ein heftiger Kampf entbrannte. Viele Offiziere wurden erschossen oder mit Bajonetten erstochen. Der Weinkeller des Hotels wurde geplündert. (Wie in jenen Tagen in St. Petersburg üblich, vermischten sich Empörung und aufrichtiger Protest mit Vandalismus und schlichter Kriminalität.)[8]

Lobanov-Rostovskij begibt sich ein weiteres Mal auf die matschigen Straßen St. Petersburgs. Als es Abend wird, hat er immer noch kein klares Bild von der Lage, doch nun weiß er immerhin, wo sein Onkel und seine Tante sich befinden. Sie sind während der Unruhen aus dem Astoria zur Admiralität geflohen, wo es ebenfalls heftige Kämpfe gegeben hat. Was das Reservebataillon des Garderegiments angeht, dem er sich eigentlich anschließen soll, so erhält er die widersprüchlichsten Informationen: Die Einheit hatte

sich geweigert, an der Revolution teilzunehmen, und sei vollständig auf-
gerieben worden. Oder sie hätte sich als eine der ersten auf die Seite der
Revolution gestellt, und die Soldaten hätten alle Offiziere getötet. Oder
aber alle Offiziere hätten sich gerettet. Und so weiter.

Besorgt beschließt er, am nächsten Morgen eine Droschke zur
Kaserne zu nehmen und sich zum Dienst zu melden. «Folgen Sie
einfach dem Strom, dann wird sich alles Weitere finden.»

136.
Sonnabend, 24. März 1917
ANDREJ LOBANOV-ROSTOVSKIJ WIRD ZUM OFFIZIER
DES SOLDATENRATS GEWÄHLT

Überall Zeichen von Auflösung. Die Soldaten sind schlampig angezogen, grüßen nicht, zeigen keinen Respekt. Er war praktisch
ein Gefangener dort in der Kaserne, wo er auf die Entscheidung
des Bataillonsrats gewartet hat. Werden sie ihn akzeptieren?

Ja, heute haben sie ihn zu ihrem Offizier gewählt. Das bedeutet
nicht, dass er die gleiche Position hat wie zuvor. Der Bataillonskommandeur erklärt ihm, die Offiziere seien wie konstitutionelle
Monarchen, sie hätten formal Verantwortung, aber keine wirkliche
Macht. Lobanov-Rostovskij ist trotzdem erleichtert – sie hätten
ihn auch verhaften können. Oder noch schlimmer.

Es scheint, dass die entscheidende Stimme von einem Unteroffizier kam,
der unter meinem Kommando gedient hat und dem Komitee berichtete,
was 1916 bei Rejitsa geschah, wo ich auf eigene Verantwortung und
gegen den Befehl des Regimentschefs meinen Männern Heimaturlaub
gewährte. Sogleich wurde ich von zwei Mitgliedern des Komitees auf-
gesucht, die mich über die getroffene Entscheidung informierten und
mich sehr höflich fragten, ob ich ihnen die Ehre erweisen würde, beim

Bataillon zu bleiben. Am selben Abend erfuhren wir, dass fünf Offiziere des Moskauregiments, die gestern von ihren Soldaten gewählt worden waren, heute Nacht von diesen ermordet worden sind.

137.

Montag, 26. März 1917

RAFAEL DE NOGALES NIMMT AN DER ERSTEN SCHLACHT
BEI GAZA TEIL

Seit sechsunddreißig Stunden hat Rafael de Nogales kein Auge zugetan, und er ist erschöpft. Er führte einen Spähtrupp weit hinter den feindlichen Linien, dessen Auftrag lautete, die Trinkwasserrohrleitung, die die Briten vom Suezkanal durch den Sinai bis zur Front nahe der alten Küstenstadt Gaza hinauf gebaut haben, zu finden und zu sprengen. In sechsunddreißig Stunden haben sie einhundertfünfzig bis einhundertsechzig Kilometer durch die Wüste zurückgelegt. Ihre Mission scheiterte auf der ganzen Linie – sie haben die Leitung nicht einmal gefunden. Als sie jetzt in der Dunkelheit ins Lager reiten, hat er nur einen Gedanken: zu schlafen. Im Lager herrscht indessen Unruhe. Es sind Berichte eingegangen, britische Einheiten seien im Begriff, das große *wadi* – also ein ausgetrocknetes Flussbett – zu durchqueren, das vor der Verteidigungslinie von Gaza liegt. Alle verfügbaren Verbände bereiten sich jetzt auf den Kampf vor. Dieser Anblick erweckt in de Nogales neues Leben: «Die überwältigende Müdigkeit, die ich spürte, verschwand sofort.» Er tauscht nur das Pferd und reitet anschließend davon, voller Tatendrang.

Zunächst erhält de Nogales den Befehl, den großen Tross – mit seinen vielen Kamelen, Packpferden und Wagen – nach hinten in Sicherheit zu bringen. Die weißen Zelte werden zurückgelassen, um die Verlagerung nach Möglichkeit zu kaschieren. Danach kehrt er zu den Resten der türkischen Kavallerie zurück, die an einem strategisch wichtigen Punkt des großen *wadi* stehen, einem Punkt, den ihr Gegner gewiss angreifen wird, da es sich um die offene linke Flanke der osmanischen Verteidigungslinie handelt. Sollte der Feind hier durchbrechen, kann er leicht in die rückwärtigen Gebiete vorstoßen und etwa das osmanische Hauptquartier in Tel el-Sharia bedrohen.

Dieser große britische Angriff zeigt einmal mehr, dass das Kriegsglück im Nahen Osten sich langsam wendet. Nachdem im vergangenen Sommer der zweite osmanische Versuch, den Suezkanal unter Kontrolle zu bringen, scheiterte, sind die Briten zum Gegenangriff übergegangen. Ihr systematisches Vorgehen basiert auf bitteren Erfahrungen. Palästinas äußerste und im Grunde effektivste Verteidigungslinie, die Wüste, wurde gleichsam durchbrochen, indem man eine schmalspurige Eisenbahn gebaut und eben jene Trinkwasserrohrleitung verlegt hat, die de Nogales nicht finden konnte.

Die Nacht ist kalt und neblig.

Im Morgengrauen hört man aus der Gegend um Gaza das Geräusch schwerer Artillerie. Nach und nach verdichtet sich das Getöse durch das Rattern von Maschinengewehren. Der Angriff hat begonnen.

Sie erhalten einen ersten Bericht: Über einige rasch errichtete Brücken haben die Briten unerwartet schnell den *wadi* überquert. Panzerwagen und nachfolgende Infanterie haben damit begonnen, sich den Weg nach Gaza freizuschießen, während gleichzeitig Reiterei um die Stadt herum aufgezogen ist und sie jetzt von hinten abzuschneiden droht. Ein deutscher Offizier, mit dem de Nogales spricht, ist pessimistisch. Die Lage der Stadt sei ziemlich hoffnungslos; vielleicht ist sie schon gefallen? Als es hell wird, erkennen sie in der Ferne den Qualm von Explosionen und Bränden, die Gaza umgeben.

Die osmanischen Kavallerieregimenter warten indes weiter auf den britischen Angriff. Aber nichts passiert. Sie erhalten den Befehl, aufzusitzen und am *wadi* entlang in Richtung Gaza vorzurücken. In dieser Lage fällt de Nogales die Aufgabe zu, die Munitionswagen in Sicherheit zu bringen, aber er beschließt, stattdessen nach einem verirrten Verband zu suchen. Als er ihn gefunden hat, folgt er ihm in den Kampf gegen die britischen Verbände, die die Stadt Gaza umschließen. De Nogales erklärt, dass ihn, seiner Erschöpfung zum Trotz, wie alle anderen jene Mischung aus Begeisterung und Hingabe antreibe, die «das Heulen der ersten Granaten und Schrapnells, die über [unseren] Köpfen explodieren, selbst im schwächsten Gemüt auslösen muss».

Britische Kampfflugzeuge fliegen über ihre Köpfe und werfen Bomben ab. Bald kann er ein «großartiges Panorama» betrachten, nämlich das Schlachtfeld rund um Gaza, das auf einer Breite von dreißig Kilometern in dicken Rauch gehüllt ist, aus dem ständig rote Stichflammen und Granatenexplosionen hervorschießen.

Erst später erinnert sich de Nogales an seine ursprüngliche Aufgabe. Er zieht sich aus dem Kampf zurück und reitet zusammen mit seinem Burschen los, um die Kolonne mit den Munitionswagen zu suchen. Ihre Pferde sind müde, die Körper der Tiere triefen vor Schweiß. Als die beiden Männer auf den Konvoi stoßen, müssen sie miterleben, wie dieser irrtümlich von einer der deutschen Artilleriebatterien, die eigentlich die osmanische Armee in Palästina unterstützen sollten, «mit beneidenswerter Feuerkraft und Präzision» bombardiert wird. Nach erheblichen Verlusten, nicht zuletzt an Zugtieren, wird der Konvoi durch die Hilfe eines deutschen Kampfpiloten vor weiterem Beschuss bewahrt; er hat den Irrtum bemerkt und der Batterie signalisieren können, das Feuer einzustellen.

Im dämmernden Abendlicht führt de Nogales die Kolonne weiter ins Hauptquartier bei Tel el-Sharia. Dort trifft er den Befehlshaber der Gazafront, den deutschen General von Kressenstein. Der Deutsche ist hektisch damit beschäftigt, Telegramme in alle Himmelsrichtungen zu versenden – er ist davon überzeugt, die Schlacht sei verloren. Auch de Nogales scheint dies zu glauben, denn ringsum herrscht Konfusion. Er ist deshalb ziemlich erstaunt, als er im gleichen Moment, in dem er aufsitzen will, um zur Front zu reiten, erfährt, dass die Briten aus einem unerfindlichen Grund ihren Rückzug begonnen haben.

Die Schlacht ist vorbei. Beide Seiten betrachten sich als Verlierer, doch die Briten waren beim Rückzug einfach schneller.

Am Abend reitet de Nogales in die mondbeschienene, zerschossene Stadt Gaza:

Überall herrschte Totenstille. Mitten auf der Straße, zwischen rußigen Dachsparren und zerstörten Wagen, lagen Hunderte von Leichen, die verbrannten und zerfetzten Überreste von Menschen und Tieren. Gleichzeitig sah man an geschwärzten Hauswänden, die qualmend und schwankend einzustürzen drohten, große purpurfarbene Flecken, die roten Nelken ähnelten, Nelken von Blut, die zeigten, wo Verwundete und Sterbende ihre Brust oder ihren Kopf angelehnt hatten, bevor sie den letzten Seufzer taten. Als die letzten roten und goldenen Strahlen der Sonne in der dunklen Tiefe des Himmels erloschen waren, stiegen die klagenden Laute der Muezzins von den Minaretten auf, um den treuen Anhängern des Propheten mitzuteilen, dass der Engel des Todes seine Flügel über einer Wüste ausgebreitet hatte, in der Tausende christliche Soldaten jetzt einen ehrenvollen und ewigen Schlaf unter dem sternenbedeckten Himmel Palästinas schliefen.

Er reitet zurück ins Lager, wo sein Pferd beinahe vor Erschöpfung zusammenbricht. Dann wickelt de Nogales sich in seine Wolldecke und legt sich hin, den Kopf auf die Flanke des Tiers gebettet. Er schläft schnell ein.

PÁL KELEMEN ÜBT BEI KOLOZSVÁR DAS SCHIESSEN
MIT DEM MASCHINENGEWEHR

Nun hat die moderne Zeit auch die österreichisch-ungarische Armee eingeholt. Die Kavallerie, ihr ganzer Stolz, die Truppe mit den schönsten Uniformen, das Juwel in ihrer Krone, soll aufgelöst werden. Sie hat zuletzt keine richtige Funktion mehr erfüllt, kann im Kampf fast nie eingesetzt werden. Als man es versuchte, wurde ein ganzes Regiment von Maschinengewehren niedergemäht. Die Kavallerie hat nicht viel anderes tun können, als Kriegsgefangene zu bewachen, hinter den Linien zu patrouillieren und farbenfrohe Paraden zu reiten. Außerdem brauchen die Tiere enorm viel Futter, wie alles andere zurzeit Mangelware.[9]

Es hilft wenig, dass die österreichisch-ungarische Reiterei im Ruf steht, die weitaus schönsten Uniformen auf dem Kontinent zu besitzen. Nein, es ist ein Stück altes Europa, das jetzt verschwindet, da die ehedem Berittenen sich für immer von ihren pelzbesetzten blauen Jacken, bestickten roten Hosen und kammgeschmückten Lederhelmen verabschieden, von ihren Federbüschen und Spangen und Schnüren und Goldknöpfen und Trensen und hohen Stiefeln aus blank gewienertem gelbbraunem Leder. Stattdessen tragen sie jetzt das triste, praktische, billige, anonyme Hechtgrau der Infanteristen. Auch Kelemens Regiment soll aufgelöst und seine Männer zu Fußsoldaten gemacht werden, was er zutiefst bedauert, und das nicht nur, weil der Dienst in der Infanterie gefährlicher und mühsamer ist; offensichtlich ist es auch der Ästhet und Snob in ihm, der sich sträubt. Als er sich zu jener Übung in Maschinengewehrschießen meldete, die ihn zum Infanterieoffizier machen sollte, nahm der Hauptmann, der ihn empfing – ein Mann «mehr als mittleren Alters, unrasiert, mit zerknitterter Uniformjacke» – sofort Anstoß daran, dass Kelemen immer noch die für die Kavallerie typischen Schulterklappen aus Gold trug, und erklärte knapp:

«Die müssen ab.» Kelemen hat sich dennoch erlaubt, sie einfach dranzulassen.

Die Übung ist unerträglich langweilig, ebenso die Stadt, in der er wohnt, und auch die anderen Übungsteilnehmer. Alles bereitet ihm Überdruss. An diesem Nachmittag fahren sie im Pferdewagen zu der abseits gelegenen Schießbahn, um mit scharfer Munition zu üben. Sie kommen an einem Dorf vorbei. Die flache und öde ungarische Landschaft erstreckt sich bis zum Horizont. Es hat vor kurzem geregnet, und dicke Wolken verdecken die Sonne. Dann erreichen sie ihr Ziel. Kelemen notiert in seinem Tagebuch:

Die Kirchturmspitze des Dorfs liegt weit hinter uns. Zur Rechten steht ein strohgedeckter Windschutz, der hier auf der Schießbahn der Maschinengewehrabteilung ein zentrales Element ist. Die Zielfiguren stecken wie bizarre Vogelscheuchen in der lehmigen Erde, und in einem neu ausgehobenen Schützengraben sind zwei Maschinengewehre aufgestellt, einsatzbereit.

Sie beginnen zu feuern. Die Kugeln fliegen auf die Zielfiguren zu. Nach der nahezu atemlosen Stille tut dieser unablässige Lärm in den Ohren weh. Ich entferne mich so weit wie möglich von den Maschinengewehren und wende mich dem immer dunkler werdenden Firmament zu; rußige Streifen im Westen zeigen an, dass es Abend wird. Im Süden schweben gefärbte Wolken, und die weißen Mauern eines Bauernhofs in der Ferne leuchten matt in den letzten Strahlen der Sonne. Das ganze weite Feld hallt wider vom Lärm der Kugeln.

Ich dachte, nur Soldaten wohnten der Übung mit diesen grässlichen Mordmaschinen bei. Aber aus einem der mechanischen Brunnen steigt mit raschen Flügelschlägen ein Schwarm Wildgänse auf und kreist unentschlossen in der Luft. Eines der Gewehre wird auf sie gerichtet. Einige Vögel fallen zu Boden. Morgen erwartet uns ein gutes Essen.

139.

RAFAEL DE NOGALES UND DIE ENDPHASE
DER ZWEITEN SCHLACHT BEI GAZA

Sie befinden sich ein gutes Stück hinter der Front und sind überzeugt, dass das Schlimmste vorüber ist. Am Tag zuvor hat die Schlacht ihren Höhepunkt erreicht: De Nogales ist zwei Kavallerieattacken mitgeritten. Beim ersten Angriff fühlte es sich an, als hätte er den «Befehl zur eigenen Hinrichtung» erhalten. Osmanische Reiterei gegen britische Maschinengewehre. Dennoch ging es auf merkwürdige Weise gut. Er ist zwar am Schenkel verwundet worden, doch sein Leibwächter Tasim hat die Blutung mit einem Stück Kautabak gestoppt, «was ein wenig brannte, aber sehr gut wirkte».

Vor knapp einem Monat hatte also die erste Schlacht bei Gaza stattgefunden, ein verworrener und verlustreicher Kampf, den beide Seiten zunächst verloren zu haben glaubten, der aber mit einem osmanischen Sieg endete, weil die Briten – teilweise wegen Wassermangel – ihre Geländegewinne wieder aufgaben. Die zweite Schlacht bei Gaza ist weitgehend den übertrieben optimistischen und teilweise völlig unzutreffenden Berichten geschuldet, die der britische Befehlshaber nach London geschickt hatte, und die die Verantwortlichen erneut hoffen ließen, dass ein großer Durchbruch bevorstehe: Es seien nur ein paar mehr Soldaten nötig, noch einige Geschütze, ein einziger Angriff – und so weiter.

Wieder zu Kräften gekommen durch eilig herangeschaffte Verstärkung (unter anderem in Form von acht Panzern und 4000 Gasgranaten) und das Versprechen weiterer Lieferungen, falls es gelingen sollte, den Weg nach Jerusalem zu öffnen, haben die Briten gestern erneut einen großen Angriff gestartet. Das Ganze erinnerte an zahlreiche gescheiterte Aktionen an der Westfront, mit Luftangriffen, massiven aber sinnlosen Artilleriebombardements, havarierten Panzern und Infanterieangriffen, die vor gut ausgebauten Schützengräbensystemen abgewehrt wurden. Die Kavalleriedivision, der de Nogales angehört, hat auf ihre Weise zum Erfolg beigetragen, indem sie die britische Flanke beschäftigt hat. Im Morgengrauen wurden er und die anderen Offiziere von einem Boten des Befehlshabers von Gaza, Oberst von Kressenstein, aufgesucht, der ihnen dankt und sie zu ihrem Einsatz beglückwünscht. Die zweite Schlacht bei Gaza ist jetzt im Prinzip geschlagen. Die Briten haben den Durchbruch nicht geschafft.

Eine Viertelstunde später ist die ganze Division im Morgenlicht auf dem Weg nach Abu Hureira, einem Sumpfgebiet im Hinterland. Dort sollen sie Wasser für ihre Pferde suchen und sich selbst ausruhen. Die vielen Reiter wirbeln gewaltig viel Staub auf, der in der immer wärmer werdenden Luft wie ein riesiger Schweif hinter ihnen herzieht. De Nogales ist besorgt, denn die Briten können die Wolke gewiss sehen und erkennen, dass ein größerer Verband unterwegs ist. Der Divisionskommandeur schiebt seine Befürchtungen jedoch mit einem Lächeln beiseite. Als sie das Sumpfgebiet erreichen, formieren sie sich in exakten Regimentskolonnen.

Kaum sind sie abgesessen, geschieht es.

Zuerst hört man nur das Brummen von Motoren. Dann tauchen fünf, sechs britische Doppeldecker auf. Bombe auf Bombe explodiert zwischen den dicht gedrängten Männern und Pferden, Bomben, die ihnen in einer halben Minute größere Verluste zufügen, als sie während des gesamten gestrigen Tages zu erleiden hatten:

Fast zweihundert Pferde lagen im Todeskampf am Boden – oder flohen in alle möglichen Richtungen, während Blut spritzte und Eingeweide heraushingen; sie rissen Reiter mit sich, die sich in den Steigbügeln verfangen hatten, und zerstampften unter ihren Hufen Soldaten, die unbedacht genug waren, sie aufhalten zu wollen.

Rafael de Nogales ist sehr beeindruckt von den Piloten, die einen «besonders brillanten Angriff» geflogen haben.

Einer deutschen Flugabwehrbatterie in der Nähe gelingt es indessen, zwei der Maschinen abzuschießen. Die eine verschwindet taumelnd am Horizont. Die andere stürzt senkrecht ab, eine Rauchfahne hinter sich herziehend, mit der Schnauze voran nach unten. De Nogales beobachtet, wie sie auf die Erde aufschlägt. Sofort schwingt er sich aufs Pferd. Begleitet von einer Ulanenpatrouille reitet er so schnell es geht auf die ferne Rauchwolke zu. Es sind vielleicht fünf Kilometer bis dort.

Er will das Leben des Piloten retten. Oder zumindest seine Leiche bergen.

Er weiß nämlich, dass die arabischen Partisanenverbände, die für die osmanische Armee kämpfen, alle feindlichen Verwundeten, die sie finden, töten und ausplündern. In der Nacht ist er auf nackte und verstümmelte Körper britischer Soldaten gestoßen. Und er begegnete einem Partisanenführer, der ein Pferd bei sich hatte, das mit Gewehren, blutigen Uniformen, Stiefeln, Gürteln und dergleichen bepackt war – der Mann hatte sie den Gefallenen abgenommen. Er zeigte ihm ein blasses, längliches Ding, das sich im Schein der Taschenlampe als ein menschlicher Arm herausstellte, ein Arm, den er direkt unter dem Ellenbogen abgetrennt und mitgenommen hatte, wegen der schönen Tätowierungen. De Nogales hatte ihm den Arm abgekauft und dafür gesorgt, dass er begraben wurde.

Sie erreichen die Aufschlagstelle, aber es ist bereits zu spät.

Der Pilot liegt tot unter den Trümmern seines Flugzeugs. Sein Körper ist nackt. Die Füße sind abgehackt, offenbar wollten die Plünderer bei ihrer Jagd nach seinen Stiefeln Zeit sparen.

Der tote Offizier hatte eine Haarfarbe zwischen lederbraun und rot und war noch ganz jung. Die einzige auffällige Wunde an seinem Körper befand sich an seiner Brust, wo ein Granatsplitter eingedrungen war und die Lunge durchbohrt hatte. Durch den heftigen Aufprall, nach einem Fall aus mehr als tausend Metern, waren seine blauen oder hellbraunen Augen aus ihren Höhlen getreten.

Über ihnen kreist die Maschine eines Kameraden des Toten, der auf Rache sinnt.

Vielleicht liegt es an der Anmut des Toten oder nur daran – wie de Nogales selbst sagt –, dass er Respekt empfindet für einen so edlen und unerschrockenen Feind – jedenfalls kann er es nicht über sich bringen, seine Leiche den Wüstenhunden zum Fraß zu überlassen. Mit gezogenem Revolver befiehlt er einem Mann, den Körper des Toten auf sein Dromedar zu laden und nach Abu Hureira zu bringen.

Dort sorgt de Nogales dafür, dass der Tote ein ordentliches Begräbnis erhält. Ein Sarg ist in der Eile nicht aufzutreiben, also wickelt er den Gefallenen in seinen eigenen Mantel. Er nimmt das kleine Kreuz aus Gold, das er seit seinen Kinderjahren um den Hals getragen hat, und befestigt es, wie eine Medaille, an der Brust des Toten.

140.
Mittwoch, 25. April 1917
ALFRED POLLARD SCHREIBT EINEN BRIEF AN SEINE MUTTER

Was ihn antreibt, ist die Vorstellung, die auch viele Generäle an ihren Angriffsplänen festhalten lässt: nämlich, dass die eigenen Verluste zwar beträchtlich, die des Feindes aber noch weit höher sind. Alles nur eine Frage der Zeit und des Durchhaltevermögens, dann wird die feindliche Front zusammengebrochen und der Krieg entschieden sein. (Die Bezeichnung *push* für einen großen Angriff verdankt sich dieser Mentalität. Man benötigt eben nur einen tüchtigen Stoß, um die Deutschen in die Knie zu zwingen.) Der planmäßige deutsche Rückzug in Frankreich wird – nicht ganz zu Unrecht – als ein Zeichen von Schwäche bewertet.

Pollards Einheit gehört zu denen, die den Deutschen auf ihrer Spur folgen. Einmal hat er seine Kompanie auf einen Hügel geführt und von dort zum ersten Mal seit fast drei Jahren unverhofft eine frühlingsgrüne Landschaft erblickt, die vom Krieg fast unberührt war. Da glaubte er wirklich, das baldige Ende der Kämpfe stehe bevor, und es ginge nur noch darum, den Druck weiter zu verstärken. Und er war deprimiert, als die Nachricht kam, dass sein Verband abgelöst werden sollte, jetzt, da sie so nahe am Ziel waren. «Aber Befehl ist Befehl.» Die Kompanie, auf nur 35 Mann geschrumpft, trat auf matschigen Wegen den Rückzug an. Die Frühlingssonne war so warm, dass sie ihre Mäntel ausziehen konnten.

Als die britische Armee Anfang April eine neue Offensive startete, diesmal bei Arras, hielt sich Pollard gerade in einem Basislager auf, wo er eine Verletzung banaler Art kurierte; er war im Dunkeln gestolpert und hatte sich den Fuß verstaucht. Er wollte bei dem Angriff aber auf jeden Fall dabei sein und begab sich deshalb rasch zu jenen Frontabschnitten, wo sein Bataillon eingesetzt werden sollte. Einmal mehr erhält er den Auftrag, Spähtrupps ins Niemandsland zu führen.

An diesem Tag schreibt er an seine Mutter:

Kürzlich hatte ich ein spannendes Erlebnis in einem Schützengraben der Hunnen. Ich hatte mir einen Weg durch ihren Stacheldraht gebahnt und war in einen ihrer Schützengräben geklettert, im Glauben, er sei leer. Aber ich entdeckte bald, dass er voller Hunnen war, weshalb ich schnell zum Rückzug blasen musste. Glücklicherweise kam ich mit heiler Haut davon. Es geht das Gerücht, dass mich der Brigadechef nach diesem Vorfall für eine weitere Auszeichnung empfohlen hat, halte also die Augen offen, wenn du Zeitung liest, dann bekommst du vielleicht bald meinen Namen zu sehen. Glaube nicht, dass ich ein unnötiges Risiko eingegangen bin. Das bin ich nicht. Ich habe nur getan, was andere mir aufgetragen haben.

Ja, ja, liebe alte Dame, auch wenn wir die Front jetzt verlassen haben, sind wir immer noch fern von der Zivilisation. Übrigens habe ich noch eine Kiste mit Platten bekommen, kann sie aber auf dem verflixten Grammophon nicht abspielen, solange ich keine neuen Lenkfedern habe.

Beeile dich also bitte damit.

Bin bestens gelaunt, es geht mir prima. Außerdem habe ich noch einen Deutschen getötet. Hurra!

141.

Sonntag, 29. April 1917

ALFRED POLLARD STOPPT EINEN DEUTSCHEN ANGRIFF
BEI GAVRELLE

Das heftige Sturmfeuer in der vordersten Linie kann seinen Schlaf nicht stören. Dann aber wird er von einem Melder geweckt, der ihm einen knappen Befehl übermittelt: Pollard soll *unverzüglich* für Flankenschutz sorgen. Er stürzt aus seinem Bunker: «Ich hatte keine Zeit zu fragen, was passiert war. Offenbar war etwas schiefgegangen. Ich musste sofort handeln.»

Draußen, im klaren Frühlingslicht, ist es merkwürdig still. Weder Explosionen von Granaten noch Gewehrschüsse sind zu hören. Aber die scheinbare Ruhe macht ihn nur noch nervöser. Pollard spürt, wie sein Herz schlägt. «Mein Instinkt sagte mir, dass wir in tödlicher Gefahr waren.» Er beobachtet die Schützengräben in der vordersten Linie. Auf der rechten Seite scheint alles in Ordnung zu sein. Er blickt nach links. Plötzlich erkennt er das Problem. Dort, in anderthalb Kilometern Entfernung: ein deutscher Gegenangriff. Soldaten sind nicht zu erkennen, aber er hört das Geräusch der Handgranaten – «Bang! Bang! Zunk! Zunk!» – und beobachtet kleine graue Rauchwolken, die bei der Explosion aufsteigen.

Nach fünf Minuten geschieht etwas völlig Unerwartetes. Die angegriffene Position scheint stabil zu sein, aber einige der britischen Soldaten, die den benachbarten Schützengraben halten, beginnen fluchtartig zu rennen. Schnell verbreitet sich Panik. Die Soldaten verstreuen sich über das Feld.

Dann sieht Pollard, wie der deutsche Gegenangriff voranschreitet: durch den entstandenen Leerraum hindurch, durch den Verbindungsgraben, auf ihre zweite Linie und genau auf den Punkt zu, an dem er sich selbst befindet. Jeder normal veranlagte Mensch würde sich in diesem Augenblick, da die deutschen Sturmsoldaten jede Minute auftauchen könnten, damit begnügen, in aller Eile eine Abwehr zu organisieren, um den unvermeidlichen Zusammenstoß abzuwarten. Die deutschen Kräfte sind massiv, mindestens eine Kompanie, vielleicht ein ganzes Bataillon.

Jeder normal veranlagte Mensch, nicht aber Pollard.

Zuerst lässt ihm der Schock die Knie weich werden. Er muss sich am Rand des Schützengrabens festhalten, um nicht zusammenzubrechen.

Und dann überkam es mich, jenes seltsame Gefühl, das ich schon früher beschrieben habe, das Gefühl, nicht mehr aus eigener Kraft zu handeln. Eine höhere Macht übernahm die Kontrolle über mich. Getrieben von dieser mysteriösen Macht, stürmte ich nach vorn.

Es gelingt ihm, einige Soldaten davon abzuhalten, panisch zu fliehen, er postiert sie in verschiedenen Explosionskratern und befiehlt ihnen zu schießen. Dann zieht er seinen Revolver. Mit der Waffe in der Hand und drei Mann mit insgesamt sechs Handgranaten hinter sich, bereitet er sich darauf vor, durch den Verbindungsgraben den Deutschen entgegenzustürmen. Dass ihm eine etwa hundertfache feindliche Übermacht gegenübersteht, kümmert ihn wenig.

Er gibt den drei Soldaten eine kurze Anweisung: Sie sollen ihm mit entsicherten Handgranaten unmittelbar folgen. Wenn sie hören, dass er seinen Revolver abfeuert, sollen sie eine Handgranate so werfen, dass sie ungefähr fünfzehn Meter vor ihm landet, hinter der nächsten Biegung des Verbindungsgrabens.

Dann stürmen sie los.

Auf den ersten hundert Metern ist niemand zu sehen. Der Graben ist leer. Sie treffen auf einen einzelnen britischen Soldaten: «Er wurde zum vierten Mitglied meiner kleinen Armee.» Sie drängen weiter durch den leeren Verbindungsgraben vor.

Nach knapp hundert Metern erreichen sie eine Biegung. Nach einer weiteren taucht ein deutscher Soldat mit Gewehr und aufgepflanztem Bajonett vor ihnen auf. Pollard schießt. Er sieht, wie der Deutsche das Gewehr fallen lässt, die Hände auf den Bauch presst und zusammensackt. Zwei Handgranaten fliegen über Pollards Kopf, in Richtung der nächsten Biegung. Noch ein Deutscher taucht auf. Pollard schießt erneut. Auch dieser Mann fällt auf der Stelle. Die Handgranaten explodieren. Er sieht, wie ein Deutscher kehrtmacht, sieht weitere Deutsche vorwärtsdrängen. Er schießt erneut. Handgranaten segeln über ihn hinweg und detonieren: «Bang! Zunk!» Die restlichen Deutschen ziehen sich zurück.

Ein normal veranlagter Mensch würde sich in diesem Augenblick, da der deutsche Angriff gegen alle Wahrscheinlichkeit abgewehrt war, zufriedengeben – zumal alle Handgranaten verbraucht sind.

Nicht aber Pollard.

«Mein Blut war in Wallung. Ich spürte eine Erregung, die nur zu vergleichen ist mit dem Gefühl, wenn man beim Rugby die Abwehr durchbricht, um einen Versuch zu erzielen.» Er verfolgt die fliehenden Deutschen durch den Verbindungsgraben. Er erkennt Gestalten in Feldgrau. Er schießt, verfehlt. Schließlich besinnt er sich doch und beginnt, eine Abwehr zu organisieren. Seine Spezialität sind Handgranaten, und zu seiner Freude haben die Deutschen eine Menge davon zurückgelassen. Pollard hält viel von diesen Stabhandgranaten, weil man sie weiter werfen kann, aber auch weil sie wegen ihrer größeren Sprengladung einen deutlich stärkeren Knall abgeben als die britischen – rein psychologisch hat das große Bedeutung.

Nach knapp zehn Minuten haben die Deutschen sich zu einem Gegenangriff gesammelt. Es kommt zu einem Handgranatenduell. Granaten fliegen in rascher Folge durch die Luft. Knall folgt auf Knall. Überall Staub und grauer Rauch. Pollard nimmt seinen Helm ab, um besser werfen zu können. Nach einer Weile reißt er sich auch das Gasmaskenfutteral herunter. «Bang! Bang! Bang! Bang!» Sie heben die deutschen Handgranaten, die zwischen ihren Füßen landen, sofort auf und werfen sie über die Kante zurück. Die völlig überrumpelten Deutschen haben offenbar keine Ahnung, dass ihnen nur vier Männer gegenüberstehen. Das ist auch kaum zu erkennen, da es im Verbindungsgraben so eng ist, dass nur zwei, drei Mann gleichzeitig am Kampf teilnehmen können. Wären seine Gegner dagegen auf die Kante des Grabens hinaufgeklettert, hätten sie Pollards kleine Truppe in wenigen Augenblicken übermannen können.

Der Vorrat an erbeuteten Handgranaten geht schnell zur Neige. Einer von Pollards Soldaten fragt, ob sie sich nicht langsam zurückziehen sollten. Pollard weigert sich. Dann wird es still.

«Der deutsche Gegenangriff hörte ebenso plötzlich auf, wie er angefangen hatte.» Sie zählen ihre Handgranaten. Es sind nur noch sechs. Als Pollard mit ein paar Soldaten den Verbindungsgraben abschreitet, um noch mehr liegengebliebene Handgranaten einzusammeln, begegnen sie Männern aus ihrer Kompanie, die nachgeschickt wurden, um sie zu unterstützen. Mit ihrer Hilfe wehren sie den nächsten deutschen Angriff ohne Probleme ab.

Wieder wird es still.

Pollard verbringt den Rest des Nachmittags damit, die Verteidigung des Verbindungsgrabens zu organisieren.

Es bleibt ruhig.

Am Abend werden sie abgelöst. Pollard ist völlig erschöpft. Als sie zurückmarschieren, geraten sie in eine Wolke aus Kampfgas, aber ihm fehlt die Kraft, sich die Gasmaske aufzusetzen. Als sie die Feldküchen erreichen, fühlt er sich sehr krank. Eine Tasse Tee sorgt jedoch für ein wenig Linderung.

142.

Dienstag 1. Mai 1917

WILLY COPPENS' VIEREINHALB MINUTEN ÜBER
HOUTHULST

Sicher ist es Selbstüberschätzung. Das vordere Maschinengewehr
ist noch nicht an seiner Flugmaschine montiert, er muss sich also
mit der Waffe des Beobachters begnügen; dennoch ist Coppens
entschlossen. Heute will er weit ins feindliche Territorium fliegen.
Dort wird er sich einen Gegner suchen, um ihn abzuschießen.
Coppens sagt es selbst: Er fühlt sich heute nahezu «unverwundbar». Zum Teil vertraut er seinen eigenen Fähigkeiten. Er ist jetzt
ein gestandener Pilot, wenn auch ohne Erfahrung im Luftkampf.
Zum Teil vertraut er seiner Maschine: eine Sopwith 1½ Strutter,
der schnellste und modernste Flugzeugtyp, den Coppens je geflogen hat.[10]

Sie überfliegen die Frontlinie bei Ypern. Es ist ausnahmsweise
ruhig um die zerschossene Stadt. Etwas weiter südlich ist die englische Offensive bei Arras im Gang, und unten an der Aisne tobt
eine weitere Schlacht, am Chemin des Dames.[11]

Die Flugroute geht Richtung Nordosten. In einer Höhe von
knapp über dreitausend Metern passieren sie Langemarck und das
alte Schlachtfeld von 1914. Als die Maschine den großen Wald bei
Houthulst überfliegt, entdeckt Coppens endlich, was er gesucht
hat. Unter sich sieht er vier deutsche einsitzige Maschinen, die zu
ihnen aufsteigen. Er hält sie unter genauer Beobachtung (er will
sich selbst in Angriffsposition bringen), zu genau, denn er bemerkt
nicht, dass sich gleichzeitig vier andere feindliche Jäger aus der
entgegengesetzten Richtung angeschlichen haben.

Ein klassischer Anfängerfehler.

Coppens ahnt nichts, bis die erste ratternde Salve trifft.

In diesem Krieg haben Kampfpiloten die Wahrscheinlichkeit
immer gegen sich. Die Maschinen sind leicht entzündlich, die
Konstruktionen fragil, die Motoren schwach, die Deckung un-

zureichend, die Waffen unzuverlässig. Fallschirme gibt es noch nicht, und als sie verfügbar sind, verbieten die meisten Luftstreitkräfte ihre Benutzung, da man meint, sie verführten die Kampfpiloten dazu, ihre Maschinen leichtfertig aufzugeben.[12] Der Umstand, dass die Motoren am Boden manuell gestartet werden und keine Startermotoren existieren, bringt es mit sich, dass bei einem Aussetzen des Motors in der Luft keine Gegenmaßnahmen möglich sind. (Der Luftkampf findet üblicherweise in Höhen zwischen dreitausend und sechstausend Metern statt. In dieser Höhe ist es immer kalt, was für die Flieger in ihren offenen Cockpits eine Qual ist und auch dazu führt, dass die Motoren aufgrund von Problemen mit der Kühlung und der Schmierung leicht ausfallen.) Nicht nur die plötzliche Stille nach einem Absturz findet Coppens unangenehm; die plötzliche Stille nach einem Motorausfall in der Luft ist fast ebenso schlimm.

Man kann sich fragen, ob irgendjemand schlechter dran war als die alliierten Flieger, die sich im Spätfrühling 1917 in den Luftkampf begaben. Später sprach man mit Schrecken vom «blutigen April». Mit Hilfe technisch überlegener Maschinen, verbesserter Ausbildung und neuer Taktik gewann die deutsche Fliegertruppe langsam die Lufthoheit. Diese Überlegenheit zeigt sich gerade jetzt, während der Offensive bei Arras. Die Franzosen zogen viele ihrer übel zugerichteten Geschwader ab, um sie wieder aufzubauen, die Briten dagegen wollten lieber weiter kämpfen, in der eitlen Hoffnung, durch zahlenmäßige Überlegenheit[13] technische und fliegerische Mängel ausgleichen zu können.

Das Ergebnis war ein Massaker. Im vorangegangenen Monat verlor Großbritannien ein Drittel seiner Jagdflugzeuge. Ein britischer Kampfpilot ist im Durchschnitt nur siebzehneinhalb Stunden in der Luft, bevor er getötet wird.

Willy Coppens ist jetzt drauf und dran, in diese Statistik einzugehen. Die Salve des deutschen Gegners trifft seine Maschine. Ein Teil des Geschosses, das einen Verstagungsdraht getroffen hat, schlägt mit gewaltiger Kraft an seine linke Kopfseite, allerdings ohne eine Wunde zu hinterlassen. Der Schlag wirft ihn jedoch nach rechts, der Steuerknüppel macht die unfreiwillige Bewegung mit – und damit das ganze Flugzeug. Ein Glücksfall, denn so trifft die Salve die Maschine in Längsrichtung des Rumpfs, nicht frontal.

Coppens kommt es vor, als werde er «mit heißem Blei bespritzt». Hinterher räumt er immerhin ein: «Beschossen zu werden ist schlecht für das Nervensystem.»

Trotz der Panik erinnert er sich an einen Ratschlag, den er kürzlich von einem französischen Flieger bekommen hat. Wenn eine größere, zweisitzige Maschine von einer kleineren, einsitzigen angegriffen wird, kann man nur eins tun: die ganze Zeit schwingen, vor und zurück! Es geht darum, dem Jäger so wenig Chancen wie möglich zu bieten, einen Treffer zu landen.

Und das tut Coppens: Er schwingt, pendelt, schaukelt, krängt, flattert. Die Flieger bewegen sich die ganze Zeit spiralförmig abwärts. Ihre Maschine ist selten mehr als eine Sekunde in der Waagerechten. Coppens selbst sieht seine Feinde kaum, erkennt nur dann und wann eine Maschine mit aufgemalten großen, schwarzen Kreuzen, die zu ihnen hinabstößt oder in eine neue Angriffsposition aufsteigt. Er kann sie jedoch hören, und er hört auch, wie sein Bordschütze in regelmäßigen Abständen sein Maschinengewehr auf die Angreifer abfeuert.

Als Coppens die eigenen Linien überquert, brechen die fremden Jäger ihre Angriffe ab und drehen um. Viereinhalb Minuten sind vergangen. Ihm selbst kommt es vor «wie eine Ewigkeit». Während des kurzen Gefechts haben sie zwölfhundert Meter Höhe verloren.

Nach der Landung inspizieren er und sein Schütze die Schäden. Sie zählen zweiunddreißig Einschusslöcher. Neunundzwanzig davon liegen so nahe am Cockpit, dass Coppens sie berühren kann, ohne seinen Sitz zu verlassen. Eine Kugel ist zwischen seinen Knien und ganz dicht an seiner rechten Hand vorbeigegangen, die auf dem Steuerknüppel lag. Abgesehen von jenem Geschoss, das im Leder seines Helms steckt, ist er nicht getroffen worden. Er nennt es selbst «ein Wunder». Unverwundbar?

*

Am selben Tag sitzt Edward Mousley im frühlingsgrünen Kastamonu und schreibt in sein Tagebuch:

> *Die Kapelle hat große Fortschritte gemacht. Ich bin jetzt erster Geiger und «Orchesterleiter». Neben Trommel, zwei Klarinetten, Flöte und Banjo haben wir fünf Violinen, zwei Cellos und zwei Bässe. Und die menschliche Viertelnote[14] ist gut vorangekommen beim Zusammenstellen unserer Noten, von verschiedenen Kleinigkeiten, die wir per Post bekommen haben, Pianosoli und Dingen, die wir selbst aus der Erinnerung niedergeschrieben haben. Wir treten jetzt jeden Samstagabend abwechselnd in beiden Häusern auf. Manchmal klingen wir tatsächlich wie eins dieser Orchester, die man zu Hause in Badeorten hören kann! Ich sehne mich nach den Konzerten, die man in der alten Queen's Hall hören konnte.*

Ansonsten vertreibt Mousley sich die Zeit damit, für *Smoke* zu schreiben, eine von Hand kopierte Zeitung, die heimlich unter den britischen Kriegsgefangenen in Kastamonu verbreitet wird. Er entwirft das Projekt für ein internationales Recht und reflektiert über die Möglichkeit, nach dem Krieg eine übernationale Organisation zu schaffen, eine Art Vereinte Nationen. Er hat Heimweh. Er denkt über eine Flucht nach.

143.

Dienstag, 8. Mai 1917

HERBERT SULZBACH REITET DURCH EINEN WALD BEI BRODY

Wieder einer dieser scharfen Kontraste. Es gibt nicht nur den einen Krieg. Es gibt zehn, hundert, tausend. Sulzbachs Regiment ist an die Ostfront verlegt worden, genauer gesagt nach Galizien, noch genauer an die Front bei Brody. Es ist ruhig dort. Alle warten täglich darauf, dass ein Frieden oder Waffenstillstand mit den Russen geschlossen wird. Es finden keine Kämpfe statt. Im Gegenteil, die Soldaten der verfeindeten Armeen treffen sich draußen im Niemandsland, tauschen Waren und Neuigkeiten aus. Er sieht Schlüsselblumen, weiße Anemonen und weite Nadelwälder. Er sieht Zugpferde in den Stellungen umhergehen und um die ruhenden Geschütze herum grasen – eine im Westen vollkommen undenkbare Szene. Er hört Vögel singen. Er hört Grammophonmusik. Aber er hört keine Schüsse. Wie seltsam. Es könnte Frieden sein. Vielleicht ist sogar schon Frieden?

Auch für Sulzbach selbst war es eine Zeitlang ziemlich ruhig. Er hat einen großen Teil davon im Lazarett verbracht, allerdings lediglich mit einer hartnäckigen Halsentzündung. Er ist auf Heimaturlaub gewesen, wo er zu seiner Überraschung und unverhohlenen Freude seinen Freund Kurt angetroffen hat. Er las viel, vor allem skandinavische Autoren. Und er hatte Zeit zum Nachdenken, vor allem über den Krieg:

> «Er sollte doch eigentlich nur ein Intermezzo im Leben sein, und nun währt er bald drei Jahre, und alles erscheint einem manchmal als ein böser Traum, den wir jahrelang aber nun schon zu träumen haben.»

Eine düstere Stimmung hat ihn ergriffen. Für den sonst so heiteren Sulzbach ist dies ein neues, ungewohntes Gefühl. Nur wenn er trinkt, kann er sein altes, entspanntes Ich wieder finden.

Die Begegnung mit der Stille bei Brody hat ihm jedoch gut-

421

getan. Heute führt sein Ausritt hinter die Linien. Er reitet durch einen beinahe romantisch schönen Frühlingswald: «Alles in jungem Grün, blühende Blumen, singende Vögel, blauer Himmel. Märchenhaft.»

*

Als er nach einem weiteren ruhigen Tag in den Schützengräben zu seiner Batterie zurückkehrt, erhält er den Befehl, unverzüglich an die Westfront zurückzukehren. Seit drei Wochen ist dort eine große französische Offensive im Gang. Man braucht Reservetruppen.

144.
Montag, 21. Mai 1917
HARVEY CUSHING SIEHT WRACKTEILE IM ATLANTIK

Es ist der zehnte Tag auf See, und das Wetter ist ausnahmsweise schön. Die Sonne scheint, das Meer ist ruhig. Das Schiff heißt SS *Saxonia*, an Bord befinden sich Harvey Cushing und alle anderen Mitarbeiter des Base Hospital Nr. 5. Sie gehören zu den ersten amerikanischen Verbänden, die nach Europa geschickt wurden. Die USA sind erst vor einem guten Monat in den Krieg eingetreten, «um die Demokratie in der Welt zu sichern». Ihr Kriegseintritt hat auf jeden Fall die Briten abgesichert, rein wirtschaftlich. Auch sie führen diesen Krieg auf Kredit, ein Kredit, der Ende des vergangenen Jahres auszulaufen drohte, und es gab in der britischen Regierung Stimmen, die vor einem wirtschaftlichen Zusammenbruch warnten. Jetzt, um fünf vor zwölf, ist Großbritannien mit amerikanischem Geld – und nicht zuletzt amerikanischen Rohstoffen – wieder stabilisiert worden.

Bisher ist ihre Seereise unruhig, wenn auch ohne Zwischenfälle verlaufen. Die SS *Saxonia* ist ganz auf sich allein gestellt – das Konvoisystem existiert noch nicht – und steuert im Zickzack-Kurs über den Atlantik, stets auf der Hut vor feindlichen U-Booten. Alle tragen zu jeder Tageszeit Schwimmwesten. Ein ums andere Mal wird das In-die-Boote-Gehen geübt. Abends leuchtet alles in einer blaugrauen Färbung: das Schiff, das Meer, die Wolken.

Die militärischen Formen prägen zusehends auch diesen im Grunde unmilitärischen Verband. Überall an Bord sind Wachen postiert, an Deck wird exerziert. Die Schuhe werden gewienert. Wenn die Offiziere ihre täglichen Gymnastikübungen verrichten, wird darauf geachtet, dass Mannschaften und Unteroffiziere nicht zuschauen; sie könnten ihren Respekt verlieren. Cushing fällt es schwer, sich einzugewöhnen. Nicht ohne Verwunderung hat er zuvor seine Sporen entgegengenommen – ein reines Offiziersattribut, denn das Base Hospital Nr. 5 hat keine Pferde – und eine Maschinenpistole Modell M 1911, «ölig und abscheulich anzusehen». Er wird sie selten tragen und nie benutzen.

Nicht dass Cushing am Krieg zweifelt. Er ist schon lange überzeugt, dass die USA früher oder später in den Krieg hineingezogen werden würden, ja, dass sie sogar aus eigenem Antrieb eintreten müssten. Und er hat alles getan, um seine Kollegen zu Hause in Boston darauf vorzubereiten. Die Erfahrungen, die er im Frühjahr 1915 als medizinischer Beobachter in Europa gesammelt hatte, verstärkten zwar seinen Abscheu vor dem Krieg an sich, nahmen ihm aber in gewisser Weise seine konkrete Angst vor dem Geschehen an der Front. So schrieb er in jenem Frühjahr in sein Tagebuch: «Je weiter man von zu Hause wegkommt und je mehr man sich dem eigentlichen Kriegsschauplatz nähert, desto weniger wird darüber gesprochen und desto weniger erschreckend wirkt er.» Als Neurologen interessiert ihn seitdem vor allem das Phänomen «Granatenschock».

Lange Zeit war er ein neutraler Beobachter gewesen, der etwa die Berichte über angebliche deutsche Übergriffe mit einer gewissen Skepsis vernahm. Bald verlor er jedoch seine kühle Distanz.

Sein Schlüsselerlebnis hatte er am 8. Mai 1915. Auf dem Rückweg in die USA fuhr sein Schiff unweit der irischen Küste an Überresten der SS *Lusitania* vorbei, die am Tag zuvor von einem deutschen U-Boot versenkt worden war – dabei starben 1198 Männer, Frauen und Kinder. Einhundertvierundzwanzig von ihnen waren Amerikaner. Eine ganze Stunde lang stampfte das Schiff durch Wrackteile – schockiert betrachtete Cushing umhertreibende Deckstühle, Ruder, Kisten und neben einem aufblasbaren Rettungsboot die leblosen Körper einer Frau und eines Kindes. Ein Fischtrawler fuhr herum und barg Leichen – für eine Belohnung von einem Pfund Sterling pro Stück.

Natürlich sind es diese Erinnerungen, die jetzt, an diesem Tag im Mai 1917 wieder aufsteigen, als sie plötzlich auf dem Wasser Wrackteile erkennen. Diesmal sieht Cushing jedoch keine Leichen, nur ein Luk, Kleinteile, eine Schwimmweste. Am Nachmittag stößt ein Geleitschiff zu ihnen, ein kleiner, etwas altmodischer Zerstörer, auf dessen Bug die Nummer 29 gemalt ist. Das Schiff folgt ihnen in einem Abstand von knapp einem halben Kilometer. Sie rufen hurra und winken. Die Erleichterung ist groß. Cushing glaubt, dass sich mehr Leute als bisher trauen werden, in dieser Nacht unter Deck zu schlafen.

Später üben sie auf dem Oberdeck das Tragen der Bahren, niemand hat Erfahrung damit. Der Unterricht folgt einem Handbuch. Im Vorschiff sind ihre frisch gepackten Armeekoffer gestapelt. Wenn alles nach Plan verläuft, macht die SS *Saxonia* am nächsten Tag um sechs Uhr früh im Hafen von Falmouth fest.

145.

Dienstag, 29. Mai 1917

ANGUS BUCHANAN BETRACHTET DEN WEISSEN SANDSTRAND
IN LINDI

Drei Monate können manchmal schnell vergehen. So lange währte der Besuch von Buchanans Verband in Kapstadt, in diesem «schönen, friedlichen Land» – das wahre Himmelreich. Die Ruhepause war überfällig. Die 25th Royal Fusiliers hätten sonst wohl nicht durchgehalten. Zuletzt in Ostafrika war die Stimmung unter Offizieren wie Soldaten niedergeschlagen und apathisch.

In der Regenzeit gibt es ohnehin nicht viel zu tun. Man hatte die schwarzen Bataillone aus Nigeria, Ghana, Kenia und der Karibik zurückgelassen, damit sie im strömenden Regen die Front hielten.

Jetzt sind die ausgeruhten Verbände wieder auf dem Rückweg per Schiff nach Ostafrika, um, wie es heißt, das Ganze zu Ende zu bringen. Zwar sind Lettow-Vorbecks Truppen in den Südosten der Kolonie gedrängt worden, aber noch sind sie nicht besiegt. Der neue alliierte Befehlshaber van Deventer neigt jedoch eher zur direkten Konfrontation als zu raffinierten, aber meistens erfolglosen Zangenmanövern. (Seine Methode lautet: *hard hitting*.) Die Gewaltmärsche durch Busch und Dschungel hatten das Ziel verfolgt, die reinen Kampfverluste gering zu halten, um stattdessen den Gegner auszumanövrieren, doch ein ums andere Mal hatte dies dazu geführt, dass die Verbindungslinien überstrapaziert wurden. Es herrscht allgemein die Auffassung, dass der frühere Befehlshaber eine vielfache Zahl von Männern, die er auf dem Schlachtfeld sparte, in den Lazaretten verlor. Von den zwanzigtausend südafrikanischen Soldaten, die in Ostafrika kämpfen, wird die Hälfte am Ende schwer krank nach Hause zurückkehren. Und viele von denen, die wie Buchanan nach Südafrika gebracht wurden, um sich zu erholen, befanden sich in so schlechter Verfassung, dass die Empörung groß war. Es gibt viele, die weiße

Männer noch nie in einem solchen Zustand erlebt haben. Schwarze, ja, aber Weiße!

Der Konvoi, der Truppen für die bevorstehende Offensive transportiert, besteht aus fünf Schiffen. Sie sind knapp zwei Kilometer vor einem weißen Sandstrand vor Anker gegangen, wo die Soldaten ausgeschifft werden sollen. In einiger Entfernung liegt die Stadt Lindi, die sich bereits in britischer Hand befindet. Buchanan schreibt:

> *Wir betrachteten die Küste mit gemischten Gefühlen: Noch immer lockte das Abenteuer, aber dieses Land hat, mit allem, was es in sich birgt, die Kraft, die Phantasie zu lähmen. Und wir sahen die Küste erheblich nüchterner als zuvor. Denn dort vor uns lag wieder der Busch, wie er immer da gelegen hatte, ein dunkles Wesen, das eigentlich unergründlich ist.*

Ein kleines Dampfboot geht an dem Kreuzer längsseits. Die Männer ergreifen Gepäck, Ausrüstung und ihre Gewehre und steigen in das Boot hinab. Es bringt die Gruppe zu einem wartenden Ruderboot, mit dem sie zum Strand gelangen. Schließlich erreichen sie, auf den Rücken der schwarzen Ruderer, trockenen Fußes den weißen Sandstrand.

146.
Donnerstag, 31. Mai 1917
RICHARD STUMPF SCHAUT ZU, WIE AUF DER SMS HELGOLAND
ZWANZIG EISERNE KREUZE VERLIEHEN WERDEN

Gibt es keine neuen Siege, muss man die alten umso mehr ausschlachten. Am Jahrestag der Schlacht im Skagerrak wird in der gesamten Hochseeflotte ausgelassen gefeiert. Der Kommandant der SMS *Helgoland* hält eine Rede, «mit brennenden Augen». Je

mehr er sich in seine überspannte Rhetorik versteigt, desto schärfer wird seine Polemik:

*Er scheute sich nicht, davon zu sprechen, dass unsere Feinde nur das eine
Ziel fest im Auge hätten, das Band zwischen dem obersten Kriegsherrn
und der Armee und Marine zu zerreißen. «Wenn dann die Hohenzollern verjagt sind, dann soll uns ein parlamentarisches Regime, ähnlich
dem von England und Frankreich, aufoktroyiert werden. Dann werden, wie dort, die Koofmichs, Advokaten und Zeitungsschreiber regie-
ren. Man sieht es ja alle Tage, wenn denen da drüben ein General oder
Heerführer nicht mehr passt, setzen sie ihn einfach ab. Auch nach dem
Kriege werden wir ein stärkeres Heer und eine größere Flotte brauchen.
Ihr sollt allen denen entgegentreten, die das parlamentarische System
in Deutschland einführen wollen, und nie vergessen, dass Deutschlands
Größe mit dem Bestande seines Kaiserhauses, seines Heeres und seiner
jungen Marine steht und fällt. Merkt euch das: Die Sozialdemokraten
aller mit uns im Kriege liegenden Länder wollen uns vernichten.*

Am Ende folgt ein dreifaches Hoch für «Seine Majestät, unseren
obersten Kriegsherrn». Anschließend werden zwanzig Eiserne
Kreuze an Teilnehmer der Schlacht verteilt, mehr oder weniger
nach dem Zufallsprinzip.

Wie üblich ist Stumpf verwirrt, gespalten und zornig. Er spürt
die Energie des Redners, die Kraft seiner Worte packt ihn, und es
ergreift ihn mehr so ein Gefühl, dass manches vielleicht zutrifft.
Aber sobald das Gefühl ihn in die eine Richtung zieht, drängt sein
Verstand in die andere. Er versteht sehr wohl, warum der Kommandant solche Meinungen vertritt; vielleicht würde er selbst genauso denken, wenn er Offizier wäre. Doch er ist nur ein einfacher
Matrose, ein «besitzloser Prolet», wie er selbst sagt, und als solcher
kann er unmöglich einer «Ausdehnung der Herrschergewalt, einer
Vermehrung des Heeres, einer Vergrößerung der Marine» zu-
stimmen. Ja, «wer nicht mitzubezahlen braucht, hat leicht reden».
Stumpf fürchtet sich nicht vor einem parlamentarischen System.

Er ist der Ansicht, dass es unter den feindlichen Führern viele gute Leute gibt. Nein, zur Zeit will er «lieber den Engländern Sklave als den Deutschen Soldat» sein.

Die Unruhe und Enttäuschung, die sich seit Kriegsausbruch in ihm aufgestaut haben, sind nur zum Teil der Frustration wegen der knochenharten Disziplin oder der kolossalen Langeweile an Bord geschuldet. In ihm rumort auch ein Zorn auf Deutschlands gegenwärtigen Zustand, auf das, was Stumpf als seinen Grundpfeiler, seinen Kern und sein Wesen betrachtet: das Klassensystem. Letztlich ist es diese Frage, die den Ultrapatrioten von 1914 in wenigen Jahren zum zornigen Radikalen gemacht hat.

Der Krieg hat sich zu etwas entwickelt, was kaum jemand vorhersah und nur die wenigsten erhofft haben. Nicht zuletzt hat er das Klassensystem demaskiert: ein paar Jahre des Unfriedens, und schon ist geschehen, was Jahrzehnte sozialistischer und anarchistischer Propaganda nicht geschafft haben, nämlich die Lügen, Heucheleien und Paradoxien der alten Ordnung zu entlarven. An keinem anderen Ort treten diese so krass zutage wie in der deutschen Hochseeflotte.

Mannschaften und Offiziere leben auf engstem Raum zusammen, sitzen buchstäblich im selben Boot. Gleichzeitig unterscheiden sich ihre Lebensumstände auf groteske Weise. Das gilt für alles, vom Essen über die Unterbringung (die Kabinen der Offiziere sind eingerichtet wie die Villen der höheren Stände, mit orientalischen Teppichen, gepolsterten Ledersesseln und teuren Kunstgegenständen) bis zu den Arbeits- und Urlaubsbedingungen (während die Matrosen selten Heimaturlaub bekommen, können sich die Offiziere manchmal monatelang von ihrem Dienst befreien lassen, und wenn das Schiff im Hafen liegt, übernachten die Offiziere oft in ihren eigenen Häusern). Die Enge, die nun einmal auf einem Schiff herrscht, hat die Unterschiede auf eine neue Weise sichtbar gemacht. Gleichzeitig hat das Ausbleiben von Aktivität – man kann auch sagen: von Blutvergießen – dazu geführt, dass die Verhältnisse in Frage gestellt werden.

Im Heer liegen die Dinge anders. Auch dort sind die Unterschiede offensichtlich, sie treten aber aus praktischen Gründen nie so deutlich in Erscheinung. Und dort lassen sie sich zum Teil immer noch mit dem Verweis auf die hohen Anforderungen und Opfer des Militärdienstes entschuldigen. Niemand in diesem Krieg lebt gefährlicher als ein Infanterieoffizier der unteren Dienstgrade.[15] Aber hier, in der unbeweglichen Hochseeflotte, sind die Anforderungen an die Offiziere gering und ihre Opfer noch geringer. Was also begründet ihre Privilegien, wenn nicht die Tatsache, dass sie einer privilegierten Klasse angehören? Und könnte es nicht sein, dass alles hochtönende Gerede von Ehre, Pflicht und Opfern am Ende nur dazu dient, die Masse der Menschen kleinzuhalten?

Auch bei der Feier des Jahrestages beobachtet Stumpf, wie sich das Klassensystem manifestiert. Die Offiziere bleiben in ihrer üppig eingerichteten Messe natürlich unter sich und feiern ein Trinkgelage bis morgens um vier Uhr. Den Matrosen wird nicht viel mehr angeboten als «ein paar Fässer schales Bier», und ihr Fest findet oben an Deck statt. Was Stumpf am meisten ärgert, ist aber nicht die Tatsache, dass die Offiziere so viel bekommen und die Mannschaften so wenig. An diesem Abend stört ihn vor allem, dass viele Matrosen immer noch bereit sind, sich vor ihren Herren (die auf sie herunterschauen) zu erniedrigen:

Die Messe glich einem Irrenhaus. Schändlich aber war es zu sehen, auf welch hündische Weise diese Saufkerle von den Matrosen um Bier, Zigaretten und Schnaps angebettelt wurden. Man hätte weinen mögen über solche Selbsterniedrigung. Einige vergaßen sich so weit zu versichern, dass sie gute Soldaten und gute Preußen seien. Sie erhielten ein extra Glas Bier. Schließlich wurden gar noch Hurras auf einzelne besonders freigebige Spender ausgebracht.

147.

Mittwoch, 6. Juni 1917

PAOLO MONELLI MARSCHIERT HINAUF ZUR FRONT AM
CIMA DELLA CALDIERA

Abend. Aufmarsch. Die lange Kolonne des Bataillons bewegt sich
in der Dämmerung stetig aufwärts. Sie alle kennen ihr Ziel. Und
diejenigen, die schon bei den Kämpfen im Vorjahr dabei waren,
zeigen auf die Stellen, die ihnen noch im Gedächtnis haften, nennen die Namen der Soldaten, die gefallen sind. «Via dolorosa.»
Der Blick hinab ins Tal, das in Mondlicht getaucht ist, sorgt bei
Monelli zunächst für ein heftiges Schwindelgefühl, aber die zunehmende Erschöpfung lässt ihn langsam das Interesse an allem
verlieren, was ihn umgibt. Am Ende nimmt er nur noch das Fuß-
getrampel wahr – und die Müdigkeit.

Im Schutz der Nacht marschieren sie über das Plateau, spüren
die vage Kälte, die der Schnee ausstrahlt. Er erkennt einige große
Feuer. Er sieht schlafende Männer; dies ist die Truppe, die morgen
angreifen wird.

*Welch arme Schweine. Das Los jedes Einzelnen dieser Männer er-
scheint mir elender als mein eigenes. Nicht für die erste Angriffswelle
vorgesehen zu sein, kommt mir als ein unfassbares Glück vor, und ich
bin erstaunt darüber, dass diese Männer so ruhig schlafen können, die
morgen außerhalb des Laufgrabens alles loslassen müssen, was ihr Leben
schützt. Ich fürchte mich um ihretwillen. (Es ähnelt dem Moment, als
ich auf einem Steinblock stehend beobachtete, wie ein Mann sich an der
steilen Felswand festklammerte, nur um am nächsten Tag unbekümmert seinen Spuren zu folgen.)*

Im Morgengrauen erreichen sie ihr Ziel. Sie schlagen ihr Lager
auf. Er sieht Felsen, Schnee und ein paar vereinzelte Kiefern.

148.

ANGUS BUCHANAN UND DER KAMPF BEI ZIWANI

Wo ist der Feind? Wo sind die eigenen Leute? Das sind die Fragen, die bei nächtlichen Operationen immer wieder auftauchen. Genau um Mitternacht wurden Buchanans 25th Royal Fusiliers und eines der schwarzen Bataillone, die immer häufiger zum Einsatz kommen, im Schutz der Dunkelheit an einer bestimmten Stelle am Lukulediffluss an Land gesetzt, fünfzehn Kilometer flussaufwärts von Lindi und der Küste. Die Idee ist nicht schlecht: Auf diese Weise kann man – gemeinsam mit einer anderen Truppe, die im Norden vorrückt – die starken deutschen Stellungen, die näher an der Küste liegen, überwinden.

Doch ein Marsch, der schon bei Tageslicht beschwerlich ist, kann im nächtlichen Dschungel leicht zum Albtraum werden. Der Plan sieht deshalb vor, dass Buchanans Bataillon entlang einer Eisenbahnlinie marschieren soll, die vom Fluss nach Mkwaya verläuft. Und so bewegt sich ihr Verband in erstaunlichem Tempo durch den Busch. Bei der Landung auf dem schlammigen Flussufer waren sie alle nass und kalt geworden, aber inzwischen haben sie sich warm gelaufen. Die Frage ist nur: Wo ist der Feind? Und wo ist der Rest der eigenen Truppen? Das schwarze Bataillon rückt irgendwo links von ihnen vor, auf einem hoffentlich parallelen Kurs.

Buchanan hört einen einsamen Hahn krähen, klar und kräftig. Er begreift, dass sie sich besiedeltem Gebiet nähern, und dass der Morgen graut. Er sieht einen schwachen Lichtschimmer am Horizont aufsteigen. In der Ferne hört er das erste, gedämpfte Artilleriefeuer. Eines ihrer Kanonenboote ist entdeckt worden und gerät in ein Feuergefecht. Bald hört er auch das Geräusch britischer Flugzeuge, die aufgestiegen sind, um den Feind auszuspähen, der sich bisher im dunkelgrünen, duftenden Busch gut versteckt gehalten hat.

In der Morgendämmerung ziehen sie an Mkwaya vorbei, dann biegt die Kolonne nach Westen ab, in Richtung Mohambika. Zwei Stunden später ist heller Tag. Als sie bei Ziwani auf einen Höhenzug gelangen, erblicken sie zum ersten Mal den Feind. Auf der gegenüberliegenden Seite des Tals, gut 1500 Meter entfernt, sind deutsche Askaris zu erkennen. Er sieht auch die Rauchwolken der feindlichen Artillerie – 10,5-cm-Geschütze, die die Deutschen mit ihrem Improvisationstalent von dem außer Gefecht gesetzten kleinen Kreuzer *Königsberg* geborgen haben. Als Buchanan und die anderen ins Tal hinuntersteigen, warten dort schon deutsche Spähtrupps. Es kommt zu Schusswechseln. Die Briten ziehen sich auf die Höhe zurück. Bald wird klar, dass das Bataillon, das links von ihnen vorgerückt war, in Kämpfe verwickelt worden ist, und die 25th Royal Fusiliers erhalten den Befehl, sich auf dem Höhenkamm einzugraben.

So vergehen der Vormittag und die Mittagsstunden.

Doch um zwei Uhr geschieht etwas.

Aus weniger als dreißig Metern Entfernung eröffnen die Askaris plötzlich das Feuer mit Gewehren und Maschinengewehren. Unbemerkt haben sie sich durch die Büsche und das hohe Gras angeschlichen. Buchanan vergleicht das Geräusch mit einem kräftigen Donnerschlag.

Später fällt es ihm schwer, ein klares Bild des Geschehens zu vermitteln, denn als der Nahkampf begonnen hatte,

verlor man jedes Zeitgefühl, überhaupt jedes Gefühl, außer dem Empfinden, dass sich etwas Großes ereignete, etwas, das von lebendiger Energie erfüllt war und in geradezu fiebrigem Tempo passierte.

Die Briten können von Glück reden, dass die Angreifer einen Fehler machen, der bei Gefechten in dichter Vegetation häufig vorkommt. Man zielt instinktiv ein wenig zu hoch, und die Kugeln gehen zumeist über die feindlichen Köpfe hinweg. Diesmal ist das allerdings nur bedingt von Vorteil. Einige der peitschenden

Kugelsalven treffen Bienenstöcke, die in den Bäumen hängen, und die wütenden Insekten gehen zum Angriff über. Ihre Stiche sind besonders schmerzhaft, und der sonst so zurückhaltende Buchanan schreibt, dass die Schmerzen «uns jetzt beinahe wahnsinnig machten». Solche Vorfälle hat es gerade im Krieg in Ostafrika schon mehrfach gegeben. Einmal hat Buchanan sogar einen Mann gesehen, der von stechenden Insekten so zugerichtet wurde, dass er buchstäblich den Verstand verlor.

Gegen Abend ist der Kampf vorüber. Die Angreifer haben sich zurückgezogen. Die 25th Royal Fusiliers bleiben auf dem Höhenzug. Die britischen Soldaten sind von gelblichen Beulen übersät, und viele haben so stark geschwollene Gesichter, dass sie kaum noch sehen können. Morgen werden sie nach Lindi zurückkehren.

149.

Donnerstag, 14. Juni 1917

MICHEL CORDAY GEHT IN DER ABENDSONNE ÜBER EINEN PARISER BOULEVARD

Es ist mehr als nur eine Variation; ein neues Thema ist hinzugekommen. Und das hat natürlich mit dem Kriegseintritt der Amerikaner zu tun. Michel Corday ist in der Deputiertenkammer und hört René Viviani reden. Er hat keine besonders hohe Meinung von ihm, er erscheint ihm nicht nur als ein kraftloser Politiker, von dem es heißt, er sei drogensüchtig. Besonders missfällt ihm Vivianis Verhalten zu Beginn des Krieges. Der Sozialist Viviani war damals französischer Premierminister und unternahm nichts, um die Katastrophe zu verhindern, vielmehr setzte er sogar die Entscheidung für die Kriegskredite durch.

Vivianis Zeit als Machtpolitiker ist schon vorüber. Aber seine großen rhetorischen Fähigkeiten werden noch immer gebraucht. Er versteht es meisterhaft, kunstvolle und provozierende Phrasen zu dreschen. Und wie immer zählt die Form beinah mehr als der Inhalt. Für Corday ist seine Rede «ein rhetorischer Triumph». Wie alle anderen singt er die alte Leier vom «Kampf bis zum bitteren Ende». Doch etwas ist hinzugekommen, das Corday aufhorchen lässt. Der Krieg hat hier ein neues Ziel, einen neuen Sinn, eine neue Rechtfertigung bekommen. Sein wirklicher Zweck nämlich sei es, dass «die Söhne unserer Söhne ihr Leben nicht in ähnlichen Konflikten verlieren». Sie führen also einen Krieg, der gleich allen Kriegen ein Ende bereiten soll. Feiner Slogan.

Gegen sieben Uhr abends spaziert Corday in der tiefstehenden, warmen Sonne einen Boulevard entlang. Das bunte Treiben spiegelt den Krieg in mehrfacher Weise wider. Er sieht

Prostituierte mit Hüten, groß wie Sonnenschirme, kniekurzen Kleidern, entblößten Brüsten, durchsichtigen Strümpfen und geschminkten Wangen, junge Offiziere mit aufgeknöpftem Hemdkragen und prächtigen Ordensbändern, alliierte Soldaten, die muskulösen Briten, die harmlosen Belgier, die unglücklichen Portugiesen, die Russen mit ihren imponierenden Marschstiefeln, junge Männer in engen Waffenröcken.

Corday begegnet auch einer ganz neuen Erscheinung, nämlich einem bettelnden Soldaten. Man trifft sie jetzt häufiger in Restaurants und Cafés an. Oft tragen sie Orden auf der Brust, feine Orden wie das Croix de Guerre, das für Heldenmut im Kampf verliehen wird. Sie verkaufen Ansichtskarten oder singen patriotische Lieder, um ein wenig Geld zu bekommen.

Der bettelnde Soldat, den Corday auf dem Bürgersteig antrifft, hat nur einen Arm. Außerdem ist er betrunken. Der Mann kämpft sich durch die Menschenmenge, bettelt die Leute um ein paar Kupfermünzen oder auch nur eine Zigarette an. Und die ganze Zeit murmelt er das eine Wort: «Frieden …»

Später unterhält sich Corday mit einem Bekannten, der berichtet, die Meutereien in der französischen Armee seien noch nicht beendet. Über vierhundert Soldaten seien bisher hingerichtet worden.[16] Der Freund erzählt auch von einem Meuterer, der angesichts seines drohenden Schicksals gesagt haben soll: «Wenn sie mich erschießen, weiß ich jedenfalls, warum ich sterbe.»

150.
Mittwoch, 20. Juni 1917

FLORENCE FARMBOROUGH KEHRT AN DIE FRONT
IN LOSITJINO ZURÜCK

Sommersonne. Hitze. Gewitter liegt in der Luft. Sie sieht die mit Zweigen getarnten Zelte oben auf dem Hügel. Sie sieht Pferde, die im Schatten einzelner Bäume versammelt sind. Sie beobachtet Gestalten, die im trüben Wasser des Flusses baden. Farmborough ist froh, zurück zu sein. Im Moment ist alles ruhig, aber es kursiert das Gerücht, dass die russische Armee bald wieder angreifen wird. Dann werden sie wieder viel zu tun haben.

Florence Farmborough ist nur ein paar Tage fort gewesen, um sich mit britischen Krankenschwestern zu treffen, die in einer anderen Einheit Dienst tun, aber die kurze Auszeit machte sie auf Dinge aufmerksam, die früher für sie alltäglich gewesen wären. Wie das Essen. Sie zögert, wenn Soldatengrütze auf den Tisch kommt. Die Fettklumpen ekeln sie an. Und die Fischsuppe ist versalzen. Obwohl sie hungrig ist, isst sie nur Schwarzbrot, das sie mit Tee hinunterspült. Sie findet die Gespräche am Tisch deprimierend, es herrscht eine gereizte Stimmung.

Nach dem Essen ging ich mit Sofija auf unseren Hügel. In der Ferne lagen die hohen Berggipfel, von einem weichen, kobaltblauen Dunst verhüllt. Die kleinen Dörfer Sarantjuki, Kotovo und Rybniki lagen tief unter uns in verschiedenen Tälern. Wir konnten sehen, dass die Bauernhöfe zerstört und verlassen waren. Die feindlichen Schützengräben waren gut zu erkennen. Sie schienen den russischen Linien gefähr-

lich nahe zu sein – nur rund zwanzig Meter, hatte Sofija gehört. Auf den Feldern in der Umgebung sind scharlachrote Tupfer von Mohn zu sehen, außerdem Gänseblümchen und einzelne Kornblumen. Ein Feld mit Mohn hat etwas so Tröstliches und Heimatliches an sich.

*

Am selben Tag schreibt Elfriede Kuhr in ihr Tagebuch:

Ein Gespenst in grauen Lumpen ist dieser Krieg, ein Totenschädel, aus dem Maden kriechen. Schon viele Monate lang toben neue schwere Kämpfe im Westen. Es sind die Schlachten am Chemin-des-Dames, an der Aisne und in der Champagne. Alle Erde ist ein Trümmerfeld, alles ist Blut und Schlamm. Die Engländer haben eine grässliche neue Waffe eingesetzt, Panzerwagen auf Walzen, die über jedes Hindernis wegrollen. Die Kampfwagen heißen Tanks.[17] Vor ihnen ist nichts sicher; sie walzen jede Batterie, jeden Schützengraben, jede Stellung platt, von den Soldaten ganz zu schweigen. Wer sich noch in einem Granattrichter retten wollte, hat keine Chance mehr. Dann das Giftgas, das verfluchte. Die Engländer und die Franzosen haben noch keine richtig schließenden Gasmasken mit Sauerstoffzufuhr wie die deutschen Soldaten. Es gibt aber auch ein Giftgas, das die Uniformen zerfrisst. Ein großes Sterben!

151.

Montag, 25. Juni 1917

PAOLO MONELLIS BATAILLON ERLEBT DAS INFERNO AM ORTIGARA

Jetzt sind sie an der Reihe. Sie haben diesen Moment erwartet. Rund vierzehn Tage lang haben sie beobachtet, wie Bataillon um Bataillon auf den Gipfel des Ortigara geschickt wurde, und jedes

Mal haben sie auch das Resultat sehen können: Zuerst kommen die Bahrenträger mit den Verwundeten und die Maulesel, die mit den Leichen bepackt sind, dann – nach einigen Stunden oder Tagen – trottet vorbei, was vom Bataillon übrig geblieben ist. So funktioniert es. Die Bataillone werden in die Mühle des Artilleriefeuers geschickt, bis sie den Großteil ihrer Leute verloren haben. Dann werden sie von neuen Bataillonen abgelöst, die so lange kämpfen, bis sie den Hauptteil ihrer Leute verloren haben. Und so weiter.

Das nennt man Materialschlacht. Gelegentlich startet die eine oder andere Seite einen Angriff, durch Täler voller Krater, die noch warm sind nach den Granateinschlägen, auf irgendeinen Gipfel oder über die felsigen Höhenrücken. Aber meistens hat die Infanterie allein die Aufgabe, sich an einem Punkt festzubeißen, der nahezu willkürlich ausgewählt erscheint, in der kartographischen Wirklichkeit des Generalstabs und der Scheinwelt der Siegeskommuniqués aber sehr wohl seine Bedeutung hat. Oft handelt es sich um Orte, denen Gott oder die Landvermesser eine Höhenziffer gegeben haben, die dann in die Karten Einzug findet, als 2003 oder 2101 oder 2105, Ziffern, die sich auf wundersame Weise in «Höhen» verwandeln, die es zu verteidigen oder zu erobern gilt.[18]

Es sieht schlecht aus an diesem Morgen. Als Monelli in der Dämmerung erwacht, ist das Dröhnen des Artilleriefeuers stärker denn je. Er kriecht aus seinem Schlafsack und geht nach draußen. Nach einiger Zeit erhält das Bataillon den Befehl, sich zu sammeln. Eine lange Reihe schweigender, schwer bepackter Männer bewegt sich sodann aufwärts, auf einem schmalen Pfad, der eine hohe, steile Felswand entlang verläuft. Die Sonne beginnt ihre Wanderung über den blauen Himmel. Es scheint ein warmer Tag zu werden.

Die Gesichter der Soldaten verrieten, so Monelli, «eine ruhige Schicksalsergebenheit angesichts des Unausweichlichen». Er selbst versucht, seine Gedanken möglichst auszuschalten und sich in praktische Details zu vertiefen, was ihm recht gut gelingt. Als er einem Untergebenen einen Befehl erteilt, stellt er erfreut fest, dass seine Stimme fest und entschieden klingt. Er geht in sich. Hat er irgendwelche Vorahnungen? Nein, aber eine Gedichtzeile des Nobelpreisträgers Giosuè Carducci hat sich in seinem Kopf festgesetzt: *Venne il dì nostro, e vincere bisogna* – «Unser Tag ist gekommen, und wir müssen siegen.» Und Monelli meint, er habe sich in ein Werkzeug verwandelt, ein gutes und starkes Werkzeug, das von einer äußeren Macht gelenkt wird. Er sieht eine Kolonne von Mauleseln auf dem Weg. Er sieht die Explosionswolken der Schrapnells, schwarz und orange gefärbt.

Schließlich gelangen sie zu einer Höhle, die sich zur Front hin öffnet. Der Ausgang der Höhle steht unter Beschuss. Telefonisten und Artilleristen drücken sich gegen die kalten Wände, um Monelli und die anderen passieren zu lassen. Sie betrachten ihn und die übrigen Gebirgsjäger mit forschenden Blicken, die Monelli irritieren und die er zu ignorieren versucht. Doch der Gedanke drängt sich auf: «Herrgott, so schlimm ist es also!»

Der Hauptmann sagt nur ein Wort: *Andiamo!* Vorwärts.

Dann nehmen sie Anlauf und rennen einer nach dem anderen in dichter Folge hinaus ins Freie, als würden sie sich von einem Sprungturm herabstürzen. Die österreichischen Maschinengewehre auf der anderen Seite beginnen zu rattern. Monelli läuft vorwärts, abwärts. Er sieht, wie ein Mann von einem großen Granatsplitter am Kopf getroffen wird und dass der Boden mit kleinen Kratern übersät ist. Er sieht an manchen Stellen Leichenhaufen – und denkt sich: da ist es besonders gefährlich. Er geht hinter einem Felsvorsprung in Deckung, schöpft Atem. «Das ganze Leben vor Augen in einem Moment der Reue, eine Vorahnung, die voller Schrecken sofort weggewischt wird.» Dann nimmt er Anlauf, wirft sich nach vorn, ein paar Kugeln zischen vorbei – «zio, zio» – und er ist durch. Er sieht, dass der Hauptmann liegen bleibt.

Man hat sie vor Gasangriffen gewarnt, und er zwängt sich die Gasmaske über. Doch nach nur fünf Minuten reißt er sie wieder herunter. Damit zu laufen ist unmöglich. Sie marschieren weiter in die nächste Talmulde. Sie ist übersät mit toten Körpern aus den

Kämpfen des Vorjahrs, die jetzt kaum mehr sind als mit Fetzen bekleidete Skelette, aber auch mit ganz frischen Leichen, noch warm und blutend – jetzt alle vereint in demselben zeitlosen Zustand. Monelli erreicht die nächste gefährliche Passage. Ein österreichisches Maschinengewehr liegt auf der Lauer und eröffnet das Feuer auf alle, die sich vorbeiwagen. Sechs, sieben Mann sind kürzlich hier erschossen worden. Er sieht einen Soldaten, der zögert weiterzugehen; sein Kamerad ist gerade getroffen worden. Der Zögernde redet davon, umzukehren, aber der Rückweg ist genauso gefährlich. Monelli sieht, wie er sich bekreuzigt und sich den felsigen Abhang hinabstürzt. Das Maschinengewehr rattert. Der Mann kommt durch – und läuft, springt, purzelt weiter hinunter. Monelli tut es ihm gleich.

Es ist jetzt gegen zwölf Uhr. Die Sonne scheint. Es ist warm.

Es geht wieder aufwärts, über einen Kamm. Und dort erreicht Monelli die Stellung der Kompanie. Stellung? Nur einige geschwärzte Felsvorsprünge und große Steinhaufen, hinter denen sie in Deckung gehen, stumm, mit großen Augen, völlig reglos in dem wüsten Geschützfeuer, nur mehr körperlich existent. Ein junger Soldat erblickt Monelli, warnt ihn, steht auf, winkt ihn zu sich in Deckung, wird aber im selben Augenblick von einem Projektil in die Brust getroffen und bricht zusammen.

Später suchen Monelli und sein Bataillonschef den Brigadestab. Sie finden ihn schließlich in einer Aushöhlung. Der mit Sandsäcken verdeckte Höhleneingang ist wie immer versperrt von Leuten, die hier Zuflucht suchen vor dem unablässigen Artilleriefeuer. Es ist so eng, dass sie auf Arme, Beine und Körper treten, doch niemand scheint zu reagieren. Der Stab ist im hintersten Teil des Höhlenraums untergebracht. Dort ist es dunkel und vollkommen still. Wenn Monelli und sein Bataillonschef geglaubt hatten, die Meldung, dass zwei Bataillone als Verstärkung eingetroffen seien, würde mit Dankbarkeit oder gar Jubel aufgenommen, so haben sie sich getäuscht. Die Offiziere des Stabes sind ahnungslos und begrüßen sie «ohne Begeisterung». Die Stimmung in der dunklen, kühlen Höhle ist düster, ja von Resignation geprägt, dem Gefühl, dem Geschehen unausweichlich ausgeliefert zu sein. Der Brigadekommandeur sagt schicksalsergeben: «Wie Sie sehen, sind wir vom Feind umringt, er kann mit uns machen, was er will.»

Sie verlassen den Stab mit einem Angriffsbefehl, den der Brigadekommandeur sozusagen aus der Hüfte geschossen hat. Monelli glaubt, dass jemand ganz oben – vielleicht der Kommandierende General? – im Begriff ist, die Nerven zu verlieren, denn die Instruktionen, die sie erreichen, sind immer widersprüchlicher. Wenn sie sie überhaupt erreichen, denn in dem ständigen Artilleriebeschuss werden die Telefonleitungen ungefähr alle fünf Minuten unterbrochen. Dann werden Männer hinausgeschickt, um mitten im Kampfgetöse nach der Bruchstelle zu suchen und sie zu reparieren. Die gefährlichste Tätigkeit auf dem Ortigara ist die des Fernmelders.

Aber nicht nur die Fernmelder sind Opfer einer der vielen Paradoxien des Krieges: Die Zerstörungskraft der Armeen hat in viel höherem Maß zugenommen als die Möglichkeiten der Generäle, ihre Armeen zu kontrollieren. In großen Schlachten bricht fast immer die Kommunikation zusammen, und die Kämpfe sind kaum mehr als ein blindes Gestochere in den Rauchwolken der Geschütze.[19]

Die Dunkelheit bricht herein. Drei Gerüche erfüllen die Luft: der beißende Geruch explodierenden Sprengstoffs, der süßliche Gestank von Verwesung und der säuerliche Geruch menschlicher Exkremente. Alle verrichten nämlich ihre Notdurft da, wo sie hocken oder liegen, ziehen vor den Augen der anderen die Hosen herunter.

In dieser Nacht greift eine der Kompanien Höhe 2003 an und nimmt sie ein.

*

Drei Tage später erobern die Österreicher die Höhe zurück.

152.
Samstag, 30. Juni 1917
PAOLO MONELLI KEHRT VOM ORTIGARA ZURÜCK

Fünf Tage hat er dort oben überlebt. Zeitweilig sind sie aus sämtlichen Himmelsrichtungen gleichzeitig beschossen worden. Es hat Momente gegeben, da schien der Berg von heftigen Stromstößen geschüttelt zu werden; die Erde hat gebebt, geknistert, gezischt. Sie haben mit den Toten, von den Toten gelebt – haben ihre Munition benutzt, ihr Essen verzehrt, aus ihren Wasserflaschen getrunken, haben sie als Kugelfang aufgestapelt, haben sich auf sie gestellt, um nicht an den Füßen zu frieren. Nach zwei Tagen hatten sie die Hälfte ihrer Mannschaft verloren, die Männer waren gefallen, verwundet oder hatten ein Kriegstrauma erlitten. Monelli hat gehofft, dass vielleicht jeder Zehnte überleben würde, und dass er einer von ihnen sei. Wenn die feindliche Artillerie eine Pause einlegte, hat er nach Hoffnung verheißenden Zeichen gesucht, indem er aufs Geratewohl seinen Taschen-Dante aufschlug.

Und er hat überlebt.

Monelli schreibt in sein Tagebuch:

Stummes Erstaunen darüber, neu geboren zu sein, im offenen Zelt in der Sonne zu sitzen und neue Eindrücke aufzunehmen. Das Leben ist etwas Gutes, das man unter Schweigen mit gesunden Zähnen in sich hineinkaut. Die Toten sind ungeduldige Kameraden, die in Eile zu unbekannten Missionen aufgebrochen sind; aber wir spüren, wie uns die Sanftmut des Lebens erreicht. In einer angenehmen Familienerinnerung schwelgend: die Erleichterung darüber, einmal den armen Alten da unten von der Rückkehr des verlorenen Sohnes erzählen zu können – woran man an dem Tag, an dem man aufbrach, nicht zu denken wagte.

153.

RENÉ ARNAUD ERLEBT, WIE MARIE DELNA IN NOYON
AUSGEBUHT WIRD

Warum soll die Vorstellung nicht auf traditionelle Weise beendet werden, mit der Marseillaise? Der Divisionskommandeur ist aufgebracht. Der Theaterdirektor erklärt ihm, vermutlich ein wenig peinlich berührt, dass sie «aus bitterer Erfahrung gelernt haben, die französische Nationalhymne vor den Soldaten besser nicht zu singen, wenn die Kampfmoral so schwach ist wie im Augenblick».

Es ist nun drei Monate her, dass die Meutereien in der französischen Armee ausbrachen, und erst jetzt ist ihre alte Kampfkraft wieder hergestellt. Und das auch nur bedingt. Unter der Oberfläche gibt es immer noch Spannungen.

Die Meutereien von Ende April sorgten allgemein für Ernüchterung. Generäle und Politiker geben sozialistischem Aufruhr, pazifistischer Propaganda, dem revolutionären Virus aus Russland und ähnlichen Phänomenen die Schuld. Und überhaupt ist das Frühjahr in Frankreich unruhig gewesen. Ohne Zweifel herrscht derselbe Überdruss am Krieg wie in Russland, und er verschafft sich teilweise auf dieselbe Art Ausdruck: Ungehorsam, Streiks, Demonstrationen. Die Armeemeutereien waren jedoch nie Teil einer koordinierten Bewegung. Sie wurden auch nicht gespeist von Zukunftsträumen, sondern eher von den Albträumen der Gegenwart.

Die große französische Apriloffensive wurde von den gleichen überheblichen Phrasen begleitet wie die große Offensive in der Champagne im Herbst 1915: Die Vorbereitungen seien ideal verlaufen, die Deutschen seien so gut wie bezwungen, der Durchbruch nur noch eine Formsache, der Sieg gewiss und so weiter. Das Versprechen, dass der Krieg in achtundvierzig Stunden entschieden sein würde, brachte auch die Kriegmüdesten dazu, sich noch einmal aufzuraffen. *Allons enfants de la Patrie / Le jour de gloire est arrivé!* Als die Offensive wieder einmal stagnierte, bei minimalen Erfolgen und maximalen Verlusten, ging ganz einfach etwas in die Brüche.[20]

Arnauds eigenes Bataillon wurde von den Meutereien nicht berührt – aber es stammt auch aus der Vendée, einer Region ohne revolutionäre Tradition. Sie waren jedoch indirekt von den Vorfällen betroffen, denn als sie nach zehntägigem Frontdienst abziehen sollten, erfuhren sie, dass die Ablösung um vierundzwanzig Stunden verschoben wurde. Das Bataillon, das ihren Platz einnehmen sollte, hatte sich geweigert, in die Schützengräben zu gehen, bevor nicht eine Reihe von präzisen Forderungen eingelöst wurde.

Vermutlich besteht der Divisionschef deswegen darauf, dass zum Abschluss die Marseillaise gesungen werden soll, weil seine Truppen sich während der Meutereien so ruhig verhalten haben. Der Theaterdirektor gibt nach. Man kann die Theatervorstellung an diesem Tag als Akt der Fürsorge verstehen, zu dem die Militärführung sich aufgrund der Meutereien gezwungen sah. Die Vorstellung findet im Freien statt, damit so viele Zuschauer wie möglich sie verfolgen können. Mitten im Hochsommer kein größeres Problem.

Gegen Ende betritt der Star die improvisierte Bühne. Es ist niemand anderes als Marie Delna, der vielleicht schönste Alt, den man gegenwärtig in Europa hören kann. Sie hat eine jahrzehntelange Erfolgskarriere hinter sich: An der Pariser Oper natürlich, aber auch an der Mailänder Scala, im Londoner Covent Garden und in der New Yorker Metropolitan Opera. Sie ist ein Superstar. Inzwischen auch, was den Körperumfang betrifft, wie Arnaud und die anderen im Publikum feststellen können. Aus dem anmutig zarten Wesen, das sie von Plakaten und Photographien kennen, ist eine sehr beleibte Dame geworden. Sie singt jedoch so schön wie immer, in einem weißen Hemd mit der Trikolore in der Hand auf der Bühne stehend. *Aux armes, citoyens! Formez vos bataillons! / Marchons, marchons!* Zu den Waffen greifen, Bataillone bilden und losmarschieren – dieser Appell kann schon etwas provozierend wirken, zumindest in der gegenwärtigen Lage, da so viele Menschen weder das Erste noch das Zweite und schon gar nicht das Dritte tun wollen.

Als sie die letzten Strophen gesungen hat, mischen sich Buhrufe in den Applaus der Soldatenmenge. Der Divisionschef ist außer sich vor Wut und gibt Befehl, die Banausen zu identifizieren. Ein aussichtsloses Unterfangen.

154.

Samstag, 21. Juli 1917

ALFRED POLLARD WIRD IM BUCKINGHAM-PALAST
MIT DEM VICTORIAKREUZ AUSGEZEICHNET

Vierundzwanzig Victoriakreuze sollen verliehen werden, doch auf dem abgesperrten Gelände am Buckingham-Palast sind nur achtzehn Männer in einer Reihe angetreten. Die übrigen sechs Kreuze werden posthum verliehen. An der Seite stehen einige Personen in Zivil – die nächsten Angehörigen der Gefallenen, die die Orden entgegennehmen sollen. Ein Musikkorps spielt, eine Ehrenwache mit Fahnen ist angetreten. Hinter dem hohen, vergoldeten Zaun, der den Palast umgibt, sind zahlreiche Zuschauer zu sehen.

Als die Nachricht eintraf, dass Pollard das Victoriakreuz verliehen würde, fingen die Leute an, ihn zu feiern, doch das war nichts im Vergleich zu dem, was ihn erwartete, als er zusammen mit einem anderen Victoriakreuzträger zu einem einmonatigen Heimaturlaub nach Hause fuhr. Seitdem ist sein Leben eine endlose Folge von Festen, Theaterbesuchen und feierlichen Abendessen gewesen, von Hurrarufen und ständigem Rückenklopfen. Er ist manchmal verlegen, aber immer auch angenehm berührt. Wenn die beiden für ihre Drinks zahlen wollen, ist immer jemand da, der darauf besteht, sie einzuladen. Wenn sie in einem feinen Restaurant auftauchen, werden sie bevorzugt behandelt und bekommen den besten freien Tisch zugewiesen. Pollard ist berühmt. Sein Bild ist in den Zeitungen zu sehen.

Außerdem ist Pollard mittlerweile verlobt. Mit Mary Ainsley, der Frau, die ihn zuvor so entschieden abgewiesen hat. *Damals* hatte er den Verdacht, es habe daran gelegen, dass er nur ein unbekannter, einfacher Soldat war, aber *jetzt!* Jetzt ist er Offizier und hat die höchste und prestigeträchtigste Auszeichnung erhalten, die das britische Empire zu vergeben hat. Der Krieg hat ihm ein neues Selbstvertrauen geschenkt, und eines späten Abends umarmte er sie, überschüttete sie mit «unverständlichen Worten», wie sehr er sie liebe, sie begehre und so weiter. Am nächsten Morgen, auf einem Spaziergang, erklärte Mary, dass sie seine Gefühle nicht erwidern könne, ihn aber nicht enttäuschen wolle, da er sie so sehr liebe, und dass Liebe etwas sei, was sich entwickeln könne. Der Verlobungsring ist aus Platin, mit eingefassten Diamanten und einer schwarzen Perle. Die letzten Tage haben sie gemeinsam mit Bekannten in einem Hotel an der Küste verbracht, haben gebadet, Bootstouren und Spaziergänge unternommen, Konzerte besucht, hervorragende Diners genossen und ihren ersten Streit gehabt.

Jetzt steht er gemeinsam mit siebzehn anderen Männern vor dem Buckingham-Palast und wartet. An ihrer Uniformbrust ist jeweils ein spezieller Haken angebracht, der es dem König erleichtern soll, ihnen den Orden anzuhängen. Dann beginnt die Zeremonie. Hacken werden zusammengeschlagen, Gewehre geschultert. Das Musikkorps bricht sein Stück ab und spielt stattdessen «God Save the King». Die Fahnen der Ehrenwache werden gesenkt. Der König erscheint. Der König! Er ist von einem Schwarm Adjutanten umgeben. Die Achtzehn stehen stramm. Die Musik klingt aus. «Rührt euch!»

Einer nach dem anderen wird nach vorn gerufen. Pollard ist als Sechster an der Reihe. Er geht wie die anderen zehn Schritte und nimmt vor dem Monarchen Haltung an. Ein Oberst liest die offizielle Begründung vor, die mit den Worten beginnt: «Für außergewöhnlichen Mut und Entschlossenheit.» Als die letzten

Worte vorgelesen sind – «indem er jede mögliche Gefahr ignorierte, erfüllte er alle, die ihn sahen, mit Mut» – heftet der König
den Orden mit der purpurroten Spange an seine Brust und spricht
ein paar lobende Worte. Danach drückt der Monarch die Hand
des Victoriakreuzträgers, fest, so fest, dass eine Wunde, die Pollard
sich bei seinem Badeurlaub zugezogen hat, wieder aufreißt. Der
frisch dekorierte Fünfundzwanzigjährige tritt einen Schritt zurück, salutiert.

Dies ist der Höhepunkt seiner Kriegszeit, ja, der Höhepunkt
seines Lebens.

Der Versicherungsangestellte aus London, zu einem Leben in
Bedeutungslosigkeit und Langeweile verdammt, hat damit alles erreicht, wovon er je geträumt hat, ist der geworden, für den er sich
schon lange gehalten hat. Und der Krieg hat es möglich gemacht.

Nach der Zeremonie erwartet sie ein reichhaltiges Festpro-
gramm. Morgen kehrt er auf den Kontinent zurück. Es kursiert
das Gerücht, dass irgendwo in Flandern eine große britische Offensive vorbereitet wird. Ein neues, ungewohntes Gefühl steigt in
ihm auf. Zum allerersten Mal brennt er nicht vor Ungeduld, sich
in den Kampf zu stürzen.

*

Am selben Tag fliegt Willy Coppens zum ersten Mal einen Kampfeinsatz in einem einsitzigen Flugzeug:

> *Über Schoore stieß ich auf eine zweisitzige Maschine, die in einer Höhe*
> *von etwa 3200 Metern kreiste. Ich griff sie entschlossen an, aber ohne die*
> *geringste Wirkung. Die Männer in der zweisitzigen Maschine schossen*
> *zurück, aber auch sie hatten keinen Erfolg. Mein Flugzeug wies nicht*
> *die kleinste Spur eines Treffers auf. In 500 Metern Höhe ließ ich von*
> *meiner Beute ab, sie verschwand, und ich verfluchte meine Ungeschick-*
> *lichkeit.*

155.

Ein Tag im Juli 1917

PAOLO MONELLI WIRD ZEUGE DER ERSCHIESSUNG
ZWEIER DESERTEURE

Morgengrauen. Die ganze Kompanie steht auf einer kleinen Wald-
lichtung und wartet. Auch das Erschießungskommando ist schon
angetreten. Und der Arzt. Und der Priester, der aus Furcht vor
dem, was passieren wird, zittert. Dann erscheint einer der beiden
Gefangenen.

> *Dort also der erste Verurteilte. Ein Weinen ohne Tränen, ein Röcheln*
> *aus der zugeschnürten Kehle. Nicht ein Wort. Augen, die nichts mehr*
> *ausdrücken. Im Gesicht sieht man nur die apathische Angst eines Tiers,*
> *das geschlachtet werden soll. Man führt ihn zu einer Fichte, er kann*
> *nicht mehr stehen und bricht zusammen. Man muss ihn mit einem*
> *Telefonkabel an den Stamm binden. Der Priester, leichenblass, umarmt*
> *ihn. In der Zwischenzeit stellt sich der Zug in zwei Reihen auf. Die erste*
> *Reihe soll schießen. Der Regimentsadjutant hat gerufen: «Ich mache ein*
> *Handzeichen – dann Feuer.»*

Die beiden Soldaten gehören Monellis Verband an. Während der
schweren Kämpfe auf dem Ortigara waren sie eines Tages ins Tal
geschickt worden, um dort Hand anzulegen. Doch nach drei Tagen
in der vordersten Linie hatten sie genug und kamen nicht zurück.
Ein Militärgericht in Enego verurteilte sie wegen Fahnenflucht
zum Tode. Die Disziplin in der italienischen Armee ist eisern, fast
drakonisch.[21] Nach dem Urteilsspruch wurden sie zu ihrem Verband zurückgebracht, der die Hinrichtung durchzuführen hat (vor
aller Augen, zur Abschreckung und Warnung). Sie wurden von
zwei Militärpolizisten eskortiert, die es nicht übers Herz brachten,
ihnen zu sagen, was sie erwartete. Man sperrte sie in eine kleine
Hütte, und die beiden weinten, flehten, versuchten noch zu handeln: «Wir versprechen, jede Nacht auf Patrouille zu gehen, Herr

Leutnant!» Alles vergeblich. Am Schluss hörte man sie nur noch weinen. Beide sind erfahrene Soldaten und seit Kriegsbeginn dabei gewesen. Alle Armeen werden durch eine Mischung aus äußerem Zwang und innerer Zustimmung (spontan oder arrangiert) zusammengehalten, ja, dieser ganze Krieg war nur deshalb möglich, weil beide Faktoren zusammenwirkten. Je mehr die Zustimmung abnimmt, desto mehr wird der Zwang verschärft. Doch nur bis zu einem gewissen Grad. Wenn nichts mehr bleibt als Zwang, bleibt am Ende gar nichts mehr übrig – alles bricht zusammen.

Der Adjutant hebt die Hand, gibt sein stummes Zeichen.

Nichts passiert.

Die Soldaten blicken erst zum Adjutanten, dann zum Festgebundenen mit der Augenbinde. Die Soldaten des Erschießungskommandos sind zum Teil seine Waffenbrüder, seine Kameraden, «vielleicht sogar seine Verwandten».

Ein neues Zeichen.

Nichts passiert.

Der Adjutant schlägt nervös die Hände zusammen. Es ist, als bedürfe es eines Geräuschs, um die Soldaten davon zu überzeugen, dass sie jetzt schießen müssen.

Eine Salve kracht.

Der zum Tode Verurteilte fällt nach vorn, wird aber von dem Kabel festgehalten, mit dem er an den Baum gebunden ist, und rutscht am Baumstamm nach unten. Mit dieser kurzen Bewegung ist er vom Menschen zum Körper geworden, vom Subjekt zum Objekt, vom Lebewesen zum Ding, von einem «Er» zu einem «Es». Der Arzt tritt vor, und nach einer kurzen Untersuchung erklärt er den Mann für tot. Niemand muss daran zweifeln, dass der Tod eingetreten ist. Monelli sieht, dass der halbe Kopf weggeschossen wurde.

Dann wird der zweite Verurteilte hergebracht.

Im Gegensatz zu seinem Kameraden ist er ganz ruhig und hat beinahe ein Lächeln auf den Lippen. In einem seltsamen, fast ekstatischen Ton ruft er den Männern des Erschießungskommandos zu: «Dies hier ist gerecht. Zielt nur ordentlich – und tut nicht das, was ich getan habe!» Im Erschießungskommando bricht Verwirrung aus. Einige wollen nicht mehr schießen, sagen, dass sie schon geschossen haben. Wortwechsel. Der Adjutant flucht und droht und bekommt den Zug schließlich wieder in den Griff.

Gewehrfeuer dröhnt. Der Mann bricht zusammen. Jetzt ist auch er tot.

Das Erschießungskommando wird aufgelöst, und die Männer ziehen langsam davon. Monelli sieht, wie aufgewühlt sie sind, erkennt Angst und Qualen in allen Gesichtern. Für den Rest des Tages wird von nichts anderem gesprochen. Die Stimmen sind gedämpft, vor Scham oder Schock. Monelli schreibt:

Fragen und Zweifel stellen sich in unseren widerspenstigen Köpfen ein, und wir weisen sie voller Furcht von uns, weil sie unsere hehren Prinzipien allzu sehr besudeln: diese Prinzipien, die wir klaglos akzeptieren, als seien sie Glaubenssätze, aus Furcht davor, dass es uns sonst allzu schwer fiele, unsere Pflicht als Soldaten zu tun. Vaterland, Notwendigkeit, Disziplin – Wörter aus dem Handbuch, deren Sinn wir eigentlich nicht kennen, sondern die für uns nur Laute sind; der Tod durch Erschießen, da werden sie für unser geschlagenes Gemüt klar und begreiflich. Aber diese Herren unten in Enego, nein, die sind nicht hergekommen, um zu sehen, wie ihr Urteilsspruch zu Realität wird.

156.
Donnerstag, 2. August 1917
ANGUS BUCHANAN NIMMT AM STURM
AUF DIE TANDAMUTIHÖHE TEIL

Noch ein Nachtmarsch, noch ein Angriff. Die kahle Höhe liegt vor ihnen, sie erhebt sich aus dem dichten Grün wie der Rücken eines ertrunkenen Urzeittiers. Auf dem Höhenkamm ist ein Waldstück zu sehen. Darin verbirgt sich ein Fort. Diese Befestigung ist das Ziel des Angriffs.

Um neun Uhr beginnt die Hauptattacke. Im Busch hört man das emsige Rattern der Maschinengewehre und der Granatwerfer. Die erste Welle besteht aus einem schwarzen Bataillon, den ¾ King's African Rifles. Sie erleiden schwere Verluste, und ihr Angriff kommt an dem steilen Hang zum Erliegen. Jetzt wird die zweite Welle herbeibefohlen – Buchanans Einheit, die 25th Royal Fusiliers. Allmählich empfinden sie Respekt für die schwarzen Soldaten und pflegen sogar eine Art Kameradschaft mit einigen der erfahreneren afrikanischen Verbände – vor dem Krieg noch undenkbar. Buchanan befehligt den Maschinengewehrzug des Bataillons, mit seinen Männern folgt er der Schützenkette den mit Leichen übersäten Hang hinauf, bis zum Gipfel. Der Schusswechsel steigert sich zu einem Donnern.

Je mehr die deutschen Truppen in einem äußeren Winkel der Kolonie zusammengedrängt werden und sich auf verschiedene befestigte Punkte stützen, desto intensiver und verlustreicher sind die Kämpfe geworden. Obwohl die Gesamtzahl der beteiligten Soldaten wesentlich niedriger ist als bei früheren Feldzügen, sind die reinen Kampfverluste dreimal so hoch.

Auf beiden Seiten macht sich zunehmend Verzweiflung breit. Bei den Deutschen, weil sie um das letzte Stück Territorium kämpfen, das ihnen auf dem Kontinent geblieben ist. Bei den britischen Befehlshabern, weil London immer nachdrücklicher fordert, dass der Feldzug zum Abschluss gebracht wird, so schnell wie möglich. Nicht nur weil die Kriegskredite zur Neige gehen, sondern auch, weil die Tonnage der Handelsflotte schwindet. Seit die Deutschen ihren uneingeschränkten U-Boot-Krieg begonnen haben, versenken sie nämlich mehr Schiffe, als die Alliierten bauen können,[22] und in einer Lage, in der jedes vierte Schiff sein Ziel nicht erreicht und die Versorgung der Britischen Inseln direkt bedroht ist, gelten die Konvois nach Ostafrika als überflüssig.

Nach dem Rückzug aus jenem Tal bei Mohambika haben die

Deutschen sich auf der Tandamutihöhe festgesetzt. Seit Mitte Juni wechseln sich Angriffe und Gegenangriffe ab. Und jetzt ist es mal wieder so weit.

Die zwei Kompanien der 25th Royal Fusiliers rücken rasch zum bewaldeten Höhenrücken vor, werden aber durch ein *boma* aufgehalten, ein breites Hindernis aus miteinander verflochtenen Dornenbüschen, das mindestens ebenso effektiv ist wie Stacheldraht. Hier werden sie nach links zurückgeworfen. Inzwischen ist es Buchanan jedoch gelungen, seine Maschinengewehre in Stellung zu bringen, weniger als fünfzig Meter vor dem Hindernis. Ein hitziges Feuergefecht entbrennt. In kurzer Zeit fallen vier seiner «fähigsten und unentbehrlichsten» MG-Schützen. Buchanan lässt aber nicht locker. Das Feuer seiner ratternden Maschinengewehre streicht über die feindliche Stellung, während gleichzeitig Granaten aus den hinter ihnen postierten Granatwerfern nahezu lautlos über ihre Köpfe hinwegsausen und zwischen den Bäumen explodieren.[23]

Buchanan merkt, wie das Gegenfeuer aus dem Inneren des Forts langsam verebbt, ja, er meint sogar, deutsche Trompeter zum Rückzug hinter den Höhenkamm blasen zu hören. Den Sieg in Reichweite, erhält er jedoch Befehl, sich zurückzuziehen. Die Deutschen haben an einer anderen Stelle zum Gegenangriff angesetzt. Man läuft also Gefahr, abgeschnitten zu werden. Als Buchanan und die anderen sich von der Höhe zurückziehen, hören sie heftigen Schusswechsel in der Ferne. Alle Träger sind verschwunden. Rechts und links des Pfades liegen die Säcke, die Packtaschen und Kisten von Buchanan und seinen Leuten in wildem Durcheinander. Und kaum haben sie erkannt, dass die Askaris offenbar direkt durch ihren Tross gestoßen sind, werden sie selbst aus nächster Distanz beschossen.

Später erreichen sie ihr Feldlazarett. Es ist von deutschen Truppen geplündert worden, doch in merkwürdig geordneter Weise. Die Führer des feindlichen Verbands

hatten zwar die Frechheit besessen, den eingeborenen Dienern zu be-
fehlen, den weißen Deutschen Tee zu servieren, während sie gleichzeitig
Chinin und andere Medikamente, die sie benötigten, an sich nahmen.
Aber diese Weißen hatten die Verwundeten rücksichtsvoll behandelt und
ihre eigenen, aufgebrachten Schwarzen mit gezogenen Revolvern daran
gehindert, die Patienten zu behelligen.

Während der Krieg an allen anderen Fronten immer brutaler und rücksichtsloser wird, zeigen die in Ostafrika kämpfenden Weißen nicht selten eine erstaunliche Ritterlichkeit im Umgang miteinander. Diese Kameraderie ist nicht allein ein Relikt aus der Zeit vor 1914, als man überzeugt war, dass die Kolonien aus jeglichen Konflikten herausgehalten werden sollten – sie ist auch ein Ausdruck des Zusammengehörigkeitsgefühls: Man bildet, als weißer Tropfen in einem schwarzen Meer, gleichsam eine Art koloniale Schicksalsgemeinschaft.[24] Weiße Gefangene werden in der Regel sehr gut behandelt und erhalten zuweilen bessere Verpflegung als die eigenen Soldaten. Es kommt während dieses Feldzugs vor, dass ein deutscher Arzt die britischen Linien überquert und eine Packtasche mit medizinischer Ausrüstung zurückverlangt, die beim Rückzug liegen geblieben war; man händigt sie ihm aus und erlaubt ihm, zu seinen eigenen Leuten zurückzukehren. Als Lettow-Vorbeck während der Kämpfe die höchste deutsche Auszeichnung, der Orden *Pour le Mérite* verliehen wird, schickt der britische General vor Ort ihm einen höflichen Gratulationsbrief.

Buchanan und die anderen in seinem Bataillon – soweit sie noch auf ihren Beinen stehen können – erreichen gegen elf Uhr am Abend das Lager bei Ziwani. Sie sind völlig erschöpft. Seit zweiundzwanzig Stunden sind sie entweder in Bewegung oder im Kampf gewesen.

In einer Woche werden sie den Höhenzug erneut angreifen.

*

Am selben Tag schreibt Harvey Cushing in sein Tagebuch:

Den ganzen Tag über strömte der Regen – und es strömten auch un-terkühlte und zitternde Verwundete herein, mit Schlamm und Blut be-deckt. Einige GSW am Kopf[5], die sich, nachdem erst der Schlamm abgekratzt war, als Bagatellen herausstellten – andere weitaus ernster, als wir zunächst geglaubt hatten. Die Untersuchungsräume sind immer noch überfüllt – es ist unmöglich, damit Schritt zu halten; und die un-systematische Art und Weise, wie dies gehandhabt wird, kann einen wahnsinnig machen. Auch die Nachrichten sind sehr schlecht. Die größ-te Schlacht der Weltgeschichte ist bis zur Hüfte im Schlamm versunken, und die Kanonen noch tiefer.

157.

Mittwoch, 8. August 1917

FLORENCE FARMBOROUGH ÜBERQUERT DIE GRENZE NACH RUMÄNIEN

Bereits gegen sieben Uhr morgens marschieren sie los. Es hat ge-regnet, und die Wege sind matschig. Aber ihr gefällt die offene, hügelige Landschaft, deren Farben und Konturen in der milden Morgensonne gedämpft erscheinen. Sie überqueren den Pruth über eine Brücke, an der österreichische Kriegsgefangene gera-de arbeiten. Sie sieht, dass die Zelte der Gefangenen vom Regen durchnässt sind. Einige sitzen nur da, unbeweglich, und warten darauf, dass die Morgensonne ihre durchweichte Kleidung trock-net.

Die Wagen klappern über die Holzbohlen der Brücke und rollen auf das gegenüber liegende Ufer, jetzt befinden sie sich in Rumä-nien. Woher nimmt die Lazaretteinheit ihre Zuversicht? Gestern haben sie die Ankündigung, dass sie in das südliche Nachbarland verlegt werden, mit Freuden begrüßt. In Wahrheit handelt es sich um eine Flucht, nicht nur vor den vorrückenden Deutschen, sondern fast noch mehr vor der zerfallenden Moral.

Zu diesem Zeitpunkt ist «die Freiheitsoffensive»[26] bereits zusammengebrochen, der letzte verzweifelte Versuch der neuen Regierung, den Krieg fortzusetzen. Florence' Einheit gehört zur 8. Armee, der es anfangs tatsächlich gelungen war, die feindlichen Linien südlich des Dnjestr zu durchbrechen, die dann aber, nachdem sie nur ungefähr drei Meilen vorgerückt war, zum Stillstand gekommen ist, weil der Nachschub stockte und die Soldaten entmutigt waren. Sie haben Versammlungen abgehalten, Fragen gestellt, über Bedingungen diskutiert, Komitees gebildet und verlangt, dass sie ihre Offiziere selbst wählen dürfen. Desertionen häufen sich und treten jetzt ganz offen zutage. Ganze Divisionen haben ihren Einsatz verweigert. Voller Erstaunen hat Florence festgestellt, dass viele Soldaten tatsächlich nicht mehr kämpfen wollen. Neben den eigenen Offizieren haben sie für ihren Unmut auch eine neue Zielscheibe gefunden, die Krankenschwestern. Weil sie Freiwillige sind oder Frauen oder beides? Sie werden inzwischen mit Flüchen und Anzüglichkeiten bedacht; zum allerersten Mal hat Florence Angst vor den eigenen Soldaten und hat sich sogar vor ihnen versteckt.

Auf der anderen Seite der Grenze werden sie den Zerfall der russischen Armee hoffentlich nicht mehr miterleben müssen. Dort haben außerdem rumänische und russische Einheiten eine kleinere Freiheitsoffensive gestartet. Und nach allem, was sie zuletzt gehört haben, scheint sie durchaus erfolgreich zu verlaufen. Nein, sie haben diesen Marsch begrüßt, nicht weil er sie vom Krieg fort, sondern an einen Ort führen wird, wo sie wirklich etwas Sinnvolles tun können.

Sie machen auf einem offenen Feld halt und essen dicke Soldatengrütze mit Fleisch, Fisch und Gemüse. Die Sonne steht hoch am blauen Himmel, und es ist sehr heiß. Florence hört, wie sich Soldaten streiten. Politik, natürlich. Dann versteht sie Einzelheiten: Der Regierungschef werde Brussilow wohl entlassen, ihren

Helden, weil er ihn für die misslungene Offensive verantwortlich mache. Erregte Stimmen sind zu hören. Auch Florence ist aufgebracht. Sie lässt sich jedoch nicht in die Diskussion hineinziehen, sondern geht mit einer Kameradin zum Fluss, um sich abzukühlen. Leider finden sie keinen Platz, der abseits genug liegt – überall treffen sie auf Soldaten. Sie kehren also zurück zur Wagenkolonne auf dem Feld. Dort kriechen sie in den Schatten unter einem der großen Wagen. Sie hat Zeit, einige Briefe zu schreiben, bevor der Befehl zum Aufbruch erfolgt. Das geschieht etwa um vier Uhr nachmittags.

Später kommen sie an einen steilen, langgestreckten Hügel. Dort müssen sie warten, da die Pferde die schweren Wagen allein nicht hochziehen können. Sie schreibt in ihr Tagebuch:

Eine Gruppe junger Soldaten half dabei, Pferde und Wagen der Reihe nach auf den Hügel zu bringen. Es gab viel Geschrei und unnötige Peitschenhiebe. Die armen, verängstigten Tiere wussten, was von ihnen erwartet wurde, und gaben ihr Bestes, aber ihre tiefen, krampfhaften Atemzüge und schaumbedeckten, schweißnassen Körper verrieten, welche unerhörte Anstrengung jede Bewegung für sie bedeutete.

Danach geht es auf holprigen Wegen weiter, bergauf und bergab durch eine hügelige Landschaft, durch Dörfer mit kleinen, schmucken Holzhäusern, deren Fenster mit Gardinen behängt sind, vorbei an Frauen und Kindern in exotischen, hübsch bestickten Kleidern. Sie hört eine alte Frau beim Anblick all dieser uniformierten Menschen erschrocken etwas ausrufen, und Florence fühlt sich an die italienische Sprache erinnert. Dies ist also Rumänien. Sie halten in einer kleinen Stadt an und kaufen Äpfel bei den jüdischen Händlern. Gegen Rubel. Eier sind nicht zu bekommen, die Soldaten haben schon alle aufgekauft. Die Sommerhitze wird ein wenig erträglicher, als sie in einen schönen, schattigen Kiefernwald kommen.

Am Abend errichten sie an einem Hügel am Rande einer Stadt

ihr Lager. In der Hitze verzichten sie auf ihre Zelte und stellen ihre aufklappbaren Betten im Freien auf. Ihrem Chef ist es gelungen, eine Zeitung zu ergattern, die nur drei Tage alt ist, und am Lagerfeuer liest er laut daraus vor. Vieles handelt von dem üblichen politischen Chaos in der russischen Hauptstadt, was Florence nur mäßig interessiert. Doch gibt es eine Meldung, die sie und einige andere Krankenschwestern aufhorchen lässt: Angesichts der gegenwärtigen Kriegslage seien Infanteriebataillone gebildet worden, die ausschließlich aus Frauen bestehen.

Sie weiß schon seit einiger Zeit, dass es Soldatinnen in der russischen Armee gibt. Sie ist sogar einigen begegnet, es waren Verwundete. Besonders erinnert sie sich an eine Frau, die sie in Galizien versorgt hat, eine Zwanzigjährige mit einer hässlichen Wunde an der Schläfe, die von einem Streifschuss herrührte. Die Frau wollte sofort an die Front zurück. Die neuen, ausschließlich weiblichen Bataillone sind auf Initiative von Maria Basjkarova gebildet worden, einer sibirischen Soldatin von einfacher Herkunft, die anfangs an der Seite ihres Ehemanns kämpfte und, als dieser fiel, in der Armee blieb. Sie ist mehrmals verwundet und ausgezeichnet worden und zur Sergeantin aufgestiegen. In der Zeitung wurden ihre Worte zitiert: «Wenn sich die Männer weigern, für ihr Land zu kämpfen, werden wir ihnen zeigen, was *Frauen* können!» Ein nur aus Frauen bestehendes Bataillon ist bereits im Kampf eingesetzt worden, während der gescheiterten «Freiheitsoffensive», wo es eine Stellung halten sollte, die von Deserteuren verlassen worden war. Für Florence und die anderen Krankenschwestern sind dies fantastische Nachrichten.

Der Abend ist warm. Am sternklaren Himmel schwebt ein großer, heller Mond.

158.

Freitag, 17. August 1917

Schon am Nachmittag hat sie erkennen können, dass in der Stadt ein großes Feuer ausgebrochen ist, und sie will es sich jetzt aus der Nähe ansehen. Deshalb nutzt sie sofort die Gelegenheit, als nach Wagen gerufen wird, die helfen sollen, die in der serbischen Intendantur lagernden Vorräte zu retten. Doch erst als sie mit ihrem Wagen an der Venizelosstraße vorüberfährt, wird ihr der Ernst der Lage bewusst. Was als fahrlässig verschuldeter Brand begann, hat sich schnell zu einer Feuersbrunst entwickelt. Der gesamte türkische Stadtteil scheint in Flammen zu stehen:

Es ist unmöglich, das Chaos zu beschreiben, das auf den Straßen herrschte, das Gewimmel von Menschen, die in Panik ihre Habseligkeiten auf Ochsenkarren oder auf dem eigenen Rücken fortzuschaffen versuchten, in kleinen offenen Pferdewagen oder in diesen langen, schmalen, gebrechlichen griechischen Karren, die das Fahren hier so erschweren. Die Flammen prasselten unaufhörlich, jeden Augenblick hörte man ein großes Krachen und Millionen Funken flogen, wenn ein Gebäude [einstürzte]. Ein heißer Wind blies vom Vardarfluss herüber, und fast die ganze Zeit regnete es Funken und brennende Trümmerteile auf uns herab. Es war noch nicht dunkel, aber alles war von einer sonderbar goldenen Röte wie von einem wunderschön leuchtenden Sonnenuntergang.

Vor der Katastrophe war Saloniki eine erstaunliche, pittoreske und zum Teil sehr schöne Stadt, in der die Jahrhunderte der osmanischen Herrschaft deutliche Spuren hinterlassen hatten. Es gab eine Reihe von Minaretten, eine mächtige Ringmauer und einen sehr geschäftigen Basar. Wer durch das Labyrinth schmaler Straßen und mittelalterlicher Gassen spazierte, konnte sich zwar einreden, dass dies streng geographisch Europa war, musste aber zugleich feststellen, dass die Stadt orientalisch aussah, roch und klang. (Bis vor knapp fünf Jahren hatte die Stadt noch unter osmanischer Herrschaft gestanden.) Die Feststellung, dass die Stadt orientalisch geprägt war, unterstrich eher noch ihren Reiz und war keineswegs als Vorwurf gemeint. Die Jahre der westlichen Besatzung und der damit einhergehende Strom von Truppen aus nahezu allen Erdteilen verstärkte indes die markanten Kontraste und den kosmopolitischen Geist der Stadt. Hier gab es muslimische Moscheen, byzantinische Kathedralen und griechisch-orthodoxe Kirchen neben Straßenbahnen und Kinos, Varietés und Bars, teuren Geschäften, feinen Restaurants und erstklassigen Hotels. Für manche war Saloniki nicht nur ein Babel der Sprachverwirrung – King und viele ihrer Freunde sprechen ein einzigartiges Pidgin, das auf dem Englischen basiert, daneben aber auch Anteile des Französischen und Serbischen aufweist –, sondern vielmehr ein Babel der Sünde.

Wenn dies aber ihr wahrer Charakter war, scheint sie jetzt ihre verdiente Strafe zu ereilen. Der starke Wind verbreitet das Feuer mit unerwarteter Geschwindigkeit.

King fährt mehrere Touren durch das Flammenmeer, rettet Bedarfsgüter oder persönliche Gegenstände der Betroffenen. Wenn sie anhält, muss sie unablässig die Funken löschen, die auf ihr kleines Ford-Sanitätsauto herabregnen. Und wenn sie fährt, muss sie pausenlos hupen, um sich einen Weg durch die Scharen von Menschen zu bahnen, die teils hysterisch und panisch, teils niedergeschlagen bis zur Apathie wirken. Sie stellt fest, dass die Leute vornehmlich große Spiegel und Bettgestelle aus Bronze aus ihren Häusern bergen. Als die Flammen schließlich den Hafen und das Meer erreichen, wird ihr klar, dass sie inzwischen eine fünf Kilometer lange Feuerwand von der Garage trennt. Dennoch fährt sie weiter. Ihr geht das Benzin aus, sie läuft zu Fuß und findet schließlich neuen Treibstoff.

In dem vom Feuer erleuchteten Chaos löst sich auch die militärische Disziplin rasch auf. Wie so oft mischen sich Selbstlosigkeit und Heldenmut mit Eigennutz und Feigheit. Eine Welle von

Plünderungen setzt ein. Große Weinfässer platzen in der Hitze. Der Wein ergießt sich über die Straße «wie Blut», plätschert im Rinnstein. Soldaten wie Zivilisten werfen sich auf den Boden und trinken die Brühe. Als King zum zweiten Mal an der nach Alkohol stinkenden Stelle vorbeifährt, sieht sie überall vom Alkohol betäubte, mit Erbrochenem besudelte Menschen liegen. Ein Munitionslager explodiert mit einem gewaltigen Knall. Hier und dort kommt es zu Schießereien.

Als nach einer langen Nacht die Sonne wieder aufgeht, liegt so dichter Brandrauch über der Stadt, dass es gar nicht richtig hell wird. King will zum Hafen hinunter. Sie fährt Schlangenlinien zwischen den verbrannten Stromleitungen der Straßenbahn, die auf die Straße herabhängen. Sie sieht Zivilisten und Soldaten, die auf der Jagd nach Beute in noch rauchenden Ruinen graben.

Olive King hat über zwanzig Stunden am Steuer gesessen. Als sie erschöpft und hungrig in ihre Unterkunft zurückkehrt, um zu schlafen, findet sie im Flur eine obdachlos gewordene Frau mit neun Kindern. Fast die halbe Stadt ist niedergebrannt, 80 000 Menschen haben ihr Zuhause verloren. Die Löscharbeiten werden fast zwei Wochen andauern. Für den Rest des Krieges bleibt die Stadt eine rußgeschwärzte Ruinenwüste. Das alte Saloniki wird nie wiederauferstehen.

159.

Sonntag, 26. August 1917

HARVEY CUSHING DARF DIE «DREIDIMENSIONALE KARTE» SEHEN

Die Front ist ruhig, doch die Ruhe ist nicht von Dauer. Das wissen alle. Der Vormittag vergeht hauptsächlich damit, dass die Verbände der Verwundeten gewechselt werden. Cushing beobachtet, dass sich viele von denen, die er zuvor operiert hat, offenbar erholen –

oder liegt es nur daran, dass seine eigene Stimmung sich verbessert hat, nachdem er zwei Nächte in Folge hat schlafen können?

Nennenswerte amerikanische Kampfverbände sind noch nicht vor Ort, deshalb sind Cushing und seine Lazaretteinheit in den Norden verlegt worden, an die Front in Flandern. Seit Ende Juli findet dort eine neue britische Offensive statt, die bisher größte. Das Ereignis hat bereits einen Namen: Die dritte Schlacht bei Ypern.

Zuvor gab es vier große Angriffe. Es hat fast die ganze Zeit geregnet. Das Schlachtfeld hat sich in ein Meer aus Schlamm verwandelt. Bis heute waren die Erfolge ebenso gering wie die Verluste hoch. Aber es ist schwierig, hierüber etwas zu erfahren. Nur wenige haben den Überblick, die Zensur ist streng und die offiziellen Kommuniqués sind nichtssagend. Cushing versteht es inzwischen jedoch ziemlich geschickt, sich ein Bild von den Ereignissen zu machen, indem er den Strom von blutenden Soldaten präzise beobachtet, die von einer, wie es scheint, endlosen Reihe lehmverschmierter Sanitätswagen zu ihnen transportiert werden. Wie viele Verwundete sind es? Wie ist ihre Stimmung? Wie lange haben sie gebraucht, um den Verbandsplatz zu erreichen? In der Regel sind die Verletzten so mit Schlamm bedeckt, dass es enorm viel Zeit kostet, sie auszuziehen, den Schlamm abzuwaschen und die Wunden zu finden. Denen, die ihre Tetanusimpfung erhalten haben, wird mit Anilin ein «T» auf die Stirn geschrieben. Neben dem Krankenhaus liegt ein stetig wachsender Friedhof. Die Gräber werden von chinesischen Arbeitern in blauen Tuniken ausgehoben.

Cushings Spezialgebiet sind schwere Schädelverletzungen. Er versucht, acht Operationen pro Tag zu schaffen. Die Eingriffe nimmt er in einem Zelt vor, dabei trägt er eine dicke Gummischürze und Marschstiefel. Es gelingt ihm immer wieder, mit äußerster Behutsamkeit und mit Hilfe eines kräftigen Magneten Granatsplitter aus den Schädeln der Verwundeten zu entfernen. Nur wenige weisen einfache Schusswunden auf, Bajonettverletzungen sind selten. Fast alle seine Patienten sind von Granaten getroffen worden, und fast alle haben multiple Verletzungen. Cushing ist deshalb auch zum Wundexperten geworden und hat unter anderem gelernt, dass sich hinter der kleinsten Eintrittswunde oft die gefährlichste Verletzung verbirgt. Am Horizont sind einige Aufklärungsballons zu sehen. Manchmal fallen in der Nähe Bomben. Wenn Zeit dafür bleibt, spielen sie Tennis auf einem nahegelegenen Platz.

Nach der Mittagspause fahren Cushing und ein Kollege zu den anderen Lazaretteinheiten in der Umgebung, sie besuchen dort Freunde. Das Wetter ist ausnahmsweise einmal trocken und angenehm. Die Geräusche vereinzelten Artilleriefeuers hängen in der Sommerluft. Die Straße von Mont des Cats nach Rémy verläuft auf dem Kamm eines Höhenzugs, und die Aussicht ist bestens. Im Norden kann man die Front um Ypern als eine Kette von Mündungsfeuern erahnen.

Ein kanadischer Oberst zeigt Cushing etwas, auf das er schon lange neugierig war: ein großes dreidimensionales Modell des Schlachtfelds, das aus Sand im Maßstab 1:50 angefertigt ist und für die Vorbereitung neuer Angriffe verwendet wird. Alles ist präzise dargestellt: jeder Wald, jedes Haus, jede Höhenlinie. Die eigenen Schützengräben sind mit blauem Band gekennzeichnet, die deutschen mit rotem. Cushing liest die Namen auf den kleinen Schildchen: Inverness Copse, Clapham Junction, Sanctuary Wood, Polygon Wood. Er wird eigentlich nicht recht schlau aus dem Ganzen, aber der Karte nach zu urteilen, wird der nächste Angriff sich gegen Glencourse Wood richten, einen Wald, der wie ein roter Halbkreis aus all den blauen Vertikalen herausragt.

Sie sind nicht die Einzigen, die das Modell studieren. Auch eine Reihe von Offizieren und Unteroffizieren versucht, sich das Gelände einzuprägen. Morgen sollen diese Männer «über den Berg gehen».

Cushing und sein Kamerad kehren rechtzeitig zum Abendessen zurück. Ganz unerwartet verschwindet der Chef der Einheit mit Cushings ungelesenem Exemplar der gestrigen *Times*. Als Cushing danach fragt, weist der Offizier – die Zeitung hinter dem Rücken verbergend – auf ein an der Tür der Messe angebrachtes Armeebulletin. Cushing ist verärgert, er versteht von diesem verschlüsselten Dokument mit seinen Kodewörtern und Kartenkoordinaten kaum ein Wort:

Morgen	*Bericht*	*aaa*	*YAWL*	*berichtet*	*S.O.S.*	*geschickt*
auf	*herum*	*5*	*a. m.*	*diesen*	*Morgen*	*nach*
links	*um*	*KABEL*	*und*	*rechts*	*um*	*LUCKS*
Front	*J.14.A.5.8*	*nach*	*rechts*	*bei*	*5*	*a. m.*
Posten	*bei*	*J.14.A.7.4*	*wurden*	*getrieben*	*in*	*Posten*
bei	*J.14.A.8.8*	*sind*	*noch*	*aufrechterhalten*	*aaa*	*[...]*

Gegen Mitternacht liegt Cushing in seinem Zelt und hört, wie das schwere Sturmfeuer in der Ferne aufbraust. Kurz danach beginnt wieder mal der Regen aufs Zeltdach zu trommeln.

*

Am nächsten Tag wird Cushing berichtet, dass zwischen dem 23. Juli und dem 3. August 17 299 Fälle von den drei hiesigen Feldlazaretten zur weiteren Behandlung an andere Orte geschickt oder gesundgeschrieben wurden. (Die Toten sind in dieser Zahl selbstverständlich nicht mitgerechnet.) In der 5. Armee gibt es noch zwölf weitere solcher Feldlazarette.

160.

Ein Tag Ende August 1917

HERBERT SULZBACH HAT NACHTDIENST

AM CHEMIN DES DAMES

Was sein Liebesleben betrifft, ist es für Herbert Sulzbach ein gutes Jahr gewesen. Umgänglich wie er ist, spürt er, dass er bedeutend leichter Kontakt zu Frauen findet als vor dem Krieg. Seine Offiziersuniform schadet dabei nicht. Im Moment unterhält er Beziehungen zu zwei Frauen gleichzeitig: eine in Bonn – er traf sie auf einer Zugfahrt – und eine in Frankfurt am Main. Aber das ist bisher auch das einzig Gute an diesem Jahr 1917.

Sein Freund Kurt Reinhardt ist bei der Fliegertruppe angenommen worden, und das bestärkt Sulzbach in seinem Entschluss, selbst Pilot zu werden. Die beiden träumen davon, im gleichen Verband zu fliegen.

Den Sommer hat er hauptsächlich am Chemin des Dames verbracht, in der Nähe einer berüchtigten Stellung, einer vollständig zerschossenen Anhöhe, die von den deutschen Soldaten *Winterberg* genannt wird. Der Dienst ist unangenehm und wie immer gefährlich, aber trotzdem irgendwie erträglich gewesen. Nach den ersten wütenden Angriffen im April und Anfang Mai sind die Franzosen sonderbar ruhig geblieben. Die Artillerieduelle gingen jedoch in gewohnter Weise weiter, ohne dass eine der beiden Seiten sich von der Stelle bewegt hat. Es ist, als sei das Bombardement ein bloßer Reflex geworden, eine schlechte Angewohnheit.

Wenn Sulzbach sich zu seinem Beobachtungsposten begibt, kommt er an einigen ausgebrannten Tankwracks vorbei, die an den französischen Durchbruchsversuch im April erinnern. Die Fahrzeuge sind mit Kreide vollgeschmiert. Obwohl sie nur noch leere und rostige Hüllen sind, findet Sulzbach sie doch erschreckend. Einen Panzer hat er mit seiner kleinen Kamera fotografiert.

Sie haben Stahlhelme bekommen – das ist von Vorteil, denn die feindliche Artillerie sorgt nicht selten zwischen den Schützengräben und den vorderen Stellungen der Feldartillerie für gefährlichen Beschuss.

Er hat häufig Nachtdienst. Das ist ihm recht, denn dann ist es am ruhigsten. Man hört nur vereinzelte Detonationen, vielleicht das Brummen der Flugzeuge am sternenklaren Himmel über ihm. Gleichzeitig herrscht dieser Kontrast: Auch wenn die mondbeschienene Landschaft, auf die er blickt, völlig öde zu sein scheint, weiß er, dass sich dort Tausende Kanonen, Hunderttausende Soldaten verbergen, und er kann in Momenten wie diesen nicht mehr verstehen, was für einen Sinn dies alles haben soll. Er schreibt in sein Tagebuch:

> *Jetzt bin ich also schon mehr als drei Jahre im Feld, und manchmal ist mein Bedarf an Krieg doch schon gedeckt. Mit zwanzig Jahren beginnt ja eigentlich für einen jungen Mann erst das Leben, und für uns begann in diesem Alter der Krieg, und er hat uns zu anderen Menschen gemacht, denen es manchmal so zumute ist, als ob sie nie mehr werden lachen können.*

161.

Dienstag, 4. September 1917

EDWARD MOUSLEY IST MIT DEM PFERDEKARREN UNTERWEGS NACH ANKARA

Das Frühstück ist ausgezeichnet: Würstchen, Kuchen, Tee und Marmelade – Mousley hat gerade ein Paket von zu Hause bekommen. Die Männer, die sie bewachen, essen Brot, Oliven, Melonen und Zwiebeln. Dann brechen sie von dem kleinen Wirtshaus, das bedauerlicherweise voller Wanzen ist, auf. Anfangs können er und der andere Gefangene – ein Brite mit einem stark entzündeten gebrochenen Arm – auf dem von Pferden gezogenen Wagen fahren, doch als der Weg zum Berg hinaufführt, steigen sie ab und gehen zu Fuß nebenher. Die Zugtiere sind einfach zu schwach. Der Berghang ist mit hohen Kiefern bewachsen. Sie sind von einer großen Schar berittener Gendarmen umgeben, deren Aufgabe es ist, einerseits ihre Flucht zu verhindern, andererseits sie vor Überfällen durch Banditen zu schützen. Sie passieren einen Wasserfall.

Mousley hatte tatsächlich fliehen wollen, und im Sommer bereitete er mit anderen Gefangenen über Monate hinweg eine Flucht aus Kastamonu vor. Der Plan sah vor, auf einem Gebirgspfad zum Schwarzen Meer zu gelangen, wo ein kleines Boot im Sand vergraben sein sollte, ohne Segel, nur mit Rudern. Mousley unternahm sogar – als Türke verkleidet – mehrere Probefluchten, um herauszufinden, wie sie die Wachen am besten täuschen könnten. Bei einem dieser Versuche wurde er beinahe geschnappt, danach stand er unter strenger Beobachtung. Ein Teil der Gruppe floh dennoch, wurde aber (wahrscheinlich) wieder eingefangen, nachdem sie (möglicherweise) verraten oder (wahrscheinlicher) bei einem unbeholfenen Versuch erwischt wurden, sich als Deutsche auszugeben.

Jetzt hat Mousley trotzdem Kastamonu verlassen. Er leidet noch immer an den Folgen der Zeit in Kut al-Amara. Das Schlimmste ist eine Quetschwunde am Rücken durch einen Granatsplitter. Einige Wirbel sind beschädigt, und die Schmerzen rauben ihm nicht selten den Schlaf. Und doch sind seine Augen der Grund für die Reise nach Ankara – er will sich dort von Spezialisten behandeln lassen. Der ganze Staub und Dreck, der ihm bei der Detonation in die Augen flog, hat eine Dauerentzündung hervorgerufen, die bisher nur unangenehm ist, aber sehr gefährlich werden kann. Es hatten ihn Briefe von Bekannten im Außenministerium erreicht, und es ist ihm gelungen, den erschrockenen Kommandanten glauben zu lassen, sein Fall werde von London aus sehr genau beobachtet. Der türkische Offizier hatte daraufhin seine Verlegung nach Ankara angeordnet. Mousley selbst besteht darauf, in Konstantinopel behandelt zu werden. Er glaubt, dass es von dort viel einfacher sein wird zu fliehen.

Der Anstieg nimmt den größten Teil des Vormittags in Anspruch. Gegen drei Uhr erreichen sie den Pass. Der Gipfel des Berges ist direkt vor ihnen, in Nebel gehüllt. Hier machen sie eine längere Rast und essen zu Mittag. Danach geht es abwärts. Ali, der Offizier, der ihren kleinen Transport befehligt, ist Mousley recht unsympathisch. Ali ist cholerisch, machtbesessen, aggressiv und feige, aber sie versuchen, ihn bei guter Laune zu halten, indem sie ihm ein ums andere Mal Zigaretten anbieten. Umso besser kann Mousley Mustafa leiden, den einfachen Soldaten, der sie bewacht, und zu dem sie guten Kontakt haben; er imponiert ihnen, denn obwohl er – diese «einfache türkische Bauernseele» – schwer an Malaria leidet, erfüllt er treu und ohne Murren seine Pflicht.

Es wird wärmer. Auch wenn Mousley und der andere Brite jetzt auf dem Wagen fahren können, ist es keine unbedingt angenehme Reise. Es ist heiß, sie werden durchgeschüttelt, und die Pferde brechen zwischendurch vor Schwäche zusammen, sodass man ihnen auf die Beine helfen muss; das Zaumzeug muss geflickt werden, und einmal kommen sie fast vom steilen Weg ab. Mousley machen seine Augen mehr und mehr zu schaffen, aber er ist dennoch eigenartig gut gelaunt. Er schreibt in sein Tagebuch: «Dies sind wunderbare Tage voller Bewegung, eine Reise, auf der die Welt wiederentdeckt wird, ein Übergang vom Schlaf zum Traumland, vom Tod zum Leben.»

Er erkennt auch Einzelheiten wieder von damals, als sie in die Gefangenschaft nach Kastamonu gebracht wurden: eine kleine Hütte, eine Mühle, ein zerstörtes armenisches Haus. Die Nacht verbringen sie erneut in einem dieser kleinen Wirtshäuser. Nachdem sie geraucht haben, legen sie sich zum Schlafen aufs Dach. Vielleicht gibt es zu viel Ungeziefer im Haus, oder es ist dort einfach zu warm.

*

Am gleichen Tag bricht Angus Buchanan von Camp C 23 auf, einem weiteren heißen und ungesunden Dschungellager. Er schreibt:

> *Am 4. September verließ das Bataillon C 23 und rückte zu den Lagern im Zentrum und links von Narunyu vor, um dort die Front zu halten und die 8th South African Infantry abzulösen, deren Soldaten sich kaum noch auf den Beinen halten konnten. Hier begannen die völlige körperliche Erschöpfung und das Fieber, an dem ich eine Zeitlang gelitten hatte, endgültig meine letzten Reserven aufzuzehren.*

162.
Montag, 10. September 1917

ELFRIEDE KUHR MACHT BAUERNFRÜHSTÜCK IN SCHNEIDEMÜHL

Alle reden jetzt vom Essen, reden davon, Vorräte anzulegen. Niemand will noch so einen Winter erleben wie den letzten, den «Steckrübenwinter». In der Alten Bahnhofstraße 17 konnten sie glücklicherweise den Kartoffelkeller auffüllen (sie haben eine ganze Ladung von Herrn Kenzler gekauft), und dort liegen auch Rüben. Brot und Speisefett fehlen fast vollständig. Die Ernährung ist sehr einseitig.[27]

Elfriede hat aber viel Geschick darin entwickelt, Bauernfrühstück zu machen, ein Gericht, das sie und ihr Bruder lieben. Zuerst reibt sie die Bratpfanne mit einer alten Speckschwarte ein. Dann streut sie Salz darauf, legt in Scheiben geschnittene Kartoffeln hinein und brät sie vorsichtig an. Sie verrührt ein Ei mit Wasser, Mehl, Salz und Pfeffer und gießt alles zusammen mit etwas Zwiebel oder Schnittlauch – wenn es welchen gibt – über die Kartoffeln. Die Kunst besteht darin, so viel Wasser hinzuzugeben, dass die Masse die Kartoffeln bedeckt, aber nicht so viel, dass der Eigeschmack verlorengeht.

Vor zwei Tagen haben sie und ihre Freundin Trude zusammen

mit den Leutnants Leverenz und Waldecker einen langen Spaziergang gemacht. Es war noch sommerlich warm, und sie wanderten den ganzen Weg bis Königsblick. Leutnant Waldecker ging neben ihr, hörte ihr zu, nahm sie in den Arm, lachte über ihre Geschichten, sah sie auf eine seltsame und doch liebevolle Art an, küsste ihre Fingerspitzen, ihre Nasenspitze, ihre Stirn. Einmal drohte Leutnant Leverenz seinem Kameraden mit erhobenem Zeigefinger und sagte in neckischem Ton: «Na, na, Minderjährige!» Später küssten sich Leutnant Leverenz und Trude, immer wieder. Leutnant Waldecker begnügte sich damit, Elfriedes Hand zu halten und ihren Kopf an seine Schulter zu drücken. Sie kamen erst gegen Abend zurück, und als sie sich auf der Treppe zur Alten Bahnhofstraße verabschiedeten, flüsterte er ihr ins Ohr, dass er sie lieb habe. Er, der Leutnant Waldecker, mit seiner feinen Fliegeruniform, seiner Offiziersmütze, die er schief auf dem Kopf trug, seinen Lederhandschuhen, seinem Eisernen Kreuz, seinen blauen Augen und seinem blonden Haar. Sie war verwirrt und glücklich.

Trotzdem, oder vielleicht gerade deswegen, spielt sie immer noch ihre Rollenspiele mit Gretel Wagner. Am liebsten hat es Elfriede, wenn sie Leutnant von Yellenic übernimmt und Gretel die Krankenschwester Martha. Jetzt hat ihr Spiel eine neue Wendung genommen: Leutnant von Yellenic ist meistens furchtbar verliebt, entweder in irgendeine abwesende Dame oder in Krankenschwester Martha. Leider ist aber seine/ihre Geliebte bereits mit einem Major verheiratet, sodass es bei einem platonischen Liebesverhältnis bleiben muss.

Damit ist sie zurzeit beschäftigt. Es kommt vor, dass sie wie früher zum Bahnhof hinuntergeht, um ihrer Großmutter in der Kantine des Roten Kreuzes zu helfen oder nur den Truppentransporten und Lazarettzügen zuzusehen. Aber das geschieht immer seltener. Die Linien mit schwarz-weiß-roten Flaggen auf der Kriegskarte im Klassenzimmer interessieren sie nicht mehr. In der Schule reden sie selten von dem Geschehen an der Front; nur wenn jemand einen Freund oder Verwandten verloren hat. Schon lange hatten sie kein Schulfrei mehr, um einen Sieg zu feiern. Der Krieg, schreibt Elfriede in ihr Tagebuch, ist fast

schon so etwas wie ein Dauerzustand geworden [...]; man kann sich nicht mehr daran erinnern, wie es im Frieden war. Wir denken kaum noch an den Krieg.

163.

Freitag, 28. September 1917

MICHEL CORDAY BESUCHT ANATOLE FRANCE IN TOURS

Um die Mittagszeit hält der Zug im Bahnhof von Tours. Er steht auf dem Bahnsteig, Anatole France, ein älterer korpulenter Herr mit kurzem weißem Bart und einer roten Mütze auf dem Kopf. Sie fahren mit ihm im Auto nach La Béchellerie, dem Landgut des Schriftstellers, wundervoll gelegen auf einem kleinen Hügel zwei Kilometer außerhalb von Tours.

Der Krieg ist für den alten Mann eine Prüfung gewesen. Nicht dass es ihn persönlich getroffen hätte, er hat keine Verwandten an der Front. Wie so viele andere war er im August 1914 nach Süden gezogen, fort von der offenbar unaufhaltsamen deutschen Armee, um hier an einem Nebenfluss der Loire ein beschauliches Leben zu führen. Nein, vielmehr hatte der Krieg alles zunichte gemacht, woran er einmal geglaubt hat.

Gerade diesen alten Mann musste der Gang der Ereignisse besonders schmerzen, war er doch den wohlklingenden Beifall gewohnt, und wurde nun so plötzlich mit Grobheiten und Drohungen konfrontiert. Nur weil er an seinen früheren Überzeugungen festhielt und sich 1914 weigerte, bei der schlimmsten Kriegshetze mitzumachen. Überrumpelt und verängstigt hatte sich France als 71-Jähriger freiwillig gemeldet, was allgemein nur Gelächter hervorrief. Jetzt wird France weniger verfolgt als vielmehr ignoriert.

Er meldet sich hin und wieder zu Wort, findet aber keine Resonanz. Corday hat den Eindruck, dass France den Glauben an die Menschheit vollends verloren hat. Aber der große Dichter kann nicht aufhören, über das nachzudenken, was zurzeit geschieht. Corday hat er erzählt, er stelle sich manchmal vor, dass der Krieg ewig weiterginge, und dieser Gedanke bringe ihn fast um den Verstand.[28]

Als sie La Béchellerie erreichen, wird zum Essen gebeten. Das massive Gebäude aus dem 17. Jahrhundert ist bis oben hin mit Dingen angefüllt, die der manische Sammler France im Laufe der Jahre herangeschleppt hat. Einen anderen Besucher des Hauses erinnert es an einen «Antiquitätenladen». Mitten im Salon steht ein vergoldeter Venustorso. Am Essen nehmen auch andere Gäste teil, unter anderem ein Tuchhändler aus der Stadt. Wie France ist auch dieser Mann sehr pessimistisch, was die Zukunft betrifft:

Die überwältigende Mehrheit in Tours will, dass der Krieg weitergeht, wegen der hohen Löhne für die Arbeiter und der größeren Profite für die Kaufleute. Die Bourgeoisie, mental gefüttert von den reaktionären Zeitungen, ist ganz vom Gedanken eines endlosen Krieges beseelt. Kurz gesagt, erklärt er, Pazifist sei man nur an der Front.

Sie verbringen den Nachmittag in der Bibliothek, die sich in einem kleinen Gebäude im Garten befindet. Unausweichlich wendet sich das Gespräch dem Thema Krieg zu, dieser Wunde, an die zu rühren keiner von ihnen verzichten kann oder will. Sie diskutieren die Friedensinitiativen des letzten Jahres, die deutsche, die amerikanische, und natürlich auch das, was der Papst in Rom im vorigen Monat geäußert hat.[29]

Man ahnt die besondere Atmosphäre. Eine Gruppe kultivierter Menschen, versammelt in einem Raum, der mit Büchern gleichsam befestigt ist, Menschen wie France und Corday, sensible, gebildete und radikale Humanisten, die wie Fremde in der eigenen Zeit leben, aufgewühlt und verwirrt von Ereignissen, die sie nicht verstehen, und Kräften, die sie nicht beherrschen können. Sind jetzt wirklich alle Wege zum Frieden versperrt? Sie suchen nach Zeichen der Hoffnung. Ist die Übersetzung der Antwort Präsident Wilsons womöglich nicht korrekt? Möglicherweise ist das deutsche Memorandum, das der Antwort an den Papst beigefügt war, gefälscht? Vielleicht gibt es eine geheime Verhandlungsstrategie? Vielleicht, möglicherweise, hoffentlich.

Worte und Gedanken wandern hin und her in dem behaglichen Raum, und die Stunden vergehen. Bald bricht die Dämmerung an. Ein großer Mond geht auf und färbt die herbstliche Landschaft silbern und weiß.

164.
Samstag, 13. Oktober 1917
HARVEY CUSHING LISTET DIE FÄLLE DES TAGES AUF

Das schlechte Wetter hält an. Es regnet beinahe unaufhörlich, der Wind erreicht fast Sturmstärke. Auch diesen Tag verbringt Cushing am Operationstisch. Am Freitag um 5.25 Uhr begann bei Ypern ein neuer Angriff, trotz des miserablen Wetters, des steigenden Wassers, des schlammigen Bodens, der schlechten Sicht. Überlebende berichten Cushing von Verwundeten, die in Granattrichtern ertrunken sind.

Er beginnt den Vormittag damit, die Fälle durchzugehen, die ihn erwarten:

Winter, E. *860594. 7. Borderers, 17. Div. – Penetr. Zerebellar. Saß. Helm auf. Wurde in die Luft gesprengt. Eine Zeitlang bewusstlos, weiß nicht, wie lange. Kroch später zurück in einen Schützengraben – unsicher auf den Beinen –, Schwindel, etc.*
Robinson, H. *14295. 1. Südafrikan. Inf., 9. Div. Penetr. re Temporal. Wurde gestern ca. 18.00 Uhr verwundet. Umgeworfen, aber nicht*

bewusstlos. Helm penetriert. Ging knapp 20 Meter – Schwindel – Erbrechen – Taubheit linker Arm, etc. Wegen Schlamm kein Transport vor heute früh.

Matthew, R. *203037. 8. Black Watch – Penetr. Re Parietal; hernia cerebri. Glaubt, dass er vor drei Tagen verwundet wurde, etc. Ein prächtiger großer Schotte.*

Hartley, J. *26. M.G.C., 8. Div. Um 11.00 Uhr die Nacht verwundet, nicht bewusstlos. Ging zum Verbandsplatz. Glaubt, dass sie ihr Ziel erreichten, etc.*

Bogus. *3. N.Z. Rifle Brigade, 1. Anzac. Frontale äußere längliche Wunde. War zwei Nächte in der vordersten Linie, bevor es losging – schreckliche Umstände. Als er verwundet wurde, war er 900 Meter vorangekommen, etc.*

Beattie. *7. Seaforths, 9. Div. Sanitäter, verwundet, als er seinen dritten Mann holte – 4 pro Trage – knapp 300 Meter von der vordersten Linie. Okzipetal Penetr. (?)*

Medgurck. *11. Royal Scots, 9. Div. Multiple Wunden, inkl. Kopf, etc.*

Dobbie. *Household Batt'n., 4. Div. Irgendwann gestern Nachmittag in der Nähe von Poelcapelle verwundet. Hier aufgen. 19.00 Uhr. Seitdem in Resus. Ernst. Zum Röntgen, etc.*

Am Ende des Tages ist Cushing zufrieden. Die Operationen sind gut verlaufen. Unter anderem ist es ihm gelungen, drei Männern mit der speziellen Magnetvorrichtung Splitter aus dem Gehirn zu entfernen.

Cushing erkennt, dass der Angriff kein Erfolg war; die Verwundeten strömen nur so herein. Keiner hat jedoch neue Zeitungen oder offizielle Kommuniqués gelesen. Es ist unmöglich zu erfahren, was eigentlich geschehen ist.

*

Zwei Tage später ist es wieder ziemlich ruhig bei Ypern. Der Himmel klart auf. Angeblich wurden drei britische Divisionen so schlimm zugerichtet, dass sie aus dem Kampf genommen werden müssen, und es heißt, Verstärkung von der 2. Armee sei auf dem Weg. Am Nachmittag sieht Cushing Tausende und Abertausende von Zugvögeln, die sich in Schwärmen bei einem kleinen Wald in der Nähe des Feldlazaretts sammeln. Jemand sagt, dass es Stare sind.

165.

Mittwoch, 24. Oktober 1917

MICHEL CORDAY HÖRT IN PARIS GESPRÄCHE AUF DER STRASSE

Ein vierter Kriegswinter steht bevor, und die Menschen in Paris sind resignierter als noch vor einem Jahr. Aber es fehlt nicht mehr an so vielem. Wer Geld hat, kann alles bekommen. Die Schwarzmarkthändler werden immer zahlreicher, immer reicher und immer schamloser. Viele gute Restaurants haben hochdekorierte Veteranen und Kriegsinvaliden als Kellner eingestellt, und Corday fragt sich, was ihnen durch den Kopf geht, wenn sie dort stehen und Leuten die Tür aufhalten müssen, die kaum mehr sind als «ein voluminös verkörperter Appetit, der an seinen Trog eilt». Corday notiert in seinem Tagebuch:

Auf der Straße hört man die Menschen über ihre kleinen Pläne reden. Die Leute sagen oft: «Nach dem Krieg werde ich ...», im selben ruhigen Ton, wie sie sagen: «Nach dem Duschen werde ich ...» Sie setzen dieses weltumstürzende Geschehen mit einer Naturkatastrophe gleich. Sie kommen nicht auf den Gedanken, dass sie selbst es aufhalten könnten, dass seine parasitäre Existenz auf ihrer Zustimmung beruht.

166.

Sonntag, 28. Oktober 1917

Leichter Nebel. Sonnendunst. Dünne Wolken. Kühle Luft. Nichts in ihm bejaht den Krieg. Im Gegenteil. Seine tägliche Arbeit besteht darin, die Wracks zusammenzuflicken, die der Krieg hervorbringt und die in sein Feldlazarett gespült werden. Die Erfahrung hat ihm auf drastische Weise bewusst gemacht, wie hoch der Preis ist. Es vergeht fast kein Tag, an dem er nicht Blut und Hirnmasse von seinen Händen wäscht. An die Annehmlichkeiten eines Lebens in der Bostoner Oberschicht gewöhnt, findet er vieles äußerst unangenehm: die ständige Nässe, das eintönige Essen, die Kälte, die es zuweilen schwer macht, in dem dünnen Zelt zu schlafen. Er hat eine eigene faltbare Badewanne mitgebracht.

Der Preis, ja. Cushing ist auch entsetzt über die materielle Verschwendung. Es gibt Schutzräume, deren Fußboden aus zahlreichen Schichten ungeöffneter Konserven besteht. An einer Stelle hat man 250 Wathosen aus Gummi gefunden, für den Gebrauch in den am stärksten überschwemmten Schützengräben bestimmt; sie waren von irgendeinem Verband nur einmal benutzt und anschließend einfach liegen gelassen worden. Die Soldaten werfen alles Unnötige oder Schwere fort, bevor sie in den Kampf gehen, denn sie wissen, dass sie es, wenn sie überleben, als im Kampf abhandengekommen melden können und ohne Probleme Ersatz erhalten. Überall liegen fortgeworfene Gewehre; sie werden als Wegweiser oder als Stützen in den Schützengräben verwendet oder verrosten einfach. In einem fünfminütigen Feuergefecht an einem kleineren Frontsektor wird Munition für 80 000 Pfund verschossen.

Außerdem hat er zu viel gehört und gesehen, um die britische Kriegführung hier bei Ypern nicht kritisch zu betrachten. Etwa die Geschichte, die ihm vorgestern einer seiner Patienten erzählte, ein Unteroffizier aus der 50. Division. Der junge Mann lag zitternd in seinem Bett, paffte eine Zigarette. Sein Bataillon hatte sich in der Nacht im Regen verirrt, und man versuchte, sich einzugraben. Aber der Untergrund war zu schlammig, und das Einzige, was man tun konnte, war, Erde aufzuhäufen und dahinter in Deckung zu gehen. Nachdem sie zweimal Order erhalten hatten, in der Dunkelheit weiter vorzustoßen, kam schließlich der Befehl zum Angriff, und sie versuchten tatsächlich, dem Sturmfeuer zu folgen. Dieses wurde allerdings zu schnell verlagert. Und plötzlich standen sie vor deutschen Betonbunkern. «Kaum einer überlebte.»

Cushing will einfach nicht begreifen, warum ein Angriff nicht abgeblasen werden kann, wenn beispielsweise das Wetter zu schlecht ist. Er hat diese Frage einmal einem hohen britischen Offizier gestellt und die Antwort erhalten, dies sei leider nicht möglich. Nicht so kurzfristig. Außerdem sei die Organisation zu groß, die Planung zu kompliziert. Allzu groß, allzu kompliziert, gewissermaßen jenseits aller menschlichen Kontrolle. Ein Sinnbild des Krieges an sich.

An diesem Sonntag ist es jedoch recht ruhig. Nur einzelne Verwundete kommen herein. Aber die Schlacht ist noch nicht vorüber. Neue Angriffe werden vorbereitet. Ein Bekannter in der 2. Armee hat ihm zuvor versprochen, ihn zur Front zu begleiten, und heute scheint ein guter Tag für eine solche Exkursion zu sein. Die beiden werden bei einer der vielen Kontrollen registriert, wechseln das Fahrzeug und fahren mit einem Sanitätswagen über Poperinghe nach Ypern. Der Verkehr wird dichter, je näher sie der Stadt kommen. Im Schlingerkurs bewegen sie sich auf der matschigen Straße vorwärts, zwischen marschierenden Soldaten und Motorradordonnanzen, Lkw-Kolonnen und von Pferden gezogener Artillerie. Sie durchfahren ein graues Ruinenfeld. Nachdem sie das von Splittern zerfurchte Menin-Tor passiert haben, fahren sie nach Portize, wo sie den Wagen abstellen und zu Fuß weitergehen. Sicherheitshalber. Die vordersten Linien sind nur wenige Kilometer entfernt.

Cushing ist bestürzt. Nicht nur über den ganzen Unflat, der

überall im schmierigen Schlamm verstreut liegt – «tote Pferde, kaputte Panzerwagen, abgestürzte und zusammengefaltete Flugzeuge, Pulvereimer, Granaten, Granatwerfer, Bomben, zerstörte oder verlassene Wagen, Stacheldraht» –, sondern auch darüber, dass der Ort in gewisser Weise seinen Erwartungen entspricht. Es sieht tatsächlich aus wie auf den Fotos.

Die Straße nach Zonnebeke hinauf drängen sich lehmverschmutzte kanadische Soldaten mit Lastautos, Kanonen und Mauleseln, die mit Munition bepackt sind. Am Straßenrand warten Truppen darauf, weiterziehen zu können. Die Luft ist erfüllt vom Dröhnen unzähliger Geschütze; der Lärm schwillt an und schwillt ab, schwillt ab und schwillt an – aber er verstummt nicht. Im Sonnendunst über ihnen kreisen Flugzeuge, umgeben von den flüchtigen, aquarellartigen Explosionswölkchen der Luftabwehrgeschosse. Er sieht knapp zweihundert Meter entfernt eine deutsche Granate einschlagen. Er sieht schwarze Erde aufspritzen «wie einen Geysir». Er sieht einen zweiten Granateneinschlag, diesmal noch näher. Seine Reaktion verblüfft ihn selbst:

Und der Wilde in dir bringt dich dazu, dies alles zu lieben, mit seinem ganzen Elend und der Vergeudung und aller Gefahr und aller Plackerei und all dem prachtvollen Getöse. Du spürst, dass es trotz allem dies ist, wozu Männer bestimmt sind, eher als in bequemen Sesseln zu sitzen, mit einer Zigarette und einem Whisky, der Abendzeitung oder einem Bestseller – und zu tun, als sei dieser Firnis Zivilisation und als verberge sich hinter deiner gestärkten und zugeknöpften Hemdbrust kein Barbar.

Er, der nur zu gut die Leiden und das Elend kennt, die der Krieg hervorbringt, hat plötzlich und beinahe widerwillig, in einem Augenblick des Schwindels am Rand des Abgrunds, das Gefühl, auch dessen Größe und Schönheit wahrzunehmen – oder zumindest die dunklen und verheerenden Kräfte, die die Tragödie des Krieges vorantreiben. Doch genug davon. Sie kehren nach Ypern zurück.

Er sieht die Sonne hinter den gezackten Ruinenresten der mittelalterlichen Tuchhalle untergehen. Die letzten glühenden Strahlen werden von einem Beobachtungsballon aufgefangen, der für die Nacht eingeholt wird.

*

Am selben Tag notiert Florence Farmborough in ihrem Tagebuch:

> *Am frühen Abend wurde ein Mann gebracht, der von einer deutschen Kugel verletzt worden ist. Er erfuhr bald, dass er der einzige Soldat im Saal war, der vom Feind verwundet wurde. Er stolzierte auf und ab und fühlte sich wie ein richtiger Held unter all diesen Männern, deren Verletzungen entweder selbstverschuldet oder das Ergebnis von Unglücksfällen waren.*

167.
Dienstag, 30. Oktober 1917
PAOLO MONELLI TRINKT GRAPPA UND WARTET AUF
NACHRICHTEN

Seit knapp einer Woche ist am Isonzo etwas Großes im Gang. Dem Feind ist mit einer einzigen Offensive gelungen, was die italienische Armee mit elf nicht geschafft hat: ein Durchbruch. Und sie rücken vor. Was genau geschehen ist und was im Moment gerade geschieht, wissen Monelli und die anderen an der Nordfront nicht. Sie halten eine gut befestigte Stellung und waren bis vor einigen Tagen entschlossen, den Winter in ihren neu errichteten Hütten zu verbringen. In der Höhe, in der sie sich befinden, liegt schon reichlich Schnee.

Nein, sie wissen nichts. Da weder Zeitungen noch Heeresberichte zu ihnen gelangen, schweben sie in einer Wolke der Unwissenheit, wo alles, was sie erreicht, nur Gerüchte sind, wie üblich verwirrend, widersprüchlich, phantastisch. Etwa dass die Deutschen Udine eingenommen haben. Dass 200 000 Italiener sich in Gefangenschaft begeben haben. Oder sind es 300 000? Die Stimmung ist düster. In der Offiziersmesse ist es völlig still. Monelli trinkt Grappa, um die schlimmste Hoffnungslosigkeit in Schach zu halten.

Er schreibt in sein Tagebuch:

Tragische Neuigkeiten erreichen uns von der Front im Osten. Auf dem Boden des Vaterlands trampelt der Feind. Soldaten werfen ihre Waffen fort. Hier nichts. Das Warten wird noch schlimmer durch bürokratische Dummheiten, durch Unterschriften und Rundschreiben, die Pedanterie nervöser Befehlshaber, Scherze von Vorgesetzten, die wir nicht respektieren.

168.

Donnerstag, 1. November 1917

PÁL KELEMEN SIEHT EIN INFANTERIEBATAILLON
VON DER VORDERSTEN LINIE AM ISONZO ZURÜCKKEHREN

Ein stiller, stetiger Regen fällt aus einem grauen Himmel auf einen grauen Berg. Es ist früh am Abend, und ein österreichisch-ungarisches Infanteriebataillon ist auf dem Rückmarsch, nachdem es wieder eine Zeitlang an der vordersten Linie gekämpft hat. Pál Kelemen ist dort, er sieht die Soldaten den Pfad hinuntertaumeln, der von dem Hochplateau, wo sie gelegen haben, bergab führt.

Die Offensive bei Caporetto[30] hatte den hart bedrängten österreichisch-ungarischen Verbänden am Isonzo eigentlich nur eine Atempause vor der drohenden nächsten italienischen Großoffensive verschaffen sollen. Aber irgendetwas – der Nebel, das Gas, die Überraschung, die idiotischen italienischen Dispositionen, die erfahrenen deutschen Truppen, die in einer neuen, flexiblen Taktik geschult wurden[31] –, irgendetwas hat dazu geführt, dass der Durchbruch viel durchschlagender war, als man zu hoffen gewagt hatte. Und dann kam eins zum anderen. Aus Angst davor, überflügelt zu werden, trat die gesamte italienische Armee am Isonzo einen panikartigen Rückzug zum Fluss Tagliamento an. Ein unerhörter Triumph für die Doppelmonarchie.[32]

Das Bataillon, das Kelemen herabkommen sieht, hat an dem Angriff selbst nicht teilgenommen, ist aber trotzdem schwer gezeichnet. Er notiert in seinem Journal:

Die Soldaten ziehen weiter bergab oder bleiben stehen, aufgehalten von den Kameraden vor ihnen, oder sie legen sich neben den Weg, was immer sie tun, es scheint unmöglich, sich vorzustellen, dass dieses die Kampftruppen sind, mit denen die Staatsmänner und Generäle die Monarchie verteidigen. Dass dieser zerlumpte, mitgenommene Haufen mit den zotteligen Bärten, den zerknitterten, aufgeweichten und schmutzigen Uniformen, den verschlissenen Schuhen und den erschöpften Gesichtern das sein soll, was man «unsere tapfere Infanterie» nennt.

Jetzt machen sie halt. Das ganze Bataillon sackt am Hang zusammen. Einige Soldaten holen Konservendosen aus ihren Rucksäcken, und mittels der langen Klingen ihrer Klappmesser heben sie den Inhalt heraus und schaufeln ihn sich roh in den Mund. Ihre Hände sind schwarz vor Dreck, steif und voller Schwielen. Die Furchen in ihren Gesichtern öffnen und schließen sich beim Kauen. Sie sitzen auf nassen Steinen und starren ausdruckslos in ihre Blechdosen.

Ihre Uniformen sind aus schlechterem Stoff gemacht, als empfohlen wird. Die Sohlen ihrer Stiefel sind aus Pappe, was dem Lieferanten der Armee, der selbst vom Militärdienst freigestellt ist, mehr Gewinn bringt.

Zur gleichen Zeit werden daheim, in Häusern, die vom Krieg unberührt geblieben sind, die Tische zum Mittagessen gedeckt. Elektrische Lampen leuchten. Weiße Servietten, edles Glas, silberne Gabeln und

Messer glitzern im Licht. Saubere Männer in zivilen Anzügen führen
Damen zu Tisch. Vielleicht ist sogar ein kleines Orchester da, das in
einer Ecke spielt. Getränke funkeln. Mit leichtem Lächeln unterhält
man sich über Bagatellen; in gemischter Gesellschaft soll die Konver-
sation locker und angenehm sein.

Denken sie an diesem Abend an die heruntergekommenen Soldaten,
die eine übermenschliche Last tragen und es dadurch ermöglichen, dass
zu Hause so vieles bleiben kann, wie es war? Gleich bleiben? Für so
manchen ist es sogar besser geworden.

169.

Sonntag, 11. November 1917

FLORENCE FARMBOROUGH HÖRT GERÜCHTE VON EINEM
STAATSSTREICH

Er ist schneidig, beinahe schön, dieser zwanzigjährige Leutnant,
der gestern eingeliefert wurde. Schon als man ihn hertrug, be-
merkte sie, dass er «die ebenmäßigen, klassischen Züge [besaß],
die typisch sind für Südrussen, und langes, lockiges Haar und hell-
graue Augen, eingerahmt von langen, dunklen Wimpern». Es ist
ihr auch nicht entgangen, dass er einen gutgebauten Körper hat.
Sein Name ist Sergej, sein Bursche begleitet ihn. Dieser hat erzählt, der junge Leutnant sei das älteste von sieben Kindern, habe
sich mit siebzehn Jahren freiwillig gemeldet und sei zur Offiziers-
ausbildung ausgewählt worden.

Der junge Leutnant ist ein schwieriger Patient. Er hat Schmerzen, ist unruhig, ängstlich und herrisch, will sich entgegen der aus-
drücklichen Anweisung der Ärzte aus seinem Bett helfen lassen,
gibt lautstark Kommandos, schreit den armen Burschen an, der
seinen Leutnant offenbar liebt und unbeholfen versucht, ihm auf
jede erdenkliche Weise zu helfen. Der Leutnant hat eine schlechte
Prognose. Er hat eine schwere Bauchverletzung; die Blase ist ein-

gerissen, und die Därme sind an mehreren Stellen durchlöchert. Aber die Chirurgen haben getan, was sie konnten, jetzt bleibt nur noch, das Beste zu hoffen. Der zwanzigjährige Leutnant schnauzt seinen Burschen an: «Los, du Schurke, in den Schützengraben! Nach vorne, an die Front!» Florence sieht den kleinen Mann zur nächsten Abteilung schleichen, um dort zu warten, bis sich der Zorn seines Herrn gelegt hat. Aus irgendeinem Grund spricht der Leutnant sie mit Zina an. Vielleicht fängt er schon an zu halluzinieren?

Sie sind an der rumänischen Front weiterhin recht isoliert, doch an diesem Tag erreichen sie sensationelle Nachrichten aus Russland. Vor drei Tagen hat in St. Petersburg ein Staatsstreich stattgefunden, unter der Führung einer der revolutionären Fraktionen, der Bolschewiken. Unruhen haben sich ausgebreitet. Das Bild ist noch unklar und widersprüchlich und vieles basiert auf Gerüchten, aber die Bolschewiken scheinen tatsächlich St. Petersburg zu kontrollieren, während die Kerenskij-Regierung Moskau hält. «Unsere schlimmsten Befürchtungen haben sich bestätigt: Im freien Russland bricht ein Bürgerkrieg aus.»

Am frühen Nachmittag macht jemand eine schreckliche, aber nicht unerwartete Entdeckung. Der Bauch des Leutnants beginnt sich zu verfärben. Trockener Brand. Sein Tod ist nur noch eine Frage von Stunden.

Florence wacht die ganze Nacht bei ihm, lässt die Verwundeten, die neu eingeliefert werden, von den Assistenten versorgen. Der Leutnant sinkt schnell in Bewusstlosigkeit, dem Tod entgegen. Einige Male ruft er nach seiner Mutter. Florence kann nichts anderes tun, als ihn mit hohen Dosen Morphium zu betäuben.

Der Leutnant stirbt um halb sechs am Morgen, und seine Leiche wird in einen kleinen Raum getragen. Florence sieht ihn, oder, besser gesagt, seinen toten Körper dort liegen, mit geschlossenen Augen und gefalteten Händen. Neben ihm sitzt sein Bursche, mit starrem, bleichem Gesicht. Artilleriefeuer ist ganz in der Nähe zu hören, aber das scheint den Burschen nicht zu kümmern.

Danach schreibt Florence in ihr Tagebuch:

Ich weiß nicht, wie lange ich noch durchhalte. Ich habe immer gehofft, dass meine Kriegserfahrungen, trotz all des Elends und all der Bitterkeit, meinen Geist stimulieren, meine Fähigkeit zum Mitgefühl steigern, «die Güte meiner Seele stärken» würden. Aber jetzt möchte ich an einen ruhigen Platz, an dem Frieden herrscht.

*

Am selben Tag besucht Willy Coppens die Feier einer britischen Fliegereinheit in Uxem. Er ist eingeladen, weil er in einen Luftkampf zwischen zwei britischen und sieben deutschen Flugzeugen eingegriffen und durch seine überraschende Intervention die deutschen Piloten dazu gebracht hat, ihren Angriff abzubrechen. Er berichtet:

Das Dinner war sehr lebhaft. Der Ausdruck von Dankbarkeit auf Seiten der Flieger, die ich vor dem deutschen Geschwader gerettet hatte, steigerte sich in dem Maße, wie wir von den reichlich vorhandenen Getränken zu uns nahmen. Ich war selbst immer mehr davon überzeugt, wirklich ein Held zu sein, worin mich die Beteuerungen der anderen und verschiedene alkoholhaltige Mischungen bestärkten.

Als er schließlich auf dem Motorrad zu seiner eigenen Basis zurückkehrt, ist Coppens sehr betrunken und ruft immer wieder laut in die kalte Nacht, dass er ein Held sei. Seine Kameraden nageln die Tür zu seinem Zimmer zu, und als der Morgen kommt, muss er durchs Fenster steigen, um hinauszugelangen.

170.

HARVEY CUSHING FÄHRT IM ZUG VON PARIS NACH
BOULOGNE-SUR-MER

Es wird immer beschwerlicher, mit dem Zug zu fahren. Wenn man
sicher sein will, einen Platz zu bekommen, sollte man am besten
eine Stunde vor Abfahrt am Bahnhof sein. Im Zug herrscht das
Gesetz des Dschungels, zumindest was die Sitzplätze angeht. Harvey Cushing hat eine seiner vielen Reisen nach Paris unternommen, wo er in Komitees mitarbeitet, die sich für die Verbesserung
des militärischen Sanitätswesens einsetzen und über neue Behandlungsmethoden aufklären. Er hat sie also noch, seine praktische
und professionelle Veranlagung, die ihn einst nach Frankreich gebracht hat.

Doch heute ist Cushing mit anderem beschäftigt, als er so in
dem schaukelnden Zug sitzt, der ihn nach Boulogne-sur-Mer
bringen soll und in das Krankenhaus, in dem er gerade zu arbeiten
begonnen hat. Es ist kurz nach zehn.

Die Menschen, die mit Cushing im Abteil sind, deuten in ihrer
Vielfalt an, wie groß und kompliziert dieser Krieg geworden ist.
Da sitzt ein französisches Paar in mittleren Jahren, sie in ihren
Reiseschal gehüllt und er in seine Morgenzeitung versunken. Außerdem einige russische Militärs, einer davon mit mächtigen weißen Koteletten. Dazu kommen belgische Soldaten, leicht zu erkennen an den kleinen Troddeln, die von ihren Mützen baumeln,
und die Cushing «albern» findet. Auf dem Gang draußen steht ein
portugiesischer Offizier mit einer säuerlichen Miene (Cushing vermutet, dass er den Platz des Mannes besetzt hat). Und schließlich
ein Flieger in dunkelblauer Uniform. Er liest das Magazin *La Vie
Parisienne*, das für seine gewagten Zeichnungen leicht bekleideter
Frauen bekannt ist – die nicht selten herausgerissen und als Pin-
ups in Schützengräben und Unterkünften aufgehängt werden –,
sowie für seine Kontaktanzeigen – von Frauen, die einen (neuen)

Mann suchen, oder Soldaten, die nach einer «Patin» Ausschau halten. Die meisten Leser wissen oder vermuten, dass es sich dabei um einen Kode für sexuelle Beziehungen handelt; amerikanische Militärs sind von höchster Stelle gewarnt und angehalten worden, dieses französische Skandalblatt *nicht* zu kaufen.[33]

Cushing hat schon begonnen, die blutigen und zähen Schlachten um Ypern zu verdrängen, die ihren Abschluss vor einer Woche fanden, als kanadische Truppen den Schutthaufen von Dorf eingenommen haben, der einer Schlacht ihren Namen gab, Passchendaele. Es ist offensichtlich, dass die britische Armeeführung die sinnlosen Angriffe aus reinen Prestigegründen hat fortführen lassen und das Ganze nicht abbrechen wollte, bevor man nicht behaupten konnte, man habe sein «Ziel» erreicht.

Ziel, ja. Cushing ist an diesem Tag pessimistisch gestimmt. «Manchmal fragt man sich, worauf das Ganze hinausläuft», schreibt er in sein Tagebuch, «und warum wir eigentlich hier sind.» Seine finstere Gemütsverfassung rührt in vielerlei Hinsicht von den beunruhigenden Nachrichten aus Russland und Italien. Die Bolschewiken mit ihrem Slogan «Frieden jetzt!» haben im Osten die Macht übernommen, und die arg gebeutelte italienische Armee hat sich von einem Fluss zum nächsten zurückgezogen. Wird die neue Front am Piave wirklich standhalten? (Cushings Verband wurde kurzfristig nach Boulogne-sur-Mer verlegt, um dort das Krankenhaus zu übernehmen, da die britische Einheit, die es bisher betrieben hat, den Befehl erhielt, sich unverzüglich nach Italien zu begeben.) Cushing ist der Ansicht, dass die Alliierten seit der Schlacht an der Marne 1914 nicht so schlecht dagestanden haben wie jetzt.

Wie immer führt diese Krisenstimmung zu gegenseitigen Vorwürfen. Cushing schielt auf die Belgier und Russen im Abteil. Die Belgier, schreibt er, tragen diese dämlichen Troddeln sicher nach dem Prinzip «Du musst vor einem störrischen Esel nur mit einem Strohbündel wedeln». Und dann die Russen, die nur essen, aber nichts tun: «Die Mannschaften weigern sich zu kämpfen, und was noch schlimmer ist, sie weigern sich zu arbeiten.» Es gibt keinen Zusammenhalt unter den Alliierten; die Rückschläge häuften sich zuletzt. Und in dieser Zeit «plant der Deutsche, vor dem Frühjahr ein Loch in die Westfront zu reißen». Nein, Cushing ist nicht besonders optimistisch und fühlt – wie zig Millionen andere –, dass ferne Kräfte über sein Leben bestimmen, Kräfte, die niemand mehr kontrolliert. «Eine weitere Drehung des Kaleidoskops kann jede Minute unser Schicksal verändern.»

Der Pilot hat *La Vie Parisienne* beiseitegelegt und einen Roman mit dem Titel *Ma P'tite Femme* aufgeschlagen. Der Zug schaukelt und rüttelt.

171.
Donnerstag, 15. November 1917
PAOLO MONELLI IST BEI DER VERTEIDIGUNG DES MONTE
TONDARECAR DABEI

Schneematsch und Schlamm. Auf dem Kamm des Bergrückens haben die Pioniere Stacheldraht gespannt. Hier soll der Feind aufgehalten werden. Sie hören diese Worte nicht zum ersten Mal, im Gegenteil. Im letzten Monat ist das wieder und wieder bekräftigt worden, aber der italienische Rückzug setzt sich unvermindert fort, in Sprüngen zwischen Berggipfeln und Flüssen: vom Isonzo zum Tagliamento, vom Tagliamento bis zum Piave. Im Norden, auf dem Asiago-Plateau, hält die Front noch einigermaßen, aber auch dort geht es langsam zurück. Wenn eine der Fronten weicht, gerät die nächste automatisch in eine missliche, um nicht zu sagen unmögliche Lage.

Die Stellung, die sie auf dem Monte Tondarecar zu verteidigen haben, ist alles andere als ideal. Die Schussfelder sind miserabel, und der Frontabschnitt, den Monellis Kompanie verteidigen soll, ist viel zu breit. Monelli selbst bleibt beherrscht und gefasst, ob-

485

wohl ihm die Rückzüge und die drohende italienische Niederlage – nicht nur in dieser Schlacht, sondern im Krieg überhaupt – schwer zugesetzt haben. Er ist fest entschlossen, hier zu kämpfen, wie schlecht die Ausgangslage und die Chancen auch sein mögen. Sein letzter Tagebucheintrag ist zwei Tage alt. Da schrieb er davon, wie traurig es war, dass all diese Berge jetzt vom Feind eingenommen sind. «Aber», so schloss er, «wenn sie unserem Schmerz und unserem Hass begegnen, wird es kein Durchkommen geben.»

Dann beginnt der Angriff, auf den sie gewartet haben.

Feindliche Sturmtruppen rücken an. Rufe und Schreie. Monelli erkennt ein graugekleidetes Gewimmel in rascher Bewegung. Man greift in dicht formierten Gruppen an, zu diesem Zeitpunkt des Krieges eine sehr ungewöhnliche Strategie. Die Angreifer sind ihre Pendants in der feindlichen Armee: österreichische Alpenjäger. Rufe, Schreie, Schüsse. Die Waffen eröffnen das Feuer. Kugeln pfeifen vorbei. Monelli sieht einige seiner Soldaten: De Fanti, Romanin, Tromboni, De Riva. Sie sind bärtig und abgerissen und anscheinend ebenso fest entschlossen wie er, standzuhalten. Ihre Gesichter sind merkwürdig ruhig. Rufe und Schreie und Schüsse. Die graue Welle wird langsamer, hält inne, schwappt zurück. Einer der anderen Offiziere springt im Rausch des Triumphs auf die Kante des Schützengrabens und schleudert dem sich zurückziehenden Feind Schimpfworte hinterher. Die Fliehenden verschwinden in ihren Schützengräben. Sie hinterlassen ein unregelmäßiges Muster von bewegungslosen Körpern. Rufe. In dem dünnen Stacheldrahtzaun hängen Körper. So nah sind sie herangekommen.

Das Gleiche wiederholt sich zweimal. Danach tritt eine gewisse Ruhe ein. Ein Artilleriemajor schaut vorsichtig über die Kante und stellt mit Verwunderung fest, dass die Front tatsächlich zu halten scheint. Er äußert ein paar lobende Worte und verschwindet.

Als der Kampf vorbei ist, holt Monelli sein Tagebuch hervor. Unter das Datum dieses Tages schreibt er drei Wörter: *Non è passato*. «Er ist nicht durchgekommen.» Das ist alles.[34]

172.

ELFRIEDE KUHR SIEHT, WIE DER SARG MIT DER LEICHE
LEUTNANT WALDECKERS SCHNEIDEMÜHL VERLÄSST

Es ist ein bitterkalter Tag, und sie steht einfach nur da und wartet zwei unendlich lange Stunden. In der Hand hält sie eine Rose, die sie von ihrem Ersparten gekauft hat. Gegen halb drei hört sie zuerst das Rasseln von Trommeln. Immer mehr Geräusche kommen hinzu: das Trampeln von Stiefeln, die in perfektem Takt marschieren, dann Blasinstrumente, dann Gesang. Sie sieht die Prozession: an der Spitze die Kapelle in Feldgrau, dann der Militärpfarrer, dann der Bestattungswagen, dann die Trauernden, dann eine Ehrenwache mit Soldaten samt Stahlhelm und Gewehr.

Die Trauernden? Sie müsste selbst dort mitgehen, sie ist doch eine von ihnen. Leutnant Werner Waldecker ist tot. Er hat vor zwei Tagen sein Leben verloren, als sein Flugzeug abstürzte. Elfriede erfuhr es, als sie gestern zur Schule kam. Da war in ihrem Kopf nichts als «ein schwarzes Loch», und sie bewegte sich gleichsam mechanisch. Dann hatte sich das Loch mit zwei Gedanken gefüllt. Der erste: Wie sieht er jetzt aus? Ist sein Kopf zerschmettert, in Fetzen, in Stücke gerissen? Der zweite: Wie verberge ich meine Gefühle?

Der Bestattungswagen rollt heran. Sie sieht den Sarg. Er ist braun und hat einen flachen Deckel, auf dem ein Kranz liegt. Als der Wagen ihre Höhe erreicht, tritt sie ein paar Schritte vor und wirft ihre Rose auf den Sarg. Die Rose gleitet herunter und fällt auf die Straße.

Der Wagen rollt durch die geöffneten Tore des Güterbereichs im Bahnhof. Der Tote soll als Reisegepäck befördert werden. Auf dem Gleis wartet ein rotbrauner Güterwagen. Der Sarg wird herabgehoben. Dort, zwischen Stapeln von Frachtkisten, rezitiert der Pfarrer etwas aus einem kleinen, schwarzen Buch. Die Helme werden abgenommen. Gemeinsam sprechen sie das Vaterunser. Die

Ehrenwache erhebt ihre Gewehre und feuert in rascher Folge drei Salven ab. Dann folgt Schweigen. Elfriede riecht das Schießpulver. Der Sarg wird in den wartenden Waggon gehievt, mit dem Kranz obenauf, dann schieben zwei Bahnarbeiter in verrußter Kleidung die Türen mit einem Krachen zu.

Elfriede geht zurück auf die Straße. Dort sieht sie ihre Rose liegen. Sie hebt sie auf. Die Blume ist nicht beschädigt. Sie hält sie sich an die Nase und läuft geduckt davon. Hinter ihr ist die Militärkapelle zu hören.

173.

Dienstag, 4. Dezember 1917

ANDREJ LOBANOV-ROSTOVSKIJ SITZT AUF EINEM BERGGIPFEL
AM PISODERIPASS

Der Tag beginnt ordentlich. Sie verlassen das Lager am Fuße des Berges in der Morgendämmerung und machen sich an den langen Aufstieg. Der Weg ist zwar schmal, aber gut befestigt, er führt in scharfen Serpentinen zum Pass hinauf. Das Wetter ist schön, die Aussicht großartig. Wohin sie auch blicken, überall sind die hohen, eindrucksvollen Gipfel der albanischen Berge zu sehen. Nach einem Marsch von knapp einer Meile kommen jedoch die ersten Schwierigkeiten.

Andrej Lobanov-Rostovskij ist auf dem Balkan, weit entfernt von seiner Heimat, als freiwilliger Angehöriger einer Einheit, die das russische Kontingent in Saloniki verstärken soll. Hinter seinem Entschluss, sich freiwillig zu melden, steckt keine Abenteuerlust. Er ist vielmehr Teil eines wohldurchdachten Plans, um wegzukommen aus Russland, wo die politische Revolution gerade in eine soziale übergeht. «Uns erwartet viel Blutvergießen und vielleicht sogar Terror.»

Wie immer hat er versucht, sich den Gang der Ereignisse über seine Lektüre zu erschließen. Im letzten halben Jahr hat er historische Literatur durchgekämmt, Bücher über Revolutionen (die französische natürlich, aber auch die von 1848) sowie über den Machtkampf zwischen Marius und Sulla im alten Rom und ähnliches. Er hat mit dem Stift in der Hand dagesessen, sich Notizen gemacht, nachgedacht, während Russland ringsherum zerfällt. Und er glaubt, eine Parallele entdeckt zu haben, in den Phasen der Französischen Revolution. Was hätte ein kluger Mensch im damaligen Frankreich getan? Er oder sie hätte das Land rechtzeitig vor der Terrorherrschaft verlassen und wäre nach dem Sturz Robespierres zurückgekehrt. Damit hätte der Betreffende die destruktive Phase übersprungen und wäre wieder aufgetaucht, als die Verhältnisse sich normalisierten. Genau das ist es, was er zu tun gedenkt. Und deshalb hat er sich als Freiwilliger an diese Front gemeldet. Die Uniform ist sein Asyl.

Saloniki war jedoch eine unangenehme Überraschung. Das lag einerseits am Anblick der niedergebrannten Stadt: «Niemals habe ich Zerstörungen solchen Ausmaßes gesehen.» Kilometer für Kilometer ausgebrannte Häuser. Die Zivilisten – Griechen, Türken, Juden, Albaner – leben «elend in Zelten oder Holzschuppen zwischen den Ruinen ihrer niedergebrannten Häuser». Und andererseits an der Stimmung in den alliierten Truppen: Ihm wurde schnell klar, dass die Moral am Boden war und «alle diese Front hassten». Kämpfe finden selten statt, aber Krankheiten, vor allem Malaria, fordern Tausende von Menschenleben. In den besseren Restaurants werden routinemäßig Schalen mit Chinintabletten neben den Salz- und Pfefferstreuer gestellt. Soldaten im Urlaub rotten sich häufig zusammen, und in den Offiziersmessen gibt es ständig Schlägereien zwischen den Offizieren verschiedener Armeen. Letzteres hat Lobanov-Rostovskij besonders schockiert. So etwas hatte er noch nie gesehen. In der Regel sind es immer die gleichen Nationalitäten, die aneinander geraten: Briten, Serben und Russen schlagen sich mit Franzosen, Italienern und Griechen. Irgendwo weit oben in den Bergen hat ein halbverrückter französischer Oberst eine kleine Republik errichtet, die Münzen in eigener Währung prägt und eigene Briefmarken druckt.

Lobanov-Rostovskijs Kalkül geht nicht auf. Die Erschütterungen der Revolution sind nämlich bis auf den Balkan zu spüren. Besonders seit sie die Nachricht erreicht hat, dass die Bolschewiken die Macht übernommen und gestern in Brest-Litowsk Verhandlungen mit den Deutschen über einen Waffenstillstand aufgenommen haben, ist die Unruhe im Bataillon noch größer geworden. Soldaten und Unteroffiziere murren, geben Widerworte, gehorchen Befehlen nur unwillig oder kommen zu spät zum Antreten. Wachen schlafen auf ihrem Posten ein. Offiziere zögern, ihren Mannschaften Munition auszuliefern. Auch auf Lobanov-Rostovskij wurde geschossen. Danach wurde er versetzt und zum Chef einer Nachrichtenkompanie ernannt.

Das ist die Kompanie, die er jetzt über den Berg zu der russischen Division führen soll, die oben am Presbasee steht. Und der einzige Weg dorthin führt über den 1800 Meter hohen Pisoderipass. Anfangs war es, wie gesagt, leicht. Aber weiter oben liegt noch Schnee, und der schmale, gewundene Weg ist mit Eis bedeckt. Lobanov-Rostovskij hört hinter sich Geschrei, und als er sich umdreht, sieht er, wie einer der von Pferden gezogenen Wagen über die Kante rutscht und in den Abgrund stürzt. Als sie das Wrack erreichen, ist eines der Pferde schon tot. Das andere muss er erschießen. Nach einer Weile nimmt die Steigung so sehr zu, dass die erschöpften Pferde keinen Halt mehr finden und die Soldaten die Wagen Meter für Meter zum Pass hinaufschieben müssen. Die siebzig Maulesel, die die Telegraphenausrüstung tragen, kommen mit den Verhältnissen besser zurecht. Aber sie sind für ihre Aufgabe nicht richtig trainiert, und zwei von ihnen stürzen den Abhang hinunter. Die Stunden vergehen, und die Kompanie dehnt sich zu einem langen, ungeordneten Strang von Männern, Wagen und Zugtieren, der sich mit größter Langsamkeit nach oben schleppt.

Am Nachmittag beginnt es zu schneien. Sie sind noch nicht über den Pass gekommen. Lobanov-Rostovskij patrouilliert zu Pferde an der immer weiter auseinandergezogenen Marschkolonne. Gegen sechs Uhr erreichen sie den Gipfel. Die Dämmerung bricht herein. Auf einem verschneiten Feld neben dem Weg sieht er einen Soldaten, der versucht, einen einzelnen Maulesel zum Weitergehen zu bewegen. Trotz seiner Anstrengungen bewegt sich das starrsinnige Tier nicht vom Fleck. Lobanov-Rostovskij sagt dem Mann, er werde bei dem Maulesel bleiben, er solle unterdessen losgehen und Hilfe holen.

Lobanov-Rostovskij wartet – und wartet. Doch niemand kommt. Was ist passiert? Haben sie beschlossen, ihn sitzenzulassen? Oder können sie ihn in der Dunkelheit und dem Schnee nicht finden? Was soll er tun? Es war ein Jahr der Enttäuschungen und Rückschläge, aber dies ist für ihn der absolute Tiefpunkt:

> *Ich habe mich während des gesamten Krieges selten so miserabel gefühlt. Es wehte ein scharfer Wind. Im wogenden Nebel war es unmöglich, die Gipfel in der Umgebung zu erkennen. Bald wurde es Nacht, und dort saß ich allein auf einem Berggipfel und hielt einen Maulesel fest.*

Schließlich hört er Stimmen im Dunkel, und er ruft. Es sind ein paar Nachzügler mit ihren Pferden und Wagen. Sie helfen ihm, den Maulesel in Bewegung zu setzen. Ungefähr um zwei Uhr in der Nacht überquert der letzte Wagen den Pass.

174.

Mittwoch, 5. Dezember 1917

PAOLO MONELLI GERÄT AUF DEM CASTELGOMBERTO IN GEFANGENSCHAFT

Schon gestern hatte er eine Vorahnung, dass das Ende nahe ist. Das Ende, Singular, mit dem bestimmen Artikel? Dieser Kampf kann natürlich mehr Ausgänge haben als einen, aber die Wahrscheinlichkeit, dass es sich um einen glücklichen handeln wird, nimmt von Stunde zu Stunde ab. Nach schwerem Trommelfeuer, nach Kampfgasattacken, nach drohender Umzingelung, nach gescheiterten Gegenangriffen, nach chaotischen Nahkämpfen haben Monelli und seine Kompanie den Rückzug angetreten und weiter unterhalb, in einem Wald am Castelgomberto, eine neue Stellung bezogen. Aber sobald die Sonne aufgeht, werden die österreichischen Sturmtruppen auch diese Stellung angreifen. «Dies ist die Stunde. Die Stunde, die ich, wenn auch widerwillig, seit meinem ersten Tag im Krieg vorausgesehen habe. Es ist, als ob alles, was die Vergangenheit an Kampf und Leiden und Mühen mit sich gebracht hat, mit einer enormen Kraft auf einen einzigen entscheidenden, tragischen Augenblick hinzielt.»

Es ist kalt, es ist dunkel, es schneit. Monelli und seine Soldaten frieren, sie sind hungrig und durstig. Der Rückzug gestern war so überstürzt, dass weder Zeit blieb, das schon aufgetragene Essen zu verzehren, noch es mitzunehmen. Die Angst und die Ungewissheit sind groß. Monelli schickt eine Patrouille los, um Kontakt mit den eigenen Truppen aufzunehmen, die sich links von ihnen befinden sollen / müssten / können, doch die Patrouille kommt nicht zurück. An Schlaf ist kaum zu denken. Sie haben einen Granatwerfer bei sich, mit dem sie ziellos in die Dunkelheit feuern. Sie transportieren zehn Kisten Granaten und wollen sie am liebsten loswerden, bevor der nächste Angriff kommt. Außerdem: Warum sollte der Feind dort drüben den ruhigen Schlaf genießen, der ihnen selbst verwehrt ist?

Morgengrauen. Sobald es hell genug ist, um gezielt zu schießen, beginnen österreichische Maschinengewehre, ihre Stellung zu bestreichen. Dann Granaten. Rauch erfüllt ihren Schützenstand. Er brennt in Augen und Ohren. Die Lage wird allmählich hoffnungslos. Die Lage *ist* hoffnungslos. Die Kompanie ist zusammengeschmolzen, hungrig und hat fast keine Munition mehr.

Sie geben auf. Österreichische Soldaten umringen sie.

Monelli nimmt seinen Revolver, wirft ihn fort, sieht ihn über einen Steilhang in die Tiefe segeln. In diesem Augenblick erfüllt ihn Bitterkeit: dreißig Monate Krieg – und dann das. Er sieht mehrere seiner Soldaten weinen. Er hört einen Mann aufschluchzen: «Was wird Mama sagen!»

175.

Freitag, 7. Dezember 1917

WILLY COPPENS AMÜSIERT SICH IN DE PANNE

Es ist nach Mittag, und sie sitzen schon abfahrbereit in den Autos, als der Anruf kommt. Ein deutscher Flieger greift gerade einige der vorderen Schützengräben an. Ob man ein paar Jagdmaschinen schicken könne, um ihn zu vertreiben? Der deutsche Pilot hat dem schlechten Flugwetter getrotzt, das die gesamte Schwadron seit zwei Tagen vom Fliegen abhält und sie jetzt dazu verlockt hat, die triste Warterei in den Baracken des Flugplatzes aufzugeben und nach De Panne zu fahren, um sich zu amüsieren.

Im dortigen Krankenhaustheater tritt nämlich Libeau mit seiner berühmten Artistentruppe auf. Die Truppe ist mit ihren Theater- und Musikvorstellungen auf Tournee hinter der Front und zieht oft tausend oder mehr Besucher an – die meisten von ihnen französisches oder belgisches Militär, darunter viele Rekonvaleszenten, die Abwechslung und Zerstreuung suchen. Zwei der Männer klettern aus den Autos, laufen schnell zum Umziehen. Die Übrigen fahren wie geplant zum Krankenhaustheater in De Panne, auf dem inzwischen bekannten Weg mit seinen Birkenalleen. Sie sehen noch, wie die erste Maschine in den grauen Himmel aufsteigt. Es ist Verhoustraeten – Coppens erkennt ihn an der eigenwilligen Art, wie er seine Maschinengewehre warmschießt. Jetzt klingt es fast wie ein Gruß. Vielleicht ist es das auch.

Später am Abend, während einer Pause zwischen den Späßen,

erreicht sie eine Kurzmeldung über das Telefon: Verhoustraeten ist tot. Er ist von einer Maschinengewehrkugel getroffen worden, die vom Boden abgefeuert wurde. Die Maschine ist zwischen den eigenen Linien abgestürzt. Ein kurzes Schweigen entsteht unter den jungen Männern in Uniform, aber dann geht die Unterhaltung weiter, «als sei nichts geschehen». Der Tod ist so normal, so allgegenwärtig, dass sie sich einfach nicht damit aufhalten können. Zumindest nicht, wenn sie weitermachen wollen wie bisher.[35]

Doch die Verdrängung hat ihre Grenzen:

Aber später, nachdem ich die Messe mit einem lockeren «Gute Nacht, meine Herren!» verlassen hatte, ging ich an Verhoustraetens Zimmer vorbei, das neben meinem lag und das dunkel war. Dort, in der Türöffnung des unbeleuchteten Zimmers, blieb ich stehen, betroffen, denn plötzlich stand mir das ganze Drama seines Verschwindens deutlich vor Augen. Bis zu diesem Moment war mir die Tragweite der Tragödie nicht aufgegangen. Ich begann mich zu fragen, ob ein solches Opfer wirklich notwendig war, und Zweifel befielen mich.

176.
Donnerstag, 20. Dezember 1917
PÁL KELEMEN BEWUNDERT EIN BOSNISCHES BATAILLON
IN PADERNO

Die große Offensive bei Caporetto ist abgeschlossen. Der Winter hat begonnen, und die hartnäckigen deutschen Divisionen sind abgezogen, um ihre Infiltrationstaktik[36] an anderen Opfern zu erproben. Unterdessen sind französische und britische Verstärkungen eingetroffen, um die wankenden Italiener zu stützen. Die Front ist am Piave zum Stillstand gekommen.

An diesem Tag begegnet Pál Kelemen einem Bataillon muslimischer Bosnier. Sie gelten inzwischen ebenso wie die muslimischen Kolonialtruppen in französischen Diensten als Eliteeinheiten. Und sie werden oft in besonders schwierigen Situationen eingesetzt. Der urbane und feinsinnige Kelemen steht staunend vor diesen in mehrfachem Sinn fremden Wesen. Ihr unerklärlicher Kampfeseifer beunruhigt ihn. Was haben sie sich von diesem Krieg zu erhoffen? Bosnien ist erst 1908 von Österreich-Ungarn annektiert worden. Kelemen stellt sich vor, dass einige der älteren Bosnier damals «Widerstand gegen ebenjene Macht geleistet haben, deren zuverlässige und eifrige Soldaten sie jetzt sind». Aber er kommt dennoch nicht umhin, sie zu bewundern:

Große, magere, kräftige Krieger, die an eine seltene Zedernart erinnern, die jetzt am Aussterben ist. Sie ducken sich ein wenig, als sei es ihnen unangenehm, dass sie gewachsen und so unerschütterlich geworden sind. Beim Gehen ziehen sie den Kopf zwischen die Schultern, und ihre kleinen, tiefliegenden Augen senden durchdringende Blicke nach allen Seiten. Wenn sie sich hinsetzen, kreuzen sie die Beine unter sich, schieben den Fes auf dem Kopf zurecht und rauchen ihre langen Holzpfeifen mit einer solchen Ruhe, dass man glauben könnte, sie seien in ihr märchenumwittertes Land mit den schlanken, wunderbaren Minaretten zurückgekehrt. Fast alle sind reife Männer. Spitze Bärte umrahmen die sonnenverbrannten Gesichter. Jetzt machen sie Rast und essen. Die schäbigen Konservendosen mit Armeenahrung sehen seltsam aus in ihren gekrümmten, knochigen Fingern. Sie kauen die unbekannte Nahrung mit Bedacht und ganz offensichtlich ohne größeren Genuss.

*

Am selben Tag erreicht Paolo Monelli sein Ziel, die alte Festung in Salzburg, die in ein Gefangenenlager umfunktioniert worden ist. Er ist jetzt zwei Wochen lang marschiert, eingezwängt in eine Kolonne erschöpfter, demoralisierter Kriegsgefangener mit zerlumpten Uniformen und abgerissenen Orden und Dienstgradabzeichen. Zuweilen haben sich Kameraden um das Essen geprügelt, manchmal hat es Zusammenstöße gegeben, wenn bestimmte Soldaten die Auflösung der Disziplin in der Gefangenschaft ausgenutzt haben, um ihre Offiziere anzugreifen. Viele sind froh, dass der Krieg für sie nun endlich vorbei ist, und das verbergen sie nicht. Aber Monelli hat beobachtet, dass auch der Gegner, trotz seines Triumphes, mit beträchtlichen Problemen kämpft: Die österreichisch-ungarischen Soldaten, die am Straßenrand standen und die Gefangenenkolonne betrachteten, waren oft unterernährt und abgemagert. (Außerdem muss der Feind an einem erheblichen Mangel an Rekruten leiden, denn Monelli hat viele Bucklige unter ihnen gesehen, ja, sogar einen Kleinwüchsigen.) An diesem Tag beginnt für sie alle das Lagerleben, und Monelli ahnt bereits, dass es auf absehbare Zeit durch ein unablässiges Pendeln zwischen zwei Zuständen bestimmt sein wird: Langeweile und Hunger. Er schreibt in sein Tagebuch:

> *Am 20. Dezember kommen wir zur Festung in Salzburg, einer finsteren Kaserne mit hohen dicken Mauern auf dem Gipfel eines steilen Bergs, ohne Sonne, in den leeren Sälen herrscht schlotternde Kälte. In diesem nördlichen Winter, mit Nebel und Schnee um uns her, wird der Gedanke an das traditionelle Weihnachtsfest zu einer Qual. Im Rhythmus dieser Tristesse, die durch den Hunger noch bitterer wird, klopft nichts Freudiges an die Tür einer Seele, die bereits eingeschlossen ist in ihren eigenen Hass.*

177.
Freitag, 21. Dezember 1917
HERBERT SULZBACH BETRACHTET DEN SCHNEEBEDECKTEN CHEMIN DES DAMES

Acht Grad minus. Es liegt dicker Schnee, er bedeckt die Batteriestellung und die Geschütze. Die Front ist ruhig. Hier und da fallen Granaten, vereinzelt, völlig ziellos. Das ist im Moment alles. Routine. Wie das meiste. «Wir sind eine lebende Mauer, wie die da drüben auch eine sind, eine Tausende von Kilometern lange Festung, in der jeder schweigend und ganz selbstverständlich seinen Kriegsdienst tut.» So wird Tag auf Tag gestapelt, Woche auf Woche, Monat auf Monat.

Zur Routine gehört der Besuch seines Feldwebels. Dieser kommt zweimal in der Woche zu Pferd von dem hinter der Front gelegenen Lagerplatz, um den Sold auszuzahlen oder sonstige Dinge zu regeln. Der Mann ist einer der übrig gebliebenen Veteranen von 1914, zuverlässig und gutmütig, und Sulzbach hat ihn schätzen gelernt. Sulzbach fühlt sich überhaupt sehr verbunden mit seinen Soldaten. Manchmal schleicht er zu ihnen hinüber und beobachtet sie heimlich, wie sie in den schlecht beleuchteten Schutzräumen sitzen, Mundharmonika oder Karten spielen, lesen oder sich unterhalten. Und er kehrt jedes Mal geistig gestärkt zurück, denn er spürt, dass es gute Leute sind, auf die man sich verlassen kann.

Heute ist ein solcher Tag, an dem sein Feldwebel geritten kommt. Die Formalitäten sind rasch geklärt. Sulzbach und der Mann trennen sich. Der Feldwebel ist in bester Stimmung, als er durch den weißen Schnee davonreitet.

Zehn Minuten später klingelt das Feldtelefon. Der Anruf kommt von einer Einheit, die ein Stück hinter ihnen liegt. Der Feldwebel ist tot. Von einer Granate getroffen. Es ist einfach, sich die Szene vorzustellen, den Kontrast der Farben.

Auch was die Toten angeht, gibt es detaillierte Routinen, die einzuhalten sind und automatisch befolgt werden. Es wird nicht mehr viel geredet, wenn jemand gefallen ist. Sulzbachs eigene Reaktion verrät Resignation: «Ich verliere da wieder einen meiner Bravsten.» Die Soldaten aber sind erschüttert. Wieder hat es einen der Alten erwischt. Allein im letzten Jahr sind mehrere von Sulzbachs persönlichen Freunden getötet worden: Becker, bei St. Quentin, wo sie so viel Freude zusammen hatten; Lenne, der Anwalt, gestorben an seinen furchtbaren Verletzungen; von Mau-

rig, der ehemalige Klassenkamerad, mit seinem Flugzeug abgeschossen; Zimmer, dem er im Mai begegnet war; und der fröhliche
kleine Peters, auch er im Kampf gefallen. Kurt Reinhardts Vater
ist ebenfalls gefallen.

Acht Grad minus. Es liegt dicker Schnee, er bedeckt die Batteriestellung und die Geschütze. Die Front ist ruhig. Hier und da
fallen Granaten, vereinzelt, völlig ziellos.

178.

Neujahrsabend, Montag, 31. Dezember 1917

ALFRED POLLARD SPIELT EINIGEN AMERIKANERN IN
LE TOQUET EINEN STREICH

Vielleicht ist es das Kind in ihm, das wieder auflebt, vielleicht seine zunehmende Irritation über die Amerikaner. Vermutlich ist es
beides.

Es ist spät am Abend, und Pollard schleicht sich vorsichtig in die
langgestreckte Baracke, in der die amerikanischen Offiziere untergebracht sind. Er hat drei Kameraden bei sich. Alle Lichter sind
gelöscht. Der Mondschein sickert durch die Fenster. Das Einzige,
was zu hören ist, ist das Geräusch von Männern, die tief und fest
schlafen, eingepackt in Schlafsäcke und Wolldecken.

Die Amerikaner, ja. Pollard weiß wie die meisten, dass sie gebraucht werden. Die französische Armee hat sich nach den enormen Verlusten der letzten Jahre und den Meutereien im Frühjahr
kaum wieder konsolidiert, die britische hat den Aderlass nach ihrer langen, verlustreichen und gescheiterten Offensive vor Ypern
noch nicht verkraftet, die italienische ist immer noch geschwächt
und instabil nach dem plötzlichen Kollaps bei Caporetto im späten
Herbst. Und an der Ostfront deutet alles darauf hin, dass Russland sich aus dem Krieg zurückzieht. Die Bolschewiken haben die
Macht in St. Petersburg übernommen, haben Friedensaufrufe ver-

breitet und mit den Deutschen einen Waffenstillstand geschlossen, der seit mittlerweile gut vierzehn Tagen gilt. Die deutschen Divisionen, die bisher im Osten gebunden waren, werden ohne Zweifel sämtlich in den Westen verlegt. Sicher braucht man die Amerikaner – ihre Soldaten, ihr Geld, ihre Industrie.

Wenn sie nur nicht so, so … selbstsicher wären.

Pollard hatte angenommen, dass den Amerikanern ihre Ratschläge willkommen wären, dass sie froh wären, von den teuer erkauften Erfahrungen der britischen Armee zu profitieren. Aber nein. Viele amerikanische Offiziere, denen er begegnet, sind entweder unheimlich naiv oder erstaunlich arrogant, sie glauben, dass sie von ihren Verbündeten nichts lernen können. Sie sind ja selbst seit über einem Jahr im Krieg. (Jedenfalls in einer Art Krieg, denn wie soll man ihre Scharmützel mit mexikanischen Banditen sonst nennen?[37]) Die Neuankömmlinge tun sich beim Exerzieren auf dem Kasernenhof hervor, und ihre gemeinen Soldaten sind eifrig, gut gebaut und wohlgenährt. Das muss sogar Pollard zugeben. Aber die Amerikaner halten die einfallsreichen, komplexen und zunehmend erfolgreichen Angriffsmethoden der Briten – mit ihrem Einsatz verschiedener Waffengattungen, kriechenden Sperrfeuers und beweglicher, gut bewaffneter Unterabteilungen – für unnötig, gekünstelt und übertrieben.

Manchmal, wenn sie die Amerikaner reden hören, haben die Briten den Eindruck, dass sie in den Kampf ziehen wollten, als zeige der Kalender noch August 1914, dass sie also im geschlossenen Glied und mit gezücktem Bajonett losstürmen wollen. Pollard kann darüber nur den Kopf schütteln. Die Amerikaner werden noch früh genug lernen, und sie werden es blutig bezahlen.

Aber da ist noch etwas anderes. Der Zechbruder Pollard ärgert sich über das Alkoholverbot in der amerikanischen Armee und über die damit verbundene Heuchelei. Wenn sie unter sich sind, ist fast jeder amerikanische Offizier schnell bereit, eine Flasche hervorzuholen, die er in irgendeinem Koffer versteckt hält. Just an diesem Abend, ausgerechnet an Silvester, haben sämtliche neunzehn Amerikaner im Lehrgang alle Feierlichkeiten ausgeschlagen. Sie sind allesamt um zehn Uhr schlafen gegangen! Pollard findet, dass diese friedlichen Amerikaner eher Bankangestellten ähneln als echten Soldaten.

Zurzeit ist Pollard in Le Tourquet, wo er mit anderen Offizieren verschiedener Nationalitäten lernen soll, mit dem leichten Lewis-Maschinengewehr umzugehen. Der Sommer ist für ihn ruhig verlaufen, der Herbst ebenso. Er hatte wechselnde Kommandos hinter der Front. Unter anderem musste sein Bataillon das Hauptquartier des Expeditionskorps in Montreuil bewachen und war im September an der Niederschlagung der einzigen kleinen Revolte beteiligt, die in diesem so revolutionären Jahr in den britischen Truppen aufgeflammt ist.[38] Pollard ist jedoch innerlich zerrissen. Einerseits fehlen ihm die Kämpfe, das macht ihn unruhig und verdrießlich. Anderseits hat er eingesehen, dass es stimmt, was andere schon früher behauptet haben, er aber als Unfug abgetan hat, nämlich dass «die Jungs, die zu Hause ein Mädchen haben, das an sie denkt, weniger bereit sind, Risiken einzugehen, als diejenigen, die keins haben». Er kann mit den verschiedenen Kommandos hinter den Linien leben. Würde er nur das Finale dieses Krieges miterleben, er gäbe sich zufrieden.

Die vier Engländer tasten sich zu den nächsten Betten vor. Zwei Mann pro Bett.

Dann, wie auf Kommando, heben sie die Betten hoch und kippen den Kokon mit seinem schnaufenden Inhalt auf den Boden, laufen schnell weiter zum nächsten Bett, tun dasselbe, zum nächsten und wieder zum nächsten. Gedämpftes Geschrei und laute Proteste hallen durch den Saal. Einige schlaftrunkene Amerikaner schlagen wild um sich, treffen aber nur ihre Kameraden, die natürlich zurückschlagen. Im Dunkeln entwickelt sich ein Handgemenge. Bevor jemand dazu kommt, das Licht einzuschalten, sind Pollard und seine Kumpane ungesehen und befriedigt aus der Baracke in die Nacht entschwunden.

Das Jahr 1918 hat begonnen.

Vincenzo D'Aquila

Pál Kelemen

Michel Corday

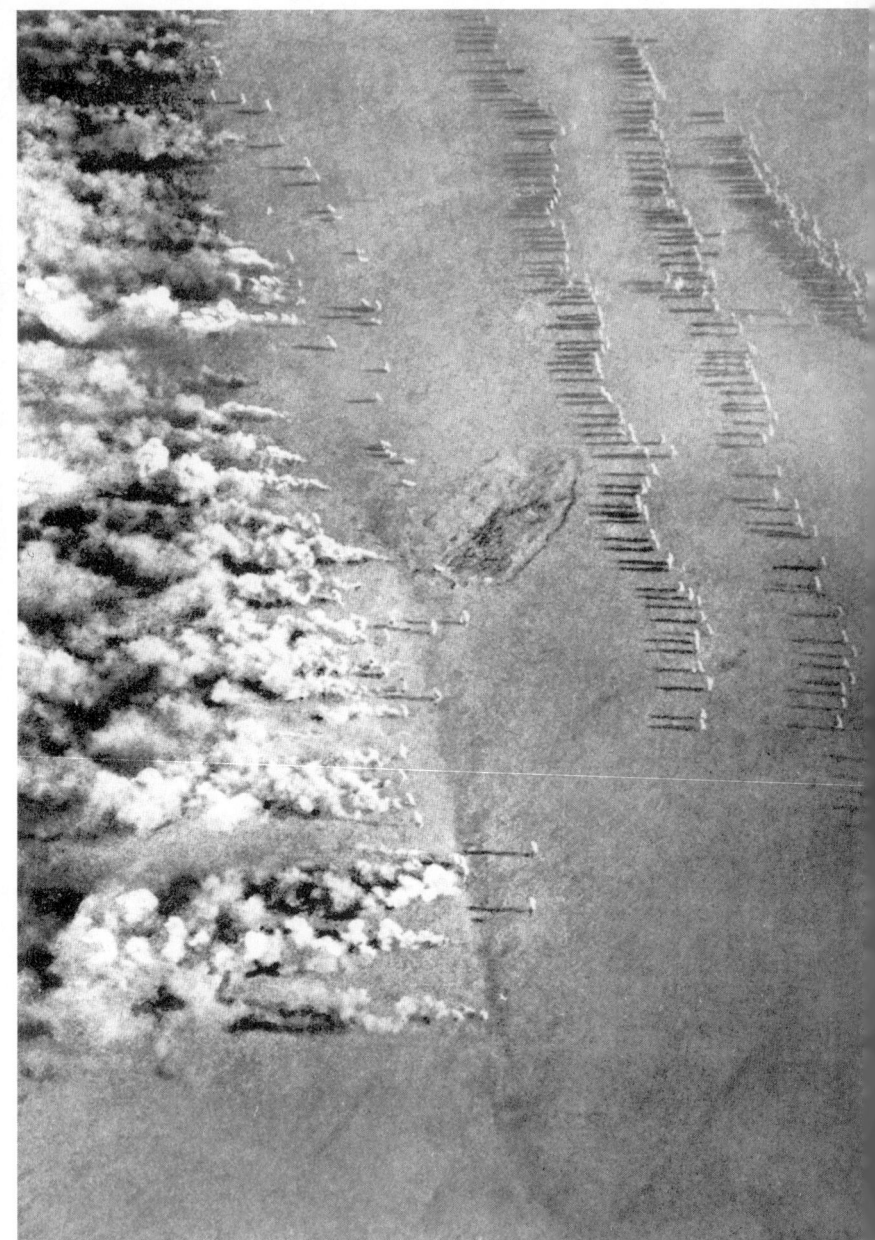

Britische Soldaten nach einem Gasangriff, 1918.

Gasangriff an der Ostfront, 1917.

Die Front im Nahen Osten

Festungsanlagen bei Erzurum, 1916.

Blick über Kut al-Amara in Mesopotamien.

Schwer beladene britische Flussschiffe auf dem Tigris, 1916.

Die Ruinen von Gaza nach dem Fall der Stadt im November 1917.

Unter Beschuss an der Front in Palästina.

Jerusalem hat kapituliert, und die alliierten Sieger werden willkommen geheißen, 1. Dezember 1917.

Blick über Bursa in Kleinasien.

Die italienische Front

Italienische Gebirgsjäger, 1915.

Österreichisch-ungarische Gebirgsjäger tasten sich in den Alpen vor, 1915.

Cima Undici, 1916.

Monte Cauriòl, 1916.

Österreichisch-ungarische Soldaten am Ortigara, 1915.

Österreichisch-ungarische Nachschubkolonne in der Nähe von Santa Lucia, Oktober 1917.

Italienische Kriegsgefangene und einige deutsche Bewacher in Udine,
Oktober 1917.

1918

Dies wird unser böses Erbe sein, oder unser gutes Erbe, auf jeden Fall unser unwiderrufliches Erbe – und wir werden für immer an unsere Erinnerungen gekettet sein.

Chronologie der Ereignisse

28.1. In Finnland bricht der Bürgerkrieg aus.

18.2. Nach einem Waffenstillstand beginnen die deutschen Truppen in Russland wieder vorzurücken.

3.3. Friedensschluss von Brest-Litowsk zwischen den Mittelmächten und Russland.

9.3. Fortsetzung der alliierten Offensive in Mesopotamien.

21.3. Einleitung einer großen deutschen Offensive im Westen. Sehr große Erfolge.

29.3. Französischer Gegenangriff im Westen. Die deutsche Offensive vorübergehend aufgehalten.

3.4. Deutsche Truppen landen in Finnland zur Unterstützung der Weißen.

4.4. Wiederaufnahme der deutschen Offensive in Nordwestfrankreich. Bedeutende Erfolge.

9.4. Deutsche Offensive in Flandern. Bedeutende Erfolge.

1.5. Die ersten amerikanischen Verbände werden im Westen eingesetzt.

7.5. Britische Truppen nehmen Kirkuk in Mesopotamien ein.

24.5. Britische Truppen landen in Murmansk.

29.5. Beginn der deutschen Offensive an der Aisne. Große Erfolge. Man steht kurz vor der Marne.

15.6. Große österreichisch-ungarische Offensive am Piave in Italien. Kleinere Erfolge.

15.7. Große deutsche Offensive an der Marne beginnt. Gewisse Erfolge.

18.7. Starke alliierte Gegenangriffe zwingen die deutschen Truppen zum Rückzug.

8. 8. Große alliierte Offensive bei Amiens. Sehr große Erfolge.

3. 9. Beginn eines allgemeinen deutschen Rückzugs bis zur Hindenburglinie.

15. 9. Alliierte Offensive in Mazedonien. Die bulgarische Armee wird zum Rückzug auf der ganzen Linie gezwungen.

19. 9. Beginn einer großen britischen Offensive in Palästina. Große Erfolge.

26. 9. Beginn der amerikanischen Offensive in der Argonne. Bedeutende Erfolge.

28. 9. Große alliierte Offensive in Flandern eingeleitet. Erhebliche Erfolge.

30. 9. Bulgarien kapituliert.

10. 10. Nach heftigen Angriffen ist die ganze Hindenburglinie am Ende durchbrochen.

24. 10. Alliierte Offensive am Piave. Sehr große Erfolge.

30. 10. Die osmanische Armee in Mesopotamien kapituliert.

31. 10. Revolution in Wien.

1. 11. Die serbische Armee befreit Belgrad.

3. 11. Beginn der Meutereien der deutschen Flotte in Kiel.

4. 11. Waffenstillstand zwischen den Alliierten und Österreich-Ungarn.

9. 11. Der deutsche Kaiser dankt ab. Revolution in Berlin.

11. 11. Waffenruhe. Alle Kriegshandlungen werden um 11 Uhr vormittags eingestellt.

179.

Ein Tag Anfang Januar 1918

PÁL KELEMEN VERFOLGT EINEN LUFTKAMPF ÜBER
CASTELLERIO

Ein schöner, sonniger Wintertag. Wenn an den Fronten Stillstand herrscht, wie hier im nördlichen Italien, geht der Krieg in
der Luft weiter. Ein großer italienischer Caproni-Bomber brummt
über den klarblauen Himmel. Die österreichisch-ungarische Luftabwehr beschießt ihn heftig. Weiße Rauchwölkchen entfalten sich
dort oben, aber vergeblich.[1] Der Rauch der Explosionen verzieht
sich im Wind. Ein einsamer österreichischer Eindecker kommt an-
geflogen und nimmt die Jagd auf den langsamen, mehrmotorigen
Bomber auf. Pál Kelemen notiert in seinem Journal:

*Unser Flieger kommt dem ungeschickt manövrierenden Doppeldecker
näher und näher, und das ständige Rattern seiner Maschinengewehre
ist am Boden deutlich zu hören. Plötzlich kippt die italienische Maschine
vornüber. Unser Flugzeug schwebt für einen kurzen Moment über ihm
und entfernt sich dann nach Norden, während das Caproni-Flugzeug
zur Erde trudelt, mit stillstehendem Motor und flatternden Flügeln,
und schließlich auf dem Boden aufschlägt.*

*Als ich die Stelle erreiche, hat man den Körper des italienischen Flie-
gerhauptmanns, der von einer Maschinengewehrkugel getötet wurde,
schon ins Gras neben das Flugzeug gelegt. Ein Flügel dieses gigantischen
Kriegsvogels hat sich, verdreht und zerbrochen, in die Erde gebohrt, und
aus dem durchlöcherten Motor sickert Öl.*

*Der italienische Offizier trägt einen Overall aus Leder, und seine ta-
dellose Eleganz wird nur dadurch gestört, dass ihm die Mütze in das
sorgfältig rasierte Gesicht gerutscht ist. An seinem Handgelenk tickt*

eine gut gearbeitete Armbanduhr aus Silber, völlig unbeschädigt, und der ganze Körper liegt dort in so großer Ruhe ausgestreckt, dass man denken könnte, er schlafe bloß.

Wir durchsuchen seine Taschen; jemand gibt mir seine große Brieftasche. Neben Briefen, Banknoten und Zetteln enthält sie eine gefaltete Karte mit festem schwarzem Umschlag: «Saisonkarte für den Zirkus in Verona».

Hier, auf diesem wüsten, von Kratern übersäten Feld, ist der Zirkus nur ein Name, auf Karton gedruckt. Die glitzernden Lampen unterhalb der Logenplätze, die aufgewirbelten Sägespäne, die knallende Peitsche des Zirkusdirektors, die reitende Zirkusprinzessin mit ihrem Kleid aus Tüll und funkelnden Juwelen, ja, das Vergnügen der zahlreich versammelten Kinder, das alles hat dieses junge Leben nun für immer hinter sich gelassen. Die anderen schlanken, schneidigen Offiziere werden heute Abend vergeblich in der Loge warten. Und doch wird das Zirkusorchester seine Lieder schmettern, wird der Clown mit seinem mehlweißen Gesicht und der bezahlten guten Laune kommen und seinen Salto mortale auf einem Stück Samt vollführen, das auf dem Sand ausgelegt wurde. Und die Damen werden aus der Distanz flirten, so als wäre er da, als käme er, genau wie gestern, nur zu spät.

Ich hätte ihm die Karte gern unter sein blutiges Hemd gesteckt, so wie einst in heidnischer Zeit alles, was dem Helden zum Gebrauch diente, ihn auch ins Grab begleitete, damit sein Eigentum von der Erdoberfläche verschwände und es zumindest einen leeren Platz zu seinem Gedenken im Zirkus von Verona gäbe.

*

Am selben Tag schreibt Willy Coppens in sein Tagebuch:

Während einer Patrouille über dem südlichen Teil unseres Sektors, in Richtung Ypern, gerate ich in einen Schneesturm und verliere völlig die Orientierung. Unsere Flugzeuge haben schlechte Kompasse, die am Fußboden angebracht sind, wo sie wenig nützen; ich merke zuerst, dass

ich vor Kemmelberget bin und dann bei Dunkerque, von wo aus ich
ohne Schwierigkeiten den Weg zurück zum Verband finde.

180.
Montag, 7. Januar 1918

FLORENCE FARMBOROUGH KOMMT IN MOSKAU AN

Der Zug schaukelt, rattert, schaukelt, rattert durch eine weiße
Winterlandschaft, die von einer schwachen Vormittagssonne be-
leuchtet wird. Allmählich wird die Bebauung dichter. Mittags um
halb eins fahren sie in den Bahnhof von Moskau ein. Die Reise
von Odessa hat eine ganze Woche gedauert; so viel Unordnung
herrscht in Russland. Und die Reise war nicht nur lang, sondern
auch sehr beschwerlich. Sie hat mehrmals um ihre Sicherheit
fürchten müssen.

Der Zug ist brechend voll gewesen mit Soldaten aller Art und
in allen denkbaren Gemütslagen: fröhlich, aggressiv, betrunken,
hilfsbereit, rücksichtslos, euphorisch, wütend. Über einzelne Etap-
pen haben die Leute sogar auf dem Dach gesessen. An einigen
Bahnhöfen haben sich manche den Weg in den Zug gebahnt, indem sie einfach die Fensterscheiben einschlugen und sich hinein-
hangelten. Wie Florence haben sie die Front und den Krieg hinter
sich gelassen und wollen so schnell es geht nach Hause. Eigentlich
war geplant, dass ihre ganze, inzwischen aufgelöste Lazaretteinheit
gemeinsam reist. Aber das hat sich als unmöglich herausgestellt,
in der Verwirrung und dem Menschengewimmel haben sie sich
schnell verloren. Sie hat ihren kostbaren Sitzplatz aufgegeben, um
einer schwangeren Frau zu helfen, der übel wurde, und musste
dann große Strecken der Reise stehend verbringen, den schmerzenden Kopf gegen das kalte Korridorfenster gepresst. Als sie in
Kiew umstieg und endlich wieder einen Sitzplatz fand, wagte sie
zweieinhalb Tage lang nicht, sich von der Stelle zu rühren, aus

Angst, ihren Platz zu verlieren, obwohl sie nichts zu essen und nur sehr wenig zu trinken hatte, und trotz des Krachs und des Geruchs der rauchenden, trinkenden, lärmenden Soldaten. Bis dahin war ihr das gesamte Gepäck gestohlen worden.

Es ist nicht einmal zwei Monate her, seit sie das letzte Mal in Moskau war, aber die Stadt hat schon eine spürbare Veränderung durchgemacht. Auf den verdunkelten Straßen patrouillieren schießwütige und machtbesessene Soldaten mit roten Armbinden. (Viele ihrer Bekannten ziehen sich jetzt absichtlich schlampig an, um die Aufmerksamkeit dieser Soldaten nicht auf sich zu lenken.) Nachts sind oft Schüsse zu hören, und in der Familie schläft man in voller Bekleidung, um das Haus schnell verlassen zu können. Die Nahrungsknappheit hat sich zur Hungersnot verschärft. Die garantierte Tagesration besteht aus fünfzig Gramm Brot oder zwei Kartoffeln. Nicht einmal mehr eine so einfache Ware wie Salz ist zu kaufen. Es gibt immer noch Restaurants, die geöffnet haben. Aber die Preise sind in astronomische Höhe gestiegen, und das Fleisch stammt in der Regel von Pferden. Die Atmosphäre ist erfüllt von Angst und Unsicherheit.

Florence ist niedergeschlagen und verwirrt, als sie in ihrer verschlissenen, schmutzigen Uniform aus dem Zug steigt:

Ich war zurückgekehrt wie ein Landstreicher, all dessen beraubt, was mir einmal lieb gewesen ist. Meine Arbeit beim Roten Kreuz war abgeschlossen. Meine Wanderungen zur Kriegszeit waren an ein Ende gelangt. In meinem Herzen und Gemüt herrschte eine Leere, die mich tief quälte. Das Leben schien auf einmal in eine Sackgasse geraten zu sein. Was die Zukunft bringen würde, ließ sich unmöglich vorhersagen. Alles erschien jetzt dunkel und leer.

181.

MICHEL CORDAY DENKT ÜBER DIE ZUKUNFT NACH

Die heftige Kälte lässt allmählich nach – noch vor ein paar Wochen hatten sie achtzehn Grad minus. Die Behörden haben den Verkauf von Absinth verboten, und die Soldaten dürfen keine Halstücher mehr tragen. Torten dürfen nicht mehr gebacken werden (in den Teesalons wird nur noch Gebäck serviert), und die Brotration soll bald noch weiter reduziert werden, auf dreihundert Gramm pro Tag und Person. Es kursieren Gerüchte von bevorstehenden Unruhen in Arbeitervierteln, von baldigen feindlichen Bombenangriffen auf Paris und einer neuen deutschen Offensive an der Westfront. Man sagt auch, eine Gruppe Spione, die ausschließlich aus Frauen bestand, sei in der Pariser Theaterwelt enttarnt worden.

Corday schreibt in sein Tagebuch:

Am 31. Januar wollen die Werftarbeiter am Clyde streiken, «falls bis dahin keine Friedensverhandlungen eingeleitet worden sind». Hier erleben wir tatsächlich eine neue Herausforderung im Kampf zwischen Volk und Regierung – die Völker verlangen zu wissen, warum sie von den Regierenden gezwungen werden zu kämpfen. Es hat vier Jahre gedauert, bis dieser berechtigte Wunsch an die Oberfläche kam. In Russland ist er Wirklichkeit geworden. In England tritt er zutage. In Österreich bricht er hervor. Wir wissen nichts darüber, wie stark er in Deutschland oder in Frankreich ist. Aber der Krieg ist in eine neue Phase eingetreten: den Kampf zwischen der Herde und ihren Hirten.

182.

RICHARD STUMPF LIEST AUF DER SMS HELGOLAND
EINEN AUFRUF ZUM GENERALSTREIK

Die SMS *Helgoland* liegt seit zwei Monaten wieder im Trockendock. Infolge der umfangreichen Arbeiten ist das Schiff völlig
verschmutzt. «Nichts kann man anfassen, ohne nachher die Hände abwischen zu müssen.» Stumpf hat resigniert. Die Unzufriedenheit gärt im gemeinen Volk. Und natürlich wird an Bord viel
über Politik geredet, aber seiner Ansicht nach sind die Matrosen
viel zu uneins, viel zu leicht zu manipulieren, viel zu faul, viel zu
dumm, um an der gegenwärtigen Situation etwas ändern zu können.

Stumpf dagegen hat sich zurückgezogen. Seine Energien haben
endlich ein neues Ventil gefunden. Er flicht nun grobe Schuhe aus
Hanf, die er an seine Kameraden verkauft. Die Geschäfte laufen
hervorragend. Er hat in der Schiffsbäckerei eine kleine Schuhma-
cherei eingerichtet, um sich der Kontrolle der Offiziere zu entzie-
hen. Der Kalender steht auf Winter, aber das Wetter deutet auf
Frühling.

An diesem Morgen geschieht jedoch etwas, das geeignet ist,
Stumpfs misanthropischen Pessimismus zu widerlegen. Es geht
das Gerücht, dass an Bord sozialistische Flugblätter gefunden
worden sind. Nach wenigen Minuten weiß die ganze Mannschaft,
was los ist. Die Matrosen stehen in Gruppen zusammen, und die
Pamphlete gehen von Hand zu Hand. Stumpf liest selbst eins,
stellt fest, dass Verfasser und Druckort natürlich nicht angegeben
sind und manches von dem, was behauptet wird, wahr ist, anderes
aber «alberne Plattheiten und Phrasen» sind. Die Hauptparole
lautet: «Auf, rüstet zum Generalstreik, wenn ihr nicht wollt, dass
der Säbel regiert.»

Die Erschütterungen, die an diesem Tag Wilhelmshaven erreichen, haben ihr Epizentrum Hunderte von Meilen entfernt, in

Wien. Mitte des Monats begann dort eine Welle von Streiks in den Rüstungsfabriken, als Protest gegen die gekürzten Brotrationen und die Fortsetzung des Krieges. Bald wurde die Lage so bedrohlich, dass die österreichische Kaiserfamilie samt bewaffneter Eskorte aus der Hauptstadt floh. Die Streikwelle breitete sich schnell aus, unter anderem nach Budapest und zur Flottenbasis in Cattaro, wo die Matrosen ihre Offiziere festnahmen und rote Fahnen hissten. Gerade hat sich die Unruhe in Österreich-Ungarn gelegt, dafür kam es gestern zu großen Streiks der Munitions- und Metallarbeiter in Berlin. Man ist unzufrieden über die Lebensmittelknappheit und empört darüber, dass die Militärs den Krieg einfach weiterführen. Die Wahrheit ist, dass Deutschland wirtschaftlich in die Knie zu gehen droht. Der zündende Funke war die Nachricht, dass die Friedensverhandlungen mit Russland in Brest-Litowsk gescheitert sind.[2] Die Streikenden fordern Frieden, einen Frieden, bei dem keine der Kriegsparteien Annexionen oder Reparationen hinnehmen muss, einen Frieden, der auf dem Selbstbestimmungsrecht der Völker beruht.

An diesem Tag breitet sich der Streik in Deutschland aus. Über eine Million Menschen in München, Breslau, Köln, Leipzig und Hamburg legen die Arbeit nieder.

Gegen Mittag wird Antreten an Deck befohlen, divisionsweise. Die Offiziere sprechen zu ihrer Mannschaft. Einerseits dankt man dafür, dass die aufwieglerischen Pamphlete dem Kommandanten so schnell gemeldet worden sind, und die Matrosen werden aufgefordert, es auch in Zukunft so zu halten. Andererseits werden alle scharf vor der Teilnahme an Streiks und politischen Kundgebungen gewarnt.

Stumpf kann nicht recht absehen, was geschehen wird. Er weiß sehr wohl, dass die Unzufriedenheit allgemein verbreitet ist: «Wenn man diese Unzufriedenheit kanalisieren könnte, wäre ein großer Ausbruch praktisch unvermeidlich.» Zwar rumort es immer wieder unter Matrosen und Arbeitern, aber die Proteste haben weder Bestand noch Ziel. Nach kurzer Zeit lösen sich die Energien in

Luft auf. Das ist seine Erfahrung. Wenn er sich die Werftarbeiter an Bord ansieht, scheint alles wie immer zu sein. Es gibt keine Anzeichen dafür, dass sie das Werkzeug aus der Hand legen wollen, ja, sie scheinen sich nicht einmal vor der Arbeit drücken zu wollen. Stumpf hört jedoch einen Arbeiter sagen: «Morgen ist es mit der Klopperei vorbei.» Er vermutet, dass mit «Klopperei» der Krieg gemeint ist.

Am nächsten Tag wird bekanntgegeben, dass kein Landurlaub mehr gewährt wird, mit dem Hinweis auf die Unruhe im Lande. Gegen Mittag legen fast alle Werftarbeiter an Bord ihr Werkzeug nieder und verlassen das Schlachtschiff. Matrosen rufen ihnen ermunternd nach und raten ihnen, «ja nicht wiederzukommen». Die Sonne scheint, und die Luft ist frühlingshaft warm.

*

Am selben Tag nimmt Harvey Cushing in Wimereux am Begräbnis des kanadischen Arztkollegen John McCrae teil. Was McCrae berühmt gemacht hat, ist nicht die Leitung des 3rd Canadian General Hospital, sondern ein Gedicht. Es heißt «In Flanders Fields», und fast jeder kennt seine berühmten Anfangszeilen:[3]

> *In Flanders fields the poppies blow*
> *Between the crosses, row on row,*
> *That mark our place; and in the sky*
> *The larks, still bravely singing, fly*
> *Scarce heard amid the guns below.*

Seit das Gedicht im Dezember 1915 im *Punch* abgedruckt wurde, ist es eins der meistzitierten geworden. Mit seiner kompromisslosen Botschaft, den Kampf fortzusetzen, wurde es unter anderem in der Kampagne verwendet, die das Ziel hatte, die USA zum Kriegseintritt zu bewegen:

We are the dead. Short days ago
We lived, felt dawn, saw sunset glow,
Loved, and were loved, and now we lie
In Flanders fields.

Take up our quarrel with the foe:
To you from falling hands we throw
The torch; be yours to hold it high.
If ye break faith with us who die
We shall not sleep, though poppies grow
In Flanders fields.

McCrae ist gestern an einer banalen Lungenentzündung gestorben. Cushing schreibt in sein Tagebuch:

Wir versammelten uns bei der 14. Allgemeinen Lazaretteinheit – an einem wunderbar sonnigen Nachmittag – und gingen die anderthalb Kilometer zum Friedhof. Eine Kompanie von North Staffords und viele Sanitäter und kanadische Krankenschwestern gingen an der Spitze der Prozession, dann Bonfire [sein Pferd], geführt von zwei Pferdeburschen und geschmückt mit den weißen Bändern des Regiments und den Reitstiefeln seines Besitzers, die nach hinten gewendet über dem Sattel hingen, dann folgten wir Übrigen. Sechs Unteroffiziere trugen den Sarg aus dem Friedhofstor, und als er ins Grab gelassen wurde, war das ferne Donnern von Geschützen zu hören – als sei es für diesen Zweck bestellt worden.

183.

Freitag, 1. Februar 1918

ELFRIEDE KUHRS BRUDER ERHÄLT SEINEN
EINBERUFUNGSBEFEHL

Es klingt nicht gerade nach einem angenehmen Erlebnis. Aufgebracht berichtet Elfriedes Bruder Willi, sie hätten sich ganz nackt in einem ausgekühlten Raum in einer Baracke aufstellen müssen. Bisher war Willi aus medizinischen Gründen vom Militärdienst freigestellt: Wasser in den Knien und Herzmuskelschwäche «durch Scharlach». Aber das ist jetzt überprüft worden. Wie alle anderen kriegführenden Armeen in Europa leidet auch die deutsche an einem akuten Mangel an Rekruten. Ein Arzt hat auf seinen Bauch gedrückt, seine Lungen abgehört und dann erklärt: «Kerngesundes Gemüse.»

Willi spottet, zischt: «So ein Laffe. Der will nur neues Kanonenfutter für Kaiser Wilhelm!» Elfriede und Willis guter Freund Hans Androwski ziehen ihn auf: «Du musst eine erhabene Erscheinung gewesen sein – nackt! Ein Muster olympischer Götterjugend!» Dann ändert sich der Gesprächston, und sie beginnen zu diskutieren, was Willi jetzt machen soll. Androwski, der wegen seiner schlechten Augen freigestellt ist, sagt, er solle, was auch immer geschieht, die Infanterie meiden. Am besten sei die Fliegertruppe, natürlich nicht hinter dem Steuerknüppel eines Flugzeugs, sondern hinter irgendeinem Schreibtisch. «Erzähl denen mal, dass du eine phantastische Handschrift hast!» Willi weist alles von sich, erwidert finster: «Preußischer Kommiss. Jetzt stecke ich drin in der Scheiße.» Elfriede sagt, das sollte ihre Mutter hören. Die Mutter glaubt immer noch an den Krieg, «und wenn du hurra! fürs Vaterland fällst, krepierst du für sie als Held».

Dann sprechen sie über den Krieg im Allgemeinen. Elfriede stellt die gleiche Frage wie so viele andere: Warum nur, warum sind alle diese Menschen gefallen? «Millionen Tote für nix und wieder nix.» Androwski widerspricht. Es sei nicht sinnlos gewesen.

Zum Beispiel hätten all die gefallenen Russen durch ihren Tod den Weg für die große Umwälzung in ihrem Vaterland geebnet. Elfriede wird zornig: «Durch den Tod? Wenn das der Preis ist, will ich nicht mal 'ne Revolution!» Willi sagt nichts, er kaut nur an seinen Nägeln.

184.
Freitag, 8. Februar 1918
OLIVE KING ERKLÄRT DEN VERLUST IHRER AUGENBRAUEN

Es ist Winter, aber ungewöhnlich warm. Angeblich haben einige italienische Offiziere schon versucht zu baden. Olive King wohnt nicht länger in dem kleinen Haus am Rand der niedergebrannten Stadt Saloniki. Sie ist in eine kleine Hütte umgezogen, aus einer riesigen Frachtkiste gebaut, in der einmal ein Flugzeug transportiert wurde.

Baden? Vielleicht wenn man nichts Besseres zu tun hat. Nichts Neues in Saloniki. Trotz großer Verstärkungen für die Orientarmee ist sehr wenig passiert. Kritiker der Operation – und von denen gibt es inzwischen viele – bezeichnen die befestigte Stadt als Deutschlands größtes Internierungslager. Im vergangenen Jahr wurden Versuche unternommen, die bulgarischen Linien im Norden zu durchbrechen, doch die Erfolge waren so dürftig, dass es schon peinlich war. (Sarrail ist daher auch vor einigen Monaten seines Amts enthoben worden.) Eine Erklärung sind die grassierenden Krankheiten. Die Orientarmee zählt nominell rund 600 000 Mann, aber nachdem Malaria, Dengue-Fieber und andere Krankheiten das Ihre getan haben, bleiben nur circa 100 000 diensttaugliche Soldaten übrig. Die Krankenhäuser sind überfüllt.

Olive King kann jedoch nicht über Beschäftigungsmangel klagen. In der letzten Zeit hat sie mehrere Touren nach Korfu unternommen, oder richtiger nach Santi Quaranta, der Stadt, die der großen Insel genau gegenüberliegt. Das amerikanische Rote Kreuz hat den serbischen Sanitätseinheiten neunundzwanzig Krankenwagen geschenkt, und sie war eine von denen, die die neuen Fahrzeuge die gut dreihundert Kilometer lange Strecke[4] nach Saloniki gefahren haben. Inzwischen kennt King die Strecke ziemlich gut. Eine Tour hin und zurück dauert acht bis zehn Tage.

Das Fahren auf den schmalen und steilen Bergstraßen war oft schwierig, zuweilen sogar gefährlich. King hat Schneestürme und Wagenpannen erlebt. Sie hat festgestellt, dass sie den Strapazen häufig besser gewachsen ist als die männlichen Fahrer, «die Unbequemlichkeiten, Regen, Schlamm und Kälte verabscheuen». Sie selbst liebt das «Zigeunerleben». Gesundheitlich geht es ihr bestens, abgesehen von ihren häufigen Zahnschmerzen. Erkältungen kuriert sie immer mit einer Mischung aus kochend heißem Wasser, Rum und reichlich Zucker.

Es fällt auf, dass sie sich ihrer Arbeit mit der Hingabe eines Menschen widmet, der Ablenkung braucht. Ihre Liebesaffäre mit Jovi, dem serbischen Hauptmann, endete mit einer großen Enttäuschung. Das letzte Mal trafen sie sich im Oktober, als sie – erst jüngst für ihren Einsatz während des großen Brandes mit der serbischen Tapferkeitsmedaille in Silber ausgezeichnet – ihm auf Korfu begegnete. (Er war in offiziellem Auftrag auf dem Weg nach London.) Sie verbrachten ein paar Tage zusammen und verabschiedeten sich anschließend an der Fähre zum Festland. Sie vergoss ein paar Tränen – und hätte sich aber am liebsten hingesetzt und laut losgeheult. Es folgte eine Zeit der Einsamkeit und Niedergeschlagenheit, die ihren Tiefpunkt erreichte, als sie einen Brief von Jovi erhielt, in dem er ihr mitteilte, dass er eine andere Frau kennengelernt habe.

Jetzt sitzt sie also in ihrer Holzhütte und schreibt wieder einmal einen Brief an ihren Vater. Er hat ein Foto von ihr haben wollen, und sie verspricht, seinem Wunsch zu gegebener Zeit nachzukommen. Nicht dass es an praktischen Möglichkeiten mangelte. Es gibt jede Menge Straßenfotografen in der Stadt, und es fehlt ihnen nicht an Kunden: «Du siehst fast immer einen Soldaten, der mit einem verschämten, trotzigen Lächeln posiert, von spöttelnden Freunden umgeben.» Nein, das Foto muss aus optischen Gründen warten. Als ihr Wärmeaggregat einmal nicht starten wollte, goss sie ein bisschen Benzin hinein, und «wizz, waren meine Brauen und Wimpern und meine Stirnlocke futsch, schon zum zweiten Mal in diesem Jahr». King will sich nicht porträtieren lassen, bevor die Haare nicht nachgewachsen sind. Schon in einem früheren Brief hat sie ihrem Vater geschrieben, dass sie wahrscheinlich nie in ein normales Familienleben zurückkehren könne. «O Papa», schreibt sie:

Ich frage mich oft, was du von mir denken wirst, wenn wir uns nach diesen fünf langen Jahren wiedersehen. Ich bin sicher, dass ich furchtbar grob und raubeinig geworden bin, nachdem ich nur unter Männern gelebt habe, und ich bin nicht mehr die Spur süß oder goldig oder attraktiv.

Am Montag geht es wieder einmal nach Santi Quaranta. Oben an der Front geschieht wie üblich nichts und wieder nichts.

185.
Montag, 18. Februar 1918
WILLY COPPENS FLIEGT ÜBER DAS BESETZTE BRÜSSEL

Coppens hat alles getan, was zu tun war: Er hat den neuen Motor probelaufen lassen, geprüft, ob die Tanks bis oben hin gefüllt sind, er hat eine kleine Karte beschafft, eine Maschinenpistole und eine Schachtel Sturmzündhölzer eingepackt – Letztere, um das Flugzeug in Brand zu setzen, sollte er zur Landung hinter den feindlichen Linien gezwungen sein –, und seine beste Uniformmütze eingesteckt, falls er gefangen genommen wird; denn in diesem

Fall darf man ja nicht nachlässig gekleidet sein. Es ist ein schöner, klarer Wintermorgen mit wolkenlosem Himmel.

Um 8.35 Uhr hebt er mit seiner Maschine ab. Das Ziel ist Brüssel. Die Stadt liegt tief im deutschen Besatzungsgebiet, über einhundert Kilometer entfernt.

Der Sinn und Zweck des Flugs? Es gibt eigentlich keinen. Was die belgischen Generäle auch so sehen, daher haben sie solche Langstreckenflüge untersagt. Formal betrachtet ist das, was er plant, Befehlsverweigerung und könnte sehr wohl vor dem Kriegsgericht enden. Aber Coppens ist bereit, nicht nur dieses Risiko einzugehen, sondern auch ein zweites, offensichtliches, das darin besteht, so tief in feindliches Territorium einzudringen. In gewisser Weise handelt es sich nur um ein Husarenstück, mit der zusätzlichen Verlockung, etwas Gefährliches und zugleich Bemerkenswertes zu vollbringen. In der Nacht hat der Gedanke an diesen Flug ihn buchstäblich vor Erregung erzittern lassen. Der Flug ist jedoch nicht nur eine genussvolle, aber bedeutungslose Geste. Über einer Stadt, die seit dreieinhalb Jahren besetzt ist, die belgischen Farben zu zeigen, demonstriert auch Trotz und Siegeswillen – was zu einem Zeitpunkt, an dem Überdruss, Ungewissheit und Zweifel sich stärker ausbreiten denn je, sehr wohl angebracht sein kann.

Denn wie soll dies alles enden? Nur wenige würden noch auf einen Sieg der Alliierten wetten. Sogar Optimisten rechnen damit, dass der Krieg bis ins Jahr 1919 hinein andauern wird. Die französische Armee hat sich von den Meutereien des vergangenen Jahres noch nicht vollständig erholt, die britische nicht vom Blutbad bei Passchendaele, die italienische nicht von der Katastrophe bei Caporetto. Die Amerikaner sind zwar auf dem Weg, aber es sind immer noch herzlich wenige. Und Russland, ja Russland ist im Chaos der Revolution versunken und praktisch aus dem Spiel. Auf jeden Fall kursieren Gerüchte von massiven deutschen Truppenverschiebungen, vom erlahmenden Kriegsgeschehen im Osten hin zur Front im Westen. Wann wird der Sturm losbrechen?

In Brüssel lockt auch noch etwas anderes: Coppens' Familie. Zwar schreiben sie sich Briefe, die über Holland gehen, er weiß also, dass alle noch leben, aber gesehen hat er sie seit 1914 nicht. Er will ganz einfach seine Heimatstadt wiedersehen.

Kurz nach neun Uhr überfliegt Coppens bei Diksmuide die Frontlinie auf einer Höhe von 5400 Metern. Unter sich sieht er zwei französische SPAD-Maschinen, die in die entgegengesetzte Richtung fliegen. Er hat Glück. Die französischen Flieger lenken die Aufmerksamkeit der deutschen Luftabwehr auf sich. Er sieht, wie sie von Explosionswolken umringt werden. Coppens kann unbehelligt und anscheinend unbemerkt weiterfliegen. Ein gewiefter Navigator ist er nicht, also versucht er, sich wie üblich an bekannte, deutlich sichtbare Orientierungsmarken zu halten. Deshalb fliegt er nicht direkt nach Brüssel, sondern nimmt zuerst Kurs auf Brügge, dessen rote Dächer er in der Ferne erkennt. Von Brügge folgt er dann der Eisenbahnlinie, die über Gent zur Hauptstadt führt. Unmittelbar südlich von Gent widersteht Coppens der Versuchung, sich auf einen deutschen Zweisitzer zu stürzen, der unversehens rechts von ihm auftaucht.

Jetzt kommen ihm die ersten Bedenken. Wenn er zurückblickt, kann er die eigenen Linien nicht mehr erkennen, und nach einer Weile sieht er weder Yser noch Diksmuide mehr. Er ist völlig allein. Allein in gebrechlichem Gefährt, lautet jetzt die Devise, die Coppens vorwärtstreibt. Das Gefühl der Isolation, das ihn überkommt, ist so stark, dass er aufhört zurückzuschauen und den Blick starr auf den Horizont vor sich richtet – obwohl dies natürlich die Gefahr unangenehmer Überraschungen beträchtlich erhöht.

Über Aalst kann Coppens zum ersten Mal Brüssel erkennen. Wenn er sich vorbeugt und die Augen zusammenkneift, sieht er den großen Justizpalast, dessen kolossale Kuppel aus dem Häusergewimmel im Südteil der Stadt herausragt. Froh, aber verwirrt, beginnt er laut zu singen. Die Worte ertrinken jedoch im Motorenlärm.

Coppens überfliegt einen Zug, der dort unten über die Schienen rattert – das erste Lebenszeichen.

Um 9.52 Uhr liegt die Stadt unter ihm.

Am Gare du Midi taucht er steil nach unten und schießt dicht über den Dächern dahin. In dieser Höhe und bei dieser Geschwindigkeit löst sich der Flug in eine Folge sekundenschneller Impressionen auf. Da, auf der Avenue Louise: zwei Straßenbahnen, die vor roten Häusern aneinander vorbeifahren. Dort, auf dem Markt an der Place Sainte Croix: einige Händler, die vor Begeisterung Gemüse in die Luft werfen. Dort: die Bäume im Parc Solvay und der geriffelte Wasserspiegel des Wasserreservoirs. Dort: sein Elternhaus, ein hohes weißes Haus mit rotem Dach. Zu Hause! Coppens legt die Maschine in eine scharfe Rechtskurve. In einem Fenster sieht er die Silhouetten von zwei Frauen, er schließt blitzschnell, dass eine von den beiden seine Mutter sein muss. Auf der Rückseite sieht er das Fenster seines Jugendzimmers. Durch die spiegelnden Scheiben kann er rote Gardinen erahnen, und aus irgendeinem Grund muss er an das Modellflugzeug denken, das vor acht Jahren an der Decke hing und vermutlich immer noch dort hängt, irgendwo im Innern zwischen den Schatten.

Nach einem dreizehnminütigen Flug über Brüssel entfernt sich Coppens von den vielen Dächern und Gassen, Palästen und Avenuen. Er fliegt zurück nach Gent und von Gent direkt nach Diksmuide und zur Front. In der Ferne glitzert die Nordsee in der Sonne. Ihm wird klar, dass er wahrscheinlich heil zurückkehren wird, und er fühlt sich erleichtert. Doch dieses Gefühl ist nur von kurzer Dauer:

Aber als ich darüber nachdachte, was ich gerade erlebt hatte, und an meine Eltern dachte, wurde ich wieder einmal von Verzweiflung gepackt, und die ließ mich gleichsam innerlich schrumpfen. Ich habe nie wieder einen solchen, beinahe unerträglichen seelischen Schmerz erlebt.

Um 10.45 Uhr landet Coppens im Gleitflug auf dem Flugplatz bei Les Moëres. Er sieht die schmalen Baracken, die Hangars aus grüner Persenning. Inzwischen ist sein «Gefühl von Deprimiertheit einem Gefühl des Triumphs gewichen», und er lacht fast hysterisch, als er aus dem Cockpit springt. Er streicht mit der Hand über die heiße Motorhaube und spaziert singend davon.

186.

Ein Tag im Februar 1918

PÁL KELEMEN WIRD ZEUGE EINES UNGLÜCKS AN DER GEBIRGSSTRASSE BEI CALDONAZZO

Er ist noch immer an der nördlichen Alpenfront in Italien, mit Aussicht auf die Ebene von Friaul. Bei sehr klarem Wetter kann man das Mittelmeer in weiter Ferne als glitzernden Strich erahnen. Gerüchte sprechen von einer neuerlichen österreichisch-ungarischen Offensive, aber woher die Kraft dazu nehmen? Der Mangel an Nahrung und Munition ist akuter denn je, und die meisten Einheiten liegen weit unter ihrer nominellen Stärke. Es ist allmählich wieder wärmer geworden.

Der hochgelegene Abschnitt, an dem Kelemen sich befindet, erhält seinen Nachschub mit Lastwagen. Es gehört viel Geschick dazu, die schweren und sperrigen Fahrzeuge auf Straßen zu manövrieren, die sich in Serpentinen an steilen Berghängen entlangschlängeln. Pál Kelemen notiert in sein Journal:

In dem schönen, sonnigen Wetter taucht ein General in seinem Automobil auf, um eine der Befestigungen zu inspizieren. An seiner Seite sein unvermeidlicher Helfer: ein arroganter Offizier des Generalstabs. Das Auto braust rücksichtslos vorwärts, unter ständigem Gehupe, um den schweren Proviantlastwagen schon von weitem zu signalisieren, dass sie zur Seite fahren sollen. Einer fährt so weit zur Seite, wie es nur geht, und trotzdem kommt das große, glänzend lackierte Automobil nicht an ihm vorbei.

Der Generalstabsoffizier lehnt sich hinaus, brüllt wütend: «Mach Platz, du Schwein!» Und das arme Schwein macht so viel Platz, dass sein Lastwagen umkippt und in den Abgrund stürzt.

187.

Montag, 11. März 1918

MICHEL CORDAY SIEHT EIN THEATERSTÜCK IN DER COMÉDIE-FRANÇAISE

Anatole France' Stück *Les noces corinthiennes* hat Premiere in der Comédie-Française in Paris. Michel Corday und seine Frau sind natürlich dort. Mitten im zweiten Akt wird die Vorstellung unterbrochen. Einer der Schauspieler tritt an die Rampe und verkündet, dass es Luftalarm gegeben habe und deutsche Bomber wieder einmal auf dem Weg nach Paris seien. Aus dem Parkett sind Stimmen zu hören: «Weitermachen!»

Die Schauspieler setzen die Vorstellung fort, obwohl etwa ein Fünftel des Publikums gegangen ist. Corday ist unruhig. Am liebsten würde auch er das Theater verlassen, aber er schämt sich vor all den Bekannten in den Logen und bleibt mit seiner Frau sitzen. Ein seltsames Erlebnis. Durch die hochtönenden Repliken der Schauspieler dringt das Geräusch heulender Sirenen, und um 21.25 Uhr sind die ersten Bomben zu hören; es klingt wie ein dumpfes und langsames Trommeln. Paris ist seit dem Jahreswechsel mehrmals bombardiert worden, zuletzt vor drei Nächten. Die Bomber – große zweimotorige Apparate vom Typ Gotha[5] oder noch größere viermotorige Monstren vom Typ Zeppelin Staaken – fliegen ihre Angriffe immer erst, wenn es dunkel ist. Der Nachthimmel wird dann von Scheinwerfern, explodierenden Luftabwehrgranaten und den Silberstreifen der Signalraketen erleuchtet.

Paris ist inzwischen ganz und gar verdunkelt. Nach Sonnenuntergang suchen sich die Menschen ihren Weg mit kleinen Taschenlampen (auch die Kriminellen nutzen die Situation aus; Straßenraub ist häufiger geworden). In den Straßenbahnen und der Metro sind die Glühbirnen blau angemalt, und Corday hat den Eindruck, dass ihr Schein den stark geschminkten Gesichtern der Straßenhuren das Aussehen «verwesender Leichen» verleiht. Wichtige Gebäude und Monumente sind in einen schützenden Mantel aus Sandsäcken gehüllt, und an den Schaufenstern der Geschäfte sieht man interessante Muster aus Papierstreifen, die dort aufgeklebt worden sind, um das Risiko zu vermindern, dass sie splittern. Nach dem Angriff am 30. Januar hat Corday in den Bäumen vor einem ausgebombten Haus an der Avenue de la Grande-Armée Fetzen von Gardinen und Textiltapeten und einen rosa Damenstrumpf flattern sehen. In den Häusern rings herum fehlten die Fensterscheiben. Dienstboten waren dabei, die Glassplitter zusammenzukehren und die Fenster provisorisch mit Zeitungspapier zu reparieren.

Aufgrund der Dunkelheit und der großen Höhe, aus der die Bomben abgeworfen werden – in der Regel über 4000 Meter – können die Flugzeuge keine ausgewählten Ziele treffen. Es ist ein reines Terrorbombardement, wenn auch in begrenztem Umfang. Die Angriffe haben eine gewisse Wirkung erzielt. Die Menschen beginnen, aus Paris zu fliehen. Auch die britische und die französische Luftwaffe fliegen solche Angriffe gegen deutsche Städte, die sie erreichen können, wie Stuttgart, Mainz, Metz, Mannheim, Karlsruhe, Freiburg und Frankfurt.[6] Die Stadt in Europa, die, von Dover abgesehen, am häufigsten bombardiert wurde, ist jedoch London. Erst von deutschen Zeppelingeschwadern, dann, als sich ein Großeinsatz 1916 nicht bewährte[7], von schweren Bombern. Trotzdem war die Zahl der Opfer nicht besonders hoch, das Maximum lag bei 162 Toten nach einem Angriff tagsüber am 13. Juni 1917.[8] Doch bedeuten diese Bombardements einen weiteren Tabubruch. Die Angriffe haben kein anderes Ziel als die unbewaffnete

Zivilbevölkerung. In Cordays Augen ist dieses Vorgehen – barbarisch.

In der Pause zwischen dem zweiten und dritten Akt tasten sich Corday und seine Frau in das verdunkelte Foyer. Es ist leer, abgesehen von einer Voltaire-Statue, die hinter einer Pyramide aus Sandsäcken versteckt ist. Die Pause ist ungewöhnlich lang. Man diskutiert mit dem Theaterdirektor, ob die Vorstellung abgebrochen werden soll, und beschließt, weiterzuspielen, obwohl der Bombenangriff noch nicht beendet ist. «Natürlich», kommentiert Corday säuerlich. Er glaubt zu wissen, dass im Grunde alle gern nach Hause gehen würden, letztlich aber da bleiben, «aus Angst vor der Kritik der anderen, die den gleichen Wunsch haben. Stolz bedeutet mehr als der Tod!»

Es kehren also alle in den Saal zurück, und der dritte Akt wird gespielt. Als der Vorhang fällt, ist der Angriff draußen immer noch nicht beendet. Die Schauspieler bieten dem Publikum an, im Keller des Theaters Schutz zu suchen. Corday und seine Frau folgen dem Strom der Menschen in Abendgarderobe hinunter in die gewaltigen Gewölbe, wo jetzt all die Marmorbüsten verstaut und mit Planen bedeckt sind, die früher das Theater geschmückt haben. Corday sieht, wie ein Mann in Uniform seine Mütze auf Molières Kopf setzt. Die Stimmung unten im Keller ist gedämpft und apathisch. Eine Schauspielerin versucht die Wartenden zu zerstreuen, indem sie Gedichte rezitiert.

Um Mitternacht ruft jemand, dass keine Bomben mehr fallen. Als sie aus dem Theater kommen, liegt Dunst über den Straßen. Lichter von Taschenlampen irren im Nebel umher.

*

Am nächsten Morgen machen Corday und seine Frau einen Spaziergang im Frühlingswetter. Am Boulevard Saint-Germain sehen sie sechs Krater. Und an der Rue de Lille ist eine Bombe direkt vor dem Gebäude eingeschlagen, das früher die deutsche Botschaft beherbergte; die Haustür ist eingedrückt. Sie machen einen Besuch bei Anatole France, der gestern ebenfalls im Theater war.

Wie sich zeigt, war die Pause zwischen dem zweiten und dem dritten Akt deshalb so lang, weil in dieser Zeit einige Streichungen im Manuskript vorgenommen wurden, damit der Vorhang früher fallen konnte. Dass es auch die Menschen auf der Bühne eilig hatten, nach Hause zu kommen, war an ihrem Spiel zu bemerken. «Zum ersten Mal», sagt France, «haben sie ihre Repliken genau so schnell gesprochen wie in den normalen Theatern.»

Alle reden von der bevorstehenden deutschen Großoffensive.

188.
Dienstag, 12. März 1918

RAFAEL DE NOGALES HÖRT AM JORDAN KANONENDONNER

Das Hauptquartier ist in einem großen Franziskanerkloster untergebracht. Die Stimmung ist gedrückt. Wird die Front östlich des Jordan halten? In der Ferne hört man das dumpfe Grollen britischen Sturmfeuers. Die Lage ist so kritisch geworden, dass die Offiziere und alles übrige Personal, das keine lebenswichtigen Aufgaben zu erfüllen hat, Befehl erhalten haben, ihre Waffen zu packen und sich zum Frontdienst zu melden. Auf Lastautos werden sie in Richtung des Kanonenlärms transportiert.

Es ist vielleicht nicht der beste Zeitpunkt für einen Höflichkeitsbesuch. Rafael de Nogales spürt es, als er ins Kloster kommt und den Befehlshaber aufsucht. Doch wie könnte er widerstehen? Der Mann, dem er seine Hochachtung erweisen will, ist nicht nur berühmt, er ist eine Ikone. Otto Liman von Sanders. Preußischer General, osmanischer Feldmarschall. Enkel eines konvertierten deutschen Juden. Vor Kriegsausbruch Generalinspekteur der türkischen Armee.[9] Nach dem Kriegsausbruch der richtige Mann am richtigen Ort, als die Alliierten in Gallipoli landeten und er als Oberbefehlshaber der 5. Armee seinen Anteil daran hatte, dass etwas, das sich zu einer schnellen Katastrophe für die Mittelmächte hätte entwickeln können, zumindest erheblich hinausgezögert wurde. Ein Mann, der Liman getroffen hat, nennt ihn einen «hochgebildeten Militär mit rücksichtsloser Energie, unermüdlich tätig und streng gegen sich und andere». Im Unterschied zu vielen anderen deutschen Militärs, die als Berater und Befehlshaber in den Nahen Osten geschickt worden sind, hat er keine größeren Probleme mit den osmanischen Generälen.[10] Vor einem Monat ist Liman von Sanders nach Palästina beordert worden, um dort aufs Neue sein Charisma einzusetzen.

Nicht ohne Grund. Im November letzten Jahres ist Gaza gefallen und im Dezember Jerusalem – das Erste ein schwerer militärischer Rückschlag, das Zweite eine politische Katastrophe und verheerend fürs Prestige. Jetzt verläuft die Front von Jaffa im Westen bis zum Jordan im Osten. An diesem Tag im März setzen die Briten ihre Versuche fort, vom Brückenkopf nördlich des Toten Meers aus den Durchbruch zu schaffen.

Im Verlauf des Nachmittags nimmt der ferne Kampflärm zu. Rafael de Nogales sieht ein, dass auch er sich an den bedrohten Abschnitt begeben muss. Oder wie er selbst schreibt: «Ich begann mich darauf vorzubereiten, mein Sandkorn beizusteuern.»

Der Ausdruck ist interessant: «Sandkorn». Er zeigt, dass auch de Nogales jetzt wie Millionen andere das desillusionierende Gefühl hat, er sei in seiner Anonymität und Austauschbarkeit im Grunde ein Nichts, ein Fleck, ein Tropfen, ein Körnchen, ein unendlich kleiner Partikel, ein Teil eines unfassbar großen Ganzen, in dem der Einzelne gezwungen ist, alles zu geben, ohne dass sein Opfer das Geschehen spürbar beeinflussen könnte. Deshalb sind die dekorierten Helden und die prominenten Generäle so wichtig: Sie repräsentieren die Hoffnung auf das Gegenteil.

Die Zeit seit der zweiten Schlacht bei Gaza hat de Nogales weit weg von der Front verbracht, zuerst in Jerusalem, wo er wegen eines Ohrenleidens behandelt wurde, danach in Konstantinopel, zur reinen Erholung. Dort ergriff es ihn jedoch wieder, eines Abends an einem fein gedeckten Tisch, unter heiteren Menschen und blühenden Magnolien, jenes Gefühl, «jene merkwürdige Unruhe, die *la vie en salon* oft in der Brust derjenigen weckt, die einen Degen und Schuhe mit goldenen Sporen tragen. Und ohne dass ich wusste, warum, begannen meine Gedanken übers Meer zu wandern, zu meinem fernen Heimatland.»

Gerade als de Nogales sich zur Front begeben will, trifft die unerwartete Meldung ein. Die Briten haben ihre Angriffe abgebrochen und sich zurückgezogen.

Magie. Oder vielleicht nur die üblichen Ursachen: Missverständnisse, Erschöpfung.

189.
Sonntag, 17. März 1918
WILLY COPPENS SIEHT EIN INSEKT
SICH IN EINEN MENSCHEN VERWANDELN

Nichts von Belang ist passiert. Die beiden Patrouillen mit je drei Maschinen treffen sich, um gemeinsam zum Flugplatz zurückzufliegen. Da bemerkt Coppens, wie einer der Piloten, De Meulemeester, plötzlich steil abtaucht. Er fliegt ihm sofort nach.

Sie stoßen auf einen langsamen deutschen Zweisitzer.

De Meulemeester erreicht ihn als Erster, folgt exakt der Regel und wartet bis zum allerletzten Augenblick, bevor er schießt. Der Belgier verfolgt die Bewegungen des deutschen Flugzeugs und gibt eine Salve nach der anderen auf seine Beute ab. Coppens fliegt dahinter. Er beobachtet, wie ein Schweif von blauem Qualm hinter dem feindlichen Flugzeug herzieht. Er sieht, dass die Schüsse weiter treffen, wie die deutsche Maschine eine plötzliche, heftige Krängung vollführt – und auseinanderbricht. Zurück bleibt nur eine Wolke.

Aus dieser Wolke umherfliegender Wrackteile lösen sich zwei Dinge. Das eine ist der Flugzeugrumpf, der, schwarzen Rauch ausstoßend, schnell und geradewegs in die Tiefe stürzt. Das zweite ist der Beobachter, noch lebend, der mit dem Kopf nach unten zur Erde fällt. Der Mann dreht sich langsam, langsam in der Luft, die Arme ausgebreitet, wie ein Gekreuzigter. Coppens kann nicht anders, als dem Fallenden nachzuschauen, bis dieser zu einem Punkt zusammenschrumpft. Ein ums andere Mal denkt er, jetzt, jetzt schlägt er auf, aber der Fall geht weiter und weiter, und es kommt Coppens wie eine Unendlichkeit vor, bis der Punkt plötzlich stehenbleibt.

Coppens ist erschüttert:

Armer Mann! Armer Mann! Diesmal hatte ich zum ersten Mal den Menschen gesehen und konnte nicht länger an meinem alten Gefühl festhalten, dass es eine Art gigantisches Insekt war, mit dem ich es zu tun hatte.

Als Coppens seine Maschine wendet, fliegt er noch einmal an den langsam herabfallenden Resten des feindlichen Flugzeugs vorbei. Eine Karte, die in der Luft taumelt, verfängt sich für einen Augenblick an einer seiner Flügelspitzen.

Um den schrecklichen Anblick und seine Gedanken abzuschütteln, braucht er «irgendeine gewaltsame Reaktion». Also vollzieht er einen Looping, und noch einen und noch einen. Die anderen machen es ihm nach.

190.

ALFRED POLLARD ERFÄHRT VON DEM DEUTSCHEN
DURCHBRUCH AN DER SOMME

An diesem Morgen beginnt die große deutsche Frühjahrsoffensive. Obwohl bekannt war, dass die Deutschen große Mengen Truppen und Material aus dem Osten hierherverlegt und alle auf einen Angriff gewartet haben, ist die Überraschung groß, vor allem darüber, dass der deutsche Angriff so erfolgreich ist. Die meisten dachten, es würde sich das Gleiche wiederholen wie bei den Attacken der Alliierten, nämlich ein langsamer, verlustreicher Abnutzungsprozess an praktisch undurchdringlichen Verteidigungslinien. Mittels einer Kombination aus erfolgreichen Täuschungsmanövern, ungewöhnlich starken Artilleriekräften und der im Osten und in Italien erprobten Infiltrationstaktik hat die deutsche Armee einen großen und unerwarteten Durchbruch erzielt.

Alfred Pollard schreibt:

Das Erste, was wir mitbekamen, war der eilige Befehl, zu packen und uns bereitzuhalten, um nach halbstündiger Vorwarnung losmarschieren zu können. Es war sehr interessant zu sehen, welche Wirkung dieser Befehl auf die verschiedenen Typen im Bataillon hatte. Alle, die noch nicht in der vordersten Linie gewesen waren, zeigten sich zufrieden; die Restlichen konnte man in Gruppen einteilen: Manche waren niedergeschlagen, die meisten gleichgültig, einige wenige, wie ich selbst, aufrichtig froh. Ich war wirklich voller Freude. Nachdem ich gerade ein paar grässlich langweilige Monate durchlitten hatte, war die Vorstellung, wieder ein bisschen zu kämpfen, durchaus erfrischend.

*

Am selben Tag schreibt Herbert Sulzbach in sein Tagebuch:

Die Kanoniere stehen in Hemdsärmeln, und der Schweiß läuft ihnen herunter. Granate auf Granate wird in den Lauf geschoben, Gruppe auf Gruppe abgefeuert, und man braucht gar nicht mehr zu kommandieren, sie sind in einer solchen Begeisterung, sie jagen ein solches Schnellfeuer heraus, dass kein Kommando mehr notwendig ist. Eine Verständigung mit den Kanonieren ist ja überhaupt nur noch durch Pfeifsignale möglich. Um 9.40 Uhr beginnt die Feuerwalze, und unter dieser Deckung steigen die Tausende und Abertausende von Soldaten aus den Gräben, und der Sturm geht los, und der Sturm ist schon geglückt.

191.

Sonntag, 24. März 1918

HARVEY CUSHING FÄLLT ES SCHWER, DEN FRÜHLING
IN BOULOGNE-SUR-MER ZU GENIESSEN

In der Nacht sind Bomben gefallen. Jetzt ist es ein warmer und sonniger Frühlingsmorgen, und Cushing begleitet einen General, der die durch den Angriff entstandenen Schäden inspizieren will. Eine Bombe hat auch das Materiallager des Feldlazaretts getroffen. In den Trümmern liegen zerstörte Röntgengeräte, Glasgefäße und andere Laborausrüstung herum, außerdem verschiedene Behälter mit Chemikalien. Es knirscht unter ihren Füßen, als sie hindurchgehen. Das Dach ist weggeflogen. Menschen sind nicht zu Schaden gekommen. Zumindest nicht im Lazarett. Aber ganz in der Nähe sind ein paar kleine Häuser von einer anderen Bombe getroffen worden, dort sollen sich noch Menschen in den Trümmern befinden.

Anschließend geht es zu einem Kriegsgefangenenlager in der Nähe – P.O.W. Camp Nr. 94 –, das der eifrige General ebenfalls inspizieren will. Cushing folgt ihm neugierig. Als sie dort eintreffen, sind die deutschen Gefangenen in zwei Gruppen von fünfhundert Mann außerhalb des Stacheldrahts aufgestellt. Sie werden gut behandelt, wohnen in sauberen Baracken und dürfen Pakete von zu Hause empfangen. Einige der deutschen Unteroffiziere haben sich neue Uniformen schicken lassen, die sie sonntags tragen, mit Orden und allem. Sie halten trotz der Gefangenschaft die militärischen Formen aufrecht. Den ganzen Besuch über hört man das Geräusch von Hacken, die zusammengeschlagen werden. Cushing ist dennoch wenig beeindruckt. Denn auch wenn die Gefangenen anscheinend gut genährt sind, kommen sie ihm klein vor, sogar noch kleiner als die in der Regel kleinen britischen Soldaten, und er bemerkt, dass es «unter ihnen nur wenige intelligente Gesichter gibt».

Auch der britische General legt großen Wert auf Formen. Er visitiert die beiden Gruppen, geht von Mann zu Mann. Der General moniert, dass einige der Deutschen große, schlecht sitzende Mäntel tragen, und raunzt einen Gefangenen an, der seine Hose mit einem *blauen* Stück Stoff geflickt hat. Auf dem Abfallhaufen findet er Kartoffelschalen, die man hätte essen können, und einen Fleischknochen, der in eine Suppe gehört hätte. Als die Visitation beendet ist, defilieren die Gefangenen in Viererreihen an dem britischen General vorbei, mit exakten Stechschritten – klassischer preußischer Marsch.

Am Nachmittag ist Cushing wieder in der großen Strandvilla, in der sie jetzt wohnen. Durchs offene Fenster strömt die warme Frühlingsluft herein. Er blickt über den englischen Kanal und sieht drei Zerstörer mit Kurs nach Süden. Einige «mit absurder Tarnfarbe bemalte Transportschiffe» liegen dicht an Land vor Anker. Cushing sieht zahlreiche Fischerboote, die auf Wind warten. Es ist Ebbe. Auf dem trocken gefallenen Sandstrand unterhalb ihrer Villa spazieren die Menschen und genießen die warme Sonne, suchen Muscheln.

Cushing ist rastlos. Die große deutsche Offensive rollt weiter. Sie ist in erster Linie gegen die 5. Armee der Briten gerichtet, die sich von den Verlusten in der dritten Schlacht bei Ypern im

Herbst noch nicht erholt hat. Die Berichte sind wie üblich widersprüchlich, die Zensur ist streng, Gerüchte florieren. Die Briten scheinen jedoch auf dem Rückzug. Das Lazarett hat fast keine Verwundeten hereinbekommen – ein schlechtes Zeichen. Offenbar rücken die Deutschen so schnell vor, dass die Briten kaum Zeit haben, ihre Verwundeten zu evakuieren. In Paris fallen Granaten, die von einer Art Riesenkanone abgefeuert werden. Cushing und seine Leute haben keine neuen Befehle erhalten. Sie können nur «in der Sonne sitzen, am Strand spazieren gehen – und warten. Das ist das Schwerste.» Er schaut aus dem Fenster, hinab auf die Strandpromenade. Er sieht einige Offiziere auf einer Bank sitzen und mit einem Kind spielen.

192.

Mittwoch, 27. März 1918

EDWARD MOUSLEY FEIERT SEINEN GEBURTSTAG IN EINEM
GEFÄNGNIS IN KONSTANTINOPEL

Die letzten Monate waren abwechslungsreich. Nach seiner Überführung nach Konstantinopel unternahm Edward Mousley am Weihnachtstag einen Fluchtversuch. Es fing vielversprechend an. Er und seine Kameraden schafften es, gut vorbereitet und mit dem ein oder anderen Bluff, auf einem zuvor ausgespähten Fluchtweg bis hinunter zur Galatabrücke. Mit einem Boot, das ihnen ein Helfer besorgt hatte, fuhren sie aufs Marmarameer hinaus. Das Boot war mit Eiern beladen, die als Reiseproviant vorgesehen waren, aber es fehlte an wichtigen Ausrüstungsteilen, vor allem einem Schöpfgefäß. Außerdem wehte ein ruppiger Wind, die See ging hoch, und die Strömung war stark. Das Segel streikte, und bald wurde der ganze Fluchtversuch zur Farce. Von Kopf bis Fuß mit Eiern beschmiert, trieben sie in einem vollgelaufenen Boot an Land. Sie hatten keine andere Wahl, als heimlich zu dem Haus zurückzukehren, in dem sie gefangen gehalten wurden, und es gelang ihnen tatsächlich, durchnässt und nach Eiern riechend, wieder hineinzuklettern.

Danach erwartete sie etwas Erfreuliches, nämlich die Verlegung in den Badeort Bursa mit seinen berühmten schwefelhaltigen Bädern. Das Unternehmen erfolgte auf Anordnung von Dr. König, seinem Augenspezialisten, früher Schiffsarzt auf der *Goeben*, einem der beiden Kreuzer, die 1914 daran beteiligt gewesen waren, das osmanische Reich in den Krieg hineinzuziehen. In Bursa wurden die höchsten britischen Generäle gefangen gehalten[11], und Mousley konnte eine Weile ihre Privilegien genießen, die in guter und reichlicher Verpflegung, relativ aktuellen Zeitungen und weitgehender Bewegungsfreiheit bestanden. Er spielte viel Schach.

Dann kam der Befehl, ihn nach Konstantinopel zurückzuverlegen.

Mousley selbst hatte gehofft, dass dies Gefangenenaustausch und Heimreise bedeuten würde, doch stattdessen ist er gestern in ein unbekanntes Gefängnis gebracht worden. Dort hat er gerade erfahren, dass er wegen seines Fluchtversuchs vor ein Kriegsgericht gestellt werden soll. Zusammen mit einem Araber, einem Türken und einem Ägypter ist er in einer kleinen, dunklen Zelle eingeschlossen. Wenn er durch das vergitterte Fenster hinausblickt, sieht er einen langen Gang, einen Abort und eine großgewachsene Wache, die auf und ab geht.

Heute ist sein Geburtstag. Mousley fühlt sich nicht gut und ist sehr hungrig. Er bittet um Essen, aber niemand scheint von ihm Notiz zu nehmen. Er bekommt eine Zeitung zu fassen, doch die stimmt ihn nicht glücklicher. Die deutsche Offensive in Frankreich geht weiter, scheinbar unaufhaltsam. Er schreibt in sein Tagebuch:

Meine Wachen und meine Zellengenossen machten sich einen Spaß daraus, ganz buchstäblich zu demonstrieren, wie die Deutschen jetzt über die Franzosen und uns hinwegmarschierten. Ich hingegen wartete auf

die Gegenoffensive, falls wir nun nicht allzu sehr darniederlagen, auf
den Augenblick, in dem der deutsche Vormarsch gestoppt werden musste
aufgrund der komplizierten Kommunikationssysteme, die erforderlich
sind, um die im modernen Krieg nötigen großen Massen an Leuten
und Material vorwärtsbewegen zu können. Es war wirklich ein elender
Geburtstag.

Der einzige Lichtblick dann am Abend. Zwei seiner Zellengenossen fangen eine Schlägerei an, und Mousley nutzt das Durcheinander aus, um kurz aus der Zelle zu huschen und einem Offizier der Royal Air Force, von dem er weiß, dass er in einer Nebenzelle sitzt, eine Mitteilung zukommen zu lassen.

*

Am selben Tag notiert Herbert Sulzbach im Tagebuch:

Weiter geht's in tollem Tempo, wir folgen der Infanterie in kürzester
Entfernung. Laboissière wird gestürmt, und erst hinter Etelfay hält sich
der Feind. Viele Gefangene sind in unserer Hand, und das Schlacht-
feld bietet das Bild eiligster Flucht. Viele tote Engländer und Franzosen
müssen wir passieren. Unsere Verluste sind verhältnismäßig gering.

193.
Samstag, 6. April 1918
ANDREJ LOBANOV-ROSTOVSKIJ ZIEHT IN LAVAL
SEINEN REVOLVER

Während des gesamten Krieges war er vermutlich nie so nahe daran, jemanden zu erschießen, und die Ironie ist, dass die Menschen, die er gleich töten wird, seine Landsleute sind. Andrej Lobanov-Rostovskijs Odyssee geht weiter, eine Reise, die ihn weniger

546

von der sicheren Heimat wegführte (obwohl das die Folge ist) als von der Bedrohung durch die Revolution.

Saloniki ist keine Zuflucht vor den Umwälzungen im Vaterland gewesen. Die Erschütterungen der Revolution haben auch die russischen Truppen dort erreicht, besonders seit die Bolschewiken die Macht übernommen haben. Warum also noch kämpfen? Lobanov-Rostovskij hat seine Flucht fortgesetzt. Zuletzt nach Frankreich, als Kompaniechef eines Bataillons, das aus Russen bestand, die bereit waren, weiterzukämpfen, in russischer Uniform, aber rein formal in französischen Diensten. (Die überwältigende Mehrheit der russischen Soldaten in Saloniki hatte sich geweigert mitzugehen und lieber Revolutionskomitees gebildet, rote Fahnen geschwenkt und die «Internationale» gesungen. Dann war sie zur Zwangsarbeit in Nordafrika abtransportiert worden, streng bewacht von marokkanischer Kavallerie.)

Aber die russische Revolution ist selbst in Frankreich zu spüren. Oder vielleicht eher der Geist der Revolution überhaupt, denn so ist die Stimmung allerorts in diesem Europa, das erschöpft ist, ausgemergelt, geschwächt und enttäuscht nach bald vier Jahren Krieg – vier langen Jahren, in denen alle Versprechen auf baldige Siege und alle Hoffnungen auf rauschhafte Erneuerung sich in ihr Gegenteil verkehrt haben. Lobanov-Rostovskij ist noch nicht lange in dem großen Lager bei Laval, wo die russischen Truppen der Westfront zusammengezogen worden sind, aber er hat die Zeichen erkannt: «Die Seele des Bataillons war in Gefahr, sich anzustecken.»

Was eigentlich nicht sehr verwunderlich ist. Erstens ist Russland kein kriegführendes Land mehr: Vor einem guten Monat ist der harte Frieden in Brest-Litowsk zwischen den bedrängten Bolschewiken und den siegreichen Deutschen unterzeichnet worden.[12] Im Moment gibt es eigentlich keinen Grund, sein Leben aufs Spiel zu setzen. Als das Bataillon aus Saloniki hier ankam, quoll das Lager schon über vor demoralisierten und aufrührerischen russischen Truppen, Teilen des russischen Korps, das schon früher in

Frankreich stationiert gewesen ist. Die Begegnung mit ihnen hat natürlich ihre Wirkung auf die Neuankömmlinge nicht verfehlt. Außerdem ist es nicht weit nach Paris, und die Truppen sind sehr empfänglich für die Agitation der vielen radikalen Emigrantengruppen in der Hauptstadt.

Es hat so manchen besorgniserregenden Vorfall gegeben. Während einer Parade wurde der General, der den Oberbefehl über alle russischen Truppen innehat, mit einem schweren Knüppel beworfen. Ganze Züge sind plötzlich in den Streik getreten. Und ebenso wie in Saloniki erhalten die Offiziere anonyme Morddrohungen.

Heute kommt es zum Höhepunkt. Das Bataillon soll nämlich zum ersten Mal an die Front. Als Lobanov-Rostovskij an diesem Morgen den Platz erreicht, wo sich die Kompanie aufzustellen hat, ist er leer. Er hört, dass die Soldaten gerade eine Versammlung abgehalten und beschlossen haben, das Lager nicht zu verlassen. Lobanov-Rostovskij ist unruhig und nervös und droht fast zusammenzubrechen. Er begreift aber, dass – in seinen eigenen Worten – «alles verloren ist, wenn ich nicht etwas Drastisches tue». Was er tun soll, weiß er nicht, aber er befiehlt, seine zweihundert Soldaten aus den Baracken zu holen. Es dauert eine Weile, aber schließlich stehen sie da.

Lobanov-Rostovskij hält vor seiner Kompanie eine Ansprache. Er sagt, das Politische interessiere ihn eigentlich nicht, aber jetzt seien sie rein formal ein Teil der französischen Armee und hätten geschworen, bis zum Ende des Krieges mit ihr zu kämpfen. Es sei seine Pflicht, dafür zu sorgen, dass die Kompanie an die Front gehe. Dann fragt er sie, ob sie bereit seien zu marschieren. Die Antwort folgt einstimmig: «Nein!»

Er weiß nicht, was er tun soll, also wartet er ein paar Minuten und stellt dann die selbe Frage noch einmal. Die Antwort ist wieder ein donnerndes Nein. «Mein Gehirn arbeitete fieberhaft, und ich sah die ganze Szene vor mir wie in einem Traum.» Verzweifelt begreift er, dass er sich selbst in eine höchst kritische Lage manövriert hat; eher aus Verzweiflung als aus Berechnung zieht er seinen Revolver – «ziemlich theatralisch», wie er später einsieht. Und dann spricht er folgende Worte: «Dies ist das dritte und letzte Mal, dass ich euch frage. Wer sich weigert, soll vortreten. Aber ich warne euch. Den Ersten, der das tut, werde ich erschießen.»

Es wird vollkommen still.

Lobanov-Rostovskij rechnet mit dem Schlimmsten. Wenn jemand vortritt, ist er dann wirklich bereit zu schießen? Ja, er kann nicht anders, nicht, nachdem er diese Drohung ausgesprochen hat. Das größere Risiko ist aber, dass sich die Soldaten einfach auf ihn stürzen und ihn lynchen. So etwas ist schon vorgekommen. In dem Falle will er den geladenen Revolver gegen sich selbst richten. «An die Sekunden des Schweigens, die folgten, erinnere ich mich als eine Art Halluzination. Gedanken wirbelten durch meinen Kopf. Was würde als Nächstes geschehen?»

Die Sekunden ziehen sich in die Länge. Mit jedem Moment, in dem nichts geschieht, jedem Augenblick, den die Soldaten zögern, kommt er einem Sieg näher. Das spüren auch die Soldaten, und das Schweigen, das erst aufrührerisch wirkte, wird jetzt kleinlaut. Jemand ruft aus dem Glied: «Wir haben nichts gegen Sie als Person, Hauptmann.» Lobanov-Rostovskij, immer noch mit dem Revolver in der Hand, verweist noch einmal auf Pflicht und Prinzipien. Weiter Schweigen. Dann wird per Handzeichen abgestimmt. Die Kompanie erklärt sich bereit zum Dienst an der Front. Unendlich erleichtert gibt Lobanov-Rostovskij den Soldaten für den Rest des Tages frei: Abmarsch morgen früh.

Als Lobanov-Rostovskij geht, bewegt er sich wie ein Betrunkener; der Boden schwankt unter seinen Füßen. Er begegnet einem seiner Offizierskollegen, der ihn erstaunt ansieht: «Was ist mit dir los? Dein Gesicht ist grün und lila.»

194.

Montag, 15. April 1918

FLORENCE FARMBOROUGH ERREICHT WLADIWOSTOK

Früh am Morgen fährt der Zug langsam in Wladiwostok ein. Durch das Fenster des Wagens sieht sie den Hafen, wo vier große Kriegsschiffe vertäut liegen. Auf einem davon weht die britische Flagge. Florence Farmborough empfindet große Erleichterung, als sie den Union Jack erblickt. Es ist, als löse sich plötzlich alle Anspannung, alle Mühe und dunkle Unruhe auf, allein durch den Anblick dieses Stückchens Stoff. Sie kann kaum an sich halten:

> *Welche Freude! Erleichterung! Geborgenheit! Sicherheit! Wer wird je verstehen, was diese wunderbare Flagge für uns Flüchtlinge symbolisiert hat, müde und schmutzig wie wir waren von der Reise? Es war, als hätten wir eine liebe, wohlbekannte Stimme gehört, die uns zu Hause willkommen hieß!*

Vor siebenundzwanzig Tagen haben sie Moskau verlassen. Siebenundzwanzig Tage in einem knarrenden, schnaufenden Güterzug zusammen mit Fremden, meist Ausländern auf der Flucht nach Osten, in einem schmutzigen, unbequemen Waggon, der für Gefangenentransporte bestimmt war. Und obwohl die Kälte nur schwer zu ertragen war und sie zeitweise nichts zu essen und zu trinken hatten – eine Zeitlang gab es so wenig Wasser, dass es sogar verboten war, sich die Hände zu waschen –, hat sie doch schon Schlimmeres erlebt. Und ihre ordnungsgemäßen, mit Stempeln übersäten ausländischen Papiere haben ihnen an argwöhnischen Rotgardisten und herrischen Bahnbeamten vorbeigeholfen.

Der Entschluss zu reisen ist natürlich unausweichlich gewesen. Sie hatte nichts mehr zu tun, und die Lage in Russland und Moskau wurde immer unhaltbarer, angesichts von Hungersnot, Chaos und einem sich anbahnenden Bürgerkrieg. Trotzdem war der Entschluss nicht leicht, und vor der Entscheidung war sie in eine Art

Depression verfallen. Eines Tages hatte einer ihrer Freunde sie angetroffen, wie sie dasaß und weinte, und sie hatte den Grund nicht erklären können, nicht einmal sich selbst gegenüber, weil es keine einfache Antwort gab. Sie hatte in ihren Tagebuchaufzeichnungen geblättert und noch einmal mit Schauder oder Ekel verschiedene unangenehme Szenen durchlebt und sich gefragt: «War das wirklich ich, die das gesehen hat? War das wirklich ich, die das getan hat?» Und sie hatte an all die Toten gedacht, die sie gesehen hatte, bis hin zu dem allerersten, jenem kleinen Stallburschen in Moskau, der nicht einmal ein richtiges Kriegsopfer gewesen, sondern an einem Gehirntumor gestorben war, und sie hatte sich gefragt: «Wird man sich ihrer erinnern? Aber wer kann sich all dieser Tausende und Abertausende erinnern?» Als sie sich vor siebenundzwanzig Tagen in Moskau von ihren Freunden und ihrer russischen Gastfamilie verabschiedete, hatte sie sich abgestumpft und kalt gefühlt, und die Worte hatten nicht ausgereicht.

Sie verlassen ihren Waggon und machen sich auf den Weg in die Stadt. Auf den Straßen sieht sie eine bunte Mischung von Nationalitäten und Uniformen. Da sind Chinesen, Mongolen, Tataren und Hindus, Russen natürlich, Briten, Rumänen und Amerikaner, Franzosen, Italiener, Belgier und Japaner. (Diesen gehören zwei der großen Kriegsschiffe unten im Hafen.) Die ausländische Intervention in Russland ist nun im Gange, und was als ein Versuch begann, Russland im Krieg zu halten, wandelt sich in eine klare Frontstellung gegen die Bolschewiken in Moskau. Märkte und Läden sind mit Waren gefüllt. Es gibt sogar Butter zu kaufen. Im Konsulat angekommen, trifft sie auf einen hilfsbereiten Beamten, der ihr 20 Pfund überreicht, die ihr Bruder aus England geschickt hat. Auch ein Schiffstransport ab Wladiwostok sei zu erwarten; er kann nur nicht sagen, wann.

Sie genießt es, nun endlich wieder Weißbrot und Marmelade essen zu können.

*

Am gleichen Tag schreibt Harvey Cushing in sein Tagebuch:

Ungewöhnlich kalt für die Jahreszeit, bei starkem Nordwind. Einzelne Flugzeuge kämpfen gegen ihn an, aber es sind nicht viele. Nur dazustehen und abzuwarten, ohne etwas zu tun zu haben, ist entsetzlich. Alle leiden darunter, denn wir wissen, dass anderswo Chirurgenteams mit einer gewaltigen Arbeitslast zu kämpfen haben.

195.
Donnerstag, 18. April 1918
MICHEL CORDAY HÖRT KARTENSPIELERN IN PARIS ZU

Noch ein trüber Tag. Die Unruhe hat sich gelegt, aber nur ein wenig. Jetzt dauert die große deutsche Frühjahrsoffensive schon fast einen Monat an. Der Vormarsch nach Süden, in Richtung Paris, scheint zwar aufgehalten worden zu sein, dafür hat es oben im Norden, in Flandern, neue Attacken gegeben, und zeitgleich greifen die Deutschen an der Oise und an der Meuse an.

Das große Gesprächsthema in Paris ist natürlich die Riesenkanone. Seit dem 23. März wird die französische Hauptstadt fast täglich von irgendeinem Spezialgeschütz beschossen, das seine Projektile von einem gut getarnten Ort hinter den deutschen Linien 130 Kilometer weit feuert – eine so sensationelle Reichweite, dass Experten anfangs bezweifelten, dass die Angabe stimmen könne.[13] Die Nachricht vom raschen deutschen Vormarsch und die zufälligen Granatentreffer (mal hier, mal dort, im schlimmsten Fall zwei Treffer pro Stunde) hatte in der französischen Hauptstadt anfangs beinahe Panik ausgelöst.

Eine Weile war die Stimmung fast wie im August 1914, schreibt Corday in sein Tagebuch. Jedes Gespräch begann mit der gleichen besorgten Frage: «Hast du etwas gehört?» Die Bahnhöfe waren überfüllt mit Menschen, die einen Platz in irgendeinem Zug ergattern wollten. Die Warteschlangen reichten bis weit auf die Straßen hinaus. Gleichzeitig wurden die Banken von Leuten belagert, die ihr Geld abheben wollten, aus Angst, dass bei einem deutschen Einmarsch alles verloren sein könnte. Inzwischen haben bis zu einer Million Menschen Paris verlassen und sind in Städte wie Orléans geflüchtet, deren Einwohnerzahl sich mit einem Schlag verdreifacht hat. Der Handel hat spürbar gelitten. Firmen, die Luxuswaren anbieten, sind besonders betroffen und mussten Angestellte entlassen.

Corday hat bemerkt, dass die meisten Leute, die aus der Stadt fliehen, nicht als feige gelten wollen und andere Ursachen für ihre Flucht anführen. Ein Scherz macht die Runde: «Nein, *wir* fahren nicht aus dem gleichen Grund wie alle anderen. Wir fahren, weil wir Angst haben.» Er glaubt, eine große Heuchelei zu spüren, nicht nur, was die Ausreden für die Flucht, sondern auch was die Fliehenden selbst angeht. Denn viele von ihnen sind Corday zufolge Leute, die sich früher als lautstarke Befürworter des Krieges geriert und «Kampf bis zum bitteren Ende!» gefordert haben. Jetzt, wo sie zum ersten Mal in echte Gefahr geraten, nehmen sie sofort die Beine in die Hand. (Corday hat auch den Eindruck, dass es in erster Linie Angehörige der Ober- und Mittelklasse sind, die fliehen. Sie haben die nötigen Mittel und Kontakte.)

Später wird die Angst noch durch die Ungewissheit gesteigert. Denn was passiert eigentlich? Die strenge Zensur – sie betrifft auch Briefe und Postkarten – steigert das Gefühl, in einer fließenden Zone zu leben, einer Dämmerzone, in der man sich nicht mehr auf das verlassen kann, was die Presse und die offiziellen Kommuniqués verkünden. Die beiden sind in vieler Hinsicht miteinander verschmolzen. Es ist inzwischen verboten, etwas zu drucken, das einer offiziellen Erklärung widerspricht. Auch was sich die Leute untereinander erzählen, kann strafbar sein. Wenn jemand etwa sagt, die Deutschen stünden näher als die Behörden behaupten oder die Ressourcen des Feindes seien größer als offiziell angegeben, kann er wegen «Alarmismus» belangt werden.

Es ist verboten, darüber zu sprechen, wo die Granaten der Riesenkanone eingeschlagen sind und welche Schäden sie verursacht haben – darauf stehen vierzehn Tage Haft.[14]

Die meisten Fälle, die vor Gericht landen, beruhen auf simpler Denunziation. Man hat eine freiwillige Bürgergarde aufgestellt, die Gespräche auf der Straße belauscht und die Polizei benachrichtigt, wenn etwas Falsches gesagt wird. Außerdem werden die Telefone abgehört. An diesem Tag verzeichnet Corday einige Warnungen, die sein Ministerium kürzlich herausgegeben hat:

An dem-und-dem Tag und um die-und-die Uhrzeit hat jemand aus eurem Büro beim Präfekten in Amiens angerufen. Dieser hat geantwortet, die Lage sei ernst und die Briten seien wie immer im Begriff zu fliehen. Ein sehr tadelnswertes Gespräch.

Oder:

Der Anschluss Nummer so-und-so in eurem Büro rief bei einer Dame an, Nummer so-und-so, und fragte, wie die Lage sei. In dem Gespräch wurden unpassende Ausdrücke verwendet, die nicht wieder benutzt werden dürfen.

Seit Beginn der Beschießung von Paris hat Corday wieder einmal beobachten können, wie stark das Bedürfnis der Menschen nach Normalität und wie zweischneidig ihr Talent sein kann, sich einen Alltag unter extremen Verhältnissen zu schaffen.

Wenn Granaten fallen, laufen überall in Paris Polizisten herum und warnen die Leute, indem sie ihre Trillerpfeifen benutzen und auf kleine Trommeln schlagen. Ihr Anblick ruft aber eher ein Schmunzeln hervor als Unbehagen (es ist schwieriger, als man glaubt, gleichzeitig zu trommeln und in eine Trillerpfeife zu blasen), und Straßenjungen, Hausfrauen und vorbeigehende Soldaten lachen über sie. Dann folgen in der Ferne die Detonationen. Corday, der noch nie zuvor hat Granaten explodieren hören, beschreibt das Geräusch in seinem Tagebuch als «hohl, hart und hallend». Er erzählt, dass die Leute eines Morgens, als ein Projektil einschlug, in aller Ruhe fortfuhren, ihre Teppiche zu klopfen, und dass das Teppichklopfen das Echo des Knalls übertönte. Einer seiner Freunde hörte den Einschlag nicht, weil die Algerier, die inzwischen die Stadtreinigung übernommen haben, so viel Lärm beim Leeren der Mülltonnen machten.

Corday ist wie immer entsetzt über die Reaktion: «Fünfzig Meter von der Katastrophe entfernt sind die Leute damit beschäftigt, zu kaufen und zu verkaufen, zu lieben und zu arbeiten, zu essen und zu trinken.» Am Karfreitag schlug eine Granate in die Kirche am Place Saint-Gervais ein, während einer Messe: Die Kirche war überfüllt, da für die vielen Gefallenen der schweren Kämpfe in den vergangenen Wochen gebetet wurde. Das Dach stürzte ein, und fünfundsiebzig Menschen starben. (In der Regel fordern die zufällig hier oder dort einschlagenden Granaten viel weniger Opfer. Viele explodieren, ohne dass ein einziger Mensch verletzt wird.[15]) Als das geschah, saß Corday gerade in der Metro, und als er aus dem Bahnhof Madeleine kam und auf die Straße trat, erzählte ihm eine unbekannte Frau, was gerade passiert war. «Ein paar junge Männer, die an der Treppe zum Bahnhof auf einem Geländer hockten, ergingen sich in lautstarken Witzen.»

An diesem Tag sitzt Corday in einem Café. Vier Männer spielen an einem Tisch Karten und kommentieren das Bombardement der letzten Tage:

Ich spiele Kreuz … Es gab vierzehn Tote. Trumpf … Und vierzig Verletzte. Herz! … Auch Frauen … Trumpf, Trumpf und ein Pik!

196.

Samstag, 18. Mai 1918

HERBERT SULZBACH NIMMT IN LEMÉ EINE TODESNACHRICHT
ENTGEGEN

Eine neue Großoffensive steht bevor. Fällt jetzt endlich die Entscheidung?

Herbert Sulzbach ist zum Bataillonsadjutanten befördert worden, und er hat alle Hände voll zu tun mit der Planung. Die neue Angriffsmethode erfordert nämlich äußerst exakte Vorbereitungen, und nirgendwo sind die Vorbereitungen so kompliziert und so umfassend wie bei der Artillerie. Alles muss genau stimmen, bis auf die Stellen hinter dem Komma, von Versorgung, Aufmarschwegen, Kommunikationsstrukturen und Gruppierungsplätzen bis hin zu Zielinventur, Feuerplänen, Munitionskalkulationen und Zeitberechnungen. Die Formeln und Abkürzungen haben sich zu einem unverständlichen Fachjargon entwickelt: Ika, Ika a, Ika b, Ika bII, Aka, Feka, Deckzeit, Klarzeit, x+12, x+24, x+37, x+95 bis x+115, Rohrverbrauch, z-Linie, w-Linie, x-Linie, y-Linie, v-Linie. (Ein interessantes Detail: Als Decknamen einer Reihe von Artilleriegruppen werden jüdische Vornamen verwendet: Judith, Nathan, Moses, Kain, Abel.)

Die Arbeit macht Sulzbach Spaß. Die letzten Wochen sind ziemlich ruhig gewesen, und er hat Zeit gehabt, sich in seine neue Aufgabe einzuarbeiten. Doch auch wenn es ruhig war, heißt das nicht, dass sie untätig wären. Es gab gemeinsame Übungen mit der Infanterie, die Artillerieoffiziere wurden in den neuesten Schießmethoden gedrillt, und die Mannschaft hatte Lauftraining. Die Moral ist gut. Sulzbach selbst ist in ausgezeichneter Stimmung und davon überzeugt, dass der Sieg nahe ist. Er hat beinahe grenzenloses Vertrauen in den großen Architekten der Offensive, Ludendorff.[16]

Am Abend erscheint ein Unteroffizier. Er ist auf Heimaturlaub gewesen und hat einen Brief für Sulzbach mitgebracht.

Er öffnet ihn.

Der Inhalt schockiert ihn.

Kurt Reinhardt ist tot. Er war Schütze in einem Aufklärungs-flugzeug, und am 9. Mai wurde er bei einem Auftrag in der Nähe von Dunkerque abgeschossen. Sulzbach hat in den letzten Jahren viele Todesnachrichten erhalten, aber diese trifft ihn am härtesten. Kurt tot? Kurt war sein ältester und bester Freund, ein Seelen-verwandter. Und auch nachdem Kurt die Batterie verlassen hatte, haben sie über all die Jahre engen Kontakt gehalten und sich so oft wie möglich getroffen. Kurt tot?

Sulzbach weint.

Er hat bisher noch kein einziges Mal geweint, während des gesamten Krieges nicht. Nicht einmal, als sein Schwager bei der Seeschlacht von Helgoland mit der *Ariadne* unterging – und das geschah schon im August 1914, als der Tod noch nicht zur Dut-zendware geworden war.

Traurig und niedergeschlagen wandert Sulzbach in der Mai-nacht umher. Die Gedanken kreisen in seinem Kopf. Er denkt an Kurts Mutter, die jetzt ihren Mann und ihren einzigen Sohn im Krieg verloren hat. Er denkt an Kurts letzten Brief, in dem er ihm stolz mitteilte, dass er das Eiserne Kreuz erhalten habe, nachdem er in einem Luftkampf über Flandern ein britisches Jagdflugzeug abgeschossen hat, während er sich gleichzeitig, auf eine für sein sanftes Wesen charakteristische Weise, beinahe dafür entschul-digte, dass er aller Wahrscheinlichkeit nach ein Menschenleben ausgelöscht hat. Sulzbach geht in der schönen Mainacht auf und ab und denkt, dass Kurt nie wieder eine schöne Mainacht erleben wird. Und er denkt, dass Kurt auch den endgültigen Sieg nicht mehr miterleben darf. Der so nahe ist.

Später kehrt er in seine Unterkunft in Lemé zurück. Dort holt er alle Briefe von Kurt hervor und liest sie.

197.

Sonntag, 19. Mai 1918

WILLY COPPENS SCHIESST SEINEN FÜNFTEN
BEOBACHTUNGSBALLON AB

Das Wetter ist schön. Willy Coppens fliegt nach Houthulst, wo er von einem deutschen Beobachtungsballon weiß, den er abschießen will. Wenn es ihm gelingt, wird dies sein fünfter Luftsieg sein, und in der belgischen Luftwaffe sind fünf Luftsiege nötig, damit man sich als Flieger-Ass bezeichnen darf. Coppens ist nicht allein. Er wird von einer kleinen Gruppe von Flugzeugen seiner Schwadron begleitet, die ihn vor deutschen Jägern schützen sollen. (Wenn ein Ballon angegriffen wird, sieht man es selbst aus großer Entfernung. Der Himmel füllt sich mit Explosionen der umliegenden Luftabwehrbatterien, und feindliche Flugzeuge stürzen dann sofort zum Schutz des Ballons herbei.)

Sie erreichen die Front bei Diksmuide, und dort sehen sie eine feindliche Flugpatrouille auf südlichem Kurs. Coppens und seine Eskorte schwenken in ihre Richtung. Aber die deutschen Maschinen scheinen an einem Kampf nicht interessiert zu sein und fliegen einfach weiter. Er sieht den Ballon. Das Feuerwerk der Luftabwehr blüht am Himmel auf.

Um 9.45 Uhr taucht Coppens zu dem Ballon hinab und schießt ihn in Brand.

Als er landet, ist er sofort von den anderen Piloten umringt, die ihm gratulieren wollen. Und nicht nur das: Der Trubel lockt auch einige der vielen Hunde der Schwadron herbei, den Foxterrier Biquet, den Schäferhund Malines und den Cockerspaniel Topsy. Später am Tag werden Coppens und ein weiterer Pilot der Schwadron ins Hauptquartier in Houthem gerufen, wo der Chef der belgischen Luftwaffe ihn dazu beglückwünscht, dass er jetzt ein Flieger-Ass ist. Als Coppens zurückkehrt, fliegt er gegen halb sieben noch eine Patrouille über der Frontlinie mit.

An diesem Abend wird sein Name zum ersten Mal im offiziellen belgischen Pressekommuniqué erwähnt. Coppens ist stolz und aufgeregt. Denn er weiß, dass diese Meldung überall hinter der Front angeschlagen und sowohl in der einheimischen als auch in der ausländischen Presse veröffentlicht wird. Er fährt nach De Panne und mischt sich unter die Leute, die vor den Anschlagtafeln stehen und das letzte Kommuniqué studieren. Er spricht selbst von der «kindlichen Freude», die er empfand, als er hörte, wie die Soldaten das dort Gedruckte laut lasen und dann auf seinen Namen stießen, *seinen*! «Aber das war am Anfang, bevor ich mir etwas darauf einbildete, und bevor ich bekannt wurde.»

*

Am selben Tag sieht Richard Stumpf, wie ein Kriegsschiff für Pfingsten geschmückt wird. Er schreibt ins Tagebuch:

> *Ein paar Schritte von hier entfernt liegt der kleine, dem Munitionsdepot gehörige Dampfer* Germania. *Seine Mastspitze schmückt ein großer Strauß Birkenzweige. Auch rings um die Reling und auf den Aufbauten, überall zittert maienfrisches Grün. Nicht ganz unpoetisch, denke ich mir, sind die Menschen nach vier harten Kriegsjahren geworden. Würde sich sonst jemand die Arbeit machen und unter Lebensgefahr die dünne Mastspitze erklimmen?*

198.
Donnerstag. 23. Mai 1918
HARVEY CUSHING KAUFT ZUCKER IN LONDON

Das Krankenhaus hat die Anschrift 10, Carlton House Terrace, und liegt dicht bei Pall Mall mit Blick auf den St. James's Park. Die vornehme Adresse verrät, dass es sich um eine der privaten Pflegeeinrichtungen handelt, die ausschließlich verwundeten Offizieren vorbehalten sind und von einer Frau aus der englischen Upperclass gegründet wurden, in diesem Fall Lady Ridley.[17] Cushing ist hergekommen, um einen Bekannten zu besuchen, den Flieger Micky Bell-Irving, der dort behandelt wird.

Cushing ist in offiziellem Auftrag in London. Er soll eine Reihe hoher Vertreter des britischen militärischen Sanitätsdienstes treffen und mit ihnen über die Koordinierung der neurologischen Behandlungskapazitäten verhandeln. Er ist nicht gerade traurig darüber, Boulogne-sur-Mer verlassen zu müssen. Zwar ist die zweite deutsche Frühjahrsoffensive, die sich gegen Flandern richtete, abgeebbt, und an der Front herrscht eine gespannte Ruhe. Die deutschen Luftangriffe sind jedoch mit unverminderter Stärke weitergegangen; die Nacht vor Cushings Abreise nach England war wolkenlos und mondhell gewesen, und Boulogne-sur-Mer wurde massiv bombardiert.

London ist für Cushing eine verwirrende Erfahrung.

Obwohl bald Ende Mai ist, macht die Stadt einen grauen und deprimierenden Eindruck. Überall sieht man Invaliden. Es herrscht offenbar die allgemeine Ansicht, dass ohne den Kriegseintritt der USA der Kampf längst vorbei wäre. Gleichzeitig sind die Menschen viel offener geworden. Die gefürchtete britische Zugeknöpftheit ist verschwunden. Auf der Straße oder in der Untergrundbahn ist es immer wieder vorgekommen, dass Menschen – offenbar von seiner amerikanischen Uniform angezogen – an Cushing herantraten und ihm freundlich Hilfe anboten oder Dinge zu erklären begannen, die eigentlich keiner Erklärung bedurften.

In London sind die Lebensmittel knapp geworden; es fehlt vor allem an Zucker und Butter, wie Cushing selbst feststellen musste. Heute Morgen, beim Frühstück in seinem Hotel, wurden ihm zu seinem Weißbrot zwei Klümpchen irgendeiner unappetitlichen, in Auflösung begriffenen Margarine serviert, und es gab keinen Zucker zum Kaffee. Dabei hat er in einem für amerikanische Militärangehörige reservierten Laden für ein paar Pence ein Kilo Zucker gekauft. Die Ware wurde diskret in einem Kasten überreicht, der zuvor «Fatima's Cigarettes» enthalten hatte, er gab sie sofort an einen englischen Bekannten weiter. Alles ist zu kaufen, wenn man nur Geld und die richtigen Kontakte hat. Aber Cushing kann nicht erkennen, dass die allgemeine gesundheitliche Lage sich verschlechtert hätte. Die Menschen essen weniger und gehen mehr zu Fuß, und «ihrem Geist tut das sicher gut».

Cushing betritt das Zimmer, in dem der Flieger liegt. Micky wurde nicht im Kampf verwundet, sondern verletzte sich, als er Kunstflug übte. Er hatte ein paar Loopings und Rollen gemacht, als plötzlich ein Flügel brach und die Maschine aus 1500 Metern Höhe zur Erde trudelte. Er überlebte wie durch ein Wunder, zog sich aber schwerste Verletzungen zu. Eins seiner Beine war so zerfetzt, dass die Ärzte es amputieren mussten.

Micky sitzt auf seinem Bett, seine Hände umfassen den Beinstumpf. Er leidet unter furchtbaren Phantomschmerzen und ist stark narkotisiert. Doch er begrüßt seinen Besucher gewohnt charmant. Es dauert deshalb eine Weile, bis der Amerikaner begreift, dass der betäubte Mann im Bett ihn gar nicht erkennt. Später schreibt Cushing bedrückt in sein Tagebuch: «Jetzt ist er nur noch ein gequältes menschliches Wrack – wäre er doch nur gestorben.»

199.
Donnerstag, 30. Mai 1918
RENÉ ARNAUD FINDET ZURÜCK ZU SEINEM REGIMENT
BEI VILLERS-COTTERETS

Vor vier Tagen endete Arnauds Urlaub, und er verließ Paris, um zu seinem Regiment zurückzukehren – und zu seiner Kompanie, die er jetzt als frisch beförderter Hauptmann führt. Dies war jedoch leichter gesagt als getan, denn das Regiment ist nach Osten verlegt worden, in Richtung des neuen deutschen Durchbruchs. Vor einigen Tagen haben die Deutschen nämlich die dritte Phase ihrer Frühjahrsoffensive eröffnet, diesmal mit massiven Angriffen über die alten verwüsteten Schlachtfelder beiderseits des Chemin des Dames. Wieder waren die deutschen Erfolge groß. Sie haben rund 50 000 Gefangene gemacht und 800 Kanonen erbeutet und bewegen sich in beunruhigendem Tempo auf die Marne zu; jetzt stehen sie nur 90 Kilometer von Paris entfernt.

An drei aufeinanderfolgenden Tagen hat Arnaud die gleiche Prozedur durchgemacht. Am Morgen verlässt er Paris und nimmt den Zug zu dem Ort, an dem das Regiment sich zuletzt befunden hat, nur um zu erfahren, dass der Verband inzwischen weitergezogen ist, und am Nachmittag kehrt er unverrichteter Dinge nach Paris zurück. Es ist offensichtlich, dass die oberste Armeeführung nicht recht weiß, was vor sich geht, und dass sie mit Hilfe wiederholter Rochaden versucht, Reserven für einen Gegenangriff zu sammeln.[18]

Als er an diesem Tag sein Ziel erreicht, erfährt er, dass das Regiment noch am Ort ist. Das letzte Stück lässt er sich von einem Schlachterauto mitnehmen. Es fällt Arnaud nicht schwer, die Ironie zu erkennen.

200.

Montag, 3. Juni 1918

RENÉ ARNAUD LEITET EINEN ANGRIFF BEI MASLOY

Er erwacht mit einem Ruck. Um ihn herum Bäume, neben ihm Robin, sein Leutnant. «Sie bombardieren uns.» Deutsche 7,7-cm-Granaten schlagen ringsum ein. Kurzes, lautes Knallen. Mit dem Rest der Kompanie verlässt er in größter Eile das Wäldchen, in dem sie die Nacht verbracht haben. Sie laufen zu einigen Häusern, die weniger als hundert Meter entfernt liegen. Zu ihrem Glück erweisen sich viele der feindlichen Projektile als Blindgänger, ein immer häufiger auftretendes Phänomen.

In einem Keller trifft er den Chef des Bataillons an, das diesen Abschnitt hält. Arnaud und seine Leute sollen eigentlich die Kompanie eines anderen Bataillons ablösen, ja, einer anderen Division. Aber in der Nacht haben sie sich verirrt, und jetzt wissen sie nicht, was sie tun sollen. Wieder einmal warten Verteidigungskämpfe auf sie.

Er meint zu beobachten, dass die französische Armee Anzeichen «einer wunderlichen Mischung» erkennen lässt, dass sie «im Begriff ist, die Kontrolle zu verlieren und sie gleichzeitig wiederzuerlangen». An Krisensymptomen fehlt es nicht. Es ist nichts Ungewöhnliches, dass man auf den Straßen Soldaten antrifft, die «ihre Regimenter verloren haben», ein Satz, den er inzwischen zur Genüge gehört hat. Ein akuter Mangel an Fußvolk hat dazu geführt, dass Kavallerieverbände in aller Hast in Infanterie umgewandelt werden, was die einfachen Soldaten mit kaum verhohlener Schadenfreude quittieren, da die Männer in diesen Reitereinheiten[19] bisher ein bequemes Leben hinter den Linien genossen haben, in geruhsamer Erwartung jenes versprochenen, aber nie verwirklichten französischen Durchbruchs. Gleichzeitig ist vom Schockzustand, der noch vor einer Woche herrschte, kaum mehr etwas zu spüren. Jetzt sammelt sich die französische Armee zum Gegenangriff. Doch unter der Oberfläche lauert noch die Panik.

Arnaud erklärt dem Major im Keller die Situation: dass sie sich verirrt haben und er deshalb seine Kompanie zur Verfügung stellt. Wofür der Major ihm dankbar ist. Ihr Gespräch wird indessen von einem beleibten Fahnenjunker unterbrochen, der die Kellertreppe heruntergestürzt kommt:

«Herr Major, der Deutsche greift mit Tankwagen an.»
«Verdammter Mist», rief der Major aus: «Wir müssen sofort abhauen.»
Und mit einer schnellen Bewegung, die kaum heroisch, aber ganz natürlich war, griff er nach seinem Gürtel und seinem Revolver, die auf

dem Tisch gelegen hatten – doch dann fiel ich ihm wieder ein: «Übrigens, Hauptmann, wo Sie schon hier sind, gehen Sie zum Gegenangriff über!»

«Aber ... in welche Richtung, Herr Kommandant?»

«Gegenangriff, genau vor Ihnen!»

«Ja, Herr Kommandant.»

Innerhalb weniger Minuten hat Arnauds Kompanie in zwei Linien mit zwanzig Metern Abstand Aufstellung genommen. Dann geht es los. Den ganzen Winter über hat er seine Soldaten gedrillt. Es ist nicht leicht gewesen, denn viele von ihnen sind schon älter, ängstlich, unerfahren und untrainiert, Leute, die den größten Teil des Krieges auf geschützten Posten weit hinter der Front zugebracht haben und vielleicht dort hätten bleiben dürfen, wäre nicht dieser akute Mangel an Rekruten. Arnaud sieht die Linien in vorbildlicher Ordnung vorrücken und ist zufrieden. Es ist fast wie auf dem Übungsgelände.

Die Kompanie stürmt vorwärts, alle gehen in Deckung, warten, laufen weiter, werfen sich wieder hin. Beim dritten Sturmlauf sieht er, dass zwei Männer links außen liegen bleiben. Sie sind also unter Beschuss. «Runter, Männer, runter!» Alle bleiben stehen. Arnaud späht nach vorn. Sie liegen auf dem höchsten Punkt einer langen Steigung und können den ganzen Weg vor sich bis zum Fluss überblicken. Von Feinden ist nichts zu entdecken. Doch, noch weiter entfernt, unter einem Baum, sieht er die kubische Form eines deutschen Tanks. Er macht jedoch keine Anstalten, sich zu bewegen. Arnaud beschließt, dass es genug ist:

Ein unerfahrener Offizier, noch neu an der Front, den Kopf voll mit den Theorien der Felddienstordnung, würde vermutlich annehmen, dass er den Vormarsch fortsetzen müsste und hätte auf diese Weise den Großteil seiner Männer verloren. Aber 1918 hatten wir genügend Erfahrung mit der Realität des Schlachtfelds, um rechtzeitig innezuhalten. Die Amerikaner, die gerade bei Château-Thierry, in unmit-

telbarer Nähe, an die Front gekommen waren, hatten aus erklärlichen
Gründen nicht diese Erfahrung, und wir wissen alle, welch ungeheure
Verluste sie in den ersten Monaten, in denen sie aktiv waren, erlit-
ten.

Arnaud übergibt einem seiner Fähnriche – Leutnant Robin ist am
Arm verwundet worden – das Kommando und kehrt zurück, um
Bericht zu erstatten. Der Auftrag ist ausgeführt.

Gegen Abend werden sie abgelöst und können sich danach wieder mit ihrem Regiment vereinigen.

Später erfährt Arnaud, dass ihn eine neue Aufgabe erwartet. Er
soll die Führung des Bataillons übernehmen. Der Major, der bis
dahin den Befehl geführt hat, ist verwundet worden. Ein Melder
berichtet: «Der verfluchte Kerl hat einen kleinen Splitter in die
Hand bekommen und ist sofort abgehauen. Der Scheißkerl;
die Wunde hätte nicht einmal meinen Sohn daran gehindert,
in die Schule zu gehen.»

201.
Sonntag, 23. Juni 1918
OLIVE KING WIRD IN SALONIKI DEKORIERT

Es ist ein heißer Tag voller Enttäuschungen. King weiß, dass sie
wieder einmal dekoriert werden soll – jetzt mit der serbischen
Goldmedaille für vorbildliches Verhalten – und dass die Zeremonie um zehn Uhr stattfindet. In der Annahme, dass sie rechtzeitig
erscheint, wenn sie um neun aufsteht, hat sie bis drei Uhr nachts
an einem Bericht geschrieben. (Sie will unbedingt eine Marketen-
derei für die unterbezahlten und häufig unterernährten serbischen
Fahrer aufmachen, mit denen sie arbeitet.) Doch schon um sechs
wird sie von einem lauten Klopfen an ihrer Tür geweckt. Ein kleines Gesicht schaut durchs Fenster und teilt ihr mit, dass sie bei der

Garage erwartet wird. Sie nimmt schnell ein Bad und macht sich auf den Weg.

Die Zeremonie findet tatsächlich um Punkt zehn Uhr statt. Ein Oberst hält eine lange Rede, in der er ihre Verdienste hervorhebt, worauf er die runde, goldglänzende Medaille an ihrer Brust befestigt. King erkennt eine kleine Schachtel auf dem Tisch daneben und denkt einen Moment, dass es noch eine weitere Auszeichnung gibt. Aber sie wird enttäuscht. Gegen halb zwölf folgt die nächste Enttäuschung. Artsa, einer der serbischen Fahrer, hat versprochen, ihr dabei zu helfen, den serbischen Pionieren, die die Feldküche bauen sollen, die Bauzeichnungen zu erklären. Doch er erscheint nicht wie geplant. Hungrig, da sie in der morgendlichen Eile keine Zeit hatte zu frühstücken, beschließt sie, zum Mittagessen zu gehen. Aber da erscheint die Frau, die ihre Hütte putzt, unangemeldet zum wöchentlichen Saubermachen. King muss bleiben. Der Nachmittag verläuft so lala, und als die Post kommt, hofft sie auf einen Brief von ihrem Vater. Aber: nichts.

Enttäuschungen, im Großen wie im Kleinen. Von kleineren Kampfhandlungen abgesehen hat sich an der Salonikifront noch nichts getan. An ein Ende des Stillstands ist nicht zu denken, schon deshalb nicht, weil gerade 20 000 französische und englische Soldaten eingeschifft wurden, um in Frankreich die neue deutsche Offensive aufzuhalten. (Es gibt Gerüchte, dass die Bulgaren einen Angriff vorbereiten. Das haben einige Überläufer erzählt.)

Olive King ist erschöpft, zornig und gereizt. Sie hat Heimweh. Seit dreiunddreißig Monaten ist sie nun schon hier, ohne Unterbrechung oder Urlaub. Doch nicht nur die Monotonie in Saloniki und die simplen Tücken des Alltags zehren an ihr. Wieder ist eine Liebe in die Brüche gegangen. In ihrer Trauer wegen Jovi hat sie sich einem anderen Serben zugewandt, mit dem sie arbeitete, eben jenem Artsa. Ihre Romanze wurde ernst, und er hielt um ihre Hand an. Olives Vater verbot die Heirat, und sie hat sich gebeugt – ohne Bitterkeit, wie es scheint.

Etwas in ihr ist am Ende. Wenn sie also in einem früheren Brief gegen ihre alte Gewohnheit plötzlich ideologisch geworden ist und ganz unerwartet über Geopolitik und Kriegsziele zu predigen begonnen hat, kann man ahnen, dass die Predigt letztlich an sich selbst gerichtet war. Ein Versuch, mit Worten das Leck, durch das die Energie aus ihrer Seele entweicht, abzudichten:

> *Offensichtlich gibt es noch immer Millionen Menschen, die nicht wissen, warum Deutschland in den Krieg gezogen ist. Sie haben eine vage Vorstellung davon, dass das Land einen Zugang zum Meer brauchte, und folglich machte man sich über Belgien her. Die Deutschen wollen Belgien und auch Holland, aber nicht aus dem gleichen Grund, wie sie Serbien haben wollen, nämlich um sich mit der Türkei zu vereinigen. Die einzige Möglichkeit, das britische Empire zu retten, besteht darin, den jugoslawischen Traum von Einheit zu unterstützen und einen starken, freundlich gesinnten Staat als dauerhaftes Hindernis für diesen Marsch nach Osten zu errichten.*

Jetzt ist es Abend, und Olive King sitzt bei geöffneten Fenstern und Türen in ihrer kleinen Holzhütte. Es ist schwül und warm. Der kühlende Wind der letzten Tage ist plötzlich abgeflaut. Gerade im Augenblick ist sie «müde und [hat] alles satt». Sie träufelt Eau de Cologne auf ihre Füße und spürt, wie die Feuchtigkeit mit einem kurzen kühlen Hauch verfliegt.

202.
Sonntag, 30. Juni 1918
HARVEY CUSHING DISKUTIERT IN PARIS ÜBER DIE ZUKUNFT

Draußen: ein strahlend warmer, schöner Sommertag. Drinnen: Finsternis. Der Mann, der dafür sorgt, ist Édouard Estaunié, ein sechsundfünfzigjähriger Schriftsteller, der vor dem Krieg mit psychologischen und sozialkritischen Romanen Erfolg hatte. (Er gehört der gleichen Generation an wie Marcel Proust und wird zuweilen in einem Atemzug mit Anatol France und Louis Bertrand genannt.)[20] Das Haus ist leer und still. Estaunié hat seine Familie fortgeschickt, fort von den fast täglichen Angriffen durch deutsche Nachtbomber und jener Kanone mit der enormen Reichweite.

Auch Cushing musste die Luftangriffe miterleben. Als er mit einem Kollegen vor einigen Tagen des Abends in Paris ankam, wurde ihre Metrofahrt vom Fliegeralarm gestoppt. Später konnten sie von einem Balkon des Hotel Continental mit Blick auf die Tuilerien den Angriff beobachten: «Gotha-Maschinen – hell – Schrapnells – dann und wann die Explosion und die Feuerflamme einer Bombe – ein kleiner Brand – ein pechschwarzes Paris.» Und sie haben den Place Vendôme überquert, wo die Trottoirs mit Glasscherben und die Häuserfassaden mit Löchern von Granatsplittern übersät waren. Es sind nicht diese schon seit Monaten andauernden Angriffe, die Estaunié so deprimieren, wie er da an seinem Schreibtisch sitzt, auch wenn sie natürlich ihren Teil beitragen. Nein, es ist die allgemeine Kriegslage.

Vor gut einem Monat begann die dritte deutsche Offensive seit Ende März, diesmal nordöstlich von Paris. Noch einmal zeigten die Deutschen, dass sie die alliierten Linien durchstoßen konnten, wo es ihnen beliebte. Diesmal rückten sie schneller vor denn je. Vor rund zwei Wochen machten sie halt. Jetzt stehen sie nur siebzig, achtzig Kilometer vor Paris. Alle erwarten, dass sie ihren Vormarsch bald fortsetzen, die französische Hauptstadt wird ihr nächstes Ziel sein.

Ein Kollege namens Cummings[21], der mit Estaunié bekannt ist, hat Cushing mitgenommen zu diesem Besuch. Die drei hören nicht auf, vom Krieg zu reden. Estaunié ist entsetzt und deprimiert über die Zerstörung, die in den letzten Monaten mehrere große französische Städte heimgesucht hat: «Zuerst Reims, dann Amiens, jetzt Soissons, und bald auch Paris.» Estaunié glaubt sogar, dass Paris vor dem Fall steht. Und er ist davon überzeugt, dass nur noch eine letzte heroische Kampfanstrengung vonnöten sei:

«Lieber dem Feind entgegentreten und 40 000 Mann verlieren, als sie bei einem Rückzug wie dem jüngsten zu verlieren.» Cushing und Cummings versuchen dagegenzuhalten. Die Armee müsse um jeden Preis weiterkämpfen. Nein, erwidert Estaunié, sehen Sie sich die belgische Armee an oder die serbische; sie kämpfen weiter, aber ihre Länder existieren nicht mehr. Frankreich wird auch untergehen, aber es wird im Kampf bis zum letzten Mann untergehen. *C'est effroyable.*

Die beiden Amerikaner suchen weiter Gegenargumente – die amerikanische Armee in Frankreich gewinne doch ständig an Schlagkraft. Cushing hat gehört, dass inzwischen fünfzig Divisionen gelandet seien, 750 000 Mann. Mit einer solchen Verstärkung sollte es doch möglich sein, den deutschen Ansturm aufzuhalten. Und dann diese tödliche Grippe, die sich oben in Flandern gerade ausbreitet, die soll den feindlichen Armeen schon heftig zugesetzt haben. Es ist schwer, den Pessimismus des Franzosen zu erschüttern. Estaunié wird philosophisch: Die Geschichte zeige, dass im Kampf zwischen dem Recht und der Barbarei stets die Barbarei triumphiere.

Bedrückt treten Cushing und sein Kollege in die flimmernde Sommersonne hinaus, während ihnen die düsteren Prophezeiungen des Franzosen noch in den Ohren klingen. Sie sind nur einen Spaziergang vom Eiffelturm, vom Arc de Triomphe und den übrigen Sehenswürdigkeiten entfernt. Den ganzen Nachmittag wandern sie in der Pariser Innenstadt umher, begierig, sich so viel wie möglich im Gedächtnis einzuprägen. Beide haben das Gefühl, dies alles vielleicht zum letzten Mal zu sehen.

203.

Montag, 15. Juli 1918

HERBERT SULZBACH NIMMT AN DER ERÖFFNUNG
DER GROSSEN OFFENSIVE AN DER MARNE TEIL

Es ist genau zehn Minuten nach Mitternacht. Im Sommerdunkel
flammen Mündungsfeuer auf, so viele, dass sie zu einer einzigen
riesigen Aura aus Licht zu verschmelzen scheinen, die hastig auf-
lodert und ebenso hastig wieder verlischt. Dann, den Bruchteil
einer Sekunde später: das Krachen der abertausend Abschüsse, zu
einem einzigen brausenden Donner vereint. Danach: die gezackten, gedämpften Blitze der Explosionen in der Ferne, die sich kurz
darauf mit dem dumpfen, in die Länge gezogenen Prasseln der
Einschläge vermischen.

Eine dritte deutsche Offensive hat begonnen, diesmal an der
Marne. Die Stoßrichtung des Angriffs ist Reims. Vielleicht fällt
jetzt die Entscheidung?

Inzwischen kennt Herbert Sulzbach die Geräusche, die Abläufe,
die Zeichen. Die Division, der sein Bataillon angehört, die 9., ist
eine sogenannte Eingreifdivision, ein erfahrener und zuverlässiger
Eliteverband, genau für diese Art von Durchbruchsoperationen
ausgerüstet und ausgebildet. Sulzbach ist ausgesprochen stolz,
auch darauf, an der erfolgreichen Märzoffensive wie an der Fortsetzung im Mai, um Aisne, beteiligt gewesen zu sein, als man in
gleicher Weise den Chemin des Dames überrannte.

Wie üblich waren die Vorbereitungen extrem aufwendig, nicht
zuletzt für ihn selbst. Früh aufstehen, und oft erst gegen halb drei
oder drei Uhr ins Bett. Er ist müde, sie alle sind müde. Obwohl sie
seit Mitte Juni nicht im Kampf gewesen sind, wurde die meiste Zeit
für Übungen und Training und Präludien zum nächsten Angriff
verwendet. Wirklich Ruhe hatten sie nie. Und es lässt sich nicht
verhehlen, dass sie hohe Verluste erlitten haben. Einunddreißig
Offiziere des Bataillons sind gefallen seit Beginn der Offensive im
Mai. (Außerdem wütet noch immer diese Grippe.)

Sulzbach bleibt sich jedoch treu und ist optimistisch, auch wenn sein Optimismus inzwischen etwas Demonstratives hat. Er ist sich seiner selbst sicher, er vertraut dem Bataillon, der Armee, er hat keine Angst vor dem, was sie erwartet. Zuerst das Sturmfeuer, exakt und effektiv. Dann der Sturm der Infanterie, alles gemäß den Prinzipien des Infiltrationsangriffs. Und am Ende der Sieg! Es heißt, der Kaiser sei vor Ort, um höchstpersönlich Zeuge dieses entscheidenden Angriffs zu werden.

Sie hatten in einem Nadelwald ihr Lager aufgeschlagen. Der Boden ist weiß wie Kalk. Es ist heiß. Sulzbach denkt oft an Kurt.

Von 1.10 Uhr bis 4.49 Uhr hämmern alle denkbaren Typen und Kaliber der deutschen Artillerie auf die französischen Schützengräben und Verbindungslinien ein, auf Geschützstellungen, Maschinengewehrnester und Munitionslager, auf Stäbe, Sturmhindernisse und Beobachtungsplätze, auf Straßenkreuzungen, Brücken und wichtige Wegstrecken, alles nach einem mathematisch exakt ausgearbeiteten Plan. Die Granaten regnen herab. Das in die Länge gezogene Hämmern der vergangenen Jahre ist von einer neuen Taktik abgelöst worden, die auf maximaler Feuerkraft über einen kürzeren Zeitraum basiert – und stets in der Nacht. Man strebt eine gleichermaßen psychologische wie materielle Wirkung an. Auch wenn bald der Tag dämmert, ist es schwer, etwas zu erkennen, wegen des Rauchs überall. Um 4.50 Uhr beginnt dann Stufe zwei – kriechendes Sturmfeuer. Doch erst nachdem man eine letzte Kriegslist angewandt hat: das Feuer auf die feindlichen Schützengräben wird kurzfristig eingestellt und die eigenen Soldaten in der vordersten Linie brechen in ein gewaltiges Hurra-Geschrei aus – alles, um die französischen Verteidiger aus ihren Schutzräumen herauszulocken; danach setzt ein letzter, überraschender Platzregen von Granaten ein. Das bedeutet, dass die Infanterie – ohne jedes Hurra-Rufen – ihre Deckung verlassen hat und jetzt auf dem Weg zu den feindlichen Schützengräben ist.

Was 1916 noch graue Theorie war, ist nun bis zur Vollendung perfektioniert. Zwei Feuerwalzen rollen vor der eigenen Infanterie her, wenn sie vorrückt. Zuerst Gasgeschosse, eine Mischung aus Chlor- und Tränengas. Danach Spreng- und Splittergranaten. Jede Minute werden die Schießwerte der Geschütze geändert, sodass die Geschosse fünfzig Meter weiter vorn landen. Nach einer Minute kommen weitere fünfzig Meter hinzu, kurz darauf noch einmal fünfzig Meter, und so fort.

Das Artilleriebataillon gerät in französisches Gegenfeuer, eine Mischung aus Kartätschen und Gasgranaten. Sie sind gezwungen, die ganze Zeit Gasmasken zu tragen. (Es gibt inzwischen auch Schutzmasken für die Pferde.)

Sulzbach weiß, was geschehen wird. Er kennt die Abläufe von früheren Durchbrüchen. Bald werden sie den Befehl zum Aufprotzen erhalten und der Infanterie auf ihrem Vormarsch folgen.

Aber die Stunden verstreichen, ohne dass ein Befehl zum Aufprotzen ergeht. Es ist unmöglich zu wissen, was dort vorn passiert, in all dem Getöse und Rauch. Gegen Mittag reitet er ungeduldig voran, bis Dailly-Ferme. Er begegnet Scharen von französischen Kriegsgefangenen. Die fünfte Batterie hat schwere Verluste erlitten. Die dritte Batterie hat drei ihrer Offiziere verloren.

Es wird Nachmittag.

Es wird später Nachmittag.

Kein Befehl zum Aufprotzen.

Erst gegen Abend erreichen ihn Instruktionen. Aber es sind nicht die, die er erwartet hat. Die gesamte Division soll sich – zurückziehen! Das kann nur bedeuten, dass das Undenkbare geschehen ist. Sulzbach notiert im Tagebuch: «Wir sind sehr, sehr niedergedrückt, denn wenn solch Riesenangriff nicht sofort gelingt, dann ist es auch schon vorbei.»

204.

Dienstag, 16. Juli 1918

EDWARD MOUSLEY SCHREIBT AUF EINER HÖHE ÜBER BURSA
EIN SONETT

Es ist, als drängten sich zwei Seelen in seiner Brust. Vielleicht ist es auch nur der alte Wettstreit zwischen Vernunft und Gefühl.

Ein Teil in ihm ahnt, dass der Krieg einen Wendepunkt erreicht hat. Es hat den Anschein, als kämen die Deutschen in Frankreich nicht weiter, und die Alliierten der Deutschen (Österreicher, Bulgaren und nicht zuletzt Osmanen) offenbaren eine fortgeschrittene Kriegsmüdigkeit. Mousley selbst geht es ziemlich gut. Das osmanische Kriegsgericht hat ihn von der Anklage wegen Fluchtversuchs freigesprochen. Sein Hintergrund als Jurastudent mit dem Schwerpunkt internationales Recht und seine Taktik, in bedrängter Lage zum Gegenangriff überzugehen, haben ihm geholfen. Er ist wieder bei den gefangenen höheren Offizieren im Badeort Bursa, wo er, natürlich unter sorgfältiger Bewachung, angeln und Fußballspiele verfolgen kann.

Ein anderer Teil in ihm ist ohne Hoffnung, sieht verzweifelt seine besten Jahre in Gefangenschaft zerrinnen.

An diesem Tag ist Mousley wieder einmal auf dem Weg, um ein Erfrischungsbad zu nehmen. Wie üblich wird er von einer Wache begleitet. Es ist ein heißer Tag. Mousley fühlt sich krank und müde. Sie wandern über eine der Anhöhen, die Bursa umgeben. Die Aussicht ist großartig, besonders hinüber zu dem hohen Berg Kesis. Mousley bemerkt nach einer Weile, dass er nicht mehr pünktlich zum Strand gelangen wird. Also setzt er sich am Wegesrand nieder. Dort schreibt er ein Sonett:

> *One day I sought a tree beside the road*
> *Sad, dusty road, well known of captive feet –*
> *My mind obedient but my heart with heat*
> *Rebelled pulsating 'gainst the captor's goad.*

So my tired eyes closed on the «foreign field»
That reached around me to the starlight's verge,
One brief respite from weary years to urge
Me to forget – and see some good concealed.
But skyward then scarred deep with ages long
I saw Olympus[22] and his shoulders strong
Rise over the patterned destinies of all the years
Marked with God's finger by the will of Heaven –
Tracks men shall tread, with only Time for leaven –
That we might see with eyes keen after tears.[23]

«Aber», räumt er ein, als er später über diesen lyrischen Ausbruch nachdenkt, «Augenblicke wie diesen gab es selten.» In der
pidginartigen Sprache, die er sich in den Jahren der Gefangenschaft zugelegt hat, fügt er schließlich hinzu: «Die Forderungen
des Überlebens und die Jagd auf Essen und Geld und die allgemeine Organisierung von Intrigen und Plänen und diesem und
jenem nahmen einen großen Teil unserer Aufmerksamkeit in Anspruch.»[24]

*

Am selben Tag, dem 16. Juli, schreibt Herbert Sulzbach ins Tagebuch:

Unsere Stimmung ist entsetzlich, wir sehen ja überhaupt nicht, was
vor sich geht, ahnen nur, dass diese große Offensive nicht geklappt hat!
Richtige Ruhe haben wir eigentlich seit Soissons nicht mehr gehabt …

574

205.

MICHEL CORDAY BETRACHTET FRAUEN AUF EINER WINDIGEN
STRASSE IN PARIS

Am Morgen sitzt Corday im Zug nach Paris. Wie immer belauscht er die anderen Fahrgäste im Abteil. Jemand sagt: «Wir rücken überall vor!» Ein französischer Leutnant hält einem amerikanischen Soldaten (den er nicht kennt und der vermutlich noch nicht einmal Französisch versteht) die aktuelle Zeitung hin, zeigt auf die Schlagzeilen und sagt: «Ausgezeichnet!»

Ein Herr in Zivil kann sich kaum halten vor Entzücken über die letzten militärischen Erfolge. Mitte des Monats hatten die Deutschen eine neue Offensive gestartet, diesmal an der Marne, die aber inzwischen von schweren alliierten Gegenangriffen gestoppt wurde. Und jetzt hat der Feind seinen Vormarsch beendet und sich über den Fluss zurückgezogen. Die Deutschen haben es darauf angelegt, den Krieg mit einem einzigen tödlichen Schlag zu gewinnen, und sind gescheitert. Der Misserfolg steht jedermann sichtbar vor Augen, nicht zuletzt den Lehnstuhlstrategen in Zivil. Das Ergebnis des deutschen Wagemuts sind einige auf der Karte imponierende Einbuchtungen in der alliierten Frontlinie, die aber in Wahrheit Schwachstellen sind. Corday hört, wie der enthusiastische Herr einem etwas skeptischen Hauptmann die neue, unerwartete Lage erklärt:

> «Ich sage Ihnen, es sind 800 000 Mann, die dabei draufgehen werden.» Der Hauptmann wandte ein: «Sind Sie sicher?» Der andere erwiderte: «800 000, ich schwöre es. Kein Mann weniger. Und wir werden die ganze Bande fangen!» Er lehnte sich zurück und verfolgte mit dem Finger die Operation auf der Karte, die auf der Titelseite der Zeitung abgedruckt war: «Sehen Sie! … Und hier … und dort!» Der Hauptmann war überzeugt. Er sagte: «Die sind wirklich erledigt! Das muss sie in Rage bringen. In deren Haut möchte man nicht stecken …»

Am selben Tag erfährt Michel Corday von einer Frau, die zu Beginn des Krieges in Lille gestrandet war, hinter den deutschen Linien, der es aber gelang, zu ihrem Mann zurückzukehren. Irgendwann hörte ihr Mann, wie sie die deutschen Offiziere «wegen ihres ritterlichen Auftretens» rühmte. Da tötete er sie mit einem Rasiermesser. Er ist freigesprochen worden.

Später geht Corday mit einem Freund eine Straße in Paris entlang. Es weht ein heftiger Wind. Der Freund ist bestens gelaunt, da er am Morgen gute Nachrichten von seinem Sohn erhalten hat, einem Fähnrich in der Armee. Und seine Laune wird auch nicht getrübt, als er sieht, wie der Wind an den Kleidern der promenierenden Frauen zerrt. Alles hat sich durch den Krieg verändert, auch die Damenmode. Ideologische, aber vor allem praktische Gründe haben im Laufe der Zeit dazu geführt, dass die Farben gedämpfter, die Stoffe schlichter, die Modelle funktioneller geworden sind, mehr auf Arbeit und Aktivität zugeschnitten. Und die Veränderung betrifft nicht nur das Äußere. Die reich verzierten Unterröcke, die es vor dem Krieg gab, sind verschwunden und ersetzt worden durch kleinere, weniger kunstvolle Modelle, die robuster sind; das fast fanatisch Kurvige, das ein Erbe des 19. Jahrhunderts war und starre, steife Korsetts erforderte, ist aus der Mode gekommen. Die Linien sind immer gerader geworden. Und nie waren die Kleider kürzer als jetzt, nie waren sie aus so leichtem, dünnem Material gefertigt. Die Damen auf der Straße haben Mühe, ihre Kleider vor dem starken Wind zu schützen. Eine junge Frau spaziert vor Corday und seinem Freund. Ein plötzlicher Windstoß hebt ihr Kleid bis zur Taille, und der Freund lächelt vergnügt.

206.

PAOLO MONELLI SCHREIBT ÜBER DAS LEBEN
HINTER STACHELDRAHT IN HART

Er hat zweimal versucht zu fliehen – das erste Mal nur zehn Tage
nach seiner Ankunft in jenem Schloss in Salzburg. Zweimal hat
man ihn wieder eingefangen.

Manche haben sich mit der Gefangenschaft abgefunden, fest
entschlossen, dort das Kriegsende abzuwarten. Monelli aber bringen die Kleinigkeiten und die Tristesse fast um. Er fühlt sich in
einem ewigen, unveränderlichen, abscheulichen Jetzt eingesperrt.
Monelli ist sechsundzwanzig Jahre alt, und es kommt ihm so vor,
als ginge seine Jugend verloren. Vielleicht ist es schon geschehen.
Er gibt sich Tagträumen und Erinnerungen hin, verspürt große
Sehnsucht, stellt sich Bilder eines Lebens in Friedenszeiten vor,
Alltäglichkeiten, die jetzt unmöglich sind, geradezu unglaublich
erscheinen, wie mit frisch geputzten Schuhen auf einem Bürgersteig zu gehen, oder mit weiblichen Bekanntschaften in einem Café
Tee zu trinken. Er denkt viel an Frauen. Unter den Gefangenen
herrscht ein hoher Grad an sexueller Frustration. Das Essen ist
schlecht und knapp. Der Hunger liegt stets auf der Lauer.[25]

Monelli befindet sich jetzt in Hart. Es ist sein drittes Lager. Sie
wohnen in langen Baracken, die in der heißen Sommersonne sti-
ckig und voller Fliegen sind. Jenseits des Stacheldrahtzauns blicken sie auf ein ländliches Idyll, das nach frisch gemähtem Heu
duftet, und irgendwo hinter den blaugrünen Bergen am Horizont
liegt Italien. Monelli schreibt:

Und heute ist wie gestern. Nichts verändert sich. Heute wie gestern,
wie morgen. Der morgendliche Appell in den düsteren Schlafsälen, die
abendliche Inspektion, um zu kontrollieren, dass alles dunkel ist. In
dieser Klammer ein sinnloses Dahinleben, wo man aufgehört hat, an
die Zukunft zu denken, weil man sie nicht mehr zu erforschen wagt,

ein Leben, das gleichförmig hin und her baumelt, festgehakt an ein paar unveränderlichen, frustrierenden Erinnerungen.

Das Stampfen und Trampeln in den unendlichen Gängen der miteinander verbundenen Baracken, wo das Licht durch ein Dachfenster fällt, und wo einen zuweilen ein Albtraum heimsucht, dass wir schon tot und begraben sind, dass wir nur rastlose Leichen sind, die ihre Gräber verlassen haben, um auf den Spazierhöfen mit den anderen Dahingeschiedenen einen Plausch zu halten. Hass auf die Kameraden, deren intimer Freund zu werden die Österreicher dich gezwungen haben, die menschlichen Ausdünstungen, ein entsetzlicher Gestank von fünfhundert Eingesperrten, ein ausgehungerter egoistischer Haufen, zwanzigjährige Körper, verdammt zu Untätigkeit und Onanie. Und ich glaube nicht, dass ich besser bin als sie, auch wenn ich hier und da ein Körnchen Weisheit von mir gebe, und ein lebhaftes Gespräch mit Freunden über vergangene Kämpfe mich in der täglichen Erniedrigung noch trösten kann.

Auch ich habe Schach spielen gelernt; auch ich drücke mich zuweilen an das rechteckige Muster des Stacheldrahtzauns, um meiner Gier nach vorbeigehenden Frauen Ausdruck zu verleihen; auch ich gebe widerwillig mein Kilo Reis für die gemeinsame Mahlzeit heraus, als wäre es ein obligatorischer Beitrag. Und wer weiß, ob nicht auch ich mich so weit erniedrige, von meinem Kameraden jenes pornographische Buch auszuleihen.

207.
Sonntag, 28. Juli 1918
ELFRIEDE KUHR ARBEITET IM SÄUGLINGSHEIM
IN SCHNEIDEMÜHL

Sie tun ihr Bestes. Wenn die Kleinkinder ihre Milch nicht bekommen können, geben sie ihnen gekochten Reis oder Haferbrei oder nur Tee. Und wenn es nicht genug echte Windeln gibt, benutzen sie eine neue Sorte, aus Papier. Das Papier klebt an der Haut der Kinder fest, es tut weh, wenn die Pflegerinnen es abziehen.

Ersatz überall. Ersatzkaffee, falsches Aluminium, imitiertes Gummi, Verbände aus Papier, Knöpfe aus Holz. Der Erfindungsreichtum ist zwar beeindruckend, aber vom Resultat kann man das nicht behaupten: Stoff, der aus Nesselfasern und Zellulose besteht; Brot aus Getreide, das mit Kartoffeln, Bohnen, Erbsen, Buchweizen und Rosskastanien vermischt ist (und das erst ein paar Tage nach dem Backen wirklich genießbar erscheint); Kakao, der aus gerösteten Erbsen und Roggen unter Zusatz chemischer Geschmacksstoffe besteht; Fleisch, das aus gepresstem Reis gemacht ist, der in Schaftalg gekocht wurde (abgerundet durch einen Scheinknochen aus Holz); Tabak aus getrockneten Wurzeln und Kartoffelschalen, Schuhsohlen aus Holz. Es gibt 837 zugelassene Fleischersatzpräparate für die Wurstherstellung, 511 registrierte Ersatzprodukte für Kaffee. Münzen aus Nickel sind ersetzt worden durch Münzen aus Eisen, Pfannen aus Eisen durch Pfannen aus Blech, Dächer aus Kupfer durch Dächer aus Blech, und die Welt von 1914 wird ersetzt durch die Welt von 1918, in der alles etwas dünner, hohler, kleiner ist. Ersatz: Scheinprodukte für eine Scheinwelt.

Elfriede Kuhr arbeitet in einem Kinderkrankenhaus in Schneidemühl. Es hat eine Weile gedauert, bis sie sich an die Arbeit dort gewöhnt hat, daran, den Ekel beim Anblick von Blut oder Eiter, wund gelegenen Stellen oder Schädeln, die mit Schorf bedeckt sind, zu unterdrücken. Fast alle Kinder leiden an Unterernährung oder an einer Krankheit, die irgendwie auf Unterernährung zurückzuführen ist. (Die Unterernährung ist zum Teil auf die wirksame britische Blockade Deutschlands zurückzuführen, zum Teil darauf, dass Deutschlands Landwirtschaft und das hiesige Transportsystem durch die heftigen Kriegsanstrengungen mehr und mehr verschleißen – wo es noch Lebensmittel gibt, gibt es keine Züge, um sie zu transportieren.) Diese Kinder sind natürlich ebenso sehr Kriegsopfer wie die Gefallenen an der Front. Oder die Kinder, die mit der *Lusitania* untergegangen und ertrunken sind. Im Laufe der letzten Jahre hat sich die Kindersterblichkeit in Deutschland verdoppelt.[26]

Viele der Kleinen sind von jungen, verzweifelten Soldatenfrauen eingeliefert worden. Elfriede schreibt:

Oh, diese Babys! Haut und Knochen. Kleine Hungerleichen. Und die Augen so groß! Wenn sie weinen, klingt es wie leises Quäken. Ein kleiner Junge wird bestimmt bald sterben. Er hat ein Gesicht wie eine vertrocknete Mumie; der Arzt spritzt ihm Kochsalzlösung ein. Wenn ich mich über das Bett beuge, guckt mich der Kleine aus riesigen Augen wie ein alter, kluger Mann an; dabei ist er erst sechs Monate alt. Ganz deutlich steht eine Frage in seinen Augen, eigentlich ein Vorwurf.

Wenn sie kann, stiehlt sie echte Windeln, damit dem Jungen dieses entsetzliche Zeug aus Papier erspart bleibt.

Elfriede steht um sechs Uhr morgens auf, beginnt eine Stunde später zu arbeiten und ist um sechs Uhr abends fertig. Ihr Bruder Willi ist jetzt als einfacher Soldat zur Fliegertruppe einberufen worden. Er ist noch in der Ausbildung. Als sie ihn nach dem Einrücken beobachtete, fand sie, dass er in seiner Uniform und mit dem seltsamen Lackhut auf dem Kopf furchtbar aussah; am schlimmsten war aber, ihn in Hab-acht-Stellung zu sehen, steif, ganz still, die Hände an die Hosennaht gepresst, den Blick in weite Ferne gerichtet. Genauso wie damals, als sie Leutnant von Yellenic spielte, nur in echt, viel besser – und viel, viel schlimmer. Elfriede hat Willi zuletzt vor vierzehn Tagen gesehen, an seinem Geburtstag. Da hat er zweimal zu ihr gesagt: «Es kracht im Gebälk.»

208.

PÁL KELEMEN BEGEGNET IN ARLON EINIGEN AMERIKANISCHEN
KRIEGSGEFANGENEN

Er wohnt bequem in einem zweistöckigen Haus und hat ein eigenes Schlafzimmer, ein eigenes Wohnzimmer und einen Eingang
für sich allein. Es sieht fast aus wie eine Ferienwohnung. Aber wer
sollte in diesem Teil Belgiens Ferien machen? Als symbolische
Geste der Solidarität und Dankbarkeit[27] hat die österreichisch-ungarische Armee vier Divisionen an die Westfront geschickt – mit
einigen ihrer berühmten 30,5-cm-Mörser. Zu einer der Divisionen
gehört also Pál Kelemen. Die Bahnreise hat acht Tage gedauert,
von Friaul über die leeren Schlachtfelder am Isonzo, nach Österreich hinauf («Städte, Kultur, Frauen, aber überall die tausend-
fachen Anzeichen von Kriegsmüdigkeit»), durch Deutschland (wo
er das schwer bombardierte und von Panik befallene Metz sieht),
an Luxemburg vorbei und über die Grenze nach Belgien, in die
kleine Stadt Arlon. Als der Zug in den Bahnhof einfuhr, lag der
Ort unter heftigem Artilleriebeschuss. Er bekam Angst.

Arlon ist jetzt seit vier Jahren besetzt. Die deutschen Besatzer
haben ihr Bestes gegeben, um der Stadt eine Art Normalität auf-
zuzwingen, aber vergeblich. Geschäfte, Restaurants und Hotels
sind zwar wie früher geöffnet, aber jeder kann sehen, dass das Leben alles andere als normal ist, selbst wenn man von den Kriegshandlungen absieht: den Bomben aus den Flugzeugen und den
Granaten, die, von Geschützen mit großer Reichweite abgefeuert,
hier und dort einschlagen und wahllos Deutsche wie Belgier töten.
Erstens ist die Stadt ab Punkt acht Uhr abends wie verlassen. Das
Ausgehverbot wird mit preußischer Strenge durchgesetzt, und mit
der Verdunkelung nimmt man es sehr genau; man ist hier so weit
wie nur möglich entfernt von der so charmanten österreichischen
Sorglosigkeit. Nein, es wird eiserne Disziplin gehalten. Zweitens
gibt es hier praktisch keine Männer, außer den sehr alten und den

sehr jungen sowie den ständig präsenten russischen Kriegsgefangenen, die als Arbeitskräfte dienen. Die Männer sind entweder in der belgischen Armee oder zur Zwangsarbeit nach Deutschland oder anderswo geschickt worden. Die Deutschen versuchen, maximalen ökonomischen Gewinn aus diesem und auch anderen besetzten Gebieten herauszuziehen. Überall sieht man Frauen.

Das müsste Kelemen eigentlich gefallen, aber er hat schnell begriffen, dass zwischen ihm und den Belgierinnen eine unüberwindliche Mauer steht. Die Zivilistinnen haben keinen Respekt vor den Besatzern und vermeiden es, sie überhaupt anzusehen. Und wenn sie aus irgendeinem Grund nach etwas gefragt oder zu etwas ermahnt werden, tun die Belgier so, als verstünden sie nichts, und ihre Blicke und Gesten sind voller Verachtung und Trotz. Mit viel Schmeichelei hat Kelemen der Frau, in deren Haus er wohnt, zu erklären versucht, dass er *Ungar* ist, kein Deutscher, und dass die Ungarn im Laufe der Geschichte oft gegen die Deutschen gekämpft haben. Aber die Frau hat so getan, als verstünde sie nichts. In Arlon ist ihm bereits eine «bezaubernde junge Frau» aufgefallen, und als er sie vor ein paar Tagen an einem offenen Fenster stehen sah, ist er sofort hingeritten und hat auf Französisch eine Unterhaltung begonnen. Aber kaum hatte er mit seinem Flirt angefangen, tauchte eine ältere Frau auf und zog das Mädchen vom Fenster weg. Wie sich herausstellte, war sie die Tochter des Polizeichefs der Stadt – der von den Deutschen verhaftet wurde.

Die vierte deutsche Offensive seit Mai begann Mitte des vorigen Monats, diesmal an der Marne, aber sie scheint so verlaufen zu sein wie die früheren: erst große, schnelle Erfolge und herbe alliierte Verluste (von der deutschen Propaganda in fetten Lettern und zu den Triumphklängen von Kirchenglocken präsentiert), dann ein immer geringeres Tempo des Vormarsches infolge von Nachschubproblemen und zunehmendem Widerstand durch eilig herbeigeholte alliierte Reserven. Jetzt macht sich auch der Einsatz amerikanischer Einheiten immer deutlicher bemerkbar. Zwar kämpfen die Neuankömmlinge mit einer an Unverstand grenzenden Gleichgültigkeit gegenüber den jüngsten militärtaktischen Erkenntnissen, und sie haben entsprechend hohe Verluste erlitten – völlig unnötigerweise. Aber allein ihre große Zahl wiegt schon schwer, zumal die Deutschen mit ihren Offensiven eine Entscheidung erzwingen wollen, *bevor* die Amerikaner ernsthaft ins Spiel kommen. Seit drei Tagen sind die deutschen Einheiten ungefähr wieder dort, wo sie begonnen hatten.

Arlon liegt also in der Nähe des Frontabschnittes, wo diese letzte Offensive stattfand – die österreichisch-ungarischen Einheiten sollen die deutsche Front verstärken. An diesem Tag sieht Kelemen zum ersten Mal, wie eine kleine Gruppe amerikanischer Kriegsgefangener vorbeigeführt wird. Der Anblick demoralisiert ihn. Er notiert in seinem Journal:

Ihre verblüffend gute physische Verfassung, die erlesene Qualität ihrer Uniformen, das dicke Leder ihrer Stiefel, Gürtel und so weiter, ihre selbstsicheren Blicke, obwohl sie Gefangene waren, das zeigte mir, was vier Jahre Krieg mit unseren Soldaten gemacht haben.

*

Am gleichen Tag schreibt Harvey Cushing in sein Tagebuch:

Ich liege jetzt den dritten Tag mit einem noch nicht diagnostizierten Leiden im Bett, das ich für die spanische Grippe, ein Dreitagefieber oder was auch immer halte. Kam zurück nach zwei Tagen Herumhetzens bei Château-Thierry, ohne Essen, unterkühlt und aufgeweicht, im offenen Auto gegen ein Uhr in der Nacht. Ich fühlte mich plötzlich sehr alt, und der Chauffeur musste mir die Treppe hinaufhelfen. Meine Zähne klapperten, ich war völlig am Ende.

209.

ELFRIEDE KUHR BETRACHTET IN SCHNEIDEMÜHL
EINEN TOTEN SÄUGLING

Sommerdunkel. Wärme. Jetzt ist er tot, dieser Junge von sechs Monaten, der ihr Liebling war. Gestern ist der ausgemergelte Säugling in Elfriedes Armen gestorben: «Er legte einfach den Kopf, der für das Körperskelett viel zu groß aussah, an meinen Arm und war ohne Zucken oder Röcheln tot.»

Es ist drei Uhr morgens, und Elfriede geht noch einmal hin, um den Leichnam zu betrachten. Er liegt in dem mit einem Netz bedeckten Bett, das man auf einen Flur geschoben hat, wo es ein wenig kühler sein soll. Sie hat frisch gepflückte Wiesenblumen um die kleine, dünne Leiche gelegt, aber der Anblick ist dennoch erschreckend: «Er sah zwischen ihnen zum Fürchten aus, ein uralter Zwerg, schon hundert Jahre tot.»

Während sie dort steht und den Körper betrachtet, ist plötzlich ein Geräusch zu hören. Es klingt wie ein schwaches Brummen, mal lauter, mal leiser, dann stumm. Erstaunt beugt Elfriede sich vor. Sie schaut, lauscht, und begreift zu ihrem Entsetzen, dass das Geräusch von dem toten Jungen stammt. Wenn er nun wieder zum Leben erwacht ist? Der Ton könnte seinen kleinen Lungen entweichen. Sie beugt sich noch weiter vor, und ja, es kommt aus seinem halb geöffneten Mund. Er versucht zu atmen!

Sie nimmt sich ein Herz, zieht die Kiefer des Jungen auseinander, um ihm Luft zu verschaffen. Und zuckt sofort zurück. Aus dem Mund des Jungen kriecht eine große Schmeißfliege.

Elfriede verscheucht sie, voller Ekel. Dann spannt sie wieder das Netz um das Bett, dicht, sehr dicht.

210.

Samstag, 24. August 1918

Es hat fast den ganzen Tag geregnet. Die Fahrt bergauf ist lang und mühselig, aber sie ist die Anstrengung wert. Die Aussicht ist hinreißend, und die Landschaft nicht weniger – ganz unberührt vom Krieg. Cushing ist Mitglied einer kleinen Delegation, die die Neurologische Station Nr. 42 besucht, die in der alten Bergfestung in Salins untergebracht ist, südlich von Besançon.

Er ist aus rein professionellen Gründen hier. Dies ist, wie der Name sagt, eines der vielen neurologischen Krankenhäuser der Armee, und es hat sich auf einen bestimmten Typ von neurologischem Schaden spezialisiert: erstarrte Hände und gelähmte Füße. Besonders die erstgenannten interessieren Cushing. Alle Militärärzte kennen das Phänomen: Männer, deren Hände in einer Art Dauerkrampf erstarrt sind, nicht selten in unmöglichen Stellungen zum Unterarm verdreht. Origami der Muskeln. Eine eigentliche Verletzung ist an den befallenen Gliedmaßen nicht zu finden. Sie sind gleichsam nur in einem scheinbar unmöglichen Winkel festgefroren. Cushing ist verblüfft über die Variationen. Die französischen Ärzte haben sogar eine Typologie entwickelt: *main d'accoucheur, main en bénitier, main en coup de poing* und so weiter.

Oft tritt das Leiden nach einer längeren Zeit in Bandagen oder im Streckverband auf. Oft findet sich aber auch eine andere, wohlbekannte Ursache: Nicht selten sind Männer betroffen, die sich im Kampf eine kleine, zuweilen triviale Verletzung zugezogen haben. Sie sind, bewusst oder unbewusst, der Meinung, die Wunde sei irgendwie zu unbedeutend, und gleichzeitig haben sie Angst, zur Front zurückgeschickt zu werden.

Die Behandlung besteht ausschließlich aus Psychotherapie, und sie wird von einem Hauptmann namens Boisseau durchgeführt. Er ist sehr geschickt. Cushing beobachtet voller Erstaunen, wie Boisseau sich eines neu eingetroffenen «Selbstdeformierten» annimmt und den Mann vorsichtig, mit Worten, aus seiner Lähmung herauswindet. In einem Zimmer ist eine kleine Ausstellung von Stöcken und Krücken, Korsetts und Stützschienen zu sehen, die von ehemaligen Patienten benutzt wurden.

Die Behandlungsmethode indes ist nicht hundertprozentig erfolgreich. Im Dorf am Fuße des Berges liegt eine Kaserne, in die die Gesundgeschriebenen geschickt werden. Dort teilt man sie in drei Gruppen ein: a) vollständig geheilt und für den Dienst an der Front geeignet, b) unklare Fälle, c) chronische Fälle. Cushing und die anderen sehen die erste Gruppe vorbeimarschieren, in voller Kampfausrüstung. Dort entdeckt einer der französischen Nervenärzte einen Rückfall – der Mann wird sofort aus dem Glied genommen und zur Neurologischen Station Nr. 42 zurückgeschickt, wo ihn drei Tage in Isolation erwarten, bevor die Therapie erneut beginnt: «Eine Psyche, die kämpft, um die Kontrolle über eine andere zu gewinnen, die jedoch gute Gründe hat, sich zu widersetzen.»

In strömendem Regen fahren sie zurück nach Besançon. Später lädt sie einer ihrer Führer zum Souper ein.

211.

Sonntag, 1. September 1918

WILLY COPPENS LIEGT ERKÄLTET IN LES MOËRES

Der warme August ist vorbei. Es war ein ereignisreicher Monat. Coppens' Liste verzeichnet sechs neue Siege. Sämtliche Abschüsse sind deutsche Beobachtungsballons, seine Spezialität. (Seit dem Jahreswechsel hat er siebenundzwanzig Siege errungen.) Er hat die Gefahren kennengelernt: Seine Maschine wurde mehrmals durchsiebt, entweder von Kugeln oder von Granatsplittern (die Risse werden mit weißen Streifen ausgebessert, die sich gegen das leuchtende Hellblau seiner Hanriot-Maschine abzeichnen); und vor einer guten Woche hätte eine deutsche Maschine, die sich von hinten herangemacht hatte, ihn beinahe abgeschossen.

Dennoch ist Coppens in einer etwas sonderbaren Gemütsverfassung. Am Morgen des 10. August schoss er im Laufe von anderthalb Stunden drei Ballons ab. «Solange ich flog», schreibt er,

> *waren ein solcher Erfolg und das Gefühl, der Gefahr entgangen zu sein, erregend, doch sobald ich gelandet war und zurück in der Gemeinschaft des Geschwaders, verlor dieser Kampf, der mich eben noch mit solcher Spannung erfüllt hatte, viel von seiner Bedeutung. Die Freude erstarb, und der Überdruss trat an ihre Stelle.*

Wenn sie nicht fliegen, ist ihr Leben von jugendlicher Unrast geprägt. Er und die anderen Piloten vergnügen sich ständig, feiern, gehen in Restaurants und Theater, spielen Tennis auf dem Platz neben dem Flugfeld, den sie selbst angelegt haben, und spielen einander endlos Streiche, *practical jokes*: Zuletzt haben sie bei einem anderen Geschwader angerufen und dem Mann am Telefon weisgemacht, der König käme zu Besuch.

An diesem Tag liegt Coppens mit einer Erkältung im Bett. Das ist ungewöhnlich, denn die viele Zeit, die sie im Freien und in großer Höhe verbringen, scheint sie ansonsten gegen Banalitäten solcher Art zu schützen. Er liest einen Brief von seinem Vater, der immer noch im besetzten Brüssel wohnt. Coppens schreibt:

> *Der Brief war in der üblichen phantasiereichen Sprache geschrieben, die wir zu diesem Zweck verwenden, aber zwischen den Zeilen las ich, dass er von meinen letzten Erfolgen gegen unsere Feinde gehört hatte. In einem Satz ermahnte er mich zur Vorsicht und ich ahnte seine Angst davor, ich könnte mein Glück allzu sehr strapazieren und erleben, dass es sich gegen mich wandte. War das nicht eine ganz natürliche und sogar prophetische Befürchtung?*

212.

ELFRIEDE KUHR LIEST EINEN BRIEF IHRER MUTTER

Der Herbst ist gekommen. Die meisten Straßenlaternen sind wegen Gasmangels gelöscht. Kartoffeln gibt es nicht mehr. Elfriedes Großmutter ist an Grippe erkrankt und liegt die meiste Zeit auf dem Sofa. Dem Bruder einer Nachbarsfrau wurde gerade ein Bein amputiert. Elfriedes Bruder ist zum Dienst in einer Schreibstube abgestellt worden. Und Elfriede selbst hat ihren erfundenen Leutnant von Yellenic sterben lassen, sie fühlt sich zu alt für solche Spiele. (Mit Gretel hat sie eine richtige Beerdigung abgehalten: Der Leutnant lag auf dem *lit de parade*, geschmückt mit einem Eisernen Kreuz aus Pappe. Die Zeremonie wurde von den Klängen des Trauermarsches von Chopin begleitet, und abschließend gab es einen Salut mittels dreier aufgeblasener Papiertüten, die Elfriede platzen ließ. Gretel weinte und war untröstlich.)

An diesem Tag bekommen Elfriede und ihr Bruder einen Brief von ihrer Mutter:

Kinder, dieser Herbst bringt mich noch um. Es regnet, es gießt, es ist kalt. Und denkt Euch, ich habe meine Kohlenkarte verloren. Ich muss mich morgen sofort mit dem Kohlenhändler in Verbindung setzen; zum Glück ist mir der Mann ergeben und wird mich nicht im Stich lassen. Die geisttötende Arbeit im Amt fängt an, meine Kraft zu erlahmen. Ich sehne mich nach Freiheit und Musik. Aber wer denkt noch an ein Musikstudium? Wenn nicht das treue Fräulein Lapp zu den Abendstunden käme, schliefe das Klavier ganz ein. Es schaudert mich vor der Leere des Unterrichtszimmers. In Berlin schreit alles nach Frieden. Aber was für ein Friede wird das sein? Können wir ihn ehrlich herbeisehnen? Wir verlieren alles, ohne besiegt zu sein. Unsere braven Soldaten! Gilchen, Pietelchen, haltet den Daumen für das arme Deutschland! Es darf nicht sein, dass so viel Blut umsonst vergossen wurde!

213.

HERBERT SULZBACH SCHIMPFT IN FRANKFURT AM MAIN
EINEN SOLDATEN AUS

Wieder einmal zu Hause auf Heimaturlaub. Es hat sich etwas verändert. Sulzbach findet seine Heimatstadt düster.

Auch ganz im Wortsinne. In Frankfurt am Main strahlen keine Lichter mehr, um den französischen Fliegern nicht den Weg zu weisen: Die Stadt hat schon mehrere Bombenangriffe erlebt. (Bei einem Angriff vor etwa einem Monat wurden siebzehn Menschen getötet.) Aber auch die Stimmung ist düster. Er hat es schon spüren können, als er zu Jahresbeginn hier war. Streiks, Nahrungsmittelknappheit, Sorge darum, wie es weitergehen soll. Die Nachrichten von der Westfront sind anhaltend schlecht. Und es heißt, im Osten stehe Bulgarien vielleicht kurz vor der Kapitulation.

Selten ist Sulzbach mit solcher Freude empfangen worden – es ist, als hätten sein Vater und seine Mutter keine Hoffnung mehr gehabt, ihren Sohn jemals wiederzusehen.

Nach den harten Kämpfen und den Misserfolgen der letzten Monate ist Sulzbach müde, ausgelaugt und nervös. Es fällt ihm schwer, die Unzufriedenheit der Menschen in der Heimat zu tolerieren. Die Soldaten halten durch, sollten die Zivilisten es dann nicht auch tun? Er ist verbittert über all die Defätisten und Querulanten. Doch er weiß: Die Jahre an der Front haben ihn so sehr geprägt, dass er die Welt nur noch mit den Augen eines Soldaten wahrnimmt.

Sulzbach hat Kurts Mutter besucht, sie hat ihm das letzte Foto seines Freundes geschenkt. Und er hat Kurts Grab besucht.

An diesem Tag begegnet er auf der Straße einem jungen Mann in Uniform, der ihn nicht vorschriftsmäßig grüßt. Sulzbach, der das Eiserne Kreuz erster Klasse trägt, kann einen so krassen Verstoß gegen die Disziplin nicht hinnehmen. Er, sonst so gesellig und heiter, hält dem jungen Mann eine kräftige Standpauke. «Wenn diese dummen Jungen hier zu Hause offensichtlich Disziplin-losigkeit an den Tag legen, dann muss man einschreiten! Warum klappt denn vorn alles, und warum passiert einem hier zu Hause so etwas?»

Später werfen französische Flugzeuge erneut Bomben über der Stadt ab.

214.

Montag, 14. Oktober 1918

WILLY COPPENS WIRD ÜBER THOUROUT VERWUNDET

Hätte Coppens gewusst, dass er die Patrouille im Morgengrauen mitfliegen sollte, wäre er natürlich früher ins Bett gegangen. Es war Mitternacht gewesen, als er mit dem Motorrad zurückkehrte (alles war schon still und dunkel), im Schein eines Streichholzes den Tagesbefehl las und begriff, dass er viel zu früh aufstehen musste.

Jetzt ist es fünf Uhr, und er hat vielleicht vier Stunden geschla-fen. Coppens weiß, warum sie so früh hoch müssen. An diesem Morgen soll auch die belgische Armee in die Offensive gehen und damit den Druck auf die schon hart bedrängte deutsche Armee erhöhen. Die Entscheidung kann nicht mehr lange auf sich warten lassen.

Doch das Wetter ist neblig und wolkenverhangen. Die Maschi-nen sind aus ihren Hangars mit grüner Persenning herausgerollt worden, im Dunkeln aber kaum zu erkennen. Es ist nicht flughell. Noch nicht. Sie warten.

Um 5.30 Uhr eröffnen drüben im Osten die Kanonen das Feuer, dessen Blitze mit dem dünnen roten Schleier des Sonnenaufgangs verschmelzen. Coppens hat in diesem Frontabschnitt noch nie so intensives Artilleriefeuer gehört. Er wendet sich seinem Neben-mann zu und sagt: «Ist dies das Ende des Krieges?»

Um 5.35 Uhr kommt einer der Stabsoffiziere mit einem Notruf aus den vordersten Linien: Zerstört den Beobachtungsballon bei Thourout! Die belgische Artillerie liegt unter präzisem Gegenfeuer, und bestimmt sitzt der deutsche Feuerleitsoldat in der *saucisse*, der Wurst (die übliche Bezeichnung für diese Luftfahrzeuge), die ein Stück entfernt hinter den feindlichen Linien schwebt. Solche Ballons, die mit Stahlseilen am Boden verankert und mit Körben versehen sind, in denen ein oder zwei Beobachter sitzen und ihre Beobachtungen per Telefon an die Truppen am Boden durchgeben, werden von allen Armeen eingesetzt. Für die Infanterie sind sie ein verhasster Anblick, für die Flieger ein dankbares, wenn auch gefährliches Ziel. Die «Würste» sind durch zahlreiche Luftabwehrbatterien geschützt, außerdem ist es schwerer als man glaubt, den mit Wasserstoff gefüllten Sack in Brand zu schießen; es erfordert Mut und eine besondere Art von Geschossen, entweder in Form von Feuermunition oder von Raketen.[28] In keinem Einzelgefecht ist der Ausgang von vornherein gewiss.

Um 5.40 Uhr hebt Coppens in seiner hellblauen Hanriot ab. Sein Rottenkamerad ist ein neuer Pilot, Etienne Hage. Die Wolkendecke liegt kompakt in einer Höhe von neunhundert Metern. Coppens und Hage legen sich dicht darunter, auf rund achthundert Metern. Die Sonne ist aufgegangen, vermag den grauen Oktoberdunst kaum zu durchdringen. Im Halbdunkel fliegen die beiden Piloten zur Front.

Als sie sich den Schützengrabenlinien nähern, sieht Coppens, dass es sich nicht nur um einen Ballon handelt, sondern um zwei. Einer schwebt tatsächlich über Thourout, in ungefähr fünfhundert Metern Höhe. Gleichzeitig steigt ein anderer über Praet-Bosch auf. Er ist schon mehr als sechshundert Meter hoch und steigt weiter.[29] Coppens weiß aus Erfahrung, dass in solchen Fällen immer der tiefer liegende Ballon zuerst angegriffen wird. Denn sobald man eine «Wurst» attackiert, beginnen die Leute am Boden, sie einzuholen, und da die Deutschen dafür jetzt Motorwinschen einsetzen, kann das ziemlich schnell gehen. Wenn ein Beobachtungsballon tief genug herabgezogen ist, hat die Luftabwehr es leichter, den Angreifer zu treffen – und ein Angriff wäre nahezu Selbstmord. (So gilt etwa für britische Piloten die Faustregel, nie einen Ballon anzugreifen, der sich in dreihundert Meter Höhe oder darunter befindet.)

Hage ist unerfahren und übereifrig. Coppens steuert den Ballon über Thourout an, aber Hage legt sich vor Coppens' Maschine und zwingt ihn so, den Ballon über Praet-Bosch anzugreifen.

Um 6.00 Uhr feuert Coppens eine erste kurze Salve. Er sieht, dass die Hülle des Ballons Feuer fängt, und dreht deshalb ab, um sich Ballon Nummer zwei vorzunehmen. Hage hat jedoch nicht gesehen, dass der Ballon Feuer fing, denn das Feuer breitet sich in der kalten und feuchten Luft nur langsam aus. Er kehrt also noch einmal um, um einen zweiten Angriff zu fliegen. Coppens zögert. Aus dem Augenwinkel sieht er, dass man angefangen hat, den Thourout-Ballon einzuholen, im anderen erkennt er einige Flugzeuge, die er nicht identifizieren kann. Können es Feinde sein? Er kann Hage nicht allein lassen, also fliegt er zurück, gerade rechtzeitig, um zu sehen, dass der Praet-Bosch-Ballon in Flammen aufgegangen ist und zur Erde trudelt.

Jetzt fliegen beide den Thourout-Ballon an.

Der Ballon befindet sich in raschem Tempo auf dem Weg nach unten. Als sie ihn erreichen, ist er schon unterhalb der gefährlichen 300-Meter-Grenze.

Coppens fliegt durch einen Schauer detonierender Luftabwehrgranaten und Leuchtspurmunition. Er ist so tief unten, dass er das «wütende Gebell» der Maschinengewehre hören kann, ein Geräusch, dass sonst bei Luftkämpfen stets vom Motorenlärm übertönt wird.

Nach wenigen Augenblicken, um 6.05 Uhr, ist er so nah dran, dass er das Feuer eröffnen kann. Kurz darauf spürt er einen heftigen Schlag gegen sein linkes Bein. Eine glühende Welle von Schmerz strömt durch seinen Körper. Der Schock ist so stark, dass sich sein rechtes Bein ganz unfreiwillig streckt, sodass das Ruderpedal bis unten durchgetreten wird und die Maschine ins Trudeln gerät. Erde und Himmel purzeln durcheinander, wieder und wieder. Gleichzeitig verkrampft sich seine Hand um den Auslöser am Steuerknüppel. Kugeln spritzen um die taumelnde, krängende Maschine.

Der Krampf lässt etwas nach. Mit Mühe gelingt es Coppens, die Maschine aus der abwärts führenden Spiralbewegung zu reißen. Sein linkes Bein gehorcht ihm nicht mehr, es hängt leblos herab – er spürt bloß, wie das Blut herausspritzt. (Später erfährt er, dass ein Leuchtspurgeschoss durch den Boden des Cockpits gedrungen ist und seinen Unterschenkel getroffen, die Muskeln zerfetzt und das Schienbein sowie die Arterie durchschlagen hat.) Mit dem rechten Fuß kann er jedoch die miteinander verbundenen Ruderpedale immer noch manövrieren.

Coppens hat jetzt nur zwei Dinge im Kopf. Das eine: Er muss die eigenen Linien erreichen; er will nicht in Gefangenschaft geraten. Das Zweite: Er darf nicht das Bewusstsein verlieren; denn dann würde er abstürzen.

Schwindelig vor Schmerz und Blutverlust reißt er sich zuerst die Fliegerbrille und den Lederhelm herunter – die er in seine Jacke stopft – und dann den Seidenschal, den er sich als Kälteschutz vors Gesicht gebunden hat. Denn genau das braucht er jetzt: Kälte. Um wach zu bleiben.

Er schafft es.

Nachdem er die belgische Frontlinie überflogen hat, macht er auf einem Feld neben einer Straße eine Bruchlandung. Soldaten stürmen herbei, um ihm zu helfen. Sie befreien ihn aus dem blutverschmierten Cockpit und reißen dabei die Maschine buchstäblich in Stücke.

Mit zwei verwundeten Soldaten wird Coppens in einem Sanitätswagen ins Krankenhaus nach De Panne gefahren. Vom Blutverlust geschwächt und von den Schmerzen immer heftiger geplagt, hat Coppens das Gefühl, dass die Fahrt kein Ende nimmt. Er kennt die Straße, unzählige Male sind er und die anderen hier gefahren, zu verschiedenen Vergnügungen in De Panne. So liegt er da in dem fensterlosen Sanitätsfahrzeug und versucht auszurechnen, wo sie sich befinden, wie lange sie noch brauchen.

Um 10.15 Uhr bremst der Wagen vor dem Hôpital de l'Océan. Er hört den Fahrer rufen, dass der berühmte Pilot im Sterben liege. Coppens wird hineingetragen. Während er auf die Ärzte wartet, richtet er sich auf und zwängt sich aus seiner Lederjacke. Das ist seine letzte klare Erinnerung.

Dann verbinden sich Bewusstlosigkeit, Fieber, Äther und Chloroform zu Gedächtnisfragmenten von schwebendem, traumhaftem Charakter: Bilder von Operationssälen und weiß gekleideten Ärzten, Bilder einer großen, schlanken Gestalt, die sich über ihn beugt und einen Orden an seine Brust heftet, Bilder eines Mannes, der ihn mit gezogenem Degen grüßt und laut aus einem Kommuniqué vorliest. Und ständig dieser Durst; er begreift erst später, dass er auf seinen Blutverlust zurückzuführen war.

*

Hinterher wird er sich mit Grausen an diese «furchtbaren Tage und endlosen Nächte» erinnern. Noch nach einer Woche ist nicht sicher, ob er überlebt. Das linke Bein wird amputiert.

Mein Allgemeinzustand verschlechterte sich und mein Mut sank. Ich hatte nicht mehr die Kraft, irgendwie dagegenzuhalten. Jeden Tag aufs Neue auf dem Operationstisch betäubt zu werden, zerrüttete mich nach und nach, und ich wurde – aller guten Pflege zum Trotz – ein Nervenwrack.

Manchmal überfällt ihn eine Niedergeschlagenheit, die «viel zu schrecklich ist, um sie in Worte zu fassen». Die Nächte sind am schlimmsten.

215.

Dienstag, 15. Oktober 1918

ALFRED POLLARD KOMMT NACH PÉRONNE UND WIRD KRANK

Die Eisenbahnfahrt ist unangenehm. Obwohl er eine Wolldecke hat, um sich zu wärmen, friert er unablässig. Außerdem hat er fürchterliche Kopfschmerzen. Und wenn er einmal für kurze Zeit in einen unruhigen Schlaf fällt, plagen ihn «seltsame Albträume».

Pollard ist auf dem Weg zur Front. Ein letztes Mal will er «die Spannung des Angriffs» spüren, wie er selbst sagt. Die deutsche Armee hat mit dem allgemeinen Rückzug begonnen. Das Finale scheint nahe zu sein. Aber ihn lockt nicht nur die Aufregung des Kampfes. In der Stunde der Entscheidung dabei zu sein, ist für ihn auch eine Frage der Selbstachtung.

Im Laufe dieses Jahres hatte er verschiedene Aufgaben hinter der Front, zuletzt musste er aus all den uniformierten Nichtkämpfern im Tross und hinter den Linien die aktiven Soldaten auswählen. Auf jeden Mann im Schützengraben kommen rund fünfzehn, die verschiedene Hilfsaufgaben zu verrichten haben, etwa versorgen sie die Männer an der Front mit Vorräten und Munition. Die Verluste der britischen Armee sind so groß, dass der Mangel an Soldaten in der Kampfzone akut geworden ist. (Frankreich hat übrigens mit dem gleichen Problem zu kämpfen. In ihrer Not hat die französische Armee begonnen, zukünftige Jahrgänge von Wehrpflichtigen vorzeitig einzuberufen; man füllt die Reihen jetzt mit Siebzehnjährigen.) Die Auserwählten, die Pollard nun anleiten muss, sind jedoch alles andere als willig; es sind Leute mit leichten körperlichen Gebrechen, aber auch Kriminelle, die nur freigelassen wurden, damit sie kämpfen – unter seinen Soldaten sind nicht weniger als elf verurteilte Mörder. Pollard ist schroff und hält eine stramme Disziplin aufrecht. Er trägt eine maßgeschneiderte Uniform.

Die Nachricht, dass sein Bataillon wieder zum Einsatz kommen soll, hat Pollard jedoch veranlasst, um die Befreiung von seinen

Pflichten im Ausbildungslager zu bitten. Jetzt ist er mit der Eisenbahn unterwegs nach Péronne, wo er hofft, von jemandem aus dem Bataillon empfangen zu werden. Vor Kälte zitternd und von heftigem Fieber geschüttelt, steigt er in den frühen Morgenstunden in Peronne aus dem Zug. Aber auf dem Bahnhof ist niemand, also lässt er seinen Burschen dort, um das Gepäck zu bewachen. Die Stadt ist leer, still, verdunkelt, wirkt beinahe ausgestorben. Erst vor gut einem Monat wurde sie von australischen Truppen zurückerobert. Pollard verlässt die Stadt und macht sich, den Sternen folgend, auf den Weg Richtung Osten. Früher oder später muss er die Front erreichen. Dort wird er jemanden finden, der weiß, wo sich sein Bataillon aufhält.

Pollards Schritte werden schwankender. Er fällt hin, kommt mühsam wieder auf die Beine. Er ist krank, er hat die Influenza, mit der sich so viele Menschen in Europa, ja, in der ganzen Welt angesteckt haben. Sie hat ihren Ursprung in Südafrika, aber man nennt sie die «Spanische Grippe» oder kurz die «Spanische».[30]

Die Landstraße wird immer schmaler. Oder sind es nur seine Beine, die nicht mehr gehorchen wollen? Es wird sein letzter Kampf sein – der zwischen einem stetig schwächer werdenden Körper und einem Geist, der sich weigert, diese Tatsache zu akzeptieren, derselbe Geist, der ihn veranlasst hat, immer wieder sein Leben aufs Spiel zu setzen, trotz miserabler Erfolgsaussichten und hoher Risiken. Pollards fieberheißer Kopf ist voller «seltsamer Einfälle».

Dann stürzt er wieder. Er versucht sich aufzurichten, fällt aber stattdessen «in einen Abgrund hinein». Seine letzte Erinnerung ist die an einen endlosen Fall.

216.

EDWARD MOUSLEY WIRD ZEUGE EINES BOMBENANGRIFFS
AUF KONSTANTINOPEL

Gegen zwei Uhr nachmittags hört Mousley Explosionen. Flugzeuge. Er und seine Mitpatienten im Krankenhaus laufen hinaus, um besser sehen zu können. Der Himmel ist blau. Sieben Maschinen jagen über Konstantinopel hinweg, sie ziehen einen Schweif aus Detonationswolken von Luftabwehrgranaten hinter sich her. Hier und da werfen sie Bomben ab. Weiße Rauchwolken steigen über dem Gewirr von Dächern, Zinnen und Türmen auf. Mousley stellt mit Genugtuung fest, dass offenbar das Kriegsministerium getroffen wurde.

Die Flugzeuge fliegen in perfekter Formation eine Kurve (sie erinnern ihn an einen Zug von Waldschnepfen), schwenken über das Goldene Horn hinüber nach Beyoglu. Werfen ein paar Bomben auf die Galatabrücke und ein paar weitere auf die deutsche Botschaft. Dann wenden sie noch einmal und schwenken hinunter zum großen Bahnhof, der unmittelbar neben dem Krankenhaus liegt. Ein im Garten nebenan aufgestelltes Maschinengewehr eröffnet das Feuer, und sein scharfes Knattern vermischt sich mit dem Pochen der Flugabwehrgeschütze. Noch ein paar Bomben fallen. Eine von ihnen trifft eine Baracke.

Die Rauchpilze der Luftabwehr folgen den Bewegungen der Flugzeuge, aber noch ist keines von ihnen getroffen worden. Dann stellen die Geschütze das Feuer ein, und die Wolken verwehen im Wind. Ein osmanisches Flugzeug steigt auf, um die Angreifer abzuwehren. Ein paar Türken neben Mousley zeigen voller Stolz auf den einsamen Flieger. Zwei der sieben Angreifer brechen aus der Formation aus und steuern auf das osmanische Flugzeug zu. Hoch oben rattern Maschinengewehre, Augenblicke später trudelt die osmanische Maschine zur Erde. Die sieben Flugzeuge verschwinden nach Westen.

Nach einigen Stunden erfährt Mousley die Bilanz des Angriffs. Die materiellen Schäden sind gering. Ein türkischer Oberst soll getötet worden sein. Aber die psychologische Wirkung ist umso größer. Die sieben Flugzeuge haben nicht nur Bomben, sondern auch Flugblätter abgeworfen, auf denen die Erfolge und die Misserfolge der kriegführenden Parteien genau aufgelistet sind. Entscheidend aber: Das Gefühl der Unverwundbarkeit, das lange in Konstantinopel geherrscht hat, ist ein für alle Mal verschwunden. Die Stadt steht unter Schock. Mousley schreibt ins Tagebuch:

> *Wenn man jetzt begreift, wie schwach der Rückhalt gewesen sein muss, den die Herrschenden im Volk besaßen, als sie die Türkei durch viele Krisen hindurch im Krieg hielten, wie gleichgültig ein großer Teil der Bevölkerung dem Gedanken gegenübergestanden haben muss, überhaupt mitzumachen, und wie unwillig der gemeine Mann gewesen sein muss, für Deutschland weiterzukämpfen, dann kann man verstehen, dass Luftangriffe und Propaganda viel früher die Einsicht hätten verbreiten können, was der Krieg eigentlich bedeutete.*

Später erfährt er, dass die Wut über die Angriffe sich nicht gegen die Briten gerichtet hat, die sie ausgeführt haben, sondern gegen Deutschland. In Beyoglu sind Deutsche überfallen worden, und deutsche Offiziere wurden von aufgebrachten Frauen mit Messern bedroht.

217.
Mittwoch, 30. Oktober 1918
HARVEY CUSHING HÖRT, WIE EIN JUNGER HAUPTMANN
IN PRIEZ SEINE GESCHICHTE ERZÄHLT

Was immer es ist, das Cushing befallen hat, er wird es nicht los. Vor zehn Tagen ließ er sich einweisen, widerwillig, obwohl er einsah, dass es nicht gut um ihn stand. Cushing war ständig schwindelig gewesen, er konnte sich nur schwer auf den Beinen halten, er hatte sogar Schwierigkeiten, die Knöpfe an seiner Kleidung zu schließen. Das Krankenhaus liegt in Priez, und er ist auf dem Wege der Besserung. Während seiner Rekonvaleszenz liest er Romane, schläft, jagt Fliegen oder röstet Brot über dem kleinen Kamin.

Aber auch wenn sein Körper noch schwach ist, so sind seine Sinne hellwach wie immer, und der Arzt in ihm kann den Mangel an Aktivität nur schwer ertragen. Unter den Patienten auf seinem Flur ist ein junger Hauptmann, ein Landsmann, und Cushing hat gelernt, das Gestammel des Mannes zu verstehen und das Geräusch seiner stolpernden Schritte zu erkennen. Der junge Hauptmann soll an einem Kriegstrauma leiden. Cushings Arzt in Priez weiß von dessen Interesse an diesem Leiden, und er lässt Cushing dabeisitzen, wenn er mit dem Patienten spricht.

An diesem Tag führen die beiden Ärzte eine abschließende Befragung des jungen, stotternden Hauptmanns durch, und Cushing fasst den Fall anschließend in seinem Tagebuch zusammen.

Der Patient, genannt B., ist vierundzwanzig Jahre alt, blond, mit gepflegtem Haarschnitt, mittelgroß und gut gebaut; er hat American Football gespielt, trinkt keinen Alkohol und raucht nicht. Sein Hintergrund ist solide und geordnet. Er ist seit 1911 Mitglied der Nationalgarde, war während des Krieges 1916 in Mexiko an der Grenze im Süden stationiert, trat im Januar 1917 in die Armee ein, wurde acht Monate später zum Leutnant ernannt und traf im Mai 1918 mit dem 47. Infanterieregiment in Frankreich ein.

B. ist von einem näher an der Front gelegenen Lazarett zur Behandlung seiner schweren psychosomatischen Probleme nach Priez verlegt worden. Bis auf ein paar kleine Blessuren – unter anderem Verbrennungen durch Senfgas – war er körperlich unversehrt, als er am 1. August die Front verließ; doch er litt an schweren Sehstörungen und an motorischen Störungen. B. selbst behauptete, das Einzige, was ihm fehle, sei Ruhe, und es bedurfte sanften Zwanges, um ihn ins Lazarett einzuweisen. Als B. in Priez ankam, war er blind und konnte kaum noch gehen.

Als Neuankömmling in Frankreich war B. verschiedenen Einheiten an der Front unterstellt, um Erfahrungen zu sammeln, er geriet also früh in Kämpfe. Im Mai hat er den britischen Rückzug an der Somme mitgemacht, Anfang Juni war er mit dabei, als das Marinekorps im Bellau-Wald seine Feuertaufe erlebte, und Mitte Juli war er einem französischen Verband zugeteilt, der sich gegen verschiedene deutsche Vorstöße zur Wehr setzen musste.

Ende Juli wurde er mit seinem eigenen Regiment auf Lastwagen an die Front westlich von Reims geschickt, wo Franzosen und Amerikaner gemeinsam einen Gegenstoß eingeleitet hatten. Es war vorgesehen, dass sie als Feuerwehrtruppe an Stellen eingesetzt werden sollten, wo Angriffe sich festgefahren hatten. In der Nacht auf den 26. Juli fuhren sie durch einen durch Gas verseuchten Wald. Gegen Morgen wurden sie abgeladen, um an einem Angriff teilzunehmen, der schon in vollem Gang war. Weil er nur Leutnant war, wusste B. nichts von diesem Plan. Dies war der erste richtige Kampf des Verbandes. Kaum waren sie auf freiem Feld angelangt, gerieten sie unter heftigen Beschuss. Der Oberstleutnant und einer der Majore wurden schwer verwundet, und kurz darauf wurden der zweite Major und B.s Hauptmann getötet. Dies bedeutete, dass B. plötzlich der höchste Offizier des Bataillons war.

In dieser chaotischen Situation tauchte «wie aus dem Nichts» ein B. unbekannter General auf, zeigte mit der Hand und sagte: «Sie überqueren dort drüben einen Fluss und nehmen eine Stadt mit Namen Sergy ein.» Das Bataillon war schon erschöpft vom nächtlichen Marsch und angeschlagen nach dem schweren Beschuss, aber B. sorgte dafür, dass es sich zum Kampf formierte. Man rückte vor, durch ein hüfthohes Weizenfeld, durch schweres deutsches Artilleriefeuer, über den Fluss (der kaum breiter war als ein Bach) in die Stadt Sergy. Gegen zehn Uhr am Vormittag hatten sie die Stadt von Feinden gesäubert. Später wurden sie mit heftigem Sperrfeuer beschossen, und die deutsche Infanterie begann ihren Gegenangriff.

So ging es weiter. Angriff und Gegenangriff lösten sich ab. In fünf Tagen wechselte die Stadt neunmal den Besatzer. Ein ums andere Mal wurde das Bataillon aus der Stadt vertrieben, bis zu dem schmalen Fluss und der kleinen Mühle, die B. als kombinierten Stabs- und Verbandsplatz ausersehen hatte. Ein ums andere Mal traten sie zum Gegenangriff an und nahmen Sergy wieder ein. Sie waren mit 927 Gemeinen und 23 Offizieren in den Kampf gegangen. Am Ende des fünften Tags waren noch achtzehn Mann und ein Offizier übrig – der Rest war verwundet oder tot.[31] Cushing schreibt:

B. gibt zu, dass er es langsam satt hatte. Er war für den Gasschutz verantwortlich, und alle seine Leute waren mehr oder weniger geschädigt durch Gas, viele hatten schwere Brandwunden davongetragen.[32] Außerdem war er als Nachrichtenoffizier tätig, besser gesagt als Melder, ein- bis zweimal am Tag und zwei- bis dreimal in der Nacht. Dies war notwendig geworden, weil die Telefonleitungen zum 168. rasch zerschossen waren und es am Stabsplatz niemanden gab, der Lichtsignale lesen konnte. Während der gesamten fraglichen Periode gab es keinen dauerhaften Kontakt nach hinten. Er war auch Sanitäter, der dafür zu sorgen hatte, dass die Verwundeten zur Mühle zurückgebracht wurden, was die ganze Zeit nur unter Beschuss möglich war. Er selbst führte mittels eines Armeemessers und einer alten Säge, die er in der Mühle gefunden hatte, zwei Amputationen durch. In einer Nacht luden sie 83 Mann auf improvisierte Tragen und schickten sie zu den hinteren Linien.

Wenn es ruhig genug war, mussten sie nachts bei eigenen und feindlichen Gefallenen nach Essen und Munition suchen. Einmal hatten sie nur noch zwanzig Schuss pro Mann. Oft verwendeten sie deutsche Gewehre und deutsche Munition, auch deutsche Stielhandgranaten,[33] die der Mannschaft anfangs einen erheblichen Schaden zufügten. Die deutschen Handgranaten hatten eine Brennzeit von nur drei bis vier

Sekunden, gegenüber den vier bis fünf Sekunden unserer eigenen. Das deutsche Essen war gut, jedenfalls das, was sie finden konnten: Würste, Brot und argentinische Fleischkonserven.

Wer am wenigsten erschöpft war, musste die Verwundeten einsammeln. Es war eine sehr anstrengende Arbeit. Die Verwundeten konnten oft nur einen oder zwei Schritte getragen werden – je nach den Umständen. Viele mit drei oder vier Wunden kämpften weiter – sie waren praktisch dazu gezwungen. Ein Gesunder und ein Verwundeter kämpften oft zusammen; wenn Letzterer nicht aufstehen konnte, musste er zusätzliche Waffen laden. Granatentrichter waren ihr einziger Schutz.

In diesen Tagen sah B. zum ersten Mal einen Fall von Kriegsneurose. Er wusste nicht, was mit dem Mann los war, sondern glaubte, der Kerl sei feige. Jedes Mal, wenn in der Nähe eine Granate einschlug, rannte der Mann zitternd in Deckung. Aber er kehrte immer zurück und tat seinen Dienst. Der Mann ertrug ganz einfach die Explosionen nicht. Im Übrigen waren alle nach dem nahezu ununterbrochenen Artilleriefeuer – hochexplosive Granaten gemischt mit Gas – ziemlich mitgenommen.

Fast am schlimmsten war jedoch das Tränengas, das wie faule Birnen roch und sie zum Niesen brachte – und häufig auch bewirkte, dass sie sich in ihre Gasmasken erbrachen, sodass sie sie fortwerfen und auf das Beste hoffen mussten. Alle waren mehr oder weniger betroffen, und die Tränen in den Augen hinderten sie daran, gut zu zielen.

Am Montag wurde B. vom Splitter einer hochexplosiven Granate, der in seinen Helm schlug, außer Gefecht gesetzt – als wenn man von einem Baseball an der Schläfe getroffen wird. Die Leute glaubten oft, sie seien verwundet. Sie spürten beispielsweise einen Schlag ans Bein, sahen Blut und einen Riss in der Hose, aber wenn sie die Hose herunterzogen, fanden sie oft nur einen blauen Fleck – das Blut kam von einer Wunde des Mannes neben ihnen.

Der Patient erzählt Cushing und seinem Kollegen, dass sie am Mittwoch bei Sonnenuntergang abgelöst wurden. Obwohl sie sechs Tage kaum geschlafen hatten, waren sie gezwungen, die ganze Nacht hindurch zurückzumarschieren. Erst gegen Mittag am folgenden Tag konnten sie haltmachen. Sie bekamen warmes Essen, und ein verständnisvoller Oberstleutnant zwang die Soldaten, sich hinzulegen und zu schlafen.

B. selbst bekam keine Ruhe. Er entdeckte nämlich, dass sein Codebuch fehlte, weshalb er sich ein Motorrad lieh und nach Sergy zurückfuhr. Dort fand er es in seiner Uniformjacke, die er zusammengefaltet und einem Verwundeten als Kissen unter den Kopf geschoben hatte. Der Mann war tot, aber das Codebuch war noch da. Gerade als B. im Begriff war, den Platz zu verlassen, entdeckte er einen Verwundeten, der unten am Ufer zurückgelassen und vergessen worden war. B. versuchte, ihn über den Wasserlauf zu tragen, geriet aber unter Beschuss. Der Verwundete wurde zerfetzt, und er selbst erhielt einen kräftigen Schlag. Halb betäubt fand er zu seinem Motorrad zurück und fuhr davon, immer noch unter Beschuss.

Als er zu seiner Truppe zurückkehrte, sahen die Leute sofort, dass etwas nicht stimmte. B. zitterte und stammelte und konnte sich nicht einmal hinsetzen. Man gab ihm einen Whisky zu trinken und übergoss ihn mit kaltem Wasser. Nichts half. Es ging ihm äußerst schlecht, er erbrach sich, hatte schwere Kopfschmerzen, Ohrensausen, Schwindelgefühl und sah einen gelben Nebel vor den Augen. Er wagte nicht, sich schlafen zu legen, da er fürchtete, blind zu sein, wenn er wieder aufwachte. Seine folgenden Erinnerungen sind zusammenhanglos.

Gegen Ende des Gesprächs wird der Patient gefragt, wie er sich fühle:

Das Schlimmste im Moment sind die Träume – eigentlich sind es nicht mal Träume, denn mitten in einem normalen Gespräch kann mit großer Deutlichkeit das Gesicht eines Deutschen vor mir auftauchen, den ich mit dem Bajonett niedergestochen habe, und ich höre das entsetzliche Gurgeln und sehe das verzerrte Gesicht. Oder ich sehe den Mann, den einer unserer Männer durch einen Schlag in den Nacken mit einer gro-

ßen Machete enthauptet hat.[34] *Bevor der Mann fiel, sprudelte das Blut hoch in die Luft. Und der grässliche Gestank! Wissen Sie – ich kann es schon kaum ertragen, wenn Fleisch auf den Tisch gestellt wird. Und es ist furchtbar und quälend, dass direkt unter unserem Fenster diese Schlachterei liegt. Ich versuche jeden Tag, mich daran zu gewöhnen.*

Der Patient will zurück an die Front, um an der großen Schluss-offensive teilzunehmen. Er ist jedoch nicht in der entsprechenden Verfassung. Cushing notiert die Diagnose des Vierundzwanzigjäh-rigen: «Psychoneurose nach Kriegserlebnissen.»

218.

Sonntag, 3. November 1918

PÁL KELEMEN HÖRT IN ARLON VON DER ABSCHAFFUNG DER UNGARISCHEN ZENSUR

Es ist durchaus kein schlechtes Zeichen. Er sitzt mit den anderen beim Essen in der Offiziersmesse, als ein Intendanturoffizier mit panischem Blick hereinstürzt. Offenbar ist die offizielle Zensur in Budapest abgeschafft worden, die Tageszeitungen dort können jetzt schreiben, *was sie wollen!* Mit der Post sind Exemplare der letzten Ausgaben gekommen, und auf den Titelseiten wird in di-cken Lettern gefordert, die ungarischen Truppen sofort nach Hau-se zu holen: «Das Blutvergießen für fremde Mächte in fremden Ländern muss ein Ende haben!»

Der Divisionskommandeur befiehlt sofort, die gesamte Post zu durchsuchen und alle Tageszeitungen zu konfiszieren. Die Nach-richten könnten eine verheerende Wirkung auf die ohnehin schon wankende Kampfmoral haben. Die Post wird durchgekämmt, aber man findet keine weiteren Tageszeitungen.

Die Offiziere beobachten gespannt, ob es Anzeichen dafür gibt, dass die Botschaft zu den Mannschaften gelangt ist, aber am

Nachmittag gibt es nur ein paar «kleinere Vorfälle». Im Laufe des Abends tauchen aber wieder einige Exemplare dieser Tageszeitungen auf, niemand weiß, wie oder woher, und gehen in den Quartieren von Hand zu Hand. «Bei Kerzenschein wurde mühsam vorgelesen, und gemeine Soldaten und Unteroffiziere diskutierten über nichts anderes als das, was in diesen Zeitungen stand.»

219.

Montag, 4. November 1918

RICHARD STUMPF ERLEBT FÜNF KRITISCHE MOMENTE
IN WILHELMSHAVEN

Herbstluft. Graues Wetter. Zur Feier des Tages zieht er seine Paradeuniform an. Dann bricht er mit den anderen auf, um zu demonstrieren. Die Haltung der Offiziere lässt erkennen, dass die Matrosen durchaus siegen könnten. Die Stimmung ist umgeschlagen. Die alte wilhelminische Selbstsicherheit hat sich in Luft aufgelöst; die Offiziere verhalten sich verwirrt, unbeholfen und mutlos. Nach ein paar halbherzigen Protesten lässt man die Mannschaft an Land: «Ich kann euch nicht hindern», sagt der Erste Offizier kleinlaut zu Stumpf.

Vor einer Woche hat sich die gesamte Hochseeflotte zum Auslaufen bereit gemacht, zu einem letzten heroischen, sinnlosen Hurra, aber dann brach auf mehreren Schiffen die Meuterei aus.[35] Richard Stumpf glaubt zu wissen warum: «Jahrelang aufgehäuftes Unrecht hat sich zu gefährlichem Sprengstoff verwandelt und detoniert schon hier und dort mit heftiger Gewalt.» Befehlsverweigerung ist alltäglich geworden. Vor einer guten Woche ist Ludendorff, der starke Mann in der Obersten Heeresleitung, abgetreten, und es heißt, der Kaiser werde seinem Beispiel bald folgen und abdanken. Auf einem der Schiffe ist ein Leutnant erschlagen worden.

Es geht eine mächtige Welle der Enttäuschung, Wut und Frustration durch Deutschland. Nicht nur weil man die Ungerechtigkeit, den Krieg, die hohen Preise und die Nahrungsknappheit leid ist. Vielmehr ist sie auch ein Resultat der eigenen Propaganda, die konsequent und sehr erfolgreich die schlechten Nachrichten unterdrückt, die Probleme verschwiegen und die Erwartungen hochgetrieben hat.[36] Die Erwartungen sind groß, all zu groß geworden. Die öffentliche Meinung, die in jenen schönen Spätsommerwochen 1914 aufgepeitscht worden war, die «alle Lebensumstände so verändert hat, dass sie sich nur noch in Begriffen der heroischen Tragödie, des übermenschlichen oder sogar heiligen Kampfes gegen die Mächte des Bösen ausdrücken ließen»[37], eine öffentliche Meinung, für die alles andere als ein totaler Sieg lange Zeit undenkbar gewesen war, ist nun komplett umgeschwenkt.

Stumpf ist wie immer zwiegespalten. Er bedauert, dass der Krieg verloren ist, aber vielleicht war er von Anfang an nicht zu gewinnen? Er begrüßt es, dass der Tag der Abrechnung gekommen ist, aber gleichzeitig stört es ihn, dass diejenigen, die die Kriegstreiber früher am stärksten unterstützt haben, jetzt am lautesten fordern, sie zu opfern. Vielleicht spürt er nicht nur Schadenfreude, sondern auch ein schlechtes Gewissen? Es sind dramatische Tage, doch er selbst ist seltsam teilnahmslos: «Ich erlebe es mit, aber ohne stärkere innere Gefühle.»

Die Menge der Uniformierten bewegt sich am Kai entlang, in Richtung einiger Baracken, die von Matrosen mit Gewehren bewacht werden. Was wird geschehen?

Als sie näher kommen, brechen die bewaffneten Matrosen in Jubelrufe und ein dreifaches Hurra aus. Von allen Seiten strömen Menschen herbei, und die Menge zieht weiter. Was ist zu tun? Hier und dort versucht jemand den Marsch aufzuhalten, versucht zu reden, einen Beschluss herbeizuführen. Es herrscht allgemeine Verwirrung. Schließlich einigt man sich darauf, zur SMS *Baden* zu marschieren, dem Flaggschiff der Hochseeflotte, um dessen Besatzung zu mobilisieren.

Dort kommt es zum ersten der fünf kritischen Momente dieses Tages:

Ein Rededuell zwischen dem Kommandanten und einigen Deputierten der Demonstranten. Der Siegespreis war die auf dem Oberdeck versammelte Besatzung der «Baden». Wäre nun der Offizier ein einigermaßen geschickter Redner gewesen, so hätten die Abgeordneten ziehen müssen, ohne einen einzigen Mann hinter sich zu haben. Der schreckensbleiche Herr aber machte seine Sache schlecht. Der Soldatenrat ebenfalls, und das Ergebnis war, dass ein knappes Drittel mit uns zog.

Die Menge stößt langsam weiter vor. Der Marsch hat kein bestimmtes Ziel. Auch gibt es keine «leitende Hand», die die Demonstration führt. Stumpf und einige andere holen ihre Instrumente. Die Klänge alter Militärmärsche stacheln die Menge an, die sich nun etwas schneller an den Kais entlangbewegt; gleichzeitig lockt die Musik noch mehr Menschen an.

Zum nächsten kritischen Moment kommt es in der Peterstraße, die von einem bewaffneten Zug von vierzig Mann unter dem Kommando eines Leutnants gesperrt wird. Die Soldaten machen keine Anstalten, ihre Waffen zu gebrauchen, sondern laufen zu den Demonstranten über. «Es gewährte einen fast komischen Anblick, als sich der Leutnant plötzlich allein sah.» Die Menge drängt weiter, immer noch eher «von Hammelherdeninstinkten geleitet» als von klarer Überlegung.

An einem großen, verschlossenen Tor versucht ein einsamer, älterer Major mit gezogener Pistole die Menschenflut aufzuhalten. Dies ist der dritte kritische Moment. Der Ausgang ist aber von vornherein sicher. Das Tor wird ohne Umstände aus den Angeln gehoben. Der Major wird entwaffnet. Einige versuchen auch, ihm die Epauletten abzureißen, dann wird er von der Menge weggeschwemmt. Stumpf kann nicht umhin, Mitleid mit dem alten Mann zu empfinden, «der hier tapfer und mutig seine Pflicht tat».

Es sind vielleicht zehntausend Menschen, die sich auf dem großen Exerzierplatz versammeln, wo sogleich ein Redner nach dem anderen ein improvisiertes Podest erklimmt. Die Parolen wechseln, von Ermahnungen zu Ruhe und Ordnung bis hin zu den «sinnloseste[n] Verlangen», die jedoch mit stürmischem Beifall begrüßt werden. Stumpf glaubt, dass in dieser aufgeheizten Stimmung so gut wie jede Idee Beifall finden würde.

Dann setzt sich die Menge wieder in Bewegung. Die Stadtbewohner beobachten das Geschehen vorsichtig aus verschlossenen Fenstern. Vorbeigehende Frauen werden «angepöbelt» und mit Pfiffen bedacht. Über dem Meer von Köpfen und Schultern weht eine rote Fahne, ein gefärbtes Bettlaken. Sie ziehen über die Teichbrücke und kommen zur Torpedobootdivision. Das ist der vierte kritische Moment. Die Matrosen auf den Torpedobooten applaudieren zwar, gehen aber nicht an Land, um sich der Demonstration anzuschließen. Die Erklärung folgt auf dem Fuß: «Wir haben gleich Mittag.» Manche fangen an, von Essen zu reden. «Plan- und ziellos in nervöser Hast strömte alles weiter.»

Das Finale erfolgt vor dem Hauptquartier der Flottenstation. Das ist der letzte kritische Moment. Jetzt soll das Ergebnis der Verhandlungen mit dem Kommandanten, Admiral von Krosigk, verkündet werden.

Es herrscht absolutes Schweigen, als ein Mann auf eine große Statue vor dem Gebäude klettert. Admiral von Krosigk hat den Forderungen in allen Punkten nachgegeben: «Die Forderungen werden akzeptiert!» Jubel, Beifall. Es geht um bessere Essensrationen, bessere Urlaubsbedingungen, die Bildung besonderer Komitees zur Überwachung der Kriegsgerichte, Lockerung der Disziplin,[38] Freilassung der Matrosen, die bei Beginn der Meuterei verhaftet wurden. Irgendjemand ruft: «Nieder mit Kaiser Wilhelm!» Der Redner ignoriert ihn. Ein Werftarbeiter mit einem, so Stumpf, «wahrhaft klassischen Apachengesicht» erscheint, tritt vor und fordert die Errichtung einer «Sowjetrepublik». Beifall.

Der erste Redner ermahnt alle, auf ihre Posten zurückzukehren. Gelächter.

Dann zerstreut sich die Menge.

«Alles stürzte davon in der Richtung, in welcher ein gefüllter Essnapf zu finden war.»

*

Am selben Tag, dem 4. November, erlebt Herbert Sulzbachs Division die erbarmungslosesten Angriffe des ganzen Krieges. Er schreibt ins Tagebuch:

> Ein guter Teil unserer Division ist gefangen, und wir müssen versuchen, hier noch Widerstand zu leisten. Vom II./I.R. 19 kommt nur ein Hauptmann als Einziger seines Bataillons zurück. Von meinem Regiment sind fünf Batterien in Feindeshand, meine Abteilung hat bis jetzt noch keine Verluste. – Was für eine Fügung!»

220.
Samstag, 9. November 1918
HERBERT SULZBACH SIEHT ÜBER BEAUMONT BOMBEN FALLEN

Der Rückzug geht weiter. Sie marschieren die ganze Nacht, in Dunkelheit und strömendem Regen, auf einer ausgefahrenen und verschlammten Straße, die mit endlosen Kolonnen deutscher Truppen verstopft ist. Stehenbleiben ist nicht möglich. Teils, weil das die sich windende Schlange von Menschen, Pferden, Wagen und Kanonen, die ihnen folgt, aufhalten würde, teils, weil irgendwo hinter ihnen der Feind ist.

Um drei Uhr in der Nacht erreichen sie eine kleine Stadt. Beaumont? Ja, jemand kann bestätigen, dass dies Beaumont ist. Man hat also Frankreich verlassen und steht jetzt auf belgischem Boden.

Es ist eine deprimierende Nachricht, eine weitere Bestätigung der Niederlage.

Der nächste Morgen. Das graue Wetter der letzten Tage hat sich verzogen, und die wärmende Sonne steigt am Himmel auf. Man bleibt in Beaumont, um sich ein wenig auszuruhen, aber vor allem, um sich mit Proviant einzudecken. Es liegen große Vorräte hier, die die Armee unmöglich abtransportieren kann, deshalb werden Konserven und andere Nahrung großzügig an die Soldaten verteilt. Zwei deutsche Frauen, die in Beaumont in der Administration beschäftigt waren, schließen sich Sulzbachs Kolonne an.

Feindliche Flugzeuge brummen heran, werfen Bomben ab. Die Straßen sind mit zurückmarschierenden Soldaten so überfüllt, dass es unter ihnen zwangsläufig zu hohen Verlusten kommt.

Gerüchte gehen um. Erschöpft, demoralisiert und verwirrt, leben sie in einer Art Scheinwelt, in der nichts gewiss ist außer dem, was sie anfassen können. Die Flotte hat revoltiert, der Kaiser hat abgedankt, der Kronprinz hat abgedankt. Deutschland ist jetzt eine Republik. Sulzbach stellt fest, dass die Etappensoldaten von der gleichen defätistischen und aufrührerischen Stimmung ergriffen sind wie so viele Menschen zu Hause. Doch es sieht so aus, als seien die Frontsoldaten nicht davon berührt. Noch nicht. Gegen Abend trifft ein berittener Melder ein. Er kann bestätigen, dass die Gerüchte zutreffen: Die Flotte hat tatsächlich revoltiert, der Kaiser und der Kronprinz haben abgedankt, Deutschland ist jetzt eine Republik.

Sulzbach ist traurig, wütend, beklemmt, schockiert. «Man weiß noch nicht, ob man träumt oder ob es Wahrheit ist, die man erlebt. Die Ereignisse haben sich so überstürzt, dass man sie gar nicht fassen kann.»

221.

Dämmerung. Das Hämmern der Schienenstöße. Die Eisenbahnfahrt geht weiter. Sie begann vor einigen Tagen, als der Stab und
die letzten Soldaten der Division den Zug in Arlon bestiegen, spät
in der Nacht, im Licht von Taschenlampen. Seitdem rollen sie,
ruckweise und ungleichmäßig, mit vielen unerklärlichen Aufent-
halten. Durch Belgien, durch Frankreich, durch Deutschland,
durch Österreich. Die Offiziere reisen für sich, ganz vorn, in
einem besonderen Personenwagen, Soldaten und Ausrüstung in
normalen Güterwaggons.

In Deutschland wurden sie «wie Pestkranke» behandelt. Genauso wie in den letzten Tagen im Westen wollten die deutschen
Behörden um jeden Preis verhindern, dass die aufrührerischen und
heimwehgeplagten ungarischen Soldaten die deutsche Armee mit
ihren Ideen anstecken, solange sie noch kampftauglich ist. Und
die Disziplin, die ohnehin schon in Auflösung begriffen war, ist
während der Reise völlig zusammengebrochen. Vor allem unter
dem Einfluss von Alkohol; die meisten Soldaten im Zug sind stark
betrunken, ausgelassen, laut und aggressiv. Von Zeit zu Zeit fallen
Schüsse. Es sind Soldaten, die im Rausch oder in der Freude ihre
Gewehre in die Luft abfeuern.

Als sie an die österreichische Grenze kamen, wurde der Zug
von deutschen Amtspersonen angehalten, die verlangten, dass sie
sämtliches Kriegsmaterial ablieferten, vermutlich, damit es nicht
einer der revolutionären österreichischen Gruppen in die Hände
fiel, die auf der anderen Seite der Grenze warteten. Dabei hätte
Schlimmes passieren können, denn die betrunkenen und streit-
baren Soldaten weigerten sich, ihre Waffen abzugeben. Doch die
Situation entspannte sich, die Deutschen begnügten sich damit,
Pferde, Feldküchen und ähnliches zu beschlagnahmen. (Als sie die

Grenze überquerten und von «unrasierten, schlecht gekleideten und aufgeregten Zivilisten mit Armbinden» empfangen wurden, fanden diese nichts anderes mehr vor als die Schreibmaschine des Divisionsstabs.)

In Österreich angekommen, wurde die Stimmung ausgelassener und zugleich bedrohlicher. An jeder zweiten Station stiegen Soldaten aus, zumeist erleichtert, andere stiegen ein, zumeist betrunken. In den letzten vierundzwanzig Stunden wurde auch häufiger geschossen. Diebstähle und Übergriffe finden immer offener statt. Kelemen wird auf der Reise nach Budapest von seinem Burschen Feri, seinem Pferdeknecht Laci und einer Ordonnanz begleitet, die ihn schützen – und die sogar dafür gesorgt haben, dass sein Gepäck im Kohlentender der Lokomotive versteckt wurde.

Die Nacht bricht herein. Vor den Fenstern ziehen Lichter vorbei. Aus den Güterwaggons weiter hinten sind Jubelrufe und Schüsse zu hören. Der Zug hält an einem Bahnhof. Wachsende Ungeduld unter den Soldaten. Durch die offenen Türen der Waggons feuern sie eine Salve nach der anderen ab. Einige sammeln sich vor dem Offizierswagen, der jetzt halb leer ist; sie rufen, drohen mit den Fäusten, verlangen Geld für Wein. Schüsse fallen. Die Scheiben splittern, und Scherben fallen auf den Fußboden. Bevor aber etwas Schlimmes geschieht, fährt der Zug wieder an, und die Krawallmacher klettern eilig hinein.

Dann erreichen die von Kugeln durchlöcherten Waggons die Vorstädte von Budapest. Der Zug hält kurz auf einem der kleineren Bahnhöfe in Rákos, es ist Mitternacht. Kelemen und seine drei Begleiter nutzen die Gelegenheit und steigen aus. Die Erleichterung, wieder in der Heimat zu sein, währt nur kurz; ein Bahnarbeiter warnt sie, es herrsche Chaos: Leute, die sich Revolutionäre nennen, ziehen durch die Straßen, plündern Läden und entreißen heimgekehrten Offizieren ihre Rangabzeichen, Orden und Habseligkeiten.

«Tief deprimiert», seine Abzeichen unter einem Mantel verborgen, verlässt Kelemen den kleinen Bahnhof und wandert durch leere, dunkle Straßen, auf der Suche nach einer Transportgelegenheit. Denn er will alles mit nach Hause nehmen, den Sattel, die Schusswaffen, den Degen und die anderen Dinge, die ihn seit 1914 begleitet haben. Nach einer Stunde gelingt es ihm, eine Pferdedroschke anzuhalten, die sich auf dem Heimweg befindet.

Nachdem sie das Gepäck unter dem Sitz der Droschke verstaut haben, rollen Kelemen und seine Begleiter in die Stadt. Um vier Uhr erreichen sie Kelemens Elternhaus. Er läutet am großen Tor, nichts geschieht. Er läutet noch einmal. Schließlich erscheint der Torwächter, zögernd kommt er über den dunklen Innenhof. Kelemen ruft seinen Namen und schlägt seinen Mantel zurück, um seine Rangabzeichen zu zeigen. Der Torwächter heißt die kleine Gesellschaft freudig willkommen und schließt das schwere Gitter auf, sodass Kelemen und die anderen hineinschlüpfen können.

Sie nehmen den Warenaufzug zum Kücheneingang. Da er seine Eltern nicht wecken will, legt er sich in der Garderobe in der Halle schlafen.

Das Ende

So ging es schließlich zu Ende.

Elfriede Kuhr war noch immer am selben Ort wie zu Beginn des Krieges vor vier Jahren: in Schneidemühl. Und eine bestimmte Szene wiederholte sich: Menschentrauben drängten sich vor den Zeitungsredaktionen, und genau wie 1914 wurden die neuesten Meldungen auf handgeschriebenen Zetteln – mit Blaustift auf Druckpapier – bekanntgegeben. Im Unterschied zu damals war jedoch das Durcheinander viel größer, und es herrschte kaum noch Einigkeit. Elfriede sah einen Jungen weinen, er hatte etwas gesagt, das einem der Zeitungsleser offenbar nicht gefiel, und der hatte ihm eine Ohrfeige verpasst. Es gab weniger Hurrarufe, die Diskussionen waren umso heftiger. Soldaten zogen Arm in Arm und singend die Straße hinunter. Einem Leutnant, der sie anbrüllte, wurde die Uniformmütze vom Kopf geschlagen. Mit bleichem Gesicht fischte er sie aus dem Rinnstein. Einige Zivilisten nannten die Soldaten Vaterlandsverräter. Elfriede lief nach Hause, kurz darauf klingelte es an der Tür. Es war Androwski, der Freund ihres Bruders, der sich auf einen Stuhl fallen ließ und sagte: «Der Krieg ist tot! Es lebe der Krieg!» Wenig später kam auch ihr Bruder. Ihm fehlten Mütze und Koppel, seine Uniformjacke war zerfetzt, die Knöpfe abgerissen, die Achselstücke ebenfalls, und sein Kragen hing herunter. Schock und Verwirrung standen ihm ins Gesicht geschrieben. Androwski musste lachen bei diesem Anblick, und bald fing auch der Bruder an zu lachen.

Herbert Sulzbach war gerade zwischen Beaumont und Sart-Eustache in Belgien. Am Morgen kam der Befehl, dass ab elf Uhr alle Kampfhandlungen eingestellt werden sollten. Er las ihn schweren Herzens seiner Truppe vor. Immer wieder hatte er von diesem Tag geträumt, und vom Frieden. In seiner Phantasie war es immer der Höhepunkt seines Lebens gewesen. Er hatte sich vorgestellt, wie sie in Frankfurt am Main einzogen, um sich von den gleichen Menschenmassen feiern zu lassen, die sie an jenem Augusttag vor vier Jahren jubelnd hatten abmarschieren sehen. (Vor vier Jahren? In diesem Herbst ist es ihm manchmal so vorgekommen, als wären es zwanzig gewesen.) Aber stattdessen – das hier? Das Gegenteil des Traums, seine Negation: «Nun stehen wir hier gedemütigt, innerlich zerfleischt.» Am nächsten Tag setzten sie ihren Marsch zur deutschen Grenze fort. Erst ein paar Tage später wird ihm bewusst, dass er tatsächlich fünfzig Monate Frontdienst ohne eine einzige Schramme überstanden hat. Ein Funken Freude leuchtet in ihm auf.

Richard Stumpf befand sich noch in Wilhelmshaven. Was einst als Verrücktheit angefangen hatte, endete in Hysterie. Es ging das Gerücht, sie seien verraten worden und kaisertreue Truppen seien unterwegs: «Auf der Straße ging es wüst zu. Von allen Seiten rannten Bewaffnete durchs Tor, selbst einzelne Weiber schleppten Patronenkisten. Furchtbarer Wahn! Muss es so enden? Nach fast fünf Jahren mörderischen Kampfes richten wir noch die Gewehre auf unsere eigenen Volksgenossen.» Später wurde er durch den Lärm von Jubelrufen, das Tuten von Schiffssirenen, durch Gewehr- und Kanonenschüsse aus seinen Gedanken gerissen. Tausende von Leuchtraketen steigen in den Abendhimmel, ein Feuerwerk aus Rot, Grün und Weiß. Er dachte: «Das ist wirklich ein bisschen viel auf einmal.»

Andrej Lobanov-Rostovskij war in einem Ausbildungslager in Les Sables-d'Olonne an der Atlantikküste. Er und seine rebellische Kompanie hatten nicht einen einzigen Fronteinsatz miterlebt, bloß eine deprimierende Wartezeit als Reserve in den hinteren Linien, und dann den Ausbruch der Spanischen Grippe. Er selbst hatte mit schwerem Fieber darniedergelegen, hatte halluziniert, sich aber wieder erholt, dann erfuhr er, dass man ihn seines

Postens als Kompaniechef enthoben hatte, worüber er insgeheim sehr erleichtert war. Zu diesem Zeitpunkt war er unglücklich in eine junge Russin verliebt, die in Nizza lebte. In der allgemein herrschenden Untätigkeit fing er an, Geschichtsbücher zu lesen, und seine Lektüre bestärkte ihn in der Überzeugung, dass die Bolschewiken nicht lange an der Macht bleiben würden. Auch wenn er wie so viele ahnte, dass der Krieg bald zu Ende ging, fiel es ihm schwer, sich ein Leben ohne Uniform vorzustellen. «Meine eigene Persönlichkeit war von dem großen Ganzen verschlungen worden. Ich glaube, dass dies die normale Kriegsmentalität war, und dass es wahrscheinlich Millionen Soldaten ähnlich ging.» Unter seinen russischen Offizierskameraden wurde diskutiert, ob man sich den Weißen anschließen und am Bürgerkrieg teilnehmen sollte, der jetzt in Russland bevorstand. Lobanov-Rostovskij wusste nicht, was er tun sollte.[39] An diesem Morgen übten sie wie immer Handgranatenwerfen, als ein französischer Offizier auftauchte und unter großer Erregung bekanntgab: «Alle Übungen abbrechen. Der Waffenstillstand ist unterzeichnet.» In der Stadt war «ein wilder Karneval» im Gang; Menschen umarmten einander und tanzten auf den Straßen. Bis in die Nacht wurde gefeiert.

Für Florence Farmborough endete der Krieg in dem Augenblick, als das Schiff mit ihr und den anderen Flüchtlingen aus dem Hafen von Wladiwostok auslief. Das Schiff erschien ihr wie ein schwimmender Palast. Sie gingen zu den Klängen von Musik an Bord, und als sie ihre Kabine betrat, fand sie sich plötzlich in einem Traum mit weißen Laken, weißen Handtüchern und weißen Gardinen wieder.[40] Und dann stand sie an Deck und sah, wie dieses Land namens Russland – «das ich so innig geliebt und dem ich so gern gedient hatte» – langsam verschwand, bis nur noch ein hellgrauer Schatten am Horizont zu sehen war. Bald trieb ein dichter bläulicher Nebel übers Meer heran und nahm ihr jede Sicht. Sie ging in ihre Kabine hinunter und blieb dort – den anderen gegenüber schützte sie Seekrankheit vor.

Kresten Andresens Familie hoffte lange, dass er in englischer

Kriegsgefangenschaft sei, möglicherweise in einem entlegenen Lager in Afrika. Sie hörten nie wieder von ihm, und ihre Nachforschungen blieben ergebnislos.[41]

Michel Corday befand sich ausnahmsweise einmal nicht in Paris, sondern in einer Kleinstadt auf dem Lande. Wie die meisten anderen hatte er seit Wochen geahnt, dass das Kriegsende bevorstand. Die Haltung der Menschen, denen er begegnete, war bis zum Ende sehr unterschiedlich. Es herrschte allgemeine Freude über die Erfolge, man sah viele lächelnde Gesichter. Einige Leute beharrten jedoch darauf, dass man sich nicht zufrieden geben dürfe, sondern in Deutschland einmarschieren und dem Land das Gleiche antun müsse, was es Frankreich angetan hatte. Andere wagten nicht einmal zu hoffen; sie waren zu oft enttäuscht worden. Manche hielten noch an der Parole fest, dass «Frieden» ein Unwort sei, und warteten ab. Häufig war der Satz zu hören: «Wer hätte das vor vier Monaten gedacht?» Corday hatte italienische Soldaten gesehen, die schon freudestrahlend auf dem Weg in die Heimat waren; für sie war der Krieg praktisch vorbei. Und um sieben Uhr an diesem Morgen erreichte eine drahtlose Meldung das lokale Armeehauptquartier, derzufolge der Waffenstillstand unterzeichnet sei. Glocken läuteten, Soldaten tanzten mit Flaggen und Blumensträußen in den Händen auf den Straßen. Gegen Mittag hörten sie, dass Kaiser Wilhelm II. nach Holland geflohen sei.

Alfred Pollard befand sich im Hauptquartier des britischen Expeditionskorps in Montreuil. Sein Bataillon war dorthin geschickt worden, um Wachdienst zu leisten. Anfang November diente der Verband als bewegliche Reserve, ohne an Kämpfen beteiligt zu sein, eine Tatsache, die er der Soldaten wegen bedauerte, für sich selbst aber begrüßte – «das Spektakel zu verpassen, hätte ich verabscheut». Zu diesem Zeitpunkt hatte Pollard sich von der Spanischen Grippe erholt, und als sie die Nachricht vom Waffenstillstand ein paar Minuten nach elf erreichte, waren alle «außer sich vor Freude». Der Rest des Tages verging mit Hurrarufen, Gesang und Feiern in verschiedenen Offiziersmessen, man stieß auf den

Sieg an und hielt Gedenkreden für die Gefallenen. Wahrscheinlich war er ziemlich betrunken, als ihn am Nachmittag jemand in die geheimen Räume des Operationskommandos einlud, um eine große Karte anzusehen, auf der die Positionen der deutschen Divisionen eingezeichnet waren. Zufrieden stellte er fest, dass die Konzentration deutscher Verbände dort am dichtesten war, wo ihnen die britischen Armeen gegenüberstanden; am geringsten war sie, wo die Deutschen es mit Belgiern und Amerikanern zu tun hatten.

William Henry Dawkins wurde am selben Tag, an dem er fiel, auf einem improvisierten Begräbnisplatz südlich von Anzac Cove begraben. Dort ruht er noch heute, kaum zwanzig Meter vom Meeresufer entfernt.[42]

René Arnaud befand sich wieder einmal an der Front, in einem Geschosskrater, der als Bataillonshauptquartier diente. Und ihm wurde bewusst, dass er gerade fünfundzwanzig Jahre alt geworden war. Aus der Dunkelheit tauchte ein Major auf und erklärte, dass er Arnaud ablösen solle, der auf einen anderen Posten hinter der Front versetzt wurde. Arnaud berichtet:

Ich begriff auf einmal, dass der Krieg für mich zu Ende war, ich war davongekommen, ich war plötzlich frei von der grausamen Angst, die mich dreieinhalb Jahre lang bedrückt hatte, ich würde nicht mehr von dem Gespenst des Todes gejagt werden, das mich verfolgt hatte, wie es alte Männer verfolgt.

Und er weist seinen Nachfolger ein, ausnahmsweise einmal, ohne sich um das Maschinengewehrfeuer und die explodierenden Granaten zu kümmern, denn «ich frohlockte und mir war leicht ums Herz, und es kam mir vor, als wäre ich unverwundbar».

Rafael de Nogales befand sich auf einem Dampfer auf dem Weg zum Bosporus. Überall sah er feindliche Flaggen: italienische, französische, britische. Er glaubte zu wissen, dass die meisten davon über Häusern wehten, die «Armeniern, Griechen und Levantinern gehörten».[43] Am Abend besuchte er ein Fest, das griechische Frauen veranstalteten, um den Waffenstillstand zu feiern. Gerüchte machten die Runde. Einige führende Jungtürken seien in einem deutschen Torpedoboot aus der Stadt geflohen. In Anatolien werde eine Militärrevolte vorbereitet, aus Protest «gegen das Eingreifen [der Siegermächte] in die inneren Angelegenheiten der Türkei», und, so fügt de Nogales hinzu, diese Eingriffe werden «weiterhin ernstliche bewaffnete Konflikte zur Folge haben, solange die Alliierten auf ihrer Aufteilung von Syrien, Palästina, Arabien und Mesopotamien in Mandate und Protektorate beharren». Eine Woche später ging er ins Kriegsministerium und ersuchte um seine Entlassung. Diesmal wurde sie bewilligt, ohne Vorbehalte.

Harvey Cushing lag noch immer im Krankenhaus von Priez. An diesem Tag kam sein Bursche mit dem Rasierspiegel und einer Nagelbürste herein und nahm Cushings Uniformjacke mit, um neue Dienstgradabzeichen anzunähen. Cushing wurde nämlich genau an diesem Tag zum Obersten befördert. Eine Zeitlang hatte er mit wachsendem Erstaunen die Siegesberichte in den Zeitungen studiert und mittels Nadeln und einem Stück Faden das Vordringen der alliierten Armeen auf einer Karte nachvollzogen. Um halb fünf am Nachmittag feierte er gemeinsam mit der Vorsteherin, dem Krankenhauspastor und einem Arztkollegen in seinem Zimmer den Waffenstillstand. Das Ganze lief ohne größeren Jubel ab. Sie saßen am offenen Feuer, tranken Tee, sprachen über Religion und über die Zukunft.

Angus Buchanan befand sich in einem Feldlazarett in Narunyu. Eine Woche zuvor waren die 25th Royal Fusiliers von einem südafrikanischen Infanterieverband abgelöst worden – die Soldaten waren fast apathisch in der quälenden Hitze. Einer dieser Erschöpften war Buchanan. Ein paar Tage versuchte er, sich trotz Fiebers auf den Beinen zu halten, und es gelang ihm mit größter Anstrengung, zum morgendlichen Appell zu erscheinen. Schließlich trugen ihn seine Beine nicht mehr. Buchanan wurde ins Lazarett gebracht: «Ich war am Ende, hoffnungslos erschöpft.»

Man fürchtete um sein Leben. Er lag in einer Hütte und wartete darauf, zunächst nach Lindi und dann weiter per Schiff nach Dar es-Salaam evakuiert zu werden. Angus Buchanans Krieg war damit beendet. Ein Mann in Uniform kam herein. Es war O'Grady, der Befehlshaber dieses Abschnitts, ein Mann, mit dem Buchanan früher einmal zusammengearbeitet hatte. O'Grady sagte ein paar freundliche Worte und bedauerte, dass es Buchanan so schlecht ging. Und dann, «als er gegangen war», berichtet Buchanan, «verbarg ich meinen Kopf im Dunkel der niedrigen Grashütte und brach zusammen wie eine Frau».

Willy Coppens lag im Krankenhaus in De Panne, wo er wegen der Verwundung, die er sich Mitte Oktober zugezogen hatte, behandelt wurde. Es hatte Komplikationen gegeben. Die Amputationswunde war noch offen, und seine Depression dauerte an. (Zwar war Coppens mit Orden von fast sämtlichen alliierten Mächten überhäuft worden, darunter Portugal und Serbien, doch obwohl er stets an Auszeichnungen interessiert war, half ihm dies nicht weiter. Er wusste, dass er sie zur Uniform nicht würde tragen können, und außerdem war ihm klar, dass der kommende Friedensschluss eine regelrechte Inflation von Orden mit sich bringen würde.) Am Abend hörte er plötzlich lautes Geschrei und Hurrarufen und Lachen in Wellen durch Säle, Treppenhäuser und Korridore schwappen. In seinen Ohren klang der Jubel wie der letzte Seufzer eines Sterbenden, wenn auch unendlich verstärkt und verzerrt. Soeben war der Waffenstillstand bekanntgegeben worden. Coppens war verwirrt: «Ich hätte große Freude empfinden sollen, und doch war mir, als werde meine Kehle von einer kalten Hand gepackt. Angst vor der Zukunft überkam mich. Ich begriff, dass ein Lebensabschnitt zu Ende gegangen war.»

Olive King war gerade aus England nach Saloniki zurückgekehrt. (In England hatte sie eine Reihe offizieller Genehmigungen einholen müssen, die für die Verwirklichung ihres nächsten großen Projekts erforderlich waren: Sie wollte eine Kette von Marketendereien eröffnen, die die Not der heimkehrenden serbischen

Flüchtlinge und Soldaten lindern sollten.) Die Reise nach England war für sie ein gelinde gesagt verwirrendes Erlebnis gewesen. Sie hatte sich dort einsam gefühlt und nach Griechenland zurückgesehnt, doch allmählich kippte dieses Gefühl, und sie entwickelte einen Widerwillen bei dem Gedanken an Saloniki. Dennoch trat sie die Rückreise an, und es sollte ein unerwartet freudiges Wiedersehen werden. Ihre Einheit war schon länger auf dem Weg nach Norden, der zerfallenden bulgarischen Armee auf den Fersen. (Kurz vor Kriegsende bekamen all diese Soldaten in Saloniki also etwas Richtiges zu tun, und sie zwangen im September das hart bedrängte Bulgarien zur Kapitulation. Das Osmanische Reich folgte bald darauf dem bulgarischen Beispiel, und am Ende der Kettenreaktion stand Österreich-Ungarn.) Ihre beiden Automobile waren mit den Vorrückenden verschwunden, ihre Holzhütte war versetzt worden und nahezu leer – doch hatten ihre serbischen Freunde ihren ganzen persönlichen Besitz sorgfältig verpackt und beiseitegeräumt. Vor der Reise ins befreite Belgrad ging King alles durch, was sich in diesen Jahren bei ihr angesammelt hatte. Das meiste war nur «Krempel», wie sie fand, unter anderem warf sie einen ganzen Koffer mit alten Kleidern sowie Stapel von Zeitungen und Nachrichtenbulletins weg. All das war jetzt vorbei.

Vincenzo D'Aquila befand sich auf einem Frachtschiff vor Bermuda auf dem Heimweg in die USA. Höchstwahrscheinlich hat ihn seine amerikanische Staatsbürgerschaft gerettet – und die Tatsache, dass er nie einen formalen Waffeneid abgelegt hatte. Mit Rücksicht auf die öffentliche Meinung in den USA hatten die italienischen Behörden anscheinend vermeiden wollen, ihn zum Märtyrer zu machen. Selbst wenn er in Uniform geblieben und in Italien festgehalten worden wäre, hätte er nicht an die Front zurückkehren müssen. Auf Umwegen erhielt D'Aquila schließlich die Erlaubnis, in die USA zu reisen. Nachdem er das Postschiff nach New York verpasst hatte, fand er einen Platz auf der *Carolyn*, einem amerikanischen Frachter, der im September von Genua auslief. In Gibraltar nahm man Erz an Bord. Aufgrund von U-Boot-

Warnungen entschied sich der Kapitän für die deutlich längere, aber auch weniger gefährliche Route über Brasilien. Auf dem Weg nach Norden sahen sie etwas Ungewöhnliches: ein Schiff, das mit voller Beleuchtung durch die Nacht fuhr. Im Morgengrauen entdeckten sie ein zweites Schiff und signalisierten ihm mit Flaggen: «Ist der Krieg aus?» Die Antwort war im technischen Sinn völlig korrekt: «Nein, es ist nur Waffenstillstand.»

Edward Mousleys Krieg war vorbei, als er an Bord des Schiffs ging, das ihn aus der Gefangenschaft in Konstantinopel nach Smyrna in die Freiheit bringen sollte. «Alles ist aufregend und ungeordnet», schreibt er ins Tagebuch. «Jahrhunderte von Unfreiheit fallen jede Sekunde von mir ab. Äußerlich bin ich ruhig, und ich bin viel zu beschäftigt, um über das phantastische Ende dieser schrecklichen Ewigkeit lange zu psychologisieren.» An Bord befanden sich auch einige andere kürzlich freigelassene Kriegsgefangene. Er teilte die Kabine mit einem Mann, der ebenfalls in Kut al-Amara Artillerist gewesen war, und der Wahnsinn vorgetäuscht hatte, um freizukommen. Als das Schiff ablegte, war es schon dunkel. Die Konturen der Stadt verschmolzen mit der Nacht. Zuerst verschwanden die weichen Formen der großen Moscheen, als Letztes die scharfen Linien der hohen Minarette. Mousley ging eine Weile in die Kabine hinunter, wo er zusammen mit seinem Kameraden rauchte und dem Wellenschlag lauschte. Als Mousley und sein Freund wieder an Deck gingen, war die Stadt verschwunden. Man sah nur noch das Funkeln ferner Lichter im Kielwasser: «Das war Konstantinopel, die ewige Stadt, die schöne, die schreckliche Stadt.» Beide schwiegen.

Paolo Monelli befand sich auf dem Bahnhof von Sigmundsherberg im nordöstlichen Österreich. Er und die anderen italienischen Kriegsgefangenen waren seit mehreren Tagen frei, nachdem sie ihre verwirrten, demoralisierten Wachen mit einer Mischung von Argumenten und Gewalt überwältigt hatten. Alles ging drunter und drüber. Ein Teil seiner Kameraden zog in die Stadt, um sich zu betrinken und Frauen nachzustellen, andere planten einen riesigen

Überfall auf Wien. Auf dem Bahnhof patrouillierten italienische Soldaten mit österreichischen Gewehren, um die Ordnung aufrechtzuerhalten. Dann und wann dampften Truppentransporte mit ungarischen Soldaten vorbei; vereinzelt fielen Schüsse. Die österreichischen Telefonisten verrichteten ihren Dienst wie immer. An diesem Morgen hörten Monelli und eine kleinere Gruppe ehemaliger Gefangener einem österreichischen Offizier zu – er galt als freundlicher Kerl –, der ihnen keuchend die Waffenstillstandsbedingungen übersetzte, Satz für Satz. Monelli war überaus erleichtert, endlich frei zu sein, und dass der Krieg vorbei war. Aber in dieses Gefühl mischte sich zugleich ein Anflug von schmerzlicher Trauer. «Das wird unser böses Erbe sein, oder unser gutes Erbe, auf jeden Fall unser unwiderrufliches Erbe – und wir werden für immer an unsere Erinnerungen gekettet sein.»

Olive King

William Henry Dawkins

Paolo Monelli

René Arnaud

Angus Buchanan

Richard Stumpf

Das Ende

Matrosenaufstand in Wilhelmshaven, Anfang November 1918.

Rechte Seite (von oben nach unten)
Feierliche Illumination der deutschen Flotte in Wilhelmshaven
nach dem Matrosenaufstand, der sogenannte «Freiheits-Sonntag»,
11. November 1918.

Demonstration und Gegendemonstration während der November-
revolution, Berlin 1918.

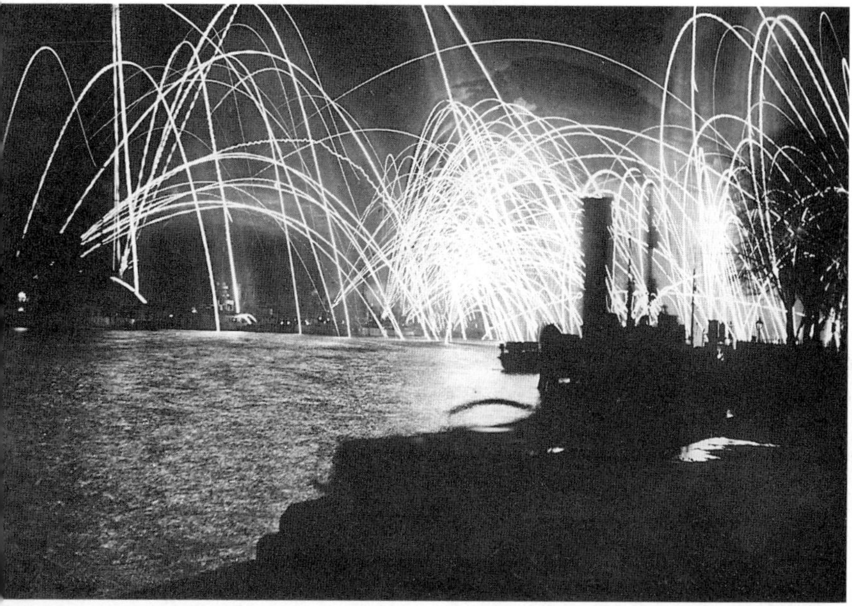

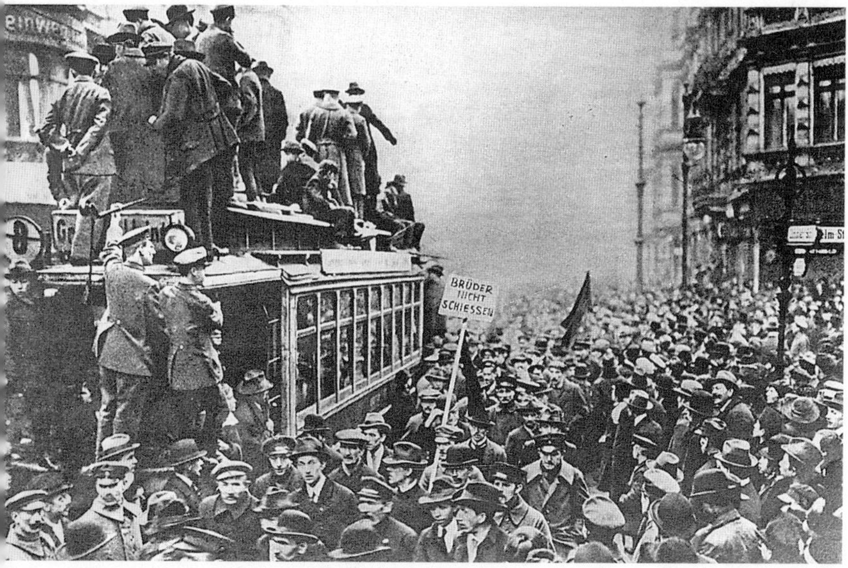
BRÜDER
NICHT
SCHIESSEN

Jubel über den Waffenstill-stand in London, Mitglieder der Women's Royal Air Force, 11. November 1918.

Kriegsheimkehrer, Berlin 1919.

Gestürztes Reiterstandbild Wilhelms II. in Metz, 18. November 1918.

Sendung

Am 10. November kam der Pastor in das Lazarett zu einer kleinen Ansprache; nun erfuhren wir alles.

Ich war, auf das äußerste erregt, auch bei der kurzen Rede anwesend. Der alte, würdige Herr schien sehr zu zittern, als er uns mitteilte, daß das Haus Hohenzollern nun die deutsche Kaiserkrone nicht mehr tragen dürfe, daß das Vaterland «Republik» geworden sei, daß man den All- mächtigen bitten müsse, diesem Wandel seinen Segen nicht zu versagen und unser Volk in den kommenden Zeiten nicht verlassen zu wollen. Er konnte dabei wohl nicht anders, er musste in wenigen Worten des königlichen Hauses gedenken, wollte dessen Verdienste in Pommern, in Preußen, nein, um das deutsche Vaterland würdigen, und – da begann er leise in sich hineinzuweinen – in dem kleinen Saale aber legte sich tiefste Niedergeschlagenheit wohl auf alle Herzen, und ich glaube, daß kein Auge die Tränen zurückzuhalten vermochte. Als aber der alte Herr weiter zu erzählen versuchte und mitzuteilen begann, daß wir den langen Krieg nun beenden müssten, ja, daß unser Vaterland für die Zukunft, da der Krieg jetzt verloren wäre und wir uns in die Gnade der Sieger begäben, schweren Bedrückungen ausgesetzt sein würde, daß der Waffenstillstand im Vertrauen auf die Großmut unserer bisherigen Feinde angenommen werden sollte – da hielt ich es nicht mehr aus. Mir wurde es unmöglich, noch länger zu bleiben. Während es mir um die Augen wieder schwarz ward, tastete und taumelte ich zum Schlafsaal zurück, warf mich auf mein Lager und grub den brennenden Kopf in Decke und Kissen. [...]

Was folgte, waren entsetzliche Tage und noch bösere Nächte – ich wusste, daß alles verloren war. Auf die Gnade des Feindes zu hoffen, konnten höchstens Narren fertig bringen oder – Lügner und Verbrecher. In diesen Nächten wuchs mir der Haß, der Haß gegen die Urheber dieser Tat.

In den Tagen darauf wurde mir auch mein Schicksal bewusst. [...] Ich aber beschloß, Politiker zu werden.

Adolf Hitler, *Mein Kampf*, 1925

Anhang

Anmerkungen

1914

1. Die Vermutung ist völlig korrekt: Noch vor Monatsende stehen zwei russische Armeen auf deutschem Territorium.

2. Die *Wacht am Rhein*, 1840 von Max Schneckenburger gedichtet und 1854 von Carl Wilhelm vertont, galt im deutschen Kaiserreich von 1871 als eine Art inoffizieller deutscher Nationalhymne – das Lied wurde auch bei offiziellen Anlässen gesungen.

3. Tsingtao – das inzwischen Qingdao transkribiert wird – liegt auf einer Halbinsel an der Küste der Provinz Shandong; das deutsche Erbe ist daran zu erkennen, dass hier das beste Bier Chinas produziert wird. Tsingtao stand seit 1896 als Pachtgebiet unter deutscher Herrschaft. Mit dem erwähnten Ultimatum verfolgte Japan, dessen hemmungslose imperialistische Ambitionen auf dem asiatischen Festland bereits zu Konflikten mit Russland und China geführt hatten, seine expansionistischen Pläne weiter, wenn auch unter dem Vorwand, das Bündnis mit Großbritannien von 1902 zu erneuern. Seit Mitte August, also eine Woche vor der Ausfertigung des erwähnten Ultimatums, standen japanische Streitkräfte bereit, um Tsingtao anzugreifen.

4. 1909 in Kiel vom Stapel gelaufen, verkörpert SMS *Helgoland* das Wettrüsten der Vorkriegszeit. Sie wurde nämlich als direkte Antwort auf die britische HMS *Dreadnought* erbaut, damals das größte und stärkste Schlachtschiff der Welt, das mit seinen Dampfturbinen, seiner Panzerung und schweren Bewaffnung über Nacht alle älteren Panzerschiffe unmodern erscheinen ließ und sämtliche Flottenstrategen der Welt veranlasste, ihre Budgets aufzustocken. Die Bewaffnung der SMS *Helgoland* entspricht derjenigen der HMS *Dreadnought*, und ihre Panzerung ist sogar etwas stärker (was damit zusammenhängt, dass die deutschen Schlachtschiffe nicht die gleiche Reichweite haben mussten wie die britischen, weshalb ein Teil dessen, was man an Kapazität für die Kohleladung einsparte, für die Panzerung verwendet werden konnte). Mit ihren zwölf 30,5-cm-Kanonen ist sie eines der modernsten

Schiffe der deutschen Hochseeflotte, und deshalb erweckt sie mit ihren drei Schwesterschiffen *Ostfriesland*, *Thüringen* und *Oldenburg* große Hoffnungen, in der Öffentlichkeit, bei den Admirälen, bei der eigenen Besatzung und bei Kaiser Wilhelm II. Alle wissen, dass die teure (und irrwitzige) Hochseeflotte ein Lieblingsprojekt des Kaisers ist. Es war der Bau dieser Flotte, der Deutschland vor dem Krieg auf Kollisionskurs mit Großbritannien geführt hat.

5. Da die verschiedenen Fronten der russischen Armee praktisch selbständige Einheiten sind – mit eigenen Reserven, eigenen Bahnen, eigenem Nachschub und eigenen Zielen –, ist eine plötzliche Verlagerung von Ressourcen allerdings schwer vorstellbar, jedenfalls nicht, solange die russischen Generäle eifersüchtig über ihre genau abgesteckten Domänen wachen.

6. Also eine Art militärischer Ingenieur mit der Hauptaufgabe, Befestigungen zu bauen und Straßen anzulegen oder zu beseitigen.

7. Der vage und unbewiesene Vorwurf lautete, das Feuer sei gelegt worden, um den Deutschen die Anwesenheit der russischen Truppen zu signalisieren.

8. Der Grund ist logistischer Natur. Sämtliche Armeen bewegen sich nach minutiös ausgearbeiteten und ungeheuer komplizierten Zeitplänen, wobei eine der Voraussetzungen für die unendlich komplexe Berechnung von Hunderten von Abfahrten und Ankünften eine Geschwindigkeit ist, die aus Prinzip konstant und aus Notwendigkeit gering ist. Manche behaupten, während dieser verschiedenen Transporte sei es zuweilen möglich gewesen, neben dem Bahndamm Blumen zu pflücken. Man kann vermuten, dass manche es zumindest versucht haben.

9. Zu dieser Zeit hatte Russland als Teil seines großen militärischen Modernisierungsprogramms mit einer Erweiterung des Schienennetzes begonnen. Und vor allem der Ausbau der Eisenbahnlinien in Russisch-Polen bereitete dem deutschen Generalstab Sorgen. Je schneller sich eine Armee sammeln und aufmarschieren konnte, desto größer waren ihre Chancen auf den Sieg; das war das Axiom. Der deutsche Schlieffenplan – der kein Plan in modernem Sinne war, sondern nur ein einfacheres Promemoria von 1905, das von der Lage ausging, die nach Russlands schwerer Niederlage gegen Japan herrschte – beruhte darauf, dass die Russen nicht zur Aktion schreiten könnten, ehe die Franzosen geschlagen wären. Die Eisenbahnen waren dabei ein wichtiger Faktor. Noch 1910 hätten der russischen Armee nur 250 Züge für die Mobilisierung zur Verfügung gestanden – zum Vergleich kann man erwähnen, dass der Regionalverkehr im Gebiet um Köln von 700 Zügen bedient wurde. Das Modernisierungsprogramm bedeutete jedoch sehr

viel mehr Züge, die darüber hinaus auch näher an der deutschen Grenze entladen konnten.

10. Von diesem zusätzlichen Gewicht befreit, wird das Schiff einen halben Meter höher im Wasser liegen.

11. Es muss auch erwähnt werden, dass es gewisse nationale Minderheiten gab, die den Krieg tatsächlich bejahten, weil sie im treuen Dienst eine Möglichkeit sahen, größeren Respekt zu erlangen. Dies war eine Strategie, die von vielen Juden, besonders den besser assimilierten, in Ländern wie Deutschland und Russland gewählt wurde; mit größerem Erfolg bei den Ersteren, aus dem einfachen Grund, weil der deutsche Antisemitismus sehr viel schwächer ausgeprägt war als der russische (und der französische). In deutschen Zeitungen wird von deutschen Juden berichtet, die bei Kriegsausbruch Palästina verließen, um auf beschwerlichen Wegen heimzukehren und sich freiwillig zu melden.

12. Die Herzogtümer Schleswig, Holstein und Lauenburg fielen nach dem Dänisch-Deutschen Krieg 1864 an Preußen (in Schweden vor allem bekannt als letzter Seufzer des Skandinavismus). Schleswig, Holstein und Lauenburg hatten – außer dem deutsch-dänischen Nordschleswig – eine deutsche Bevölkerung.

13. Wie so manche andere frühe Hysterie wegen möglicher Spione und Verräter klang auch diese ab, zumal es sich zeigte, dass die Südschleswiger Dänen – wie Andresen – sich ohne Murren unter den Fahnen einfanden. Die Verhafteten, so auch sein Vater, waren jetzt auf freiem Fuß. Eine auf eigener Erfahrung beruhende, unterhaltsame und präzise Schilderung der Hetze und Spionagehysterie, die im August 1914 in Deutschland herrschten, findet sich in Klara Johansons Essay «Kriegsgefangen».

14. Hindenburg, Ludendorff und Co. haben nämlich wieder einmal eine strategische Rochade per Eisenbahn zustande gebracht, von der das russische Oberkommando nur träumen kann; die Deutschen konnten sehr schnell Streitkräfte von einem sicheren Abschnitt (hier: Ostpreußen) zu einem bedrohten (hier: südliches Polen) verlegen. Aber von einem neuen Tannenberg ist nicht die Rede. Beide Seiten sind ein wenig planlos kreuz und quer marschiert, entweder ohne den Gegner zu finden, oder ohne zu ahnen, dass er dort ist. Beide Seiten sind gleichsam übereinander gestolpert, hier bei Opatów, die Deutschen in der Rolle des eifrigen Angreifers und die Russen als stets Zurückweichende. Eine Bedeutung für den Feldzug oder gar den Krieg wird diese Schlacht nicht erlangen. Beide Seiten werden das Geschehen im Nachhinein als eigenen Erfolg darstellen.

15. Schrapnells (Granatkartätschen) waren zu Anfang des Krieges der gängige Typ von Feldartillerieprojektilen – und das galt für alle Armeen. Sie sind das typische Beispiel einer Waffe, die auf dem Papier genial ist. Jede Granate enthielt ein paar hundert Bleikugeln, die mittels einer kleineren Ladung Schwarzpulver am Boden des Projektils aus ihm herausgeschleudert wurden, sodass das Ganze wie ein gewaltiger Schuss aus einer Schrotflinte funktionierte. Die Wirkung setzte voraus, dass die Granate mittels eines besonderen Zeitzünders unmittelbar vor dem anvisierten Ziel in der Luft zur Explosion gebracht wurde, eine nicht ganz einfache Operation. Ein Knall direkt über dem Kopf bedeutete, dass die Kugeln vorbeigingen. Außerdem war die Voraussetzung, dass sich das Ziel oberhalb der Erde befand, was auch der Grund dafür war, dass dieser Typ von Munition seine Bedeutung zum größten Teil verlor, als die Kämpfenden in ihren Schützengräben verschwanden. Das Schwarzpulver verursachte die charakteristische weiße und ein wenig abwärts gerichtete Explosionswolke der Kartätschen.

16. Kuhr gibt als Datum den 11. Oktober an, aber das dürfte ein Irrtum sein: Erstens fand die erwähnte Kapitulation am 10. Oktober statt, und zweitens gingen selbst deutsche Kinder nicht am Sonntag in die Schule.

17. In dieser Zeit wurden Kriegsgefangene an der Ostfront, wie Alon Rachaminov gezeigt hat, viel besser behandelt als während des Zweiten Weltkriegs, als es auf beiden Seiten Übergriffe und systematische Misshandlungen gab. Während des Ersten Weltkriegs waren die Verhältnisse relativ human, und über 90 Prozent der Gefangenen kehrten nach dem Krieg nach Hause zurück. (Am schlimmsten hatten deutsche und österreichisch-ungarische Gefangene in russischen Lagern zu leiden, aufgrund von Nahrungsmangel und vor allem Typhus.)

18. Bis heute weiß niemand, wie hoch die Verluste tatsächlich waren, aber es handelt sich schätzungsweise um 400 000 Mann. Und das in weniger als einem Monat. Der Historiker Norman Stone schrieb: «Das Muster des Krieges ist jetzt ausgebildet: im Westen Stillstand, im Osten eine fast konstante österreichisch-ungarische Krise.»

19. Das Datum ist geschätzt. Die Datierungen in Cordays Tagebuch von 1914 bis 1918 sind ziemlich exzentrisch: die Aufzeichnungen sind chronologisch, aber man kann nicht immer erkennen, wann ein Datum in ein anderes übergeht. Sein Besuch bei der Familie in Saint-Amand fand irgendwann zwischen dem 22. und 26. Oktober statt, und da er an Werktagen seinen Dienst zu versehen hatte, darf man annehmen, dass die Reise am Wochenende vom 24. auf den 25. Oktober stattfand.

20. Das Pseudonym Corday erklärt sich daraus, dass die Familie entfernt verwandt war mit Charlotte Corday, der Frau, die 1793 den Revolutionsführer Marat ermordete, eine Tat, die vom Maler Jacques-Louis David unsterblich gemacht wurde. Dass der überzeugte Republikaner seinen Namen nach der Konterrevolutionärin Charlotte Corday wählte, ist aufschlussreich und deutet eine gewisse Eitelkeit oder zumindest das Bedürfnis an, die eigene Herkunft interessant erscheinen zu lassen.

21. Es kann auch einen Tag früher oder später gewesen sein.

22. Der Befehlshaber an diesem Abschnitt hatte einen Artillerieverband als Verstärkung erwartet, aber aufgrund eines einfachen Missverständnisses stattdessen eine Infanterieeinheit bekommen, Pollards Bataillon.

23. Abkürzung für His Majesty's Australian Transport.

24. Die ersten Schüsse im Krieg zwischen Deutschland und Großbritannien wurden tatsächlich in Australien abgegeben, im Hafen von Sydney, als ein deutsches Handelsschiff zu entkommen versuchte, aber durch Warnschüsse aufgehalten wurde.

25. Es war das sehr bald berühmt-berüchtigte Ostasiengeschwader des Admirals Maximilian Graf von Spee, das auf seinem Weg nach Osten Panik und Schrecken verbreitete. Zu diesem Zeitpunkt hatte das Geschwader die Westküste Südamerikas vor Chile erreicht, wo es erstaunlicherweise bei Coronel eine britische Flottille besiegte. Große britische Verstärkungen sind jetzt unterwegs in den Südatlantik, um Rache für Coronel zu nehmen und Spee und sein Geschwader um jeden Preis aufzuhalten.

26. Die Lehrerausbildung in Australien beruhte auf einer Art Gesellensystem, in dem die frisch examinierten Kandidaten («Junior Teachers») unter der Anleitung eines erfahrenen Lehrers in den Klassen unterrichteten.

27. Die *Emden* hat zu diesem Zeitpunkt siebzehn Handelsschiffe versenkt und ist schon von einer leicht romantischen Aura umgeben – was hauptsächlich der List, aber auch dem menschlichen Führungsstil des Kommandanten, Fregattenkapitän Müller, zu verdanken ist. Stets nimmt er die Besatzungen der versenkten Schiffe an Bord, behandelt sie anständig und setzt sie so schnell wie möglich an Land. Dieses ritterliche Verhalten entspricht genau den Erwartungen, die die meisten noch mit dem Krieg verbinden.

28. Der Teil des Zeltes, den alle Soldaten bei sich trugen, wurde von ihnen bald «Heldensarg» genannt, weil er oft dazu benutzt wurde, Gefallene bei Feldbegräbnissen einzuwickeln.

29. Eine Art Marmelade aus einer Mischung von Äpfeln und Apfelsinen.

30. *Die Flucht des Hirsches*, populärer Roman des dänischen Autors Christian Winther (1796–1876).

31. Aufgrund seiner antiseptischen und antibakteriellen Eigenschaften war Anisöl eine beliebte Ingredienz in Universaltinkturen gegen diverse Krankheiten.

32. Er hatte später im Feld tatsächlich eine kleine dänische Flagge bei sich, die für ihn – wie Winthers Roman – «das Wertvollste alles Dänischen» verkörperte. Andresen ist also durchaus nicht frei von nationalistischen Anwandlungen, nur beziehen sie sich nicht auf Deutschland.

33. Dies umso mehr, als Sembat mit Jean Jaurès zusammengearbeitet hat, dem Sozialistenführer, der den Kriegsausbruch durch einen Generalstreik verhindern wollte, am 31. Juli jedoch von einem jungen französischen Nationalisten ermordet wurde. Zu allem Überfluss ist Sembat auch bekannt als Autor einer verbreiteten und vieldiskutierten pazifistischen Streitschrift.

34. Andresen stellt dasselbe fest wie alle Soldaten, dass nämlich der gängige Typ von Artilleriemunition, die Schrapnells, auf Soldaten in gut ausgebauten Schützengräben keine bedeutende Wirkung haben.

35. Stacheldraht vom heute bekannten Typ wurde in den USA als Hilfsmittel für die Landwirtschaft erfunden. Er ermöglichte Viehhaltung in ganz neuem Umfang. In militärischem Zusammenhang wird er als Sturmhindernis zum ersten Mal im Zusammenhang des Deutsch-Französischen Krieges 1870–71 erwähnt. Aus dem Spanisch-Amerikanischen Krieg 1898 ist bekannt, dass die amerikanischen Truppen Stacheldraht benutzten, um ihre Lager zu schützen. Obwohl Stacheldraht im britischen Armeereglement schon 1888 erwähnt wird, zogen die beteiligten Armeen 1914 ohne Stacheldraht in den Krieg: man erwartete ja, dass der Krieg beweglich und bald beendet sein würde. Als früh im Herbst 1914 die ersten Schützengräben ausgehoben wurden, hatte man bestenfalls improvisierte Sturmhindernisse aus Stacheldraht, der aus nahe gelegenen Dörfern geholt wurde. (Dass das Phänomen trotzdem ziemlich ungewohnt war, geht daraus hervor, dass die Bezeichnung «Stacheldraht» erst später aufkam. Zum Beispiel ist auch von «stachligem Zaundraht» die Rede.) In der Anfangsphase verwendete man den Draht, der eben gerade verfügbar war, auch solchen ohne Stacheln. Außerdem waren die Sturmhindernisse oft dünn und bestanden nicht selten aus einer einzigen Reihe von Pfählen, die mit drei, vier Drähten verbunden waren. Bald begann man aber, besonderen Stacheldraht für den Gebrauch im Feld zu produzieren: der Stacheldraht, der bis dahin in der Landwirtschaft benutzt wurde, hatte in der Regel sieben Stacheln pro Meter, während der neue militärische Stacheldraht vierzehn Stachelpaare oder mehr pro Meter aufwies. Außerdem

wurden die Sturmhindernisse breiter und dichter. Ein französisches Reglement von 1915 ging von einem kleinsten Hindernis bestehend aus zwei Reihen von Pfählen aus, die in einem Abstand von rund drei Metern aufgestellt wurden, während ein britisches Reglement von 1917 bestimmte, dass ein Stacheldrahthindernis mindestens neun Meter breit sein musste. Außerdem wurden verschiedene Varianten benutzt, davon einige beweglich, wie spanische Reiter, Kuben, «Igel», «Stachelbeere» und «Messerstich». Das oben erwähnte britische Reglement führt auch verschiedene Typen fester Stacheldrahthindernisse auf, wie *apron, double apron, fence and apron, trip and loose wire, concertina* (auch *Brun wire* genannt), *trip and cross diagonals, rapis double fence, low wire, French rapid wire, high and low wire combination* – allein diesen letztgenannten gab es in sechs verschiedenen Varianten. Eine Zeit lang wurde auch mit elektrisch geladenen Hindernissen experimentiert, die sich aber als unpraktisch erwiesen. Der Franzose Olivier Razac schreibt, dass der Stacheldraht, obwohl nie eine Metapher für den Ersten Weltkrieg, es Künstlern dennoch ermöglicht hat, «der monströsen Sublimität der destruktiven Kräfte, die der moderne Krieg freigesetzt hat, eine Form zu geben».

36. Die Lautmalerei stammt von Andresen.

37. Dass man die Schützengräben inzwischen mit so viel Sorgfalt ausstattet – bald sollte es Schutzräume mit elektrischem Licht an der Decke, Teppichen auf den Fußböden und Paneelen an den Wänden geben –, beruht darauf, dass die deutsche Armee im Westen begonnen hat, sich auf eine längerfristige Verteidigung einzustellen. Aus rein ideologischen Gründen will die französische Armee den Eindruck vermeiden, dass man in seinen Schützengräben zu bleiben gedenkt, und so waren diese während des gesamten Krieges ziemlich improvisiert. Im Osten neigte, wenig verwunderlich, die österreichisch-ungarische Armee schnell dazu, es sich bequem zu machen. Dort soll es Schutzräume mit verglasten Fenstern gegeben haben, was allerdings etwas widersprüchlich erscheint.

38. Entscheidend war der Respekt vor der Hierarchie: Wie hätte es ausgesehen, wenn ein Leutnant aufgestanden wäre und seinen obersten Chef, den Kriegsminister, mit strengen Fragen konfrontiert hätte?

39. Ägypten hatte sich de facto seit 1882 unter britischer Kontrolle befunden. Zu dieser Zeit fassten britische Entscheidungsträger den Plan, das Osmanische Reich zu zerschlagen und aufzuteilen, was eine fast beispiellose alliierte Expansion im Nahen Osten zur Folge gehabt hätte. Unter anderem wurde Russland angeboten, Konstantinopel zu übernehmen.

40. Dazu kam es jedoch nicht.

1. Eben das hatte vielversprechend begonnen, als das deutsche U-Boot U 9 im September innerhalb einer halben Stunde drei britische Schlachtkreuzer versenkte.

2. Wie erwähnt, siegte das deutsche Kreuzergeschwader am 1. November 1914 unerwartet bei Coronel, wurde aber später, am 8. Dezember, in einer Schlacht bei den Falklandinseln vernichtet.

3. Mitte Dezember 1914 bombardierten deutsche Kreuzer Scarborough, Hartlepool und Whitby. Die Wirkung war in Scarborough am größten, dort wurden der Leuchtturm zerstört und neunzehn Zivilisten getötet.

4. In diesem Zusammenhang ist die Division ein bestimmter Teil der gesamten Mannschaft eines Kriegsschiffes.

5. Wenn heute noch von Loti die Rede ist, dann vor allem, weil Proust ihn bewundert hat.

6. Es ist zu erwähnen, dass an diesem Tag drei der Männer, die am Attentat von Sarajevo Ende Juni 1914 beteiligt gewesen waren, durch den Strang hingerichtet werden. Der Mann, der den Erzherzog und seine Frau mit eigener Hand ermordete, Gavrilo Princip, ist der Todesstrafe entgangen, da er zur Tatzeit unter zwanzig Jahre alt war. Er sitzt jetzt hinter Schloss und Riegel im Gefängnis Theresienstadt, verurteilt zu zwanzig Jahren Haft. Dort stirbt er am 28. April 1918 an Tuberkulose, bis zuletzt zeigte er keinerlei Reue.

7. Der osmanische Angriff im Osten war nicht die einzige Bedrohung der britischen Präsenz in Ägypten. Gegen Ende des Jahres 1915 leitete eine wahabitisch inspirierte Gruppierung in Libyen – die im Namen des Islam sowohl die französische wie auch die italienische koloniale Expansion in Nordafrika bekämpft hatte – ein Reihe von Angriffen über Ägyptens westliche Grenze ein, die von osmanischen Verbänden unterstützt und erst nach heftiger Gegenwehr durch britische Truppen unterbunden wurden. (Apropos Getöse in Nordafrika: Die Unruhen in Marokko, die 1912 begonnen hatten, als das Gebiet französisches Protektorat wurde, hatten sich noch nicht gelegt.)

8. Ein alter Bekannter von der Kadettenschule in Duntroon.

9. In seinem kurz gefassten Tagebuch taucht oft das Wort *pontooning* auf.

10. Man kann sagen, dass Rot, Grün und Weiß im Ersten Weltkrieg die ikonographischen Farben sind. Alle Armeen benutzen Raketen in diesen Farben, die so kombiniert werden können, dass sie verschiedene Signale beinhalten. Normalerweise bedeutet Rot «Der Feind greift an» und Grün, dass die eigene Artillerie zu kurz schießt und ihr Feuer nach vorn verlegen muss.

11. Allerdings haben die Deutschen einige lokale Erfolge erzielt. Auch eine richtige Umfassung ist ihnen gelungen, bei Augustów, wo ein ganzes russisches Korps vernichtet wurde, Bulgakows XX., und die deutsche Presse hat natürlich sofort auf die Tannenberg-Trommel geschlagen. Die russischen Verluste sind groß, teilweise verheerend gewesen. Aber auch die deutschen Verluste waren bemerkenswert und, wie gesagt, ziemlich nutzlos.

12. «Mit unserer Macht ist nichts getan / Wir sind gar bald verloren.»

13. Auch die Türken selbst benutzten zu dieser Zeit den Namen Konstantiniye.

14. Remonten sind Pferde, mit denen verwundete oder verendete Tiere ersetzt werden sollen.

15. Seit dem Jahreswechsel hat die österreichisch-ungarische Armee rund 800 000 Mann durch Tod, Verwundung und vor allem Krankheiten und Erfrierungen verloren. Diese Zahlen werden jedoch erst nach 1918 bekannt. Alle Staaten halten ihre Verluste geheim. Nachfragen gelten nahezu als Landesverrat.

16. Ambulance ist die zu dieser Zeit in Frankreich gebräuchliche Bezeichnung für Lazarett.

17. Der in Yale und Harvard ausgebildete Cushing hat sich schon zu diesem Zeitpunkt unter Fachleuten einen nicht unbedeutenden Ruf erworben. Als eine Art Wunderkind war er bereits mit zweiunddreißig Jahren Professor für Chirurgie an der Johns-Hopkins-Universität. Er ist ein weltweit führender Forscher im Bereich verschiedener Hirnzentren und ihrer Funktionen.

18. Es wird ihm in diesem Zusammenhang erzählt, dass die Deutschen keine Schwarzen gefangen nehmen, aber er zweifelt daran, dass diese Gerüchte wahr sind.

19. *A Hunter's Wandering in Africa* und *Travel and Adventure in South-East Africa*. Selous steigerte seinen Bekanntheitsgrad dadurch, dass er wie viele andere Entdecker und Abenteurer auf Vortragstourneen über seine Erlebnisse berichtete. Seinen Platz in der Geschichte verdankt er der Tatsache, dass er der Erste war, der – gemeinsam mit dem berühmten Cecil Rhodes – das Hochplateau in Rhodesien als geeigneten Landstrich bezeichnete, wo Briten sich niederlassen könnten, um in großem Stil Landwirtschaft zu treiben. Selous hat jedoch später die großen Probleme erkannt, die damit verbunden waren, Schwierigkeiten, die jedem vertraut sind, der Doris Lessings afrikanische Romane und Erzählungen kennt, und die Selous in seinem kolonialen Eifer stark unterschätzt hat.

20. Der Kommandeur des Bataillons ist zugleich der Mann, der seine Auf-

stellung betrieben hatte, ein Oberst Daniel Patrick Driscoll, der während des Burenkriegs eine Truppe von Freischärlern geführt hatte, die *Driscoll's Scouts*, die viel von sich reden machten. Dies sollte ein Verband vergleichbarer Art werden.

21. Schwer übersetzbar, da sich die Bedeutung des Ausdrucks verändert hat. Vielleicht am ehesten als eine Mischung von schwärmerischer Abenteuerlust und aufgeladener Anspannung zu verstehen.

22. Wie Niall Ferguson gezeigt hat, bestanden unter britischen Politikern große Zweifel, ob man überhaupt in diesen Krieg eintreten sollte. Warum sich auf die gleiche Seite stellen wie ein autokratisches Russland, gegen ein Deutschland, das in vielen Bereichen, nicht zuletzt in Bezug auf soziale Gesetzgebung, in der Kunst und der Wissenschaft, als vorbildlich galt? Anfänglich war eine Mehrheit in der Regierung ganz klar gegen einen Kriegseintritt. Manche konnten sich vorstellen, eine begrenzte deutsche Verletzung der belgischen Neutralität zu tolerieren, andere waren bereit zu akzeptieren, dass britische Truppen im Notfalle diese selbst brachen – etwas, worüber man später lieber schwieg.

23. In Dinant wurden 612 Menschen ermordet, in Andenne 211 und in Tamines 384. Unter den Opfern waren auch Frauen und Kinder. Die Täter waren in sämtlichen Fällen reguläre deutsche Soldaten, die über angebliche Partisanenüberfälle in Rage geraten waren.

24. In der Nacht zum 7. Juni wird jedoch ein erster Zeppelin (LZ 37) durch ein feindliches Flugzeug zum Absturz gebracht. Es ist falsch zu behaupten, er wäre abgeschossen worden, denn in Wirklichkeit ist der britische Pilot R. J. Warneford, der diese Tat vollbringt, gerade im Begriff, die großen Zeppelinhangars in Berchem anzugreifen, als ihm LZ 37 begegnet. Warneford fliegt über dem großen Luftschiff und bombardiert es, woraufhin dieses abstürzt. Warneford wird hierfür mit dem Victoriakreuz ausgezeichnet. Zehn Tage später kommt er bei einem Unglück ums Leben.

25. Was am meisten Angst verbreitet, ist die Tatsache, dass es sich um eine ganz neue Art der Kriegführung handelt. Zum Ersten sind in einem bisher unvorstellbaren Ausmaß Zivilisten betroffen. Zum Zweiten kommt die Bedrohung aus der Luft. Die Empörung in Großbritannien ist groß. Es werden sogar Forderungen laut, gefangene Zeppelinpiloten hinzurichten.

26. Der Zweck dieser schlecht vorbereiteten Operation war, sich den Weg durch die Dardanellen und anschließend durch den Bosporus freizuschießen, hauptsächlich, um den bedrängten Russen Kriegsmaterial schicken zu können, aber auch, um sie im Kaukasus zu entlasten, wo die einst be-

drohliche osmanische Offensive jedoch schon in Kälte, Schnee und Chaos zum Stillstand gekommen war. Hier und da bestand auch die Hoffnung, das Osmanische Reich gänzlich aus dem Krieg auszuschalten. Zwischen den als ‹Westlern› beziehungsweise ‹Ostlern› bezeichneten Lagern wurde eine ständige Debatte geführt, in der die Ersteren, häufig Militärs, Durchbruchsversuche an der Westfront befürworteten, während Letztere, vor allem Politiker, für Operationen gegen die schwachen Flanken der Mittelmächte votierten, vor allem auf dem Balkan und im südlichen Mittelmeer. Die Operation gegen die Dardanellen war maßgeblich die Idee des jungen, umstrittenen britischen Marineministers Winston S. Churchill. Schon 1907 hatte die britische Flotte die Sache geprüft und war zu dem Schluss gekommen, dass ein reiner Flottenangriff zum Scheitern verurteilt war, doch solche Spitzfindigkeiten ließen Churchill kalt.

27. Eine etwas geschraubte, aber nicht ganz falsche Zusammenfassung dessen, was geplant war. Es wurden Truppen benötigt, nachdem man, durch Schaden klug geworden, eingesehen hatte, dass es den alliierten Kriegsschiffen allein nicht gelingen würde, die Dardanellen zu forcieren. Die Landverbände sollten in erster Linie die Batterien der Küstenartillerie ausschalten, die den alliierten Flottenverbänden große Schwierigkeiten gemacht hatten – nicht zuletzt durch treffsicheren Beschuss der Minenräumer, die an der Spitze der Flotte fuhren.

28. Dawkins' Briefe verraten eine immer stärkere Abneigung gegen die Ägypter, die er unter anderem ‹verachtenswert› nennt.

29. Massaker an Christen gab es schon zuvor, und der Konflikt zwischen den Armeniern und der osmanischen Zentralmacht war alt, hatte sich aber in den letzten Jahrzehnten vertieft. Der Erste Weltkrieg hat zu einer plötzlichen und unvorhergesehenen Verschärfung beigetragen. Viele Türken fürchteten den Zusammenbruch der alten Ordnung. Als die Herrschenden in Konstantinopel im Oktober 1914 beschließen, sich auf die Seite der Mittelmächte zu stellen, hat das Osmanische Reich gerade einen weiteren Krieg verloren (den so genannten Balkankrieg 1912–13, in dem Serbien, Griechenland, Bulgarien und Rumänien mit vereinten Kräften siegten) und wieder einmal hinnehmen müssen, dass hauptsächlich von Christen bewohnte Landesteile abtrünnig wurden. Andere Teile, wie Ägypten und der Libanon, befanden sich praktisch unter der Herrschaft westlicher Großmächte. Soll die Erosion jetzt weitergehen? Dazu kommt eine neue Geißel: der moderne Nationalismus. Bei den Herrschenden in Konstantinopel hat er bereits vor dem Oktober 1914 Ideen von großen Umsiedlungsaktionen geweckt, um einen

ethnisch einheitlichen Staat zu schaffen oder zumindest wichtige Provinzen von ihren nicht-muslimischen ‹Geschwüren› zu befreien; bei den immer stärker bedrohten Minderheiten, nicht zuletzt den aufsässigen Armeniern, weckt der Nationalismus separatistische Phantasien: die Hoffnung auf einen eigenen Staat.

30. Plural: Denn nicht nur die überstürzte Invasion im Kaukasus hat ein bitteres Ende gefunden. Auch der osmanische Einmarsch in das eigenständige Persien hat zu diesem Zeitpunkt mit einer Niederlage geendet. Das russische Korps, das jetzt bei Kotur Tepe steht, geht siegreich aus diesen Operationen hervor.

31. Er übergibt diese sieben einem hohen örtlichen Beamten, der ihm verspricht, sie zu schützen. Später erfährt de Nogales, dass der Beamte die Gefangenen in der gleichen Nacht hat erdrosseln lassen.

32. Später wird man, mit großer Wirkung, wenngleich auch mit einem ebensolchen Risiko für die Artilleristen, sogar einige über fünfhundert Jahre alte Mörser einsetzen.

33. Also der Chef der 1. australischen Division, William Bridges, den Dawkins recht gut kannte, da dieser auch der Kommandeur der Kadettenschule in Duntroon gewesen war.

34. Die osmanische Infanterie, die in diesen Tagen Gallipoli verteidigte, war tapfer, zahlenmäßig unterlegen und schlecht ausgerüstet und wurde als reines Kanonenfutter benutzt. Diese Tatsache ist in einem berüchtigten Ausspruch des damaligen Kommandeurs der 19. osmanischen Division, des später so wohlbekannten Oberstleutnants Mustafa Kemal, treffend zusammengefasst. Als er an eben diesem Tag in einer kritischen Lage bei Ariburnu ein Regiment in die Schlacht warf, das so gut wie keine Munition mehr hatte, um einen gefährlichen Durchbruch der ANZAC (Australian and New Zealand Army Corps) zu stoppen, rief er den Soldaten zu: «Ich erwarte nicht, dass ihr angreift, ich befehle euch zu sterben.» Dieser Verband, das 57. Regiment, wurde auch vollständig ausgelöscht.

35. Dass die Schützengrabensysteme im Osten selten so stark ausgebaut und labyrinthisch waren wie die im Westen, hatte vor allem damit zu tun, dass die Front hier, wie erwähnt, beweglicher war. Während im Westen der Abstand zwischen den feindlichen Linien nur ein paar hundert Meter und sogar noch weniger betragen konnte, waren es im Osten oft einige Kilometer oder mehr.

36. In der Region gibt es fast ebenso viele Soldatenfriedhöfe wie in Flandern – man kann sie sehen, wenn man mit dem Auto von Tarnów auf der Straße

977 nach Gorlice fährt. Im Gegensatz zu denen in Flandern befinden sich viele dieser Soldatenfriedhöfe in einem Zustand des Verfalls, der manchmal vielleicht romantisch, oft aber einfach nur beklemmend ist. Auf den meisten sind Soldaten aus verschiedenen Armeen begraben.

37. Als sie sich noch in Ägypten befanden, hatte Dawkins mehrfach den Zahnarzt aufgesucht, aber seine Beschwerden verschwanden nicht. Noch am 10. Mai ließ er sich am Strand wegen seiner Schmerzen behandeln.

38. Jetzt vor allem unter dem Namen Anzac Cove bekannt.

39. An einen Überraschungseffekt war dennoch nicht mehr zu denken: Die wiederholten Flottenangriffe gegen Gallipoli in den voraufgegangenen Monaten hatten natürlich die osmanischen Generäle – unter ihrem deutschen Befehlshaber Liman von Sanders – alarmiert und dafür gesorgt, dass alle verfügbaren Verstärkungen dorthin geschickt wurden.

40. Hätte es sich um eine gewöhnliche Sprenggranate gehandelt, hätte Dawkins überlebt, während seine geduckten Soldaten verwundet oder getötet worden wären. Schrapnells versprühen ihre Kugeln in einem langen Konus in gerader Richtung nach vorn, Sprenggranaten streuen ihre Splitter fast nur nach den Seiten. Deshalb ist es möglich, Verwundungen durch eine Sprenggranate, die nur wenige Meter entfernt detoniert, zu entgehen, vorausgesetzt, man befindet sich in der Geschossbahn. Nimmt man den Umstand hinzu, dass die Metallurgie verhältnismäßig gering entwickelt war, sodass Sprenggranaten zuweilen in einige wenige, aber große Stücke zerplatzten, dann versteht man, warum Menschen in unmittelbarer Nähe der Detonation überleben konnten. Es gab die Theorie, dass derartige Erlebnisse rein physiologisch die Ursache für das Phänomen der Kriegsneurose waren; man glaubte, dass das Vakuum dem Gehirn schadete.

41. Es war vermutlich weniger ihre emanzipierte Haltung, die Olive zu dieser Organisation hinzog, sondern ein ganz praktischer Grund: Die erste Sanitätseinheit, der sie sich angeschlossen hatte, war unmittelbar nach ihrer unangemeldeten Landung in Belgien gestoppt worden, wobei Olive und zwei andere weibliche Fahrer wegen Spionageverdachts festgenommen wurden. Dass Mrs. Harley, eine der Leiterinnen von The Scottish Women's Hospital, die an diesem Tag Olive auf ihrer Jagd nach Möbeln begleitet, die Schwester von Sir John French ist, dem Befehlshaber des britischen Expeditionskorps, hat es dieser Einheit gewiss erleichtert, eine Genehmigung zu erlangen, um hier tätig zu sein.

42. Nach dem Krieg wird sie nach Lwów führen. Heute führt sie nach Lviv.

43. Manche Dinge, die sie kostenlos zugeteilt bekommen, wenn sie im Front-

dienst stehen, wie Seife, müssen die Männer im Lazarett selbst bezahlen. Was vielen schwerfällt, da ihr Sold gering ist und die Preise in den wenigen und knapp sortierten Läden hoch sind. In seinen Briefen nach Hause äußert Andresen in diesem Monat deshalb – neben der Freude darüber, dem Feuer entkommen zu sein – häufig den Wunsch nach materieller Unterstützung.

44. Dieses kategorische Verbot von Rückzügen ist nichts Neues: Das Oberkommando der Armee verkündete es nach dem Durchbruch vom 2. Mai immer wieder. Es war jedoch gänzlich kontraproduktiv, da es die stark bedrängte 3. Armee zwang, verschiedene Stellungen zu verteidigen, die nicht zu halten waren, was ihre ohnehin schon großen Verluste nur noch größer machte.

45. Mitte Mai überschritt der Feind zwar an einigen Stellen den San, und das mit der gleichen Wucht wie bei Gorlice, aber jetzt scheinen diese Durchbrüche eingedämmt und gestoppt worden zu sein.

46. Florence Farmborough ist unsicher, inwieweit die Kosaken nur Befehlen folgen oder ob dies hier eine ganz private Plünderungsaktion ist. Vieles spricht für Ersteres. Als die russische Armee ihren Rückzug wieder aufnahm, fiel sie in ihre alte Spezialität zurück: die Taktik der verbrannten Erde. Dabei versuchte man systematisch, die Ressourcen des Landes zu plündern – nicht zuletzt das Vieh – und zu zerstören, was man aus verschiedenen Gründen zurücklassen musste, unabhängig davon, ob die Zivilbevölkerung dadurch nur noch mehr leiden musste. Zur Zeit befand man sich in einem Territorium, das zu Österreich-Ungarn gehörte, was erklärt, dass auch Männer in dienstfähigem Alter mitgenommen wurden – dies hatte es auch schon früher, in Zusammenhang mit der Invasion von Ostpreußen 1914, gegeben, wenn auch nicht mit der gleichen Planmäßigkeit. (Dort hatten die Russen auf dem Rückzug zehntausend deutsche Männer, Frauen und Kinder mitgeschleppt.) Dieses organisierte Plündern und Brandschatzen wurde sogar dann noch fortgesetzt, als man die Grenze zurück nach Russland überschritten hatte. Dies schuf enormes Leid für die eigene Zivilbevölkerung und trug dazu bei, dass der Krieg den Rückhalt im Volk verlor.

47. Die Beschreibung stammt von Pollard selbst. Wer Artillerie im Krieg gehört hat, weiß, dass diese Annäherung an verschiedene Geräusche nicht so abwegig ist. Das «Bang» repräsentiert das Abfeuern, «Swisch» bezeichnet Granaten, die einem über den Kopf fliegen, und das kürzere, kompaktere «Crump» gibt Granaten wieder, die in kürzester Entfernung detonieren.

48. De Nogales benutzt den Terminus «Nestorianer» statt «syrische Christen».

49. Die Erwartungen an Italiens Kriegseintritt haben sich nicht erfüllt. Teils

ist das übertrieben optimistische Vorrücken der italienischen Armee fast sofort zum Stillstand gekommen, in den unwegsamen Grenzgebieten, deren Existenz einige der starrsinnigen italienischen Generäle überrascht zu haben scheint. Teils führte der italienische Überfall zu einer ganz neuen Mobilisierung der slawischen Bevölkerung Österreich-Ungarns, denn dies war – im Gegensatz zum Krieg mit Russland und Serbien – eine Sache, für die sie tatsächlich bereit waren zu sterben.

50. Kann auch Dienstag, der 14. sein.

51. Die Dimension der Entfernungen in Afrika ist auch daran zu erkennen, dass Buchanans Einheit mit dem Schiff fünf Tage von Plymouth bis zum afrikanischen Kontinent brauchte, aber noch weitere zwanzig Tage entlang der afrikanischen Küste bis zum Erreichen ihres Ziels Mombasa in Britisch-Ostafrika.

52. Ein Beispiel dessen, was man befürchtete, war der kleine Bürgerkrieg, der im August 1914 unter den Buren in Südafrika ausgebrochen war, zwischen der Regierung, die – obwohl der Krieg gegen Großbritannien erst zwölf Jahre zurücklag – beschlossen hatte, sich auf die Seite der Briten zu stellen, und einer militanten Minderheit, die sich an den Briten revanchieren wollte, indem sie sich mit Deutschland verbündeten. Dieser interne Konflikt war im Februar 1915 beendet worden, als die letzten deutschfreundlichen Rebellen den Kampf aufgaben.

53. In Artois verloren die Franzosen mehr als 100 000 Mann und die Briten ungefähr 26 000, während die Geländegewinne marginal waren: ein paar Kilometer, mehr nicht. Der erste britische Angriff am 9. Mai bei Neuve Chapelle scheiterte vollständig, was schnell auf die miserable Artillerieunterstützung zurückgeführt wurde – nur vierzig Minuten, nahezu ausschließlich mit leichten Geschützen und aufgrund des Mangels an Sprenggranaten stark eingeschränkt. Dies war der Beginn des so genannten Granatenskandals in Großbritannien, der nicht nur zu lautstarken Forderungen nach dem Rücktritt der Regierung Asquith führte, sondern auch zu radikalen Umstellungen der Munitionsproduktion, ja der gesamten Kriegswirtschaft. Erst durch diese Krise wachte die englische Öffentlichkeit auf und begriff, welche Anstrengung nötig war, um den Krieg zu gewinnen.

54. Einen Faktor kann man jedoch durch eigene Vorbereitungen nicht beeinflussen, nämlich die Tatsache, dass die Deutschen fast an der gesamten Front die Höhenzüge und das höher gelegene Gelände halten. Denn dort, wo die Deutschen beschlossen hatten, ihren Rückzug (oder ihren Vormarsch) abzubrechen, war die Westfront erstarrt. Natürlich war man in

möglichst günstigem Gelände stehengeblieben. Dieser Umstand gibt den Deutschen zudem den Vorteil besserer Sicht; an Stellen, wo das Grundwasser hoch steht, besonders in Flandern, haben die Deutschen sich außerdem viel gründlicher und tiefer eingraben können als die Alliierten, die in tiefer liegendem Gelände gefangen sind. Dies bereitet den Alliierten bei fast allen Offensiven Probleme.

55. Eine Illusion, die nicht Phantasielosigkeit entspringt, sondern früheren Erfahrungen. Der letzte Krieg, der Europa heimgesucht hatte, war der Deutsch-Französische Krieg 1870/71. Er war zweifellos schnell überstanden. Daran kann man erkennen, wie irreführend historische Parallelen sein können.

56. Die frühe Statistik zeigte, dass über 13 Prozent aller Kriegsverwundungen Kopfverletzungen waren, von diesen waren nicht weniger als 57 Prozent tödlich. Kopfverletzungen kamen also viel häufiger vor als in früheren Kriegen. Die Soldaten verbrachten jetzt viel Zeit in Schützengräben, und der Kopf war aus naheliegenden Gründen der exponierteste Körperteil. Die Kurzhaarfrisur wurde im Ersten Weltkrieg eingeführt, nicht (wie so häufig angenommen), um Ungeziefer fernzuhalten, sondern weil es die Behandlung von Kopfwunden so viel einfacher und schneller machte.

57. Der englische Terminus ist *bombing platoon*.

58. Der Name entstand während der Kämpfe im Oktober 1914, als sich dort fliehende britische Soldaten sammelten und ein lokaler Kommandeur ihnen den Befehl gab, dort bis auf weiteres zu verharren und nicht ohne seine Zustimmung in den Kampf zurückzukehren (*sanctuary* = Asyl, geschützter Ort). Inzwischen war der Wald alles andere als ein Zufluchtsort, aber der Name hatte sich durchgesetzt. Zu erwähnen ist, dass sich an dem Ort heute ein seltsames kleines Café befindet, wo man für ein geringes Eintrittsgeld eingezäunte und mühsam erhaltene Reste von Schützengräben sowie eine erstaunliche Menge von zusammengewürfeltem und verrostetem Kleinkram aus den Jahren 1914–18 besichtigen kann.

59. Die italienische Armee hat 68 000 Mann verloren, davon 11 000 Gefallene. Diese Zahlen werden jedoch erst nach Kriegsende bekannt.

60. Bis zum Ende des Krieges werden 15 Prozent der serbischen Bevölkerung infolge der Umsiedlungen sterben. Kein anderes Volk hatte von 1914 bis 1918 so sehr zu leiden wie das serbische.

61. Sowohl die deutsche als auch die österreichisch-ungarische Armee haben eine ganz eigene Einstellung entwickelt in Bezug auf Guerilla, Partisanen, Komidatschi, Franc-tireurs, also bewaffnete Männer, die aus dem Hinterhalt

schießen und ohne Uniform kämpfen. Hier wie dort gilt dieses Phänomen als besonders unzivilisiert; in einem zivilisierten Krieg kämpfen nämlich nur Männer in Uniform miteinander, und Zivilisten sollen sich nicht einmischen; tun sie es doch, müssen sie auf das Härteste bestraft werden, nämlich mit dem Tod. Diese harte Linie, die im Namen der Zivilisation entwickelt wurde, befeuert durch Gerüchte von Übergriffen auf eigene Soldaten, hat dazu geführt, dass sich die beiden Armeen regelrechter Massenmorde an Zivilisten schuldig gemacht haben. Am schlimmsten war es in der Anfangsphase des Krieges 1914, etwa in Belgien, wo über tausend Zivilisten, Männer, Frauen und Kinder, von deutschen Truppen als Vergeltung für angebliche Partisanenübergriffe getötet wurden, und in Serbien, wo österreichisch-ungarische Truppen (besonders ungarische) großes Blutvergießen anrichteten. Die Hysterie vom August 1914 hat sich inzwischen gelegt, aber die beiden Armeen wenden immer noch ihre besonders harte Linie auf alle Kämpfer an, die nicht eindeutig als reguläre Soldaten zu erkennen sind. Partisanen, so die Vorstellung, müssen gehängt werden.

62. Eine Anspielung auf die Meuterei auf dem russischen Panzerkreuzer *Potemkin* 1905. Doch hier lässt sich Stumpf von seiner Erinnerung täuschen. Denn die *Potemkin* gehörte zur russischen Schwarzmeerflotte, nicht zur Ostseeflotte.

63. Da war Folgendes geschehen: Gegen Ende September kam zunächst die Nachricht von der bulgarischen Mobilmachung, ein deutliches Zeichen dafür, dass das Land sich nach langem Schwanken und vielen Intrigen schließlich auf die Seite der Mittelmächte geschlagen hatte; dies wiederum alarmierte die Griechen und veranlasste sie dazu, ihre kleine Armee zu mobilisieren und auch die Alliierten einzuladen, worauf Sarrails Korps im heutigen Thessaloniki landete. Schon am Tag danach wurde bekannt, dass die Bulgaren ihren alten Feinden, den Serben, in den Rücken gefallen und in die südlichen Landesteile eingedrungen waren, während gleichzeitig im Norden Deutsche und Österreicher einmarschiert waren, worauf die Berichte von dem kühlen, ja bedrohlichen Empfang des gelandeten Korps folgten, denn inzwischen war der Ministerpräsident, der es eingeladen hatte, vom deutschfreundlichen König abgesetzt worden und Griechenland hatte einen großpolitischen Stellungswechsel vorgenommen und war nun wieder neutral. (In Saloniki zu landen war deshalb, um A. J. P. Taylor zu zitieren, «eine Handlung, die auf ihre Weise ebenso rücksichtslos war wie die deutsche Invasion in Belgien».) Danach erklangen die Siegesfanfaren, die verkündeten, dass Sarrails Korps entlang der Bahnstrecke Saloniki – Belgrad nach Norden

vorstieß, doch nur wenig später folgte die nicht ganz überraschende Nachricht, dass die Serben am Ende der Übermacht nicht standgehalten hatten und die versprengten Reste ihrer Armee sich inzwischen auf dem Weg nach Süden irgendwo in den verschneiten albanischen Bergen befanden.

64. Den Generälen auf beiden Seiten war das Phänomen verhasst. Zu beachten ist aber, dass bestimmte Truppenteile wie die Gardeeinheiten immun dagegen waren, ebenso bestimmte Nationalitäten, wenn sie aufeinander trafen – etwa die Ungarn und die Serben.

65. Das Öl hatte damals noch nicht die Bedeutung als Rohstoff für das Benzin, das Flugzeuge und Kraftfahrzeuge antrieb – ihre Zahl war noch nicht besonders groß –, sondern als Brennstoff für die britische Flotte. Die britische Admiralität hatte nämlich entdeckt, dass Öl einige Vorzüge gegenüber Kohle aufwies, nicht zuletzt war es sehr viel einfacher zu laden.

66. Mousley weiß es zu diesem Zeitpunkt noch nicht, aber er wird nichts von alldem wiedersehen.

67. Am folgenden Tag beginnt die Evakuierung der alliierten Truppen bei Gallipoli – der größte militärische Erfolg des Osmanischen Reichs in moderner Zeit war perfekt.

68. Vor dem Krieg durch seine waghalsigen, um nicht zu sagen lebensgefährlichen Flugmanöver bekannt.

69. Möglicherweise handelt es sich um den 16. Dezember.

1916

1. Eine *cheroot* ist eine lange und schmale Zigarre, sehr beliebt zu dieser Zeit, nicht zuletzt unter Weißen in tropischen Ländern, weil man glaubte, dass sie gewissen Schutz gegen verschiedene tropische Krankheiten böte. (Eine burmesische *cheroot* enthielt in der Regel einen etwas helleren Tabak.) Die heute gängige Alternative zur Zigarre, die Zigarette, erlebte übrigens ihren großen Durchbruch während des Ersten Weltkriegs. Die Zigarre wie die Zigarette – und die Zwischenform *cheroot* – hatten gegenüber der Pfeife den einfachen Vorteil, dass sie dem Raucher freie Hände ließen.

2. Heckenschützen handelten oft sogar auf höheren Befehl. Dies ist eine Methode, um einen ruhigen Frontabschnitt unter Spannung zu halten, an dem sonst der Kampfeseifer nachzulassen droht, bis hin zur Fraternisierung zwischen Freund und Feind.

3. Vor nur wenigen Wochen hatten über 400 000 Mann keine eigene Waffe.

4. Außerdem hat um diese Zeit niemand einen Überblick über die tatsächlichen Verluste, nicht zuletzt, weil die russische Armee mit der Gefallenenstatistik notorisch nachlässig umgeht, eine Unfähigkeit, die sich übrigens auf die Rote Armee übertragen hat.

5. Wer gute Kontakte hat, weiß auch, dass sich die alliierten Mächte – Großbritannien, Frankreich, Italien und Russland – entschlossen haben, im Jahr 1916 mit synchronen Angriffsoperationen zu beginnen, die es den Mittelmächten erschweren sollen, ihre hinsichtlich der Transporte günstige geographische Position auszunutzen und ihre Reserven an gefährdeten Orten zu mobilisieren.

6. King benutzt das englische Wort *dagos*, das Menschen bezeichnet, die aus der Mittelmeerregion stammen, etwa Griechen und Italiener. Man könnte es wohl mit «Kanaken» übersetzen, doch das hieße, Olive King vorurteilsbeladener erscheinen zu lassen, als sie eigentlich war. Ihre Haltung war unter englischsprachigen Zeitgenossen durchaus üblich.

7. Eine der ersten Maßnahmen Halils als neuer Befehlshaber war eine Umgruppierung der türkischen Verbände, die das britische Entsatzkorps daran hindern sollten, zu den in Kut Eingeschlossenen durchzudringen. Die Umgruppierung war äußerst schlecht geplant. Sie schwächte die eine türkische Flanke, was die Briten entdeckten, woraufhin sie sofort einen Angriff einleiteten, um diese Blöße zu nutzen. Das Ergebnis war die Schlacht bei Hanna am 13. Januar, die wahrscheinlich ein britischer Erfolg geworden wäre, wenn nicht die Spähtrupps so unzureichend Feindaufklärung betrieben hätten.

8. Halil ist ein Onkel von Enver Pascha, einem der führenden Jungtürken und aggressiven Nationalisten, der maßgeblich die Entscheidung des Osmanischen Reichs forcierte, auf Seiten der Mittelmächte in den Krieg einzutreten. Er regiert das Reich praktisch wie ein Militärdiktator. Halils Manöver wird erfolgreich sein. Die Ehre des Siegers fällt ihm zu. Um dies zu unterstreichen, nimmt er den Beinamen Kut an. Er stirbt erst 1957, als ein aus nicht ganz nachvollziehbaren Gründen gefeierter türkischer Militärheld.

9. Es kursierten jedoch auch einige nie bestätigte Gerüchte, er sei von türkischen Offizieren vergiftet worden.

10. Ein deutsches Armeekorps, das im Jahr 1871 noch 457 Wagen benötigte, um sich fortzubewegen, braucht im Jahre 1914 schon 1168 Stück, was einer Zunahme von 255 Prozent entspricht. Alle diese neu hinzugekommenen Wagen müssen von Pferden gezogen werden, und die neu hinzugekommenen Pferde brauchen Futter, das herantransportiert werden muss. Ein Pferd

frisst etwa das Zehnfache dessen, was ein Mensch verzehrt, was wiederum mehr Wagen, mehr Pferde erfordert und so weiter. Einer zeitgenössischen Berechnung zufolge kam ein Pferd auf drei Soldaten. Rund acht Millionen Pferde starben in diesem Krieg – die Pferde erlitten also prozentual höhere Verluste als die Menschen.

11. Dieses Patentmittel, das von einem britischen Militärarzt in Indien erfunden und von Konkurrenten eifrig kopiert wurde, sollte ursprünglich vor allem die Cholera lindern und wirkte schmerzstillend. *Chlorodyne* war damals sehr beliebt, aber das Medikament machte schnell abhängig und konnte bei Überdosis auch zum Tode führen. In seiner ursprünglichen Zusammensetzung wurde es bald aus dem Verkehr gezogen. Der Cannabis-Anteil wurde gestrichen und der Anteil an Opiaten verringert, zum großen Bedauern aller Enthusiasten. *Chlorodyne* ist ein gutes Beispiel dafür, dass das späte 19. und das frühe 20. Jahrhundert ohne Zweifel die, was Drogen betrifft, liberalste Periode in der Geschichte war, auch wenn die Zeitgenossen es sicher anders gesehen hätten.

12. Schwer übersetzbare Wortspiele: *siegy* ist eine Anspielung auf *siege*, Belagerung, während *dug-outish* auf das Wort *dug-out* anspielt, also einen ausgehobenen Schutzraum oder eine Erdhöhle.

13. Cattaro war der italienische Name des erstgenannten Ortes. Er heißt heute Kotor und liegt in Montenegro. Fiume war der italienische Name des letztgenannten Ortes. Er heißt jetzt Rijeka und liegt in Kroatien. Dort kann man baden. Zu erwähnen ist, dass Fiume formell kein österreichisches, sondern schon seit dem 18. Jahrhundert ungarisches Territorium war, ein halb selbständiges sogenanntes *corpus separatum*.

14. Die Ursachen liegen teilweise in den Merkwürdigkeiten begründet, die die Doppelmonarchie kennzeichneten. Einige Teile des Kaiserreiches hatten ihr eigenes Eisenbahnsystem, sowohl was die Spurweite als auch die Zollbestimmungen anging. Ob Güter- oder Personentransport – an der Grenze von einem System zum anderen musste umgeladen werden. Gerade Bosna Brod lebte in mancher Hinsicht von dem Umstand, dass die Spurweite in Bosnien dummerweise eine andere war als die im österreichischen Kernland.

15. Soldaten konnten mit besonderer Feldpost kostenlos nach Hause schreiben, und die Adressaten konnten antworten, ohne Porto zu bezahlen, vorausgesetzt, sie verwendeten eigens beigefügte Briefmarken oder Postkarten. Auch leichtere Pakete wurden gratis befördert.

16. Der wichtigste Vorwand war, die Radiostation in Douala außer Gefecht

zu setzen, deren starker Kurzwellensender unter anderem dazu diente, die deutschen Marineeinheiten zu koordinieren. Letztlich ging es natürlich darum, die eigene koloniale Macht zu stärken.

17. Vor knapp zwei Monaten hat sich die verbleibende deutsche Bevölkerung in die spanische Enklave Rio Muni gerettet, wo sie interniert wurde. Genau heute, am 4. März 1915, wird Kamerun offiziell zwischen Frankreich und Deutschland aufgeteilt, nachdem Mora, der letzte deutsche Außenposten, zu günstigen Bedingungen kapituliert hat.

18. Es war natürlich ein gefährliches Unterfangen. Vor gerade einmal vier Tagen, am 29. Februar 1916, ist ein anderer Handelsstörer, die SMS *Greif*, in der Nordsee versenkt worden. Die Briten hatten etwas Entsprechendes, sogenannte Q-Ships, kleine Fahrzeuge mit sorgfältig getarnter Bewaffnung, die den Auftrag hatten, deutsche U-Boote in Hinterhalte zu locken.

19. Diese besteht hauptsächlich aus Truppen aus Südafrika, das nach einem gewissen Zögern beschlossen hat, an der Seite des Britischen Empire zu kämpfen. (Wie üblich ist es der Gedanke an zukünftige Eroberungen, der wieder einmal eine Nation dazu veranlasst hat, in einen Konflikt einzutreten. Der Krieg in Afrika ist genau wie der im Nahen Osten kaum mehr als eine späte Fortsetzung des imperialistischen Wettkampfs um Territorien, den europäische Großmächte um die Mitte des 19. Jahrhunderts austrugen.) Viele der Soldaten, die jetzt Seite an Seite mit Briten marschieren, sind im Übrigen alte Burenkrieger, vor gut einem Jahrzehnt noch die erbittertsten Feinde der Briten. Der Oberbefehlshaber der gesamten Operation ist ebenfalls ein alter Burenoberbefehlshaber, der legendäre Jan Smuts. Der Krieg stiftet viele seltsame Allianzen.

20. Bevor der Feldzug beendet ist, wird die zweite große Kolonne von ihren 7000 Mauleseln 5000 verloren haben.

21. Die britische Blockade hatte den paradoxen Effekt, dass sie den deutschen Staat zwang, seine Ressourcen strenger zu verwalten und die Ökonomie auf Kriegswirtschaft umzustellen – sie war lange Zeit viel effektiver als die britische.

22. Soldaten mit schwersten Gesichtsverletzungen gab es in allen kriegführenden Ländern, und oft wurden sie – meist freiwillig – in geschlossenen Pflegeheimen isoliert, wo sie nicht selten an ihren Verletzungen starben. Nach dem Krieg organisierten sich in Frankreich 9900 Männer mit schwersten Gesichtsverwundungen in einer besonderen Veteranenvereinigung.

23. Cowley wurde von jenen, die ihn gefangen genommen hatten, kurz darauf umgebracht; er erhielt posthum das Victoriakreuz.

1916   657

24. Inferno, 24. Gesang: «Und wie er aufsteht, starrt er um sich her/von einer großen Angst, die ihn beklemmt/noch ganz verwirrt ...». Monelli trug, wie erwähnt, ständig einen Band von Dante bei sich.

25. Monelli fährt fort (eine Feststellung, die der Verfasser aus eigener Erfahrung bestätigen kann): «Der Pressekorrespondent, der in die Schützengräben kommt, kennt ihn [den Krieg] nicht; der Generalstabsoffizier, der auftaucht, um sich zusammen mit uns einen Orden zu sichern, kennt ihn nicht. Wenn sie hungrig oder müde werden oder meinen, ihren Job getan zu haben, schauen sie auf die Uhr und sagen: ‹Es ist spät geworden. Ich muss los.›»

26. Von den 330 Infanterieregimentern der französischen Armee werden bis Kriegsende 259 bei Verdun eingesetzt worden sein.

27. Dies vermutet der Autor Ian Ousby.

28. Wer das Schlachtfeld besuchen möchte, findet die Höhe 321 auf der Spitze eines langgestreckten Hügels, der an der Stelle, wo heute das Beinhaus (Ossuaire) liegt, vom Höhenrücken abgeht; den eigentlichen Punkt erreicht man, wenn man vom Parkplatz auf der Le Chemin de l'Étoile genannten Straße cirka 400 Meter in nordwestlicher Richtung geht. Man sollte festes Schuhzeug tragen und die Blindgänger nicht anfassen.

29. Und dies wird so bleiben: Bis Kriegsende werden mehr belgische Piloten durch Abstürze ums Leben kommen als in Luftkämpfen.

30. Maurice Farman und Henri Farman waren zwei ähnliche Flugzeugtypen, bei denen Motor und Propeller hinter dem Piloten lagen.

31. Lili Evrard fand jedoch bei einem anderen Unglück in diesem Sommer den Tod.

32. Es gab Piloten, die nicht einmal Schutzbrillen trugen. Nach einer Weile gewöhnten sich die Augen an den Fahrtwind und hörten auf zu tränen. Die Geschwindigkeit war nicht besonders hoch. In manchen Maschinen, bei denen der Propeller hinter dem Piloten lag, wie bei den eben genannten Farman-Typen, war es durchaus möglich, mit einer Uniformmütze aufzusteigen, ohne dass diese davonflog.

33. Später versucht man, gewisse notwendige Versorgungsgüter wie Medikamente mit dem Zeppelin aus Europa bis zu den isolierten deutschen Verteidigern zu transportieren.

34. Arnaud verwendet, in ironisch gemeinten Anführungszeichen, das Wort *descendu*.

35. Nicht wenige sind durch eigene Artillerie getötet worden. Beide Seiten erlitten bei Verdun Verluste durch eigene Granattreffer, seien es Irrtümer, Fehlschüsse und dergleichen, oder defekte Geschützrohre aufgrund von

Verschleiß – bei einem gewöhnlichen Feldartilleriegeschütz üblicherweise nach rund 8000 Schuss.

36. Man kann feststellen, dass dieses offizielle Kommuniquématerial, das natürlich schon seinerzeit fleißig benutzt wurde (z. B. *Slaget vid Verdun*, das unter dem Pseudonym General de M*** in Schweden bereits 1916 erschien), die Historiker noch heute fesselt. Das französische Monumentalwerk *Les 300 Jours de Verdun*, das zum 90. Gedenktag 2006 erschien, stützt sich vor allem auf die Kommuniqués.

37. Knapp dreitausend von diesen waren weiße Briten, der Rest Inder.

38. Zivilisten in Kut al-Amara, von denen man annahm, sie hätten mit den Briten zusammengearbeitet – beispielsweise als Dolmetscher –, wurden gehängt, in manchen Fällen nach vorheriger Folter.

39. Gleichzeitig wurden die höchsten britischen Offiziere, an ihrer Spitze der Befehlshaber Townshend, außerordentlich gut behandelt. (Mousley schreibt spitz, dass Letzterer *en prince*, also fürstlich gereist sei.) Ungefähr zur selben Zeit ist der schwedische Forschungsreisende Sven Hedin zu Gast bei einem denkwürdigen Abendessen bei Halil Pascha. Ehrengast ist eben Townshend, dem Hedin auf einer seiner letzten Reisen vor dem Krieg begegnet war. Hedin berichtet, der Engländer habe «sein Schicksal mit Gleichmut» getragen: «Es herrschte sogar eine heitere Stimmung. Es war ein wirkliches Verbrüderungsfest. Halil füllte sein Glas und brachte einen Toast auf seinen Ehrengast aus. Und der englische Gast bedankte sich für die Gastfreundschaft, die ihm in Bagdad zuteil geworden sei. Dann war das Gelage zu Ende, und Townshend fuhr in Halil Paschas Automobil nach Hause.»

40. In der japanischen Armee galt im Zweiten Weltkrieg die folgende Faustregel, um zu entscheiden, wie lange ein Hungernder noch zu leben hatte: «Wer aufstehen kann, hat noch 30 Tage zu leben. Wer sich aufsetzen kann, hat noch 20 Tage zu leben. Wer im Liegen urinieren muss, hat noch drei Tage zu leben. Wer nicht mehr sprechen kann, hat noch zwei Tage zu leben. Wer nicht mehr blinzeln kann, ist am nächsten Morgen tot.»

41. Ein Versuch, die vorrückenden russischen Divisionen aufzuhalten, wurde zuerst am Dnjestr unternommen, und als dieser misslang, ein weiterer am Pruth. Die österreichisch-ungarischen Stellungen an letztgenanntem Fluss waren vor zehn Tagen erobert worden, und die 9. Armee konnte Czernowitz einnehmen und in die österreichische Bukowina eindringen.

42. Seit Beginn der Brussilow-Offensive am 4. Juni haben die Russen fast 200 000 Kriegsgefangene gemacht und rund 700 Geschütze erbeutet. Die österreichisch-ungarische Verteidigung in Galizien ist praktisch implodiert,

und die österreichisch-ungarische Armee wird sich von dieser gewaltigen Niederlage nicht wieder erholen.

43. Es ist die übliche Anredeform für Krankenschwestern: Sestritsa.

44. Viele von ihnen gehören den Arbeitsbataillonen in Uniform, aber ohne Waffen an, die unter anderem für die Instandhaltung von Straßen und für das Ausheben von Schützengräben eingesetzt werden.

45. Auf die Frage, was die Saloniki-Armee dort eigentlich tue, soll der französische Premierminister Clemenceau gezischt haben: «Sie gräbt! Lasst sie in Frankreich und Europa als die ‹Gärtner von Saloniki› bekannt werden.» Es sei erwähnt, dass Sarrail mehr Energie darauf verwenden wird, sich in die griechische Politik einzumischen, als die Mittelmächte jenseits der Grenze zu bekämpfen.

46. Eine Mischung aus Zitronensaft und Soda. Andere beliebte Cocktails in diesem Krieg waren der Cognacdrink «Sidecar» sowie der heute fast vergessene, aber sehr wohlschmeckende Gindrink «75», benannt nach der Kanone.

47. In der österreichisch-ungarischen Armee wurden Soldaten bestraft, die keine Kondome benutzten und sich infizierten. Man versuchte, die Geschlechtskrankheiten dadurch einzudämmen, dass man die Prostituierten kontrollierte. Eine der ersten Maßnahmen, die die Deutschen nach der Einnahme Warschaus im August 1915 trafen, bestand darin, Frauen zu registrieren und zu kontrollieren, die «erwerbsmäßige Unzucht» betrieben.

48. Das gleiche Motiv liegt dem abscheulichen Handel mit ausgeworfenem Schleim von Tuberkulosekranken zugrunde.

49. Kann auch der 2. August sein. Die Datierung in Sulzbachs Tagebuch ist hier unklar.

50. Unter anderem meinte der damalige englische Heeres-Oberbefehlshaber Lord Roberts, ein Krieg sei das einzige Gegengift gegen «die massive menschliche Verkommenheit, die in unseren Industriestädten herrscht». Und man erinnere sich an Thomas Manns schöne Hoffnung von 1914, der Krieg werde die deutsche Kultur «freier und besser» machen. Weitere Beispiele für den Krieg als Versprechen und Befreiung bei Ljunggren 2004.

51. Vergleiche die interessante Tatsache, dass Soldaten, die aufgrund ihrer Fronterlebnisse zusammenbrachen, häufig als «hysterisch» galten, sodass ihr Verhalten als eine Art «Verweiblichung» gedeutet wurde.

52. Im Juni des Vorjahres hatte eine deutsche Zeitschrift die Geschichte über einen Kinobesitzer veröffentlicht, der sich eines Abends in einer Pause zwischen den Vorführungen vor das Publikum stellte und erklärte, ein Mann

in Uniform habe soeben das Kino betreten, um seine Frau und ihren Liebhaber zu überraschen, von denen er wisse, dass sie sich im Saal befänden. Um einen Skandal zu vermeiden, wies der Kinobesitzer auf einen kleinen diskreten Notausgang auf der rechten Saalseite hin. Im Halbdunkel verließen darauf 320 Paare das Kino.

53. Notgelandete oder havarierte Doppeldecker sind im Übrigen kein ungewöhnlicher Anblick in der Region, nicht einmal im Stadtzentrum. Auch tödliche Unglücksfälle sind nicht selten; das weiß auch Elfriede. Woche für Woche sieht sie Trauerprozessionen, die entweder zum Soldatenfriedhof im Wald oder zum Bahnhof ziehen, wo die Särge in Züge geladen werden.

54. Um Frederic Manning zu zitieren: «In the shuddering revulsion from death one turns instinctively to love as an act which seems to affirm the completeness of being.»

55. Auch diese farbliche Tristesse trug dazu bei, dass der Krieg die Erwartungen mancher überspannter Ästheten der Vorkriegszeit enttäuschte: Er war nicht nur grau in seiner Routine, sondern auch in seinem Kolorit.

56. Dass sich die Briten entschlossen, an der Somme anzugreifen, hatte nichts mit der strategischen Bedeutung des Gebiets zu tun – eine solche gab es nicht –, sondern ganz einfach damit, dass hier die britischen und französischen Truppen zusammentrafen und eine koordinierte Offensive geplant war. Die deutsche Hauptverteidigungslinie befand sich dort, wo jetzt der britische Guillemont Road Cemetery liegt, also gleich vor dem wieder aufgebauten Dorf.

57. Was nicht verwunderlich ist, da ein Laufgraben, im Gegensatz zu einem Schützengraben, nicht für den Kampf, sondern nur für die Fortbewegung bestimmt ist.

58. Die Infanteristen hatten einiges Zubehör bei sich, an dem die Feuerleitoffiziere weiter hinten erkennen sollten, wo sich die Angriffsspitze befand. Unter anderem trugen die britischen Infanteristen an diesem Tag kleine Gegenstände aus blank geputztem Blech auf dem Rücken. Sie sollten in der Sonne blinken und damit anzeigen, wo sich die Soldaten befanden. Außerdem waren die Vorrückenden reichlich mit Signalfackeln ausgestattet. Das Problem war nur, dass der 8. August ein trüber Tag war. Als zum Nebel die wirbelnden Rauch- und Staubwolken all der explodierenden Granaten kamen, waren die Möglichkeiten, zu erkennen, was während des Sturms geschah, sehr eingeschränkt.

59. Das deutsche Artilleriefeuer hatte eine insgesamt tödlichere Wirkung als das der Gegner, da es im Gegensatz zu dem britischen und französischen nicht

die Aufgabe hatte, die Befestigungen des Gegners zu sprengen, sondern vor allem Truppen zu beschießen, die im Begriff waren, anzugreifen und dann, wenn der Angriff begonnen hatte, Sperren aus explodierenden Granaten im Niemandsland zu errichten. Henri Barbusse hat in einem Abschnitt seines berühmten Buches *Das Feuer* beschrieben, was es bedeutet, sich durch eine solche Wand von Detonationen zu bewegen.

60. Hier, an diesem Ort und etwa um diese Zeit, begegneten sich ein heute vergessener und einer der heute bekanntesten Kriegsteilnehmer. Am 24. August werden Leutnant Ernst Jünger und sein 73. Füsilierregiment genau bei Guillemont eingesetzt. Jünger hat es in seinem herausragenden Kriegsbuch *In Stahlgewittern* beschrieben. Das Dorf ist bei seiner Ankunft dem Erdboden gleichgemacht; «nur ein weißlicher Fleck im Trichterfelde deutete noch die Fläche an, auf welcher der Kreidestein der Häuser zu Staub zermahlen war». Der Geruch von Verwesung ist durchdringend, Millionen fetter Schmeißfliegen surren durch die Luft. Selbst der sonst so nüchterne Jünger ist erschüttert von dem, was er sieht: «Der zerwühlte Kampfplatz war grauenhaft. Zwischen den lebenden Verteidigern lagen die toten. Beim Ausgraben von Deckungslöchern bemerkten wir, dass sie in Lagen übereinandergeschichtet waren. Eine Kompanie nach der anderen war, dicht gedrängt im Trommelfeuer ausharrend, niedergemäht, dann waren die Leichen durch die von den Geschossen hochgeschleuderten Erdmassen verschüttet worden, und die Ablösung an den Platz der Gefallenen getreten.»

61. Im Übrigen hat die italienische Armee vor vier Tagen nach enormen Anstrengungen und ebenso enormen Verlusten schließlich die österreichische Stadt Görz am Isonzo eingenommen und sie in Gorizia umgetauft. So heißt sie noch heute.

62. Dieser schwache und instabile Staat war schon vor 1914 ein Spielball des russischen und britischen Imperialismus und praktisch in Interessenzonen aufgeteilt. Der Kriegsausbruch verschärfte die Lage noch. Nach nur wenigen Monaten besetzten britische Truppen einen für die Ölgewinnung wichtigen Knotenpunkt an der persischen Küste, was Deutschland sofort mit intensiver Propaganda und Agententätigkeit konterte. Als sich dann im November des vorigen Jahres die persische Gendarmerie, von schwedischen Offizieren ausgebildet und geführt, deutscher Kontrolle unterstellte, marschierten sofort russische Truppen ein. Und bald stand eine russische Division in Teheran.

63. Der Offizier Percy Sykes ist nicht zu verwechseln mit dem Politiker Mark Sykes, der im Frühjahr mit dem französischen Diplomaten François

Georges-Picot eine geheime Vereinbarung getroffen hatte (Sykes-Picot-Abkommen), in der sich ihre beiden Länder darauf einigten, nach dem Krieg das Osmanische Reich aufzuteilen und einen großen Teil seines Territoriums der direkten Kontrolle Russlands, Großbritanniens und Frankreichs zu unterstellen. Unter anderem sollte Mesopotamien den Engländern, der Libanon den Franzosen und Armenien den Russen zufallen. *A War to end all Wars, indeed.* Das Ergebnis war, wie wir alle leider wissen: *A Peace to End all Peace* – wie ein Buchtitel von David Fromkin lautet.

64. Das war es nicht. Rumäniens Eintritt in den Krieg erwies sich eher als Belastung für die Alliierten, besonders für Russland, das bald gezwungen war, starke Truppenverbände nach Süden zu schicken, um seinem neuen Bündnispartner zu helfen. Auf dem Papier war die Schlagkraft der rumänischen Armee beeindruckend. Sie hatte sich zwar in den beiden Balkankriegen 1912 und 1913 einen gewissen Ruf erworben, der sich jedoch als ziemlich unverdient erwies. Die Ausrüstung war mangelhaft, ein großer Teil der Soldaten trug Uniformen im Stile des 19. Jahrhunderts. Und die Befehlshaber waren unerfahren und entscheidungsschwach. Zu den ersten Maßnahmen, die die rumänische Armee nach der Mobilisierung traf, gehörte der Befehl, dass nur Offiziere oberhalb des Majorsgrads das Recht hatten, im Feld Augenschirme zu tragen. Portugals Eintritt in den Krieg im März dieses Jahres bedeutete ebenfalls keine spürbare Verstärkung für die Alliierten.

65. Die Operation kam, ebenso wie die Offensive der Briten an der Somme, als Antwort auf den Hilferuf eines bedrängten Bündnispartners zustande. Die Franzosen standen bei Verdun unter Druck, die Italiener waren bei Asiago in der Defensive. Als Brussilow den Bitten seiner Vorgesetzten nachkam und sich erbot, mit nur höchst bescheidenen Forderungen nach Verstärkungen einen allgemeinen Angriff zu starten, schüttelten manche Kollegen nur den Kopf, denn jeder weiß: Eine Offensive erfordert eine massive Überlegenheit an Truppen, Kontrolle des Luftraums, Millionen Granaten und so weiter.

66. Eigentlich waren die Schlachten weniger ein Kampf zwischen den Stellungen und Maschinengewehren des Verteidigers einerseits und der Artillerie und den Sturmtruppen des Angreifers andererseits, als vielmehr zwischen den Reserven des Verteidigers, die das Gefechtsfeld schnell mit dem Zug erreichen konnten, und den langsam vorrückenden Angriffsspitzen des Angreifers und seiner Artillerie, die oft große Probleme hatte, sich in einer Landschaft vorwärts zu bewegen, die man gerade mit großem Erfolg in Stücke gesprengt hatte.

67. Es kam hinzu, dass Brussilow eine österreichisch-ungarische Armee an-

zugreifen hatte, die sich um diese Zeit, um Norman Stone zu zitieren, in einem Zustand «beinahe spanisch-habsburgischer Selbstgenügsamkeit und Inkompetenz» befand. Und dass das Eisenbahnnetz deutlich dünner und die Truppendichte deutlich geringer war als an der Westfront. (Was zum großen Teil erklärt, warum der Krieg im Osten in aller Regel sehr viel beweglicher war.) Viele Divisionen der Mittelmächte hatten tatsächlich die meiste Zeit in Zügen verbracht, indem sie von wankelmütigen Befehlshabern von einer gefährdeten Stellung zur anderen geschaufelt wurden – was Lobanov-Rostovskij während der Februaroffensive im Jahr zuvor selbst erlebt hatte. Außerdem waren viele der deutschen und österreichisch-ungarischen Verbände, die eintrafen, müde und dezimiert, denn sie kamen aus dem Hexenkessel von Verdun oder aus den harten Kämpfen auf der Ebene von Asiago.

68. Insofern etwas mit so tödlicher Wirkung überhaupt als kindisch bezeichnet werden kann.

69. Ein paar Beispiele aus dieser Zeit: Ein Artikel mit der Überschrift «Wir sind nicht geschlagen» wird zensiert, ebenso die Angabe in einem anderen Artikel, dass bisher rund 500 000 Franzosen im Krieg gefallen seien. Das Gleiche gilt für die Andeutung, dass die Alliierten von einer Verlängerung des Krieges in besonderer Weise profitieren können, sowie für die Erwähnung der großen Zahl von getöteten Kleinkindern im Krieg in Rumänien. Jede ernsthafte Diskussion der deutschen Friedensbemühungen ist verboten. Nur die besonders nationalistischen deutschen Zeitungen werden zitiert, wodurch man suggeriert, dass sie die öffentliche Meinung in Deutschland widerspiegeln. Aus dem offiziellen britischen Dokumentarfilm über die Schlacht an der Somme, der seit kurzem in Frankreich gezeigt wird, werden einzelne Szenen herausgeschnitten, unter anderem die bekannteste: Dort sieht man, wie eine Gruppe Soldaten aus einer Stellung stürmt und einer von ihnen tödlich getroffen wird. (Vermutlich war diese Szene allerdings ohnehin gestellt.)

70. Man könnte aus dem entschuldigenden Tonfall in seinem Tagebuch schließen, dass es sich bei dem, wovon er spricht, auch um Sex handelt.

71. Das Datum ist unklar. Es kann auch ein Tag früher sein.

72. Dies ist der wichtigste Grund dafür, warum Frontsoldaten aus allen Armeen einen solchen Ekel vor den Ratten der Schützengräben empfinden: Die Tiere leben von Leichen, und sie leben gut – sie sind ungewöhnlich groß. Es gibt zwei Methoden zu bestimmen, wie lange ein Körper schon tot ist: Entweder untersucht man, wie weit die Verwesung fortgeschritten ist, oder man stellt fest, wie weit er von den Ratten gefressen wurde. Oft sind die Ratten schneller.

73. An Geld sind sie nicht interessiert. Sie haben schon mehr als genug deutsches Notgeld aus Papier.

74. Buchanan bezieht sich hier wahrscheinlich auf die Kriegslage, möglicherweise aber auch auf die Landschaft. Gerade dieser Text von ihm enthält einige unklare Passagen – vermutlich ist er im Fieberwahn geschrieben worden.

75. Wie Iain Gately gezeigt hat, war in Europa vor dem Krieg eine zunehmende Restriktivität hinsichtlich des Tabakrauchens zu erkennen, aber der Krieg unterbrach diesen Trend. In den Jahren 1914–18 wurde ungeheuer viel geraucht, und Tabak gehörte von Beginn an zur Grundration der Soldaten. Britische Soldaten erhielten 1914 gut 50 Gramm Tabak pro Woche, während ihre deutschen Widersacher zwei Zigaretten oder Zigarren pro Tag bekamen. (In der britischen Flotte war die zugeteilte Menge von Tabak doppelt so hoch wie in der Armee. Sollte Ähnliches für die deutsche Marine gelten, könnte das erklären, warum Stumpf so sehr zu leiden hatte.) Tabak in unterschiedlicher Form befand sich auch regelmäßig in den Paketen von Hilfsorganisationen und Angehörigen. Die Popularität des Rauchens – die sich neben ständig geäußerter Sorge wegen Tabakmangels etwa in den Huldigungen an den Tabak äußerte, die in regelmäßigen Abständen in der französischen Soldatenzeitung *La Baïonette* publiziert wurden – hat vermutlich mehrere Ursachen. Der leicht narkotisierende Effekt des Tabaks und die Tatsache, dass man dadurch in bedrängter Lage etwas hat, womit man sich beschäftigen kann, hat bei manchen sicher die Nerven beruhigt. Mindestens ebenso wichtig war, besonders für die, die die Armeen zu befehligen hatten, dass Tabak auch den Hunger mildert. Ein dritter Faktor war, dass der Tabakrauch dazu beitrug, den Gestank der Verwesung erträglicher zu machen; es kam vor, dass Einheiten, die sich in Schützengräben mit besonders vielen verwesenden Leichen befanden, Extrarationen an Tabak erhielten.

76. U 53 hatte die ganze Strecke nach Nordamerika zurückgelegt und sogar in Rhode Island im Hafen gelegen. Sie sollte das riesige, hochseetüchtige Handels-U-Boot *Bremen* eskortieren, das in die USA geschickt worden war, um strategische Rohstoffe zu holen. Aber als die *Bremen* während der Atlantiküberquerung verschwand, konnte die U 53 nichts anderes tun, als wieder zurückzufahren. Auf der Heimfahrt torpedierte sie fünf Schiffe. Die deutsche Flotte besaß im Übrigen sieben große Handels-U-Boote vom Typ *Bremen*, die für die Zufuhr wichtiger Waren sorgen sollten. Während des Krieges konstruierte und produzierte Deutschland in Erkenntnis der Effektivität der U-Bootwaffe neben den üblichen Jagd-U-Booten verschiedene U-Boot-

Typen, unter anderem UB-Boote, kleinere Fahrzeuge für den Dienst in Küstennähe, und UC-Boote, kleine Fahrzeuge, deren Aufgabe es war, vor allem Minen zu verlegen.

1917

1. Ein anderer Augenzeugenbericht spricht von einer Tamarinde.
2. Bethmann-Hollwegs Vorschlag, eine der vergeudeten Chancen des Krieges, war zum Teil der Einsicht entsprungen, dass Deutschlands Aussicht auf einen vollständigen Sieg schwand, während zugleich – nach dem deutschen Triumph über Rumänien und der misslungenen Offensive der Briten an der Somme – seine Verhandlungsposition scheinbar gestärkt war. Andererseits war es ein ziemlich verzweifelter Versuch, den Plan der deutschen Falken und Militaristen zu vereiteln, die einen uneingeschränkten U-Boot-Krieg führen wollten. Dies, so fürchteten der Reichskanzler und viele mit ihm, würde die USA in den Konflikt hineinziehen. Bethmann-Hollwegs Vorschlag war zudem ziemlich vage; er formulierte keine Bedingungen und machte keine Versprechungen, am wenigsten die, Belgien unberührt aus dem Krieg zu entlassen. Es war übrigens nicht die erste deutsche Friedensinitiative: Schon 1915 hatte man Fühler in Richtung Russland ausgestreckt. Aber da Paris und London viel mehr zu bieten hatten als Berlin – nicht zuletzt Konstantinopel –, wurde das deutsche Signal in St. Petersburg ignoriert.
3. Auch in Deutschland gibt es lautstarke und einflussreiche Stimmen, die jeden Kompromiss ablehnen und es für selbstverständlich halten, dass Belgien in irgendeiner Weise deutsch bleibt. Auch eine deutsche koloniale Expansion ist für sie eine Selbstverständlichkeit.
4. Von den einfachen Soldaten, die nach der Kapitulation bei Kut al-Amara in Gefangenschaft geraten, werden siebzig Prozent sterben, eine Todesrate, wie sie später aus nationalsozialistischen und sowjetischen Arbeitslagern bekannt ist.
5. Historisches Kuriosum: Im Einsatz an Land zeigte sich, dass diese verschmähten 8,8-cm-Kanonen ausgezeichnet als Luftabwehrgeschütze funktionierten, und auf ihrer Grundlage wurde im Laufe der Zeit die am meisten gefürchtete Kanone des Zweiten Weltkriegs konstruiert, die deutsche 88-mm-Flak der Luftwaffe, die auch im Erdeinsatz verwendet wurde.
6. Der Mord selbst hat nichts verändert, allenfalls führte er dazu, dass sich der

Hass, den der Günstling der Zarin auf sich gezogen hatte, jetzt gegen die Zarenfamilie selbst richtete.

7. Die breite Unzufriedenheit war der Grund, aber der Anlass dafür, dass die Proteste gerade jetzt stattfanden, hatte zum Teil mit dem Wetter zu tun. Um den 8. März ging eine sehr kalte Periode zu Ende, und es wurde deutlich wärmer, sodass sich sehr viel mehr Menschen auf die Straße wagten, um zu demonstrieren.

8. Wie Orlando Figes gezeigt hat, ist die «friedliche Märzrevolution» zum größten Teil nur ein Mythos. Tatsächlich wurden während der Unruhen mehr Menschen getötet als im Zusammenhang des so folgenreichen Putsches der Bolschewiken im Oktober 1917.

9. Eine zeitgenössische Berechnung geht davon aus, dass pro Monat vierzig Züge eine Division mit 16 000 Infanteristen versorgen konnten, während viermal so viele Züge erforderlich waren, um eine ebenso große Menge Kavalleristen zu unterhalten. Ein anderer Nachteil bestand darin, dass die breiten und langen Kolonnen der Reiterei dazu neigten, wichtige Aufmarschwege zu verstopfen.

10. Die Maschine ist wirklich ein zuverlässiges Arbeitspferd und wird von verschiedenen Luftwaffen verwendet, in verschiedenen Funktionen, auf verschiedenen Kriegsschauplätzen – von der Westfront bis zum Balkan, in Italien und in Mesopotamien. Ihr seltsamer Name kommt von «den kurzen, von der Oberkante des Rumpfs schräg nach oben führenden inneren Flügelversteifungen» (Munson). Sie war auch das erste britische Flugzeug, das mit Hilfe eines Synchronisierungsmechanismus (der von einem deutschen Flugzeug kopiert worden war, das sich in starkem Nebel verirrt hatte und auf der falschen Seite der Front gelandet war) durch den Propeller schießen konnte. Die Strutter hatte maßgeblich dazu beigetragen, dass die Briten im Sommer 1916 die Lufthoheit eroberten.

11. Die letztgenannte Schlacht wird aufgrund der hohen Verluste und der entsprechenden Ernüchterung kurz darauf eine Welle von Meutereien in der französischen Armee auslösen. Zu diesem Zeitpunkt jedoch verharren beide Schlachten in einer für solche Kämpfe so typischen Atempause, in der die Angreifer ihre Munitions- und Materialvorräte aufstocken und verbrauchte und erschöpfte Verbände durch frische, ausgeruhte Truppen ersetzen. Und die Verteidiger nutzen natürlich die Gelegenheit, das Gleiche zu tun, worauf der ganze Abnutzungskampf wieder von vorn beginnen kann. Nach einiger Zeit wird die ganze Prozedur wiederholt, ad nauseam.

12. Es gibt auch keine Schwimmwesten. Manche Piloten versuchen, dem Man-

gel abzuhelfen, indem sie sich alte, aufgepumpte Autoradschläuche um den Leib zwängen.

13. Rein statistisch betrachtet sieht es gut aus: Zu Beginn der Kämpfe stehen 114 deutschen Jagdmaschinen 385 eigene gegenüber. Doch Statistik ist nicht alles.

14. Spitzname eines Mitgefangenen: *The human crochet.* Offenbar eine Anspielung auf sein Aussehen.

15. Die Chancen eines Fähnrichs oder Leutnants, den Krieg zu überleben, waren deutlich schlechter als die der gemeinen Soldaten. Statistiken zeigen, dass die Verluste bei Offizieren niedriger Dienstgrade sechsmal größer waren als in anderen Kategorien.

16. Die Zahl ist stark übertrieben. In den Kriegsprozessen, die nach den Meutereien stattfanden, wurden rund 23 000 Mann verurteilt, davon etwas mehr als 500 zum Tode. Man vertraute jedoch auf die Macht des Exempels, und am Ende waren es weniger als fünfzig, die hingerichtet wurden, in der Regel vor den Augen ihrer Kameraden. Berichte, wonach ganze Einheiten ins Niemandsland hinausgetrieben und dann von der eigenen Artillerie niedergemacht wurden, sind erfunden.

17. Die Bezeichnung entsprang einem Versuch, Neugierige zu täuschen. Das Projekt unterlag nämlich anfangs höchster Geheimhaltung, und Nichteingeweihte, die Fragen stellten, bekamen zu hören, die großen Maschinen seien Fahrzeuge für die Versorgung der Truppen mit Wasser, *water tanks.* Das zweite Wort blieb haften und setzte sich durch.

18. In der deutschen Armee spricht man von Blaupunkten. Auf ihren Karten sind feindliche Schützengrabenlinien mit Zahlen in blauer Farbe gekennzeichnet.

19. Es existiert ganz einfach keine funktionierende Technik. Es gibt zwar Funkgeräte für drahtlose Kommunikation, aber sie sind groß, schwer und unzuverlässig. Telefonieren per Draht funktioniert gut, solange ein ausgebautes Netz vorhanden ist und die Kämpfe nicht zu intensiv sind, denn dann werden die Leitungen rasch zerschossen. Zu diesem Zeitpunkt ist man dazu übergegangen, die Leitungen metertief einzugraben und sie möglichst in Röhren zu verlegen, aber eine derartige Gründlichkeit kann sich nur ein Verteidiger leisten, und das auch nur, wenn die Front einigermaßen ruhig ist. Verschiedene Typen optischer Signalgebung (mittels Leuchtraketen, Heliographen, Lampen, Semaphoren und Flaggen) werden von allen Armeen benutzt, aber sie sind sämtlich abhängig von einem Faktor, der in der Regel im Gefecht nicht gegeben ist: nämlich guter Sicht.

Eine andere Möglichkeit ist die physische Übermittlung von Befehlen und Berichten. Alle Kriegsparteien experimentieren mit Hunden, doch unter scharfem Beschuss sind Hunde nicht brauchbar. Genau wie Pferde spielen Hunde bei starkem Artilleriefeuer verrückt. Alle Armeen verwenden Brieftauben – allein die deutsche Armee wird rund 300 000 einsetzen. Sie stellen gewissermaßen die zuverlässigste Kommunikationsmethode dar. Einer Berechnung zufolge erreichten neun von zehn abgeschickten Brieftauben ihr Ziel. Es kam vor, dass Brieftauben dekoriert oder in anderer Form ausgezeichnet wurden. Dies war der Fall bei der letzten Brieftaube, die während der Kämpfe im Juni 1916 von den Eingeschlossenen in Fort de Vaux bei Verdun ausgeschickt wurde. Sie kam an, starb jedoch an ihren Verletzungen. Jetzt erinnert an sie eine Plakette im Fort. Oder die berühmte Taube Cher Ami, der es während der Kämpfe in den Argonnen im Oktober 1918 trotz eines Schusses in die Brust und eines abgetrennten Beins gelang, eine Mitteilung von einer eingeschlossenen amerikanischen Einheit zu überbringen. Sie wurde mit dem Croix de Guerre dekoriert. (Sie befindet sich jetzt ausgestopft im Smithsonian in Washington.) Wenn kein anderes Hilfsmittel zur Verfügung steht, wird auf Menschen zurückgegriffen, Melder, die in der Regel zu zweit losgeschickt werden – einer kommt hoffentlich an. Wie man sich leicht vorstellen kann, ist dies eine äußerst gefährliche Beschäftigung. (Adolf Hitler fungierte häufig als Melder und wurde dafür zweimal ausgezeichnet; er erwarb dabei ein ausgesprochen konkretes, wenn auch begrenztes Wissen über militärische Angelegenheiten, mit dem er später diverse Generäle übertrumpfen konnte, deren Erfahrung eher der Abstraktionswelt der Stabsstellen entsprang.)

20. Auf dem Höhepunkt der Krise waren 54 Divisionen eingezogen worden und große Teile der Westfront praktisch ohne Verteidigung. (Dass es der deutschen Armee nicht gelang, von dieser umfassenden Bewegung Kenntnis zu erhalten und sie auszunutzen, muss wohl als eine der größten Nachrichtenpannen des Ersten Weltkriegs betrachtet werden. Besonders in Anbetracht dessen, dass man sehr geschickt die russischen Bolschewiken ausnützte, indem man sie in der Absicht unterstützte, damit die russische Kriegsmoral zu untergraben.) Einige Meuterer verlangten nach sofortigem Frieden, andere drohten mit einem Marsch auf Paris, während der Hauptteil sich damit zufrieden gab, die Teilnahme an Angriffen zu verweigern und konkrete Forderungen zu stellen, die Verbesserungen hinsichtlich der Verpflegung, der medizinischen Betreuung und der Urlaubsregelung betrafen. Es gab daraufhin nur wenige Hinrichtungen, aber umso mehr Verbesserungen der materiellen Bedingungen.

21. Im Verlauf des Krieges richtet die italienische Armee etwas mehr als ein-tausend ihrer Soldaten hin, wesentlich mehr als die britische Armee (361), von der deutschen Armee gar nicht zu sprechen (48). Über 15 000 italie-nische Soldaten werden wegen Vergehen gegen die militärische Disziplin zu lebenslänglichen Gefängnisstrafen verurteilt, viele von ihnen saßen noch lange nach Kriegsende im Gefängnis, nicht wenige bis 1945. Der italienische Oberbefehlshaber Cadorna besteht auf «eiserner Disziplin».

22. Die Schiffsverluste sind rasant gestiegen. Im Januar 1917 versenkten deutsche U-Boote fünfunddreißig Schiffe mit einer Gesamttragfähigkeit von 109 954 Tonnen; im April ist die Anzahl der Schiffe auf einhundertfünfundfünfzig mit einer Gesamttragfähigkeit von 516 394 Tonnen gestiegen. Jetzt fallen die Zahlen wieder, vor allem aufgrund der Einführung des Konvoisystems, aber auch dank einer immer gründlicheren Verminung. Auch die Flieger werden geschickter beim Versenken von U-Booten. Ein ungewöhnliches Beispiel vom Winter 1917 ist der Fall eines österreichisch-ungarischen Flugzeugs, das im Adriatischen Meer ein französisches U-Boot mit dem für Akademiker reizvollen Namen *Foucault* versenkt und seine Tat damit abgerundet hat, dass es anschließend wasserte und die 29 Mann starke Besatzung rettete.

23. Viele Soldaten verabscheuen Granatwerfer und Minenwerfer, deren Pro-jektile im Gegensatz zu gewöhnlichen Artilleriegranaten auf ihrer Flugbahn kaum zu hören sind. Die Geschosse landen deshalb ohne Vorwarnung. Al-lerdings sind sie ziemlich langsam und nicht selten bereits zu sehen, bevor sie auftreffen.

24. Unter gebildeten Afrikanern verbreitet sich die Auffassung, der Krieg führe dazu, dass der Kolonialismus sich selbst auslöscht.

25. GSW = *Gun Shot Wound* = Schusswunde.

26. Heute eher unter dem Namen Kerenskij-Offensive bekannt, nach dem Mi-nisterpräsidenten der provisorischen Regierung der Menschewiken.

27. Das Problem ist nicht nur, dass der Import durch britische Blockadeschiffe unterbunden wird. Seit dem vorigen Jahr gibt es ein staatliches Verbot der Einfuhr exotischer Lebensmittel wie Mandarinen, Rosinen, Ananas, Ingwer und Vanille.

28. Er hielt eine solche Reaktion für nicht ganz unbegründet. In einem Brief an einen Bekannten hatte France geschrieben: «Nicht nur, dass der Krieg dieses furchtbare Leiden verursacht; er verwandelt alle, die nicht verrückt werden, in Idioten.»

29. Die beiden Ersteren sind praktisch überholt: die amerikanische, nachdem die USA in den Krieg eingetreten sind, die deutsche, nachdem ihr Urheber,

Bethmann Hollweg, den Machtkampf mit den Falken in Berlin verloren hat und abgetreten ist. Im Juli dieses Jahres hat der deutsche Reichstag mit 212 gegen 126 Stimmen für eine Resolution gestimmt, die Frieden ohne territoriale Gewinne oder Reparationen forderte, was den Ambitionen derer zuwiderlief, die die eigentliche Macht in Deutschland mehr und mehr an sich gezogen haben, das militärische Oberkommando mit Hindenburg und Ludendorff an der Spitze. Das bedeutete, dass der so genannte Burgfrieden von 1914 gebrochen und Bethmann Hollwegs Stellung als eine Art Zünglein an der Waage unhaltbar geworden war.

30. Caporetto ist der Name, den der Ort nach dem Krieg erhielt, als das Gebiet Italien zufiel; 1917 lag er noch im österreichischen Territorium, und die kleine Stadt hieß Karfreit. Die Bezeichnung der Offensive ist ein wenig irreführend. Der wirkliche Durchbruch fand nördlich von Caporetto/Karfreit statt. Heute liegt der idyllische Ort in Slowenien, heißt Kobarit und unterhält ein kleines, aber schönes Museum zum Thema der Schlacht.

31. Die neue Taktik setzten die Sturmtruppen zum ersten Mal Anfang September ein, als sie ohne größere Anstrengung die russische Front bei Riga durchbrachen und die gesamte Zwölfte Armee der Russen in wilder Flucht nach Norden jagten. Im gleichen Monat gelang es in Frankreich deutschen Einheiten, die in der neuen Taktik ausgebildet waren (vgl. Anm. 36), den britischen, von Panzern unterstützten Durchbruch bei Cambrai zurückzuschlagen.

32. Die bekannteste Schilderung des italienischen Zusammenbruchs bei Caporetto ist Ernest Hemingways *A Farewell to Arms* (dt. *In einem andern Land*), aber trotz aller literarischen Verdienste ist sie kein Bericht aus erster Hand. Hemingway kam erst ein Jahr später nach Italien und ist nie auf dem aktuellen Kriegsschauplatz gewesen. Er schrieb das Buch zum größten Teil im Sommer 1928 zu Hause in Kansas City, nachdem er sich verschiedene Karten und historische Werke beschafft hatte. Eine andere Schilderung, nicht annähernd so berühmt, aber immerhin von einer berühmten Person stammend, ist Erwin Rommels *Infanterie greift an*. Sehr detailliert, in einer etwas kantigen Sprache und mit Hilfe umfangreichen Kartenmaterials beschreibt er die Kämpfe, an denen er als junger Leutnant der Gebirgsjäger teilnahm. Bei Caporetto erwarb er sich die höchste deutsche Auszeichnung, den Orden Pour le Mérite.

33. Da die Truppen aus den USA außerdem striktes Alkoholverbot haben, tragen Anweisungen wie diese dazu bei, das Bild der Amerikaner als einfältige Puritaner zu verstärken.

34. Der aufmerksame Leser fragt sich natürlich, wie es dennoch möglich ist, sich ein Bild von den Kämpfen an diesem Tag zu machen. Die einfache Antwort lautet, dass sich im Vorwort der vierten Auflage von Monellis Buch über seine Kriegserlebnisse (geschrieben im April 1928) neben weiterem Material Einzelheiten des Geschehens finden.

35. Außerdem läuft es im Moment recht gut. Die Massaker an alliierten Fliegern vom Frühjahr sind vergessen. Der Luftkrieg ist jetzt wesentlich ausgeglichener. Es gibt sogar Anzeichen dafür, dass die Deutschen unter Druck geraten. Auch hier macht sich das Gewicht des alliierten Produktionsapparats bemerkbar.

36. Die Infiltrationstaktik beinhaltet kurz gesagt, dass die angreifenden Einheiten nicht in einer langen, ununterbrochenen Linie attackieren, die die ganze feindliche Front überwinden soll, sondern dass kleine, bewegliche Einheiten die schwachen Punkte in der feindlichen Linie auszunutzen versuchen, während die starken einfach umgangen werden. Die kleinen, beweglichen Einheiten stoßen so weit wie möglich ins Hinterland des Gegners vor und versuchen, seine Artillerie zu erreichen, die ohne die schwer zu überwindenden Stützpunkte an der vordersten Front verloren ist.

37. In Mexiko tobte 1916 ein Bürgerkrieg zwischen den Anhängern des Rebellen Pancho Villa und denen des Präsidenten Carranza, der im Übrigen den interessanten Vornamen Venustiano trug. Die alliierte Propaganda bemühte sich eifrig, die US-amerikanische Öffentlichkeit davon zu überzeugen, dass Villa so etwas wie eine von den Deutschen gesteuerte Bedrohung war. Ein Verdacht, dem Letzterer bereitwillig Vorschub leistete, indem er kleinere Summen von deutschen Agenten annahm, um dann, in seiner Wut über die Unterstützung seines Gegners durch die USA, zuerst amerikanische Staatsbürger im nördlichen Mexiko zu attackieren und später, im März 1916, die kleine Stadt Columbus in New Mexico zu überfallen, wobei mehr als zwanzig Amerikaner getötet wurden. Die USA reagierten prompt mit einer Invasion Nordmexikos. (Es war nicht das erste Mal in diesen Jahren, dass sich amerikanisches Militär über verschiedene mehr oder weniger benachbarte Länder hermachte oder dort einmarschierte. Man kämpfte 1898 gegen Spanien, focht 1899 bis 1902 einen Kolonialkrieg auf den Philippinen aus, marschierte 1912 in Nicaragua ein und schickte das Marinekorps 1915 nach Haiti und 1916 in die Dominikanische Republik. Die Invasion Mexikos war die zweite innerhalb kurzer Zeit: 1914 hatte man militärisch interveniert, um die amtierende Regierung zu stürzen.) Eine Zeitlang jagten die amerikanischen Truppen hinter den Staubwolken her, die der ständig ausweichende

Villa und seine Truppen aufwirbelten. Gleichzeitig setzte Villa die Überfälle jenseits der Grenze fort.

38. Es handelt sich um die Meuterei in Étaples vom 9. bis 12. September. Bei Étaples (das von den englischen Soldaten Eat-apples genannt wurde) lag in der Nähe der Küste ein Trainingslager, in dem eine ungewöhnlich strenge Disziplin herrschte. Das Ganze begann damit, dass ein Soldat aus Neuseeland, der sich unerlaubt von der Truppe entfernt hatte, von der verhassten Militärpolizei verhaftet und als Deserteur vor Gericht gestellt wurde. Die Kameraden des Mannes und andere Unzufriedene versammelten sich und verlangten seine Freilassung. Es kam zu einer Schlägerei, Schüsse fielen und einer der Demonstranten wurde getötet. Daraufhin strömten immer mehr Soldaten herbei, und die Militärpolizei wurde kurzerhand aus dem Lager gejagt. An den folgenden Tagen gingen die Unruhen und die spontanen Demonstrationen weiter. Am 12. September jedoch wurde Pollards Bataillon, mit Knüppeln bewaffnet, eingesetzt, und zusammen mit zwei anderen loyalen Einheiten gelang es, die Meuterei zu ersticken.

1918

1. Was nicht verwunderlich ist: 1918 brauchte die österreichisch-ungarische Luftabwehr durchschnittlich 3000 Schuss, um ein Flugzeug zu treffen, was um diese Zeit als sehr gute Trefferquote galt.

2. Die Verantwortung dafür liegt im Übrigen vor allem bei den russischen Bolschewiken. Seit dem 9. Januar wird die russische Delegation von Trotzki angeführt, der eine ebenso durchdachte wie durchsichtige Verzögerungstaktik verfolgt. Er formulierte seine Strategie gegenüber den Mittelmächten mit einer für ihn nur allzu typischen Spitzfindigkeit: «Weder Krieg noch Frieden.» Nicht weiter erstaunlich, dass diese Parole seinen deutschen militärischen Widersacher wahnsinnig macht. Zu erwähnen ist, dass gerade in diesen Tagen im kurz zuvor selbständig gewordenen Finnland der Bürgerkrieg ausbricht. «Weiße» und «rote» Finnen kämpfen gegeneinander, dabei ist dieser Konflikt gleichzeitig ein Ausläufer des großen Krieges. Teils ist es der große Krieg, der die nationale Selbständigkeit ermöglicht hat, teils leisten deutsche Einheiten den Weißen zunehmend Unterstützung, während sich russische Verbände den Roten anschließen.

3. Die verbreitete Darstellung, er habe es im Mai 1915, in einem kleinen Krankenwagen sitzend und erschüttert, nachdem er gerade am Begräbnis eines

seiner Freunde teilgenommen hatte, in zwanzig Minuten niedergeschrieben und sofort weggeworfen, woraufhin ein Kollege das zerknüllte Papier gerettet habe, stimmt leider nicht.

Auf Flanderns Feldern

Auf Flanderns Feldern blüht der Mohn / zwischen den Kreuzen, die Reihe an Reihe / unseren Platz markieren; und am Himmel / fliegen die Lerchen, noch tapfer singend, / kaum zu hören zwischen den Kanonen auf der Erde.

Wir sind die Toten. Vor wenigen Tagen / lebten wir, fühlten die Morgendämmerung, sahen das Glühen des Sonnenuntergangs, / liebten und wurden geliebt, und jetzt liegen wir / auf Flanderns Feldern.

Nehmt auf unseren Kampf mit dem Feind: / euch werfen wir aus versagenden Händen / die Fackel zu; an euch ist's, sie hochzuhalten. / Lasst ihr uns, die wir sterben, im Stich, / werden wir nicht schlafen, mag der Mohn auch blühen / auf Flanderns Feldern.

4. Das will heißen: Luftlinie. Am Boden dürfte die Strecke mindestens das Doppelte, wenn nicht mehr betragen haben.

5. In der britischen Öffentlichkeit scherzhaft Wong-Wongs genannt, wegen des charakteristischen Geräusches, das die doppelten, nicht synchronisierten Motoren abgeben.

6. Während des gesamten Krieges kamen rund 2600 Zivilisten bei Bombenangriffen der Alliierten auf Deutschland um, während bei deutschen Bombenangriffen auf Großbritannien 1736 Zivilisten getötet oder verwundet wurden.

7. Das Ende der Zeppeline wurde im November 1916 durch ein Fiasko besiegelt. Ein großes Geschwader flog bei Nacht nach London, und irgendein Genie kam auf den Gedanken, die Zeppeline sollten sich mit abgestellten Motoren anschleichen. Ein ungewöhnlich heftiger Wind verstreute sie über halb Europa. Eines der beteiligten Luftschiffe wurde bis nach Algerien geweht.

8. Bei dieser Gelegenheit war London nur eines der Ziele, und die Anzahl der Toten umfasst auch diejenigen, die an anderen Orten ihr Leben verloren.

9. Der spürbar gewachsene deutsche Einfluss im Osmanischen Reich in den

Jahren vor dem Krieg war einer der Gründe für die Nervosität der Russen, die kriegerische Alternativen in Erwägung zogen; er stellte zugleich den Hintergrund dar für den Beginn des großen militärischen Modernisierungsprogramms in Russland, das seinerseits den deutschen Generalstab in Angst und Schrecken versetzte und ihn dazu veranlasste, kriegerische Alternativen in Erwägung zu ziehen. Und so weiter.

10. Das bedeutet keineswegs, dass er unbegrenzte Macht besitzt. So wurden beispielsweise seine Versuche, den Völkermord an den Armeniern zu verhindern, ignoriert.

11. Bis auf Townshend, der seine Gefangenschaft bequem in seinem Haus auf einer der Prinzeninseln vor Konstantinopel verbringt.

12. Ein expansionistisches Diktat sondergleichen. Russland tritt folgende Territorien ab: die Ukraine, Weißrussland, Finnland, das Baltikum, Polen und die Krim; die meisten werden zu unabhängigen Satellitenstaaten Deutschlands. Dem Osmanischen Reich wird ferner der Kaukasus zuerkannt. Außerdem wird Russland gezwungen, den Siegern – oder eher *dem* Sieger (die Regierenden in Österreich-Ungarn und Bulgarien sind frustriert und verärgert, weil die Früchte des Sieges fast ausschließlich Deutschland zufallen) – enorme Mengen Öl und Getreide sowie kriegswichtiges Material wie Lokomotiven, Geschütze und Munition zu liefern. Berechnungen haben ergeben, dass Russland dadurch 34 Prozent seiner Bevölkerung, 32 Prozent seiner landwirtschaftlich genutzten Fläche, 54 Prozent seiner Industrieunternehmen und 89 Prozent seiner Kohlengruben verliert. Deutsche Einheiten sind in Georgien einmarschiert, wegen der dortigen Ölvorkommen. Unter siegestrunkenen deutschen Generälen kursiert die waghalsige Idee, deutsche U-Boote ins Kaspische Meer zu transportieren und vielleicht Indien zu besetzen.

13. Dank eines sehr langen Geschützrohrs können die Granaten bis in die Stratosphäre geschossen werden, wo der Luftwiderstand geringer ist, was zur Folge hat, dass die Projektile weiter fliegen. Die Belastung beim Abfeuern ist aber so extrem, dass sich das Kaliber des Geschützrohrs bei jedem Schuss etwas weitet, was wiederum zur Folge hat, dass jede einzelne Granate etwas größer sein muss als die vorherige und auch die Treibladung immer größer werden muss. Schließlich, nach ungefähr zwanzig Schuss, muss das Geschützrohr ausgetauscht werden. Das Kaliber hat sich dann von anfänglichen 21 cm auf 24 cm erweitert. Die Konstruktion des Geschützes hat enorm viel Zeit und Geld gekostet, aber letztlich ist es wirkungslos.

14. Vergehen gegen die Zensur u. Ä. werden sehr viel strenger geahndet, wenn

der Betreffende Uniform trägt, weil sie dann unter militärische Rechtsprechung fallen.

15. Die relativ geringe Zahl von Opfern des Bombardements erklärt sich zum Teil daraus, dass die deutschen Konstrukteure die Sprengladung ziemlich klein machten, um das Gewicht der Granate niedrig zu halten. Erfahrene Soldaten, die die Explosionen hörten, verglichen sie mit dem Geräusch des Einschlags einer 7.7-cm-Granate. Alles in allem wurde Paris zwischen dem 23. März und 9. August 44 Mal beschossen: 367 Granaten landeten in der Stadt, und 250 Menschen wurden getötet.

16. Sulzbach besitzt seit gut vierzehn Tagen ein signiertes Porträt von Ludendorff, als Dank dafür, dass er mitgeholfen hat, den Leichnam des geliebten Stiefsohns des Generalleutnants, der beim Beginn der Märzoffensive gefallen ist, zu bergen. (Ludendorff bewahrt den Körper bei sich im Hauptquartier auf und betrachtet ihn oft, was einige seiner Untergebenen vermuten lässt, ihr schwer gestresster Befehlshaber bekomme langsam Probleme mit den Nerven.) In seinem überschwänglichen Dank für den Dank hat Sulzbach geschrieben, dass ein Frontsoldat sich keine höhere Auszeichnung wünschen könne als das Porträt des Befehlshabers, von dessen eigener Hand signiert.

17. Übrigens eine Kusine des früheren Marineministers Winston S. Churchill.

18. Ständige und verwirrende Verlegungen per Zug an verschiedene Punkte der vordersten Front wurden einige Monate später das Los vieler deutscher Soldaten. Es ist ausgerechnet worden, dass zeitweilig bis zu einem Drittel der deutschen Armee in langsam fahrenden Zügen sitzend über das belgische und französische Land verteilt war.

19. Das Offizierskorps der Reiterei war zu allem Überfluss so etwas wie ein Reservat für die französische Aristokratie, was nicht dazu angetan war, die Kavallerie beliebter zu machen.

20. Wenn man sich an Estaunié heute noch erinnert, dann deswegen, weil er den Begriff der Telekommunikation geprägt hat. Er war ausgebildeter Ingenieur und Beamter im französischen Post- und Telegraphenwesen.

21. Nein, nicht der Lyriker E. E. Cummings, der zwar als Sanitätsfahrer einige Zeit in Frankreich war (zusammen mit seinem Freund John Dos Passos), aber zu diesem Zeitpunkt bereits in die USA zurückgekehrt war, nachdem er mehr als drei Monate unter der Anklage der Spionage (lies: Pazifismus) in einem französischen Internierungslager verbracht hatte.

22. Olympos ist der griechische Name für Kesis. Der Text ist zu einer Zeit verfasst, als in diesem Teil der Türkei noch eine große griechische Minderheit

lebte. Der Krieg, der mit ihrer Vertreibung enden wird, folgt jedoch nur wenige Jahre später.

23. Eines Tages suchte ich einen Baum am Rand der Straße auf, / triste, staubige Straße, Gefangenenfüßen wohlbekannt – / mein Geist gehorsam, doch mein Herz in hitzigem / Aufbegehren pochend gegen des Wärters Drängen. / So schlossen sich meine Augen gegen das «fremde Terrain», / das sich um mich erstreckte bis zum Sternenhimmel, / ein kurzer Aufschub von Jahren des Elends, der mich mahnte, / zu vergessen – und etwas Verborgenes Gutes zu sehen. / Doch erblickt' ich Olympos, tief zerfurcht vom Gang der Zeiten, / himmelwärts strebend, und seine starken Schultern, / die sich erhoben über die Schicksale, die all die Jahre geformt, / mit dem Willen des Himmels gezeichnet vom Finger Gottes – / Pfade, die Menschen wandern sollen, und Zeit nur bringt Gärung – / auf dass wir sehen sollen mit frischen Augen, nach den Tränen.

24. Mousley drückt Letzteres im Original mit einem schönen englischen Wortspiel aus: *plots and plans and pots and pans.*

25. Dies gilt in gleichem Maß für die Bewacher der Gefangenen. Zu dieser Zeit herrscht in Österreich-Ungarn allgemeiner Nahrungsmangel, hauptsächlich aufgrund von Anarchie und fehlenden Transportmitteln.

26. Auch die Sterblichkeit bei Frauen ist gestiegen. 1916 nahm sie, verglichen mit den Vorkriegszahlen, um 11,5 Prozent und 1917 um 30,4 Prozent zu. Die Sterblichkeit alter Menschen ist 33 Prozent höher als 1914. Eine Berechnung hat ergeben, dass rund 762 000 deutsche Zivilisten während des Krieges aufgrund von Unterernährung oder Mangelkrankheiten starben. In Wien ist das durchschnittliche Gewicht neunjähriger Kinder von 30 kg auf 22,8 kg gesunken; dort werden jetzt nur noch 70 000 Liter Milch am Tag konsumiert, gegenüber 900 000 Litern vor dem Krieg. Viele Einrichtungen für Geisteskranke und Alte sind geschlossen worden, weil die meisten Insassen an Hunger sterben. Außerdem ließe sich die Geburtenrate aufführen, die sich annähernd halbiert hat.

27. Nach unzähligen deutschen Rettungsaktionen im Osten, auf dem Balkan und in Italien schon seit 1915.

28. Die Kämpfe zwischen Ballons und Flugzeugen sind ein Aufeinandertreffen der Technologie des 19. und des 20. Jahrhunderts. Der Statistik nach zu urteilen ist das 20. Jahrhundert im Begriff, den Sieg davonzutragen. Ein Ballon pflegt eine durchschnittliche Lebensdauer von rund fünfzehn Tagen zu haben. Diese Zahl ist jedoch kein Indikator für die durchschnittliche Lebensdauer der Luftfahrer. Seit 1916 sind die Besatzungen von Luftballons

routinemäßig mit Fallschirmen ausgerüstet worden – dies (wie erwähnt) im Gegensatz zu den Piloten. Die Fallschirme erfordern eine Absprunghöhe von mindestens 60 Metern, um sich öffnen zu können.

29. Die maximale Flughöhe für diesen Typ von Ballon beträgt rund 1500 Meter.

30. Bis zu ihrem Abklingen hat die Epidemie mindestens 20 Millionen Opfer gefordert, also mehr als der Weltkrieg. Massensterben kommt zu Massensterben. (Andere Berechnungen sprechen von 40 Millionen oder sogar von 100 Millionen Toten.) Der erste Ausbruch der Epidemie ereignete sich bereits im Sommer und traf die deutsche Armee am heftigsten. In einer kritischen Phase, als alle Soldaten für die Vorstöße auf Paris gebraucht wurden, waren sehr viele aufgrund der Seuche kampfunfähig. Was diese Epidemie so bemerkenswert machte (abgesehen davon, dass sie tödlich war; bei einer normalen Influenza sterben 0,1 Prozent der Betroffenen, bei dieser waren es 2,5 Prozent), war die Tatsache, dass sie aus noch nicht erforschten Gründen vor allem junge Erwachsene traf, diejenige Altersgruppe also, die sonst am besten davonkommt. Auch ihr Verlauf war ungewöhnlich heftig; die Betroffenen litten unter unerträglichen Kopfschmerzen, sehr hohem Fieber und quälendem Husten mit Auswurf; nach Ablauf von drei Tagen war der Kranke entweder gestorben oder wieder gesund. Die Influenza hatte ihren Ursprung nicht in Spanien; sie erhielt ihren Namen deshalb, weil die spanische Presse, die keiner Zensur unterworfen war, als Erste vom Ausbruch der Epidemie im eigenen Land berichtete, nachdem diese bereits mehrere kriegführende Länder heimgesucht hatte.

31. Sergy – heute nur ein größeres Dorf nahe der E 50 westlich von Reims – liegt, was kaum verwundert, knapp zwei Kilometer vom zweitgrößten amerikanischen Soldatenfriedhof aus dem Ersten Weltkrieg entfernt (6012 Gefallene). Der Friedhof ist schön in Grün gebettet und liegt genau auf der Linie, entlang derer die Front im Juli und August 1918 verlief. «Der Fluss» ist immer noch nicht mehr als ein größerer Bach.

32. Sie waren mit Senfgas beschossen worden, das leicht durch Kleider und sogar durch Schuhsohlen dringt und die Haut penetriert. (Es reicht aus, einen Gegenstand zu berühren, der auf senfgasverseuchtem Boden gelegen hat, um sich zu verbrennen, und manchmal genügt es, die Ausdünstung der gasverseuchten Kleidung eines anderen einzuatmen, um zu erkranken.) Zuerst spürt man nichts. Nach ungefähr zwei Stunden beginnt sich die Haut an der angegriffenen Stelle zu röten, und nach acht, neun Stunden beginnt sie zu schwellen. Nach vierundzwanzig Stunden bilden sich auf den geschwollenen

Stellen kleine Blasen, die langsam zu einer einzige Wundfläche zusammenwachsen. Die Wunden heilen sehr schlecht, und die größte Wirkung hat das Gas auf Augen, Nase und Mund. Im schlimmsten Fall führen die Wunden zu Blutvergiftung und Tod, in der Regel jedoch ist man nach sechswöchiger Krankenhausbehandlung wieder hergestellt.

33. B. verwendet den englischen Ausdruck *potato masher hand grenades*, da sie im Aussehen einem Kartoffelstampfer gleichen.

34. B. spricht von einem *bolo knife*, das in Länge und Funktion einer Machete ähnelt.

35. Die Operation war praktisch ein Selbstmordkommando, das sich mäßig begabte Marineoffiziere in eigener Regie ausgedacht hatten, um in der elften Stunde des Krieges «die Ehre» der Waffengattung zu retten. Der schwachsinnige Plan löste einen Aufruhr unter den Matrosen aus, der wiederum zur deutschen Revolution führte – eine Ironie der Geschichte.

36. Noch zu Anfang dieses Jahres gab es Deutsche, die glaubten, dass der Krieg mit der praktischen Auslöschung Belgiens und der Abtretung großer Gebiete Frankreichs und Russlands an Deutschland enden würde.

37. Um Frederic Manning zu zitieren.

38. Unter anderem braucht man im Gespräch mit einem Offizier dessen Dienstgrad nur noch einmal zu nennen, zu Anfang der Unterhaltung, nicht wie früher am Ende jedes Satzes.

39. Sein intensives Studium der Geschichte hat ihn nämlich zu der Auffassung gebracht, dass die bewaffnete Intervention in Russland, in die einige alliierte Nationen verwickelt sind, keine besonders gute Idee ist. Großbritannien, Frankreich, die USA, Japan und die übrigen beteiligten Länder haben keinen richtigen Plan. Ursprünglich hat man die Intervention nicht begonnen, um die Weißen zu stützen, sondern um das große Land im Osten im Krieg zu halten. Anfänglich wurde man von den Bolschewiken sogar in gewissem Maß ermuntert. Mittlerweile hat er den Eindruck, dass im Volk der Rückhalt für die Weißen schwindet.

40. Eine der ersten Mitpassagierinnen, der sie an Bord begegnete, war Maria Bajskarova, jene Sergeantin, die die Frauenbataillone der russischen Armee aufgestellt hatte und jetzt von den Bolschewiken verjagt worden war. Die Frauenbataillone hatten sich bis zuletzt loyal zum Kerenskij-Regime verhalten, und einige der Soldatinnen Maria Bajskarovas hatten sich im Winterpalast befunden, als dieser gestürmt wurde.

41. Ein gewisser Christian Andresen, vermisst gemeldet am 10. August 1916, liegt auf dem deutschen Soldatenfriedhof Wervicq-Sud (Block 4, Grab 140)

1918   679 begraben. Ob es sich bei ihm um Kresten handelt, lässt sich nicht entscheiden. Der Friedhof liegt an der belgischen Grenze, näher bei Ypern als an der Somme, und es bleibt fraglich, warum Krestens Leiche so weit nördlich gelandet sein soll. Es gibt zwei mögliche Erklärungen. Die eine ist die, dass die sterblichen Überreste in eine jener zahlreichen Umbettungen gerieten, die in den Jahren nach dem Krieg in Frankreich stattfanden, als viele kleine Friedhöfe eingeebnet und die menschlichen Überreste zu größeren Begräbnisstätten gebracht wurden. Dies erklärt im Übrigen, warum man auf vielen Soldatenfriedhöfen Massengräber finden kann, die mit namentlich genannten Toten gefüllt sind. Man grub einfach ganze Friedhöfe aus, auf denen die Gefallenen in deutlich gekennzeichneten Einzelgräbern bestattet waren, und kippte sämtliche Knochen ohne weitere Zeremonien in eine gemeinsame Grube. Dieses Verfahren ist nicht ungewöhnlich. Die zweite Erklärung ist an die erste gekoppelt. Ihr zufolge wäre der Körper bei einer der eben erwähnten Umbettungsaktionen hierhin gelangt, danach aber von einem der Friedhöfe für Kriegsgefangene auf der alliierten Seite der Front geholt worden, die es dort tatsächlich gegeben hat. Hieraus ergäbe sich ein möglicher Hinweis auf Krestens Schicksal. Er wäre dann am 8. August 1916 in Gefangenschaft geraten und in den Norden gebracht worden, dort aber ziemlich rasch gestorben. Vielleicht war er schwer verwundet, was erklären würde, warum er auf keiner Gefangenenliste erscheint.

42. Der Friedhof heißt Beach Cemetery und liegt, wie schon erwähnt, südlich von Anzac Cove unmittelbar an der Straße zwischen Kelia und Suvla. Das Grab hat die Nummer 3 im Sektor 1, Reihe H. Von dieser Stelle aus kann man einen Stein ins Ägäische Meer werfen.

43. De Nogales verwendet dieses Wort als Synonym für Juden.

Literatur

Agejew, Mark Lazarevic: *Roman mit Kokain*. Aus der französischen Übersetzung des russischen Originals von Daniel Dubbe. Reinbek bei Hamburg 1986.

Akçam, Taner: *A Shameful Act. The Armenian Genocide and the Question of Turkish Responsibility*. New York 2006.

Anderson, Ross: *The Forgotten Front. The East African Campaign 1914–1918*. London 2004.

Andresen, Kresten: *Kresten breve*. Herausgegeben von Hans Moder. Kopenhagen 1919.

Anonym: *Instruction for the Training of Divisions for Offensive Action*. Washington 1917.

Anonym: *Instruction provisoire pour les unites de mitrailleuses d'infanterie*. Nancy 1920.

Anonym: *Manual of the Chief of Platoon of Infantry*. 1918.

Anonym: *Notes on the Construction and Equipment of Trenches*. Washington 1917.

Anonym: *British Trench Warfare 1917–1918. A Reference Manual*. London 1918.

Arnaud, René: *La Guerre 1914–1918. Tragédie-Bouffe*. Paris 1964.

Barbusse, Henri: *Das Feuer. Tagebuch einer Korporalschaft*. Aus dem Französischen von Leo von Meyenburg. Frankfurt a. M. 1986.

Bertin, François: *14–18. La grande guerre. Armes, uniformes, materiels*. Rennes 2006.

Bloxham, Donald: *The Great Game of Genocide. Imperialism, Nationalism and the Destruction of the Ottoman Armenians*. Oxford 2005.

Botcharsky, Sophie/Pier, Florida: *The Kinsmen Know How To Die*. New York 1931.

Bouveng, Gustaf: *Dagbok från ostfronten*. Stockholm 1928.

Bradley, Carolyn Gertrude: *Western World Costume. An Outline History*. New York 1954.

Bruce, Anthony: *The Last Crusade. The Palestine Campaign in the First World War*. London 2003.

Buchanan, Angus: *Three Years of War in East Africa*. London 1919.

Buffetaut, Yves: *Atlas de la Première Guerre mondiale. 1914–1918. La chute des empires européens*. Paris 2005.

Buffetaut, Yves: *The 1917 Spring Offensives. Arras, Vimy, Le Chemin des Dames*. Paris 1997.

Buffetaut, Yves: *Verdun. Guide historique & touristique*. Langres 2002.

Carlswärd, Tage: *Operationen und Nachrichtenverbindungen im Osten 1914*. Aus dem Schwedischen von Karl-Albert Mügge. Potsdam 1939.

Christiernsson, Nils: *Med Mackensen till Przemysl*. Stockholm 1915.

Coppens de Houthulst, Willy: *Jours envolés. Mémoires*. Paris 1932.

Corday, Michel: *The Paris Front. An Unpublished Diary 1914–1918*. New York 1934.

Cox, Ian: *The larks still singing*. In: *Times Literary Supplement*, 13. November 1998.

Cron, Hermann: *Geschichte des Deutschen Heeres im Weltkriege 1914–1918*. Berlin 1937.

Curti, Paul: *Artillerie in der Abwehr. Kriegsgeschichtlich erläutert*. Frauenfeld 1940.

Cushing, Harvey: *From a Surgeon's Journal 1915–1918*. Toronto 1936.

D'Aquila, Vincenzo: *Bodyguard Unseen. A True Autobiography*. New York 1931.

Dadrian, Vahakn N.: *The History of the Armenian Genocide. Ethnic Conflict from the Balkans to Anatolia to the Caucasus*. New York 2003.

Davenport-Hines, Richard Peter Treadwell: *Sex, Death and Punishment. Attitudes to Sex and Sexuality in Britain since the Renaissance*. Glasgow 1991.

Davenport-Hines, Richard Peter Treadwell: *The Persuit of Oblivion. A Social History of Drugs*. London 2002.

Dawkins, William Henry: */brev och dagbok/*. In: Ingle, Judith: *From Duntroon to the Dardanelles. A Biography of Lieutenant William Dawkins*. Canberra 1995.

Defente, Denis (Hg.): *Le Chemin des Dames 1914–1918*. Paris 2003.

Delaporte, Sophie: *Les Gueules cassés. Les blessés de la face de la Grande Guerre*. Paris 1996.

Erickson, Edward J.: *Ordered to Die. A History of the Ottoman Army in the First World War*. London 2001.

Farmborough, Florence: *Nurse at the Russian Front. A Diary 1914–18*. London 1977.

Ferguson, Niall: *Der falsche Krieg. Der Erste Weltkrieg und das 20. Jahrhundert*. Aus dem Englischen von Klaus Kochmann. Stuttgart 1999.

Ferro, Marc: *Der große Krieg 1914–1918*. Aus dem Französischen von Michael Jeismann. Frankfurt a. M. 1988.

Fewster, Kevin (Hg.): *Gallipoli Correspondent. The Frontline Diary of C.E.W. Bean*. Sydney 1983.

Figes, Orlando: *Die Tragödie eines Volkes. Die Epoche der russischen Revolution 1891 bis 1924*. Aus dem Englischen von Barbara Conrad. Berlin 2008.

Fitzsimons, Bernard (Hg.): *Artillerie im I. Weltkrieg 1914–1918*. Aus dem Englischen von Egbert von Kleist. München 1975.

Flex, Walter: *Die russische Frühjahrsoffensive 1916* (Der große Krieg in Einzeldarstellungen. Heft 31). Oldenburg 1919.

Gately, Iain: *La Diva Nicotina. The Story of How Tobacco Seduced the World*. New York 2001.

General de M*** (Pseud.): *Slaget vid Verdun*. Stockholm 1916.

Generalstabens krigshistoriska avdelning: *Några erfarenheter från fälttåget i Rumänien 1916–1917*. Stockholm 1924.

Generalstabens utbildningsavdelning: *Från fälttåget i Serbien augusti 1914. En strategisk-taktisk studie*. Stockholm 1935.

Gierow, Karl Ragnar: *1914–1918 in memoriam*. Stockholm 1939.

Gilbert, Martin: *The First World War. A Complete History*. London 1994.

Gleichen, Lord Edward (Hg.): *Chronology of the Great War 1914–1918*. London 1988.

Gurko, Vasilij Iosifovic: *Russland 1914–1917. Erinnerungen an Krieg und Revolution*. Aus dem Russischen von Eberhard von Tettau. Berlin 1921.

Griffith, Paddy: *Battle Tactics of the Western Front. The British Army's Art of Attack 1916–18*. London 1994.

Gudmundsson, Bruce I.: *Stormtroop Tactics. Innovation in the German Army 1914–1918*. London 1995.

Guéno, Jean-Pierre/Laplume, Yves (Hg.): *Paroles de Poilus. Lettres et carnets du front 1914–1918*. Paris 1998.

Heichen, Walter (Hg.): *Helden der Kolonien. Der Weltkrieg in unseren Schutzgebieten*. Berlin 1938.

Harries, Meirion/Harries, Susie: *Soldiers of the Sun. The Rise and Fall of the Imperial Japanese Army*. New York 1991.

Hedin, Sven: *Kriget med Ryssland. Minnen från fronten i öster mars–augusti 1915*. Stockholm 1915.

Hedin, Sven: *Bagdad, Babylon, Ninive*. Stockholm 1917.

Heyman, Harald: *Frankrike i krig*. Stockholm 1916.

Hirschfeld, Gerhard (Hg.): *Enzyklopädie Erster Weltkrieg*. Paderborn 2003.

Hirschfeld, Magnus/Gaspar, Andreas: *Sittengeschichte des Ersten Weltkrieges*. Hanau 1929.

Hitler, Adolf: *Mein Kampf*. 2 Bde. München 1925/26.

Holmes, Richard: *Firing Line*. London 1987.

Holmgren, Andreas: *Krigserfarenheter. Särskilt från fyra österrikisk-ungerska fronter*. Stockholm 1919.

Horne, John/Kramer, Alan: *Deutsche Kriegsgreuel 1914. Die umstrittene Wahrheit*. Aus dem Englischen von Udo Rennert. Hamburg 2004.

Johann, Ernst (Hg.): *Innenansicht eines Krieges. Deutsche Dokumente 1914–1918*. Frankfurt a. M. 1969.

Johanson, Klara: *K. J. sjalv*. Stockholm 1952.

Johnston, Maurice Andrew Brackenreed/Yearsley, Kenneth Darlaston: *450 Miles to Freedom. The Adventures of Eight British Officers in their Escape from the Turks*. London 1922.

Jünger, Ernst (Hg.): *Das Antlitz des Weltkrieges. Fronterlebnisse deutscher Soldaten*. Berlin 1930.

Jünger, Ernst: *In Stahlgewittern*. Stuttgart 1992.

Kearsey, Alexander Horace Cyril: *A Summary of the Strategy and Tactics of the Egypt and Palestine Campaign with Details of the 1917–18 Operations illustrating the Principles of War*. Aldershot 1934.

Keegan, John: *Der Erste Weltkrieg. Eine europäische Tragödie*. Aus dem Englischen von Heidi und Karl Nicolai. Reinbek bei Hamburg 2001.

Kelemen, Pál: *Hussar's Picture Book. From the Diary of a Hungarian Cavalry Officer in World War I*. Bloomington 1972.

King, Olive: *One Woman at War. Letters of Olive King 1915–1920*. Melbourne 1986.

Kisch, Egon Erwin: *Als Soldat im Prager Korps*. Prag 1922.

Kisch, Egon Erwin: *Der rasende Reporter*. Berlin 1925.

Klavora, Vasja: *Schritte im Nebel. Die Isonzofront. Karfreit, Kobarid, Tolmein, Tolmin 1915–1917*. Klagenfurt u. a. 1995.

Körner, Peter (Hg.): *Der Erste Weltkrieg in Wort und Bild*. 5 Bde. München 1968.

Kolata, Gina: *Spanska sjukan. Berättelsen om den stora influensaepidemin 1918 och jakten på det virus som skapade den*. Stockholm 2000.

Laffin, John: *Combat Surgeons*. London 1970.

Lefebvre, Jacques-Henri: *Verdun. La plus grande bataille de l'Histoire racontée par les survivants*. Paris 1960.

Lettow-Vorbeck, Paul von: *Meine Erinnerungen aus Ostafrika*. Leipzig 1920.

Liman von Sanders, Otto: *Fünf Jahre Türkei*. Berlin 1920.

Ljunggren, Jens: *Känslornas krig. Första världskriget och den tyska bildningselitens androgyna manlighet*. Stockholm 2004.

Lobanov-Rostovskij, Andrej: *The Grinding Mill. Reminiscences of War and Revolution in Russia 1913–1920*. New York 1935.

Ludendorff, Erich: *Meine Kriegserinnerungen 1914–1918*. Berlin 1919.

Malmberg, Harald: *Infanteriets stridsmedel och krigsorganisation under och efter världskriget*. Stockholm 1921.

Manning, Frederic: *Her Privates We*. London 1943.

Maren, Nils Gottfrid: *Skuggor och dagrar från världskriget. Minnen och stämningar från en studieresa mot ostfronten*. Sept. 1915. Uppsala 1916.

Marlow, Joyce (Hg.): *Women and the Great War*. London 1998.

MacDonald, Lyn: *Somme*. London 1985.

MacDonald, Lyn: *The Roses of No Man's Land*. London 1980.

McMoran Wilson, Charles: *The Anatomy of Courage*. London 1945.

Messenger, Charles: *Trench Fighting 1914–18*. New York 1972.

Meyer, Gustav: *Der Durchbruch am Narew. Juli–August 1915* (Der große Krieg in Einzeldarstellungen. Heft 27/28). Oldenburg 1919.

Mihaly, Jo [Pseud. für Elfriede Kuhr]: *… da gibt's ein Wiedersehen! Kriegstagebuch eines Mädchens 1914–1918*. Stuttgart 1982.

Miller, Henry Willard: *The Paris Gun*. London 1930.

Moberly, Frederic James: *The Campaign in Mesopotamia 1914–1918*. Bd. I–II. London 1923.

Mollo, Andrew: *Armee-Uniformen des Ersten Weltkrieges*. Aus dem Englischen von Hans H. Werner. München 1978.

Monelli, Paolo: *Le scarpe al sole. Cronaca di gaie e tristi avventure di alpine, di muli e di vino*. Milano 1928.

Morris, Joseph: *The German Air Raids on Great Britain 1914–1918*. London 1925.

Mousley, Edward Opotiki: *The Secrets of a Kuttite. An Authentic Story of Kut. Adventures in Captivity and Stamboul Intrigue*. London 1921.

Munson, Kenneth: *Kampfflugzeuge, Jagd- und Trainingsflugzeuge 1914–1919*. Aus dem Englischen von P. Blumer. Zürich 1968.

Musil, Robert: *Tagebücher*. Herausgegeben von Adolf Frisé. Reinbek bei Hamburg 1983.

Neiberg, Michael Scott: *Fighting the Great War. A Global History*. London 2005.

Neumann, Paul: *Luftschiffe* (Volksbücher der Technik. Bd. 46). Leipzig 1912.

Nogales, Rafael de: *Four Years Beneath the Crescent*. London 2003.

Nordensvan, Carl Otto: *Världskriget 1914–1918*. Stockholm 1922.

Ousby, Ian: *Vägen till Verdun. Frankrike och det Första världskriget*. Stockholm 2002.

Pitreich, Maximilian Freiherr von: *Lemberg 1914*. Wien 1929.

Pollard, Alfred Oliver: *Fire-Eater. The Memoirs of a VC*. London 1932.

Rachamimov, Alon: *POWs and the Great War. Captivity on the Eastern Front*. Oxford 2002.

Razac, Olivier: *Politische Geschichte des Stacheldrahts. Prärie, Schützengraben, Lager*. Aus dem Französischen von Maria Muhle. Zürich 2003.

Reichsarchiv: *Der Durchbruch am Isonzo*. Teil 1: *Die Schlacht von Tolmein und Flitsch* (Schlachten des Weltkrieges. Bd. 12a). Berlin 1928.

Reichsarchiv: *Der Kampf um die Dardanellen 1915* (Schlachten des Weltkrieges. Bd. 16). Berlin 1927.

Reichsarchiv: *Die Tragödie von Verdun 1916*. Teil III und IV. *Die Zermürbungsschlacht* (Schlachten des Weltkrieges. Bd. 15). Berlin 1929.

Reichsarchiv: *Flandern 1917* (Schlachten des Weltkrieges. Bd. 27). Berlin 1928.

Reichsarchiv: *Gorlice* (Schlachten des Weltkrieges. Bd. 30). Berlin 1930.

Reichsarchiv: *Herbstschlacht in Macedonien Cernabogen 1916* (Schlachten des Weltkrieges. Bd. 5). Berlin 1928.

Reichsarchiv: *Ildirim. Deutsche Streiter auf heiligem Boden* (Schlachten des Weltkrieges. Bd. 4). Berlin 1928.

Reiss, Rodolphe Archibald: *Report upon the Atrocities committed by the Austro-Hungarian Army during the first Invasion of Serbia*. London 1916.

Roberts, Nickie: *Whores in History. Prostitution in Western Society*. London 1992.

Rochat, Giorgio: *Les soldats fusillés en Italie*. In: *14–18. Le Magazin de la Grande Guerre*. Nr. 29. Dezember 2005/Januar 2006.

Rommel, Erwin: *Infanterie greift an. Erlebnis und Erfahrung*. Potsdam 1937.

Saunders, Anthony: *Dominating the Enemy. The War in the Trenches 1914–1918*. Phoenix Mill 2000.

Schaumann, Walter: *Vom Ortler bis zur Adria. Die Südwest-Front 1915–1918 in Bildern*. Wien 1993.

Schaumann, Gabriele/Schaumann, Walter: *Unterwegs zwischen Save und Soča. Auf den Spuren der Isonzofront 1915–1917*. Klagenfurt 2002.

Schreiner, George Abel: *The Iron Ration. Three Years in Warring Central Europe*. New York 1918.

Schwarte, Max (Hg.): *Kriegslehren in Beispielen aus dem Weltkrieg*. Berlin 1925.

Sibley, J. R.: *Tanganyikan Guerrilla. East Africa Campaign 1914–18*. London 1971.

Simčić, Miro: *Die Schlachten am Isonzo. 888 Tage Krieg im Karst*. Graz 2003.

Slowe, Peter/Woods, Richard: *Fields of Death. Battle Scenes of the First World War*. London 1990.

Sondhaus, Lawrence: *Franz Conrad von Hötzendorf. Architekt der Apokalypse*. Aus dem Englischen von Claudia Reichl-Ham. Wien 2003.

Stone, Norman: *The Eastern Front 1914–1917*. London 1998.

Stone, Norman: *World War One. A Short History*. London 2007.

Strachan, Hew: *The First World War*. Bd. I: *To Arms*. Oxford 2001.

Struck, Ernst: *Im Fesselballon*. Berlin 1918.

Stumpf, Richard: *Warum die Flotte zerbrach. Kriegstagebuch eines christlichen Arbeiters*. Berlin 1927.

Taylor, Alan John Percivale: *The First World War*. London 1963.

Transfeldt, Walter: *Dienstunterricht für den Infanteristen des Deutsches Heeres*. Berlin 1916.

Turbergue, Jean-Pierre (Hg.): *Les 300 Jours de Verdun*. Paris 2006.

Tylden-Wright, David: *Anatole France*. London 1967.

Wattrang, Knut: *Det operativa elementet I världskriget*. Stockholm 1924.

Willers, Uno: *Tysklands sammanbrott 1918*. Stockholm 1944.

Willet, Cecil/Cunnington, Phillis: *The History of Underclothes*. London 1951.

Williams, John Frank: *Corporal Hitler and the Great War 1914–1918. The List Regiment*. New York 2005.

Wilson, Trevor: *The Myriad Faces of War. Britain and the Great War. 1914–1918*. Oxford 1988.

Winter, Denis: *Death's Men. Soldiers of the Great War*. London 1979.

Winter, Jay/Parker, Geoffrey/Habeck, Mary R. (Hg.): *Der Erste Weltkrieg und das 20. Jahrhundert*. Aus dem Englischen von Ilse Utz. Hamburg 2002.

Wirsén, Einar af: *Minnen af fred och krig*. Stockholm 1942.

Witkopf, Philipp (Hg.): *Kriegsbriefe gefallener Studenten*. München 1928.

Ångström, Tord: *Kriget i luften. Med skildringar av flygare i falt*. Stockholm 1915.

Register

Angegeben sind die entsprechenden Kapitel, nicht die Seitenzahlen.

Bildnachweis

Picture alliance: 2, 78 o., 78 u., 79, 87, 88, 368 o., 371, 502, 503
Peter Englund: 77, 80 o., 80 u., 219, 224/25, 361, 368 u., 369, 501, 625, 626, 627
AWM: 84 m., 220
Getty images: 83 u., 504, 506 u., 507 o., 508, 630/31
Ullstein: 81 o., 81 u., 82 o., 82 u., 83 o., 84 o., 84 u., 85, 86, 221 o., 221 u., 222, 223 o., 229 o., 365, 366 o., 367 u., 370, 372 o., 372 u., 505 o., 507 u., 628
akg images: 629 o., 629 u., 632 o., 632 u.
IWM: 223 o., 363 u., 366 u., 367 o., 505 u., 506 o., 509
Bundesarchiv: 226/27, 228 o., 228 u., 229 u., 230, 362, 364, 508, 511 u.
SPA: 363 o.
Museo Storico di Trentino: 510 o., 511 o.
Museo Storico di Rovereto: 510 u., 512

Inhalt

DIE WELT 1914

Nordpolarmeer

Baffin Bay

Grönland (Dän.)

Europäisches Nordmeer

Alaska (USA)

Golf v. Alaska

Island (Dän.)

SCHWEDE

NORWEGEN

KANADA

Hudson Bay

GROSS-BRITANNIEN

NIEDER-LANDE DT. REICH

London ○

Neu-fundland

BELGIEN

Paris ○

ÖSTERRE

SCHWEIZ UNGAR

FRANKREICH

VEREINIGTE STAATEN

○ New York

○ Washington

Atlantischer Ozean

PORTUGAL Madrid ○

Lissabon ○ SPANIEN

ITALIEN

3

4

GRIEC LAN

Spon.-Marokko

Tunesien

Golf von Mexiko

Franz.-Marokko

Tripolitanien

Cyren

MEXIKO

Bahamas (Brit.)

DOMINIKANISCHE REPUBLIK

Algerien

Mexiko ○

KUBA

Rio de Oro

Brit.-Honduras

Jamaika (Brit.)

Puerto Rico (USA)

HAITI

GUATEMALA HONDURAS

EL SALVADOR NICARAGUA

Karibisches Meer

Französisch-Westafrika

Franz. Äquator afrika

COSTA RICA

Trinidad (Brit.)

Gambia

Port.-Guinea

PANAMA

VENEZUELA

Brit.-Guayana

Niederl.-Guayana

Franz.-Guayana

Sierra Leone

Gold-küste

Togo

Nigeria

KOLUMBIEN

LIBERIA

Kamerun

Galápagos-Inseln (Ecuador)

Rio Muni

ECUADOR

Franz.-Äquatorial-afrika

Bel K

BRASILIEN

PERU

Angola

BOLIVIEN

Pazifischer Ozean

Betsch

Deutsch-Südwestafrika

PARAGUAY

○ Rio de Janeiro

Südafrika Unic

Atlantischer Ozean

Kapstadt ○

URUGUAY

○ Buenos Aires

CHILE ARGENTINIEN

Falkland-Inseln (Brit.)

1 RUMÄNIEN
2 SERBIEN
3 MONTENEGRO
4 ALBANIEN
5 GRIECHENLAND
6 BULGARIEN

Nordpolarmeer

Barentssee

RUSSISCHES REICH

Beringmeer

Moskau

Ochotskisches Meer

Sachalin (Japan)

Kaspisches Meer Aralsee Taschkent

tanbul

SMANISCHES REICH

CHIWA BUCHARA

Peking ○

Japanisches Meer

CHINESISCHE REPUBLIK

Korea (Japan)

JAPAN

PERSIEN

AFGHA-NISTAN

TIBET

Tsingtao/Qingdao (Deutsch)

Pazifischer Ozean

Kairo

Kuwait

Katar

brit. Schutz-staat Oman Oman

BHUTAN

NEPAL

Britisch-Indien

Burma

Formosa (Japan)

○ Hongkong (Brit.)

pten

udan

Eritrea

Franz.-Somaliland

Brit.-Somali-land

ÄTHIOPIEN Italienisch-Somaliland

Uganda Brit.-Ostafrika

Aden

Bombay ○

Goa ○ (Port.)

○ Madras

Golf von Bengalen

SIAM Französisch-Indochina

Philippinen (USA)

Marianen (Deutsch)

Guam (USA)

Ceylon

Palau-Inseln (Deutsch)

Malaiische Sultanate

○ Singapur (Brit.)

Deutsch-Ostafrika

Sumatra Borneo Celebes

Deutsch-Neuguinea

Njassa-land

esien

Mosambik

Niederländisch-Indien

Neuguinea

rd-
esien

ad-
esien

Mosambik

Madagaskar

Java

Timor

Papua 1884 brit. 1906 zu Australien

Mauritius (Brit.)

Indischer Ozean

AUSTRALIEN
brit. Dominion 1901 Bundesstaat

Swasiland

Basutoland

Tasmanien

NEUSEELAND
1856 Selbstregierung

Großbritannien und überseeische Besitzungen

Frankreich und übers. Besitzungen

Niederlande und übers. Besitzungen

Portugal und übers. Besitzungen

Spanien und übers. Besitzungen

Deutsche Reich und übers. Besitzungen

Belgien und übers. Besitzungen

Italien und übers. Besitzungen

Vereinigte Staaten

DER ERSTE WELTKRIEG IN EUROPA

Ententemächte und Verbündete
Mittelmächte und Verbündete
Neutrale Staaten

NORWEGEN
Kristiania

SCHWEDEN

Nordsee
Skagerrak
Kattegat

Edinburgh

DÄNEMARK
Kopenhagen

GROSSBRITANNIEN
UND IRLAND
Dublin

NIEDER-
LANDE
Amsterdam
Doorn

Hamburg
Elbe
Oder
Da
Berlin

DEUTSCHES
REICH

London

Dünkirchen
Antwerpen
Cassel
Brüssel
Arras
Lüttich
Frontverlauf
Nov. 1918
Compiègne
Paris
Verdun
Versailles

Prag
Böhmen
M

Rhein
Donau

*Atlantischer
Ozean*

Frontverlauf
Dez. 1917

München
Wi

Basel

ÖSTERRE

SCHWEIZ

FRANKREICH

Bordeaux
Lyon
Mailand
Po

Triest
Fiume

Isonzo-
Offensive
Juni 1918 –
Nov. 1916

Frontverlauf
Okt. 1918

Florenz

Marseille
Rhône

Korsika

ITALIEN
seit 1915

PORTUGAL
seit 1916
Tajo
Madrid
Barcelona

Rom

Neape

Lissabon
SPANIEN

Balearen

Sardinien

Mittelmeer

Sizilien

Tanger
(1911 internat.
Gebiet)
ER-RIF
(1911/12 span. Protektorat)
Algier
Tunis

MAROKKO
(1912 franz. Protektorat)
ALGERIEN
(1879 Teil Frankreichs)
TUNESIEN
(1881 franz. Protektorat)

Finnland

○ Helsinki

olm

○ Sankt Petersburg/
   Petrograd

○ Moskau

Wolga

○ Riga

○ Witebsk

○ Kaunas

RUSSLAND

○ Königsberg

○ Minst

Tannenberg ○

**Frontverlauf
Aug. 1917**

Bug

○ Brest-Litowsk

Warschau ○

○ Kiew

Don

○ Rowno

**Frontverlauf
April 1915**

Dnjepr

Dnjestr

Bug

Asowsches
Meer

Tschernowitz ○

○ Budapest

○ Kertsch

Krim

Suchumi ○

**Frontverlauf
Juni 1918**

UNGARN

RUMÄNIEN
seit 1916

Schwarzes
Meer

Batum ○

**Frontverlauf
Okt. 1915**

○ Kars

○ Bukarest

Trabzon ○

Erzurum ○

○ Belgrad

Donau

BULGARIEN
seit 1915

**Frontverlauf
Aug. 1916**

SERBIEN

○ Sofia

Tigris

**MONTE-
NEGRO**

○ Skopje

○ Adrianopel

○ Konstantinopel

Euphrat

Tirana ○

ALBANIEN

○ Saloniki

○ Gallipoli

**Alliierte
Offensive
Feb. 1915 –
Juni 1916**

OSMANISCHES REICH

GRIECHENLAND
seit 1917

○ Athen

Zypern

Kreta

Mittelmeer

0   100   200   300 km